제2판

국제경영

이덕훈 지음

International Business

敎友社

KYOWOOSA

제2판을 내면서

Think global, Act local. 이라는 말이 모든 업종에 정착되면서, 기업은 모든 일을 세계적인 차원에서 기획하고 조직하고 제품의 마케팅에 있어서는 현지화에 순응해야 한다는 것이 일반화되기 시작하였다. 글로벌화란 세계적 경제통합의 흐름에서 '세계화' 또는 '국제화'라는 말이 이제 경제계뿐만 아니라 학계에서까지 등장하여 교육의 세계화, 경제의 세계화, 기업의 세계화, 경쟁의 세계화가 이제 추상적인 의미가 아니라 현실적으로 다가오고 있다.

이처럼 글로벌화(globalization)라는 말은 특수한 계층뿐만 아니라 모든 세계인이 공유하는 단어가 되었고 기업체는 물론 관공서, 학교에까지 국제화가 유행어로서 등장하여 국제화(Internationalization)와 다국적화(Multinationalization)의 개념과 함께 혼동되어 사용되고 있다.

교육계에서는 세계화라는 것은 세계적인 사고, 세계적인 수준에서 교육하고, 연구하라는 말이지만, 기업에서는 세계적인 사고와 수준에서 제품을 생산, 판매하라는 의미이다.

이러한 세계화의 개념이 등장하게 된 것은 보편적 기준의 세계화의 등장과 생산수단의 세계화 등의 원인에 기인한다. 이러한 세계화에 핵심적 역할을 한 것은 글로벌기업이라고 생각된다. 글로벌기업은 앞으로는 더욱 더 큰 가능성을 갖고 있으며, 이해관계자인 주주와 나아가서는 진출국의 시민사회와 문화에 끼치는 영향까지도 생각하지 않을 수 없다.

그러나 글로벌기업들도 환경에 적응하여야 하며 적응하지 못한 기업은 커다란 교훈을 감지하여야 한다. 최근 기업을 둘러싼 국제환경은 급변하고 있으며 선진국의 신보호무역주의, EU 통합, 중국과 인도 및 브릭스(Brics) 등장, 아시아 국가의 경제 환경의 변화 등 어느 하나도 기업으로서는 무시하지 못할 요인이다.

따라서 최근의 세계경제와 글로벌기업은 경영목표를 충분히 달성하기 위해서 국제환경 변화에 빨리 적응하는 것이 중요하다. 또한 상술한 국제환경에 적합한 전략을 수행하는 것도 기업의 경영목표와 직결되는 문제이기 때문에 국제환경에 적합한 국제전략을 수립하는 것이야말로 글로벌시대에 경영자의 중요 책무이기도 하다.

다시 말하면 사람, 제품, 돈, 정보의 글로벌적 교류는 이제는 지구 규모로 움직이고 있으나 성공한 경우는 그다지 많지 않다. 기업의 국제비즈니스의 활동은 국제화가 진행되면서 문제가 되어온 시스템과 문화적 충돌문제를 어떻게 설명하고 진행은 어떻게 해야 하는가가 새로운 과제로 등장한다.

최근 국제화가 이루어지면서 나타나는 시스템, 문화적 갈등을 어떻게 해결하며 성공하는가 하는 것은 글로벌기업의 중요한 전략의 하나이다. 본서는 이러한 의미를 갖고 구성된 것이다. 학교 보직 때문에 차일피일 미루면서 2년이 지났지만 이 책 역시 다른 책과 마찬가지로 많은 분들의 도움이 없었다면 제 2판이 늦어졌을 것이다.

특히 성실함과 정의감을 인생의 목표로 일깨워 주신 부모님께 감사드리며 성실함이 무능력으로 인식되는 사회에서도 깨끗하게 사시다가 국립묘지로 가신 아버님의 은혜를 잊지 못한다.

또한 필자의 은사이신 일본 게이오(慶応義塾) 대학의 명예교수이신 후지모리 교수님은, 항상 바쁘고 잡무로 식어가는 연구의식을 일깨워 주었으며 새로운 문제의식을 갖게 해주었다. 국적을 떠나서 진심으로 감사드린다. 또한, 대학원 박사과정 중에 스페인에서 석사과정을 마치고 귀국하여 국제적 사고를 접한 제자 한광수 선생에게도 감사한다.

오정골의 녹음을 보면서

2008. 8

이 덕 훈

차 례

Global Business

Contents

Contents

Contents

1
CHAPTER

글로벌화와 세계경제

1 2 3 4 5 6 7 8 9 10 11 12 13 14 15 16

제1장 1절 새로운 경쟁 대상으로서의 국제경영

오늘날 기업은 수송과 통신 등의 과학기술의 발달과 새로운 경영방식과 기업가의 혁신으로 급격하게 글로벌화가 이루어졌으며, 그 결과로서 무국경(Borderless)세계와 무국가(Stateless)의 글로벌화(Globalization)의 시대로서의 국제경영이 등장하였다. 특히 구소련의 붕괴로 인하여 냉전체제의 종식은 이데올로기를 벗어나 군사적 경쟁보다는 경제적 경쟁이 우선한다는 새로운 세계질서로 변하였다.

이러한 세계경제질서의 구조적 재편성과 정보통신(IT)산업의 발전에 의해 국경 없는 세계의 개막으로 선진기업들은 지구를 무대로 21세기 경쟁에 뛰어들고 있다. 따라서 국제경영이란 국경을 넘는 거래를 말하며 대상은 재화·서비스·자본·인력·기술 등이 포함되는 것이다. 다시 말하면 국제경영이란 현대 경제의 중심이 되며 선, 후진국을 망라하고 국제무역과 해외투자는 경제발전에 필수 불가결한 요소로 등장하고 있다.

그렇다면 국제경영이란 무엇을 의미하고 있는가? 우리는 이 점을 중심으로 그 경계와 한계를 알아야 할 것이다. 그러므로 글로벌화의 등장과 국제경영의 정의를 언급하면서 본 장을 열도록 한다.

1 다국적기업의 등장

국제기업의 정의를 논한다는 것은 쉬운 일이 아니다. 이는 그 규모와 범위에 있어 세계적 패러다임(paradigm)의 흐름에서부터 민족의 문화까지 넓고도 세세한 부분까지 국제기업연구의 영역에 속하기 때문이다. 따라서 국제기업에 대한 개념을 알아보려면 다국적기업의 발달과 성장에 대한 배경을 간략히 살펴보고 정의를 논하는 것이 순서라 하겠다.

국제경영의 발달모습을 국제경영을 담당하는 주체로서의 다국적 기업은 현대자본주의의 가장 지배적인 조직체로서 현재 諸국가 및 국민의 경제적, 사회적, 정치적 및 문화적 생활에 막대한 영향과 힘을 미치고 있다. 그러나 이의 발전은 국내 및 국제경영 양면에 많은 물의와 모순과 불안요인을 야기시키는 계기가 되고 있다.[1] 이러한 국제경영의 역사는 중세의 코멘다(Commenda) 제도나 17세기의 동인도회사(East Indiaa company)[2]가 그 시초라고도 하고 또 어떤 경우에는 20세기 초의 英美계 석유회사들이 그 효시라고도 한다.

암스테르담의
동인도회사본부

20세기 초부터 제1차 세계대전이 일어나기 이전까지 미국 및 유럽국가들이 전개한 국제경영활동을 요약하면, 미국 기업들은 원자재 확보·판로 확대 등을 위한 해외직접투자를 활발히 전개하기 시작했는데, 식민지가 거의 없었던 미국의 기업들은 주로 캐나다·중남미·유럽 등을 대상으로 삼아 해외제조활동과 미국제 상품의 수출과 판매자회사

1) Stephen Herbert Hymer, The Multinational Corporation-Radical *Approach*, Cambridge University Press, Cambridge, England, 1982, p. 1.

2) ① East India Company, British-1600~1894.
② East India Company, Dutch-1602~1798.
③ East India Company, French-1664~1769.

(marketing subsidiaries)를 통한 시장국들에서의 현지마케팅(overseas local marketing)을 포함한 해외상사활동(overseas merchandising activities)을 전개하기 시작했다. 이는 이 기간 동안에 해외자원개발·제조·상사 계통의 미국 다국적 기업들이 존재하기 시작했음을 뜻한다.

유럽 기업들도 원자재 확보·판로확대 등을 위한 해외직접투자를 전개하기 시작했으나 주로 그들의 식민지와 유럽지역을 대상으로 하였으며, 서서히 해외직접투자를 통한 해외제조활동에도 진출하기 시작했다. 그 당시 특히 독일계 기업들의 화학·전기 산업 분야의 해외진출은 미국계 기업들을 능가할 정도였다.

그러나 현대적 의미의 현상은 1950년대부터라고 할 수 있다. 즉, 제 2차 세계대전 이후 미국의 거대기업들이 국내시장에서의 기업 이익의 저하, 각국의 수입제한, 천연자원 확보 등의 여러 이유에서 해외직접투자를 하기 시작한데서 비롯된다. 이것이 곧 다국적 기업의 역사이기도 하다.

상술하는 바와 같이 다국적 기업의 역사와 전개방법, 활동도 논자에 따라 방법을 달리하나 다국적 기업들은 세계경제와 시장의 출현을 개발하는 중요한 요인으로서 인식되어 왔다는 점은 공통적으로 인정하는 바이다<표 1-1 참조>.

다국적 기업의 수에서 나타나는 바와 같이 1969년도에 7,000개이던 것이 불과 30년밖에 안된 2000년에 약 9.3배인 65,000개의 성장을 기록한 것은 다국적 기업의 활동성이 글로벌화와 세계적 분업, 그리고 해외직접투자의 중요성을 알리는 중요한 변수이기도 하다.

표 1-1 다국적 기업의 수 (1969 ~ 2000)

년 도	다국적 기업의 수
1969	7,000
1990	24,000
1995	37,000
1997	53,000
2000	65,000

자료 : UNCTAD(1993, 1999), UN, 2000

전후 영국을 대신하여 세계 자본주의 경제권의 리더로서 등장한 미국에 의해 주도된 다국적 기업은 세계경제의 신장과 더불어 급격한 발전을 거듭하였으며 국제화의 선도적 역할을 담당해왔다. 미국 기업들은 50년대 후반 EEC(유럽공동시장)의 결성을 계기로 유럽에 진출, 세계적 영업기반을 구축하였다.

이러한 미국 기업의 독주는 60년대 중반 이후 유럽과 일본이 급격히 부상하면서 제동이 걸리고 70년대 후반 이후에는 일본 기업들이 소니, 히다치, 도요타, 닛싼 등의 다국적

기업의 진출에 의해 미국시장과 유럽시장으로 진출하여 무역적자로 인한 일본 때리기(Japan beating)가 등장하기도 하였다. 이 시기부터 80년대까지는 미국 주도에서 일본, 독일 등 다극화현상으로 이어져 이념전쟁에서 경제전쟁으로 바꾸어지기도 하였다. 특히, 우리나라를 비롯한 신흥공업국의 급속한 경제성장이 수출확대노력에 의한 기업의 국제화 현상임이 명백히 드러남과 동시에 국제경영에 대한 관심은 고조되고 있다.

특히, 동서 간의 이념분쟁의 시대가 종언을 고하며 세계주의(Globalism)와 지역주의(Regionalism)로 대변되는 경제환경의 변화와 함께 재화·서비스·자본·정보의 매개자인 다국적 기업의 역할은 증대되고 있으며 국제경영학은 경영학의 한 분야로서 그 위치를 확고하게 차지하게 되었다. 90년대에 들어서면서 러시아·동구·중국·베트남 등 구 사회주의 국가권들에까지 외자유치에 열을 올리며 다국적 기업들에 추파를 던지고 있어 국제경영은 말 그대로 전 세계에서 이루어지고 있다고 하겠다.

이상에서 우리는 국제경영에 대한 발달을 간단히 살펴보았다. 즉 국제경영이 발달한 역사는 그리 길지 않다고는 할 수 없으나 그 논의가 중심적인 문제로 대두된 것은 세계경제의 경계가 상호 간섭을 받기 시작하는 시기, '세계화'가 진전되기 시작하면서 그 의미가 깊어지고 있는 것이다. 이하에서 서술되는 것은 이러한 배경을 이해하고 그 정의에 대해 바라보기 바란다.

2 글로벌화의 등장

인류의 세계질서는 모든 측면과 깊은 차원에서 구조 변혁을 이루고 있으며, 단순한 국제화를 넘어 글로벌화(globalization) 즉 지구적 상호의존화의 시대를 형성하고 있다. 요즈음은 글로벌리즘의 등장이 세계를 움직이고 있는데 문화적, 정치적, 경제적으로 각기 다른 세계를 하나의 사회 시스템으로서 파악하고, 그 시스템을 통하여 인류평화·경제적 복지·사회적 정의·환경과의 균형 등의 실현을 도모하려는 주의를 말한다.

이 주장은 '지구공동체의식'의 세계적인 확산을 배경으로 특히 1970년대 이후에 대두되기 시작했다. 1990년대에 들어서면서 일련의 상황이 명확한 계기가 되고 있다. 즉 기술과 교통·통신기관의 발달에 의해 세계가 가까워졌다는 것과 세계인들의 초국경적 교류가 더욱 빈번해졌다는 것, 그리고 무엇보다도 세계가 글로벌경제로 바뀌면서 다국적기업의 초국가적(超國家的)·탈국가적(脫國家的)인 사고에 의한 상호교류가 전개되기 시작했다는 것이 중요하다고 할 수 있다. 기업이 세계화되면서 글로벌화가 등장하고 글로벌화는 기업의 세계화를 낳게 하여 이제 필수불가결한 요소로서 작용하고 있다. 무엇보다도 쓰나미, 엘리뇨 등의 자연현상에 의한 지구의 환경 위협과 핵 위협 등은 인류의 위기의식은 글로벌리즘을 한층 더 필요하게 움직이고 있다.

오늘날 세계경제는 제 2차 세계대전 이후 과학기술의 발달과 수송통신의 발전으로 급격하게 국제화가 이루어졌으며 그 결과로서 무국경(borderless)시대의 시장의 세계화가 이루어진 것이다[3]. 시장의 세계화와 생산의 국제화가 이루어졌지만, 이는 기술 발전과 수송 기술의 발전 등에 기인한다.

이처럼 지구촌(Global Village)이라 불리는 세계경제에도 기상이변, 고령화, 유니섹스 등 외부 환경에 영향을 받아 기업의 전략으로써 대응하는가를 살펴본다.

제1장 2절 글로벌화와 세계시장

1 시장의 글로벌화

미국시장이나 프랑스시장, 그리고 일본시장이 아닌 "세계시장(Global Market)"이 등장하고 있다. 이는 무역장벽, 거리, 시간, 문화의 장벽을 뛰어넘고, 개인의 기호 특성과의 차이를 초월하는 국제적 규격과 감각하의 표준화를 의미하기도 한다. 예를 들면, 코카콜라, 리바이스 청바지, 소니 워커맨, 맥도날드 햄버거 등은 맛과 규격 그리고 멋의 표준화로 세계 시장을 창조하였다. 그러한 의미에서 요즈음의 세계를 "글로벌 이동(Global Shift)"이라고 표현하기도 한다[4].

글로벌화는 세계경제의 통합과 상호의존이 한층 더 심화되는 방향을 의미한다. 글로벌화는 시장의 글로벌 및 생산의 글로벌을 포괄하는 다양한 양상을 지닌다[5].

3) T. Levitt, "The Globalization of Market," Harvard Business Review May-June 1983, pp. 92~102.
4) P. Dicken, Global Shift, Guilgord Press, 1992.
5) Hill, Charles, W.L.(2008), *Global Business Today*, McGRAW-HILL. pp. 7~9.

시장의 글로벌화는 역사적으로 뚜렷하고 분리된 국가적 시장을 하나의 글로벌 상업중심지로 통합하는 것을 말한다. 무역장벽의 약화는 국제적인 거래를 쉽게 만들었다. 간혹 각국의 소비자 기호와 선호가 글로벌 기준을 적용하기 시작하고 있으며, 이로 인해 글로벌 시장이 창출되었다고도 한다. 시티그룹(Citigroup)의 신용카드, 코카콜라(Coca-cola)의 음료, 소니(Sony)의 플레이스테이션, 맥도널드(Mcdonald)의 햄버거, 스타벅스(Starbucks)의 커피, 그리고 이케아(IKEA)의 가구 등과 같은 소비재는 이러한 경향의 전형적인 사례로 거론된다.

코카콜라

스타벅스

상술한 기업은 이러한 경향의 후원자 그 이상이며, 촉진자이기도 하다. 그 이유는 동일한 제품을 세계에 공급하면서 글로벌 시장을 창출하는 경향이 있기 때문이다. 기업은 시장의 글로벌화를 촉진하고 그로부터 혜택을 받기 위해 거대한 다국적 규모가 되어야 한다는 것은 아니다. 미국의 경우, 수출기업의 약 90%가 종업원 100명 미만의 소규모 업체이며, 미국의 수출규모에서 차지하는 비중은 지난 10년 동안 20%를 초과하여 성장해 왔다. 종업원 500인 미만의 기업이 미국 수출업체의 97%를 차지하며, 평가에 의하면 미국 총수출의 30%에 육박한다.[6]

대부분의 글로벌 시장은 글로벌화의 제동요소로서 기호와 선호의 국가적 차이가 중요한 소비재 시장이기보다는 세계에 보편적 욕구를 제공하는 산업재와 원재료 시장이다. 이것은 알루미늄, 원유, 밀과 같은 공산품, 마이크로프로세스, DRAMs와 같은 산업재, 그리고 제트여객기, 컴퓨터 소프트웨어, 그리고 미국 채권과 유로 채권 등의 금융자산, 니

6) 전형적인 사례를 보면, 태양광 판넬 제조업자인 뉴욕기반의 하이텍(Hytech)은 년 매출 300백만 달러 40%를 5개 나라에 수출하여 벌어들이고 있으며, 뉴욕기반의 또 다른 업체인 B&S Aircraft Alloys는 년 수익 8백만 달러의 40%가 수출에 의한 것이다. 이러한 상황은 다수의 국가에서 유사하게 나타난다. 일례로 무역국으로 큰 규모에 속하는 독일은 경이적이게도 중소기업의 98%가 국제시장, 경로무역 또는 국제생산에 진출해 왔다.

케이(Nikkei) 인텍스 또는 멕시코 페소(peso)와 같은 선물 등의 관련 시장을 포함한다.

대부분의 글로벌 시장에서, 유사기업은 경쟁자와 각각 직면한다. 코카콜라(Coca Cola)와 펩시(PepsiCo)가 글로벌 경쟁자인 것과 같이 포드(Ford)와 도요타(Toyata), 보잉(Boeing)과 에어버스(Airbus), 중장비 업체인 카터필러(Caterpillar)와 고마쓰(Komatsu), 그리고 비디오게임의 소니, 닌텐도(Nintendo), 그리고 마이크로소프트(Microsoft)도 글로벌 경쟁 관계에 있다.

기업이 이러한 경쟁관계를 싫어하여 경쟁자가 없는 국가로 진출한다고 하더라도, 수많은 경쟁자가 우위를 점할 수 있는 시장을 방어하기 위하여 뒤따라 진입하는 것은 명백한 일이다.

기업은 세계의 모든 곳에 진출하기 때문에, 시장을 가로질러 동질성을 창출하는 제품, 운영전략, 마케팅 전략, 그리고 브랜드 네임 등 다른 국가의 시장에 적합한 많은 자산을 가져온다. 그래서 큰 일치성은 다양성을 대신한다. 산업이 점점 증가하면서, 독일 시장, 미국 시장, 브라질 시장 또는 일본 시장에 대해서 논하는 것은 더 이상 의미가 없다. 대부분의 기업은 오로지 글로벌 시장만 생각한다.

2 생산의 글로벌화

생산은 노동, 에너지, 토지, 그리고 자본과 같은 생산요소의 비용과 질 측면에서 국가적 차이로 발생하는 이익확보를 위한 글로벌 입지에서 제품과 서비스를 조달하는 것을 말한다. 따라서 기업은 전체 비용구조의 절감 또는 품질의 향상, 제품의 기능성을 기대하며, 더욱 효과적인 경쟁을 가능하게 만든다.

생산의 세계화는 각국의 기업들이 원가나 재료, 임금 등을 이유로 움직이기 때문이며, 이러한 의미는 미국산이나 일본산의 의미가 없어지기 시작한 것을 뜻한다. \$20,000의 G.M의 르망은 \$6,000 정도를 한국으로부터 조립한 것이며, \$3,500은 엔진 등의 일본제품, \$1,500은 독일의 디자인 비용, \$800은 타이완과 싱가폴의 소부품, \$500 정도는 영국의 광고와 마케팅 서비스, \$100 정도는 아일랜드의 데이터베이스, 그리고 나머지 \$7,600 정도가 미국의 변호사, 은행 보험대리인의 비용이라는 것이다[7].

그렇다면 르망은 미국산인가? 한국산인가? 아니면 일본산인가? 이제는 어느 나라 것

7) R. B. Reich, The Work of Nations, Alfred A. Knopf, 1991.

인가 하는 의미는 사라진 것으로 볼 수 있다. 임금과 재료 그리고 디자인 등 가격과 품질이 맞는 곳이면 어느 곳이나 달려가서 자기 제품을 만드는 것이다.

GM 르망

보잉777

제트여객기인 보잉 777의 경우를 보아도 그 예를 볼 수 있다. 일본의 8개 공급업체는 비행기 동체의 일부(부품)와 날개를 만들었고, 싱가포르 공급업체는 기수(앞쪽) 랜딩기어 도어를 만들었으며, 이태리의 3개 공급업체는 날개 보조익(flaps) 등을 만들었다. 보잉 777은 전체의 약 30%가 외국 기업에 의해 만들어진 것이다.

보잉은 차기 여객기인 787의 경우, 이러한 글로벌 생산시스템을 더욱 유지하려고 하며, 약 65%를 외국기업에게 아웃소싱하려고 계획하였으며, 이 중 35%는 일본의 주요 3개 업체에서 조달하려고 한다.

또한, 보잉이 외국 공급업체에 더 많은 생산을 아웃소싱하는 일부 이유는 공급업체의 전문성이 세계 최고이기 때문이다. 공급업체의 글로벌 웹은 더 나은 최종품을 생산하며, 경쟁사인 에어버스 인더스트리보다 항공기 수주점유율을 크게 하여 보잉의 승리기회를 향상하기 때문이다. 보잉은 또한 기회를 증가시키기 위해 외국에 생산을 아웃소싱하고 아웃소싱 국가의 항공사로부터의 중요한 주문을 확보할 것이다.[8)]

인터넷은 방사선 작업을 인도로 아웃소스하고자 하는 병원을 가능하게 하며, 미국 내과의사가 잠을 자는 밤에 인도에서 MRI 스캔과 같은 영상을 판독하고, 그 결과는 아침에 받아볼 수 있게 된다. 유사하게 2003년 12월 IBM은 미국에서 인도 및 중국으로 약 4,300

8) Charles W.L. Hill, Global Business Today, McGraw-Hill International Edition, 2008, p.8.

만 명의 소프트웨어 엔지니어가 이동하였을 것으로 파악하였다(소프트웨어 생산은 서비스 활동으로 지속된다).[9)]

많은 소프트웨어 기업은 현재 미국에서 설계된 소프트웨어의 기능유지를 수행하기 위하여 인도 엔지니어를 고용하고 있다. 미국과 인도의 시차로 인하여, 미국 엔지니어가 잠을 잘 때, 인도인 엔지니어는 미국에서 작성된 소프트웨어의 디버깅(debugging) 검사를 수행하며, 다음날 미국 엔지니어가 작업에 바로 착수할 수 있도록 미국으로 수정된 코드를 전송한다.

이러한 방볍과 같은 가치창출(value-creating) 활동의 확산은 새로운 소프트웨어 프로그램을 개발하기 위해 필요한 시간을 압축하고 비용을 감소시킨다. 컴퓨터 메이커뿐 아니라 은행부문에서 다른 기업들은 노동비용이 값싼 개발도상국에 고객 콜센터와 같은 고객서비스 기능을 아웃소싱하고 있다.

미국 클린턴정부의 노동장관이었던 로버트 라이시(Robert Reich) 교수는 미국제품, 일본제품, 독일제품, 또는 한국제품에 대한 논의가 무관하게 된 것은 보잉과 IBM과 같은 기업에 의해 확장된 결과라고 주장해 왔다. 라이시에 의하면, 점차적으로 다른 공급업체에게 생산활동을 아웃소싱 하는 것은 본질적으로 "글로벌 제품"의 창출을 불러온다고 한다.

그러나 시장의 글로벌화처럼, 기업은 너무 먼 생산의 글로벌화의 도입은 몇 가지 유의점이 존재한다. 예를 들면 글로벌적인 입지에서 생산활동의 최적 확산을 성취하고자 하는 기업에 등장하는 방해물인데, 이러한 방해물은 국가 간의 공식 및 비공식 무역장벽, 직접투자의 장벽, 수송비용을 포괄하며, 각 이슈들은 경제 및 정치적 위험에 연관된다.

일례로, 정보규제는 궁극적으로 방사선 의사의 비용이 저렴한 개발도상국에서 MRI 스캔 판독과정을 아웃소싱하는 병원의 능력을 제한한다.

그럼에도 불구하고, 시장과 생산의 글로벌화는 지속할 것이다. 현대 기업은 글로벌화의 중요한 행위자이며, 역동적 행동은 글로벌화를 촉진한다.

이처럼 생산의 국제화(Globalization of Production)가 이루어지는 것은 시장의 국제화(Globalization of Markets)가 성립되었기 때문이다. 다시 말하면 Global Communication Network를 통하여 CNN, MTV 등의 미디어가 세계 정보화를 창조하였고, Hollywood 필름을 통하여 문화가 유입되었기 때문이다.

9) W. M Bulkeley, IBM to Export Highly paid Jobs to India, The Wall Street Journal, Dec 15, 2003.

3 사람의 글로벌화

미국을 가보면 말 그대로 사람의 글로벌화가 이루어졌다고 보고 있다. 세계의 유명한 인재들을 받아들일 수 있는 곳이 미국이다. 예를 들면 미국의 메이저리그에는 한국의 박찬호나 일본의 마스이 히데키 등 유명한 선수가 있고 영국의 프리미어 리그에는 박지성, 설기현 등이 있지만 세계적으로 유명한 선수들은 다 있다. 지금의 예는 스포츠에 관한 것이었지만 사람의 이동, 즉 노동의 이동이 자유스러운 곳이야말로 경쟁력이 있다고 하겠다.

미국의 실리콘밸리에는 현재 약 7,000개의 첨단기술 기업들이 있는데 그 중에서도 휴렛 팩커드와 오라클, 넷스케이프, 인텔 등과 같은 우량기업들이 있다. 또한 세계 100대 기업의 20%가 이곳에 본사를 두고 있으며 미국 전체 벤처투자자금의 40% 이상을 이곳에서 유치한다고 하니 가히 세계 첨단사업의 중심지라고 할만하다.

그리고 실리콘밸리는 이 지역만으로도 세계 12권의 수준이라고 하니 거의 우리나라의 경제규모와 비슷하며 약 25만 명의 백만장자가 이 지역에 살고 있다고 한다.

그렇다면 실리콘밸리의 경쟁력은 무엇일까?

실리콘밸리는 지식사회의 전형적인 모형을 보여주고 있다는 점이다. 특히 아이디어와 신지식을 돈으로 바꾸는 가장 효율적인 경제 시스템을 가지고 있다. 인터넷 정보혁명의 진원지답게 하이테크 산업 종사자의 비율이 73%에 이른다고 한다.

그러나 이것보다도 중요한 것은 실리콘밸리의 장점은 타 국가의 인력과 자원을 흡수하고 활용하여 효율화하였다는 점을 들 수 있다. 인텔의 앤디 그로브 회장이 헝가리에서, 야후의 창업자인 제리 양이 대만에서 이민해왔다는 사실은 그리 주목거리가 아니다. 마우스와 조이스택의 로지스택 사의 다니엘 보렐 사장은 스위스 출신이고 소프트웨어의 보란드 사의 필립스 칸 사장은 프랑스인이기 때문에 오히려 이곳 토박이인 스티브 잡스와 워즈니악이 창업한 애플 컴퓨터의 성공이 더 드문 사례로 꼽힐 정도이다.

이민자 중국계와 인도계의 기여도는 대단하다.[10] 최근 실리콘벨리의 주요산업인 IC를 인도인과 중국인(Indian and Chinese) MIT를 Made in Taiwan이라고 농을 할 정도로 아시아태평양지역 출신의 경영자와 기술자가 많다. 특히 인도의 경우에는 영어를 사용하

10) 로버트 리 사장은 1980년 미국으로 이주해 뉴저지 주의 스티븐스 공대에서 컴퓨터 전공으로 석사학위를 마치고 실리콘밸리에서 미국 기업들을 전전하다가 피코파워 테크놀로지사를 설립했다. 1995년 이 회사를 매각하여 40대 나이에 억만장자가 된 리 사장은 현재 새로운 사업들에도 관여하는 전문사업가로 활동하고 있다. 또한 활동범위를 대만, 일본 등으로 넓히면서 내면적으로는 중국인을 위한 에인절 투자가의 역할을 담당하고 있다. 리 사장과 비슷한 중국인은 아주 많으며 이들은 눈에 보이지 않는 화교 에인절 네트워크를 형성하고 있다. 그리고 그 뒤에는 ISSI, OPTI, 솔렉트론 등 이미 성공한 화교 기업들이 지원세력으로 자리잡고 있다.

기 때문에 5만 명의 대학 졸업자 가운데 15,000여명이 미국으로 진출하고 대부분이 실리콘벨리에 취직한다고 한다. 또한 스탠포드 대학의 박사과정 재학생의 50%와 벤처 비즈니스 기술자의 30%가 중국계가 차지한다고 할 정도이다.

다인종 사회와 다인종 문화, 그리고 자유스러움, 새로움이 함께 하는 곳이야말로 효율과 경쟁력이 존재한다. 다시 말하자면 글로벌시대의 노동력의 이동은 경쟁력과 관계가 있다는 점이다.

미국의 시사주간 타임(2008년 1월 17일 호)에 의하면 21세기 금융시대를 맞이하여 나일론콩(Nylonkong)이 뜨고 있다고 보도했는데 나일론콩이란 뉴욕, 런던, 홍콩의 영문 일부를 따서 만든 신조어이다. 이들이 발달하고 있는 이유는 유럽, 미주, 아시아에 있는 세 도시는 항구이면서 무역업이 발달했고 주요산업이 제조업에서 서비스 산업으로 전환된 도시라는 점이다. 특히 세계 각지의 이민자와 외지인이 많다는 공통점을 갖고 있는데 2006년 뉴욕과 런던의 외지출생자는 34%, 31%이고 홍콩은 외국 국적의 중국인, 즉 화교가 가장 많은 도시라는 점이다.

노동의 자유, 개방이 되어 노동력을 흡수할 수 있는 곳이야말로 글로벌도시(Global city)로서 경쟁력이 강화되고 있으며 사람의 글로벌화는 문화의 흡수력을 포함하기 때문에 21세기의 창조성과 창조력으로 표현되고 있다.

홍콩

뉴욕

4 글로벌 통합과 표준화

글로벌화가 삼화되면서 세계는 글로벌 트랜드와 표준화가 진행되고 있는데 무엇보다도 기술의 표준화와 글로벌 스탠더드와 글로벌 인정제도가 등장하고 있다.

1) 기술의 표준화

인터넷시대가 도래하면서 IT 산업이 발전했고 또한 이 기술의 표준이 필요하게 되었다. 초기에 표준을 장악하면 전 세계를 지배할 수 있기 때문에 '글로벌 스탠더드'라는 말이 등장한 것처럼 기술의 글로벌화가 필요하게 되었다.

휴대전화 통신기술은 세계 최초로 개발한 PDC 방식이 유럽연합(EU)의 GSM 방식이나 미국의 CDMA 방식보다 기술적으로나 효율성에서 앞선 것으로 평가받았다. 그러나 국제표준기구에서 적극적인 활동을 펼친 EU가 GSM 방식을 먼저 국제표준으로 만드는 바람에 PDC 방식 휴대전화는 시장에서 밀려났다. 반면 유럽의 노키아는 세계시장 점유율 35%의 세계 1위 기업이 되었다.

기술을 먼저 개발한 기업이나 국가보다 국제표준을 선점하는 쪽이 시장을 장악하는 시대가 왔다. 이 때문에 국제표준을 선점하려는 세계 각국과 기업의 경쟁은 갈수록 치열해지고 있다.

2) 글로벌스탠더드와 표준화와 인정

WTO는 세계 각국이 표준제도를 이용해 수입을 막지 못하도록 하는 "무역상 기술장벽(TBT) 제거 협정"을 1980년 체결했다. 국제기준과 맞지 않는 인증이나 기술규정을 만들 때 반드시 WTO에 사전 통보하도록 한 것이다. 단, 자국민의 보건 안전 등과 관련한 RBW제는 예외로 했다. 세계 각국이 보건 안전 등의 강제 인증을 통합하고 있는 것은 이 같은 WTO의 예외규정을 활용해 수입품으로 자국시장을 보호하려는 의도가 깔려 있다.

대표적인 사례가 유럽연합(EU)의 CE 마크다. EU는 나라마다 각기 다른 인증제도가 유럽의 통합을 해친다는 판단에 따라 1985년 유럽의 인증제도 통합에 나섰다. 그 결과 90년 CE 마크가 탄생했고, 1993년엔 이를 관장할 유럽시험인증기관(EOTC)이 설립됐다. 현재 CE 마크는 유럽시장에 진출하는 공산품의 통행증이 됐다. CE 마크를 받지 못한 공산품은 아예 유럽으로 수출이 금지되고 있기 때문이다.

또한 프랑스의 레스토랑 가이드(미슐랭 2008년)에서 도쿄가 150개 식당에 별을 부여받아 파리 64개(2위), 뉴욕 42개(3위)를 제치고 1등을 차지해서 도쿄가 반가움과 곤혹스러움을 같이하고 있다. 특히 별 3개에서도 일식이 5개로 프랑스 식 3개를 눌러 글로벌시티로서의 도쿄가 각광을 받고 있다. 그러나 외국인이 평가한 일본식의 레스토랑 중 맛을 어떻게 평가한 것이냐에 의해 당혹감을 나타내고 있다.

Michelin Guide Tokyo (2008)

1년 반 동안 비밀 평가

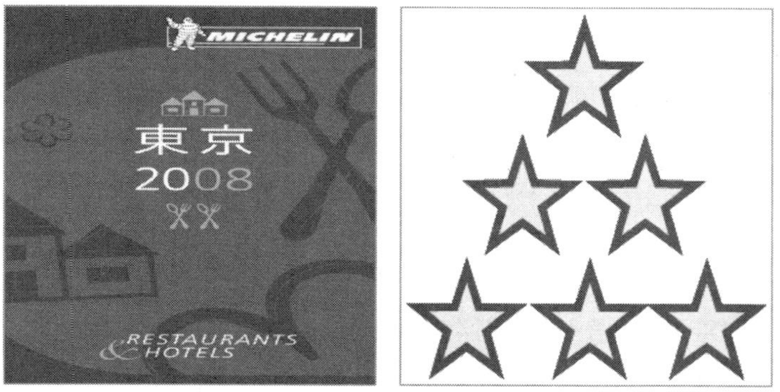

150개 식당에 별을 부여 (파리 64개, 뉴욕 42개)

★ 117개 ★★ 25개 ★★★ 8개 (5개 일식, 3 프랑스식)

[심사기준] 1. 세계 각국의 80여명의 외식전문가들, 2. 식재료의 질, 요리법, 맛의 완성도, 개성, 맛의 일관성, 3. 평가단 인원과 신분비밀, 4. 세 번 방문(평일, 주말저녁, 인터뷰), 5. 서비스 질과 데코레이션

참고 : ISO 9000 인증제도 ▶▶

ISO[11] 9000 인증제도란, 조직이 ISO 9000 패밀리 규격에 적합한지 여부를 제 3자인 인증기관이 객관적이고 독립적으로 공급자의 시스템을 평가하여 동 규격에 적합 여부를 보증해 주는 제도를 말한다.

ISO(International Organization for Standardization)는 상품 및 용역의 국제적 교환을 촉진하고 지적, 학문적, 기술적, 경제적 활동 분야에서의 협력증진을 위하여 국제표준화 및 관련활동의 발전을 촉진시키는 데 그 목적을 두고 설립된 1946년에 창설한 국제 표준화 기구[12]이다. 우리나라는 1963년에 가입하였고, 현재 세계 150여 개국이 가입하고 있다.

이러한 목적을 위하여 ISO는 세계 공통의 산업 표준 및 관련활동의 제정보급과 각국가 간의 표준을 조정 통일하여, 국제규격을 개발·발행하며, 회원기관과 관련 국제기구와의 협력을 도모한다. ISO 9000 시리즈는 대상부문에 따라 9001부터 9003까지 3종류의 규격이 있으며, 기업의 품질시스템의 특성에 따라 다음의 규격으로 인증이 가능하다.

ISO 품질인증 규격

ISO 9001	제품설계 개발에서부터 제조, 설치, 서비스에 이르는 품질경영체제
ISO 9002	설계·개발 부문의 품질시스템이 존재하지 않는 품질 경영체제
ISO 9003	최종검사 및 시험에 관한 품질 경영체제

ISO 9004는 품질시스템에 대한 개선 가능성과 발전 가능성에 관한 자문을 대상으로 한 규격이다. 위와 같은 품질경영시스템 규격을 선택·적용하기 위해서 다양한 가이드라인(지침)이 제정되어 있는데 이것들을 총칭하여 ISO 9000 패밀리 규격이라고 말하고 있다.

이 품질 경영시스템 규격은 제조업뿐만 아니라 건설업, 서비스 등 모든 업종에 적용 가능하고 현재로는 제조업은 물론 건설업, 정보 기술 분야, 호텔·레스토랑, 일반 서비스업, 의료, 사회 복지, 공공단체 등 광범위한 분야로 확대되어 적용되고 있다.

5 글로벌 경쟁과 새 시장의 등장

1) 브릭스와 new10의 등장

국경과 정치적 현상을 넘어서 제품과 서비스를 세계에 공급하는 것은 매력적인 현상이다. 그러나 이러한 현상은 최근의 새로운 것은 아니고 유사 이래 제품은 국경을 넘어 취급되었고 그것은 서안에서 로마까지를 이은 실크로드의 시대 이전까지 거슬러 올라간다.

국경을 넘어서 이루어지는 무역을 학자에 따라 12세기, 15세기 그리고 대영제국의 18세기, 그리고 19세기 등 설명하고 있으며 나름대로 논리도 설득적이다.

11) http://www.iso.org

12) 1946년에 창설되어 국제 간에 이용되는 규격으로 각국의 규격이 국제적으로 발전한 것이다. 스위스의 제네바에 본부를 두고 있으며 우리나라도 정회원국으로 가입하고 있다.

그러나 이러한 현상 중 상대적으로 새로운 것은 1950년대와 60년대의 미국의 대기업, 또는 1970-80년대의 유럽과 일본의 기업에 나타나는 것처럼 세계 각지에 존재하는 생산, 판매거점을 이용하고 조업하는 다수 대기업의 흐름이다. 경쟁력 있는 유럽 및 일본기업의 출현은 미국의 독주에 새로운 현상 즉, 글로벌경쟁의 개념에 커다란 긴급성과 중요성을 주고 있다.

경제대국과 무역대국은 20세기 중반 사이에 북미, 서유럽, 일본의 세 지역으로 나타났지만 이 지역은 세계인구의 20%를 약간 상회하지만 GDP에 관해서는 세계의 80% 이상을 산출하고 있다.

표 1-2 브릭스와 뉴10의 새 시장(2004년도)

국 가	총 인구	총 GDP	1인당 GNI	평균성장률(GDP), 2000-2004(%)
BRIC				
브라질	178.7	604,855	3,090	2.0
러시아	142.8	582,395	3,410	6.1
인도	1,079.7	691,876	620	6.2
중국	1,296.5	1,649,329	1,290	8.7
합계	2,697.7	3,528,455		
Big Ten				
아르헨티나	38.2	151,501	3,720	-0.1
브라질	178.7	604,855	3,090	2.0
중국	1,296.5	1,649,329	1,290	8.7
인도	1,079.7	691,876	620	6.2
인도네시아	217.6	257,641	1,140	4.6
멕시코	103.8	676,497	6,770	1.5
폴란드	38.2	241,833	6,090	2.8
남아프리카	45.6	212,777	3,630	3.2
한국	48.1	679,674	13,980	4.7
터키	71.7	301,950	3,750	4.2
합계	3,118.1	5,467,933		
세계 총합계	6,345.1	40,887,837	6,280	2.5

자료 : World Bank, World Development Report 2006.
주 : 총 GDP는 100만 US 달러이고 1인당 GNI는 US 달러임

현재는 신흥경제대국으로 BRICs(브라질, 러시아, 인도, 중국)의 성장이 주목을 받고 있는데 이들은 세계인구의 약 43%를 차지하고 있으며 세계 총 GDP의 약 9%를 차지하고 있다. 이들은 인구와 국토의 면적 면에서 큰 대국으로서의 면목을 갖추고 있다. 이들을 포함한 10개의 거대신흥시장(Big10 Emerging Markets)이 등장하는데 이들은 세계 총인구의 49%와 총 GDP의 13.4%를 차지하고 있는 것으로 나타나 10년 후에

는 말 그대로 새 시장을 창출할 것으로 보고 있다. Big10은 중국(홍콩, 대만 포함), 인도, 한국, 멕시코, 브라질, 아르헨티나, 남아프리카, 폴란드, 터키, 인도네시아 등이며 미래의 최대의 비즈니스기회가 생길 것으로 예상하고 있다. 또한 다수의 글로벌 대기업도 이 지역에서 나타날 것으로 보고 있다.

2) 글로벌기업과 국가의 논리

리카르도(D.Ricardo)는 기업의 고수익만큼 한 국가의 번영과 행복에 기여하는 것은 없다고 했지만 기업과 국가 간의 번영에 대한 상관관계가 깨졌다며 이른바 기업과 국가 간 비동조화(Decoupling) 현상이 심화되어 있다고 2006년 이코노미스트(2월 23일)는 지적했다. 이 지적은 1990년대에 미국에서도 등장하였다.

로버트 라이시

로버트 라이시(Robert Reich)는 우리들은 누구인가(Who is US?)라는 논문에서 US(우리들)를 사용했는데 이는 USA(미국)의 2중의 의미를 갖으며 새로운 문제의식을 제기하였다.[13] 즉, 2가지 형태의 회사, 예를 들면 미국인이 경영하고 미국에 본사를 두면서 생산거점은 OEM으로 해외합작 사업으로 움직이는 기업(IBM, 모토로라)과 외국인이 경영하면서 외국에 본사를 두었지만 미국에 생산거점을 두고 많은 미국인을 고용하는 기업(소니, 필립스, 혼다) 중 어느 것이 더 미국적인가에 대해 의문을 제기하였다. 그리고 그는 국적을 넘어 미국에서 생산하고 미국에 고용을 창출하는 기업이 미국기업이라고 주장하였다.

글로벌화가 진전되면서 세계의 공공적 이익과 국가이익과의 마찰과 갈등을 지적하면서 글로벌기업들은 인력의 55%를 외국에서 고용하고 매출의 59%를 해외에서 벌어들이고 있기 때문에 국가이익과 기업의 이익개념의 마찰을 주장하였다.

이처럼 기업과 국가의 논리가 비동조화 되는 것에 일본의 니혼게이자이 신문은 최근 회사란 무엇인가에 대해 시리즈를 통해 기업력(企業力)이 국력(國力)을 추월하고 있다고 보도했다. 매출액이 웬만한 나라의 국력, 즉 국가 GDP를 넘어서는 글로벌 초거대기업들이 속속 등장하고 있는 점을 들었다. 2004년 기준으로 기업과 국력을 보면 월마트 매출액이 2,880억 달러로 오스트리아의 2,901억보다는 약간 적지만 2억 인구의 인도네시아의 2,576억 달러보다 많음과 미국의 GM자동차(1,726억 달러)는 1,935억 달러로 핀란드(1,865억 달러)와 비슷한 규모를 갖고 있다.

13) Robert Reich, Who is US, Harvard Business Review, Jan-Feb, 1990.

월마트

인도네시아

한국의 삼성전자는 716억 달러로 아랍에미리트(710억 달러)보다 많고 현대자동차(464억 달러)는 베트남(452억 달러)의 경제력과 비슷하다.

이러한 예를 보면, 과거처럼 국가경쟁력이 기업의 경쟁력으로 이어지는 것이 아니고 오히려 초 글로벌기업의 경쟁력이 국가의 경쟁력으로 이어진다고 해도 과언은 아니다. 또한, 과거 본국기업의 성장이 자국 내의 고용과 창출로 이어졌지만 이제는 기업들이 글로벌화 되면서 저임금 국가로 이전함에 따라 이 논리도 깨어졌고 우리기업이라는 개념도 우리나라 사람이 경영하는 기업이 아니고 우리나라에 생산하며 고용을 창출하는 기업이야말로 우리기업으로 간주되고 있다는 논리가 등장한다.

GDP(국내총생산)가 국가의 경제력을 상징하는 지표가 GNI(국민 총소득)로 바뀌고 기업과 국경을 뛰어 넘은 활동(해외생산, 해외직접투자)에 의해 국력개념은 더욱 변질되고 국가의 영토를 기초로 한 생산력보다는 부가가치가 높은 정보, 기술, 지식 등 시스템에 의해 새로운 경제력이 대두되고 있다. 이러한 국가를 리차드 로즈크랜스(Richard Rosecrance) 교수는 가상국가(vitrual state)로 표현한다.[14] 가상국가는 공업국가, 통상국가의 개념보다 좀 더 국가의 개념이 희박해진 글로벌화에서 나타난 국가개념이다.

14) Richard Rosecrance, The Rise of the Virtual State, Foreign Affairs, Jul-Aug, 1996.

제1장 3절 글로벌화의 현대적 원인

최근 국제비즈니스는 상술한 것처럼 극적으로 성장하고 있음을 보여주고 있다. 세계무역기구(WTO)의 통계에 의하면 1950년대 세계의 GDP의 수출에 차지하는 비율은 1% 정도였지만 2004년에는 22%를 차지하는 것으로 나타났다.[15] 불과 50여년 사이에 22배 성장한 것은 20세기 최대의 역할로 들 수 있다.

그렇다면 국제비즈니스가 무슨 이유로 지난 10년 동안 급증하였는가를 알아보기로 하자. 일반적으로는 글로벌화를 자극하는 전략적 요인과 글로벌화를 촉진하는 환경적 요인으로 나누어진다.[16]

1 전략적 요인

1) 핵심역량

국내시장에서 발전된 핵심역량은 기업의 글로벌화의 주요 자극적 수단으로서 등장한다. 핵심역량은 다른 경쟁기업에 비해 특별히 뛰어난 자원과 능력을 의미하는데 이것을 독자적 능력으로 표현하기도 한다. 새로운 시장에서는 핵심역량만이 다국적기업이 그들의 매출액과 이익을 증가시킬 수 있다고 하겠다. 예를 들면 노키아(Nokia)는 핀란드에서 뛰어난 휴대폰기술로 국내시장을 지배하고 나서 빠르게 해외에 진출하여 세계의 기업으로 성장하였다. 싱가포르 항공도 1972년 이래로 고객만족과 신뢰로 아시아에서 성장하면서 지금은 34개국 88개 도시로 성장하여 서비스를 확장하여 글로벌기업으로 성장하였다.

---

15) World Trade Organization web site, www.wto.org.

16) Ricky W. Griffin & Michael W. Pustay, Internatonal Business, Pearson Prentice Hall, Fifth Edition, 2007, pp. 12～16.

2) 자원획득과 공급

원료, 노동, 자본, 기술과 같은 자원을 획득하기 위하여 해외에 진출하는 것이 또 다른 글로벌화의 원인이다. 현지에서 부족한 제품과 서비스를 해외에서 취득하는 경우를 말한다. 예를 들면 북미 식품 도매상들은 커피와 바나나를 남아프리카에서, 일본은 캐나다에서 목재를, 석유는 중동에서 구입한다. 그리고 미국 광고업자들은 광고프로를 남아프리카의 케이프 타운으로 해외 촬영을 즐겨한다. 그 이유는 광고장비나 요원들을 로스앤젤레스의 40%도 안 되는 가격으로 이용할 수 있기 때문이다.

3) 새로운 시장 추구

국제적 확장을 위한 상업적 동기도 새로운 시장추구의 원인이 된다. 기업의 국내시장이 성숙단계에 이르면 매출액과 이익성장은 어렵게 된다. 예를 들면 Proctor & Gamble, Unilever, Colgate 등의 회사는 미국, 캐나다, EU 등의 국가의 치약시장이 성숙되었다고 생각되면 중국, 인도, 인도네시아 등의 시장을 상대로 공격적 경영을 하게 된다.

즉, 규모의 경제를 취득하기 위하여 기업의 다각화를 통해 이익극대화를 목표로 새로운 시장이 요구되기 때문이다.

2 글로벌화의 환경적 요인

1) 정치적 환경의 변화

20세기 초기에는 다국적기업의 해외무역이나 투자가 정부의 정책의 벽에 의해 새로운 시장에의 진출이 좌절되었다. 제 1차 세계대전 이후 미국, 영국, 프랑스와 독일 등의 국가에서는 관세와 수입할당제정책을 취해 1930년대에서는 국제무역과 투자가 감소되었다. 그러나 제 2차 세계대전 이후에는 이러한 정책이 변화되었다. 세계의 주요무역국들은 관세와 할당이란 벽을 감소하기 위해 노력하였다. 관세 및 무역에 관한 일반협정(GATT)과 WTO 등은 이러한 예이고 지역적 코드를 통해 EU 그리고 NAFTA (북미자유협정) 등은 그들의 회원만의 투자와 관세의 벽을 편하게 해주고 있는 역할을 하고 있다.

2) 기술적 변화

(1) 글로벌화와 기술발전

기술발전은 기업의 국제화와 경영의 국제화에 엄청난 영향을 주었다. 우선 자원을 이용하는 새로운 방법과 재화와 용역의 생산방법 그리고 통신·수송 등에 새로운 방법 등이 등장하였다. 마차 대신에 자동차가, 범선 대신에 기선이 등장하고 비행기 그리고 타자, FAX, 전화, 전보, 컴퓨터에 이르기까지 인류는 기술발전에 의하여 국제화가 이루어졌다고 해도 과언은 아니다. 세계 곳곳의 일들이 그날로 전 세계에 알려지는 이른바 지구촌(Global Village)시대가 온 것이다.

이러한 지구촌 시대에는 각각의 문화가 공존하면서 전 세계인들이 갖고 싶어 하는 욕구(needs)의 공통화가 이루어지고 있다. 자동차, 컴퓨터, TV 등은 현대인에 있어서 필수불가결한 물건이다. 특히 컴퓨터를 통한 정보화와 비즈니스는 각국의 국력과도 비교될 만큼 중요하게 여겨지고 있다. Microsoft나 Yahoo 등의 조그만 회사가 가치로는 세계 제일을 자랑하는 가치 중심의 정보화 시대가 도래한 것이다. 이 모든 것은 기술발전 없이는 생각할 수도 없었던 것으로 판단될 정도이다.

3 인터넷과 디지털

아마도 국제경영의 발전을 논함에 있어 기술을 무시할 수 없듯이 수많은 기술 중에 가장 중요한 혁신기술의 하나는 마이크로프로세서라고 할 수 있다. 마이크로프로세서는 개인과 회사의 정보를 위해 강력한 힘과 低코스트 때문에 폭발적인 성장을 가져다주었다. 인공위성의 발사가 30년도 지나지 않아 지금은 무선통신과 세계를 하나로 움직이는 인터넷과 광학섬유 등이 나타나 국제경영의 혁명적 역할을 하였다.

이러한 기술의 발전은 마이크로프로세서 없이는 발전할 수 없었으며 시간이 흐르면 흐를수록 저비용으로 고객들을 만족시키고 있다. 예를 들면, 1973년에 뉴욕에서 런던으로 국제전화를 할 경우 3분에 $13.73이었는데 20년이 지난 1993년에는 $1.78로 하락하였으며 2000년에는 1분당 5 cent로 가고 있다. 그리고 인터넷과 W.W.W(World Wide Web)의 경우도 1990년에는 100만 명의 사용자를 기록하였으나 1995년에는 4,000만 정도이고 2000년 현재에는 1억5천에서 2억 정도의 사용자로 증가하였고, 2005년에는 10억 명 정도로 증가하였다.[17)]

---

17) A. Cane, "Competition Down the Line," Financial Times January 19, 1995, p. 11.

인터넷과 정보통신산업을 기반으로 이루어지는 모든 경제활동이며, e-비즈니스는 디지털경제의 대명사이다. 산업혁명을 계기로 시작되었던 산업 사회의 경제와는 달리, 인터넷을 주요기반으로 하는 사업인 전자상거래나 인터넷 쇼핑몰, 검색 서비스 등을 말한다. 이러한 사업들은 디지털 기술의 발달로 세계적인 네트워크를 통해 생산과 소비, 유통의 새로운 질서를 확보함으로써, 시공간을 뛰어넘는 새로운 경제 패러다임으로 확산되고 있다. 인터넷을 기반으로 하기 때문에 아이디어를 가진 적은 인력으로도 사업할 수 있으며 기술개발 등 경제활동이 빠르게 이루어진다. e-비즈니스의 가장 큰 특징은 벤처이다. 초기에는 많은 비용이 들지만 일정 시기가 지나면 이익이 폭증하는 수확체증의 법칙이 작용하는 것도 벤처의 특징이다.

디지털경제를 지배하는 키워드는 외형적 팽창보다 그 속에서 일어나는 거대한 패러다임의 변화이다. 신속·정확을 생명으로 하는 디지털의 특성을 집약한 광속 경제, 세계를 국경 없는 경쟁체제로 묶는 메가컴피티션(Mega-Competition), 시너지효과를 위해 여러 기업이 힘을 합친 C-커머스(Collabora-Commerce) 등 새로운 경제용어들이 양산되고 있다.

4 수송기술의 발전

제 2차 세계 대전 이후 기술발전에 있어 수송발전의 역할은 두드러졌다. 물론 전쟁 때문에 발전된 기술도 있었지만 경제적으로 보았을 때 상업용 제트기와 컨테이너의 발전은 비용과 효율적인 면에서 고객과 기업의 획기적인 만족을 가져다 주었다. 다시 말하면 넓고 광활한 지구를 축소시켜 주어 지구촌으로 만들어 주는 역할을 하였다<그림 1-1 참조>.

그림 1-1 지구의 축소화

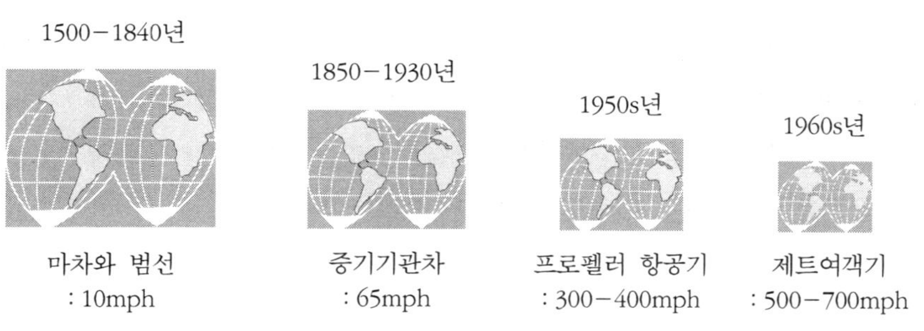

자료: P. Diken, Dlobal Shift (New York: Gui/ford Press, 1922, P.104)

이러한 경향은 제트비행기의 출현으로 더욱 뚜렷하게 되어 100년 전만 해도 베로 서울에서 동경까지 가는 시간이 엄청났으나 지금은 서울에서 뉴욕까지 가는 시간이 더욱 빨라져 시간적으로 가까워졌음을 알 수 있다.

제1장 4절 글로벌화와 기상이변, 고령화, 유니섹스

1 기상이변과 기업경영

1) 황사, 엘니뇨, 이상고온 등 기상이변의 빈발

1980년대 후반부터 기온이 상승하는 조짐이 나타나고 있고 이상호우의 빈도, 가뭄의 강도 등이 증가하고 있으며 이러한 이상고온 등의 기상이변은 전 세계적으로 나타나는 현상이다<표 1-3 참조>.

2001년 발생한 황사는 발생 빈도와 강도에 있어서 사상 최악이었다. 황사 발생일수가 80년대 연평균 4.1일에서 90년대 10.3일로 늘어났으며, 2001년에는 27일로 최악을 기록하였으나 2002년에는 14일, 2006년에는 10.3일 기록하여 불과 20년 전보다 2배 이상 상승하여 우리를 괴롭히고 있다. 주지하는 바와 같이 황사는 중국 사망에서 발생하여 한반도로 불어오는 대형 먼지바람이 원인이다. 2002년을 기준으로 하면 백령도(17일), 인천(15일), 서울(14일), 속초(13일)의 순으로 중국에 가까울수록 빈번하게 나타난다.

우리나라의 먼지 발생량은 평소 선진국의 2~3배 정도인데, 황사가 나타나게 되면 10~14배로 증가한다. 황사는 먼지뿐 아니라 오염물질을 다수 포함하고 있어 산업활동과 국민건강에 막대한 피해를 끼친다.

표 1-3 기상이변의 현상과 전망

구 분	현 상	대응 노력	전 망
황 사	· 강한 모래바람 동반 · 정전사고, 반도체공장 가동중단, 항공기 결항 · 호흡기 및 안질환 증가, 노약자 및 어린이 피해 · 모자, 스카프, 선글라스, 돼지고기, 도라지 등 판매 증가	· 대대적 식목운동 · 한·중·일 공조 · 관련국 공동관측 라이다(Laser Readar) 등을 이용한 연구	· 온난화·사막화 진전으로 발생주기 및 강도 증가 · 먼지발생 지역 식목시 황사 감소
엘니뇨	· 해수면 온도 상승 · 홍수, 가뭄, 폭설, 혹서, 산불발생, 어획량 감소, 생태계 변화, 전염병 유발	· 공동관측 및 기상예측력 제고 · 재해대비시스템 구축	· 온난화 진전으로 기상이변이 상시화하고 피해 확대 · 메커니즘 규명과 대책마련이 곤란
온난화	· 대기 CO_2 농도 및 지구 평균 기온 상승 · 강수량 급 변동, 기온 상승으로 다양한 재해 발생 · 식량생산 및 관련 산업 피해	· 기후변화협약 · 대체에너지 개발 · 에너지 절약형 산업구조	· 온난화가 지속되고 한계치를 넘으면 대형재해 필연적 · 국가 간 협력, 산업 및 생활의 근본변화가 없이는 대응 불가

2) 수용변동 리스크

(1) 가전·패션·식음료와 기상변동

가전 및 패션제품은 계절상품이 많아서 기상이변이 생산기획, 재고관리, 판매 등에 큰 영향을 미친다. 기상예측을 잘못할 경우 재고발생에 따른 손실 외에 시장을 경쟁업체에 빼앗기는 등 기회상실이 발생한다. 또한 기상이변으로 최근 봄과 가을이 짧아지고 겨울기온이 올라감에 따라, 봄·가을 의류 판매기간이 줄어들고 겨울의류는 방한용에서 패션 위주로 변화되고, 모피, 오리털파카, 가죽의류 등의 판매가 위축되고 있다.

음식료는 기온과 습도가 매출에 미치는 영향이 명확하다. 여름철에 이상 저온이면, 청량음료, 아이스크림 등의 매출이 부진하고, 맥주의 경우 매출이 늘어나기 시작하는 임계온도가 존재한다. 또한 온도, 습도, 바람 등이 음식료 매출에 복합적으로 영향을 미치며, 불쾌지수와 일부 음식료의 판매량 간에 상관관계가 높게 나타난다. 그러므로 가전, 패션, 음식료 등이 업체는 6~8개월 이후의 기상을 전망하고서 생산계획을 수립해야 한다. 계절의 지속기간, 기온의 피크 정도 등에 따라 적정 생산 및 재고를 결정한다든가, 할인판매 등의 판매정책 결정시에는 강수 유무 등에 기상이 중요한 판단변수가 될 수 있도록 해야 한다.

3) 새로운 사업기회

(1) 기상이변이나 변동과 관련된 정보를 제공

미국은 1996년 3월 연방기관인 National Weather Service의 업무 중에서 농업부문 기상서비스를 민영화했고, Weather Service International(방산 업체 Litton의 자회사) 등이 기상예측서비스를 산업계, 정부, 군대 및 농업에 제공하고 있다. 또한 국내에서도 기상정보의 중요성을 인식하게 되었고 민간 기상전문업체로부터 관련 데이터를 구입하는 사례가 증가하고 있다.

(2) 기상변동에 따른 날씨 파생상품이 등장

날씨 파생상품은 주로 장외시장에서 거래되는데, 2000년 기준 세계 전체의 거래액은 3조원, 연간 성장률은 50% 정도(PwC 및 Financial Times의 조사결과)이다. 그리고 시카고 상품거래소, 런던 국제선물거래소 등이 장내거래를 유도하기 위해 거래소를 설치했으며, 사설 에너지 거래소인 ICE(Intercontinental Exchange)는 날씨 파생상품의 상장을 추진했다. 또한 최근 미국, 유럽, 남미에서는 기존 농작물 보험을 증권화한 신종 금융상품까지 출현하였다.

4) 기업의 대응

기상이변에 대한 기업의 대응은 다음과 같다.

첫째, 기업들은 기상이변이 빈번해지고 변동성이 높아질 것으로 예상되므로 이에 대비해야 한다. 황사, 호우, 가뭄 등의 간혹 일어나는 자연재해가 아닌 일상적 기업 환경변수로 대두되고 있다. 엘니뇨, 온난화 등과 같이 메커니즘 규명 및 대응이 어려운 비정상적 기상현상들이 앞으로 계속 나타날 가능성이 있기 때문이다. 기상재해가 기업생존을 좌우하는 피해를 줄 수도 있으며, 이상기온 등 기사의 변동성은 판매부진, 시장기회 상실 등을 초래한다. 예를 들어 식품의 품질불량, 건설현장의 안전사고 등은 기업이미지에 타격을 주게 된다.

둘째, 기상이변을 경영의 중요한 축으로 인식하고 사내 대응시스템을 구축해야 한다. 기업 내에 기상 관련 위험을 관리하는 조직을 가동하고 책임소재를 명확화하고, 재해방지, 리스크관리를 위한 전담조직을 구성하고 전문가를 배치시키도록 하며, 외부 전문가, 컨설팅회사, 전문기관, 국제기구 등과 협력해 나가야 한다. 또한 주가, 환율, 금리의 리스크를 관리하듯이 날씨도 기업경영의 리스크로서 보다 체계적으로 대응해 나가야만 한다.

참고 1: 지구온난화 ▶▶

1. 지구온난화란?

지구온난화(Global Warming)는 온실가스의 온실효과(GreenHouse Effect)에 의한 지구 기온 상승현상으로 땅이나 물에 있는 생태계가 변화하거나 해수면이 올라가서 해안선이 달라지는 등 기온이 올라감에 따라 발생하는 문제를 포함한다.

온난화 현상 자체는 과거에도 있었으나, 현재는 주로 19세기 후반부터 관측되고 있는 온난화를 가리키며, 현재 기후변화에 관한 정부간 패널(IPCC)에서 인정한 견해는 19세기 후반 이후 지구의 연평균기온이 0.6도 정도 상승했다는 것이며, 평균기온 상승으로 인해 빙하가 녹아 해수면은 지난 100년간 10~25cm 상승하였다.

이러한 온난화는 20세기 전반까지는 자연 활동이 온난화를 유발했지만 20세기 후반부터는 인류의 활동이 온난화를 유발하였다.

IPCC(Intergovernmental Panel on Climate Change)의 연구에 따르면 1990년부터 2100년까지는 지구의 기온이 1.4도에서 5.8도까지 오를 가능성이 있으며 이에 따른 해수면의 2100년까지 평균 50cm 상승과 강수량 변화가 예측되며 그 결과로 홍수나 가뭄, 각종 기상이변이 늘어나고 규모도 커질 것으로 예측된다.

2. 지구온난화의 원인

온실효과(Greenhouse Effect)를 일으키는 온실기체가 온난화 현상의 가장 중요한 원인. 온실기체로는 이산화탄소가 가장 대표적이며 인류의 산업화와 함께 그 양은 계속 증가하고 있으며 이외에도 메탄, 수증기가 대표적인 온실기체이다.

특히 현대에 사용하기 시작한 프레온가스는 한 분자 당 온실효과를 가장 크게 일으킴. 또한 산업 발달에 따라 석유와 석탄 같은 화석연료를 사용하고 농업 발전을 통해 숲이 파괴되면서 온실효과의 영향이 커지고 있다.

(나무나 산호가 줄어듦으로써 공기 중에 있는 이산화탄소를 자연계가 흡수하지 못해서 이산화탄소의 양이 계속 증가)

■ 21세기 초·후반 지표면 온도 상승 이미지

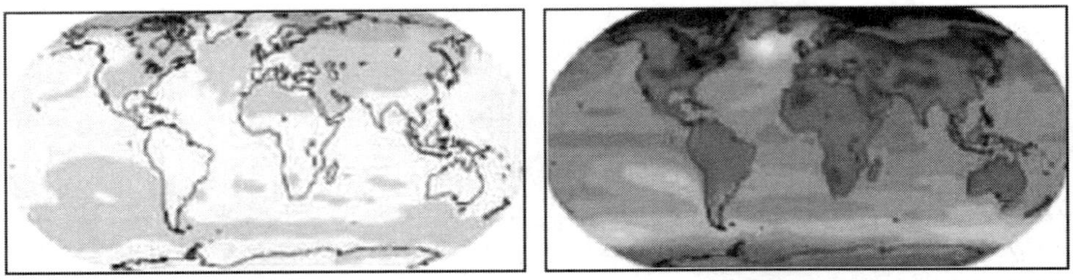

2020년 ~ 2029년　　　　2090년 ~ 2099년 (자료: IPCC)

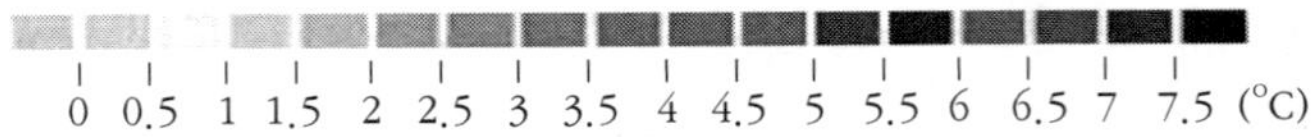

3. 지구온난화에 따른 영향

1) 지구온도 상승

지구의 연평균기온이 계속 올라감으로써 땅이나 바다에 들어 있는 각종 기체가 대기 중에 더욱 많이 흘러나오는 피드백 효과로 온난화를 더욱 빠르게 진행시킴.

2) 기상재해

온난화에 의해 대기 중의 수증기량이 증가하면서 평균 강수량이 증가할 것이고 이는 홍수나 가뭄으로 이어짐.

3) 해수면 상승

가장 큰 문제는 해수면이 상승하는 것으로, 기온 상승에 따라 빙하가 녹으면서 이 현상이 일어날 것으로 예측되며, 이러한 해수면 상승은 섬이나 해안에 사는 사람들의 생활에 영향을 미칠 것이며 특히 해안에 가까운 도시에는 대단히 큰 문제를 일으킨다.

4) 생태계 변화

한국의 기후는 아열대 기후로 변하고 있음(해수 평균 온도도 올라가 동해안에 지천으로 잡히던 한류성 어류인 명태나 대구 등은 줄어들고 고등어, 멸치, 오징어 등 난류성 어류들이 동해의 주인자리를 차지하고 있다.

5) 식량부족

유엔의 보고서들에 의하면 2100년까지 쌀, 밀 등과 같은 세계의 주요 식량 생산량이 30%까지 떨어질 것으로 예측된다.

참고 2: 엘리뇨 현상과 라니냐 현상 ▶▶

1. 엘리뇨 현상

엘니뇨는 태평양 적도 부근의 해수면 온도가 평균보다 0.5도 이상 높은 상태가 6개월 이상 지속되는 현상으로 스페인어로 남자아이(The Child) 또는 아기예수를 의미하며 열대 태평양 남미 해안으로부터 중태평양에 이르는 넓은 범위에서 해수면 온도가 지속적으로 높아지는 현상으로 2~7년마다 한번씩 불규칙하게 발생하는데 주로 9월에서 다음해 3월 사이에 일어난다.

당초 엘니뇨는 페루 연안에서 발생하는 국지적인 현상으로 이해되었으나, 1950년대 이후 지구 규모의 대기·해양관측망이 정비되면서 그 영향 범위가 전 세계적인 것으로 밝혀졌는데, 수년에 한 번씩 해면수온이 평년에 비해 2~5℃나 높은 상태가 6~12개월 이상 지속되어 수온상승에 따른 영양염류의 감소에 의해 물고기의 먹이가 되는 플랑크톤이 격감하여 안쵸비(멸치의 일종)를 비롯한 연안어업에 커다란 타격을 주고 페루와 에콰도르 일대에 호우가 빈발하는 등 날씨에 의한 피해가 발생하는 현상도 「엘니뇨」라고 부른다.

2. 라니냐 현상

라니냐(La Nina)란 엘니뇨의 반대 현상으로서 적도 무역풍이 평년보다 강해지면 서태평양의 해수면과 수온은 평년보다 상승하게 되고, 적도 동태평양에서는 찬 해수면의 용승현상 때문에 저수온 현상이 강화되어 해수면 온도가 평년보다 5개월 이상 0.5℃ 이상 낮게 나타나는 현상으로 라니냐(스페인어로 여자아이) 또한 기상이변의 주요 원인이 되고 있으나 엘니뇨보다 축적된 연구 자료가 훨씬 적어 기상예측이 힘들고, 피해 예상지역을 엘니뇨만큼 예측하기도 어려워 대응방안 마련이 힘들다.

3. 엘니뇨와 라니냐의 영향 및 피해

엘니뇨 현상이 나타날 때 일반적으로 필리핀, 인도네시아, 호주 동북부 등지에서는 강수량이 평년보다 적으며, 반면에 일본 남부 등 아열대 지역과 적도 태평양 중부, 멕시코 북부와 미국 남부, 남미 대륙 중부에서는 홍수가 나는 등 예년보다 많은 강수량을 보이는 경향이 있다.

또한 알라스카와 캐나다 서부에 걸쳐 고온 경향이, 미국 남동부는 저온이 되기 쉬움. 즉, 엘니뇨 현상이 발생하면 태평양상의 에너지 분포가 바뀌고 대기의 흐름을 변화시켜 페루 등 남미지역과 태평양을 둘러싼 열대, 아열대지역인 인도네시아,

필리핀, 호주 등지에 이상기상을 일으키는 경향이 뚜렷하며, 동태평양에서 발달하는 엘니뇨 영향이 멀리 떨어진 서태평양 연안지역에 뚜렷이 나타나는 이유는 동태평양 열대역의 대류활동 분포가 변하여 전 지구적으로 많은 대기흐름의 변화를 초래하기 때문이다.

2 고령화

현재 우리나라의 고령화 정도는 다른 나라와 비교할 때 비교적 양호한 편이다. <표 1-4>에서 알 수 있듯이, 현재 65세 이상 인구의 비율이 7% 내외로서 이미 동 비율이 14%를 초과한 지 오래되는 대부분의 선진국에 비해서는 인구구조가 젊은 편에 속한다.

스웨덴과 독일은 이미 1972년에 동 비율이 14%를 넘어섰고, 프랑스와 영국도 1970년대에 14%를 넘어섰다. 일본의 경우는 이미 1994년에 동 비율이 14%를 넘어섰고 2006년이면 20%를 넘어설 것으로 예상되고 있다. 2000년 현재 동 비율의 개도국 평균이 5.1%, 선진국 평균이 14.4%임을 감안하면 우리나라의 경우는 고령화 측면에서는 선진국보다는 오히려 개도국에 가까운 형편이다.

표 1-4 세계의 인구구조

	2000				2030			
	0~14	15~64	65~	평균연령	0~14	15~64	65~	평균연령
세계	29.7	63.4	6.9	26.6	22.4	65.8	11.8	33.9
선진국	18.2	67.4	14.4	37.5	15.4	62.0	22.6	44.5
개도국	32.5	62.4	5.1	24.4	23.6	66.5	9.9	32.3
아프리카	42.5	54.3	3.2	18.4	32.3	63.2	4.5	24.0
유럽	17.5	67.8	14.7	37.8	14.5	62.6	22.9	45.8
남미	31.6	63.0	5.4	24.5	22.5	66.5	11.0	33.5
북미	21.2	66.3	12.5	35.9	17.8	61.4	20.8	40.8
오세아니아	25.2	64.9	9.9	31.1	20.5	63.8	15.7	36.6
아시아	31.8	62.8	5.4	26.3	21.1	67.2	11.7	35.2
한국	21.1	71.7	7.2	32.6	12.4	64.5	23.1	45.1

자료 : UN. World Population Prospects, 1998. 통계청, 『장래인구추계』, 2001.

표 1-5 인구고령화 추이: 국제 비교

	도달 년도			소요 기간	
	7%	14%	20%	7% → 14%	14% → 20%
한국	2000	2019	2027	19	8
일본	1970	1994	2006	24	12
프랑스	1864	1979	2020	115	41
독일	1932	1972	2012	40	40
영국	1929	1976	2021	47	45
이탈리아	1927	1988	2007	61	19
미국	1942	2013	2028	71	15
스웨덴	1887	1972	2012	85	40

자료 : UN, The Sex and Age Distribution of World Population, 1998.
일본 국립사회보장·인구문제연구소, 『인구통계자료집』, 1999.

그럼에도 불구하고 향후에는 우리나라의 경우 전 세계적으로 유례가 없을 만큼 급속한 고령화를 경험할 것으로 예상된다. 2000년 현재 총인구 중 65세 이상 인구비율이 7.2%로 '고령화사회(ageing society)'로 진입하였고, 2019년이 되면 동 비율이 14.5%가 되어 '고령사회'로 진입할 것으로 예상된다<표 1-5 참조>.

파고다 공원의 노인들

즉, 인구구조의 분수령이 되는 고령화 사회로부터 고령사회로의 진입이 불과 19년 만에 이루어진다는 것이다. 뿐만 아니라 총 인구가 2024년부터는 감소하기 시작할 것으로 예상된다.

이는 선진국에서는 유례를 찾아보기 힘들 만큼 급속한 변화이다. 고령화 사회에서 고령사회로의 진입은 프랑스의 경우 115년, 스웨덴의 경우 85년, 미국의 경우 71년, 이탈리아의 경우 61년, 영국의 경우 47년이 소요되는 등 대부분 반세기 이상에 걸쳐 진행되었다. 이미 선진국에서는 실버산업이라는 단어가 등장할 정도로 고령화 사회에 능동적으로 대응하고 실질적으로 틀니산업이 자동차 산업을 능가한다는 말이 나올 정도이다.

3 유니섹스(Unisex)

현대 여성 등의 사회진출 증대와 생활영역의 확대는 생활수준과 소득의 향상을 가져와 여가를 점점 더 중시하게 되었다. 그 결과 1980년대 여성패션은 뚜렷한 두 가지 경향을 띠는데 직장에서 일하는 낮 시간에는 보수적인 테일러드 차림을 하고 여유시간에는 매력적이고 섹시한 여성적인 차림을 한다. 남성과 여성들의 의상 아이템들이 상호교환되면서 많은 변화를 보이는데, 이러한 아이템들을 유니섹스 의상이라 한다.

1967년 등장한 유니섹스 의복은 남녀 양성이 공동으로 착용할 수 있는 의복으로 사회경향과 미래가 반영된 모드였다. 이러한 경향은 여성들에게 주어진 교육기회의 향상과 여성운동의 영향으로 나타난 여성역할의 변화로 남녀의 역할이 상당히 유사해지면서 나타났고, 결과적으로 남녀평등이라는 민주주의적 사고를 도입시켰으며 활동적인 복식의 선호를 가져왔다.

90년대 중반 존 나이스비트는 저서 '메가트렌드 2000'에서 "21세기는 남녀를 구분할 수 없는 시대가 될 것"이라는 명제를 던졌다. 그의 예언을 제대로 음미할 틈도 없이 세상은 변하고 있다. 이미 우리 사회는 '성 정체성'이라는 옛날 기준으로 읽어내기 어렵게 됐다. 옷차림의 모호함은 물론이고 하는 일, 쓰는 이름, 입는 옷, 언어, 심지어는 직업에서조차 남녀의 구분이 사라지고 있다.

유니섹스란 의상, 헤어스타일 등 여러 면에서 남성과 여성의 구별이 없어진 현상을 일컫는 말로서 20세기에 들어 양성성을 추구하는 세대들에게서 나타난 것이 특징이다. 즉 남성의 터프함과 여성의 차분함에 반기를 들어 여성도 당당해야 하며, 남성 역시 섬세함이 필요하다는 시대적 흐름이라고 할 수 있다. 이러한 양성성이 패션으로 표현되는 것을 유니섹스 패션이라고 한다.

최근 패션계의 가장 큰 특징은 '보더리스(borderless)' 현상이다. 남성과 여성의 스타일을 구분 짓는 스타일이 아니라 함께 입을 수 있는 유니섹스 패션이 유행 스타일로 자리잡고 있다. 길거리에 나가보면 헐렁한 티셔츠에 바지, 터무니없을 정도로 빅 사이즈의 점퍼를 남녀 구분 없이 누구나 멋지게 소화해내고 있는 것을 볼 수 있다. 이미 유행이라는 단어보다는 사회적 추세로 받아들여야 한다는 말이다.

보더리스의 현상은 세계적인 브랜드의 광고와 미디어에서도 찾아볼 수 있다. 최근, 청소년처럼 터프한 복장의 여자 모델과 여자보다 더 여성 같은 아름다운 남자모델이 똑같은 옷을 입고 등장한 광고를 자주 볼 수 있다. 여기서는 성의 경계나 패션의 남녀구분이 사라지는 것은 물론, 감정으로서도 인간의 내면이 표출되고 있음을 느낄 수 있다. 물론 지극히 여성스럽거나 터프한 스타일도 선보이고 있지만 예전과 달리 유니섹스 패션이 선호되는 것은 성의 경계가 무너진 사회현상이 패션으로 나타나고 있기 때문이다.

사례 : 유니섹스 브랜드 성공 전략 ▶▶

유니섹스 브랜드의 성공은 점점 확장되어가면서 브랜드마다 자사의 색깔이 강한 개성을 보이고 있다. 이런 개성은 소비자의 다양한 소비 형태와 다양한 감성을 충족시켜주고 있다. 또한 지오다노를 포함한 유니섹스 브랜드들은 위축된 소비시장을 확장하기 위해 노력하고 있는데, 지오다노와 중저가 브랜드 중 최고의 매출액을 기록하고 있는 베이직 하우스를 간단히 예를 들어 보겠다.

① Product

베이직 하우스는 백화점을 방불케 하는 다양한 상품으로 소비자를 맞이하고 있는데, 베이직 하우스의 쇼핑으로 모든 것을 경험할 수 있는 점을 내세우고 있다. 또한 저렴한 가격으로 여러 제품을 선보이며, 상품유행 선도를 위해 빠르게 움직이고 있다. 이런 움직임은 시즌 상품을 빠르게 입고하는 등의 움직임을 보인다. 베이직 하우스는 고객의 마음을 읽는 상품 디자인을 통해 소비자들의 디자인에 대한 욕구를 충족시키고 있다. 중저가 캐주얼 브랜드 중 웰빙 마케팅을 펼치고 있으며, 아웃도어라인시장 개척과 틈새시장이었던 잡화 공략으로 여러 가지 상품을 한 번에 볼 수 있는 전략을 세우고 있다.

② Price

베이직 하우스는 노세일 정책으로 세일이 없지만 저렴한 가격으로 상품을 선보이고 있을 만큼 가격에서는 과감한 정책을 펼치고 있다. 또한 감성적이면서 세련된 소비자를 이해한 브랜드 이미지를 추구하고 있다. 베이직 하우스는 유통 마진에 의한 가격 거품을 제거하기 위해 노력한다.

③ Place

베이직 하우스는 임대료가 저렴한 외곽 상권에 개점하여 저렴한 가격을 유지시켰고, 100% 가두점 판매 마케팅을 하였다. 또한 3DVR을 이용한 인터넷 상품을 판매하는 등으로 다양하고 저렴하게 유통되고 있다.

④ Promotion

베이직 하우스는 연예인의 이미지를 활용한 광고를 통해 마케팅을 펼치고 있다. 또한 다양한 이벤트를 통해 사은품을 증정하기도 한다. 베이직 하우스는 성실하게 고객을 응대하기 위해 직원을 관리하고, 쇼핑의 편리함을 위해 동선에 맞는 제품 진열을 신경 쓴다. 쾌적한 환경 속에서 고객이 쇼핑할 수 있도록 노력하고 있다.

⑤ 그 밖의 성공전략

베이직 하우스는 다른 매장과 달리 여름 시즌은 영업시간을 연장하여 소비자에게 늦게까지 쇼핑할 수 있는 시간을 제공해 주었다. 또한 직원들을 관리하는데 있어서 일한 만큼 누린다는 마인드를 주어 최선을 다해 일할 것을 다짐한다. 협력업체와의 원만한 관계를 유지하여, 브랜드의 흐름을 유지시키며 확실한 서비스까지도 책임지고 있다. 온라인 홈페이지를 소비자가 보기 쉽게 관리해 두어 브랜드에 대한 정보와 제품의 정보와 쇼핑까지도 돕고 있다.

제1장 5절 글로벌 경제의 현실

미국 주택경기 침체가 서브프라임 모기지(비우량 주택담보 대출) 위기와 소비침체로 확산되면서 세계경제의 경기침체에 대한 우려가 최고조에 달하고 있다. 서브프라임 모기지 위기는 금융업에 이어 제조업에도 파급되어 뉴욕증시가 폭락하고 뉴욕증시 폭락은 한국, 태국, 터키, 브라질 증시가 8% 이상 하락했으며 모건 스탠리의 인터내셔널 이머징 마켓인덱스(MSCIEMI)도 7.9% 하락했음은 미국증시의 하락이 세계의 증시시장에 직격탄을 준 것으로 판단하고 있다.[18)]

1997년 금융위기의 시작은 태국에서부터 시작되었는데 인도네시아, 말레이시아, 한국까지 이어졌고 이 나라들의 위기는 아시아 전체는 물론, 러시아, 브라질까지 이어져 이제는 말 그대로 세계경제시스템으로 이어지고 있음을 경험하였다.

블름버그 통신은 미국의 경제성장이 1% 감소할 경우 중국의 수출은 4% 줄어들고 GDP는 0.5% 감소하는 것으로 나타났다. 이처럼 세계경제는 어느 한 국가의 행동이라기보다는 연결된 글로벌경제의 움직임으로 나타나고 있는 것이 요즈음의 현상이다.

이러한 현상을 나비효과(Butterfly effect)로 보고 있다. 나비효과란 중국 북경의 나비의 날갯짓이 미국 뉴욕에서 폭풍을 발생시킬 수도 있다는 과학이론이다. 기상학자 로렌츠(Edeard. Lorentz)에 의해 주장된 이론으로 지구상 어디에서 일어난 조그만 변화로 인해 예측할 수 없는 날씨현상이 나타났다는 것으로 설명한 이론이다.

오늘날 글로벌시대에서의 나비효과는 인정을 받고 있으며 디지털과 매스컴의 혁명으로 정보의 흐름이 빨라지면서 지구촌의 미세한 변화가 전 세계적으로 급속히 확산되어 경제적으로나 사회적으로 확산되어 영향을 받는 것으로 나타나고 있다.

서브프라임 모기지 부실여파로 미 금융권이 흔들리면서 부동산 담보대출과 전혀 상관없는 기업들까지 피해를 보는 사례는 뉴욕에 있는 식기류 제조업체인 오네이다 리미티드는 고수익 채권발행을 통해 1억2천만 달러의 자금조달계획이 신용시장의 경색으로 채권발행을 포기했다. 이러한 것은 하나의 예에 불과하고 포춘은 앞으로 주식, 채권 부동산 시장으로 이어져 투자심리, 소비심리에 영향을 미쳐 전 세계의 불황으로 이어질 것으로 예측하였다.

18) 동아일보, 2008년 1월 19일.

국제경영 사례 : 맥도날드 ▶▶

1950년대 최초의 맥도날드 가게가 문을 연 이후로 2000년 현재, 120개국 26,000여 점포를 가진 거대 기업으로 성장했다.[19] 고객 수는 연간 1백40억 명으로 전 세계 모든 사람이 1년에 세 차례씩 맥도날드 매장을 들르는 셈이다. 맥도날드 브랜드의 가치는 한국 예산의 4배 규모인 3백20조원에 달한다[20]. 1999년 매출은 3백49억 달러였다[21]. 보통 우리는 맥도날드를 햄버거 왕국이라고 부른다. 그 이유는 상술한 바와 같이 전 세계적인 네트워크가 증명해 주는 것이다. 맥도날드의 약사를 보아도 감히 짐작할 수 있다.

1955년	1호점 오픈
1960년	200번째 매장 오픈
1963년	10억 개째 햄버거 판매
1967년	미국 외의 지역으로 첫 진출
1984년	500억 번째 햄버거 판매
1988년	한국 1호점 오픈[22], 10,000번째 매장 오픈
1991년	800억 번째 햄버거 판매
1995년	40주년 기념 18,380번째 매장 오픈
2000년	120개국 26,000여 점포

맥도날드

맥도날드의 역사는 계속되고 있다. 세계 최초로 공산국가에 진출한 햄버거 레스토랑이기도 하며[23], 모스크바 개점 당시(1990년) 2km가 넘는 긴 행렬, 1993년 모스크바와 꽝조우 매장의 1일 이용 고객수가 1만6천이 넘어서는 등 깨어지지 않을 역사를 지니고 있다. 쿠웨이트에서도 1994년 개장 시 15,000명이 7마일에 거쳐 줄을 서기도 하였다.

---

19) 2000년 7월 현재 [http://www.mcdonalds.com/corporate/investor/about/index.html] 그리고 맥도날드는 미국인 딕 맥도날드와 맥 맥도날드 형제의 이름이며, 맥도날드 형제가 캘리포니아주에 있는 맥도날드라는 페스트푸드 식당을 개업한 것은 1937년, 맥도날드가 명성을 떨치기 시작한 것은 믹서 판매업자인 레이 크록이 브랜드를 인수한 1955년 이후이다.

20) 1999년 1월 15일자 한국경제신문.

21) 맥도날드 홈페이지, Investor Sheet, 2000년 7월 현재. [http://www.mcdonalds.com/corporate/investor/about/factsheet/index.html]

22) 한국 진출 : 1986년 8월 합작회사 맥도날드(주식회사 맥안) 설립, 영업 개시: 1988년 3월 서울 압구정동에 1호 개점, 영업지역 양분: 1991년 신맥(대전 이북)과 맥킴(대전 이남) 설립.

23) 1982년 유고슬라비아와의 계약체결로 시작, 1990년 모스크바, 1992년 베이징에 개점. 그리고 재미있는 사실은 햄버거와 코카콜라, 월간지 플레이보이는 미국 자본주의를 상징하는 3대 상품으로 일컬어진다.

이러한 맥도날드는 세계적으로 경쟁상대가 되는 버거킹이나 웬디스 등 다른 패스트푸드의 추격을 받고 있지만 아직도 세계시장의 40% 이상을 차지하고 있으며, 이는 바로 다음과 같은 노력 즉 맥도날드의 성공 비결은 각국의 식성과 기호에 맞는 상품을 기막히게 개발한다는 것이다. 일례로, "소를 숭상하는 인도에 진출하기 위해 양고기를 사용한 햄버거"를 만들었고, 프랑스에서는 프랑스인들의 식성에 맞는 양념을 별도로 개발하기도 하였다. 또한 상품과 서비스가 지역 화폐로 구입됨에 따라 외화 충격을 완화하고 있으며, 내부적으로는 "QSC&V"로 불리는 품질(Q) 서비스(S) 청결(C) 및 실속(V)에서 만족을 주는 기본 전략에 있다. 또 지난 61년 사내교육기관인 "햄버거 유니버시티"를 설립, "맥도날드 정신"을 지켜나갈 "맥도날드 맨"을 양성하고 있다.

Memo

2

CHAPTER

국제경영의 역사와 글로벌 50대 기업의 변천

1 **2** 3 4 5 6 7 8 9 10 11 12 13 14 15 16

제2장 1절 국제경영의 역사적 흐름

1 국제경영과 해외진출

국제경영의 역사는 '국제무역의 역사' 또는 '다국적 기업의 역사'라고 하는데 전자의 경우도 해당되는 경우가 있지만 담당주체를 볼 때 후자인 다국적 기업의 역사가 국제경영의 역사로 보는 것이 타당하다고 생각한다.[24]

국제경영의 역사는 서로 언어가 통하지 않던 시기에도 물물교환형식으로 이루어졌던 '침묵의 무역(Silent trade)[25]'에서부터 합자회사의 기원으로 일컬어지고 있으며 중세의 지중해 무역에서 나타난 코멘다(Commenda)제도,[26] 또는 아시아에서 무역을 위해 정부

24) Mira wilkims, The Emergence of multinational Enterprise, 1980.

25) 말이 통하지 않거나 필요 없던 시기에 이루어졌으므로 벙어리 교환(Dumb barter)이라고도 하며 불이나 북으로 신호를 하여 A그룹은 취급상품을 돌출장소에 놓아두고 B그룹은 그 장소에 도착하여 상품을 조사하고 교환하는 방법, 다 종족 사회인 아프리카나 인도에서 실행되었다고 함.

와 식민지 기업의 긴밀한 관계를 보증하기 위해 특허 받은 네덜란드의 동인도 회사(1602-1798, East India Company)를 시초로 본다. 그러나 순수하게 민간인이 첫 번째로 성공한 해외진출회사는 1880년 미국의 싱거 재봉틀 회사(Singer Sewing Machine, 1868년 창립)가 해외로 진출한 것으로 기록되고 있다.[27] 그리고 미국에서는 싱거회사 이외에도 1914년에 34개 회사가 해외에 진출했으며 26억5천만 달러의 해외직접투자액을 기록했고 이는 당시 미국 GNP의 7%였다.[28]

그러나 좀 더 현대적 의미의 해외진출은 포드자동차의 1910년경부터 T형 포드의 수출과 브라질, 아르헨티나 등에서 조립을 하고 1920년대에 들어 100% 자회사의 신설을 기본전략으로 1924년에 영국, 남아프리카, 1925년 독일, 오스트레일리아, 멕시코 등에 생산, 조립거점을 구축한 것이라 주장하기도 한다.

한편, 1914년보다 70여년 지난 1987년에는 3,090억 달러의 직접투자액을 기록 액수로는 110여배 증가했지만 GNP의 비율은 역시 7%를 기록하였다. 세계의 다국적 기업수와 해외직접투자액으로 세계 1위의 미국을 보면 2005년 기준 미국의 해외직접투자 누계액은 2조 700억 달러로서 2000년대에 들어서 미국의 해외직접투자액은 연평균 1,200억 달러를 상회하고 있다. 지역별로는 유럽(51.2%), 아시아태평양(18.2%), 중남미(17.1%) 순으로 해외직접투자 규모가 크며 국적별로는 캐나다와 영국이 총 투자액의 30%를 차지하고 있다. 미국기업은 총자산 8조 7,570억 달러, 연간 순 투자 소득 2,278억 달러, 연간 로열티 및 라이센스 수익 360억 달러의 성과를 내고 있는 것으로 나타났다.[29]

2 신대륙발견과 확대되는 교역

1453년에 오스만 투르크가 비잔틴제국을 무너뜨리고 중동 지역 전체와 동부 지중해를 장악함으로써 유럽과 아시아 간에 이루어졌던 동방무역이 전보다 어려워졌다.

26) 중세의 지중해 연안에서 발생한 기업형태를 말한다. 코멘다는 자본가(Commendator)가 상품 또는 금전을 제공하고 기업자(Tractator)로 하여금 그의 이름으로 해외무역을 영위하게 하고 그 대가로서 이익의 일부를 분배 받는 제도로서 오늘날의 합자회사의 기원으로 보고 있다. 소키에타스는 코멘다보다 발전된 형태로 기업가가 단지 노무 뿐 아니라 자본의 일부를 출자한 형태를 말한다.

27) Donald A Ball, Wendell H McCulloch, Jr, International Business, 1990, p. 8.

28) Mira Wikins, The Emergence of Multinational Enterprise : American Business abroad from the Colonial Era1914, Harvard University Press, 1970.

29) 대한무역투자진흥공사, 2007. 7.

15세기에 이르자 유럽의 국제무역은 일찍부터 항해술이 발달한 네덜란드, 스페인, 포르투갈, 영국 등 해양 국가들의 상인과 Hansa 상인이 서로 나누어 담당하게 되었으나, 동방과의 무역은 인도 및 중국의 국제 무역을 독점하고 있던 아라비아 상인에게 중개료를 지불하여야만 하는 상황이었다.

그 이유는 동방에 이르는 일체의 국제무역경로를 여전히 이슬람교도가 쥐고 있었기 때문이며, 동방 무역에서 이슬람교도의 방해를 벗어나기 위한 방법의 필요성이 대두되었다. 그 중 적극적인 것은 십자군에 의한 군사적 공세를 취하는 것이었고, 소극적인 것은 지리적 발견에 의하여 회교도와 정면충돌 없이 국제무역상의 목적을 달성하는 것이었다. 15세기 말은 서양인에게 매우 뜻 깊은 역사의 전환점이다. 1492년 '크리스토퍼 콜럼버스(Christopher Columbus, 1451-1506)'가 인도로 가려다가 우연히 아메리카로 가는 항로를, 1497년 '바스코 다 가마(Vasco Da Gama)'는 아프리카 희망봉을 경유하여 인도로 가는 항로를 발견하게 되었다. 이리하여 유럽인들은 유럽을 벗어나 넓은 외부세계로 진출할 수 있는 발판을 마련하였다.[30]

스페인은 서인도제도와 남미, 그리고 필리핀을, 포르투갈은 이 루트를 이용하여 동방을 정복하는데 성공하여 1510년에 고아(Goa), 1518년에는 마카오를 각각 얻을 수 있었다.

서인도제도의 스페인과 희망봉 경유의 루트를 독점하게 된 포르투갈은 동방물자를 수입하고 서양물자를 수출하는 독점 국제비즈니스업자로 활약하게 되어 이른바 '대항해 시대'를 개막하게 되었다.

크리스토퍼 콜럼버스

바스코 다가마

이렇게 두 나라가 인도로 가는 항로를 찾아 나선 것은 동방무역 때문이었다. 이들은 인도의 면직물, 또 인도나 동남아시아 각지에서 나는 후추, 정향 육두구 등의 향신료와 중국의 비단이나 자기, 보석 등 유럽에서 비싼 값에 팔리는 동방물산을 직접 수입함으로

30) 김영래, 국제비즈니스의 이해, 법영사, 1997, 6, pp. 81~110 참조.

써 큰 이익을 내기 위해서였다.[31] 그러나 아시아, 아프리카, 남아메리카 등의 국가는 식민지를 경험하게 되었으며 노예를 파는 상인도 등장하게 되었다.

포르투갈은 이 루트를 이용하여 동방을 정복하는데 성공하여 1510년에 고아(Goa), 1518년에는 마카오를 각각 얻을 수 있었다. 희망봉 경유의 루트를 독점하게 된 포르투갈은 동방물자를 수입하고 서양물자를 수출하는 독점 국제비즈니스업자로 활약하게 된다.

독점적 동방비즈니스는 포르투갈에 엄청난 이익을 가져다주었으나 그 전성은 오래가지 못하고 발흥시보다 오히려 더 빨리 몰락하여 1580년에 스페인에 합병되었다. 포르투갈은 1640년에 다시 독립왕국으로 되었지만, 그때는 이미 약체였기 때문에 잃었던 식민지를 회복할 수 없었다.

17세기는 네덜란드, 프랑스, 영국 등 3개국의 국제비즈니스와 해상의 패권을 놓고 서로 다투게 되었는데, 이를 먼저 차지한 것은 네덜란드였다. 1579년 반란을 일으켜 스페인으로부터 독립한 네덜란드는 특히 국내자원의 개발과 식민지 경영에 다 같이 관심을 경주함으로써 신흥강국으로 성장하였다.

그 결과 1602년에는 동인도회사를 설립하였으며, 1619년에는 바타비아(현 자카르타)를 건설하여 동인도회사 총독을 주재시킴으로써 현지인을 통치하기에 이르렀으며, 또한, 일본의 나가사키의 '데지마[32]'에 네덜란드 상관을 주재시켰다.

데지마 네덜란드 상인 집

31) Hall, D.G., A History of South-East Asia, 4th ed, The MacMilllan Press, 1981.
Le Thanh Khoi, 石澤良昭, 東南 아시아 史, 白水社, 2004.

32) 데지마 섬은 나가사키 시가지의 남쪽에 있는 면적 1만 3천 평방미터 정도의 부채형의 인공 섬이다. 일본의 쇄국시대에도 유일한 무역상대국이었던 네델란드인의 거류지로 17세기에 조성되었다. 19세기 일본이 개국할 때까지 약 200년에 걸쳐서 네덜란드 상관이 설치되어 외부와의 유일한 창구역할을 해왔었던 곳이기도 하다.

군대에 의하여 보호된 상선대는 연 3회(춘, 추, 동) 암스테르담과 바타비아 간을 왕복하며 동방물자를 유럽으로 운반해 갔다. 따라서 자금력이나 국제무역량, 해상세력에 있어서 17세기는 완전히 네덜란드의 세계였다고 해도 과언이 아니었다.

런던에 있던
영국 동인도 회사

콜베르

그러나 18세기는 '네덜란드 타도'라는 가치 아래 프랑스 중상주의와 영국 중상주의가 다툰 시기였다. 특히 프랑스에는 콜베르(Cobert)와 같은 중상주의 정책에 일가견이 있는 현명한 재상이 뒤를 이어 나왔고, 이들은 국내산업의 보호와 더불어 상공업회사를 설립하여 대외 경제세력의 신장에 골몰하였으며, 식민지 경영에도 열심이었다. 양모의 수출국에 모직물의 수출국으로 전환하였던 영국은 수출을 담당할 유능한 합자기업도 육성하였다. 식민지 경영에서 동·서인도의 개발에 열을 올렸다.

당시 영국의 국제비즈니스에서는 연초, 설탕, 모슬린(muslim)의 3대 상품이 유럽 이외 지역으로부터 수입된 상품의 2/3나 차지하고 있어서 식민지 경영에서 차지하는 비중은 높았다고 할 수 있다. 이들 상품들은 영령재배지, 영인거류지, 영국상관 등이 활약에 의하여 공급된 저렴한 식민지 산품으로서 유럽에 신 시장을 개척하여 재수출하는 새로운 국제비즈니스 패턴을 영국 국제비즈니스 역사에 남겼던 것이다. 3대 국제 무역품에 대한 재수출 이익은 식민지에 대한 상품수출이익과 함께 영국 상인이 독점하였지만, 간헐적으로 도전해 오고 있던 네덜란드 상인 등의 경쟁을 본원적으로 배제하기 위해서 1660년에는 항해조례를 실시하기도 하였다.

이상에서 살펴본 바와 같이 바스코 다가마(Vasco Da Gama)가 소아시아를 통하지 않고 인도로 갈 수 있는 항로를 발견하면서부터 국제비즈니스는 점차 Hansa 상인의 손을 떠나 원격지간 항해에 막대한 모험을 건 신흥 상인계급에게 넘어갔다. 그러나 새로운 항로의 발견과 이의 독점적 확보를 위해서는 상인의 힘만으로는 부족하였기 때문에 절대군주의 적극적인 지원이 뒤따르고 있었다. 초기에는 군주가 항해비용을 지원하는 정도였으나, 점차 절대군주와 상인이 결탁하여 독점적 항로 확보를 위한 해상패권을 경쟁국과 다투게 되었으며, 배타적 식민지경영을 위하여 국가의 존망을 건 전쟁도 불사하였다. 그 결과 해상권을 쥐고 있는 국가만이 독점적으로 식민지 국제비즈니스를 할 수 있게 되었다. 따라서 해상패권은 포르투갈로부터 스페인, 네덜란드, 프랑스, 영국의 순으로 넘어갔으며, 그 때마다 해상권을 쥔 국가가 독점적인 국제비즈니스 이익을 취할 수 있었던 것이다.

따라서 이 시기에 있어서의 국제비즈니스 상품 중 주로 유럽에서 수입한 것은 중남미 지역의 금, 은, 동 등 광산물을 비롯하여 버지니아의 연초, 서인도제도의 설탕 등 농업특산물이었고, 유럽에서 이들 지역으로 수출한 것은 일상생활이나 생산에 필요한 각종 잡화였다.

3 향신료의 등장과 향료무역, 향료전쟁

1) 향료와 향신료의 등장

향신료는 음식물에 맵거나 향기로운 맛을 더하는 조미료를 말한다.[33] 일반적으로는 사용하는 조미료의 총칭을 말하며 ① 후추(pepper), ② 크로브(cloves, 丁子, 丁香), ③ 너트메그(nutmeg, 육두구), ④ 사나몬(cinamon, 계피) 등 스파이스(spices)가 중심이 된다. 그리고 이런 스파이스는 정유성분·신미성분·색소 등을 포함한 식물질로서 종자·과실·꽃·잎·줄기·나무껍질·뿌리를 사용하여, 육류 등의 좋지 못한 냄새를 제거하며 식욕증진·소화흡수를 돕고 방부효과 등의 작용을 한다. 이들의 스파이스에 관해서는 16세기 이후 대중의 소비재가 된 후추와 값비싼 정향, 육두구 등으로 구별하고 있다.

33) 이희승 감수, 민중엣센스 국어사전, 민중서림, 1997, p. 2726.

향신료 가운데 일반에게 가장 먼저 접할 수 있었던 것은 포르투갈이 다량으로 구입한 후추였으며, 이것은 인도를 중심으로 직접 대량으로 입수할 수 있었다. 그러나 정향과 육두구 등은 산출량이 적어, 후추의 10배 이상의 가격에 거래되었고 동방의 모루카(Moruccas, 향료)제도[34]가 원산지였으며 이슬람상인들이 거래의 중심을 이루었다.

모루카 제도

마젤란

34) 인도네시아에 속하며 뉴기니 섬과 셀레베스 섬의 중간 지점에 위치한 군도(群島). 면적 7만 4505km^2. 인구 185만이고 주민은 말레이족과 파푸아족의 혼혈족이고, 주도(州都)는 암본이다. 많은 섬들 중에서 할마헤라·세람·바루 등이 가장 크고 술라·바치안·오비·반다 및 암본·티도레·테르나테 등의 작은 섬들이 이 제도의 중요한 역할을 담당하고 있다. 주요 산업은 농업과 어업·수렵으로 코프라가 주요 수출품이다. 옛날에는 정향유(丁香油)의 산출로 유명하여 향료제도라고도 불렸다. 1683년 네덜란드의 통치권이 확립된 후 19세기 초 나폴레옹 전쟁 때는 영국군에 의해 점령되기도 하였으나 다시 네덜란드에 반환되었다가 제 2차 세계대전 후에는 인도네시아에 귀속되었다. 식민지 시대에 제국들 간의 쟁탈전이 극심했던 곳이다.

이들 귀중한 향신료는 당시, 이미 말레이반도의 무역항 말라카(Malacca)가 집산지로 되어 있어, 여기에서 다시 인도를 경유하여 유럽으로 운반하는 루트와 또 말라카로부터 중국(명)으로 운반되는 루트가 확립되었다. 이 무역의 흐름가운데, 말라카에서는, 향신료 가격은 향료제도의 원산지 가격의 몇 배 이상으로, 이슬람 상인의 손을 거쳐 유럽으로 운반되었을 때에는, 다시 20~30배 이상의 가격이 되었다.

인도로 진출하여 향신료무역의 많은 이익을 확보한 포르투갈은 한편으로 이슬람무역상을 공략하여 빠르게 동진하여, 바스코 다 가마의 최초의 항해의 해로부터 15년이 지나지 않은 동안에, 말레이반도의 향신료거래의 중심지인 말라카를 손 안에 넣어(1511년), 이어서 1514년에 향료제도(모루카제도)도 지배하였다.[35]

원산지에서 공짜나 다름없는 향료가 소비자에게 유통되기까지는 많은 상인의 손을 거치면서 은과 같은 값이 되어 엄청난 이익을 남겼다. 마젤란은 5척의 배에 237명의 승무원으로 항해를 출발했으나 3년 만에 일주를 하고 1522년 귀국할 때에는 배 한 척에 18명의 선원에 불과하였다. 물론, 마젤란은 1521년 필리핀에서 죽음을 당했으나[36] 부하들이 싣고 돌아온 향료는 그 동안의 비용을 보상하고도 남았다하니 당시 향료무역의 이익을 간접적으로 알 수 있다.

한편, 네덜란드는 세계 최초의 주식회사인 네덜란드 동인도회사를 설립하여(1602년), 17세기 초두에 포르투갈을 향료제도부터 추방하여, 귀중한 크로브, 너츠메그 등을 독점하고, 또 세이론 등을 제압하여 시나몬(계피)도 장악, 17세기에는 향신료무역에 있어서 네덜란드의 패권이 확정되었다.[37]

동인도회사는 주식회사의 형태를 취한 것으로 포르투갈의 왕실독점기구와는 달랐다. 회사라고 해도 국가로부터 독점권을 부여받은 동인도에 관한 모든 권한(정치적·군사상을 포함한다)을 가진 일종의 국가가관이기도 했다. 동인도회사의 목적은 동인도방면에서 포르투갈과 영국세력을 몰아내어 향료무역을 독점하는 것에 있었다.

예를 들면 특정한 지역에 한해서 커피, 후추, 너츠메그(육두구), 정향나무, 인드고 등 특산물을 만들게 하고 강력한 거래능력을 이용해 토착지배자에게 지불하는 금액은 최저한에 머무르도록 했다. 특산물은 이리하여 인위적으로 생산이 자유로이 조정되어, 서유럽으로 가지고 들어갈 때는 높은 가격으로 판매할 수 있었다. 이러한 정책은 처음에는 동인도회사에 큰 이익을 가져왔지만 점점 식민지의 행정상, 군사상의 경비가 겹치고, 한편 가혹한 플랜테이션 기업이 현지경제를 파괴하게 되자 회사의 경영도 점차 어렵게 되었는데, 그 무렵부터 급격하게 진출한 영국의 상업 자본에 어이없이 그 권익

35) 이균, 국제무역의 역사, 두남, 2006, p. 243.
36) 막탄지역의 촌장이었던 라푸라푸(Lapu-Lapu)의 독화살을 맞고 마젤란은 전사하였다.
37) 가일스일턴 지음, 손원재 옮김, 향료전쟁, 생각의 나무, 2008년.

을 빼앗기게 되었다. 그것은 1730년대의 일이다.

신대륙방면에 대해서는 동인도회사와 같은 형태의 네덜란드 서인도회사(Nederlandishe Westendische Compagine)를 설립해(1621년), 독점무역에 종사했는데 처음부터 번창하지는 않았다. 1631년에는 20%의 인가료를 회사에 납입하면 사적 상인이라도 무장한 선박을 사용해 무역에 종사할 수 있게 되고, 1634년에는 브라질무역의 독점권을 대폭적으로 해방시켰다. 1630년대 말에는 실질적으로 독점권을 포기하게 되었는데, 그 후 브라질 및 신 네덜란드의 상실로 인해 쇠퇴를 회복할 겨를도 없이 1674년에는 해산되었다. 그 후 규모를 축소해 신 회사를 설립해 약간의 이익을 올렸지만, 18세기 말 특허기간만료를 계기로 해산했다.

향료무역은 중국까지 확대되어 남해에 진출하여 베트남과 말레이시아의 침향목(沈香木)을 사가다가 점차 면직물과 견직물·도자기 등을 팔고, 정향·육두구·후추 등을 수마트라 등지로부터 사가게 되었다. 이와 같이 스파이스루트(향신료의 길)는 동남아시아·인도·유럽 및 아프리카를 연결하는 무역로 로의 중요한 역할을 하였다.

4 노예무역과 노예상인

16세기경 새로운 식민지인 서인도제도의 사탕수수 농장이 급속히 확대되고, 또한 아메리카 대륙에서 유럽인의 식민지가 확장됨에 따라 원주민을 사용했지만, 원주민 인디언들의 인구가 감소하고 노동공급원으로 만족스럽지 못하다는 것을 알게 되자 방향을 아프리카로 돌려[38] 대체노동력으로서 흑인노예의 필요성이 증대되었다.

노예무역은 아프리카 서안에 노예 집적지를 확보했던 포르투갈인에 의해 전담되었으나 16세기 말~17세기 후반에 걸쳐 네덜란드·프랑스·영국 등이 신대륙과 아프리카 서안의 스페인·포르투갈 두 나라의 독점권에 침투하여 경합을 벌이면서 무역기지·식민지를 건설하였다. 스페인은 노예독점권인 아시엔토(asiento)를 사용하여 흑인노예의 안정공급을 도모했고 네덜란드의 서인도회사(west india company)는 브라질에 진출하여 사탕수수와 노예무역을 장악하였다.

사실 이 시기에 아프리카 노예와 대서양 노예무역이 없었다면, 남미 대륙이 지닌 잠재적인 경제적 가치는 인정되지 않았으며 실현되지 않았을 것이다. 왜냐하면 포르투갈도

38) 모시스 핀리, 송무현 옮김, 고대 노예제도와 모던 이데올로기, 민음사, 1998, p. 207.

스페인도 새로운 영토를 개발하는 데 소요될 예비 노동력이 없었기 때문이다. 즉, 아프리카에서 노예 공급원을 포착하여 문명화 시키면서 값싼 인력을 공급하고 도시를 건설하고, 적대적인 국경선을 안정화하고, 광산을 개발하고, 대규모농장(플랜테이션)인 아시엔다와 파센다(fazenda)를 건설할 수 있었다.[39]

Fig. 226. Sklaventransport in Afrika.

노 예

17세기 후반부터 영국령 자메이카가 브라질에 대신하여 사탕수수 생산의 중심지가 되자, 영국은 1662년에 의회에서 네덜란드가 하던 노예무역을 왕실이 후원하는 왕실의 모험회사(Royal Adventure)를 허가하였으나 재정비할 필요성이 나타났다. 따라서 1672년에 노예무역의 독점회사로 설립한 왕립아프리카회사(Royal African Company)를 중심으로 하여 영국·아프리카·서인도를 연결하는 이른바 삼각무역(三角貿易)을 경영하여

39) Franklin Knight, Colin A. Palmer, Atlantic Port Cities: Economy, Culture and Society in the Atlantic World, 1650～1850, Chapel Hill, 1989과 UNESCO General History of the Caribbean, volume III: The Slave Societies of the Caribbean (London and Basing stoke : UNESCO Publishing/Macmillan Educational Publishing, 1997)을 참고할 것.

1698년까지 영국의 모든 식민지에 독점적으로 아프리카 노예를 공급했다.[40]

영국은 무역전쟁에서 네덜란드를 제압한 다음, 이어서 프랑스를 제압한 끝에 1713년의 위트레흐트조약으로 에스파냐령에 대한 노예수출의 독점특허권인 아시엔토도 획득하였다.

노예무역에서 삼각무역의 내용을 살펴보면, 본국에서 노예를 사는 데 필요한 물건인 럼주(酒)·총포·화약 등을 싣고, 아프리카 서해안에 이르러 흑인노예와 교환한 뒤 아메리카 대륙으로 건너가 노예를 팔고, 그 대금으로 식민지 물산을 구입하여 본국으로 돌아오는 것이었다.

이러한 노예무역을 통하여 영국에서도 특히 브리스틀·리버풀의 상인은 정부의 보호를 배경으로 사탕수수와 노예무역을 독점하여 노예선의 모항으로서 이름을 떨쳤다. 그리고 이러한 항시(港市)의 번영과 아울러 막대한 이익을 올림으로써, 서인도는 영국의 중상주의적 식민제국의 중추적인 역할을 하게 되었다. 더욱이 17세기 후반 이래 북아메리카 남부의 담배·쌀·곡식·인디고 생산의 대농장에서도 흑인노예를 사용하여, 아메리카 독립 당시 그 수요는 50만 명에 이르렀다.

1771년에는 영국의 노예무역선의 총수가 190척이나 되었고, 연간 4만 7000명을 운반하였는데 이윤은 30~100%에 이르렀다. 반면, 100t의 노예선에 400명 이상 적재하여 항해 중에 1/6이, 길들이는 동안에 1/3이 죽었다고 하며, 중간 항로에서의 잔혹하고 비참한 실정은 말로 표현할 수 없는 지경이었다고 한다. 일명 흑색 다이아몬드라고 불린 흑인노예를 아프리카에서 매입할 때는 보통 럼주·화약·직물(織物) 등을 추장에게 지불하였으나, 1750년 이후에는 노예수렵의 약탈·거래로 이루어졌다. 특히 흑인 노예 수출의 중심지로는 서아프리카 기니만(灣)에 면하는 해안지역을 지칭하는데 동쪽은 현재 나이지리아의 니제르강 델타지대에서 베냉을 거치며, 서쪽은 토고와 가나의 국경 부근에까지 이른다. 16세기에서 19세기에 걸쳐 이루어진 노예무역(奴隷貿易) 가운데 이 부근 해안에서 노예거래가 가장 활발하게 이루어지자, 유럽인들이 이 해안을 노예해안(slave coast)이라고 불렀다.

1761년부터 1810년까지의 50년간이 노예무역의 전성기라 불리는데 이 시기에 약 300만 명에서 400만 명에 이르는 흑인 노예가 이주되었다고 한다. 이러한 과정을 거쳐 유럽의 상인에 의해서 신세계에 운송된 흑인노예는 300년 동안에 1500만 명이 이주되었다.

강대국의 자본주의적 침탈로 일컬어지는 이 시기에 특히 플랜테이션을 이용하여 경작한 설탕과 커피는 이 당시 선진국이었던 영국, 프랑스, 네덜란드, 스페인, 포르투칼 등의

40) American slavery american Freedom, 미국의 노예제도와 미국의 자유, 에드몬드 모건, 황혜성 외 역, 비봉출판사, 1997, p. 371.

항해능력에 의한 흑인노예의 이주와 그들의 담의 결정체였다고 하겠다.

18세기의 프랑스의 작가 베르나르댕 드 생 피에르가 양심적 사고에 의해 다음과 같이 지적하였다.

> "커피나 설탕이 유럽의 행복을 위해서 꼭 필요한 것인지는 잘 모르겠다. 그러나 이것들이 지구상의 거대한 두 지역에 불행을 초래했다는 것은 잘 알고 있다. 아메리카는 이 두 작물의 경작지를 대느라고 인구가 줄었으며, 아프리카는 그것들을 재배할 인력을 대느라고 허덕였다."

이 시기의 커피와 설탕은 수많은 사람들을 불행으로 이끈 문제의 상품이다. 1천만 명이 넘는 아프리카 흑인들이 신대륙에 노예로 끌려가서 무슨 일을 했느냐고 묻는다면, 물론 한 마디로 답할 수야 없겠으나 사탕수수 재배와 설탕 정제가 가장 중요한 부분이었다고 답할 수 있다.41)

이러한 인력의 강제 이주화는 18세기 말에 치열하게 일어났던 구미 열강들의 식민지 쟁탈전과 어울려 일부에서는 국제경영의 역사는 '식민지의 역사'로 보는 견해도 있으며 이 시기에 노예무역과 노예상인을 예외로 국제무역을 논할 수 없다.

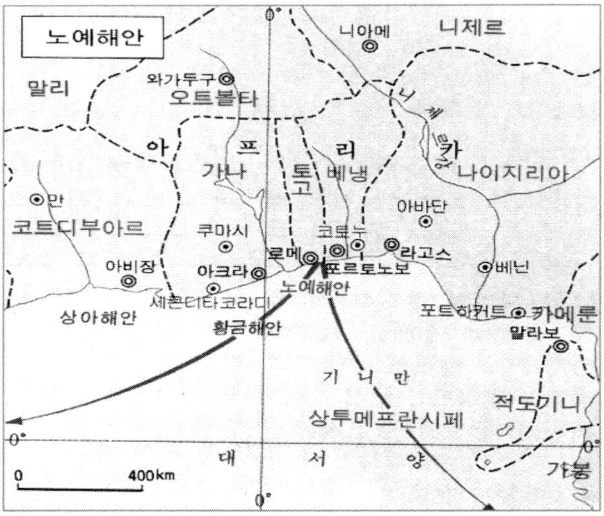

노예해안

41) 주경철 교수의 문명과 바다, 35 설탕과 노예, 한겨레신문, 2008년 5월 30일.

5 산업혁명

기술의 발명 및 혁신에 따라 종래의 수공업 양식에 대신한 새로운 기계로서 18세기에 이르면서 대규모 생산이 가능하게 되자, 협소한 국내 시장으로부터 일약 세계 시장을 생산의 목표로 삼게 되었다. 또, 생산, 판매, 금융으로부터 노사에 이르기까지 종래의 경제 제도로부터는 볼 수 없었던 새로운 양식이나 문제들이 제기되었다.

이것이 토인비가 주장하는 산업혁명(Industrial Revolution)이었다. 18세기 말부터 19세기 초에 걸쳐 주로 영국의 섬유공업에서 이러한 일련의 산업혁명이 일어났던 것이다. 영국에서는 다른 국가보다 일찍 여러 혁명을 거치고, 봉건제가 해체되어 정치적인 성숙과 안정이 이루어지면서 이전보다 자유로운 농민층이 나타났다. 이들을 주축으로 하여 농촌에서는 모직물 공업이 발달하게 되고, 이를 중심으로 하여 근대적인 산업이 발전했다. 또한 영국에서는 풍부한 지하자원, 노동력을 보유하고 있었으며, 식민지 지배 등을 통해 자본도 많이 확보하게 되었다.

18세기에 들어서 영국 내외에서는 면직물의 수요가 급증하자 대량생산 방법을 찾게 되었고, 기계와 동력 장치 등을 발명하여 그에 따라 대량생산이 시작되었는데, 이를 산업혁명의 출발점으로 본다. 그 후 면직물 공업이 산업혁명을 거의 주도하게 된다. 농민층 분해의 진전과 함께 선대객주제(先貸客主制)와 매뉴팩처의 형태를 취한 초기 자본주의적 생산관계가 그 밖의 유럽 여러 나라에서보다 순조롭게 나타나게 되었으며, 17세기 중엽 절대 권력을 일소한 시민혁명이 발생하였다.

산업혁명 중에는 기계가 무수히 많이 발명되었다. 방적기만 해도 수력 방적기, 자동방적기 등이 개발되었으며, 역직기 등도 발명되었다.

나중에는 정밀도가 높은 자동선반과 공작기계가 제작되고, 1830년 이후에는 기계에 의한 기계의 대량생산체제가 확립되었다. 이때부터 기계는 생산을 지탱하는 중요한 역할을 하게 된다.

하그리브스의
제니 방적기

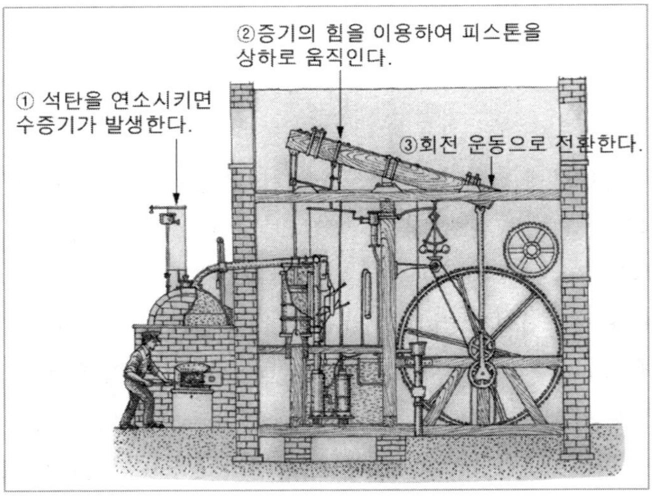

와트의 증기기관 내부 구조도

철도도 산업혁명 때 등장하게 된다. 조지 스티븐슨이 증기기관차를 발명함으로써 1825년 석탄을 갱도에서 뱃길까지 운반하는 목적으로 스톡턴과 달링턴을 오가는 철도가, 1830년에는 맨체스터와 리버풀을 오가는 철도가 개통되어 엄청난 성공을 거두었다. 그 후 이 성공에 자극받아 철길은 영국 전역에 설치되기에 이르렀으며, 국내 시장의 확보는 물론 영국 산업 자본의 대동맥 역할을 하게 된다. 후에 철도는 전 세계에 보급되었다.

영국에 이어 프랑스, 독일, 미국 등에서도 산업혁명이 일어났지만, 어느 나라든지 대개가 선진국인 영국으로부터 숙련기술자가 기술을 전하였거나 새로운 기계가 수입되는 등 기술도입과 시스템도입을 통해서 비로소 가능하였던 것이다.

1800년~1900년에 이르는 100년간에 걸친 영국의 발전은 구매력의 변화를 고려해 볼 때 약 24배가 증가하였다. 1800년부터 1826년까지는 나폴레옹 전쟁이나 또는 그 영향에 의하여 다소 정체되었지만, 1826년부터 1846년 기간 중에는 수입이 연평균 3.5%로 증가하였다. 수출이 가장 증가한 것은 1827년에서 1846년에 이르는 19년간으로 동기간 중에 수출규모는 약 2배로 늘어난 것이다.[42]

이와 같은 영국 국제무역과 경영의 발전을 주류로 한 유럽비즈니스의 발전이 19세기에 있어서의 국제무역의 발전의 주요한 요인이 되었던 것이다. 19세기에 있어서 국제무역에 참가하였던 중요 국가의 국제비즈니스 합계액을 보면, 1800년에 14조 7천9백만 달러이던 것이 1900년에는 201조 5백만 달러로 늘어났으며, 특히 19시기 후반부터는 더욱 급속히 늘어나 20세기 초인 1913년에는 404조 2천만 달러를 나타냄으로써 약 100년간의 국제비즈니스 합계액은 거의 30배가 되었을 정도로 확대되었다.<표 2-1 참조>.

또한 1850년 영국은 전 세계의 공업생산의 28%를 차지했고, 강철의 70%, 면직물의

42) A. L. Bowley, A short History of England's Foreign trade in the 19th Century, 1983.

50%가 영국제품이었다. 전 세계의 상선의 1/3이 영국 소유였으며, 금융자본의 90%가 영국파운드화로 결제되었다.

표 2-1 19세기의 세계국제비즈니스 규모 (단위: 백만 달러)

연도	1800	1820	1830	1840	1850	1860	1870	1880	1890	1900	1913
금액	1,479	1,659	1,981	2,789	4,049	7,246	10,663	14,761	17,519	20,105	40,420

※ 당시 세계국제비즈니스에 참가하고 있던 주요국의 국제비즈니스만을 집계한 것이기 때문에 다소 과소평가된 것으로 보임.
※ 자료: 猪谷善一, 貿易史, 博文社, 1978, p.38

이와 같은 영국 국제비즈니스의 급격한 신장은 영국의 자유무역운동에 유럽대륙, 특히 프랑스를 비롯하여 독일, 네덜란드 등의 제국과 심지어는 보호무역론이 강하였던 미국에서까지 다수 찬성자를 발견할 수 있었던 데에 기인한 것이다. 그 결과 영국의 무역 의존도는 매우 높아져 1880년대에는 수입 의존도만 하여도 무려 33%에 이름으로써 명실공히 무역국가로서의 면모를 과시하였던 것이다.

이상에서 본 바와 같이 19세기는 과거 어느 시대의 어느 기간보다도 급속히 변화한 변혁의 세기였다. 개인의 이윤추구를 미덕시하는 경제원칙이 경제사회 전반에 걸쳐 뿌리를 내리기 시작하였으며, 새로운 기술에 의한 생산력의 증대와 교통수단의 혁신으로 인해 국제 상품화율이 현저히 증가하였다. 여기에다 고전파 경제학에 근거를 둔 자유무역운동이 각국의 호응을 받음으로써 국제비즈니스의 신장은 괄목할 만한 것이었다. 그러나 18세기와 마찬가지로 19세기의 국제비즈니스도 영국이 주도하고 있으며, 특히 산업혁명을 가장 먼저 치른 영국은 말 그대로 '세계의 공장'이었다. 무역구조도 크게 변하였다. 1차 산품 중심의 구조에서 공산품의 비중이 현저하게 늘어나게 되자, 천연자원의 부존이나 기후 등 일부 조건의 유리성만을 지니고 있던 식민지의 중요성은 상대적으로 줄어들고 그 대신에 인구가 많고 구매력이 높은 지역에의 무역이 활발해졌다. 이러한 현상은 산업혁명을 거치면서 경제순환 과정에서의 애로가 생산에서 소비로 서서히 옮겨가기 시작하였음을 의미하는 것이다.[43)]

그 결과 국제경쟁의 논리도 크게 변하였다. 18세기까지만 해도 국제비즈니스상품의 국제경쟁력은 상품 그 자체에 있었던 것이 아니라 지리상의 발견에 의한 선점이나 해상패권의 확보에 의한 배타적 공급독점, 또는 중상주의정책의 강화에 따른 경쟁력의 인공적 유지 등에 의하여 지탱되어 왔다. 그러나 국제비즈니스에 점하는 공산품의 비중이 늘어났을 뿐만 아니라 새로운 기술의 채용으로 인해 제품의 가격을 경쟁적으로 인하하게 되

43) 김영래, 전게서, pp. 81~110 참조

자, 이제는 국제경쟁력을 상품외적인 물리적 힘에서가 아니라 상품의 제조과정에서 찾지 않을 수 없었다. 이러한 변화는 당시 국제비즈니스에서 계속 물리적 힘을 행사하여 자국 상품의 경쟁력을 유지하고 있던 영국에서부터 시작되어, 마침내는 국제비즈니스 자유화 운동으로 번지게 된 것이다.

제2장 2절 현대 국제비즈니스

1 20세기 전반기의 국제비즈니스(20세기 초~2차 대전 전)

20세기로 들어와 제 1차 대전 때까지의 10여 년 간에 걸쳐 국제비즈니스상에 나타난 큰 특징 중의 하나는 독일의 대외 국제비즈니스가 급증하였다는 사실이다. 그 밖에 미국, 프랑스, 벨기에, 네덜란드의 비중도 상승하였다. <표 2-2>에서도 알 수 있는 바와 같이 영국은 여전히 국제비즈니스에서 1위를 점하고 있었으나, 상대적으로는 떨어졌다.

세계대전의 원인에는 여러 가지가 있겠으나 중요한 것 중의 하나는 국제비즈니스 통계를 통해서도 알 수 있다. 즉, 세계시장에 대한 영, 독의 경쟁은 19세기 말부터 계속되어 오다가 20세기 초 10년간에는 독일이 영국을 크게 위협하였다.

표 2-2 20세기 초 세계 국제비즈니스에 점하는 구별비중 (단위 : %)

나라별 \ 연도	1904년	1912년
유럽		
영국	18.0	16.2
독일	11.7	12.6
네덜란드	7.1	6.8
프랑스	8.7	8.8
벨기에	6.3	6.5
러시아	3.4	3.4
오스트리아	3.5	3.3

표 2-2 20세기 초 세계 국제비즈니스에 점하는 구별비중(계속) (단위 : %)

나라별 \ 연도	1904년	1912년
이탈리아	2.8	3.0
아프리카	1.9	1.9
오스트레일리아	2.0	2.2
아시아		
인도	3.6	3.5
중국	1.7	1.6
일본	1.4	1.4
아메리카		
미국	9.8	9.6
아르헨티나	1.7	2.1
캐나다	1.9	2.6
브라질	1.3	1.6

※자료 : 猪谷善一, 상게서, p.79

영국의 국제비즈니스는 19세기 전반을 통하여 약진하였으나, 1870년 이후에는 그 약진력이 상대적으로 둔화되었다. 그 원인은 첫째, 영국 식민지의 은 가격(銀價)이 하락하여 현지인의 구매력이 극히 감소하였는데 그 중에서도 특히 인도, 중국 등 동양 시장이 부진하였고, 둘째, 19세기 후반에는 청·일 전쟁, 미·서 전쟁, 러·일 전쟁, 발칸전쟁 등이 잇따랐으며, 특히 발칸전징에서는 전쟁비용으로 2억5천만 파운드를 지출함으로써 영국경제가 큰 타격을 받았다.

2 국제무역의 확대와 다국적기업의 등장

특히 제 1차 세계대전과 1930년대의 세계 공항은 '국제무역의 정체, 각국 경제의 성장 둔화' 등으로 국제기업의 성장이 둔화되었으며 이 시기를 '국제경영의 암흑기'라고 부르기도 한다.

일반적으로 다국적기업과 국제경영의 현대적 현상은 제 2차 세계대전 후인 1950년대부터라고 할 수 있다. 즉, 제 2차 세계대전 후에 미국의 거대기업들이 국내시장에서의 기업이윤율의 저하, 각국의 수입제한, 천연자원 확보 등의 여러 이유에서 해외직접투자를 하기 시작한 데서 비롯된다. 이것이 요즈음 이야기하는 현대적 의미의 다국적기업의 역사이기도 하다.

제 2차 세계대전 후 미국의 마샬플랜의 경제원조에 의해서 유럽의 경제가 부흥됨에 따라 미국의 제조업이 속속 유럽에 직접투자를 행했다. 1950년의 9억 달러에서 60년대에는 38억 달러로 그리고 70년대에는 137억 달러로 급증했다.

이러한 다국적 기업에 제조업투자가 증가한 이유로는

① 유럽시장이 광대하고 성장성이 높다는 점,
② EC가 형성되어 수출이 불리해졌다는 점,
③ 달러 가치가 과대평가되어 파운드, 마르크, 프랑 등의 과대입수로 직접투자가 용이했다는 점,
④ 1950년대 후반부터 유리한 기회를 노리는 유럽 달러시장이 형성되었다는 점,
⑤ 미국의 경영자원(합리적인 경영관리, 기술개발능력 등)이 뛰어났던 점을 지적할 수 있다.[44]

국제경영은 제 2차 세계대전과는 대조적으로 국제무역의 급속한 확대와 더불어 그 역량을 발휘하기 시작하였다. 다시 말하면 대량생산(Mass Production)과 해외시장이 확립되면서 국제기업의 역할이 증대되기 시작하였다. 대량생산은 제 2차 세계대전의 승패에도 나타나 모든 국가에서 대량생산은 신화처럼 받아들이게 되었다.

제 2차 세계대전 후 즉 1950~1970년대 기간에 설립된 다국적 기업들은 크게 다음의 세 가지 범주로 구분된다.

첫째는 미국기업 위주로 형성되었으며 미국기업은 전 세계 다국적기업의 약 50%를 차지하였다. UN의 정의에 합치하는 바의 해외에서 최소한 한 개의 자회사 이상을 가진 회사들의 총수는 1973년에 7,481개사였는데 비해 해외에서 최소한 한 개의 자회사 이상을 가진 미국기업의 총수는 2,567개사였으며 그 구성 비율은 27.1% 였다.[45]

둘째는 제조업(40%)이 주를 이루었고 나머지는 석유(12%)가 차지하였을 정도로 이 시기에는 제조업 중심의 다국적기업이었다.

세 번째는 1980년대에 이르러서 계속되는 세계 경제의 장기 침체 속에서 종전에 누렸던 Pax americana(미국주도)[46]의 지위가 상실되어 일본기업이 다국적 기업의 핵으로 등장하게 되었다.

따라서 1980년대 말과 1990년대에 이르면서 미국과 EU를 중심으로 한 유럽 그리고

44) 池本清等,「日本企業の多國籍展開」(有悲閣, 昭和 56年).
45) United Nations Centre on Transnational Corporation (1975).
46) 미국의 힘에 유지되는 평화

일본의 3자 관계(triad)가 형성되었다. 국제경영은 다국적기업의 역사라고 하듯이 국제기업의 정의에 대해서도 많은 주장이 있다.

미국의 경영학자 피터 드러커(Peter Drucker) 교수는 국제기업을 개념, 정의하면서 국제기업의 행동적 특성(behavioral characteristics)을 주장하였는데, 국제기업이란 국제적 관점에서 사고(thinks internationally)를 하는 최고경영층을 지닌 기업체라고 하였다.[47]

그에 의하면 국제기업이란 범 세계를 대상으로 항상 투자대안을 검토하고 최종의사결정을 하며 투자기회가 자국 내에 있지 않고 해외에 있다는 사실만으로 해외투자 기회를 추구하지 않는 기업인을 의미한다고 보았다.

파머와 리치맨(Farmer & Richman)은 2개국 이상의 독립국가에서 국제적 활동을 이루는 기업으로 정의하면서 국제적 활동에는 수출입, 기술제휴, 턴키프로젝트, 증권투자 및 직접투자를 들고 있다.[48]

또 일본 와세다 대학의 에나쯔 겐이치(江夏健一) 교수는 저서인 "다국적 기업요론"에서 기업이 해외에서 제조와 판매 등의 거점을 가진 국제화는 다음의 네 가지 단계로 구분된다고 하고 있다.[49] 즉, 점의 국제화, 선의 국제화, 면의 국제화 및 입체의 국제화이다.

① 점의 국제화 : 서태평양권, 유럽, 북미 등에 소수의 거점이 점재하고 있으나 상호 간에 관련을 취하지 않는 단계
② 선의 국제화 : 이러한 지역 내의 거점이 상호 간에 협력관계를 취하고 있는 단계
③ 면의 국제화 : 각 지역 내에 지역 본사의 기능을 지니고 있는 거점이 있으며, 그것이 지역 내의 거점을 기능적으로 통활하고 있는 단계
④ 입체의 국제화 : 각 지역본사 간, 세계본사 간의 연계관계가 고도로 진행되고, 각 지역의 특성을 충분히 존중하면서 세계적으로 갖가지 로지스틱스(logistics)를 세울 수 있는 단계

기업의 국제화는 궁극적으로 입체형으로 진화하는 것이지만, 각 단계를 하나씩 하나씩 밟아가면서 발전된다.

47) Pete Drucker, 「The Concept of Corporation」, The American Liblary, New york, 1964, p. 225.
48) Richard N Farmer, Barry Richman, International Business, Irwin, 1966.
49) 江夏建一, 多國籍 企業 要論, 1985.

제2장 3절 다국적 기업의 연도별 변천

1 세계 다국적 기업 50개사의 연도별 변천

표 2-3 세계 다국적기업 50개사의 연도별 변천

순위	1981	1988	1995	2007
	회사명	회사명	회사명	회사명
1	Exxon	Genral Motors	Royal Dutch/Shell	Wal-Mart Stores
2	Royal Dutch/Shell	Royal Dutch/Shell	Exxon	Exxon Mobil
3	Mobil	Exxon	IBM	Royal Dutch Shell
4	General Motors	Ford Motor	General Motors	BP
5	Texaco	International Business Machiness	General Electric	General Motors
6	BKP	Mobil	Toyota	Toyota Motor
7	Standard(Cal.)	British Petroleum	Ford	Chevron
8	Ford	Toyota	Hitachi	Daimler Chrysler
9	Standard(Indiana)	IRI	Sony	conoco Phillips
10	ENI	General Electric	Mitsubishi	Total
11	Gulf	Daimler-Benz	Nestle	General Electric
12	IBM	Texaco	Mobil	Ford motor
13	Atlantic Richfield	American Tel. & Tel.	Nissan	ING Group
14	General Electric	E.I. du Pont de Nemours	Matsushita	Citi group
15	Unilever	Bolkswagen	Alf	AXA
16	Du Pont	Hitachi	Asea Brown Boveri	Volkswagen
17	TOTAL	Fiat	Philips	Sinopec
18	VEBA	Siemens	British Petroleum	Credit Agricole
19	Fiat	Matsushita Electric Industrial	Hanson	Allianz
20	Elf Aquitaine	Unilever	Siemens	Fortis
21	Renault	Chrysler	Unilever	Bank of America Corp.
22	B.A.T.	Philips Gloeilampenfabrieken	Mitsui	HSBC Holdings
23	ITT	Chevron	Alcatel Alstrom	AIG American International Group
24	Nissan	Nissan	Du Pont	China National Petroleum

표 2-3 세계 다국적기업 50개사의 연도별 변천(계속)

순위	1981	1988	1995	2007
	회사명	회사명	회사명	회사명
25	Philips	Renault	BAT	BNP Paribas
26	VW	ENIi	Philip Morris	ENI
27	Toyota	Nestle	Volkswagen	UBS
28	Daimler-Benz	BASF	Nisso Iwai	Siemens
29	Sun	Philip Morris	Ciba Geigy	State Grid
30	Philips Petroleum	CGE(CIE Gnerale D'Electricite)	Hoechst	Assicurazioni Generali
31	Siemens	Elf Aquitaine	Veba	J.P. 모건 & 체이스 J.p. Morgan Chase & Co.
32	Matsushita	Samsung	Sunmitome	Carrefour
33	Hitachi	Bayer	Renault	Berkshire Hathaway
34	Tnneco	Hoechst	Chevron	Pemex
35	Hoechst	Toshiba	Xerox	Deutsche Bank
36	Bayer	Amoco	Dow Chemical	Dexia Group
37	Occidental	Peugeot	Itochu	Honda Motor
38	Nippon Steel	Imperial Chemical Industries	Daimler Benz	Mckesson
39	Nestle	Honda Motor	BASF	Berizon Communications
40	BASF	United Technologies	Saint Gobain	NTT Nippon Telegraph & Telephone
41	United Tech	Occidental Petroleum	Michelin	Hewlett-Packard
42	ICI	Procter & Gamble	P&G	IBM International Business Machines
43	Peugeot-Citroen	Atlantic Richfield	Marubeni	Valero Energy
44	Getty	RJR Nabisco	Bayer	Home Depot
45	Thyssen	Petrm	Toshiba	Nissan Motor
46	Mitsubishi Heavy Ind.	Boeing	Volvo	Samsung Electronics
47	Down Chemical	NEC	Generale des Eux	Credit Suisse
48	R.J. Reynold	Tenneco	Honda	히타치 Hitachi
49	Procter & Gamble	Nippon Steel	Texaco	Societe Generale
50	Union Oil	Volvo	Sharp	Aviva

주: 1981년: Stopford and Dunning, Multinationals: Company Performance and Global Trends, Macmillian Publish, 1983, pp. 113~114(단위: 10억 달러), 1988년: (단위: 10억 달러), 1995년: Unctad 95년 자료(단위: 10억 달러), 2007년: Fortune, The 2002 Global 500중 발췌. (단위: 100만 달러).

<표 2-3>은 1981년부터 2007년까지의 20년 동안 세계 유수의 다국적기업의 연도별 순위의 변천이다. 물론, 매출액과 수익으로 약간의 차이는 있지만 이 흐름으로 우리는 시대적 기업의 변천사를 알 수 있다는 것이다.

우선 20년 동안 부침없이 5위권을 유지하고 있는 회사가 Exxon이다. 또한 이것을 사업별로 보면 화학 산업은 1981년대 16개가 20위권에 들어 있지만 시간의 흐름 속에 88년에는 13개, 95년도에는 12개, 2007년도에는 11개로 감소현상을 보이고 있다는 점이다<표 2-4 참조>.

표 2-4 세계 다국적기업 50개사의 연도별 변천

	1981	1988	1995	2007
화학, 석유정제	16	13	12	11
음식료품, 담배	4	4	3	4
전자, 전기	4	8	12	7
자동차, 운송장비	10	12	9	7
금속 제품	3	2	2	–
일반 기계	–	–	2	–
통신, 컴퓨터	8	6	5	3
금융, 보험	–	–	2	18
기 타	5	5	3	–

세계 50대 다국적기업 산업별 변화가 가장 두드러지는 5가지 부문을 살펴보면 다음과 같다.

- **화학, 석유정제산업부문**: 1981년에 가장 높은 점유율을 보인다. 그러나 점차 하락추세를 보이면서 1995년 이후로 감소추세를 보이고 2007년에는 11개사로 줄었으나 랭킹은 항상 상위층에 있음을 알아야 한다.
- **전자, 전기부문**: 1981년 낮은 점유율을 보이나 1988년에는 2배의 성장을 보이고 1995년에는 1988년의 50% 성장과 1981년의 세 배의 성장을 보인다. 그러나 1995년 이후 약간의 감소추세를 보이고 2007년에는 7개로 줄었다.
- **자동차, 운송장비부문**: 1980년대는 증가추세가 보이다가 1995년에는 감소, 2007년에는 화학, 석유정제부문이 감소하면서 함께 감소추세를 보인다.
- **통신, 컴퓨터부문**: IT 산업의 활성화에 따라 각종 벤처가 생겨나 1981년에는 높은 점유율을 보이고 1990년대 이후로 꾸준히 증가하고 있으나 2000년대 들어서 감소하는 추세를 보이고 있다.
- **금융, 보험부문**: 1980년대 전혀 활성화되지 않다가 정보통신과 인터넷 산업 등에서 직접 금융시장에서 자금조달로 1988년 이후 가장 급격한 상승을 보이고 있으며 18개사로 최고의 비중을 차지하고 있다.

1980년대의 다국적기업들은 단일품목의 경쟁적 우위를 최대한 이용, 수 개의 관련된 국제 업종에 다업종화 전략을 구사하기 시작, 경제규모와 국제적 상표지명도, 품질의 우수성을 최대한 이용, 다른 업종에도 주요기술을 접합, 다국적 회사의 전문성을 최대한 활용하고 점차 경쟁의 우월박차를 가했다.

예를 들어 혼다는(Honda) 가솔린엔진을 개발하며 그 기술로 혼다의 지명도를 이용하여 제품을 다업종화 하는데 성공했다. 자동차에서 오토바이, 잔디 깎는 기계, 발전기, 보트용 엔진, 제설기, 정원용 경운기 등을 성공시켰다.

1990년대는 반도체의 기술이 컴퓨터혁명으로 이어져 제조업의 자동화로 선진 다국적기업의 경쟁력을 한층 더 높여놓았다. 다국적기업의 전략은 고도의 첨단산업에 힘입어 부가가치가 높아져 관련, 비관련사업 다각화를 용이하게 만들었다. 2000년대의 다국적기업은 지식과 정보화시대에 이르러 신속한 통신시설과 민첩한 정보의 교환으로 제품의 신속한 쇄신과 개량으로 업종 다양화 전략이 후퇴가능성이 있다.

2 주요 다국적 기업과 매출액 변화

표 2-5 주요 다국적 기업의 매출액 기준의 연도별 변화

	1981	1988	1995	2007
General Motors	4	1	4	11
Toyota	27	8	6	6
IBM	12	5	3	42
General Electric	14	10	5	11
Texaco	5	12	49	–

<표 2-5>는 세계의 주요 다국적기업의 매출액 기준의 연도별 순위의 변화인데 GM은 꾸준한 성장을 보였지만 2007년에 와서는 10위권을 넘어 11위로 하락했고, 토요타자동차는 1981년도에 27위에서 1988년도 8위, 1995년도에는 6위로 급격한 상승을 보이다가 2001년도에는 10위로 약간의 하락 현상을 보였으나 2007년도에는 6위를 기록하여 토요타 전성기를 맞이하고 있다.

IBM도 1981년대 12위에서 1988년에는 5위, 1995년에는 3위를 기록하면서 IT시대를 열면서 세계의 다국적기업으로 통했으나 IT산업의 쇠퇴로 내리막현상을 보여 2007년도에는 42위로 하락하였다. 반대로 Texaco는 1981년대에는 5위로 상승세를 보이다가 1988

년에는 12위, 1995년도에는 49위, 2001년도에는 51위로 완전한 후퇴현상을 보이고 있다. 이러한 현상은 세계적인 산업의 흐름과 무관하지 않다.

매출액 기준으로 세계 20위 안에 든 다국적 기업 중 5곳의 연도별 발전 변화를 살펴보면,

- General Motors는 약간의 변동은 있었으나 거의 변화없이 꾸준히 선두자리를 차지하고 있다.
- Toyota는 1988년까지 급격히 상승하여 왔고, 1995년에 약간의 감소추세를 보였지만 2007년에는 6위를 기록, 여전히 세계의 자동차업계에서 위치를 차지하고 일본의 불황 극복의 대명사로 통하고 있다.
- IBM은 인터넷이 확산되면서 1995년까지 큰 발전을 보였으나, IT업계의 불황으로 2000년대에 들어 크게 감소하고 2007년도에는 42위를 기록, 엄청난 하락을 보이고 있다.
- General Electric는 1995년까지 꾸준히 발전하였으나 1995년 이후 하락추세를 보이지만 꾸준히 자리를 지키고 있다.
- Texaco는 1981년도에는 다국적기업의 선두자리에 있었으나 석유산업의 감소에 따라 1990년대 이후에 크게 감소하고 2000년도에 들어오면서 큰 하락세를 보이고 있다.

표 2-6 국가별 Fortune지 선정 글로벌 500대 기업 수 및 1997년 이후 변화추이

순위	국가 명	2003년	2002년	2001년	2000년	1997년
1	미국	192	197	185	179	162
2	일본	88	88	104	107	126
3	프랑스	40	37	37	37	35
4	독일	35	35	34	37	41
5	영국	34	33	33	38	42
6	캐나다	14	16	35	12	6
7	**한국**	**13**	**12**	**11**	**12**	**13**
8	중국	11	11	12	10	3
9	스위스	11	11	11	11	14
10	네덜란드	11	9	9	8	9
11	이탈리아	9	8	8	10	13
12	호주	6	6	7	7	5
13	스웨덴	6	5	5	4	4
14	스페인	5	5	6	5	5
15	브라질	4	4	3	3	5
16	벨기에	3	3	3	3	4
17	핀란드	3	2	2	2	1
18	러시아	3	2	2	2	1
19	노르웨이	2	2	2	2	2
20	멕시코	2	2	2	2	1

자료 : Fortune, [Global 500], 2003, 2002, 2001, 2000, 1997.

<표 2-6>은 각 국가별 500대 기업수와 변화의 추이를 나타낸 표이다. 미국은 1997년 162개에서 2002년 197개로 증가 현상을 보이고 있고 일본은 1997년 126개에서 2003년 88개로 감소 현상을 보이고 있다. 1997년도에 3개에서 2003년 11개로 급격한 증가를 보이고 있다. 우리나라는 2003년 현재 7위를 유지하고 있으며 500대 기업에는 삼성전자가 59위로, 현대자동차가 94위를 보여주고 있다.

한국전력과 포스코도 순위에 들어 있음은 공기업으로 특이한 현상의 하나이지만 삼성그룹에는 전자, 물산, 생명 3개가 들어가 있어 말 그대로 삼성의 시대가 온 것 같다. 그리고 꾸준히 글로벌기업으로 인식되고 있는 현대자동차와 삼성전자는 우리나라 대표기업은 물론 아시아기업의 대표로도 손색이 없다고 하겠다<표 2-7 참조>.

표 2-7 우리나라 글로벌 500대 기업

순 위	회사명	Global 500 순위
1	삼성전자(주)	46
2	LG	73
3	현대자동차	76
4	SK	98
5	한전	228
6	삼성생명	229
7	포스코	244
8	국민	349
9	한화	374
10	KT	388
11	현대중공업	422
12	삼성물산	436
13	SK네트워크	438
14	S-오일	491

자료 : Fortune, [Global 500], 2007. 7.

제2장 4절 우리나라 글로벌 500대 기업의 업종별 현황

우리경제를 이끌어가는 제조업에서는 1997년 이후 지난 6년간 새로운 500대 기업이 단 하나도 탄생하지 못한 채 오히려 1개사가 탈락한 것으로 조사되었다. 예를 들면, 지난 1997년에 제조업 중 500대 기업에 포함됐던 삼성전자, 현대차, LG전자, 포스코, 대우자동차 등 5개사 중 대우자동차가 탈락했다<표 2-8 참조>.

표 2-8 우리나라 기업의 글로벌 기업 변화추이

순위	2007	1997	순위
46	삼성전자(전자)	대우(자동차 등)	24
73	LG(전자)	선경(정유)	46
76	현대자동차(자동차)	삼성물산(무역)	71
98	SK(통신)	쌍용(정유)	90
228	한국전력(전기)	현대종합상사(무역)	109
229	삼성생명(보험)	삼성전자(전자)	124
244	포스코(철강)	삼성생명(보험)	212
349	국민은행(금융)	LG상사(무역)	216
374	한화(화약)	LG전자(전자)	270
388	KT(통신)	현재자동차(자동차)	278
422	현대중공업(조선)	한국전력(전기)	282
436	삼성물산(무역)	포항제철(철강)	371
438	SK네트워크(통신)	교보생명(보험)	449

글로벌 500대 기업 중 가장 많은 비중을 차지하고 있는 은행업(62개)에는 그동안 국내기업이 단 하나도 없었으나 올해 처음으로 주택은행과 합병한 국민은행이 포함되었다. 그리고 보험업종에서는 삼성생명, 교보생명 등 2개 사에서 교보생명이 탈락해 1개 사로 줄어들었음이 나타났다.

그리고 한국과 일본기업이 대부분을 차지하고 있는 무역업(16개)에서는 1997년 3개 사에서 2003년에는 4개 사로 늘어났으며, 정유업도 쌍용이 탈락해 1개 사로 줄어들었다.

반면 성장산업인 컴퓨터와 사무 장비 및 소프트웨어 업종의 13개 기업은 미국(9개)과 일본(4개)기업이 독차지하였으며, 제약, 소매업, 식품 등의 업종에서도 아직 국내기업은 단 하나도 포함되지 못했다. 따라서 이러한 부가가치와 현금유입이 큰 기업이 등장하여야 한다.

3

CHAPTER

글로벌화와 국제경영의 등장

1 2 **3** 4 5 6 7 8 9 10 11 12 13 14 15 16

제3장 1절 다국적기업과 글로벌화

1 전통적인 비교우위 요인

아담스미스

아담스미스가 제창한 국제적인 전문화의 개념을 기초로 하여 국가 간의 생산요소부존비율과 그 가격의 차가 존재하기 때문에 비교우위가 나타났고 그 결과로서 상품이 국제적으로 이동한다고 생각하는 것이 전통적인 무역론이다.

전통적인 국제자본 이동론에서는 상품과 마찬가지로 이윤을 구하기 위해 자본이 국가 간을 출입한다고 생각하여 왔다. 그러나 경영자원으로서 자본과 노동을 대상으로 하는 전통적인 이론에 의해 오늘날의 글로벌화에의 행동의 일면은 설명할 수 있다고 하더라도 현실의 기업의 행동은 이 테두리를 훨씬 뛰어넘고 있다고 하겠다.

2 기업성장에의 요인

기술, 노하우, 전략의 입안이나 경영 관리력, 기업가정신 등 소위 소프트적인 경영력의 우위성이 직접투자라는 자본의 이동을 가져다주는 커다란 원천이 되고 있는 것이 현실이다. 자본, 노동, 소프트적인 경영력 등의 경영자원이 패키지로서 이동하는 것이 현재의 직접투자이다. 이러한 현실에서 기업은 본래 성장을 지향하면서 최적의 행동을 추구하는 주체라고 생각하기도 한다. 국내보다는 해외에서 사업의 기회가 커진다면 필연적으로 경영자원을 해외에 이전한다. 기업의 다국적화를 진화론적으로 취급하는 견해가 로빈슨(R.D. Robinson)에 의해 등장하였다.

제3장 2절 국제경영의 정의

국제경영학에서 논의되고 있는 국제경영은 그 역사와 일련성과 환경 변화성 때문에 개념을 확고하게 논하기엔 어려움이 많다. 또한 학자들의 연구목적과 연구방법, 시대에 따라 그 정의도 다를 수 있다.[50]

그러나 일반적으로 국제경영은 규정기준에 따라 두 가지 견해로 나눌 수 있다. 첫 번째 견해는 국제경영이란 국경을 넘는 사업활동을 경영교육의 학문적 연구의 대상으로 하는 분야로서, 여기에서 국경을 넘는 사업활동의 대상에는 재화, 서비스, 자본, 인력, 기술이전, 그리고 인력관리 등이 모두 포함된다.[51]

50) 보통 International Business를 지칭할 때는 세 가지의 뜻을 가지고 있다. 먼저 급격한 환경의 변화로 야기되는 복잡성·다양성·단절성·불확실성·위험성 등으로 특징되는 세계 및 지역시장과 진출국으로부터 영향을 상호 주고 받으며 기업이 수행하는 국제경영활동인 '국제경영(international business)' 두 번째로 일정한 목적을 실현하기 위해 전략·전술 등을 개발하여 실제로 국제경영활동을 수행하는 '국제기업(international business)', 세 번째로 경영학의 일부로서 국제경영과 국제기업 및 국제경영환경 등 관련관제를 연구하는 학문분야로서의 '국제경영학'(고유명사 사용할 때 International Business)이 있다.

51) S. Robock, K. Simmonds, & J. Zwick, International Business and Multinational Enterprises (Richard D. Irwin, Inc., 1972). p. 3.
"International Business as a field of management training and scholarly research deals primarily with business activities that cross national boundaries, whether they be movements of goods,

이와 같이 국경선을 기준으로 하는 로보크(S. Robock), 시몬즈(K. Simmons)와 츠비크(J. Zwick)의 견해이며, 두 번째 견해는 국제경영이란 한 나라, 한 영토, 또는 한 식민지 이상의 사람 또는 기관에 영향을 미치는 공사(公私)의 경영활동을 대상으로 하는 연구 및 실무의 한 분야이다.[52] 이와 같이 활동지역의 수를 기준으로 하는 로빈스(R. Robinson)의 견해가 있다.

이처럼 두 견해는 국경과 활동지역의 수를 기준으로 하고 있다는 점에서 상이하나, 2개 국 이상에서 일어나는 경영활동의 현상으로 보고 있다는 점에서는 공통점을 갖고 있다. 따라서 국제경영이란 2개 국 이상에서 이루어지는 경영관리활동(management), 2개 국 이상에서 관련되는 경영활동(business)으로 정의할 수 있다.[53]

이상에서 국제경영에 대한 논의를 하였지만 국제경영학에 대해서는 확정적으로 정의내리기가 곤란하다. 그 이유는 국제경영학의 연구방법이 확립되지 못하는 이유도 있지만, 국제경영이 내포하고 있는 포괄적인 성격 때문이다. 즉 경영활동에서 특정기능(생산관리, 마케팅, 재무 등)을 대상으로 연구가 이루어질 수 있으나, 국제경영학은 대상에 있어 이들 특정기능을 망라한 기업의 국제적 경영활동을 포괄적으로 다루어야 한다.

연구방법에 있어서도 학자들의 연구목적과 분석대상에 있어 제각기 다른 연구방법을 사용하고 있기도 하다. 그러므로 국제경영학에 대한 학문적 성격을 논하기보다는 이 학문이 포함하고 있는 범위를 그림으로 예시하여 이해하도록 하자.

그림 3-1 국제경영학의 인접학문

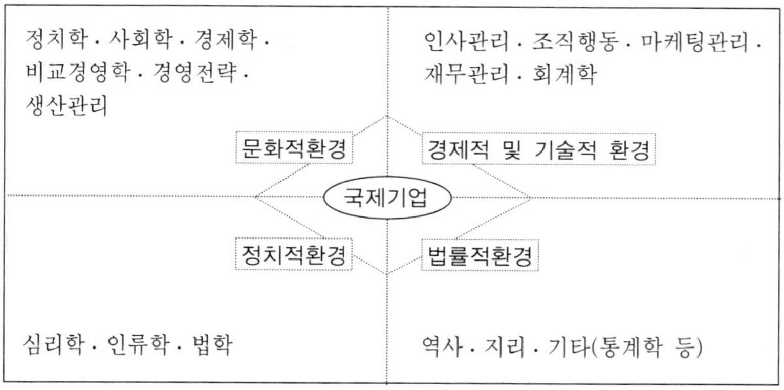

services, capital, or personnel; transfer of technology; or even the supervision of employees."

52) R. Robinson, International Business Management(Hindsale, N.Y. : Dryden Press, 1978), p. 17. ["International Business as a field of study and practice encompasses that public and private business activity affecting the persons or institutions of more than one national state, territory, or colony."]

53) R. L. Daft, Management, Dryden Press, 1991, p. 603.

앞의 그림에서 보면 국내 기업경영 그 자체도 경영 환경적인 면에서 비슷하다고 할 수 있으나 비교경영학이라든지, 심리학, 인류학, 역사, 지리 등의 면에서 보면 국제경영의 활동에 있어 매우 중요한 요인으로 작용하는 것이 현실이다.

다만, 이것이 국제경영에서만 적용된다고는 말할 수 없지만, 그 중요도에 있어 기존의 경영일반보다는 보다 구체적이고 체계화하여야만 하는 환경적 요인의 속성이라고 할 수 있을 것이다. 이상은 국제경영에 대한 이해를 돕고자 설명하였다. 그렇다면 국제기업에 대해서, 즉 행동의 주체인 국제기업에 대해 어떻게 정의를 하고 있는지 알아볼 필요가 있다.

제3장 3절 국제기업의 개념

1 국제경영과 국제기업의 정의

국제경영이란 2개 국 이상에서 이루어지는 경영관리활동, 또는 2개 국 이상에서 관련되는 경영활동으로 정의하였다. 국제기업이란 2개 국 이상의 나라에서 사업을 하는 기업을 말한다. 기업적 측면에서 보면 국내기업이란 본질적으로 단지 하나의 국민경제의 틀 내에서 비즈니스 활동을 영위하는 기업을 가리킨다.

이런 종류의 기업의 비즈니스 활동은 원칙으로 정치적, 법률적, 경제적, 사회적, 문화적으로 통일된 환경구조를 지향하는 것이 된다. 국제기업은 단지 그 기업의 제품뿐만 아니고 자본이나 기술, 기타 모든 경영적 자원이 외국에서 이루어지므로 기업의 비즈니스 활동은 다른 환경구조에서 이루어지며 기업의 의사결정 역시 서로 다른 환경구조 속에서 이루어지는 것이 일반적이다.

국제기업의 개념정의에 대해서는 아직 통일적인 견해에 도달하지 못하고 있는 실정이다. 국제기업이라는 표현 이외에 흔히 다국적 기업(multinational enterprise), 초 국가, 초 국제기업(supernational or transnational enterprise), 세계기업(global enterprise) 등의 표현이 사용되고 있는데, 어느 것이든 비슷하게 사용되고 있다. 일반적으로 국제기업은 국가의 경계를 넘어서 다른 나라에서 생산하고 마케팅 활동을 하며 지구화기업 또는 초국가기업으로 인식되고 있다.[54)]

이 중에서 다국적 기업이라는 말이 가장 보편화되고 있다. 다국적 기업이라는 말은 제2차 세계대전 이후에 학계, 경제학, 저널리즘 세계 등을 막론하고 각국에서 널리 사용되어 오고 있으며, 오늘날의 경제현상을 논함에 있어서는 무시할 수 없는 것으로 되고 있다. 그 후 이와 비슷한 용어들이 많이 사용되어 규모의 형태와 경영활동의 형태에 따라 다국적기업, 국제기업, 초국적기업 등으로 용어를 확대하여 부르기도 한다.

다국적기업이란 용어가 비교적 보편적으로 사용되었으며 그 내용에 대해서도 어느 정도 통일적인 견해와 학문적 체계가 이루어진 것은 1960년을 전후한 시기라고 할 수 있다. 다국적 기업이란 용어의 어원을 보면 처음에는 세계기업(world enterprise)이라고 불렀으며 이는 세계기업의 창조(creating a world enterprise)라는 논문이 하버드 비즈니스 리뷰에 발표된 1959년 말이라고 하겠다.[55)]

클리와 디시피오는 이 논문에서 미국의 대기업이 세계적 규모에서 경영활동을 전개하기 위해서는 어떠한 경영 이념하에서 행동하여야 할 것인가를 다룰 때 국적을 초월하는 대기업을 세계기업이라 명명한 것이다.

한편, 다국적기업이란 용어는 1960년에 릴리엔달(D. E. Lilienthal)이 다국적 기업의 경영(Management of Multinational Corporation)에서 처음 사용했으며 1964년에 키처(Kircher)는 초국적기업(transnational enterprise)이란 용어를 사용하기도 하였다.

그런데 국제경영활동을 수행하는 경영주체로서 국제기업을 정의하는 데는 학자들 간에 별 차이가 없지만, 이에 대한 명칭과 평가기준이 다양하게 병존해 있다. 예컨대 루트(F. Root)와 버논(R. Vernon)은 다 같이 다국적 기업으로 표현하고 있지만, 루트는 보다 추상적인 표현으로 다국적 기업을 정의하는 데 비해 버논은 구체적인 평가기준을 설정하여 다국적 기업을 정의하고 있다. 포터(M. Porter)는 세계시장을 하나의 시스템으로 보아 각국의 경영전략을 논하면서 국제경영을 정의하였다.

롤퍼(Rolfe), 브럭(Bruck)과 리(Lee)는 투자와 매출액 등 일정비율의 성과로 다국적 기업을 정의했고, 후드(Hood)와 영(Young), 그리고 UN은 국가의 수와 최고경영자의 의사결정 등 구조와 형태를 중심으로 다국적 기업이 정의되기도 하였다.

이상과 같은 혼란 속에서 국제기업(다국적 기업)을 정의하기란 여간 곤혹스러운 일이 아니므로 이를 <표 3-1>로 정리하여 살펴보도록 하자.

베어맨(Behrman), 버논(Vernon) 등은 경영활동이 일어나는 국가의 수로 보았다.

54) D. Hellriegel and J. W. Slocum, Management, 1992, pp. 108～110.

55) G. H. Clee and A. discipio, Creating a World Enterprise, Harvard Business Review. Nov-Dec, 1959.

표 3-1 다국적 기업의 정의

학 자	명 칭	본 질	관 점
G. H. Clee & A. di Scipio	world enterprise	· 다국적 기업에 대한 최초의 이론적 정의 (1959년) · 마케팅·연구개발·생산활동이 국경을 초월하여 이루어짐 [경영이념이 국제적]	
H. V. Purlmuter	multinational corporation	· 경영자의 태도를 본국중심적(ethnocentric), 현지국중심적(polycentric), 지구중심적(geocentric)으로 나눔 · 다국적 기업은 지구중심적 경영을 하는 기업	형 태
M. Porter	global corporation	세계시장을 하나의 시스템으로 보아 각국의 경영전략을 유기적으로 조정	
D. E. Lilienthal	multinational corporation	· 다국적 기업이란 용어를 처음 사용(1960년) · 1개 국 이상에서 해외생산활동 · 경영자가 세계적 차원에서 시장개발·연구·생산에 대한 의사결정을 내림 [경영활동이 일어나는 국가의 수 ≥ 2]	
J. N. Behrman	multinational enterprise	· 기업이 국경에 의해서 분리되어 다수국가의 통치하에서 활동하면서도 내부적으로는 통제된 기업 즉 다양성속의 통일성(unity in diversity)을 강조 [기업소유권자의 국적 ≥ 2]	
R. Vernon	multinational enterprise	· 다수국의 해외 자회사와 본사간의 기업집단(cluster of coporation)으로 이들 기업집단은 인적·재무적 자원을 공동으로 사용하고 동일한 전략에 의해서 운영됨 [대기업 + 6개 국 이상에 제조업 투자]	구 조
R. D. Robinson & Pierre Goetschin	multinational firm or corporation	· 다국적 기업을 National → International → Transnational → Multinational → Supernational 과 같은 발전하는 단계로 보았다. · 소유·경영의 다국적화와 시장·자산의 국적적 분산	
D. P. Kircher	transnational enterprise	최고경영층의 국적수 ≥ 2	
S. E. Rolfe	international firm or corporation	매출액, 투자, 생산, 고용 등의 해외부분 비용이 25%	성과
J. K. Bruck and F. A. Lee	multinational corporation	해외부분의 매출액, 이익, 자산, 종업원 수는 일정비율	

표 3-1 이어서

학 자	명 칭	본 질	관 점
Neil Hood & Stephen Young	multinational enterprise	· 1개 국 이상의 수익자산을 소유·통제·관리하며, · 해외직접투자를 통해 해외생산활동을 하는 기업	구조와 형태
UN	multinational corporation	· 2개 국 이상에서 생산 또는 서비스활동 · 소유와 경영의 다국적화 및 최고경영자의 국경을 초월한 의사결정	
F. Root	multinational enterprise	여러 나라의 생산중심 활동 + 국경선을 초월하여 직접 통제	다각적 관점
Yair Aharoni	multinational corporation	· 다국적 기업의 정의를 위한 접근법을 다음과 같이 3가지로 분류 ① 구조적 기준(structual criterion) : 해외대상국가의 수, 소유권, 최고경영자의 국적, 조직구조 ② 성과측도(performance yardstick) : 매출액, 이익, 자산, 종업원의 수 ③ 행태적 특성(behavioral characteristics) : 경영자의 국제적 사고 여부	종합적

자료 : Yair Aharoni, "On the Defination of a Multinational Coporation", *Quartely Review of Economics and Business*, Autumn 1971, pp. 27~37 : 방호열, 국제경영학, 법문사, 1990, p. 50.

주 : G. H. Clee & A. di Scipio,[56] D. E. Lilienthal,[57] D. P. Kircher,[58] S. E. Rolfe,[59] J. Fayerweather,[60] UN,[61] J. N. Behrman,[62] J. K. Bruck and F. A. Lee,[63] Yair Aharoni,[64] R. D. Robinson,[65] Neil M. Jocoby,[66] H. V. Purlmuter,[67] W. A. Dymsza,[68] Endel J. Kolde,[69] R. Vernon.[70]

56) G. H. Clee and A. di Scipio, "Creating a World Enterprise", *Harvard Business Review*, Nov~Dec, 1959.

57) D. E. Lilienthal, "Management of Multinational Coporation", in Melvin Anshen and G. L. Bach (ed), *Management and Coporation*, 1960, p. 119.

58) D. P. Kircher, "Now the Transnational Enterprise", *Harvard Businese Review*, Mar~Apr., 1964.

59) S. E. Rolfe, "The International Coporation", ICC, 1969, p. 10.

60) J. Fayerweather, International Business Management: a Conceptual Approach, New York McGraw, 1969, p. 13.

61) Department of Economic and Social Affairs, United Nations, New York, 1973, pp. 4~5.

62) J. N. Behrman, Some Patterns in the Rise of the Multinational Enterprise, *Chapel Hill: The University of North Carolina Graduate School of Business Research Paper 18*, 1969, pp. 58~60.

63) J. K. Bruck and F. A. Lee, "Foreign Content of U.S. Coporation Activies", Financial Analysis Journal, Sep~Oct, 1966 and "Foreign Investments Capital Control, and Balance of Payment", *The Bulletin, New York University Institute of Finance*, Apr, 1968, Appendix Table 1.

64) Yair Aharoni, "On the Defination of a Multinational Coporation", Quartely Review of Economics

상기에서 보면 다국적 기업에 대한 정의가 크게 구조, 성과, 형태, 다각적 관점이라는 네 분류로 나누어지는데, 국제기업에 대한 개념 정리에서 다국적 기업의 정의는 그리 일반화하기는 쉽지 않다는 것을 알 수 있다. 그러면 우리는 어떤 측면을 보아야 하는가? 국제기업에 있어 그 정의보다는 이들의 행동적인 측면을 설명함으로 이해를 도울 수 있을 것이다.

2 국제기업과 세계시장과 분업

이러한 다국적 기업이 증가하면서 요구되는 해외시장의 관계는 새로운 분업관계로 설명되기도 한다. 예를 들면, 오늘날의 새로운 분업관계는 세계경제에 있어서 발전중인 특별지역, 즉, 핵심적인 지역실체로서 존재하고 있다.[71] 따라서 새로운 지역의 연대가 필요하게 등장하였고 지역 간의 분업관계도 새롭게 등장하였다.

and Business, Autumn 1971, pp. 27~37.

65) R. D. Robinson, "Joint Venture of Transnational Business", *International Management Review*, Vol. 1, No. 1, 1964.

66) Neil M. Jocoby, *The Center Magazine*, Vol.Ⅲ, No.1, Center for Study of Democratic Industries, Santa Barbara, Calf., May 1970.
: A multinational corporation owns and manages businesses in two or more countries. It is an agency of direst, as opposed to portfolio, investment in foreign countries, holding and managing the underlying physical assets rather than securities based upon those assets.

67) H. V. Prelmuter, "The Tortuous Solution of Multinational Coporations", Columbia Journal of World Business, Jan~Feb 1969, pp. 11~14.

68) W. A. Dymsza, Multinational Business Strategy, McGraw-Hill, New York, 1972, pp. 4~5. [In our treatment, we distinguish between the international firm in general and the multinational company in particular. The "international company" is a generic term that comprises with various degrees of world orientation in their business; on the other hand, the "multinational firm" is one type of international company.]

69) Endel J. Kolde, International Business Enterprise, Second Edition, Prentice-Hall, Inc., Englewood, New Jersey, 1973, pp. 134~136.(모형을 사용해서 분석) [The basic notion in any defination of multinational enterprises is that of a number of affiliated business establishments which funtion simultaneously in different countries.]

70) R. Vernon, Sovereignty at Bay(New York, 1971), p. 4.

71) Ohmae K.(1995), *The end of the Nation State. The Rise of Regional Economies*, HaperCollins, London.

첫째, 지역적인 연대로 인하여 국가 간에 국경을 넘는 협력과 개발이 등장한다. 일례로, EU와 같은 새로운 지역실체에서는 인적 및 투자의 자유로운 흐름이 발생함으로 인해서 특정지역을 성장 기둥으로 거듭나게 만들었다.

둘째, 새롭게 등장한 성장 지역에 대한 관심이 세계적 관심사로 등장하였다. 일례로, 이탈리아의 Third Italy, 독일의 Baden-Wurttemberg, 홍콩과 한국, 대만, 싱가폴, 그리고 멕시코 등이 이에 해당된다.

이러한 맥락에서 보면, 지금의 세계는 새로운 시장과 새로운 산업지역들이 글로벌하게 등장하고 있다는 점에서 다국적 기업들에게는 새로운 기회를 제공하고 있다. 더구나 다국적 기업들에게는 새로운 경쟁위치와 네트워크의 개발, 그리고 가치체인을 연결할 수 있는 새로운 지역 및 지역경계를 초월할 수 있는 정책들이 만들어지고 있기도 하다.

그 이유는 상호 간의 관계성을 조정하는 정도에 의해서 생산비용의 절감, 유통과 로지스틱스(logistics) 채널의 조정, 핵심과 관련적 생산 간을 구분하면서 전략적인 아웃소싱(outsourcing)이 가능하기 때문이다. 또한 새로운 지역과 국가의 등장은 서구 다국적 기업에게 경쟁자로서 대두되어서 기업의 국제화과정이 복잡하게 형성되었는데, 시장의 지리적 규모에 따라서 기능적 및 역할적으로 개발하는 과정이 달라지고 있다는 점이다.

따라서 기업의 국제화 이론은 다음의 관점에서 새롭게 접근해야 한다. 첫째, 아시아국가, 동유럽국가, BRICs(브라질, 러시아, 인도, 중국) 국가들의 등장으로 인한 지역분할적 측면, 둘째, 비즈니스 행동과 국제화에 영향을 주는 ICT(Information and Communication Technology)의 역할 측면, 셋째, 기업의 성공과 실패에 영향을 주는 문화적 측면, 넷째, 다국적 기업과 중소기업의 아웃소싱과 비즈니스 네트워크 측면(국가마다, 기업마다 다른 논리적 네트워크) 등이다.

제3장 4절 국제기업과 국제경영

기업의 국제화는 야마사끼와 다께다(山崎淸, 竹田志郎)에 의하면 수출에 의해서 이루어진다고 한다.[72] 그러나 수출의 경우와 직접투자의 경우는 국제화의 정도가 결정적으로 다르며, 후자의 경우는 전자에 비하여 현저히 그 국제화의 과정이 깊다고 한다. 생산회사가 수출을 상사에 의뢰할 때는 물론 자사가 해외에서 현지판매회사를 갖는 경우라도 기본적 생산활동은 국내에 있고, 경영전략이나 조직 역시 국내 중심적이다.

한편, 해외에 대한 직접투자가 전재되는 경우에는 기업은 경영자원의 배분을 국제적 관점에서 최적화하고, 그 국제적인 활용으로부터 이익을 올려 성장을 꾀한다. 이러한 경우의 국내적 관점은 국제화에 따라서 점차 주도성을 잃고 국제적 관점에 의해 바뀌어진다. 따라서 국내활동은 세계적 활동의 일환에 지나지 않게 되는 것이다.

그러면 국제화 과정에 대해 살펴볼 필요가 있게 된다. 이를 크게 일반적인 과정에서 언급되는 것과 신흥공업국의 과정으로 나누어 볼 수 있다.

먼저 로빈슨(R. D. Robbinson)은 기업의 해외활동 및 세계적 자원배분 정도, 소유국가, 기업경영관리의 특성 등을 기준으로 기업의 국제화 과정을 구분하고 각 단계별 국제기업의 명칭을 다르게 부여하고 있다. 즉 기업은 국가기업(nation firm) → 국제기업(international firm) → 다국적기업(multinational firm) → 초국적기업(transnational firm) → 초국가기업(supernational firm)의 과정으로 발전되면서 국제화를 이루어 나간다는 것이다<표 3-2 참조>.

표 3-2 로빈슨의 기업국제화 과정

단계명칭	해외사업내용	해외사업의 비교	소 유	기업경영관리의 주체
국가기업	상품수출 및 기술제휴	국내산업의 일환	본사국	본사국 모기업
국제기업	상품수출 및 현지생산판매	상호의존성과 독립성이 공존함	본사국	본사국 모기업
다국적기업	상품수출 및 현지생산판매	국내·해외 동등함	다수국	본사국 모기업
초국적기업	상품수출 및 현지생산판매	국내·해외 일체화	다수국	다수국
초국가기업	상품수출 및 현지생산판매	국내·해외 일체화	국제기구	국제기구

자료 : R. D. Robinson, Beyond the Multinational Corporation, *Inpublished Manuscript*, 1973, p. 27.

72) 山崎淸. 竹田志郎*, 「テキストブック 國際經營」, 有斐閣ブックス, 昭和 57年, pp. 20～22를 참고할 것.

한편, 팅(W. Ting)은 제품개발전략을 중심으로 신흥공업국 기업의 국제화 과정을 모방기, 계량기, 선도기의 세 단계로 구분하였다<표 3-3 참조>.

신흥공업국의 기업은 선진국 제품을 모방하여 이를 신흥공업국 여건에 적합하도록 개량하여 경쟁우위를 얻고 이를 기반으로 새로운 시장을 개척해 나간다. 이러한 과정에서 신흥공업국 기업의 국제화가 이루어지는데, 기업의 국제화가 진전될수록 마케팅 기능과 연구개발의 기능이 중요한 역할을 하게 된다.

표 3-3 팅의 신흥공업국 기업의 국제화 경로

의사결정 요소	모방기	계량기	선도기
마 케 팅	저	중	고
디장인·설계	고	고	고
생 산	고	고	저
구 매	고	중	저
생산자 관리	고	고	저

자료 : W. Ting, "The Producting Development Process in NIC Multinationals", *Columbia Journal of World Business*, Spring 1982, pp. 76~81.

앞에서 보듯이 기업의 국제화는 일반적으로는 국내의 활동이 국제활동의 기반으로 포함되어지고 있다.

이와 같은 조건을 갖출 수 있는 기업은 거의가 대기업이고 다국적 기업이라고 부를 수 있다. 다국적 기업이든 비 다국적 기업이든, 기업의 국제화가 진전되면 기업은 순수한 의미에서도 국내경영에서 크게 또는 적게 국제경영의 분야에 들어가지 않을 수 없다. 이러한 의미에서는 국내경영과 국제경영 간의 유사성과 공통성이 있는 것은 사실이다. 상이한 점은 외부적인 요인의 상이성과 사회 문화적 환경의 차이라 하겠다.

그러면 기업국제화의 공통적 결정요인은 무엇인가? 하는 점이 대두된다. 기업국제화에 공통적 결정요인에 대한 학자들의 견해로 대신하기로 한다<표 3-4 참조>.

표 3-4 기업국제화의 공통적 결정요인

연 구 자	결 정 요 인	특 징
그라이너(Greiner, 1972)	기업조직의 연륜과 능력	
요한슨과 비더샤임 폴 (Johanson & Weidersheim-Paul, 1975)	– 사회·문화·심리적 거리감 – 현지시장의 규모	현지판매법인의 설립은 심리적 거리의 영향을 받지만 현지생산 법인의 경우에는 그렇지 않음
데이비슨과 해리건 (Davidson & Harrigan, 1977)	– 제품의 특성 – 시장의 특성 – 시장진출 순서 – 시장진출 시기	
요한슨과 발네 (Johanson & Warren, 1978)	– 기존시장에 대한 위협 – 시장기회 – 기업내부 능력 및 경험 – 성장의지	
빌키와 워렌 (Bilkey & Warren, 1978)	– 기업특유의 비교우위 – 경영관리자의 기업목표 달성 의지 – 예상되는 수출의 기업목표에의 기여도 – 수출에의 조직 참여정도	
카뷔스길과 네빈 (Cavusgil & Nevin, 1981)	– Bilky & Warren이 제시한 네 가지 변수간의 상호작용	통계적 기법을 사용하여 실증적으로 검증
보르첼(Wortzel, 1981)	– 기업의 제품에 대한 경험 – 제품의 마케팅 필요조건 – 제품의 유통구조 무역장벽	신흥공업국의 국제화 단계 결정요인을 실증적으로 연구

자료: 어윤대 外, 국제경영, p. 193.

그러나 기업의 국제화는 당해 기업이 위치해 있는 환경과 개별기업의 능력과 경험에 따라 달라지며, 산업별 또는 국가별로 차이가 있기 때문에 '최적결정요인'은 있을 수가 없다는 것이 일반적이다.

하지만 국제경영의 가장 큰 장점은 현지국의 경제성장의 기여와 역할을 빼놓을 수 없으며 기술이전의 담당자, 변혁의 대리인으로 불리고 있는 것도 이러한 측면이 있기 때문이다. 2개국 이상에서 이루어지는 경영활동, 2개국 이상에서 관련되는 경영활동을 국제경영으로 정의하였는데 역시 국제기업, 또는 다국적 기업과 깊이 관련되고 있으며 국제경영이 미국에서 일찍이 학문의 한 분야로서 발전되어진 것은 다국적 기업의 눈부신 성장과 방대한 경험의 축적에 의해서라 할 수 있다. 그렇다면 기업국제화의 과정은 어떠한 면에서 바라볼 수 있는가? 그 과정을 도식함으로 인해 이해를 돕고자 한다.

그림 3-2 기업국제화의 과정

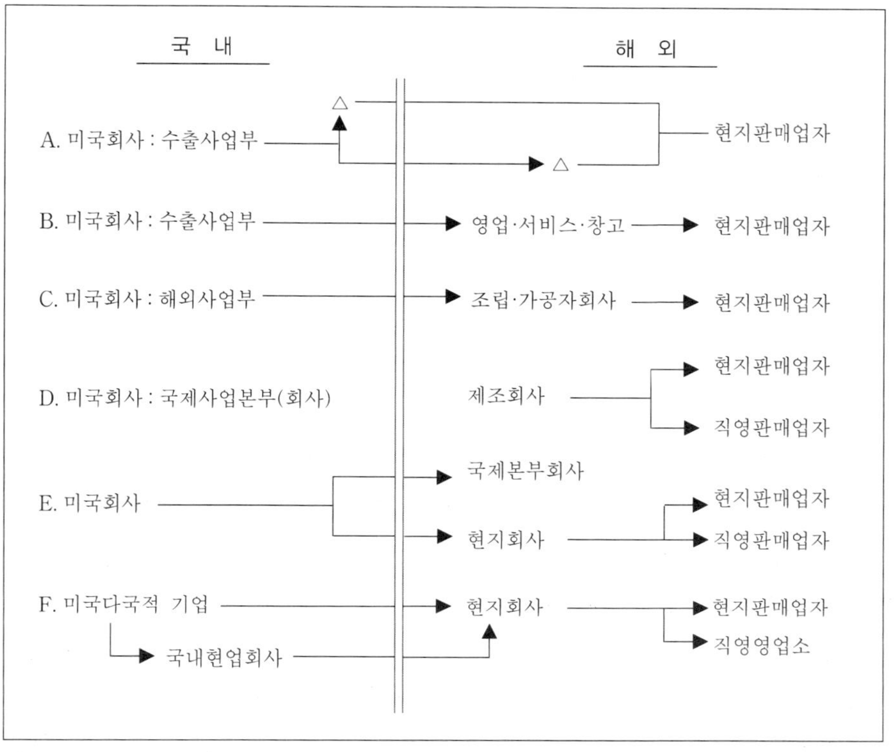

자료 : Endel J. Kolde, International Business Enterprise, Second Edition, Prentice-Hall, Inc., Englewood, New Jersey, 1973, p. 178.

일반적으로 국내기업에서 다국적 기업으로까지 발전하는 과정을 조직의 면부터 이해하여 보면, <그림 3-2>와 같이 된다.

A의 단계에서는 기업의 해외활동은 수출에 전적으로 의존하고 있고, 실제의 수출업무는 국내 또는 해외의 상사에 위탁하고 있다. B, C의 단계는 각기 해외에 판매자회사, 조립 또는 가공자회사를 갖고 있지만, 이것은 실질적으로는 수출의 연장인 것이다.

D의 단계에서는 처음으로 기업은 국내에서는 본사와는 독립된 해외사업본부를 갖고, 해외에는 제조자회사가 설립되어 자사의 유통경로를 마련한다. E의 단계에서는 본국에는 본사가 있지만 해외사업의 통괄은 해외 베이스회사에 위임된다.

더욱이, 다국적화가 진전되면 (F), 본사 자체가 전사적으로 다국적 기업으로 되고, 본국의 사업회사를 포함한 세계의 각 사업회사를 통괄한다. D단계부터 본격적으로 다국적 기업에 들어간다고 간주해도 좋다. 이에 대하여 국제경영은 A부터 F까지를 커버하고 있다. 따라서 국제경영은 수출부터 자회사, 해외사업본부, 지사, 다국적 기업 등을 다 포함하고 있다고 하겠다.

또한 국제기업관리의 유형에 대해서는 펄뮤터(H.V. Perlmutter) 교수는 국제기업에 있어 본사의 子會社에 대한 태도를 중심으로 에스노센트릭(Ethnocrntric), 폴리센트릭(Polycentric), 리지언센트릭(Regioncentric), 지오센트릭(Geocentric)으로 구분하였다.[73]

첫 번째로, 에스노센트릭 기업유형이란 자민족중심(自民族中心)의 기업유형을 말하며 무슨 일이든 본사를 중심으로 한 기업을 의미한다. 이는 내셔널리즘(Nationalism)을 경영의 기본으로 하는 경영체제로서 본사에 의해 모든 의사결정이 이루어지는 기업을 말한다.

두 번째로, 폴리센트릭 기업유형이란 다국중심(多國中心)의 기업유형을 말하며 의사결정에 있어서 권한, 자회사 통제의 방법, 임원구성 등 모든 조직과 경영면에서 자회사 중심의 형태를 말한다.

세 번째로, 리지언센트릭 기업유형이란 국제적인 면에서 각 지역중심의 기업유형을 말하며, 국제경영의 대상시장을 일부 또는 각국 시장을 개별적으로 세분화하여 전략적 목표로 삼고 각각의 시장에 최적의 제품, 생산, 판매, 조직, 재무, 인사, R&D, 일반적 관리시스템을 창출하는 국제경영체제를 의미한다.

네 번째로, 지오센트릭 기업유형이란 지구 중심적 기업유형을 말한다고 볼 수 있는데, 특정국가에 구애받지 않고 본사와 상호의존관계에 있는 해외 자회사가 유기적으로 결부되어 전 세계적으로 사업활동의 영역으로 하여, 좁은 내셔널리즘의 입장을 넘어서 임원을 적재적소에 배치하는 형태를 말한다. 이 형태의 기업의 경우 각 나라의 법과 정치가 허용하는 범위에서 기업활동을 하게 된다.

이상의 내용을 <표 3-5>를 통해 정리하면 다음과 같다.

표 3-5 EPRG 프로필 하에서의 기업의 태도

기업의 태도	본국중심적 (ethnocentric)	해외시장중심적 (polycentric)	지역시장중심적 (regiocentric)	세계시장중심적 (geocentric)
목 표	수익성(생존)	공적수용(합법성)	수익성 및 공적수용	(생존 및 합법성)
통제 -목표설정의 방향	상 → 하	상 → 하	지역과 자회사 간의 상호타협	기업의 모든 수준에서 협상
-커뮤니케이션	계층적(본사에서 많은 명령 하달)	거의 없음	지역 내에서 수직적 및 수평적 커뮤니케이션	지역 내에서 수직적 및 커뮤니케이션
-자원의 분배	투자기회를 본사에서 결정	거의 없음	본부로부터의 지침아래 지역은 자율배분	범세계적 계획, 배분

73) H. V. Perlmutter, op. cit., pp. 9～18.

표 3-5 EPRG 프로필 하에서의 기업의 태도(계속)

기업의 태도	본국중심적 (ethnocentric)	해외시장중심적 (polycentric)	지역시장중심적 (regiocentric)	세계시장중심적 (geocentric)
전 략	범세계적 통합전략	국별 반응전략	지역적 통합 및 국별 반응전략	범세계적 통합 및 국별 반응전략
구 조	계층적인 제품사업부	자치적인 국가 단위를 가진 계층적인 지역사업부	메트릭스를 통한 결합된 제품 및 제역조직	네트워크 조직
문 화	본국	현지국	지역	범세계적

자료 : B. Chakravarthy and H. Perlmutter, "Strategic Planning for a Global Business", Golumbia Journal of World Business(Summer 1985), pp. 3~10.

<표 3-5>에서 보듯이 국제화가 진행될수록 기업경영자의 태도나 의사결정과정이 챠크라바티(B. Chakravarthy)와 펄뮤터(H. Perlmutter)가 말하는 소위 EPRG 프로필에 따라 본국시장중심, 해외시장중심, 지역시장중심, 세계시장중심으로 점차 변화해 가야 한다는 것을 암시하고 있다.

이상과 같이 국제기업과 국제경영의 관계에 대해 설명을 하였는데, 구체적으로 국제기업이 취하는 국제화 유형에 대해 설명이 필요하리라 생각된다. 그러므로 이를 설명하도록 한다.

제3장 5절 기업의 국제화

1 기업의 국제화 유형

기업의 국제화는 우선 수출, 해외지사 그리고 해외 경영의 순으로 발전하는데 해외 시장진출은 수출방식에 의한 해외진출과 계약방식에 의한 해외진출과 직접투자 방식에 의한 해외진출로 구분한다. 이 외에 전략적 제휴로서 글로벌 네트워크를 구성하는 부분이 있다고 할 수 있는데 이 부분에 대해서는 뒷 장의 '국제기업과 전략적 제휴'에서 구체적으로 설명하도록 하고 이하에서는 수출, 계약, 직접투자의 세 가지 관계에 대해서 그 특징을 살펴보도록 한다. 우선 이를 표로 나타내면 다음과 같다.

표 3-6 기업의 국제화 유형

<table>
<tr><td>수출방식에 의한 해외진출</td><td>· 간접수출(Indirect Exporting)
· 자사대리점/유통업자를 통한 수출(Direct Agency/Distributer Exporting)
· 자사지점/자회사를 통한 수출·간접 수출(Indirect Exporting)
· 자사대리점/유통업자를 통한 수출(Direct Branch/Subsidiary Exporting)</td></tr>
<tr><td>계약방식에 의한 해외진출</td><td>· 라이센싱(Licensing)
· 프랜차이징(Franchising)
· 관리계약(Management Contract)
· 건설/턴키계약(Construction/Turnkey Contract)
· 계약생산(Contract Manufacture)
· 공동생산계약(Co-Production Manufacture)</td></tr>
<tr><td>직접투자 방식에 의한 분류</td><td>· 단독투자(신설)(Sole Venture : New Establishment)
· 단독투자(취득)(Sole Venture : Acquisition)
· 합작투자(신설/취득)(Joint Venture : New Establishment/Acquisition)</td></tr>
</table>

표에서 나타낸 것을 이후에 설명을 할 것이지만, 이의 이해를 돕기 위해 국제기업의 활동과 자본의 관계 즉 기업생산요소로서 자본의 비율을 나타내면 다음 <그림 3-3>과 같다.

그림 3-3 기업의 국제적 활동과 당사국의 기업생산요소

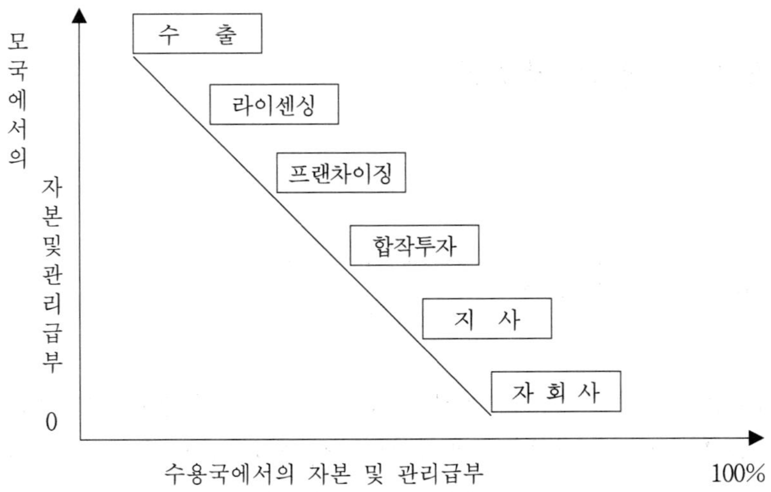

출저 : Meissner, H.G./St. Gerber, "Die Auslandsinvestitionen als Entscheidungsproblem", in BFuP, Nr.3 (1980), p. 224.

1) 수출방식에 의한 해외진출

수출방식에 의한 해외진출은 기업이 국내에서 생산된 제품을 현지국에 수출한다는 점에서 계약방식이나 해외직접투자방식에 의한 해외 진출과 근본적으로 다르다. 수출방식에 의한 해외진출에는 간접수출과 직접수출이 있다.

먼저, 간접수출(Indirect Exporting)은 기업이 제품을 국내에 있는 중간수출업자(국내판매조직, 수출관리상사, 협력기구 등)를 통해 해외 수출하는 경우로서, 제품을 생산한 기업은 제품을 중간수출업자에게 판매하는 것으로 모든 수출업무를 마치게 된다. 따라서 제품을 생산한 기업은 수출선이나 수출마케팅전략에 대한 통제권을 갖지 못한다. 간접수출은 주로 후진경제권에서 수출경험이 없거나 수출전문인력을 이용할 수 없는 경우 또는 수출규모가 아주 작은 경우 등에 많이 이용된다.

그리고 직접수출(Direct Exporting) 제품을 생산한 기업이 다른 중간수출업자를 거치지 않고 직접 해외에 있는 고객에게 제품을 수출하는 경우를 말한다. 직접수출의 경우, 제품을 생산한 기업은 시장조사, 고객접촉, 가격결정, 물적 유통, 수출서류 작성 등과 같은 제반 수출마케팅을 직접 계획하고 수행하게 된다. 직접수출은 간접수출보다 기업 내에서의 활동이 훨씬 더 발전된 단계로서 시장 개입의 범위도 훨씬 더 확대되어 국제화의 개입도 증가된다.

제품을 생산하여 수출하고 있는 기업들은 필요에 따라 대규모 시장에는 직접수출방식을 이용하고 소규모 시장에는 간접수출방식을 이용하는 등 직접수출과 간접수출을 상호 보완적으로 활용할 수 있다.

다음으로, 계약방식에 의한 해외진출은 기업이 자사가 보유하고 있는 기술이나 지식을 일정한 대가를 받고 외국기업에게 이전하기로 하는 장기계약을 체결하여 해외시장에 진출하는 방식이다. 계약방식은 단순히 상품만이 아닌 기술이나 지식을 이전하는 수단이라는 점에서 수출방식과 다르다. 계약방식에는 라이센싱, 프랜차이징, 관리계약, 턴키 프로젝트, 컨소시엄, 계약생산 등이 있다. 이에 대해 설명하면,

첫째, 라이센싱(Licensing) 라이센서(Licensor)가 라이센시(Licensee) 간에 라이센서가 보유하고 있는 특허(Patern)나 노하우(Know-how), 등록상표(Trademark) 또는 기술공정(Technical Process) 등의 상업적 자산을 일정한 로열티(Royalty)나 수수료(Fee)를 받고 라이센시에게 제공하기로 하는 라이센싱 계약을 체결하여 해외시장에 진출하는 국제경영방식이다. 라이센싱은 라이센서의 입장에서는 적은 위험과 비용으로 해외시장에 쉽게 침투할 수 있다는 장점이 있고 라이센시의 입자에서는 유명제품의 브랜드를 활용할 수 있다는 장점이 있다.

둘째, 라이센싱과 비슷한 점이 있으나<표 3-7 참조> 프랜차이징(Franchising)은 프랜차이저(Franchisor)가 소유권이 독립된 프랜차이지(Franchisee)로부터 일정한 수수료를 받고 상표 등에 대한 사용권을 허가해 주고 기업의 운영까지를 계속적으로 지원해 주는 국제경영방식으로서 라이센싱의 한 형태라고 할 수 있다. 프랜차이저와 프랜차이지는 양 기업이 서로 독립성을 유지하면서 최종 소비자에게 이르는 재화 및 서비스의 일부를 각기 생산한다는 점에서 수직적 통합과 유사하다. 프랜차이징은 맥도날드, 버거킹 등의 즉석식품, AVIS 등의 자동차 임대업, 건설, 음료, 모텔, 주유소 등과 산업에서 많이 이용되고 있다.

표 3-7 국제 프랜차이징과 국제 라이센싱의 차이점

구 분	국제 프랜차이징	국제 라이센싱
계약내용	영업노하우, 지적소유권 상표, 경영자원 등을 포함하는 사업전반에 관한 지속적인 지원 계약임	특정제품의 생산기술이나 브랜드 사용에 관한 계약임
대가	가맹점 간 표준화된 프랜차이징 수수료	도입자 교섭력에 따라 로열티 수준 달라짐
기업설립	계약을 통해 사업이 처음 시작됨	이미 설립되어 있는 기업이 기술도입자가 됨
계약기간	보통 5~10년이며, 갱신 가능함	16~20년이 보통이며, 도입기술의 특허기간을 넘지 않음
파트너 선정	전적으로 사업본사가 가맹점을 선정하며, 교체에 대한 통제권이 있음	기술제공자, 기술도입자 선정 양측의 역할 모두 큼
신기술 제공	가맹점은 계약의 일부로서 사업본사의 신상품, 신 영업방식을 꾸준히 제공받을 수 있음	기존기술만이 계약의 대상이 되어, 새로 개발되는 기술은 이전되지 않음
해당산업	일반적으로 식당, 학원 등 소비자 서비스에 집중되어 있음	제품주기상 성숙기의 표준화된 제품이나 브랜드 이미지가 높은 소비자제품

참고: 미국·일본의 메가 프랜차이지 ▸▸

미국에서는 다점포 가맹점주를 '멀티 유닛 프랜차이지(multi-unit franchisee)'라고 부른다. 1개의 점포를 운영하는 가맹점주는 '싱글 유닛 프랜차이지(single-unit frachisee)', 2개 이상 점포를 운영하는 가맹점주는 멀티 유닛 프랜차이지라고 구분한다. 특히 멀티 유닛 프랜차이지 중 여러 브랜드를 운영하는 점주를 '멀티 브랜드 프랜차이지(multi-brand franchisee)'라고 하기도 하고 수십~수백 개의 점포를 운영하는 기업형 프랜차이지를 '메가 프랜차이지(mega-franchisee)'라고 한다.

국제프랜차이즈협회(IFA)가 지난 2002년 회원사 830개 가운데 145개 회사 3만 3878명의 가맹점주를 대상으로 실시한 조사에 따르면 조사 대상 가맹점주의 80.1%는 싱글 유닛 프랜차이지고 19.9%는 멀티 유닛 프랜차이지였다. 그런데 이 19.9%의 멀티 유닛 프랜차이지가 전체 프랜차이즈 가맹 점포의 절반 이상인 52.6%를 보유하며 평균 4.5개의 가맹 점포를 갖고 있는 것으로 나타났다. 반면 80.1%의 싱글 유닛 프랜차이지가 차지하는 비율은 47.4%였다.

1. 기업형 메가 프랜차이지 급성장

미국에서는 여러 가맹점을 운영하는 메가 프랜차이지들이 급성장하는 추세다. 메가 프랜차이지의 유형은 개인 사업자와 기업형으로 나눌 수 있다. 개인 사업자 중에서는 다니엘델 프레테(Daniel Del Prete)가 가장 선구적인 인물로 꼽힌다. 그는 1972년 던킨도너츠 가맹점 1개를 오픈한 것을 시작으로, 현재 던킨도너츠 점포 18개와 블림피(Blimpie) 점포 3개를 운영하고 있다.

기업형 메가 프랜차이지의 대표적 업체는 "NPC 인터내셔널(NPC International, Inc.)"이다. 이 회사는 피자헛 가맹점 888개를 운영하고 있다. 피자헛 본사 입장에선 최대 가맹점주인 셈이다. 1962년 설립된 NPC 인터내셔널은 2001년 미국 나스닥(NASDAQ)에 상장됐다. 2007년 총매출은 6억 7950만 달러에 이른다.

또 다른 기업형 프랜차이지인 "시몬즈 레스토랑 매니지먼트(Simmonds Restaurant Management)"는 버커킹 가맹점 52개를 운영하면서 타코존스와 지비존스 가맹점 30여 개를 동시에 운영하고 있다. 1976년 설립된 이 회사는 미국 네브래스카 주 오마하에 본사를 두고 있다.

2. '사장' 메가 프랜차이지 출현

일본에서는 2개 이상의 점포를 운영하는 가맹점주를 '멀티 프랜차이지'라고 부른다. 이러한 멀티 프랜차이지 중 점포수가 두 자릿수 이상이고, 연간 매출액이 수억 엔 규모에 이르는 가맹점주를 '메가 프랜차이지'라고 구분한다.

따라서 두 개 이상의 점포를 운영하는 가맹점주를 메가 프랜차이지라고 부르는 한국과 비교하면 점포수나 연간 매출액 면에서 그 규모가 더욱 확장된 개념이라고 볼 수 있다.

일본에선 아직 메가 프랜차이지에 대한 정의가 명확하게 서지 않은 상태다. 다만 일본 프랜차이즈 연구소(www.franchise-ken.co.jp)는 '보유 점포수 30개 이상, 또는 연간 매출액 20억 엔 (약 160억 원) 이상인 가맹자'를 메가 프랜차이지로 분류하고 있다. 이 정도면 한국 내 웬만한 프랜차이즈 본사 규모와 맞먹는다. 동일 브랜드 체인점을 여러 개 운영하거나 서로 다른 업종의 체인점을 복수 운영하는 것도 포함한다.

또는 일본에선 본업을 갖고 있으면서 사업 다각화의 일환으로 프랜차이즈 점포를 운영하는 기업이 많다. 따라서 법인체가 많으며 상장 기업도 잇따라 출현하고 있다.

| 한경비즈니스, 2008, 6. 23. 발췌 |

셋째, 관리계약(Management Contract)이란 합작투자의 한 형태로서 양 파트너 중 한 파트너는 운영시설을 소유하고 다른 파트너는 경영을 담당하는 형태의 국제경영방식이다. 이때 경영을 담당하는 파트너는 '관리적 노하우'를 제고하는 대가로 합작업체의 일부 소유권이나 로열티 또는 관리대가를 수수한다. 관리계약은 현지정부가 자국이 몰수한 해외투자 자산을 자기 나라 사람이 관리할 수 있는 능력을 갖출 때까지 일정 기간 동안 운영해 주도록 위탁하는 경우나 공장설비를 판매한 기업이 그 사업체를 위탁하여 경영하는 경우 그리고 더 이상 기존 시설의 운영이 불가능하여 사업을 다른 분야로 전환하기 위해 그 시설을 해외기업에게 위탁하여 경영해야 하는 경우 등에 이용된다.

넷째, 턴키 프로젝트(Turnkey Project)는 일명 플랜트수출(Plant Export)이라고 하는데, 이 방식은 기업이 외국으로부터 공장이나 기타 산업시스템을 발주받아 이를 설계·건설한 다음, 그 초기까지를 담당한 후 프로젝트를 완공하여 해외 발주자가 당해 프로젝트를 독자적으로 운영할 수 있도록 경영관리나 근로자 훈련 등과 같은 서비스를 추가로 제공하는 턴키 플러스(Turnkey Plus)방식도 있다. 턴키 프로젝트에서는 엔지니어링기술과 노동 및 경영관리기법이 해외 발주자에게 복합적으로 이전되는 것이 일반적이다. 턴키 프로젝트의 공급업체는 완성된 시설을 제공하고 그 대가로 기계설비대금과 공장설계, 공정 노하우, 현지인 훈련 등에 대해 일정한 대가(Fee)를 받는다.

다섯째, 계약생산(Contract Manufacture)은 기업의 자사가 직접 제품을 생산하여 해외에 수출하기보다는 생산능력을 가진 현지 기업을 선정하여 그 기업으로 하여금 자사가 요구하는 제품을 생산하여 공급하도록 하는 계약을 체결하고, 이 계약 하에서 생산된 제품에 대한 마케팅은 자기 기업이 책임을 지는 경우이다. 계약생산은 통상 자기 기업이 직접 그 제품을 생산할 여력이 없거나 현지의 값싼 노동력이나 원자재를 이용하고자 하는 경우 그리고 현지생산과정에서 발생할지도 모르는 소유권문제 등에 다른 충돌을 피하고자 하는 경우에 활용된다. 주문자상표 부착방식에 의한 수출(Original Equipment Manufacturing : OEM)도 일종의 계약생산이라고 할 수 있다.

마지막으로, 직접투자방식에 의한 해외진출은 기업이 제품을 해외 현지에서 직접 생산하여 마케팅하기 위해 생산시설을 설립하기 위한 자본을 현지에 투자하는 경우를 말한다. 현지에서의 제품생산은 모든 부품을 본국에서 수입하여 현지에서 단순히 조립·가공만 하는 방식으로부터 제품 전체를 완전히 현지국의 생산요소를 사용하여 생산하는 방식에 이르기까지 다양한 방식이 있다. 이를 살펴보면,

첫째, 단독투자(Sole Venture)는 기업의 의결권 주 95% 이상을 자사가 소유하는 형태로 해외에 진출하는 경우로서, 이렇게 설립된 기업을 완전 소유 자회사(Wholly Owned Subsidiary)라고 한다. 단독투자는 예전에 존재하지 않던 기업을 새롭게 설립하여 진출하는 신설(Greenfield)방식이나 기존에 현지에서 가동되고 있는 기업을 매수하거나 그 기업과 합병하여 진출하는 매수·합병(Merger & Acquisition : M&A) 방식을 이용할 수도 있다.

일반적으로 단독투자방식에 의한 해외진출은 기업이 강력한 독점적 우위를 소유하고 있거나 제품의 생산과정에서 모기업이 자회사에게 원자재를 공급한다든지 또는 그 반대의 관계가 성립되는 경우 등에 주로 활용된다. 단독투자방식에 의한 해외진출은 제품이나 기술에 대한 강력한 통제가 가능하고, 자사의 경영방침을 독자적으로 운용할 수 있으며 기술이나 노하우의 누출을 방지할 수 있다는 이점이 있다.

둘째, 합작투자(Joint Venture)는 2개 이상의 기업, 개인 또는 정부기관이 영구적인 기반 아래 특정 기업체의 운영에 공동으로 참여하는 국제경영방식으로서 전체 참여자가 공동으로 소유권을 갖는다는 특징을 가지고 있다. 공동소유의 대상은 주식자본, 채무, 무형고정자산(특허권, 외장권, 상표권, 영업권), 경영 노하우, 기술 노하우, 유형고정자산(기계, 설비, 토지) 등 매우 다양하다.[74]

합작투자는 합작에 참여하는 기업들이 소유권과 경영을 분담하며 자본 및 기술 등

74) E. J. Kolde, International Business Enterprise, 2nd. de. (Englewood Cliffs, New Jersey : Prentice-Hall, 1973). p. 192.

상대방 기업이 소유하고 있는 강점을 서로 이용하고 위험을 분담할 수 있다는 장점이 있다.75) 따라서 합작투자는 단독투자에 비해 자회사에 대한 통제보다는 현지 파트너의 기여를 필요로 하는 경우에 주로 이용된다.

이상과 같이 국제기업의 국제화 유형은 상기와 같이 정리될 수 있을 것이다. 우리가 여기서 한 가지 이해해야 할 것은 이 유형의 종류에 의미를 두는 것이 아니라 그 '관리'에 의미를 두어야 한다는 것을 명심해야 할 것이다.

이러한 점에서 국제기업과 국제경영의 관리에 던져 주는 의미는 급변하는 환경 속에서 더욱 절실하다고 할 수 있을 것이다. 특히 1990년대에 들어와서 국제기업의 경영환경은 급변하고 있는데 EC 통합, NAFTA 탄생 등 세계경제의 지역주의 현상이 두드러지면서 보호무역주의 풍조가 확산일로에 있다. 이러한 지역주의의 증가는 그만큼 해외시장진출이 어려워지고 있다는 것을 의미하며, 여기에 덧붙여 1989년 하반기부터 소련을 비롯한 동구권 국가들이 개혁과 개방이라는 큰 물결을 일으키고 있어 WTO 체제와 함께 세계경제의 큰 변수로 등장하고 있다.

따라서 이러한 세계적인 경제 질서의 재편과 함께 국적을 초월한 무국적(Stateless) 기업의 시대가 펼쳐지고 있다. 최근 급증하고 있는 해외직접투자, 세계적인 매수·합병, 외국기업과의 전략적 제휴 등을 통해 명확하게 국적을 구분할 수 없는 글로벌기업들이 등장하고 있다. 즉 무국적기업들은 국적기업(다국적 기업)들로부터 변모된 것이다. 국적기업(다국적 기업)들은 해외활동을 하나의 부가적인 영업으로서 취급했고 명령체제와 국적은 분명하였다.

한편, 짧아진 라이프사이클과 소비자욕구의 다양한 증가로 인해 기업들은 매수·합병과 전략적 제휴 등을 통하여 외국기업과 협력하면서 해외에서 새로운 기술, 자본 및 노하우를 위한 돌파구를 찾게 되었다. 이러한 기업의 무국적화의 이점들을 살펴보면, 첫째, 무역장벽의 회피, 둘째, 정치문제의 회피, 셋째, 규제조치에 대한 우회, 넷째, 노동자에 대한 교섭력 증대, 다섯째, 수요변화에 대처, 여섯째, 기술혁신 능력의 향상을 들 수 있다.

소위 무국적기업과 본국과의 연대를 살펴볼 때 무국적화의 추세는 어느 정도 한계가 있다는 사실을 인정하지 않을 수 없으며 무국적화가 진전된다고 하더라도 본국과 연계되지 않은 기업이란 생각할 수 없다고 하였다. 끝으로, 미래예측이 전혀 불가능한 현 상황에서 이익이 있는 곳이라면 어디든지 쫓아가는 현지화를 통한 기업의 무국적화는 증가될 것이지만 본국의 역할을 전혀 배제한 기업 활동이란 불가능하다고 보아야 한다.

75) J. Hladik, International Joint Ventures(Lexington, Mass: Lexington Books, 1985).

2 국제화 발전단계

해외진출형태는 일련의 발전 단계를 취한다는 생각이 일반적이다. 이른바 발전 단계설(스테이지·모델)이다.

발전 단계설은 많은 연구자에 의해 다른 단계가 만들어지고 있지만 Dunning(1993)의 분류에 따라 대개 아래의 패턴으로 국제화가 진행된다는 생각이 일반적일 것이다.[76]

- **제 1 단계** : 간접수출
- **제 2 단계** : 직접수출(해외에서의 자사 판로 개척, 현지 판매 자회사 설립)
- **제 3 단계** : 현지생산(부품의 현지 조립, 생산)
- **제 4 단계** : 현지생산(신제품 현지생산)
- **제 5 단계** : 지역·글로벌적 통합

제 1단계 간접 수출은 위에서 본 것처럼, 국내 수출 대행 업자(상사 등)에게 의존한 도메스틱 단계이다. 자사 제품의 물건은 해외에 유통되지만 관리는 모두 국내에서 완결되는 상태이다. 덧붙여 국내의 수출업자에 대한 의존에서 벗어나는 하나의 과정으로서 외국 수입 청부업자와의 국내에서의 접촉을 들 수 있다. 거래 장소는 국내이더라도 현지의 수입 판매업자와 직접 컨택를 하는 편이 보다 안심이라고 많은 수출업자는 생각한다.

제 2단계 직접 수출에 도달하면 해외에 자사 판매 자회사를 설립하여 자사 제품을 수입한다. 이것에 의해 간접 수출 단계에서 문제가 되고 있던 현지 시장·고객과의 접점이 실현되어 현지 시장 요구에 대한 보다 세세한 대응이 가능해진다.

제 3단계 부품 현지 조립·생산 단계에는 모든 것을 국내에서 조립해 완성품을 현지에 수출하는 것보다도 오히려 부품을 수송하는 편이 싼 경우, 관세도 그 편이 낮은 경우, 또한 보다 저비용으로 노동력을 활용할 수 있는 경우와 같은 이유로 도달한다.

제 4단계 신제품 현지생산 단계는 해외생산의 본격적 단계이다. 현지국에서의 관세 장벽을 준비하거나 현지 부품 조달률의 요구 수준을 높이거나 다양한 규제에 당황하는 경우가 있다. 그러한 정치적 상황에 대한 대응으로서 현지 생산이 가속된다. 위에서 보았던

76) John H. Dunning, Multinational Enterprise and the Global Economy Addison-Wesley Publising Company 1993, pp. 183~208.

대로 현지 생산에는 직접투자(완전 소유 자회사, 혹은 합작), 라이센싱, 계약 제조와 같은 형태가 있다.

제 5단계 지역·글로벌적 통합에서는 해외 현지에서 단지 생산만을 실시하는 것이 아니라 보다 고부가가치적인 활동을 국경을 초월해서 실시하게 된다. 연구 개발(특히 기초 연구)과 같은 매우 국내 지향이 강한 기능도, 일부 해외에 이전하여 해외 겨냥 제품 개발을 본국과 현지에서 상호의존관계 아래에서 실시한다.

또한 단지 본국과 현지국과 같은 1대 1관계가 아닌 해외시장이 지역(초국가로서의) 내지 글로벌적인 단위로 파악할 수 있어 하나의 현지국 내에서의 연구 개발, 생산, 마케팅과 같은 많은 활동이 다른 해외 제국으로의 활동과 연동하는 방향으로 향한다. 이러한 흐름이 제 5단계이다.

3 국제화와 소유 정책

해외 직접 투자에 따른 해외 진출에서의 중요결정 사항으로서 아래의 사항이 있다. 첫 번째 눈금의 옵션 축은 완전 소유 혹은 합작과 같은 선택이다.

완전 소유의 장점은 전략이나 오퍼레이션 내지 중요한 경영 자원에 대해 완전한 컨트롤이 되는 점이다. 사내의 문제 정도, 빠른 의사결정이 가능하다. 해외 거점은 조직 내부이므로 지식, 노하우의 이전도 보다 하기 쉽다. 또한 능력, 자원이 사내에 축적되어 보관 유지하기 쉽다. 또한 이익을 한 개 회사에서 독점할 수 있는 부분이 유리하다.

그 반면 단점으로서는 투자를 독점으로 실시하여 실패 리스크를 혼자 지게 된다. 또한 현지 환경 조건이 급변하여 이미 입지로서는 적합하지 않게 되어도 투자를 회수할 수 없는 이상 쉽게 철수할 수 없다. 또한 보호주의 나라의 경우 특히 정치적 압력, 심한 비난·공격 표적이 될 수도 있다.

합작의 경우는 어떨까? 장점은 완전 소유의 단점의 반대가 된다. 즉 단독의 경우에 비해 투자액이 적어도 되는 점, 파트너로부터 민첩하게 중요한 지식이나 노하우를 입수할 가능성이 있는 점, 현지 기업과의 합작이라는 것으로 정치적 비난·공격에서 피할 수 있는 점, 그리고 무엇보다도 상대와의 사이에 리스크를 분산할 수 있는 점을 들 수 있다.

그 반면 단점으로는 자사와 상대와의 전략적인 통일의 어려움, 조정의 곤란함, 자사의 컨트롤을 상대에게 양보, 의사결정의 늦음, 수익의 절반에 대한 자사 몫의 감소와 같은 점을 들 수 있다.

덧붙여 합작에도 여러 가지 종류가 있다.

합작은 완전 소유 자회사와 포트폴리오 투자의 중간에 설치한다. 주식 보유 비율 95% 이상의 것이 완전 소유 자회사, 5% 미만의 것을 포트폴리오 투자, 그 중간(즉 5% 이상 95% 미만의 것)을 합작으로 하는 헤나에 의한 구분이 일반적이지만, 20%, 80%를 카트 오프 비율로 하는 것도 많다.

또한 합작의 출자 비율에 따라 50% 이상의 것을 과반수 소유(majority ownership), 50%의 것을 공동 소유(co-ownership), 그리고 50% 미만의 것을 소수 소유(minority ownership)라고 구분한다.

또한 합작의 형태로서 자국 기업과 해외 현지국 기업과의 사이에 결성되는 전통형 합작 외에 자국 기업과 제 3국 기업 간에 구성하는 합작이나, 자국 기업이 현지 자국 기업과 구성하는 합작도 있다. 일본 기업의 아시아에서의 합작을 조사한 마키노 등은 흥미 깊은 일로 통상 대표적이라 생각되는 자국 기업과 해외 현지 기업 간의 두 회사 간 합작은 약 3할 정도에 지나지 않고 그 이외의 타입(즉 제 3국 기업이나 현지에서의 자국 기업과 사이의 합작, 삼사 이상의 합작)이 많은 것을 지적했다.

또한 전통적이라 불리는 자국 기업과 해외 현지국 기업과의 합작에서는 현지 자회사 퍼포먼스가 가장 높은 대신에 철수 비율도 가장 높다. 현지 자국 기업과의 합작은 철수 비율은 낮고 퍼포먼스도 상당히 높다. 제 3국 기업 합작 경우는 철수 비율이 매우 높고 퍼포먼스도 낮은 것이 밝혀졌다. 여기에서 알 수 있듯이 한마디로 합작이라고 해도 꽤 다양하다.

제 2의 옵션 축은 그린 필드로 갈지 매수로 갈지의 선택이다. 이것은 어디까지나 자신들의 손으로 처음부터 활동을 시작할지 현지 기업을 매수할지의 선택이다. 그것들에는 장점과 단점 면에서 큰 차이가 있다.

그린 필드에서 차분히 시작하는 방식에 비해, 해외 기업 매수의 메리트는 아래의 점으로 요약할 수 있다. 매수에 의해 무엇보다도 민첩하게 현지의 기존 기업으로부터 각종 경영 자원을 입수할 가능성이 있는 점을 들 수 있다. 그것들을 자기 자신이 부담하려면 훨씬 긴 시간이 걸린다. 자사의 전략 도메인의 새로운 보강, 신 비즈니스 도메인에 관한 참가를 꾀한 도메인 확장 전략, 혹은 미개척의 도메인을 시야에 넣은 도메인의 탐색 전략과 같은 목적을 위해서도 매수는 유효하고 민첩한 시책이다.

또한 경영자원으로서는 현지 기업이 갖는 대외적 네트워크도 입수할 수 있다. 현지국 시장에 대한 접근, 바이어, 공급자와의 관계 등이다. 특히 참여 장애가 높은 나라의 경우 유통망에 관한 액세스는 대략 불가능한 경우가 많다. 자주 플랫폼형 매수라고 불리는 것은, 피 매수 기업의 대외적 네트워크를 이용하여 현지 시장으로 들어가는 경우가 있기 때문이다.

그 반면 단점도 많다. 그 최대의 경우는 현지국에서의 정치적·심리적 반발이다. 또한 현지국의 컨트리 리스크에도 주의가 필요하다. 중국 등의 경우 특히 지적 소유권의 보관 유지에 유의할 필요가 있다. 이탈리아의 어느 안경 메이커에서 발생한 중국의 스쥬(蘇州)에서의 지적 소유권을 둘러싼 트러블은 전형적일 것이다. 중국 기업과의 선글래스의 제조에 관한 합작에서 중국 측이 이탈리아 기업으로부터 노하우를 흡수 후 돌연, 자사 브랜드로 비슷한 제품을 단독으로 제조 판매를 단행했다. 그 이탈리아 기업은 합작 상대의 지적 소유권 침해라고 중국 측에 맹렬히 항의 했지만 중국 측에는 전혀 통하지 않았다. 그 뜻을 중국 정부에 항의했지만 역시 완전히 받아들여지지 않았다. 이와 같이 처음의 달콤한 견적도 뒤집는 코스트가 발생할 수도 있는 리스크를 떠맡게 된다.

참고 : 국제화의 의미 – 관련 용어에 대한 개념 정의 ▶▶

국제화와 더불어 같이 자주 등장하는 용어들 또한 많은데, 세계화, 현지화, 개방화 등이 그 대표적인 예이다. 이들 용어는 국제화와 일맥상통하는 개념을 가지고 있는 것이 사실이지만 혼란을 주기도 하고 때로는 비슷한 뜻으로 사용되기도 하므로 이들 용어에 대해 그 개념들을 정리할 필요가 있다.

가. 국제화

국제화(Internationalization)란 국경의 개념이 점차 의미를 잃고 국가 간의 상호의존과 거래, 교류가 심화되는 과정과 관련된 제반 현상이라고 할 수 있는데 보통 세계화, 개방화, 자율화 등의 개념까지 포괄적으로 수용할 수 있는 광범위한 개념으로 해석될 수 있다. 그 이유는 세계화는 개별 국가 개념 자체의 약화와 관련된 것이라고 볼 때 국제화 진전 단계상 종착지점 쯤으로 볼 수 있으며, 개방화와 자율화는 국제화의 중요 측면들인 시장 및 문화, 의식의 개방과 경제활동에 대한 규제완화 등을 강조한 개념으로 이해할 수 있다.

국제화에 대해서는 두 가지 차원, 즉 하나는 전반적인 변화의 흐름이나 추세와 관련된 것이고 또 하나는 기업, 정부, 개인 등 개별 주체의 입장에서 파악할 수 있는 변화 과정으로서의 국제화다. 국제화 및 이와 관련된 용어들이 사회의 각 분야에 모두 해당되는 것이지만 역시 가장 밀접한 관련이 있는 것은 경제 분야라 할 수 있다. 이 점에서 상기 두 차원은 기업의 활동에 영향을 주는 배경요인으로서의 국제화와 기업 자체의 국제화라고 할 수 있을 것이다.

나. 세계화

세계화(globalization)는 국가 간의 경계나 장벽이 약화된다는 국제화의 개념을 넘어 국가 간의 차별성이 엷어져 개별 국가의 개념이 약해지는 것을 의미하는 것으로 국가 간의 차이보다는 인류공통의 보편 타당한 가치가 중시되고 세계가 단일의 공동체로 확산된다는 것이다.

하버드 대학의 레빗트(Theodore Levitt) 교수는 1983년도 'Harvard Business Review'에 발표된 '시장의 세계화(The Globalization of Markets)'라는 논문을 통해 세계시장의 동질화 현상을 역설한 바 있다.[77] 기술발전에 따른 통신, 여행, 수송수단의 발달이 국가 혹은 지역단위의 특성이나 소비자의 선호도 차이를 감소시켜 균질화 추세를 가져오고 있다는 것이다. 이러한 주장을 액면 그대로 받아들여 모든 영역에 적용하기에는 무리가 있지만 하나의 중요한 흐름임에는 틀림없다.

다. 현지화

현지화(localization)란 국제화나 세계화처럼 하나의 전반적인 흐름이나 추세로 파악될 수 있는 측면보다는 기업의 국제경영전략상 선택할 수 있는 전략상 즉 기업 국제화의 한 단면인 것이다. 현지화는 특정 해외시장에서 기업 활동을 해당국가 시장의 상황에 가급적 맞추는 방향으로 전개해 나가는 것을 의미한다. 즉 생산, 인사, 마케팅 활동 등을 현지 혹은 지점 등에서 현지 사정을 고려하여 계획하고 집행하는 경향을 말하는 것이다. 따라서 현지 자회사는 현지 국가에서 외국기업으로서의 이미지보다는 오히려 해당국 국내기업과 비슷한 것으로 인식되기를 원하며 의사결정에 있어 전 세계적 관점이나 기업 전체 조직 입장보다는 해당 국가나 자회사 입장을 중시하는 편이다. 이런 점에서 볼 때 현지화는 기업 국제화의 한 측면으로 파악될 수 있되 세계화에 대비되는 개념이라고 할 수 있다.

77) Theodore Levitt, "The Globalization of Market", *Harvard Business Review*, May-June, 1983, pp. 92~102.[이러한 세계화 추세와 그 개념을 기업의 국제경영전략에 연결시킨다면 그것은 '세계화 전략'이 된다. 세계화 전략 혹은 경영전략의 세계화라는 것은 세계시장을 독립된 다수의 국가시장으로 보지 않고 하나의 단일시장으로 인식하여 조달(sourcing) 및 조립(assembling) 활동을 포함한 생산 활동과 마케팅 활동 등을 전 세계적 관점에서 전개해 나가는 것을 의미한다.]

Memo

4

CHAPTER

국제기업과 국가이익

1 2 3 **4** 5 6 7 8 9 10 11 12 13 14 15 16

흔히 우리는 현대나 삼성 등 우리나라 기업이 국민경제에 공헌하는 것에 대해서 긍정적으로 평가하는 반면 C, K, E, J 등 외국계 기업이 국내에서 기업 활동을 할 경우에는 부정적인 견해를 보이기도 한다. 이것은 세계화가 진전됨에 따라 기업 활동의 국가적 경계, 특히 자본과 기술의 이동에 대해 국민경제에 반한다는 입장 때문에 더욱 그러한 것이며, 기업은 영리라는 목적이 수단을 정당화하는 면이 많은 관계로 이러한 견해는 당연한 것이다. 그러나 점차 국가적 경제의 경계가 자국에 국한되지 않는 이상 부정적인 견해에 대해서는 무조건적으로 자국 우선주의의 입장을 고수해서는 안 될 것이다. 물론 국제기업에 대해 긍정적으로 평가하는 것은 아니며, 다만 국제기업이 한 국가의 경제적 이익 또는 크게 세계경제에 대해 어떤 영향을 가지고 있느냐 하는 점이 시사하는 점이라고 할 수 있다.

그렇다면 국제기업은 국민경제나 세계경제를 위해서 어떠한 존재인가? 이의 해결을 위해서는 '세계 경제시스템 자체'를 효율적으로 보느냐? 아니면, 종속관계로 나타나느냐? 그리고 각기 민족국가가 국가이익을 극대화하는 자기중심적 논리로 보느냐에 따라 그 답을 달리할 수 있다.[78] 그러므로 국제기업과 국가이익의 관계에 대한 문제점과 그 영향을 보기 전에 이론적인 토대로 그 견해에 대해 비교를 하면서 본문을 열기로 한다.

78) 이 세 가지 아이디어는 Robert Gilpin, "Three Models of the Future", in C. F. Bergsten and L. B. Krause(eds), World Politics and International Economics, The Brookings Institution, 1975, pp. 37~62를 참조.

제4장 1절 국제기업에 대한 시각

1 종합적인 시각

국제기업이 국민경제나 세계경제와의 관계에 대한 입장은 크게 자유주의, 종속이론, 보호주의로 나누어 볼 수 있다.

첫째, '자유주의' 견해에 대해 살펴보면, 세계경제를 지배하는 경제사상 중에 자유주의(liberalism)는 국가 간의 거래가 극대화됨으로 인해 국민경제에 이득이 되고 세계경제의 효율에 긍정적 영향이 있다는 견해로 '자유무역'과 '외환거래의 자유화'라는 구체적인 정책으로 표현되고 있다. 사실상 두 차례의 세계대전은 유럽보다는 미국의 경제력이 상대적으로 강화되는 결과를 낳고, 이 과정에서 미국은 자유무역이 자국과 세계경제에 이득이 된다고 보아 자유주의 사상은 세계경제질서를 주도하게 되었다.

자유주의 견해에 따르면 국제기업은 세계경제의 효율을 증진시키는 기관으로 보여지는데, 제품의 가격이 균일화되어 있지 못하여 국제기업은 세계적인 조직과 정보망을 이용하여 이러한 시장의 불완전성으로 인한 가격 차이를 이용하여 자원을 싼 곳에서 비싼 곳으로 이동시키게 됨으로, 세계시장은 국제기업의 활동을 통해서 더 효율적인 자원배분이 가능하다는 것이다.[79)]

국제기업을 효율적인 자원배분에 대해 절대적이라고 믿는 일부 극단주의적 견해자는 1960년대 말 국제기업의 전성기 때, 경제적 성공이 지배적인 관심사가 되어 정치 조직인 '민족국가'의 기능을 진부화 시킬 것이라고 말하기도 했다.[80)] 물론 이러한 견해는 1970년 말 유가인상, 자원민족주의, 보호무역주의로 인해 그 힘이 약해졌으나, 설득력을 가지고 있다고 할 수 있다.

둘째, 종속이론에 대해 살펴보면, 세계경제를 선진국이 후진국을 착취하는 불공평한 시스템으로 보고, 현재 선진국이 잘 살게 된 것은 불공정한 무역 거래를 통해서 부가 후

79) A국이 B국에 비해서 자본이 싸다면(금리가 낮다면) 국제기업은 A국에서 자본을 조달해서 B국으로 이를 이동시키게 되며, 그 결과 A국과 B국의 자본비용은 접근하게 되고, 따라서 더 효율적인 자원배분이 이루어진다는 것이다.

80) Raymond Vernon, Sovereignty at Bay, New York: Basic Books, 1971. 이러한 견해를 "궁지에 몰린 주권(Sovereignty at Bay)" 모형이라고 부른다.

진국에서 선진국으로 이동했기 때문이라고 말하는 것이다.[81] 종속이론의 주창자는 세계경제 자체를 중심부(metropolis, 선진국)가 주변부(periphery, 후진국)를 착취하는 수직적 시스템으로 보며, 국제기업은 이 착취과정에서 선진국의 이익을 대변하는 도구로 본다.[82] 이 견해에 따르면 국제기업의 활동이 민족국가에 불리하기 때문에 국제기업을 엄격히 규제해야 한다는 입장이지만, 한 나라가 국제기업을 규제한다고 하더라도 기업은 신축적으로 대응하기 때문에 별 효과가 없을 것이다. 그러므로 여러 나라가 공동으로 국제기업을 규제할 필요가 있다는 것이다.[83]

종속이론은 '네오 막스주의(neo-maxism)'라고도 하며, 기본적으로 자본주의가 주도하는 세계경제를 불평등한 관계로 보고 있다. 라틴아메리카제국의 공업화 과정이 외국자본에 의해 지배되었고 공업화를 위한 국가 정책이 다국적 기업에 의해 압도당하게 되었다는 점 등을 들어 종속론자들은 제국주의의 제 2단계로 간주하고 있었다.[84] 선켈(Sunkel)은 다국적 기업에 의한 후진국에의 침투를 오늘날의 종속(Present-day deperdency) 현상으로 보았고[85] 도스 산토스(Dos Santos)는 새로운 종속으로 명명하고 있다.[86] 그러나 사회주의 체제가 내부적인 모순과 비효율로 무너진 지금 자본주의에 대한 대안은 나오지 않고 있기 때문에 종속이론도 어느 정도 퇴색했다고 보는 것이 옳을 것이다. 이것은 중남미 국가가 '세계적 자본주의'에 동참하고 있는 것을 보면 알 수 있는 것이다.

셋째, 보호주의에 대해 보면, 상기 두 견해의 공통점은 서로 반대적인 입장이기는 하나

81) 구체적으로 선진국은 후진국으로부터 원자재를 수입하고 대신 공산품만을 수출하는데, 이 양 상품 간의 교역조건이 역사적으로 후진국에 불리하게 되어 왔다는 주장이다. 그 결과 후진국의 자원이 선진국에 의해서 부당하게 착취되었다고 보는 것이다. 1960년대 중반부터 중남미국가를 중심으로 해서 강력하게 대두된 이 견해는 제 3세계의 호응을 얻었으며, 그 결과 1974년에는 UN 총회에서 '신국제경제질서(New International Economic Order)'를 선언하게까지 되었다. 신국제경제질서란 주권의 존중과 공평한 경제거래를 주장하는 제 3세계의 선진국에 대한 요구이며, 이는 경제질서인 선진국 중심의 자유주의에 대한 대안적 제안이다.

82) Stephen Hymer, "The Multinational Corporation and the Law of Uneven Development", in Jagdish Bhagwai(ed.), *Economics and World Order-From the 1970's to the 1990's*, New York: The MacMillan Co., 1972, pp. 113~140. 국제기업은 중심부에 본부를 두고 있으며, 본부국가와 본부사람들의 이익을 위해서 일한다고 보고 있다. 따라서 국제기업 주도하의 경제체제에서는 뉴욕이나 런던 같은 중심부에서 연구개발과 금융을 포함하는 모든 핵심적 기능과 전략적 결정이 이루어지며, 주변국가에서는 생산 활동이나 원료조달과 같은 '하급' 기능만이 수행된다는 주장이다.

83) UN에 설치된 다국적 기업센터(Center on Transnational Corporations)는 이러한 점을 염두에 두고 조직되었으나 아직은 정보수집과 연구조사 등으로 그 활동이 제한적이다.

84) Amin Samir, Imperialism and Unequal Development, Monthly Review press, 1977.

85) Sunkel, Osvaldo, National Development Policy and External Deperdence in Latin America, Journal of Development Studies, Vol. 6, No. 1, 1969.

86) Dos Santos, Deren dencia Cambio Social, Santigo, 염홍철, 다시 읽는 종속이론, 한울아카데미, 2003年.

상호의존적인 경제관계를 말하고 있지만,87) 보호주의는 세계경제는 국가이익에 의해서 좌우된다고 보는 입장이며, 세계경제에 있어 국제기업의 역할에 대해 크게 관심을 가지고 있지 않다. 또한 미국에 의해서 주도되었던 자유주의적인 경제 질서는 어느 정도 한계에 와 있으며, 이제 세계경제는 여러 경제권으로 나뉘어져 블록화해 갈 것으로 보고 있다. 이러한 다원체제 내에서는 각국 또는 경제블록이 자국의 국내외적인 목표(완전고용, 물가안정, 성장, 안보 등) 달성을 위해서 적극적으로 시장에 개입하여서 국익을 극대화해야 한다는 입장이다. 이런 점에서 18세기의 무역수지흑자를 통해서 금의 유입을 극대화하려던 국익제일주의와 유사하며, 이를 '신중상주의(neo-mercantilism)'라고도 불린다.88)

표 4-1 국제기업에 대한 시각

견 해	긍 정 적	부 정 적
자유주의	세계경제를 지배하는 경제사상 중에 자유주의(liberalism)는 국가 간의 거래가 극대화됨으로 인해 국민경제에 이득이 되고 세계경제의 효율에 긍정적 영향이 있다는 견해로 '자유무역'과 '외환거래의 자유화'라는 구체적인 정책으로 표현되고 있다.	
종속이론		세계경제 자체를 중심부(metropolis, 선진국)가 주변부(periphery, 후진국)를 착취하는 수직적 시스템으로 보며, 국제기업은 이 착취과정에서 선진국의 이익을 대변하는 도구로 본다.
보호주의	다원체제 내에서는 각국 또는 경제블록이 자국의 국내외적인 목표(완전고용, 물가안정, 성장, 안보 등) 달성을 위해서 적극적으로 시장에 개입하여서 국익을 극대화해야 한다는 입장. 즉 상기 두 견해의 반대적인 입장과는 다름.	

87) 자유주의와 종속이론은 공정한 거래이든 착취이든 간에 국가 간의 상호의존성을 중시하고 있다.

88) 보호주의 또는 신중상주의가 보는 세계경제는 첫째, 비관적으로는 세계경제가 국가별 경쟁이 치열해지면서 주요 경제권 간의 경제적 마찰이 점차 심화되어, 세계경제는 1930년대와 같은 무질서 상태로 돌아갈 것이라고 보는 것과, 둘째, 낙관적으로는 세계경제가 블록화 되어 가겠지만, 경제권 간에는 협상과 양보를 통해서 어느 정도 질서 있는 경제시스템이 구축되어 갈 것이라는 두 가지의 견해가 있다.

이상에서 나타난 세 가지 견해에 대해서는 어느 것이 옳고 그른가에 대해서 판단하기는 쉽지 않다. 다만 몇 가지 문제점을 언급함으로 해서 그 부적절한 부분을 통해 그 추세를 이해하는 것이 중요하다 할 것이다.

먼저, 자유주의는 국제기업에 대해 너무 긍정적으로 보고 있는데, 하이머(Stephen Hymer)가 지적했듯이 개발도상국의 세 가지 문제를 해결할 수 없는 것이 존재한다.

첫째, 개도국의 중·상류층에 맞는 활동을 하기 때문에 빈곤문제나 소득분배문제에 기여하지 못한다.

둘째, 국제기업은 개도국의 국제수지 및 외채문제를 해결하지 못한다.

셋째, 국제기업은 개도국의 공업화와 도시화에 따른 교육과 훈련의 필요를 충족시켜 줄 수 없다. 결국 국제기업은 자유무역과 자유로운 외환거래 하의 개방된 경제시스템 안에서 그 능력을 최대한 발휘할 수 있는 조직이며, 이런 면에서 민족국가는 국제기업의 활동의 범위를 결정하는 데 있어 여전히 중요한 역할을 한다고 보아야 할 것이다.

다음으로 종속이론도 현실적인 거리가 존재한다. 첫째, 세계경제를 선진국과 개도국으로 이원화해서 보고 있으며, 선진국 간에 이해가 일치한다고 가정하고 있다. 둘째, 종속이론은 개도국을 선진국의 경제력에 의해서 좌우되는 무기력한 존재로 보고 있다는 것이다. 이는 제 3세계의 단결과 경제력이 성장하는 것, 그리고 경제가 다원화 해 가는 것을 보면 상당한 현실적 거리가 있다고 할 수 있다.

이런 관점에서 종속이론은 글로벌화가 점진되고 있는 현재에는 국제기업의 부정적인 측면만을 강조한다고 평가할 수 있다.

마지막으로 보호주의도 현실적인 거리감이 있는데, 교통과 정보통신이 발달하여 세계가 좁아지고 세계시장이 동질화되고 있는 추세를 감안할 때 자국의 이익만을 무한정 추구할 수는 없다는 것이다.

이렇게 볼 때, 크게 자유주의와 보호주의의 주도에 대해 앞으로의 추세가 주목된다고 하겠으나, 현실적으로는 세계경제가 미국과 기타 경제세력 간의 경쟁, 자유주의와 보호주의 대립, 개도국의 생존을 위한 투쟁을 위한 투쟁 등 몇 가지 현상이 함께 공존한다고 할 것이다.

2 국제기업의 역할에 대한 분류

랄(S. Lall)은 국제기업(다국적 기업)에 대한 학설을 긍정적·부정적 입장으로 나타내고 있다.[89] 긍정적 입장으로는 첫째, 자본주의 기업체제의 도덕적·실천적 장점을 암묵적으로 신뢰하는 데 기반한 '경영학적 접근(business school approach)'[90] 둘째, 국제기업(다국적 기업)의 과점적·수탈적 그리고 집중적 성격에 관심을 가지고 있는 학자들의 접근방법인데, 이들은 기본적으로 외국투자가 바람직하다는 점은 확신하고 있으나 외국투자에 대한 통제와 공적규제를 권고하는 '신 전통주의적 접근(neo-traditional approach)'[91]이 있다.

이렇게 국제기업에 대한 긍정적인 접근들은 국제자본주의의 장점을 강조하고 있는데 이에 반해 부정적 입장으로는 첫째, 국가소유에 의한 개발의 장점을 강조하며 투자기업이나 자본수출국보다는 피투자국인 개발도상국의 입장에서 보다 적합한 요소, 특히 기술을 최대한 끌어내는 동시에 외국투자의 비용과 규모를 극소화시켜야 한다는 점을 강조하고 있다. 그리고 동시에 국내생산업자들이 바람직한 형태의 성장 및 분배를 책임지고 유지할 수 있는 능력이 있다고 가정하는 '민족주의적 접근(nationalist approach)'[92], 둘

89) Lall, S., *Developing countries in the International Economy: Selected Papers* (London, The Macmillan Press, 1981), pp. 51～57.

90) 이 분야의 연구는 국유화에 어떻게 대항할 것인가에 대한 순수한 조직적인 분석으로부터, 조세부담을 극소화하기 위해 금융수단을 어떻게 잘 활용할 것인가에 관한 연구(Robbins, S. M., and Stobaugh, R. B., *Money in the Multinational Enterprise*, New York, Basic Books, 1973), 그리고 어떻게 가장 이익적인 소유권전략을 수립할 것인가 하는 연구 등에 이르기까지 다양하다.

91) 이 접근방법은 외국인 투자가와 피투자국 간에 이익이 일치하지 않을 수 있다는 가능성을 솔직히 인정하고 있으며, 이러한 이익의 불일치를 조정하는 수단으로는 다국적 기업에 대처하는 국제적 2정치기구의 설립[Goldberg, P. M. and Kindelberger, C. P., "Towards a Gatt for Investment: A Proposal for Supervision of International Corporation", *Law and Policy in International Business*, Summer 1970, pp. 295～325.]이나 각종 국가적 조치의 실시로부터[Behrmasn, J. N., *National Interests and Multinational Enterprise: Tensions Among the Northatlantic Countries*, Englewood Cliffs, New Jersey, Prentice-Hall, 1970] '다국적 기업의 거대성'을 공격하여 경쟁을 회복하기 위한 급전적 정책전환[Bannock, G., The Juggernauts: *The Age of Big Corporations*, Weidenfeld and Nicolson, 1971]에 이르기까지 다양하다. 대체로 이 학파의 지지자들은 다국적 기업을 국민국가보다 훨씬 강하고 영속적인 존재로 간주하고 있으며 다국적 기업이 국민국가를 따라가기 보다는 국민국가가 다국적 기업을 따라 잡아가는 진화과정중인 존재로 보고 있다.

92) 이의 결과는 외국투자에 대한 엄격한 규제, 케이스 바이 케이스에 따른 협상, 보다 유리한 거래를 위한 거래선 확대, 개발도상국 간의 정보교환 등을 강조하는 정책을 권고하고 있다. 이러한 접근을 지지하는 학자는 스트리튼(Streeten, P. P., "*The Multinational Enterprises abd the Theory of Development Policy*", World Development, Oct. 1972, pp. 1～4), 스트리튼과 랄(Streeten, P. P. and Lall, S., *Summary of Methods and Findings of Study of Private Foreign Manufacturing Investment in six Developing Countries*, UNCTAD, May 1973.) 및 바이트 소스(Vaitsos, C. V., *Transfer of Resources*

째, 자본주의적 제도 및 방법들이 개발도상국에 침투함으로써 생겨나는 사회적·정치적·경제적 영향을 분석하고, 개발도상국들은 본래적으로 가지고 있는 종속 상태 때문에 결코 진정한 개발을 이루지 못할 것이라고 결론짓는 '종속이론적 접근(dependence school approach)'이 있다.

이렇게 볼 때 국제기업의 역할을 어떻게 보느냐를 놓고 학자들 사이에는 많은 의견이 나타나고 있는데, 세계후생증대 및 기술혁신의 주도자이자 전파자라는 신고전학파의 '최선적' 견해에서 시작하여 제 3세계 착취의 수단이라는 마르크시스트의 '최악'적 견해에 이르기까지 극단적으로 나타나고 있다. 이를 비판의 강도에 따라 다음과 같이 나눌 수 있다. 다만 상기의 '경영학적 접근'은 '신고전학파'의 자유방임적 견해와 일맥상통한다고 할 수 있다.

종속이론의 아버지 '마르크스'

이상과 같이 국제기업에 대한 학자들의 시각을 살펴보았다. 그러나 중요한 것은 국제기업에 대한 현지국의 시각은 어떠한 것인가? 하는 문제점을 가지고 있다. 이를 살펴보면, 크게 자유주의와 국민주의 시각으로 나눌 수 있다.

자유주의는 외국자본의 진출이나 현지에서의 활동에 대해 현지국 정부가 가능하면 통제와 개입의 폭을 줄이고자 하는 것을 말하며, 국민주의는 그 반대의 경우를 가리킨다. 즉 자유주의적 시각을 가진 현지국은 자유방임주의 정책을 실시하는 반면, 국민주의적 경향이 강한 현지국은 현지기업을 보호 한다던가 국민적 후생을 극대화시키기 위해 개입주의적 정책을 선호한다. 이를 <그림 4-1>을 통해 보면 다음과 같다.

and Preservation of Monopoly Rents(mimeo), Harvard Development Advisory Service, 1970) 등을 들 수 있다.

그림 4-1 국제기업에 대한 현지국의 시각

	자유주의	국민주의
투자 및 경영활동의 자유화 · 최초 투자 시 · 자회사의 활동	자유방임(laissez-faire)정책 자본이동의 자유화 시장경제원리에 일임	개입정책 진입저지·제한정책 정부의 개입
이론적 배경	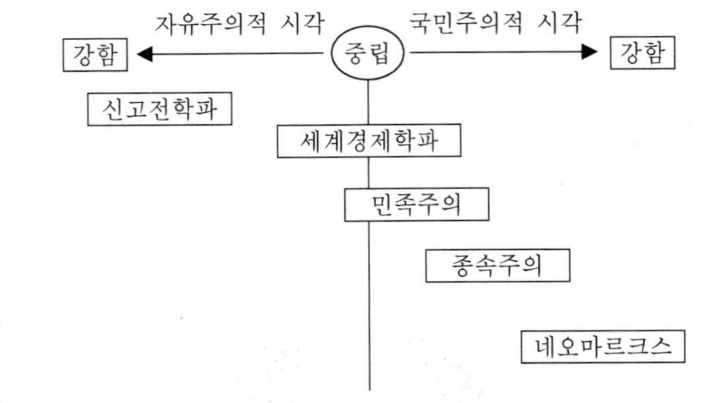	
대표적인 국가	미국, 벨기에, 독일, 네덜란드, 덴마크	일본, 프랑스, 한국

자료 : 안세영, 다국적 기업 경제학, 박영사, 1993, p. 306.

자유주의는 각 시대에 있어서 세계경제를 주도하던 영국, 미국 같은 나라에 의해 주창되었으며, 국민주의 뒤 늦게 산업 혁명기에 들어간 독일 같은 후발 자본주의국가에서 배태되어 제 2차 대전 후 전후복구나 산업화 문제에 직면했던 프랑스, 일본, 한국 같은 나라에서 뿌리를 내려 국제기업에 대한 시각이 단적으로 하나의 주의에만 접근한다고는 할 수 없다. 시장경제의 원리 속에서 그리고 정부개입의 일면적인 타당성을 가진다고 할 수 있다.

제4장 2절 국제기업이 개도국에 미치는 영향

국제기업이 국민경제에 미치는 긍정적·부정적 영향에 대한 연구에서 특히 '직접투자의 순효과'에 대해서는 가시화되고 있는 것이 뚜렷하지 않다.

그 이유는 첫째, 직접투자의 효과는 다양한 형태로 나타난다는 점에서 보면, 우선 경제적인 효과만 하더라도 생산(부가가치), 고용, 국제수지 등의 직접적인 효과와 경쟁에 미치는 효과, 산업 연관효과, 외부경제 등 간접적인 효과로 나눌 수 있으며, 또한 비경제적인 효과는 정치적 의존성, 사회·문화적 영향 등 측정하기 어려운 효과를 포함하고 있다. 따라서 이들 효과 중 일부분만 측정한다고 할 때, 순 효과를 찾아낸다는 것은 무의미할 수가 있다. 둘째, 직접투자의 효과라고 논의되는 부분이 사실은 정부의 정책으로 인해서 발생하는 문제라는 점이다. 예를 들어서, 외국기업에 제공되는 관세보호조치로 인한 국민 경제적 손실을 외국기업이 갖는 부정적인 효과로 평가하는 경우가 있는데, 관세보호의 폐해는 외국기업이나 국내기업에게 공통적으로 적용되는 것이며, 그러한 폐해의 원인은 정부의 정책에서 연유하기 때문이다.[93]

이러한 이유로 외국인 투자의 효과에 대한 단정적인 답을 얻기는 어렵다. 따라서 국제기업이 국민경제에 미치는 영향이라기보다는 일반적으로 국제기업이 개도국에 미치는 영향을 파악하는 것이 더욱 의미 있는 일이라고 볼 수 있으므로 이하에서는 이를 살펴보기로 한다.

1 생산요소에 미치는 영향 - 자본과 기술의 두 관점

생산요소는 여러 가지가 있겠으나, 중요한 두 가지 '자본과 기술'에 대한 관점을 중심으로 설명하고자 한다.[94]

먼저 '자본 형성에 미치는 영향'을 살펴보면, 국제기업에 의한 직접투자는 개도국의 경제성장에 필수적인 생산요소인 자본 및 기술(경영능력 포함)을 보충해 줌으로써 개도국 경제에 긍정적인 역할을 수행한다는 것이 일반적인 견해였다. 자본이 개발의 주요 요소로 강조되었던 1960년대에 외국인 직접투자는 개도국 경제성장의 제약요인인 저축 갭(gap)과 외환 갭(gap)을 해소시켜 주는 자금의 공급원으로 인식되어 개도국 정부의 절대

93) 정구현, 국제경영학, 법문사, 1994, pp. 196~200. 국제기업이 국민경제에 긍정적인 영향을 미치는가의 여부는 다분히 정부의 정책에 의해서 좌우된다. 정부가 시장 메커니즘을 존중해서 국민경제 내에 자유경쟁을 유도하면 국제기업은 긍정적인 영향을 주게 되나, 반대로 경쟁을 제한하고 외국기업에게 시장보호 등의 특혜를 주면 부정적인 영향을 주게 된다. 국내경쟁의 시장 메커니즘이 제대로 가동되면 다국적 기업은 경쟁의 추진을 통한 품질향상, 신기술도입, 원가인하 등의 긍정적인 효과를 국민경제에 미치게 된다.

94) 고용에 미치는 영향을 보자면, 국제기업이 진출한 분야는 자본집약적인 분야가 많기 때문에 국제기업의 종업원 수가 차지하는 쉐어는 비교적 낮고 직접적인 고용효과는 그다지 크지 않다고 할 수 있다.

적 환영을 받았으나 실제로 당시에는 개도국 경제성장에 기여했던 것은 사실이라고 할 수 있다.

그러나 외국인직접투자가 개도국의 자본형성에 기여한 정도는 기대했던 것보다 높지 않았다는 것이 사례분석 결과 나타났는데, 즉 1960년대에 남아메리카 지역의 외국인직접투자에 의한 자본 형성률은 4%-5%에 불과했다는 것이다. 이것은 첫째, 일부 개도국의 국내 저축수준이 매우 높았으며, 둘째, 외국원조가 활발하였고, 셋째, 목표성장률을 달성하기 위한 자본의 필요액이 당초 예상보다 적었던 데에 기인한 것이다.[95]

다음으로 '기술이 미치는 영향'에 대해 보면, 데니슨(E. F. Denison)이 1950-1962년간 서구 9개 국의 성장요인을 기술향상 및 생산요소의 공급증대라는 두 가지 요인으로 구분지어 기술향상에 의한 부분이 60~85% 임을 밝혀냈는데,[96] 성장의 주요 요인인 만큼 선진국의 국제기업의 역할은 '기술이전'에 있어 매우 중요한 부분으로 이해할 수 있다. 그러나 투자 수입국에 보다 중요한 것은 기술이전 그 자체가 아니라 기술이전으로 인한 경제적 이익이기 때문에 이전기술의 적합도 및 기술이전의 비용이 문제가 된다. 이전기술의 적합도란 이전기술이 투자 수입국의 요소 부존여건에 적합한 정도를 말하는 것으로 이에 관한 사례분석의 연구들이 내린 결론은[97] 이전기술의 적합도는 산업 및 나라별로 상황이 매우 다르다는 점과 이에 따라 투자수입국은 자체의 요소 부존도에 맞는 기술을 도입하기 위한 여건을 마련할 책임이 있다는 점을 확인할 수 있다.

2 국내산업에 미치는 영향

국제기업이 개도국에 진출함으로 국내산업에 미치는 영향은 크게 '국내산업과의 경쟁심화'와 '국제기업의 독점적 지위 확보'의 경우를 볼 수 있다.

먼저 전자는 투자 수입국 내 기존 독점기업이 그 지위를 상실하게 되며 자원의 효율적

95) P. Streeten, "The THeory of Development Policy", in J. H. Dunning(ed.), *Economic Analysis and the Multinational Enterprise*, 1974, pp. 252~279.

96) E. F. Dension, *Why Grouth Rates Differ*, 1967.

97) 메이슨(R. H. Mason)은 필리핀과 멕시코를 대상국으로 하여 각국에서 활동하고 있는 미국계 국제기업의 노동자 1인당 자본장비율을 비교한 결과 양자 간에 별다른 차이점이 없다는 결론을 도출함으로써 국제기업의 적응능력을 높이 평가하였다. 이에 비해 뢰버(G. H. Reuber)는 78개 국제기업을 대상으로 한 조사에서 약 30%의 기업만이 개도국에 진출한 국가별·산업별 특수성을 고려하였다는 사실을 밝혀냈다. 이처럼 사례분석의 결과가 상이한 것은 분석방법의 차이에 의한 것이기도 하겠지만 외국인 기업의 기술적용형태가 복합적 성격을 띠고 있어 그 실태파악이 매우 어려운데 기인한 것이다.

분배 등을 통한 생산성 증대에 박차를 가하게 된다. 이에 따라 투자 수입국의 경제적 효율성이 증대되는 긍정적 효과를 가질 것으로 기대되나 개도국에 관련된 연구는 찾아보기 힘들고 영국의 제약업에 대한 국제기업의 진출이 상기 추측과 일치되는 결과를 가져왔다는 연구가 있는 정도이다.[98] 이는 개도국에 대한 국제기업의 진출이 대부분의 경우 독과점적 지위를 확보하게 되었다는 가설에 따른 결과인 것으로 보인다. 실제로 바이트소스(C. V. Vaitsos)의 1970년도 칠레의 국제기업에 대한 분석에 따르면, 분석대상기업의 50%가 독점 또는 과점의 위치에 있었으며, 약 30%가 과점시장에서 선도적 역할을 담당하고 있음이 나타났다.

즉 개도국에 진출한 국제기업은 대부분 기업집중도가 높은 산업부분에서 독과점적 지위를 누리고 있다고 하겠다.[99] 한국, 대만, 싱가포르 등의 Asia Nics의 성공은 외자도입으로 보고 있는 견해가 있고 중국을 보더라도 부정적인 면만 있는 것은 아니라고 하겠다.

3 정치·경제적 주권에 미치는 영향

외국인 직접투자의 비중이 높으면 높을수록 한 나라의 독립적인 정책수행에는 많은 제약이 따르게 된다. 이는 국제기업이 범세계적 차원에서 이윤의 극대화를 추구하는 반면, 공업화를 지향하는 투자 수입국 정부는 자국의 경제적 이익의 극대화 또는 사회의 동질성 유지에 정책의 최우선 목표를 두고 있어 양자 간의 갈등은 근본적으로 해결하기 어려운 문제라 할 수 있다.[100]

이 부분의 연구에서는 초기단계에 머물러 있다고 할 수 있으며, 국제기업이 정치적·경제적 주권에 미치는 영향을 분석할 기준도 명확히 정해져 있지 않다. 다만 국제기업의 모회사로부터 이양된 권한이 자회사에 크면 클수록 투자 수입국의 정책에 적절하게 대처할 수 있기 때문에 투자 수입국과의 마찰이 발생할 가능성이 작아진다는 관점에서 몇 가지 연구가 시도되고 있다.

98) C. V. Vaitsos, "The Process of Commercialization of Technology in the Andean Pact: (1971) in H. Radice(ed.)", *International Firms and Modern Imperialism* (1975).

99) 국제기업이 독과점적 지위를 확보하게 될 경우 경쟁으로 인한 긍정적 효과보다는 국내자원분배의 왜곡을 초래하게 될 수도 있다.

100) 한국수출입은행, 수은조사월보, 1983. 12, pp. 11～16.

제4장 3절

국제기업문제의 제기

상기에서 국제기업을 바라보는 시각과 투자 수입국에 대한 그 영향을 살펴보았는데, 과연 어떠한 문제점이 있기에 논란이 많은 것인가? 이것은 특히 경영자원의 이전 과정과 수입국 사회의 상호작용에 의해 마찰이 일어나는 경우가 많으며, 마찰의 주 원인은 국가이익과 기업이익의 대립이라 할 수 있다.

1 국제기업과 수입국 간의 문제

국제기업의 투자에 따른 문제는 다음과 같이 분류될 수 있다.

첫째, 정치적 압박 및 경제적 혼란이 있을 수 있다. 국제기업은 하나의 사업체에 지나지 않지만 그 배후에는 거대한 경제력을 가지고 있는 국가가 버티고 있다. 그 국가가 국제기업의 이윤극대화를 위하여 현지국에 정치적·경제적 압박을 가한다면 현지국은 정치적 압박과 경제적 혼란을 가지게 된다.

둘째, 국내산업의 위축이 있을 수 있다. 국제기업은 경영조직, 생산시설, 판매망, 자본, 기술, 교섭력, 모국의 뒷받침 등 기업 활동에 많은 우위를 가지고 있다. 이러한 조건을 갖추고 있지 못하는 현지국의 기업은 경쟁력에 있어 위축되지 않을 수 없다.

셋째, 공해에 의한 자연환경의 파괴가 있을 수 있다. 물론 모든 기업이 공해에 있어 안전한 위치는 아니지만, 선진국에서는 자연환경을 보호하기 위해 공해집단을 규제하려고 강력한 조치를 취하기 때문에 공해기업의 해외진출은 촉진되고 있어 현지국은 공해를 수입할 우려가 있다.

넷째, 부존자원의 고갈문제이다. 재생산이 거의 불가능한 석유, 광물, 그리고 단기적인 관점에서 임산자원의 고갈이 문제로 대두된다. 자원전쟁이 격화되는 현실에서 국내자원을 보전하려는 자원 내셔널리즘이 일고 있는 것이 바로 그 이유이다.

다섯째, 외국의존도의 심화가 발생한다. 국제기업은 생산활동에 필요한 자본이나 기술을 주로 기업본부가 있는 모국에서 가져오기 때문에 현지국의 경제는 그 모국에 얽매일 우려성이 없지 않다. 현지국의 외국 의존도는 그 나라의 경제불안정상태, 정치적 이념, 국제기업의 비중에 따라 다를 것이다. 외국의존도가 심화되면 자국경제의 자주적 성장이 저해된다.<표 4-2 참조>

그러나 지금까지 논한 것은 부정적인 것만 열거한 것이지 싱가포르, 대만, 한국 등 Asia Nics를 보면 국제기업의 투자를 이용한 전략의 성공으로 보고 있다는 점을 간과해서는 안 된다.

표 4-2 국제기업과 수입국 간의 문제

문 제	피 투자국에서 본 의미
정치적 압박 및 경제적 혼란	국제기업은 배후에 거대한 경제력을 가지고 있는 국가가 버티고 있어 그 국가가 국제기업의 이윤극대화를 위하여 현지국에 정치적·경제적 압박을 가하여 현지국은 정치적 압박과 경제적 혼란을 가지게 됨.
국내산업의 위축	국제기업은 경영조직, 생산시설, 판매망, 자본, 기술, 교섭력, 모국의 뒷받침 등 기업 활동에 많은 우위를 가지고 있어 현지국의 기업은 경쟁력에 있어 위축.
공해에 의한 자연환경 파괴	선진국에서는 자연환경을 보호하기 위해 공해집단을 규제하려고 강력한 조치를 취하기 때문에 공해기업의 해외진출은 촉진되고 있어 현지국은 공해를 수입할 우려.
부존자원의 고갈	재생산이 거의 불가능한 석유, 광물, 그리고 단기적인 관점에서 임산자원의 고갈.
외국 의존도의 심화	국제기업은 생산 활동에 필요한 자본이나 기술을 주로 기업본부가 있는 모국에서 가져오기 때문에 현지국의 경제는 그 모국에 얽매일 우려성.

이상에서 국제기업과 수입국 간의 문제를 보았는데 국제기업 본국과 수입 본국 간의 문제도 존재한다. 예를 들면 국제기업과 수입국 정부 간의 분쟁에 본국이 개입하는 경우의 주권의 갈등이나 본국법의 역외적용을 위해 모기업이 자회사의 일정 행동을 강요할 것으로써 국제기업에 귀책사유가 되는 문제뿐만 아니라, 모국 또는 수입국에 귀속되는 문제까지도 포괄하는 즉 국제기업이 직·간접적으로 관련되어 있는 모든 문제를 포함하는 개념으로 보아야 할 것이다.

2 국제기업의 규제 논의

1) 국제기업 규제 논의의 정치·경제적 배경

(1) 선·후진국 간의 대립

국제적 기관에서의 다국적 기업 규제 논의는 각 기관의 구성주체와 설립이념의 특성에 따라 규제의 배경, 목적, 내용과 방법 등이 상이하다. UN에서의 규제 논의 역시 타 기관과는 다른 배경의 일면을 갖는다. 지난 10여 년간 UN 및 UN 관계기관(특히 UNCTAD)에서의 경제문제에 관한 논의는 종종 남북대립, 즉 북미, 유럽, 일본 등 선진공업제국과 개도국의 대립이라는 양상을 나타내 오고 있다.

즉 남북 간의 경제문제에 관하여 개도국 측은 그동안 간과하여 왔던 불평등한 현상(선진국 판단으로)의 개선을 촉구하고 선진국 중심의 국제경제질서의 개편을 요구하면서 북측의 성의 있는 해결을 강력히 요청하였고, 이에 대하여 선진국 측은 점진적이고 온건한(선진국 판단으로) 대응방법을 모색해 오고 있다. 물론 개도국 요구의 일부가 실현될 경우도 없지는 않았으나, 북측에 대한 남측의 비난은 날로 첨예화 되어가고 그 요구는 보다 적극적인 것으로 되어 가고 있는 것이 최근의 현상이라 하겠다. 다국적 기업을 둘러싼 UN에서의 규제 논의도 이와 같은 남북문제의 일반적 배경을 고려하고 이해할 필요가 있다.

(2) 다국적 기업의 행동 규제

다국적 기업에 대한 비판은 UN의 일부 지침이나 지역적인 규제책만이 존재하고 있는데, UN은 초기에 "다국적 기업은 국경을 초월하여 거대한 세력을 장악하고 있음에도 불구하고 정부와는 달리 그 정책과 행동에 대해 책임을 지지 않는다. 그뿐만이 아니라 다국적 기업은 순수 국내기업과는 달리 공공이익과의 조화를 최대한으로 확보하려는 어떤 권력기관의 지배나 규제도 받지 않는다. 따라서 다국적 기업의 권력행사를 지도하고 국제사회에 대한 책임을 그 활동 속에 포함시킬 수 있는 제도와 방안을 강구할 수 있느냐 하는 것이 문제가 된다"[101]라고 하였다.

다국적 기업의 행동을 규제한다는 관점에서의 논의는 1960년대 말부터 77그룹을 중심으로 전개되었다. 즉 1968년 제 2회 UNCTAD 총회에서는 선진국 민간 기업이 채용되는 제한적 상관행(restrictive business practices)[102]에 대한 검토를

101) UN, Department of Economic Social Affairs, *Multinational Corporations in World Development,* New York, United Nations, 1973, pp. 2~3.

102) 카르텔 등 경쟁제한 행위, 사업 제한, 수출 규제, 시장유통 및 배분에 관한 협정, 기술이전 계약상의

결의하였으며, 다국적 기업 문제가 포괄적으로 하나의 중심적인 논의 대상으로 취급된 것은 1972년 7월 ECOSOC가 '개발과정과 국제관계에 대한 다국적 기업의 영향(The Impact of MNC on the Development Process and on International relations)'이라는 결의를 채택한 것이 최초라고 할 수 있다.

그런데 이러한 결의가 채택된 것은 다국적 기업 문제와 남북문제의 해결을 기원하는 선진국 측의 경제적인 문제의식도 중요한 이유였지만, 보다 직접적인 계기는 다국적 기업에 대한 정치적인 문제의식이었다. 즉 동 결의는 1970년 7월에 칠레에서 사회주의 정권인 아옌데 정권이 수립될 당시, 미국의 대표적 다국적 기업의 하나인 IT&T(International Telephone & Telegraph Corp.)[103]사가 좌파의 아옌데(Salvador Allende) 후보의 당선을 저지시킬 목적으로 대통령 선거에 개입했다는 사실이 1972년에 밝혀지면서 이에 분격한 칠레가 다국적 기업문제를 UN에서 다룰 것을 강력히 요구하여서 이루어진 것이었다.

칠레의 아옌데 대통령

이런 정치적인 문제 외에도 다국적 기업의 '비윤리적인 문제'에 대해서도 그 심각성을 인식할 수 있다.[104] 특히 판매 금지 의약품의 판매, 유독성 농약 판매, 분유 판매 사건, 담배 판매, 무기 판매[105] 등의 사례에서 나타나고 있는데, 판매금지 의

제한조건, 임의적인 이전 가격 조작, 독점적 관행 등을 지칭한다.

103) 미국 전화통신기기 제조회사인 인터내셔널 텔레폰 앤드 텔레그래프(International Telephone & Telegraph Corp.)의 약칭.
이 회사를 오늘날의 위치(1982년 현재 전 미국 16위 회사)로까지 끌어 올린 사람은 1959년 미사일 생산으로 알려진 H.S. 제닌인데, 그는 레이세온사 부사장에서 ITT 사장으로 들어온 뒤 집중적으로 합병활동을 전개하였다. 렌트카 회사로 유명한 에이비스, 호텔체인으로 유명한 셰러턴 및 홀리데이인, 대규모 제빵회사 가운데 하나인 콘티넨털 베이킹 등 수많은 회사를 합병했다.

104) 姜太求, 다국적 기업경영론, 무역경영사, 1994, pp. 241~246.

105) 아시아 국가들은 최근 3년 동안 전 세계 무기 수입의 35%를 차지하고 있다 [William, S. W., "Arming the Third World: The Role of the Multinational Corporation", in Dixon, C. J., Drakakis-Smith, D., and Watts, H. D(eds), *Multinational Corporations and the Third World*, London & Sidney, Croom

약품의 사례로는 인도 등 제 3세계 국가에서의 규제 미비를 악용하여 비윤리적인 약품을 판매한 시바가이기(Ciba-Geigy) 등 다국적 제약회사를 들 수 있고, 한국의 사례로서는 Hoechst, Boehringer, Ingelheim 등을 들 수 있다.

특히 시바가이기를 포함한 다국적 기제약회사는 중증 신경병인 스몬스병을 유발하는 약품인 멕사포름(Mexaform)과 엔테르비오포름(Enterovioform) 등을 생산·판매하여 물의를 일으킨 바 있다. 이들 기업이 판매하는 약품에는 스몬스병을 유발하는 클리오퀴놀(Clioquinol)이 함유되어 있는데, 일본에서는 이 약품을 복용한 후 수천 명이 스몬스병에 걸렸고 수백 명이 사망하여 이른바 스몬스 스캔들이 1976년 6월 8일자 일본신문에 보도되기도 하였다.

또한 유독성 농약 중 DDT(Dichlorodiphenyltrichloroethane)는 1972년 이후 미국에서는 농작물 경작지역에서의 사용이 완전히 금지되어 있고 그 사용도 엄격한 제한을 받고 있다. 그럼에도 불구하고 미국의 생산기업 Monsanto Chemical Corporation은 많은 후진국의 외국수입업자에게 이 DDT를 여전히 판매하고 있다. 그리고 이러한 농약산업은 개발도상국에서 급속히 증대되어 가고 있다.

다음으로 네슬레(Nestle)의 분유판매 사례를 들 수 있는데, 네슬레의 분유가 아프리카 국가에 판매되기 시작하였을 때 유아 사망률이 높아지기 시작하였다. 물론 분유와 유아 사망률의 인과관계에 대해서는 각각의 견해가 달랐지만, 종전까지 모유를 먹이는 어머니들이 분유를 사용함으로 인해 설사를 일으키는 박테리아 및 불결한 식수공급과 함께 유아들에게 공급되어 결정적으로 해로운 두 가지 결과를 가져오게 했다는 것이다. 즉 유아들은 모유 속의 '항체성분'을 섭취할 수 없었으며, 분유를 아끼고자 하는 어머니들이 많은 양의 물을 섞음으로 인해 유아에게 해로운 결과를 가져왔다는 것이다. 당시 자메이카는 상업적 유아용 우유 제품을 회수할 것을 건의하기도 했는데, 네슬레는 오히려 의사들에게 무료 견본을 제공하고, 우유간호원(간호원 복장을 하고 어머니들에게 우유를 권하는 판매원)을 고용하는가 하면, 병원을 퇴원하는 산모들에게 퇴원기념으로 선물을 제공하는 등 대중매체 광고를 계속하였다.[106]

Helm, 1986, pp. 66~90].

106) 1979년 범교회단체(ICRR)와 유아제품항의운동연합(INFACT)은 공동으로 제 3세계에 대한 최대의 유아제품공급회사인 네슬레사를 상대로 전 세계적인 불매운동을 펼쳤다. 이 불매운동은 6년 반 동안 지속되었고 여기에는 교회, 카톨릭 단체, 의사, 간호사, 교사 및 기타 전문직을 대표하는 70개 이상의 미국단체들이 참여했다.

네슬레

필립 모리스

그리고 담배판매 즉 담배가 건강에 유해하다는 입장에서 보건관계자들과 소비자단체들은 필립 모리스(Phollip Morris)를 비롯한 담배제조회사 기업들이 지난 20년간 세계 담배소비량을 75%나 증대시켜 놓았다고 비난하고 있으며, 개발도상국의 잎담배 생산을 수익성이 높은 것으로 만듦으로써 담배 생산을 늘려왔다고 비난하고 있다.[107] 2000년대 전후에도 다국적기업의 비윤리는 여전히 나타나고 있다.[108] 지난 1998년 나이키는 파키스탄과 캄보디아에서 아동을 고용·생산하여 세계적 문제를 일으켰고 나이키는 이로 인해 영업이익의 37%가 급락하였다. 2001년 말 크리스마스를 겨냥하여 출시된 소니사의 play station이 네덜란드 세관으로부터 수입 불가 판정을 받았다. 그 원인은 play station부품 중 모니터와 시스템 본체를 연결하는 전선피복에서 중금속인 카드뮴(Cd)이 허용기준인 100ppm을 초과하여 검출되었기 때문이었다. 이로 인해 소니는 수입금지 조치 및 부품교체, 기회손실 등으로 약 2000억 원의 피해를 입었다.

더구나 최근 중국에서는 수많은 다국적 기업의 환경법규 위반 혐의로 조사를 받기도 하였다.[109] 중국에 진출한 마쓰시타(松下)와 네슬레, 펩시콜라, 3M 등 33개의 거대 다국적 기업들이 환경법규 위반 혐의로 일제 조사를 받았다. 뿐만 아니라 리스트에는 세계 500대 기업이 상당수 포함되었으며 일례로, 500대 기업 랭킹 47위인 상하이(上海) 마쓰시타는 오염처리 시설 미비로 기준치를 초과해 폐수를 방류했으며 175위인 미국계 펩시콜라(지린성(吉林), 장춘(長春))도 폐수 오염물이 기준치를 초과한 것으로 드러났다. 500대 기업 중 53위인 네슬레(상하이)는 환경보호를 위한 검증절차 없이 공장을 가동했으며 심지어 3M은 환경영향 평가 심사를 밟지 않고 생산에 들어간 것으로 밝혀졌다. 나라별로는 일본(11개)과 미국(8개) 기업에 이어

107) Lowe, J., *The Secret Empire*: How 25 Multinationals Rule the World, Homewood, III., Business One Irwin, 1992, pp. 137~151.

108) 이하는 임지애 (환경운동연합 기업 사회 책임팀 국장), "다국적 기업에 대한 환경 분야 국제규약," 인권과 평화를 위한 국제민주연대 발표문을 요약정리.

109) 헤럴드경제. 2006년 11월 7일.

스위스, 독일(시멘스)계 기업들이 주류를 이루고 있고 업종별로는 식품·전자·화공·기계제조 등 주요 산업이 망라되어 있다. 이들 기업들의 생산 거점은 상하이 저장(浙江), 푸젠(福建), 광둥(廣東), 쓰촨(四川) 등 중국 전역에 산재해 있다.

이상에서 보면, 다국적 기업 활동의 정치적 측면과 국제관계에의 영향은 경제적 측면과 함께 비윤리적인 문제까지 규제에 대한 중요한 단서를 가지고 있다고 할 수 있다. 그러나 국제기업에 대한 피 투자국의 문제는 그 해결에 있어 여간 복잡하고 곤란한 것이 아니다. 다음에서는 과연 국제기업과 피 투자국의 관계에 있어 그 문제점을 나타내기로 한다.

제4장 4절 국제기업과 국가이익

1 국제기업과 투자국의 국가이익

1973년 제 1차 석유파동 당시 미국정부는 미국 다국적 기업인 대규모 석유회사들이 기업 이익만을 생각한 나머지 석유수출국기구(OPEC: Organization of Petroleum Exporting Countries)의 압력에 굴복하여 미국의 국가이익에 반하는 행동을 취한 적이 있다. 이것은 주요 에너지 공급원으로서 자국 기업이 국가의 안보와 주권에 직접적 영향을 미친다는 것을 인식하고 국가이익에 반하는 점에 대해서는 국가주권을 강력히 행사하기로 시사한 바 있다.

이 점에 있어 다국적 기업과 본국 간의 관계를 살펴보는 것은 중요하므로 다음을 보기로 한다.

1) 국제기업의 본국정부 규제 회피

일반적으로 다국적 기업과 국가주권 간의 충돌은 보통 다국적 기업과 개발 도상국 간의 문제로만 이해하려는 경향이 있으나, 다국적 기업은 선진 자본주의 국가주권과의 관계에 있어서도 충돌을 빚는 예가 허다하다.

실제로 어떤 국가의 경우에도 자국경제의 주요 부문이 다국적 기업과 같은 외국자본에 의해 과다하게 소유되는 경우 전통적인 경제 정책수단인 통화정책, 재정정책, 반트러스트 정책, 임금 및 소득정책의 성격과 유효성이 변질되게 되는데, 오늘날과 같은 다국적 기업의 대규모성과 영향력은 미국에서조차도 경제정책 수립의 유연성을 감소시킬 정도에 이르고 있다.[110)]

대표적 선진국인 미국정부의 경우에도 지속적인 국제수지 적자에 직면하는 경우 자국의 다국적 기업으로 하여금 해외투자를 억제하도록 권고하기도 하고, 때로는 법적 조치를 강구하여 이를 강력히 제재하는 경우마저 없지 않았다. 그러나 미국 기업이라고 해서 이들이 이러한 미국정부의 정책에 일치하게 행동하고 있는 것은 아니다. 미국 다국적 기업은 이러한 미국정부의 정책과는 아무런 상관없이 자사의 목표에 따라 필요한 경우 해외로부터 이익송금을 억제하기도 하고 또 현지금융시장을 통해 자금을 조달하는 방법으로 투자활동을 계속하였다.

정부의 정책결정에 중대한 영향을 미치고 있는 이러한 다국적 기업들의 영향력이 커진 결과, 점차 미국의 연방정부조차도 이러한 다국적 기업을 충분히 통제하기 어려운 상황에 이르고 있다.

2) 독점금지법

미국의 독점금지법은 외국기업이 미국 기업과 계약관계를 맺거나 미국시장에서 영업활동을 수행하는 경우 그 영향을 받게 되어 있다. 또 외국인이라고 할지라도 미국 내에 자산을 보유하고 있거나 사업활동을 하고 있는 경우, 또는 회사직원이 상주하는 경우에는 미국법의 관할권 하에 들게 된다.[111)] 또 미국 다국적 기업의 해외생산활동이 미국경제와 어떤 관련을 가지고 있는 한, 동 법은 해외에 주재하고 있는 미국 다국적 기업에도 적용된다.[112)]

한편 유럽국가들도 로마협약(Treaty of Rome)에 독점금지를 명시하고 있으며, 여기에는 가격 및 거래조건의 담합생산 및 투자제한, 시장 및 공급원 분할, 상이한 조건 제시에 의한 경쟁제한 등이 포함된다.

그러나 다국적 기업들은 규제를 회피할 수 있는 능력이 있을 뿐 아니라, 더 이상 독

110) Hymer, s., "The Efficiency(contradiction) of Multinational Corporations", American Economic Review, Vol. LX, No. 2, May 1970, p. 447.

111) Robonson, R. D., International Business Management, 2nd ed., Hinsdale, III., The Dryden Press, 1978, pp. 554~555.

112) 독점금지법에 위반되는 경우는 기업 간의 계약이나, 기업담합 등을 통해 자유로운 무역이 방해를 받는 경우, 모든 독점 및 독점을 시도하는 경우, 기업합병이나 매수가 해당기업의 경쟁력을 크게 저하하거나 독점체제를 형성하는 경우, 가격을 담합하는 경우 그리고 덤핑 등 불공정 경쟁 관행이 정착되는 경우 등이 있다.

점금지 조치에 대한 효력을 통제할 수 없는 상태가 현실이다. 또한 일본의 경우 합병과 관련한 엄격한 독점금지법을 가지고 있기는 하지만 거의 실행되지 않고 있다.

3) 대적통상법(COCOM)[113)]

미국 다국적 기업 해외 자회사의 행동은 그 소재국 법률의 관할 하에 놓이게 되지만 동시에 그것은 미국 기업의 자회사인 만큼 미국 법률에 의해서도 규제를 받게 된다. 즉 이러한 모순은 몇몇 국가를 적성국으로 지정해야 이들 국가와의 거래에 대적 통상법을 적용한 미국의 경우에 잘 나타나고 있다. 즉 한때 미국은 어떤 특정국에 소재하고 있는 미국 다국적 기업의 해외 자회사가 그 소재국의 정책에 따라 적성국인 구소련 또는 중공에 제품을 수출하는 경우 이것이 대적 통상업의 적용대상이 되었다.

이러한 문제와 관련하여 킨들버거(C. P. Kindleberger)는 어떤 기업이 해외에 외국법 하에서 조직된 경우, 그들을 통하여 미국이 자국의 대외 안전보장정책, 군사정책 그리고 경제정책까지를 수행하려고 하는 것은 회의적이라고 주장한다. 이 견해로는 미국국무성이 미국 IBM에 대해 프랑스 군대에 컴퓨터를 판매하는 것을 저지하는 것은 합법적이지만, 프랑스 IBM에 대한 컴퓨터 판매를 저지하는 것은 합법적이지 못하다라고 지적하고 있다.[114)]

미국은 이러한 맥락 하에서 오랫동안 베트남이나 북한, 쿠바 등에 대한 무역제한을 계속해 왔다.

(1) 대공산권 수출조정위원회(對共產圈輸出調整委員會, Coordinating Committee for Export Control to Communist Area)

전략물자의 대공산권 수출규제에 관한 자유주의제국 정부 간의 비공식 협의기관으로 약칭 코콤(COCOM)으로 불리고 1949년 미국의 주도 하에 결성되었다. 북대서양조약기구(NATO) 가맹국 중 아이슬란드를 제외한 15개국과 일본이 함께 조직했으며 89년 오스트레일리아가 새로 가입하였다. 본부가 파리에 있었기 때문에 파리위원회라고도 하였다. 당초 400여 개 품목에 대해 수출을 통제했으나 공산권의 기술향상으로 규제가 무의미해진 품목은 제외하고 군사목적으로 전용 가능한 반도체 및 통신장비 등을 새로 추가하여 150여 개 품목에 대해 수출을 통제하였다. 1951년에는 대중국수출조정위원회(친콤, CHINCOM)를 발족시켜 대공산권뿐만 아니라 중국에 대해서도 수출품목을 통제하였다. 냉전체제의 종식으로 91년

113) Coordinating Committee for Export to Communist Areas.

114) Kindleberger, C. P., American Business Abroad: Six Lectures on Direct Investment, New Haven and London, Yale University Press, 1969, p. 44.

에는 반도체, 감응장치 및 레이더 등 10개 부문 핵심리스트를 제외하고는 모든 품목의 수출을 허용하였으나 유명무실해진 코콤은 94년 3월 자진해체하였다. 이를 대신해 세계평화에 위협이 되는 나라에 무기·기술 수출금지를 목적으로 96년 4월 바세나르협정(통친 신코콤)이 성립되었다.

(2) 바세나르 협정(Wassenaar Arrangement)

냉전시대 대공산권수출통제위원회(통칭 코콤)를 대신해 무기관련 수출을 국제적으로 관리하는 협정. 코콤은 구미 16개 국과 일본이 공산권 국가를 대상으로 맺은 군사기술·전략물자 수출 규제협정이었는데 1994년 3월에 폐지되었다. 바세나르협정(통칭 신코콤)은 코콤과 달리 러시아연방·우크라이나 및 구동구권과 개발도상국까지 참가하는 국제적 수출관리체제로, 1996년 7월 빈에서 열린 설립총회에는 33개국이 참가하여 협정을 체결하였고 같은 해 11월 1일 발효되었다. 규제 대상은 무기 및 군사적으로 전용 가능한 기술로 총 110여 품목이다. 가맹국이 비가맹국에 대한 대상품목 수출을 허가한 경우 자발적으로 사무국에 통보하도록 되어 있으나, 수출에 대한 찬성과 반대의 판단은 각국에 맡겨져 있다. 이 협약은 법적 구속력이 없으며 벌칙도 없다. 규제대상국에 대해서는 명문화되어 있지 않지만, 미국이 테러지원국으로 지명한 이란·이라크·리비아·북한이 사실상 상정되어 있다. 한국도 회원국으로 가입하였다.

(3) 지적소유권(Intellectual Property)

다국적기업과 국가이익 간에 발생하는 딜레마 중의 하나가 지적재산권에 관한 것이다. 다국적기업은 새로운 기술의 개발과 적용뿐만 아니라 기술의 국제적 이전과 보급의 중요한 수단으로써 기술개발과정에 관한 관리가 중요하다. 더구나 국가의 산업이나 경제에의 파급효과도 크기 때문에 국가적인 차원에서 민감하게 반응한다. 일례로 기술개발능력이 뛰어난 선진국이 자국 산업을 보호하기 위해 개발기술에 관한 일정기간의 독점을 통해 투자한 연구개발비용 회수 및 수익을 다국적기업이 내부화할 수 있도록 국제적인 법 체제를 강화하는 경우가 그것이다.[115)]

이러한 지적재산권은 우루과이라운드에서 처음으로 국제협약에 포함되었고 앞으로도 계속해서 선진국과 개발도상국 간의 기술의 공공재적 성격에 관한 논쟁이 이어질 것이다. 개발도상국은 다국적기업의 개발기술 이용에 대한 개방을 요구하겠지만, 신기술을 보유하여 자국경제 및 산업을 보호하려는 선진국은 이를 간과하지 않기 때문이다. 다시 말하면 다국적기업은 피 투자국의 입장에서 볼 때 기술

115) 김민서, 연세대학교 대학원 박사제출논문, 다국적기업의 국적과 관할권에 대한 국제법적연구. 1999.

획득 또는 기술흡수의 근원이며, 이를 통해 국제경쟁체제에 뛰어들 수 있는 중요한 수단이라는 점이다. 외국의 자회사는 모회사의 기술과 연구개발시설, 그리고 네트워크를 활용하여 기술력 향상이 발생할 가능성도 높다는 측면이다.

또한 기술이전을 원하는 피 투자국과 이윤극대화를 원하는 다국적기업 간에 지적재산권에 관한 딜레마가 존재하고 있다. 특정한 범주의 생산품이 지적재산권의 보호에서 제외되어 있거나 관련 입법이 존재하지 않으며, 투자이익을 환수하기에 너무 짧은 특허 기간이 부여될 경우를 말한다. 따라서 피 투자국에게 지적재산권에 관한 보호를 강화시키기 위해, 그리고 기술이전을 촉진하는 TRIPs 협약의 효율성과 지속적인 발전을 위해, 개발도상국의 지지를 얻어내는 것이 중요해지고 있다.

2 국제기업과 피투자국의 이익

1) 국제기업과 피투자국의 주권

다국적 기업과 피투자국 주권 간의 충돌은 후진국보다는 선진국에서 먼저 발생하였다. 1950 - 60년대 미국자본의 대대적인 유럽 진출은 미국자본에 대한 유럽 선진국의 두려움을 자아낸 바 있으며, 동시에 개발도상국에 대한 선진국기업의 대거 진출도 개발도상국의 주권에 중대한 도전이 되고 있다.

피 투자국은 주권국가로서 자국과 관련된 주요 사안에 대해 자주권을 행사하고, 외부의 통제를 제한하거나 또는 이를 단호히 거부할 권리를 가지고 있다. 또 피 투자국은 자국의 총생산 증대, 국제수지 개선, 실업 감소, 인플레이션 축소, 수출증대 등의 목표를 달성하기 위해 필요한 주권을 행사할 권리를 가지고 있다. 그런데 피 투자국 내에 진출한 외국기업들은 현지기업보다 훨씬 용이하게 현지정부의 통제를 회피하면서 영업활동을 수행하고 있는가 하면, 현지 관계당국의 세금징수 시 이전 가격이나 로열티의 본국 송금 등을 이용하여 현지이익을 축소시켜 과세를 줄이는 등 현지국 정부의 각종 정책시행에 정면으로 도전하는 경우가 허다하다.

그러므로 국제기업에 대한 피 투자국의 우려는 당연하다고 할 수 있다. 이를 크게 나누어 보면, 경제적 종속, 기술적 종속, 공업부문의 종속, 문화적 종속, 그리고 정치·사회적인 영향으로 나누어 볼 수 있다. 이를 사례를 통해서 파악하기로 한다<표 4-3 참조>.

표 4-3 국제기업에 대한 피 투자국의 우려

<table>
<tr><th></th><th>문 제 점</th><th>결 과</th><th>국가 및 국민의 관심</th></tr>
<tr><td rowspan="4">경제적 종속</td><td>선진국의 경우</td><td></td><td rowspan="4">다국적 기업이 자국경제를 지배해 버릴 것을 염려하여 외국인 투자기업을 받아들이는 경우 합작투자를 선호하는 경향이 높아져 감, 그리고 다국적 기업에 대한 규제에 관심을 가짐.</td></tr>
<tr><td>A. 1970년대 중반 선진국인 미국과 유럽 국가들은 석유달러를 가지고 서방세계의 에너지, 부동산시장을 장악하려 한다는 아랍으로부터의 도전 위협에 긴장해 있었다.</td><td>A. 미국인들은 사업과 부동산에 대한 외국투자를 제한하는 법률에 찬성하는 경향을 낳음.[a]</td></tr>
<tr><td>B. 미국의 크라이슬러사는 프랑스 제3위의 자동차 회사인 삼카사의 주식 63.8%를 매입하여 동 회사를 인수하였다. 이미 프랑스는 전자계산기 제조업체인 마싱·블사가 GE의 자회사가 되었고, 여기에다 GM프랑스와 레밍톤랑드사의 대량 해고 사건 등으로 관계가 좋지 않았다.</td><td>B. EEC 결성 이후 미국기업의 투자에 호의적이던 프랑스 정부가 드골류의 내셔널리즘으로 선회하는 결과를 초래.</td></tr>
<tr><td>개발도상국의 경우
페루의 화학산업의 67%, 멕시코의 의약품 산업의 80%, 브라질의 자동차 산업의 100%, 아르헨티나의 비전기 기계산업의 82%가 외국인 소유 기업에 의해 지배.[b]</td><td>–</td></tr>
<tr><td>기술적 종속</td><td>한국, 대만, 홍콩, 인도 등은 기술능력을 보유하고 있는 다국적 기업과의 관계를 통하여 기술 능력을 향상하였으나, 시간이 지날수록 기술종속화가 이루어졌다.[c]</td><td>자국의 생산부분이 개발되기 이전에 다국적 기업을 통하여 기술이나 기술적 지원을 받게 되어 과학 및 기술하부구조의 창출에 곤란함 겪음.</td><td>다국적 기업에 의한 기술이전을 촉진시키기 위한 여러 가지 제한 조치를 취하기도 함.</td></tr>
<tr><td>문화적 종속</td><td>선진국에서 개발도상국으로 문화적 영향이 일방적으로 미치고 있어 무분별한 문화의 유입이 일어나고 있다. 이의 매개 역할을 하는 것이 다국적 기업이긴 하지만 대부분 국가들이 신제품, 새로운 패션, 새로운 생활습관을 원하고 있기 때문이기도 하다.</td><td>식민지 시대의 언어사용 또는 교육제도 등 외국문화 제도를 그대로 답습하는 경우가 있음.</td><td>–</td></tr>
<tr><td>정치·사회적 영향</td><td>다국적 기업은 법률적인 측면에서 미국의 독점금지법, 대적통상법 및 수출통제법 등의 모국정책을 피 투자국 내의 해외 자회사에게까지 그대로 연장 적용함으로써 법의 영토 외 적용문제와 치외법권적 문제를 야기.[d]</td><td>–</td><td>–</td></tr>
</table>

주1 : a)[116], b)[117], c)[118], d)[119]

주2 : 공업부분의 종속은 경제에서 차지하는 비중이 크기 때문에 따로 분리할 수 있으나 이는 경제적 및 기술적 종속으로 이어진다는 점을 감안할 때 기술적 종속의 경우와 유사하다고 할 수 있다.

116) Martin and Tolchin, S., *Buying into America : How Foreign Moey is Changing the Face of Our Nation*, New York, Timess Books, 1988.

이상과 같이 피 투자국에서 우려할 만한 사항은 경제·정치·문화에 걸쳐 다양하다고 할 수 있다. 그러나 이런 우려 속에서도 국제기업의 활동에 대한 국가이익의 직접성은 국가 경제발전에 중요하므로 국제기업에 대한 각국정부의 지원책과 피 투자국으로서의 규제 정책을 보기로 한다.

제4장 5절 국제기업의 해외진출에 대한 본국 정부의 지원과 규제

1 본국 정부의 국제기업의 해외진출 장려책

국가에 따라 정도의 차이는 있지만 선·후진국을 막론하고 자국기업의 해외진출에 지원책을 수립하고 있다.[120] 이러한 지원책은 결국 자국기업의 이익이 자국의 이익과 직결된다는 일반적인 생각에서 연유한 것이다. 국가들이 이용하고 있는 해외진출 장려책을 살펴보면 다음과 같다.

첫째, '해외투자 위험보험'으로 대부분의 국가들은 위험으로부터 자국기업을 보호하기 위해 여러 가지 보험제도를 활용하고 있다. 해외투자보험제도는 국가에 따라 그 내용이 약간씩 상이하지만 대표적인 것으로는 재산수용, 전쟁, 송금불능 등의 불가항력적인 비상위험에 대한 손실 보상제도가 있다. 재산수용은 외국정부 등에 의해 재산이 몰수 또는 수용된 경우, 전쟁위험은 전쟁, 혁명, 내란 폭동 등으로 인해 해외투자기업의 손해를 당한 경우, 그리고 송금불능위험은 투자원금 등을 본국으로 송금할 수 없는 경우 등을 의미한다.

117) Stopford, J. M. and Dunning, J. H., *Multinationals: Company Performance and Global Trends*, London, Macmillan Publishers, 1983, pp. 26～27.

118) Behrman, J. N. and Grosse, R. E., International Business and Governments: Issues and Institutions, South Carolina, University of South Carolina Press, 1990, ch. 3.

119) Behrman, J. N., 전게서, pp. 88～127.

120) United Nations Centre on Transnational Corporation, *Foreign Direct Investment, Debt and Home Country Policies*, New York, UNCTC, 1990, UNCTC Current Studies Series A No. 20.

다국적 기업은 위와 같은 위험에 직면하는 경우 해외투자보험제도를 이용하여 자기 기업이 부담해야 할 위험을 공공기관에 전가시킬 수 있다. 미국을 비롯한 대부분의 국가들은 저개발국에 대한 자국기업의 해외투자를 보호하기 위해서 갖가지 보험제도 및 보증제도를 실시하고 있다.[121)]

둘째, '투자보장협정'으로 많은 국가들은 해외투자 위험보험 외에도 피 투자국과의 투자보장협정을 맺어 투자기업을 보호하고 있다. 투자보장협정은 내국민대우 및 최혜국대우의 보장, 국유화 및 수용금지, 전쟁, 폭동 등 긴급사태로 인한 손실의 보전, 자유로운 투자원금 및 과실의 송금보장, 투자분쟁 발생 시의 해결절차 등을 그 내용으로 한다.

셋째, '자금지급'에 대한 사항으로, 일반적으로 국가들은 해외투자기업에 대해 특별자금 또는 특수은행을 이용하여 자금을 지원하고 있다.[122)] 또한 산업설비, 선박, 기계류 등 자본재의 중장기 연불수출을 촉진하기 위하여 그 수출에 소요되는 자금도 지원해 주고 있다.[123)]

넷째, '세제지원'에 대해서 말하면, 이중과세방지 협정은 국제적으로 이중과세를 방지함으로써 해외투자기업의 조세부담을 경감시켜 주기 위한 것이다. 국가에 따라서는 이 이중과세방지 협약을 통해 세율을 낮게 적용하거나 세액공제 및 특별 감세 등의 혜택을 제공하기도 한다.

세제지원제도 중 가장 일반적인 것으로 과세유예와 세금 공제제도가 있다. 과세유예제도는 해외소득이 본국에 송금된 후에 과세하는 제도이며, 과세공제 제도는 외국정부가 해외투자사업에 대해 세금을 부과하여 이를 납부한 경우 국내에서 동액의 세금을 공제해 주는 제도이다.[124)]

다섯째, '정치적 대리 역할'로 투자국 정부는 피 투자국 정부의 외국인 투자 제한 정책을 완화시키기 위해 정치적인 영향력을 행사하기도 한다. 예를 들어, 미국이 일본으로 하여금 직접투자에 대한 엄격한 제한정책을 완화하도록 직접 압력을 가하기도 하였고, 또

121) Business International Corporation, *International Risk Management*, New York, BIC, 1983. 일례로 미국의 투자보험 및 보증제도는 1948년 유럽부흥계획의 일환으로 유럽에 대한 투자를 촉진하기 위해 시작되어 현재 OPIC(Overseas Private Investment Corporation)가 이 업무를 관장하고 있다.[Wilson, D. T., *International Business Transactions*, (St. Paul, Minn., West Publishing Co., 1981)] 내용은 첫째, 인가된 투자의 이익 또는 원리금의 불태화에 대한 보증, 둘째, 현지정부의 재산몰수나 재산수용에 따른 손실 보증, 셋째, 전쟁 또는 혁명에 기인한 손실 보증 등이 있다.

122) OECD, Investing in Drveloping Countries, 5th ed. Paris, OECD, 1983.

123) 우리나라의 경우 첨단기술 개발 및 습득사업, 비교우위상실 산업의 해외 이전, 주요 자원의 안정적 확보사업, 수출시장 확보사업, 외국과의 경제협력 증진에 직접 기여하는 사업 등에 대해 자금을 지원해 주고 있으며 플랜트수출 등에 필요한 자금도 지원해 주고 있다.

124) 우리나라의 경우 해외투자보험제도, 투자보장협정, 자금지원, 세제지원 등 각종 지원정책을 제공하고 있다.

OECD를 통해서 압력을 가하기도 하였다. 또한 미국의회는 완전한 보상이 없이 미국자산을 국유화하는 정부에 대해 준 자동적인 제재를 가할 수 있도록 입법화함으로써 미국의 해외지원 중지, 일반특혜관세제도(GSP: Generalized System of Preference)에 의한 수입 불인정, 국제적 기관으로부터의 차관 반대 등의 형태를 가질 수 있다.

최근의 사례를 보면, 미국에서 소해면모양뇌증(광우명·BSE)에 감염된 소가 발견된 이래 미국 소고기 수입을 전면 금지해온 일본에 대해, 미 상원의원 9명이 일본이 소고기 수입을 재개하지 않으면 미 통상대표부(USTR)가 일본에 보복조처를 취하도록 요구하는 결의안을 의회에 제출했다.[125] 결의안은 채택되더라도 구속력은 없으나 정부에 상당한 압력 요인이 되었으며, 당시 일본과 같은 입장에 있는 한국도 한 동안 고심한 적이 있다. 결의안에는 미국 소비자와 목장 주들은 미국 소고기가 안전하다는 것을 잘 알고 있다며 과학적인 근거도 없는 수입금지는 불공정무역장벽이라고 주장하였다.

사례 : 광우병: 소해면상뇌증(BSE: Bovine Spongiform Encephalopathy) ▶▶

지난 85년 영국의 소에서 최초로 발견된 이후 최근 독일, 프랑스 등 EU 12개국에서 발생된 질병으로 중추신경계에 감염돼 뇌 조직이 스폰지 모양(해면상)으로 변화되면서 치매 등 신경증상을 나타낸다. 원인체는 비정상 변형단백질인 프라이온(Prion)으로 추정되고 있는데 변종 크로이츠펠트 야콥병 환자에게서 추출한 프라이온이 광우병 소의 프라이온과 가장 유사해 광우병과 변종 크로이츠펠트 야콥병이 서로 연관성이 있다는 주장이 영국 과학자들에 의해 제기된 바 있다.

125) 한겨레신문. 2005년 3월 18일.

2 국제기업의 해외진출에 대한 규제정책

대부분의 국가들은 국제수지상의 이유 때문에 자국자본의 수출을 통제하는 정책을 쓰고 있는데, 자본수출 통제는 일차적으로 자국의 국제수지 적자를 축소시키는 데 그 목적이 있다. 또 국가에 따라서는 일본, 한국 등과 같이 국가의 특수한 목적을 달성하기 위해 해외투자를 통제하고 필요에 따라서는 해외 직접투자를 봉쇄하는 경우도 있다.

자본수출 통제는 비록 연구결과들이 서로 상반된 견해를 보이고 있지만 해외투자자가 투자국의 직장상실, 외환소득 감소, 경쟁력의 약화를 초래한다는 데에 그 근거를 두고 있다.[126)]

과거 미국 정부는 미국 기업의 이익을 보호해야 할 의무가 있다고 생각했으나 1970년대 초부터는 미국의 정책이 점차 바뀌기 시작하였다. 미국의 이러한 변화는 다음의 사례에서 찾아볼 수 있다.

1969년 페루정부는 미국 기업인 International Petroleum Company의 자산과 시설을 수용한 바 있는데, 이 다국적 기업의 주식은 Standard Oil of New Jersey(현재의 Exxon)가 소유하고 있었다. 또 1971년에는 칠레의 마르크스주의 정부가 주요 미국광산기업의 현지 자회사를 수용한 바 있다.

그러나 미국은 위 두 사건의 경우 라틴 미국과의 외교정책 및 정치적 관계를 들어 강경책을 철회하였고 법률에 의한 보복조치도 취하지 않았다.[127)]

126) OECD, *International Investment and Multinational Enterprises: Investment Incentives and Disincentives: Effects on International Direct Investment*, Paris, OECD, 1989.

127) 전게서, p. 297.

제4장 | 6절

국제기업에 대한 피 투자국의 정책

1 국제기업에 대한 장려책

선진국 및 개발도상국은 외국인 투자 유입에 따른 경제적 효과를 향유하기 위하여 외국인 투자를 적극적으로 유입하기 위한 각종 유인책을 제공하고 있다. 물론 유인책이 나라마다 다르기는 하지만 일반적으로 다음과 같다.

첫째, '세재상의 유인책'으로 세금감면, 세금유예, 특정기간 동안의 법인세 및 원천과세 면제 등을 들 수 있다. 이것은 외국인 투자를 유인하려는 국가들이 가장 많이 사용하고 있다.128)

둘째, '관세상의 유인책'으로 외국인 투자기업의 사업 활동과 관련하여 피 투자국에 수입되는 장비, 부품, 원료 등에 대해서 관세를 부과하지 않거나 낮은 관세율을 적용하여 혜택을 제공하는 경우를 들 수 있다. 또 고관세 부과 및 수입통제 등을 통해 수입을 줄이거나 제거하여 외국인 투자기업에게 혜택을 제공하기도 한다.

셋째, '보조금 지급'으로 외국인 투자를 유인하기 위해 피 투자국의 정부기관이 장·단기 자금을 지원해 주거나 특별히 낮은 이자율로 자금을 대여하는 경우도 있다. 또 공장건설 보조금, 종업원 훈련 보조금 등을 지급하기도 한다. 제정상의 유인책은 피 투자국이 활용할 수 있는 용인한 정책수단이며, 투자유치 경쟁에 필수불가결하기 때문에 계속적으로 활용되고 있다.

이상의 유인책 외에도 많은 국가들은 외국인 투자를 유치하기 위하여 과실송금보장, 투자자본에 대한 환수보장, 기타 정부의 각종 지원정책 등을 제공하고 있기도 하다.

128) Bereau of Economic Analysis, U. S. *Direct Investment Aboard*, Washington, D. C., U. S. Department of Commerce, Dec, 1985.

2 국제기업에 대한 제한정책

1) 진입통제

피 투자국은 신청된 외국인 투자 프로젝트를 자국의 기준에 따라 심사하게 된다. 외국인 직접투자에 대한 이와 같은 진입절차상의 규제는 진출기업에게 추가비용을 부담시킴으로써 투자진출에 대한 장애 요인이 되고 있다.

선·후진국을 막론하고 대부분의 국가들은 특정 산업 부문에 대한 외국인 투자를 강력히 제한하고 있다. 선진국인 OECD 국가의 경우에도 특정 산업에 대한 외국인 투자를 강력히 제한하고 있는데, 핀란드의 어업이나 스웨덴의 전매 및 광산업, 이태리의 광산업, 그리고 아일랜드의 소맥제분업 등이 그 예에 속한다. 또 대부분의 개발도상국에서는 특정 천연자원산업에 대한 외국인투자를 강력히 제한하고 있다. 그 외에 대부분의 국가들이 방송, 수송, 전매, 전력, 전자, 은행, 보험과 같이 민감한 서비스산업분야에 대한 외국인투자도 강력히 제한하고 있다. 또 피투자국들은 선·후진국을 막론하고 다국적 기업이 이러한 분야의 기업을 매수하지 않는가에 항상 주의를 기울이고 있다. 또 정부가 이러한 산업을 독점적으로 운영하는 경우도 있고, 때로는 외자 도입법상 외국인 투자가 완전히 금지되어 있는 경우도 있다.[129)]

2) 소유권 제한

피 투자국은 외국인 투자기업의 영향력을 줄이고 국내기업의 성장을 촉진시키기 위해 외국인 투자기업의 소유권을 제한하는 정책을 이용하고 있다. 외국인 소유제한은 1970년 후반 일부 개발도상국이 채택했던 최대지분 제한, 1980년대 초 중국, 인도, 멕시코 및 몇몇 개발도상국의 소유권 규제를 들 수 있고, OECD 국가 중에서는 호주, 일본, 포르투갈, 스페인 등이 외국인 투자에 대한 규제를 강화한 바 있다. 그러나 1980년대 후반에 이르러서는 멕시코와 같은 국가가 U$ 1억 이하의 기업에 대해서도 외국인 투자기업의 완전소유를 인정하는가 하면 그 외에 호주, 인도, 인도네시아, 일본, 말레이시아, 뉴질랜드, 유고 등도 외국인 투자기업에 대한 소유제한을 완화하였다.

선진국들은 대부분 사업면허 및 국적제한 등과 같은 간접적인 방법으로 외국인투자를 제한하고 있는 데 반해 대부분의 개발도상국들은 보다 직접적인 방법으로 외국인 투자를 규제하고 있다. 최근 들어 개발도상국들은 외국인 직접투자에 대한 자유화를

129) Walters, K. D. and Monsen. R. J., "State-Owned Business Aboard: New Competitive Threat", *Harvard Business Review*, March-April 1979, pp. 160~170.

추진하여 투자 부분에 대한 제한을 완화하거나 또는 특정 제한부문에 대한 외국인 소유비율을 증대시키는 경우가 많다.

3) 천연자원 유출 통제

역사적으로 다국적 기업이 개발도상국의 천연자원을 오랜 동안 독점적으로 지배해 왔음은 주지의 사실이다. 특히 선진제국기업들이 자원확보를 위해 독점 형식으로 개발도상국에 진출한 예를 쉽게 찾아볼 수 있다. 1970년대 전반 이전까지의 7대 국제석유자본들이[130] 세계석유를 완전히 지배한 바 있고, 미국의 아나콘다와 케네코트가 칠레의 銅을, 벨기에 기업 유니온 니미엘이 자이레의 銅을, 그리고 남아프리카와 미국 기업이 잠비아의 銅을 완전히 지배하는 한편, 전체 자본주의 국가가 동광석의 70%를 장악하기도 하였다.

특히 몇몇 1차 산품이 전체 무역의 대부분을 차지하는 일부 개발도상국의 경우, 예로 잠비아의 銅(91%), 자이레의 銅 및 코발트(52%), 에콰도르의 원유 및 바나나(65%) 등의 1차 산품에 대한 다국적 기업의 지배는 결국 이들 국가의 경제적 종속을 의미하는 것이다.

4) 이행 요구(performance requirement)

이행 요구는 피 투자국 정부가 투자기업에게 이행할 것을 요구하는 사항을 의미하는데, 이는 대부분 현지부품 조달비율(local content), 최소 수출이행 요구, 현지화 요구 등의 형태를 띤다. 로칼 콘텐츠(Local Contents)는 최종재에 일정 수준의 현지부품을 반드시 사용할 것을 요구하는 것이며, 최소 수출이행 요구는 현지에서 생산된 제품의 최소 수출비율 및 현지시장 판매한도를 의미한다.

또 피 투자국은 총 고용 중 일정 수준은 반드시 현지인을 고용하도록 하는 의무고용비율을 이용하기도 한다. 이 외에도 이행 요구에는 기술이전, 외환, 수입제한, 생산규모 등도 포함한다.[131]

한편 선진국에 의해서도 이행 요구가 있는데, 요구하는 이행 요구로는 입찰절차, 수출요구, 현지부품사용 요구 등이 있다.[132]

---

130) Standard Oil of New Jersey(현재의 Exxon), Royal/Dutch Shell, Mobil, British Petroleum, Texaco, Standard of California, Gulf Oil 7개사.

131) United Nations Centre on Transnational Corporation, New Issue in the Urguay Round of Multilateral Trade Negotiations, New York, UNCTC, 1990.

132) Suilleabhain, M. O., "Investment Incentives and Performance Requirements", in Walter, I. and Murray, T., *Handbook of International Business*, New York, John Wiley & Sons, pp. 15.3~15.27.

5) 재산 수용(expropriation)

피 투자국의 외국인투자기업에 대한 재산 수용은 기업의 해외진출을 저해하는 가장 치명적인 장애요인이 되고 있다. 재산 수용(expropriation)은 재산 몰수(Confiscation)보다 훨씬 넓은 의미로, 보상의 유무에 관계없이 국가가 특정기업의 소유권을 강제로 징수하여 처분하는 행위를 의미한다.

역사적으로 외국자본에 대한 재산수용은 1968년 페루가 미국계 기업 International Petroleum Company를 수용한 것을 비롯하여, 1969년 볼리비아의 Gulf Oil과 U. S. Steel 수용, 1969년 리비아의 Occidental Petroleum 유전 수용, 1971년 칠레의 미국 동광산 수용, 1979년 베네수엘라의 미국 철강 및 석유산업의 수용, 그리고 사우디아라비아의 아람코(Aramco) 수용 등을 들 수 있다.

한편 재산수용은 국유화에 포함되기도 하는데 국유화의 예로서 1960년 쿠바의 카스트로가 내·외국인 소유에 관계없이 모든 재산을 국유화한 예, 1979년 Shah 팔레비 퇴각 이후 이란이 기업과 산업을 국유화한 예, 그리고 프랑스 미테랑 대통령이 대통령으로 당선된 1981년 이후 몇몇 기업과 개인은행을 국유화한 예 등을 들 수 있다.

제 2차 대전 이후 재산수용 및 국유화가 급격히 증대한 바 있는데, 코브린(S. J. Kobrin)에 의하면 1960-1979년간 559건의 외국기업이 현지국 정부에 의해 인수(takeover)된 것으로 분석되고 있다.[133]

재산수용 및 국유화는 피투자국이 외국인기업을 최종적으로 통제하고자 하는 경우 이용되는 가장 극단적인 정책의 하나이다. 외국기업에 대한 통제수단으로써의 재산수용은 1970년대 중반을 기점으로 하여 그 이용이 점차 줄어들고 있다.

이상에서 외국인투자에 대한 최근의 제한 정책을 살펴보았으나 전반적으로 외국인 직접투자에 대한 자유화는 크게 진전되어 가고 있다고 할 수 있다. 그 중에서도 신흥공업국가들의 정책은 규제보다는 자유화의 방향으로 변화되어 가고 있는 데 반해 선진국들의 정책은 신흥공업국가들에 비해 규제비중이 점차 높아지고 있다.

최근 중남미에 좌파정권이 등장하면서 자원국유화와 함께 자원민족주의의 흐름이 나타나고 있어 세계경제에 이상기온이 흐르고 있다.(참고: 중남미의 외국계기업 국유화 참조)

133) Kobrin, S. J., Expropriation as an Attempt to Control Foreign Firms in LDCs : Trends from 1960 to 1979, International Studies Quarterly, 1984(28), pp. 329 ~ 348.

참고: 중남미의 외국계기업의 국유화 ▶▶

자원국유화는 영국, 미국, 프랑스 등 선진국의 국제석유자본에 의해 이루어졌으며 1950년대에 석유자원국가에 의해 시도되었으며 산유국들은 석유자본에 대항하여 1957년에 석유수출구기구(OPEC)를 창설하였고 1968년에는 아랍석유수출국기구(OAPEC)를 결성 국유화, 산유량 조절, 유가안정 등을 지향하며 석유를 자원무기화 하여 자원민족주의의 경향을 보이기도 했다.

그러나 최근 중남미에 좌파정권의 등장 하에 자원국유화가 이루어지면서 50년 전에 이루어졌던 자원민족주의의 흐름이 나타나고 있다. 뉴스위크(2008年 5月 12日)는 '옛카우디요(대중에 영합해 권력을 장악하려는 정치가)의 귀환'이라는 기사에서 힘든 시절 중남미에 번창했던 포퓰리즘이 오히려 경제가 번성하고 있는 지금 또다시 목소리를 높이고 있다고 보도했다.

포퓰리즘의 확산 대상은 외국계 기업의 국유화가 대표적이다. "엔텔이 쌓은 부는 대통령의 것도 아니고 정부의 것도 아니다. 그것은 모든 볼리비아인의 것이다." 에보 모랄레스 볼리비아 대통령이 지난 1일 이탈리아의 텔레콤이탈리아 자회사인 통신기업 엔텔을 비롯, 4개 외국계 기업 국유화를 선언하면서 뱉은 말이다. 영국 석유업체 BP(British Petroleum)가 50% 지분을 가진 차코와 영국 애시모어 에너지가 운영하는 송유관업체 트란스레데스, 독일과 페루 기업이 운영하는 에너지 물류 사 CLHB 등도 이번 국유화 대상에 올랐다. 이번 조치는 우고 차베스 베네수엘라 대통령의 자원 국유화정책 노선을 이은 것이라는 지적이다.

아르헨티나 정부가 최근 단행한 곡물 수출관세 인상도 포퓰리즘의 한 사례로 꼽힌다. 뉴욕타임스는 최근 "아르헨티나는 1950년대 후안 페론 전 대통령 시절부터 농축산업자들의 이윤으로 빈민들을 먹여 살리는 정책을 유지해왔고 지금도 그렇다"고 분석했다. 멕시코는 공공 노무 사업을 시작했으며 온두라스도 비슷한 프로그램을 준비중이다. 제 2의 챠베스로 불리는 라파엘 코레아 에콰도르 대통령도 저금리 대출 등의 선심성 정책을 내놓고 있다. 중남미 최대 산유국인 베네수엘라는 막대한 원유 수입을 대중에 영합하는데 사용하고 있다.

중남미의 포퓰리즘은 '좌파정권의 등장'이 깊은 관계가 있다.

남미지역에서의 좌파정권의 창출은 1990년 칠레, 1998년 베네수엘라, 2000년대에 들어서면서 브라질(2003), 아르헨티나(2003), 우루과이(2004), 볼리비아(2005), 파라과이(2008) 등 7개국으로 확산, 우파정권인 페루, 에콰도르, 콜롬비아(3개국)와 중도성향의 수리남과 가나(2개국) 등 12개국에서 7개국을 차지하고 있음은 글로벌화와 미국 주도의 신자유주의적 개혁실패로 인해 대부분의 국가에서 실업률이 10%를 상회하고 있고, 빈민층은 중남미 전체지역 인구의 43%인 2억2천만 명으로 추산되고 있다.

남미의 에너지자원 매장량 (2004년 기준)

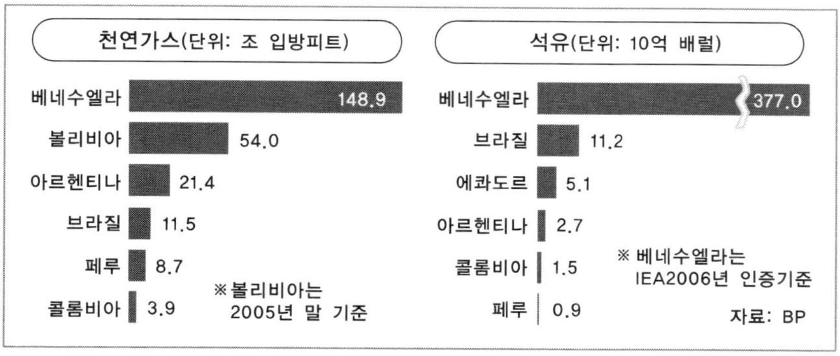

	선거결과	지 도 자
아르헨티나(2003)	좌파 승리	네스토르 키르흐네르
우루과이(2004)	좌파 승리	타바레 바스케스
볼리비아(2005)	좌파 승리	에보 모랄레스
파나마(2004)	좌파 승리	마르탄 토리호스 에스피노
칠레(2006)	중도좌파연합 4회 연속 집권	미첼레 바첼레트
브라질(2006)	좌파 재집권 우세	룰라 다 실바
베네수엘라(2006)	좌파 차베스 재집권 우세	우고 차베스

Memo

5

CHAPTER

국제경영의 이해

1 2 3 4 **5** 6 7 8 9 10 11 12 13 14 15 16

제5장 1절 국제경영의 이해

1 국제경영의 발전과정

국제경영을 이해한다는 것은 쉬운 일이 아니다. 이는 그 규모와 범위에 있어 세계적인 패러다임(paradigm)의 흐름에서부터 민족의 문화까지 넓고도 세세한 부분까지 국제경영 연구의 영역에 속하기 때문이다. 국제경영에 대한 개념을 알아보려면 국제경영의 발달과 성장에 대한 배경을 간략히 살펴보고 정의를 논하는 것이 순서라 하겠다.

국제경영을 담당하는 주체로서의 다국적기업은 현대자본주의의 가장 지배적인 조직체로서 현재 많은 나라와 국민의 경제적, 사회적, 정치적 및 문화적 생활에 막대한 영향과 힘을 미치고 있다. 그러나 이의 발전은 국내 및 국제경영 양면에 많은 물의와 모순과 불안요인을 야기시키는 계기도 되고 있다.[134] 이러한 국제경영의 역사는 전술한 바대로 중세의 코멘다 제도나 17세기의 동인도회사[135]가 그 시초라고도 하고 또 어떤 자는 20세기

134) Stephen Herbert Hymer, *The Multinational Corporation-Radical Approach*, Cambridge University Press, Cambridge, England, 1982, p. 1.

초의 영미계 석유회사들이 그 효시라고도 한다.

20세기 초부터 제1차 세계대전이 일어나기 이전까지 미국 및 유럽국가들이 전개한 국제경영활동을 요약하면, 미국 기업들은 원자재 확보·판로 확대 등을 위한 해외직접투자를 활발히 전개하기 시작했는데, 식민지가 거의 없었던 미국의 기업들은 주로 캐나다·중남미·유럽 등을 대상으로 삼아 해외제조활동과 미국제 상품의 수출과 판매자회사(marketing subsidiaries)를 통한 시장국 들에서의 현지마케팅(overseas local marketing)을 포함한 해외상사활동(overseas merchandising activities)을 전개하기 시작했다. 이는 이 기간 동안에 해외자원개발·제조·상사 계통의 미국 다국적기업들이 존재하기 시작했음을 뜻한다.

유럽기업들도 원자재 확보·판로확대 등을 위한 해외직접투자를 전개하기 시작했으나 주로 그들의 식민지와 유럽지역을 대상으로 하였으며, 서서히 해외직접투자를 통한 해외제조활동에도 진출하기 시작했다. 그 당시 특히 독일계 기업들의 화학·전기 산업 분야의 해외진출은 미국계 기업들을 능가할 정도였다.

그러나 현대적 의미의 현상은 1950년대부터라고 할 수 있다. 즉, 제 2차 세계대전 후에 미국의 거대 기업들이 국내시장에서의 기업 이윤율의 저하, 각국의 수입제한, 천연자원 확보 등의 여러 이유에서 해외직접투자를 하기 시작한데서 비롯된다. 이것이 곧 다국적 기업의 역사이기도 하다. 전후 영국을 대신하여 세계 자본주의 경제권의 리더로서 등장한 미국에 의해 주도된 국제경영은 세계경제의 신장과 더불어 급격한 발전을 거듭하였으며 국제화의 선도적 역할을 담당해왔다. 미국 기업들은 50년대 후반 EEC(유럽공동시장)의 결성을 계기로 유럽에 진출, 세계적 영업기반을 구축하였다.

이러한 미국 기업의 독주는 60년대 중반 이후 유럽과 일본이 급격히 부상하면서 제동이 걸리고 70년대 후반 이후에는 일본기업들이 소니, 히다치, 도요타, 닛싼 등의 다국적 기업의 진출에 의해 미국시장과 유럽시장으로 진출하여 무역적자로 인한 일본 때리기가 등장하기도 하였다. 이 시기부터 80년대까지는 미국 주도에서 일본, 독일 등 다극화현상으로 이어져 이념전쟁에서 경제전쟁으로 바뀌어지기도 하였다. 특히, 우리나라를 비롯한 신흥공업국의 급속한 경제성장이 수출확대노력에 의한 기업의 국제화 현상임이 명백히 드러남과 동시에 국제경영에 대한 관심은 고조되고 있다.

특히, 동서 간의 이념분쟁의 시대가 종언을 고하며 세계주의(Globalism)와 지역주의(Regionalism)로 대변되는 경제환경의 변화와 함께 재화·서비스·자본·정보의 매개자인 다국적기업의 역할은 증대되고 있으며 국제경영학은 경영학의 한 분야로서 그 위치를 확

135) ① East India Company, British-1600 ~ 1894 ② East India Company, Dutch-1602 ~ 1798 ③ East India Company, French-1664 ~ 1769.

고하게 차지하게 되었다. 90년대에 들어서면서 러시아·동구·중국·베트남 등 구 사회주의 국가권들에까지 외자유치에 열을 올리며 다국적기업들에 추파를 던지고 있어 국제경영은 말 그대로 전 세계에서 이루어지고 있다고 하겠다.

이상에서 우리는 국제경영에 대한 발달을 살펴보았다. 즉 국제경영이 발달한 역사는 그리 길지 않다고는 할 수 없으나 그 논의가 중심적인 문제로 대두된 것은 세계경제의 경계가 상호간섭을 받기 시작하는 시기, '세계화'가 진전되기 시작하면서 그 의미가 깊어지고 있는 것이다.

첨가하면 최근 국제경영이 성장하는 근본적인 이유는 4가지로 파악할 수 있다.

- 기술의 확장과 빠른 성장
- 무역과 자원의 국경없는 이동에 대한 각 국가의 자유화 정책
- 국제적 거래를 지원하고 용이하게 하는 제도의 개발
- 글로벌 경쟁의 심화

2 다국적기업의 정의

1) 다국적기업의 이해

다국적기업에 대한 연구의 필요성은 가장 기본적으로 다국적기업이 세계경제에 새로운 형태의 기관으로 급속히 출현하여 기존 세계질서에 중대한 영향력을 행사하면서 급격히 증대되어 가고 있다는 데에서 찾아볼 수 있다.

다국적기업은 정치, 경제, 사회문화, 법률적인 면에서 전 세계에 포괄적이면서도 복합적인 영향을 미치고 있다.[136] 그 중 몇 가지 중요한 것만을 예로 든다면 다국적기업은 먼저 투자국과 피 투자국 모두에게 주권문제를 야기시킨다. 또 다국적 기업의 구성단위인 자회사가 외부의 의사결정에 지배를 받는 경우 투자국과 피 투자국의 거시경제정책은 효율성을 잃게 된다. 그 뿐만 아니라 사회 및 경제정책 목표가 달성되지 않는 경우에는 투자국과 피 투자국 모두에서 다국적 기업에 대한 규제문제가 야기될 수 있다.

국내의 자율권에 대한 도전은 피 투자국에서 가장 확실하게 나타나게 되는데, 피 투자국들은 비록 다국적기업이 자국의 자율성을 침해하는 경우도 있지만, 자국 경제가

136) Hood, N. and Youngs, *op. cit*, S., pp. 4~5.

구조적이고 장기적인 문제를 안고 있는 경우 외국인 투자를 유치하여 이를 해결하고자 한다. 투자국도 다국적기업으로부터 영향을 받는다. 즉 투자국은 해외로부터의 이익송금에 따른 이득을 향유할 수도 있고, 반대로 자국 기업의 해외진출에 따른 다른 국가에서의 고용창출로 잠재적인 비용이 발생할 수도 있다.

또, 다국적기업은 국내산업 및 국내은행과 관련하여, 기술과 관리기법을 현지에 이전시키기 때문에 경쟁(비용)을 증대시키기도 하고, 그 반면 현지기업에게 필요한 노동력의 질적 수준을 향상(이익)시켜 주기도 한다. 이 외에 다국적기업은 비록 투자본국의 영향력을 이용하고있다는 비난을 받고 있지만 은행 및 금융기관에 대해 새로운 사업기회를 제공해 주기도 한다.

이와 같이 다국적 기업은 경제성장과 발전에 공헌하면서도 동시에 심각한 규제문제를 야기시키고 있기 때문에 유엔(UN) 및 세계은행과 같은 국제기관들은 다국적 기업에 대한 정책수립에 있어서 난관에 봉착하고 있다.

한편, 다국적기업은 거대한 규모, 세계무역 성장에 대한 지금까지의 공헌, 그리고 과거 30년간의 급속한 성장에서 그 특성을 찾을 수 있는데, 이들은 예전의 어떠한 기관보다도 훨씬 높은 차원에서 자원을 이용하고 동시에 생산물을 유통시키고 있다. 또 다국적 기업은 미시적인 측면에서 공장폐쇄와 실업을 유발하는 범세계적인 합리화 정책을 추구하기도 하고 과세 부담을 줄이기 위해 법인세가 낮은 지역으로 자금을 이동시키는 정책을 구사하기도 한다.

특히 다국적기업은 인간의 행복과 안전에 밀접한 관련을 가지고 있는 식품, 의약, 수송, 군수, 통신산업, 그리고 국가의 부를 창출하고 고용효과가 큰 자본 및 기술집약적인 산업에서 사업활동을 수행하고 있다. 그 뿐만 아니라 다국적기업들은 일국의 안정 및 경제번영, 더 나아가서는 전 인류의 번영과 생존에 관련된 중요한 문제에 대해 의사결정을 내리고 있다. 따라서 이러한 중요한 기관에 대한 연구는 당연한 것이라고 하겠다.

제5장 2절 다국적 기업론의 유형

1 국제적 자원이전론

1950년대부터 1960년대에 걸쳐 다국적기업이 계속 출현하여, 세계경제에 적지 않은 영향을 주기 시작하였다. 이러한 경제현상은 경제학자나 경영학자에게 다국적기업에 대한 연구의 필요성을 인식시켰다. 이들 학자들은 각자의 입장에서 각종의 이론적 접근을 시도했으나 현실적으로 다국적기업의 발전이 급속도로 빨라 이론적 접근이 미흡하였다.

가장 많은 다국적기업을 배출시킨 미국에서, 실제적 입장에서 국제경영에 관한 이론적 접근이 일찍이 시도될 수 있었음은 당연했을 것이다. 이러한 학문 분야의 창시자로는 미국의 경영학자로서, 존 훼어웨더(J. Fayerweather), 리처드 로빈슨(R. D. Robinson), 리처드 훼머(R. Farmer) 등을 들 수 있다.

이 중에서도, 초기에 가장 보편적인 이론적 틀을 전개한 것은 존 훼어웨더라 할 수 있는데, 그는 여러 나라 간의 경영제자원(經營諸資源)에 대한 이전에 다국적기업의 역할을 중시한 최초의 학자라 할 수 있겠다. 그의 자원이전의 기본이념은 전통적 국제경제(무역)론의 연장이라 할 수 있겠고, 그는 경영자원의 개념으로서, 재래의 생산요소(① 토지, ② 자본, ③ 노동)을 확장하여, ④ 기술이나, ⑤ 경영기능(skill), ⑥ 기업가 능력을 포함시킨 것이 특색이라 할 수 있겠다.

여기에서, 전통적 국제무역론에 한마디 언급해 놓으면, 이것은 비교생산비 또는 비교우위의 원리를 기본으로 하고 있는데, 그 시조가 아담 스미스(A. Smith)에 이은 영국의 데이비드 리카도(D. Ricardo)임은 말할 필요도 없다. 이 원리에서는 완전경쟁 하에, 2국 2상품 간이라는 비교가 전제로 되어 있으며, 2국 간의 무역은 이들 2상품의 생산코스트의 절대적 차이에서가 아닌, 상대적 차이에서 발생하여, 생산의 특화(국제분업)가 형성된다는 것이다.

데이비드 리카도

그러나 이러한 완전경쟁이라는 조건설정만 보더라도, 실제로는 그 현실이 거의 불가능하며, 사실 세계경제에서 비교우위에 의한 자유무역은, 극히 불충분하게 실현되고 있지 않다. 다시 말하면, 세계의 경영자원은 무역에 의해서만 그 편재를 교정하고 이것을 원활히 이전하는 것은 곤란하다. 여기에 반해, 다국적기업은 이 자원편재에 의한 수급관계의 핍박에서 비즈니스 기회를 잡을 수 있다. 그 결과로서의 수급관계는 완화되어, 자원이전이 유효하고 동시에 효율적으로 실현된다. 다시 말해, 현실세계에서는 국제분업은 다국적기업 내부에서만 부분적으로나마 실현하는 일이 가능하며, 자원은 최적으로 배분되어, 이것을 가장 잘 이용할 수 있는 것이다.

존 훼어웨더는 이러한 다국적기업의 국제적 자원이전 역할을 제약하는 요인을 다음과 같이 주장하였다.

첫 번째, 상술한 것처럼 여러 나라 간에는 자원배분의 격차가 있어서, 이것이 그 사이의 교류를 결정하는 기본적 요인이 되어 있다는 의미이다. 이 주제는 리카도의 비교우위론을 더욱 근대적으로 발전시킨 소위 헥셔 오린(B. G. Ohlin & E. F. Heckscher)의 모델로 유명하다. 훼어웨더는 이 무역모델을 자원이동 전체의 프로세스에 적용했던 것이다.

예를 들면, 전술의 6가지 경영자원을 선진국 A에 관하여 보면 자본, 기술과 관리기능, 기업가능력은 우위를 갖고 있는데, 발전도상국 B에서는 공업화가 이루어져 있지 않기 때문에 그 나라가 갖은 천연자원과 노동력에 대한 수요는 부족하다. 거기에서 A와 B 간에는 자원교류가 일어난다. 그러나 자원 중에는 이전 불가능한 것(수력), 비교적 곤란한 것(격지간의 노동력)이 있으며, 타자원과 조합하여 이전한다. 전자의 경우 알루미늄 원료가 정련으로 인해, 후자의 경우, 타자원(A의 자본, 기술, 관리기능 등)과 조합되어 공업제품으로서 어느 것이나 B에서 A로 이전되게 된다.

두 번째 요인은 정부의 행동이나 정책이다. 여기에는 간접적 개입과 직접적 개입이 있으며, 전자에서는 정부·금융정책이나 관세 등이 있으며, 후자에서는 수입제한, 외환관리, 출입국관리, 국가안전보장 등이 있다. 다국적기업은 이러한 요인에 어떻게 대응하여 자원이전전략을 전환하는가에 많은 관심을 보여 왔다. 특히 제 2차 대전 후의 정부행동의 패턴으로서는, 공업화정책, 산업보호정책, 국제수지대책을 들 수 있는데, 이들이 자원의 자유스러운 이전을 제어했다.

세 번째 요인은 기업의 성격이나 전략이다. 기업은 상술이 자원격차나 정부의 행동변화에 대응하지 않으면 안되나 그것은 기업의 그 때 그 때의 성격이나 전략에 의존한다. 첫째로 기업은 수출시장의 확보하는 압력을 항상 받는다. 둘째로 기업의 융자, 자산의 운용에 대한 견해는 일반적으로 보수적이다.

훼어웨더는 이와 같이 국제자원이전과 다국적기업의 역할에 대한 일반적 틀을 설정한 후, 다국적기업의 전략결정 상에서 특히 환경을 중시하였다. 즉 다국적기업의 이익과 수입국 국익과의 충돌을 불가피하다고 보고, 여기에 대응하는 기업행동모델로서의 순응(화해)와 혁신(힘)의 어프로치를 시도해보고 있다.

또, 훼어웨더는 기업의 전략결정과 관련하여 두 나라 간 모델을 다수국 간의 모델로 전개하기 위하여 분산·통합 밸런스의 접근을 취하고 있다. 이 밸런스가 어느 쪽으로 기우는가에 의해 전략결정도 좌우된다고 하며, 또 그 기본적 구조도 통합적 구조인가 분산적 구조인가, 어느 쪽이든 영향을 받게 된다고 주장했다.

2 프로덕트 · 라이프사이클(Prcduct Cycle Model)

하버드대학의 레이몬드 버논(R. Vernon)[137]은 프로덕트·라이프 사이클론을[138] 기초로 하여, 아메리카에서의 다국적기업의 발전모델을 만들어낸 점에 특징이 있다. 그의 모델은 실증적으로도 설득력이 있으며, 분석의 틀로서도 유닉크하며, 학계에도 크나큰 영향력을 가졌다. 프로덕트 라이프 싸이클론을 예를 들어 설명하면 다음과 같다.

미국에서, 어느 기술집약산업인 회사(M)이 (X)라는 신제품을 개발하여, 그것(X제품)이 우선 고소득의 국내시장으로 도입되어, 독점이윤을 향유한다고 하자. 그 우위는 계속하여 선진국 A로의 수출에 의해 국제적으로 확대된다. 그러나 다음 단계에서는, (A)국을 위한 제품(X)의 수출이 수입 장벽이나 모방 생산자 등으로 인해 위협에 놓인다. 그와 같은 경우, (M)사는 여기에 대응하여, 같은 시장에서의 우위를 유지하기 위하여, 직접투자를 행하여 (A)국에서 제품의 현지생산에 돌입한다. 이로 인해 미국으로부터의 동제품 수출은 저하되고, 다른 한편으로는, 비교우위가 작용하기 시작한 (A)국에서의 수출이 시작된다. 미국은 결국, 제품(X)에 관한 한 순수입국으로 전락한다. 이 프로세스는 발전도상국(B)에서도 반복된다. (B)국은 비교우위를 취득함과 동시에, (M)사나 다른 회사로부터의 직접투자를 받아들여, 수입국에서 수출국으로 전환한다.

이와 같은 프로세스는 상품의 라이프사이클에도 대응한다. 미국에서 먼저 신제품(X)

137) 1965년에 발족한 하버드 대학 다국적 기업 프로젝트의 리더인 버논의 프로덕트 싸이클 모델은 이 프로젝트의 이론적 기초였을 뿐만 아니라 미국 국내는 물론 세계 각국의 다국적 기업 연구에도 커다란 영향을 미쳤다.

138) 프로덕트 싸이클 모델은 한 제품의 수명을 (a) 도입기, (b) 성숙기, (c) 표준화기의 세 단계로 나누어 생각한다. 그리고 이러한 한 제품의 수명을 미국기업의 해외진출과 결부시킨 데에 프로덕트 싸이클 모델의 의의가 있다.

가 도입된다. 그 상품은 성숙기를 맞을 무렵에는 (A)국에서 비교우위가 작용하기 시작한다. 다음으로 (B)국에 이 우위가 옮겨갈 때에는 상품은 완전히 보급하여, 표준화기에 달한다. 사이클은 이 3단계를 경유하면서, 미국 → 다른 선진국 → 발전도상국으로, 수출-현지생산의 전환에 의해 이어져간다. 바꾸어 말하면, 이 과정을 글로벌로 반복하면서, A사는 그 다국적화를 추진하여 제품(X)로부터의 이익을 마지막 단계까지 추구해 간다.

여기에서 중요한 것은, 신제품(X)의 생산이 먼저 아메리카에서 시작되는 점일 것이다. 버논은 이 프로덕트 라이프사이클 모델의 가설로서, 다음의 전제조건을 들고 있다. ① 교육수준은 높은데 노동자의 숙련도가 낮은 점, ② 1인당 국민소득이 높은 점, 제 3은 원료자원 또는 자본이 윤택한 점, 이러한 조건을 갖춘 시장에서는 고소득에 맞는 자본집약·기술집약제품 수요가 일어날 것이다.

그러나 왜 이 상품생산으로의 특화가 일어나는가는 좀 더 설명을 요한다. 그러기에는 먼저 미국 등 다른 선진국-유럽과 일본-에서 산업기술기반의 상위에서 보지 않으면 안된다. 아메리카에서는 일반적으로 숙련노동력의 부족에서 노동절약을 기반으로 하여 대량생산기술이 발달했는데, 여기에 반해 일본이나 유럽에서는 산업기술은 재료절약적이며, 궁극적으로는 숙련노동에 의존하는 면이 강했다. 여기에서 귀결하는 바는 미국산업의 과학·기술-특히 제품기술-에서 우위이었다.

그럼에도 불구하고, 기술집약제품의 생산이 왜 미국에서 일어나는가, 비교우위라는 점에서는 유럽에서 생산이 시작되어도 좋지 않은가? 이 질문에는 다음과 같은 설명이 주어진다.

첫째, 기술집약제품의 도입기에는 코스트의 우위보다도 기술우위가 앞선다. 이러한 신제품 도입기의 특색으로서 수요의 가격탄력성은 낮은 것이 보통이다. 예를 들면, 1920년대 초기의 라디오 환은, 1970년의 소비자보다도 라디오 가격에는 크게 관심을 기울이지 않았을 것이다.

둘째, 신제품의 도입기에는 그 시장이 극히 불확정함을 들 수 있다. 무엇보다도 시장에 대한 정보를 신속히 용이하게 포착하는 것이 필요하다. 그것이 가능한 것은 전술의 전제조건을 충족하고 있는 미국시장에 관해서는 당연히 미국의 생산자뿐이라는 것이 된다.

이와 같이 하여 신제품생산이 맨 처음 미국에서 특화하는데, 라이프사이클의 표준화기에 들어서면, 도입기와는 시장성질이 완전히 달라진다. ① 기술은 숙지되어, 시장도 불확정이 아니게 되며, 그 규모는 예상할 수 있다. 그 결과, 생산자 측에서는 양산과 시술정착에 의해, 코스트는 저하한다. ② 제품 X의 시장확대와 더불어, 가격탄압성은 증대한다. 따라서 진입장벽이 낮아지면 동시에 가격경쟁이 격화한다. 이 단계에서는 이미 완전히 비교우위원칙이 작용하게 되어 있다.

미국의 M사는 이미 기술우위를 상실하나, 마케팅이나 경영관리능력을 발휘하여 재래의 경쟁상의 우위를 확보하려고 한다. 그것도 할 수 없게 되면, 또다시 비교우위를 찾아, 좀 더 생산비가 낮은 곳으로 진출을 꾀한다. 그러나 궁극적으로는 상품의 라이프사이클은 종말을 고하기 때문에 그들은 신제품을 다시 개발하는 것에 의해 재순환으로 향하지 않을 수 없다.

그림 5-1 제품 수명 주기

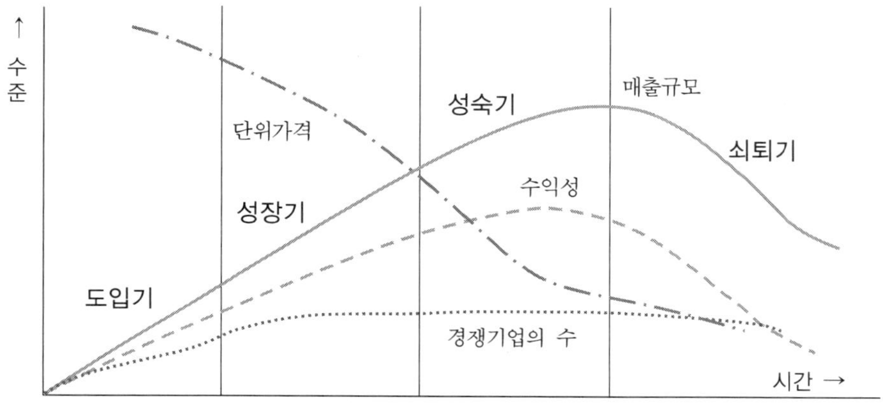

3 생산조직론적 접근

국제경제론에서는 기업의 다국적화 현상을 두 나라 간(복수국 간)의「자본이동」으로서 받아들이려 한다. 그러나 찰즈 킨들버거(C.P. Kindle berger)에 의하면 그것은「단순한 자본이동 이상의 것」이며, 다국적화의 수단인 직접투자는 국제자본 이동론보다도 산업 조직론에 속한다는 입장에 서서 대외직접 투자를 하는 기업은 투자선에 있어서의 기존 기업 또는 잠재적 경쟁기업에 대해서 우위를 갖고 있어야만 한다고 주장한다.

다시 말해서 ① 직접투자는 공사채나 증권투자 등의 경우와 같이, 단순하게 이자율에 의해 이동하는 것은 아닌 것이다. ② 같은 자본이동이라도 직접투자에는 지배가 따르며, 모든 경영자원을 포함하는 것이라는 사실이다. 따라서 다국적기업의 성격은 기본적으로는 이 간접투자의 성질과 깊이 관련되어 있음을 알 수 있다. 그러나 어떻든 기업이 국경을 넘어, 국내보다 훨씬 리스크가 많은 시장에 직접투자에 의해 진출을 꾀하는데는 경영자에게 있어서 상당한 각오가 필요하다.

킨들버거도 서술하고 있듯이 「…국내보다 외국이 코스트가 낮다는 사실만으로는 충분한 이유가 되지 않는다. 본래, 외국의 투자가보다도 우위를 갖고 있는 현지의 기업가가, 왜 그 곳에서 생산을 하지 않는가라는 이유가 명백해야 한다. 이와 같은 사실은, 직접투자를 행하기 이전에, 해외투자를 행하는 외국인 측에, 현지 기업가가 지닌 우위성을 상쇄하는 이상의 것이 없으면 안 되기」 때문이다.

킨들버거에 의하면 직접 투자를 유발하는 독점 우위(monopolistic advantage)로서 다음의 네 가지를 들고 있다.

(1) 제품시장에서 완전경쟁으로부터의 괴리 … 예를 들면, 제품차별화, 마케팅능력, 재판가격유지, 관리가격 등
(2) 요소시장에서 완전경쟁으로부터의 괴리 … 특허시술 또는 비공개기술의 존재, 자본조달에서의 차별, 기업조직에 투입된 경영자 능력의 차이
(3) 규모의 내부경제 및 외부경제가 존재하는 것. 전자는 수평적, 후자는 수직적 통합에 의해 그 이익이 얻어진다.
(4) 직접투자의 일반적 외부요인으로서는, 현지 정부에 의한 생산 또는 침입규제-관세장벽, 수입제한, 국산 장려책 등이며 이것도 외국 다국적기업의 위협에 대한 대항조치로 볼 수 있겠다.

이들 점에서 제일 중요한 것은 일반적으로 간접투자가 완전경쟁이 성립하고 있는 세계에서는 존재하지 않는다고 간주되고 있다는 사실이다. 만약에 완전경쟁이 행해지고 있다고 하면 국내기업의 외국기업에 대한 우위는 명백하며 후자는 투자보다 수출을 선택할 것이다. 역으로 말하면 불완전 경쟁 즉 과점(寡占)적 경쟁이기 위해서 직접투자가 행해지는 것이다. 또 규모의 내부경제는 독점과 연결되며, 수평적 통합이 되나 다른 한편 규모의 외부경제는 수직적 통합을 초래하는 것임에 주의를 기울여야 한다.

다국적기업의 발전이 과점적 시장과 결부되어 있는 사실에 대하여 서술해 왔는데 그렇기 때문에 언급해 놓지 않으면 안 되는 것은 전술한 그 경쟁 저지적 효과에 대해서이다. 기업은 항상 그 성장과정에서 경쟁에 의한 불안전성으로부터 도피하기 위하여 안정적 시장의 강화를 찾고 있다. 다국적기업 자체의 발전도, 어느 의미에서는 그 반복에서 생겨나는 것이라 말할 수 있다. 그러나 다국적기업의 경우에는 일면에서 경쟁 촉진적이며, 다른 면에서 경쟁 저지적인 성격을 갖고 있으므로, 옛날의 국제 카르텔과는 다른 측면을 갖고 있다.

1930년대 당시의 다국적기업은, 예를 들면, 듀퐁과 I C I의 경우와 같이, 떳떳하게 국제카르텔을 결성했다. 그 때문에 세계시장은 지리적으로 두 회사에 의해 분단되었다. 그러나 이러한 카르텔 때문에 생산은 삭감되고 가격은 인상되어 그 결과, 전체로서 세계경제

는 침체의 늪에 빠지게 되었다. 그러나 제2차 대전 후는 국제카르텔은 적어도 표면적으로는 모습을 감추어갔다. 카르텔에 의한 시장분할은 사실상 붕괴하고 전시·전후를 통하여 강대한 힘을 유지할 수 있었던 아메리카의 다국적기업은 특히 유럽이나 일본에서 국경을 넘어 그 지위를 확대할 수 있었다.

또 국제카르텔의 붕괴로 상실된 안정을 회복하기 위해, 구카르텔을 중심으로 기업은, 무턱대고 원료공급원을 확보하려고 하고, 안정된 고객을 찾아 세계시장으로 진출해 갔다. 특히 다른 방법으로 안정을 찾아 다국적화 하는 기업이 있었다. 그 방법에는, ① 대기업간의 국제적 제휴관계의 추진, ② 소위 타사추수(他社追随), 밴드 왜건형 해외진출, ③ 상호상승형의 해외진출 등을 들 수 있다.

총괄하여 말하면, 이처럼 국내 과점(寡占)기업은 경쟁에 의한 불안정성 혹은 외국의 라이벌로부터의 위협에 대응하기 위해 다국적화 하게 되었고 이로 인해 세계시장은 戰前에 비해 보다 경쟁적으로 변하게 되었다. 또 일본이나 유럽의 대기업도 진입장벽을 뛰어넘어 해외시장으로 발전했다. 또, 그들의 다각화전략도 신 시장으로의 진입을 용이하게 했다. 그러나 다국적기업은 스스로 국내과점을 흔들었으며, 세계시장으로 경쟁을 가져갔는데 금후 안정화를 위하여 국제적 과점으로 추진할 방향에 있음은 부정할 수 없다.

4 정치경제학적 다국적기업론

다국적기업의 직접투자에 대하여 생각할 경우 제2차 대전에서 1960년대 말까지의 미소냉전 하에서, 미국이 주도권을 장악한 소위 「팩스 아메리카」가 구축되어 있었다는 세계적 상황을 염두에 둘 필요가 있다. 미국의 국제정치학자 로버트 길핀(R. Gilpin)에 의하면, 이와 같은 상호의존적 국제경제 시스템이란 일종의 계층적 구조이며, 지배적 「중추」(core)와 종속적 「주변」(periphery)으로 구성된다. 「중추」는 규모나 기술우위에 의해 「주변」에서 엄하게 구별되는데, 동시에 그것은 세계경제에서 3가지 역할을 수행한다.

첫 번째는 국제은행의 역할, 두 번째는 국제무역 메카니즘의 발전을 촉진하는 역할이다. 이러한 역할을 해내기 위해, 「중추」는 힘 행사에 의하든가, 성장이라는 은혜에 의하든가, 「주변」에 대해 일정한 룰을 고수하게 한다.

19세기에 영국은 당시의 국제시스템의 「중추」이며, 자유무역제도의 룰이 성립되었다. 광대한 대영제국의 「주변」에 대해서는, 소위 팩스 브리타니카를 형성하여, 2세기의 장기간을 군림할 수가 있었다.

여기에 반해 제 2차 대전 후는 브레튼우즈 체제를 배경으로, 미국이 「중추」가 되었다. 이 경우 특히 지적되는 것은 달러의 국제적 역할에 따라 다국적기업이 미국의 세계적 주도권을 지탱해 왔다는 사실이다. 유럽도 일본도 미국의 「중추」에 대해 「주변」을 형성하고, 그 주도권 하에 놓였다.

그러나 1960년대 후반이 되어, 이러한 「중추」의 지배적 지위와, 「주변」과의 사이에 결부되어 있던 상호의존적 국제관계에 중대한 구조적 변화가 일어났다. 길핀의 중추·주변모델에서는, 그 변동에 결정적인 영향을 미치는 기업의 해외투자(다국적기업)의 역할이 중시된다. 구조적 변화는, 「중추」의 「힘의 상징」이었던 해외투자에 의해, 「중추」에서 「주변」으로의 경제 및 산업활동 입지에 있어서 연이은 이동에 강하게 반영되기 시작했다. 바꾸어 말하면 미국은 다국적기업을 통하여 자본적·기술적·경영적 지배를 유지해가면서도, 자원산업이나 제조업은 그 중심을 「주변」 (특히 유럽이나 일본)으로 이동하고 있다.

이제까지 「중추」(미국)에 부와 권력의 집약을 가져오는데 있어서, 중심적 역할을 한 다국적기업은, 역으로 「주변」(유럽이나 일본)을 대상으로 그것들의 재분배를 서두르고 있다. 다국적기업은 지금 특히 미국의 경제적 지위를 지탱하고 있다고는 하나, 그것은 동시에 부의 주변(유럽, 일본)으로의 확산을 통하여, 한층 더 그 상대적 쇠퇴과정을 촉진하는 작용을 하고 있다. 길핀(R. Gilpin)은 이 구조적 변화의 「분기점」(cross-over)을 1960년대 중반으로 보고 있다. 사실 미국의 다국적기업의 해외 자회사 설립 수의 절정은 1968년이며, 그 후는 감소로 바뀌어 있다.

이와 같은 정치·경제적 적용과 다국적기업의 역할에 이어, 길핀은 미국의 해외직접투자의 문제점을 다음과 같이 지적하고 있다.

첫째로, 해외투자에 의존하게 되면 국내경제의 성장은 둔화하고 타국의 번영에 의지하게 된다. 더구나 해외투자에 의해 귀중한 경영자원을 해외로 반출하여, 타국의 경제력을 강화하나, 국내는 그것에 의해 점점 성장력을 상실한다.

둘째로, 해외투자에 의해 다국적기업의 해외로의 관계가 증가하면 증가할수록, IT T의 칠레정부전복사건, 가까이는 일본의 록히드 사건 등의 분쟁을 일으켜 미국의 외교적 입장이 불리해진다.

셋째로, 해외수익은 노동자에게는 불리한 수득분배를 생기게 하기 때문에 사회대립으로 나아가기 쉽다.

넷째로, 해외투자는 과점체제를 강화한다. 끝으로 국내투자기회가 소홀하게 되어, 국내경제의 재생화가 불가능해진다.

이와 같은 이유에서 길핀은 최선의 해결책으로서는 해외투자보다도 무역과 국내투자에 의한 경제재생화를 중시한다. 그러나 그는 다국적기업을 완전히 부정하려는 것은 아니다. 그 점은 그의 저서[139]의 마지막에 다음과 같이 결론짓고 있다.

「가벼워졌다고는 하나, 다국적기업이 그 역할을 탐구하지 않으면 안 되는 것은, 격심한 경제적 대립의 탈 팩스 아메리카나적 세계 안에 있어서이다. 그와 같은 세계에서는 미국의 다국적기업은, 영국의 동인도회사의 운명에 조우하는 것을 피하려고 하는 것이라면 더할 나위 없이 예민하고 신속하지 않으면 안 될 것이다.」

5 반(反)다국적기업의 계보

다국적기업을 둘러싼 다양한 국제환경의 변화 안에서, 대두해온 반(反)다국적기업이라고 할 새로운 움직임은 주목할 만하다. 그것은 ① 발전도상국으로부터의 「신국제경제질서」(NIEO)의 요구이며, ② 선진국을 중심으로 한 경제블록의 가능성이다. 그 어느 것이나 다국적기업과 깊이 관련이 있으며, 그 배경으로서 반(反)다국적기업의 두 조류가 반영되어 있다.

앞에서 전술한 바와 같이 버논의 프로덕트 라이프사이클 모델은 제조업-특히 기술지향산업-에 있어서 과점적 아메리카기업이 1950년대 후반부터 60년대에 걸쳐 다국적기업으로 발전한 과정을, 매우 설득적으로 해명한 것이었다.

버논의 모델에 의존하지 않고 일반적으로 다국적기업은 그 경영자원의 해외로의 이전은 세계복지에 공헌하고 세계생산 및 무역확대에 기여하는 것으로 보여지고 있다. 다국적기업과 내셔널리즘의 대립은 불가피하면서도, 그 대립국면은 축소할 수 있으며, 해결로의 방향이 없는 것은 아니다. 예를 들면, 정치적 비합리성이 일시 지배하는 일이 있어도, 결국 경제적 합리성이 승리를 거두게 되기 때문이다. 더구나 세계경제가 점점 더 상호의존관계를 강화하여, 국경이 갖는 의미가 약화됨에 따라 다국적기업도 더욱 고차원적인 단계로 발전하고 실로 초국가적 조직체로 이행하는 일이 예상된다.

그러나 1970년대에 들어서자, 버논 모델이 의거하고 있던 세계경제의 상호의존관계에 균열이 생기기 시작하고, 다른 한편에서는 제 3세계를 중심으로 내셔널리즘이 불을 품어내기 시작했다. 버논 모델에 대해서도 비판이 높아짐과 함께 반(反)자국적기업의 기운이

139) Robert, Gilpin, U.S Power and the Multinational Corporation: The Political Economy of Foreign Direct Investment, Basic Books, 1975.

강해졌다.

여기에서는 반다국적기업 사상의 한편의 조류로서 반제국주의적 입장에 대하여 개관해 두겠다. 이론적 계보는 달리하나, 같은 반제국주의의 입장에 선 것으로서, 마르크스주의와 함께 「디펜덴시아」 모델이 중복된 흐름이 있으며, 특히 스티븐 하이머(S. H. Hymer)의 국제과점론은 무시되어서는 안 된다.

먼저, 마르크스주의적 입장은 주로 레닌의 『제국주의』[140]에 의거한 것으로, 이것에 의하면 자본주의는 이윤율의 저하를 피하지 못하고, 그 결과 발생한 괴리자본은 해외에 초과이윤을 찾아 자본수출 된다. 이 경우에 다국적기업은 제국주의의 담당자로서 등장하므로, 그것은 식민지(발전도상국)의 수탈과 그 체제의 유지·확대를 조장한다.

여기에 반해 종속이론에서는 다국적기업은 그 기업구조에서 계층제도를 국제사회로 끌어 들여 발전도상국을 그 종속적 입장으로 몰아넣어, 이것을 영속화한다. 또, 경영자원의 완전한 패키지를 발전도상국에 끌어들이기 때문에 현지에 대한 기여는 보완적으로는 되지 않고, 오히려 현지기업이나 그 경영자원에 대해서는 적대적이 된다. 그 때문에 현지 기업가계급형성으로의 길은 막히어, 민족 부르조아 계급의 주요한 부분은 민간의 초국가적 테크놀러트로 바꾸어지고 있으며, 민족적 지배계급 역할로서의 정당성을 상실해 버린다.

이러한 사회계급의 분해는, 민족적 지배계급 뿐만이 아니라, 인텔리전트나 테크노스트럭처를 포함한 중간계급의 확대를 제약하고, 저해하게 되며, 노동계급 안에서도 특권층과 비특권층을 만들어내어, 노동운동을 곤란하게 한다. 여기에 가산하여 중간계급도 사회분야의 영향을 받아. 욕구불만에 빠진 중간 저위층을 만들어내어 분해한다. 거기에 대량의 실업 노동자군이 가세하여 사회적 불만을 급속히 증폭시킨다. 이리하여 다국적기업은 발전도상국을 경제적으로 종속시킬 뿐만이 아니라 현지사회를 분해시켜, 정치적 모순을 증대시킨다.

마지막으로 반(反)다국적기업이라는 점에서는, 하이머의 이름을 빼놓을 수 없다. 하이머의 다국적기업비판은 원래 킨들버거의 과점이론에서 나왔는데, 후에 가장 급진적인 입장으로 나아가, 마르크스주의나 종속 모델과 혼합하여 특이한 존재가 되었다. 그는 챈들러(A. D. Chandler, Jr.)가 그의 저서 『경영전략과 조직』[141]에 전개한 대기업내의 조직구조 안에서 지배와 종속관계를 언급하여, 이것을 글로벌한 다국적기업체제로 확대하고 있다.

따라서 챈들러에 있어서 사업부제의 계층별조직구조-최고경영자, 본사스태프, 현업부

140) 宇高基輔역, 『帝國主義』, 岩波文庫, 1956.
141) 三菱경제연구소역, 『경영전략と 조직』, 失業之日本社, 1964.

문-은 하이머에 의해 다국적기업의 본국에서의 본사 대 해외자외사의 관계로 옮겨가게 된다. 사업부제의 계층별조직구조에서는 위에서 아래로의 지휘명령계통과, 아래에서 위로의 정보집중화의 흐름과가, 조직의 커뮤니케이션의 계통을 통하여, 종단적으로 이어진다. 그러나 사업부제에서 전사(全社)적 관점에 설 수 있는 것은 한 주먹의 최고경영층에 있어서 만이며, 전략적 의사결정은 여기에 집중한다. 본사에 있는 스텝은 직능별로는 전사적 관점에 설 수 있으나, 그 직무는 주로 최고경영자의 전략적 의사결정에 대해 정보와 아이디어를 제공하는 쪽으로 추진된다. 다른 한편, 현업부문인 각 사업부는 분권적·자립적으로 배치되나, 수평적인 커뮤니케이션의 흐름은 존재하지 않는다.

따라서 이 구조를 글로벌하게 확대하면, 다국적기업의 본사는 뉴욕이든가, 런던이든가 도쿄-모스크바나 베이징 등까지 포함하여- 등의 세계적 정보조직센터에 집중하는데 해외조직의 말단인 회사는, 그 동안의 수평적인 커뮤니케이션이 분단된 채로 규정된다. 이 사실은 톱의 지배를 강화하여, 말단조직의 종속적 관계를 촉진하게 된다. 이 2등변3각형의 정점에 위치하는 다국적기업은 그 저변에 있는 해외자회사를 통하여, 제 3세계제국을 종속적 지위로 떨어뜨리게 된다.

이러한 다국적기업모델에서, 하이머는 대기업의 상호개입에 의한 국제적 과점화로의 길을 암시하여 다음과 같이 기술하고 있다.

「유럽인이 미국기업의 주식을 사게(혹은 반대로 미국인이 유럽기업의 주식을 사게)됨에 따라, 자본시장의 통합화가 촉진됨에 따라 북대서양지역에서의 대기업간에는, 국가주의적인 적대관계보다도, 오히려 공통의 이해를 갖는 입장으로 특징지어지는 새로운 체제가 대두하려하고 있다」「구 제국주의의 경우와 같이 세계를 몇 개의 이권영역으로 분해하는 대신에 다국적기업은 바야흐로 서로 시장에 투입하여 상호의존관계를 인식하고 공공연하게 혹은 암암리에 결탁하여 전 세계적 규모로 공통목표를 달성하려고 하고 있다」[142].

또한 다국적기업의 후진국의 심층적 침투를 정치적 제국주의(Political Imperialisn) 뿐만 아니라 커뮤니케이션 매체를 지배하는 커뮤니케이션 제국주의(Communication Imperialisn) 그리고 가장 광범위하게 영향을 미치는 언어의식에서의 사회화 과정을 지배하는 문화적 제국주의(Culturalism Imperialisn)로 이루어지고 있다[143]고 한다.

142) 宮崎義一편역, 『다국적기업론 』, 岩波書店, 1979.

143) Senghass Dieter, Peace Research and the Third World, Bulletin of Peace Proposals, 1974, 염홍철, 다시 읽는 종속이론, 한울아카데미, 2003, p.74.

Memo

6

CHAPTER

국제 기업 환경

1 2 3 4 5 **6** 7 8 9 10 11 12 13 14 15 16

제6장 1절 글로벌 기업환경

1 글로벌 기업환경의 의의

국제경영이란 구체적 기업목적을 달성하기 위하여 적게는 2개국에서 많게는 200개국 정도의 국경을 넘나들면서 수행하는 모든 형태의 상거래와 기업활동을 말할 수 있다. 국경을 초월하여 비즈니스를 하는 특정 기업의 입장에서(통제 가능한 기업내부환경보다는) 근본적으로 통제 불가능한 기업외부환경(Uncontrollable External Environment)을 말한다.[144]

여기에서 말하는 통제 불가능한 기업 외부의 글로벌기업환경이란 글로벌시장, 지역시장, 국가시장 등 3개 차원의 경제, 정치, 법률, 사회문화(언어, 미학, 종교, 태도와 가치관, 사회기구), 역사, 경제지리 등의 요소들이 포함된다.

일반적으로 기업이 국내에서의 생산 및 판매 활동을 벗어나 해외로 그 활동 무대를 넓힐 때 국내경영활동과 달리 취급되어야 한다. 왜냐하면 국제경영이 이루어지는 무대,

144) 반병길, 단일 글로벌시장 시대의 국제경영(제 4판), 박영사, 1998.

즉 국제환경이 국내환경과는 본질적으로 다르기 때문이다. <그림 6-1>은 글로벌 기업의 환경요소를 나타낸 것이다.

그림 6-1 글로벌 기업의 환경요소

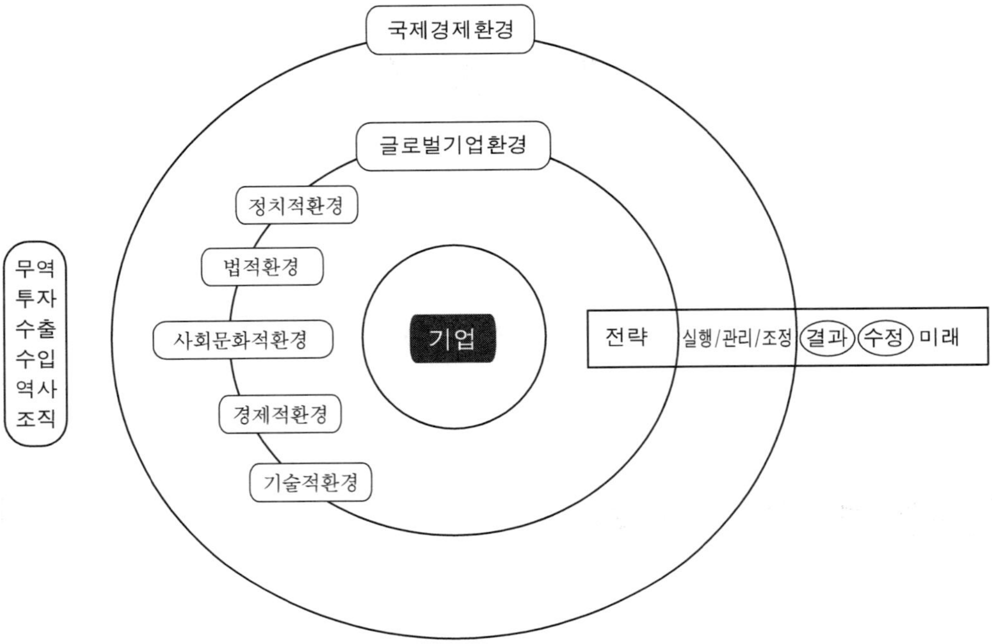

기업들이 통제 불능한 국제 비즈니스 환경요소들을 계속 주시하고 분석, 파악하여 글로벌기업활동에 반영시키고 또한 활용해야 하는 이유는 국제 비즈니스의 기회, 리스크를 야기시키는 환경적 이질성이 존재하기 때문이다. 또한 국제 비즈니스 관리에 반영되고 해외시장별 진입, 침투전략 결정에 이러한 환경요인들이 반영되기 때문이다. 그리고 해외 비즈니스 환경 속에서 운영하는 글로벌기업들은, 현지 입장에서는 외국계통이다. 기업은 현지 비즈니스 활동의 모든 측면에서 특별한 적응을 강요당할 수도 있으며, 그렇지 않더라도 솔선하여 현지적응을 할 필요가 있기 때문이다.

2 국내환경과 국제환경의 차이점

국제경영은 국경선을 넘는 경영활동과 2개국 이상에서 벌어지는 경영활동으로 정의할 수 있다. 따라서 국제환경도 크게 국경선을 넘어가는 과정에서 나타나는 환경요소와 해외 현지에서 나타나는 환경요소로 나누어 볼 수 있다. 예컨대 상품·인력·기술·자본 등을 국가 간에 이동시킬 때 나타나는 국경선상의 또는 국제적인 제약은 전자에 속하는 환경요소라 할 수 있고, 언어·풍습·법률·화폐 등 현지국가에 존재하는 특수한 시장 환경은 후자에 속하는 환경요소라 할 수 있다.

제6장 2절 국경선상의 환경요소

기업이 한 나라에서 다른 나라로 경영활동을 전개하는 과정에서 경영자는 1개국 내에서 당면하는 여건과는 본질적으로 다른 다음과 같은 여러 가지 문제에 부딪히게 된다.

1 수송문제

국내경영의 경우 우리나라를 포함하여 영토가 그리 크지 않은 대부분의 국가는 본사와 자사 간의 연락이나 생산지와 판매지 사이의 수송이 1일 내에 이루어지며, 미국이나 러시아 같이 영토가 광활한 나라에서도 항공편은 1일내, 철도, 도로 등의 육상운송은 대부분 1주일 이내에 이루어진다. 그러나 국제경영의 경우, 이들 간에 존재하는 거리적 분리는 몇 일에서 2~3개월에 이르는 상당한 시간과 비용을 소모시켜 경영활동의 효율성을 저하시키는 원인이 된다.

2 외환거래상의 위험

경영요소의 하나인 자본이 국경을 넘어갈 때 대부분의 경우에는 두 가지 이상의 상이한 화폐가 개입되는 까닭에 외국화폐의 교환, 즉 외환의 문제를 야기시킨다. 외환은 외환수수료를 지불해야 된다는 부담도 있으나, 그보다도 화폐가치의 변동에 따르는 환위험(Foreign exchange risk)을 발생시킨다는 점에서 국제경영상의 중요한 문제가 되고 있다. 즉, 자국의 화폐가 상대적으로 평가절하 되는 경우, 그 화폐를 다른 나라의 화폐와 바꿔야하는 기업은 상당한 환차 손실을 입게 되므로 경영자는 이러한 위험을 줄이기 위한 노력을 하여야 하는 것이다.

3 경영상의 특수성

국가 간의 거래 및 경영활동에는 국내에서 사용되지 않는 특별한 방법 및 절차로 실무가 이루어지며 특수한 경영문제가 등장한다. 예컨대 신용장, 영사송장, 원산지 증명 등의 서류는 국제 간의 교역에서만 이용되는 실무적 수단이며, 전술한 외환문제에 관련된 제반업무나 국제이전가격 결정 등에 관한 의사결정도 국제경영에서만 나타나는 문제이다.

4 이동의 제약

지난 여러 세기에 걸친 국제교류의 커다란 흐름은 국경선이 점차 낮아지고 교류되는 상품의 물량이 증가하는 경향이었다. 그러나 아직까지도 국가 사이에 존재하는 국경선은 상품, 화폐 등은 물론 경영자 자신의 이동까지도 법적으로 제약하고 있는 엄연한 장벽으로 존재하고 있다. 더구나 1970년대 이후의 세계적인 불황과 함께 경영요소의 자유로운 국제이전을 제약하는 신 보호무역주의의 물결은 국제경영활동을 더욱 어렵게 만들고 있다.

제6장 3절 현지국 내의 환경요소

기업이 해외로 진출하여 일단 현지에 자리를 잡고 그 안에서 경영활동을 전개하게 되었다면, 경영자는 앞에서 열거한 국경선상의 환경요소를 어느 정도 극복한 셈이 된다. 그러나 현지의 시장환경은 그 경영자가 친숙해 있던 본국의 시장환경과 비교할 때 다음과 같은 몇 가지 면에서 근본적으로 다른 속성을 갖고 있으며, 경영자가 이것을 이해하지 못하는 한 현지에서의 경영활동은 숱한 난관에 봉착하게 될 것이다.

1 정치적 환경

기업이 국제화되면서 국내와는 상이한 정치적 환경에 접하게 되는데, 정치적 사건들이 기업의 국제경영활동에 영향을 미칠 때, 통상 이를 정치적 위험이라 한다. 이러한 정치적 위험으로 인해 기업은 재산상의 손실을 입을 수 있는데, 심한 경우에는 재산을 몰수당하거나 또는 기업이 현지국으로부터 완전히 철수해야 하는 경우도 있다.[145] 국제기업이 당면하는 정치적 환경은 다양하다.

오늘날 세계에서 의사결정과 행위의 주체가 되는 기본단위는 국가이다. 또한 정부는 대내적으로 국민을 통치하고 대외적으로 국가의 주권을 대표하는 최고 기관이다. 따라서 정부는 국가와 국민의 이익(National Interest)을 보호하기 위하여 타국 또는 타국민에 대하여 일정한 견제 및 제약이 되는 조치를 취하게 된다. 현지에 진출한 국제기업의 경영자는 현지 정부와 이해관계가 여러 가지 면에서 상충되고, 이에 따라 직접·간접으로 많은 압력을 받게 되는데, 이러한 차별적 조치는 현지에서의 경영 활동에서 국제기업경영자를 현지경영자보다 불리한 위치에 서게 만드는 것이 보통이다.

145) 정치적 위험은 국가위험(Country Risk) 개념과는 상이하다. 이른바 국가위험은 현지국에 행해진 투자나 공여된 차관 등 재무자산에 대하여 그 나라의 정치적·사회적 및 경제적 여건에서 발생하는 채권 또는 투자회수상의 위험을 총칭하는 개념으로 주로 외국투자를 하는 은행의 투자위험을 의미한다. 그러므로 정치적 위험과 국가위험은 투자주체, 노출되는 자산의 내용, 노출기간, 손실의 형태, 위험회피방안 측면에서 상이하다.

나라에 따라서는 수입과 외국의 투자에 대한 정치·법률적 환경이 저마다 다르다. 이에 영향을 미치는 요인으로는 다음과 같다.

▶ 정치적 불안정성

국제기업은 현지국의 정치정세뿐만 아니라 앞으로의 정치적 안정성도 고려하여야 한다. 나라에 따라서는 정부가 손바닥 뒤집듯이 극단적인 정책변경을 하기도 하며, 정부의 변혁이 없더라도 정권을 누가 쥐느냐에 따라 새로운 대중의 요구에 반응을 보이고자 정책을 바꾸기도 한다. 극단적으로는 외국기업의 재산을 몰수함은 물론 보유통화를 동결하거나 수입할당을 요구하거나 새로이 과세를 하기 때문이다.[146)]

▶ 통화규제

원칙적으로 판매자는 자신들에게 가치가 있는 통화로 거래를 함으로써 이익을 얻으려 한다. 그러나 경우에 따라 외국정부는 그와 같은 통화로 거래하는 것을 제한 내지 금지하는 경우가 있는데 이것이 통화규제이다.

▶ 정부관료

진출국의 정부가 능률적으로 외국기업지원, 관세처리 및 시장정보체제 등을 어느 정도 정비하여 운용하고 있느냐 하는 것도 큰 영향을 미친다. 사실상 여러 가지 무역장벽요인이 있다고 하더라도 관리에게 뇌물(Bribe)과 같은 것을 주기만 하면 장애가 제거되는 것과 같은 비합리적인 정부 관료들의 행위도 문제가 된다. 이는 국제공정거래질서를 해치는 요인이다.

▶ 정치적 불안정성과 강제적 몰수

현지 정부는 보상 없이 기업의 재산을 몰수(confiscation)할 경우가 있는데, 이는 재산수용(expropriation)과 국유화(nationalization)의 2가지로 나누어진다. 재산수용은 일반적으로 한 기업의 재산을 강제로 징수하는 것을 말하고 국유화는 전체산업을 강제로 징수하여 처분하는 행위를 말한다.

이러한 행위는 여러 가지 이유로 정부에 의해 나타나는 것으로 각국 정부의 정체에 의해 취득(acquisition)과 특별재산의 조정으로 구분한다.

146) 그러나 한 가지 유의해야 할 것은 단순히 특정국가가 정치적으로 불안정하다든가, 정치적 변화가 자주 일어난다고 해서 모두 정치적 위험이 되는 것이 아니라, 기업 또는 특정산업과 관련하여 그 수익성이나 영업활동에 영향을 미칠 때 정치적 위험이 된다.

2 법률적 환경

현 사회의 제관계를 규정하는 규범으로서 법률환경은 그 사회에 속한 주체들의 활동을 규율한다. 기업활동이 국제적으로 확대됨에 따라, 기업은 국제적인 법률환경에 노출되며, 이러한 국제법률환경은 기업활동을 직접적으로 통제할 수 있는 근거가 된다. 국제경영활동이 대규모화되고 고도화 될수록 국제법률환경이 기업활동에 미치는 영향력은 커지게 되며 현지국의 법률체계를 이해하지 못하고 국제기업활동과 관련된 의사결정을 내린다는 것은 마치 눈을 감고 운전하는 것처럼 위험하고 무모한 일이라 할 수 있다.

국제거래는 거래당사자가 서로 다른 국가에 소재하기 때문에 거래관계에 적용될 법을 어떻게 결정할 것인가 하는 것은 매우 중요한 문제이다. 국제거래의 발생과 더불어 당면하게 되는 국제거래에 대한 법률환경 특성은 현지국에 국한된(nation specific) 것과 국제거래에 일반적인 것으로 구분할 수 있는데 현지국에 국한된 제도라는 것도 전체적인 구조는 국제적인 틀을 유지하면서 그 내용과 제도운영에 있어서 국가 간에 이질적인 특성을 반영하는 성격을 지닌다.

▶ 현지국의 법률 환경

먼저, 현지국에 국한된 것으로는 현지국의 일반적인 기업활동에 대한 규제 및 법적 체계 등이 있는데, 기업일반에 대해 규정하는 상법, 특정사업에 관한 사업법, 경쟁정책과 관련한 공정거래 및 독점금지에 관한 법 등이 여기에 속한다. 이 외에도 기업의 국제거래와 관련한 무역, 외환, 관세 및 조세, 투자 등과 관련된 제반 법규가 있다. 무역과 관련해서는 잠정긴급수입제한(TSG: Transitional Safeguard)이나 특별긴급수입제한(SSG: Special Safeguard) 등 수입금지품목을 설정하여 운영한다든지 또는 특정산업의 수출을 장려하기 위한 지원제도 등 현지국의 무역정책이 반영된 대외거래법이 있다. 국제거래의 실물부문을 지원하는 외환제도와 관련해서는 자본조달이나 과실송금에 대한 규제나 국제기업의 자금운영에 관한 조건과 규칙을 명문화한 외환관리법 등이 대표적이다. 관세제도에는 상계관세(CVD: Countervailing Duty)나, 반덤핑관세제도(AD: Antidumping Duty) 등 자국의 유치산업을 보호하거나 불공정거래로부터 자국시장을 보호하기 위한 법적 조치들이 있으며, 조세제도에는 다국적기업들의 이전가격 조작방지를 위한 이전가격과세제도와 이중과세방지제도 등이 있다. 투자제도와 관련하여서는 외국인 투자에 대한 사업별 제한 또는 지분제한, 외자 유치제도 등이 있다.

예를 들면 정부는 조류독감시 국민의 보호차원에서 잠정긴급수입제한과 특별 긴급 수입제한을 할 수 있다.

참고 : 조류독감(AI, Avian Influenza) ▶▶

닭이나 오리나 가금류 또는 야생조류에서 생기는 바이러스의 일종.
일종의 동물전염병, ABC형이 있으나 AB형이 인체감염우려가 있고 A형만이 대유행 초래 가능성이 있으며, 저병원성(철새)과 고병원성(닭)으로 구분, 고병원성의 폐사율이 높다. 75℃ 이상에서 5분 이상 가열하면 인체에 무해한 것으로 판정되고 있다.

▶ 국제법률환경

국제거래에 일반화된 법률환경은 국제상사거래법(國際商社去來法), 국제거래법(國際去來法), 국제사법(國際私法) 등이 적용된다.

국제상사거래법은 국제거래의 형식과 방법을 결정해주는 법으로 국제거래가 국제상사거래법에 제시한 형태로 이루어질 때 국제거래로 인정받고 그 실행을 보장받을 수 있다. 생산이 종료된 시점에서 재화를 국경선을 넘어 옮기는 과정에서 발생되는 운송, 해상, 보험, 관세와 관련된 법과 결제 등과 관련된 방법과 형식을 결정하는 국제계약법과 국제결제, 보증법이 대표적인 국제거래법이다. 국제사법은 국제거래가 당사자 간에 원만히 이루어지지 않는 경우, 국가 간의 분쟁해결 방안을 다루는 법이다. 국제분쟁이 발생할 경우 준거법을 무엇으로 하는가, 소송 및 중재과정을 어떻게 하는가 등이 이와 관련된 주요 법률 환경이라 할 수 있다. 국제사법은 국제거래과정에서 분쟁이 발생하는 경우 그 문제를 해결하는 방법 또는 그러한 발생상황을 대비하기 위해 사전에 어떠한 제도적 장치들을 갖추어야 하는가에 대한 지침을 마련해 준다고도 할 수 있다. 통상법이라 불리는 국제경제법은 자유롭고 공정한 국제 교역조건을 형성하고 감시하기 위한 국제기구와 관련된 법, 각국 정부당국의 제도운영의 기준을 제시하는 다양한 형태의 협약 등을 일컫는다.

참고: 日 삼성PDP 통관 보류 ▶▶

특허분쟁 후지쓰 요청 수용 …· 韓·日 통상전쟁 비화

삼성 "日조치 부당 WTO 제소할 것"

일본 정부가 2004년 4월 21일부터 삼성 SDI의 플라즈마 디스플레이패널(PDP) 제품 수입을 전격 금지했다.

삼성 SDI가 자사 기술을 침해했다고 주장하는 후지쓰의 수입금지 신청을 수용한 것이다. 이에 맞서 삼성 SDI와 한국 정부도 세계무역기구(WTO)에 문제를 제기할 방침이어서 차세대 전자산업을 둘러싼 한·일 간 기술경쟁은 기업 간 특허 분쟁에서 정부 간 통상문제로 비화됐다.

21일 외신과 삼성 SDI에 따르면 일본 도쿄세관은 후지쓰가 삼성 SDI의 PDP에 대해 특허침해 소송과 함께 제기한 수입금지신청을 수용해 이날부터 통관을 전면 보류했다.

후지쓰는 지난 6일 삼성 SDI가 생산한 PDP를 수입·판매하는 일본 삼성을 상대로 수입 및 판매금지 가처분 신청을 도쿄지방법원에 제기하면서 동시에 도쿄세관에도 관세 정률법에 따른 수입금지 조치를 취해달라고 요청했다.

일본 세관이 수입금지신청을 최종적으로 인정하면 삼성 PDP 제품은 수입이 전면 중단되며 기존 수입품은 반송·폐기·몰수 처분된다. 심사는 약 1개월이 소요된다.

이에 대해 삼성 SDI는 "일본 세관은 수입금지 신청을 받아들여 심사를 시작한 단계에서 최종 수입금지가 확정되지도 않았는데 일반적으로 통관을 보류했다"며 "국제무역 관례에서 벗어나기 때문에 WTO에도 문제를 제기하겠다"고 밝혔다.

배홍규 삼성 SDI 상무는 "일본 세관에서 특허침해와 관련해 수입금지 조치를 내린 사례가 그동안 없는 것으로 알고 있다"며 "상대방 의견을 듣지도 않고 수입금지 신청을 수리한 것은 절차상 문제가 있는 만큼 적극 대응하겠다"고 강조했다.

PDP 세계시장 점유율 (단위 = %)

연 도	2001	2002	2003	2004
FHP	46	28	21	15
NEC	18	16	16	10
마쓰시타	18	21	16	17
파이어니어	15	14	8	6
삼성SDI	–	8	17	24
LG전자	–	12	15	23

* 자료=메릴린치

또 한국 정부도 일본의 이번 조치가 현지 법규나 관례에 어긋날 경우 정부 차원에서 정식 문제 제기에 나설 방침이다.

조태열 통상교섭본부 지역통상국장은 "법원의 정식 판결도 나지 않은 상태에서 수입금지 조치가 내려진 것은 상식적으로 납득하기 어렵다"며 "일본 국내법과 관례를 면밀히 검토한 후 부당하면 국내 기업 보호차원에서 정부의 대응이 이뤄질 것"이라고 설명했다.

삼성 SDI와 후지쓰 간 PDP 특허 분쟁은 지난해 4월 후지쓰가 한국 업체에 특허료를 요구한 데 이어 올 2월 삼성 SDI가 미국 법원에 후지쓰 보유 9개 특허에 대해 무효소송을 제기하며 본격화됐다.

후지쓰는 곧바로 지난 6일 미국 법원에 손해배상청구 소송을 제기하고 일본 내에서도 수입·판매금지 가처분신청을 제기했다.

| 매일경제, 2004년 4월 22일 신문기사 발췌 |

3 사회 문화적 환경

기술발전과 경제발전 그리고 정치적 환경의 변화는 사회문화에 많은 변화를 가져온다. 기업체의 관점에서 볼 때 사회문화환경의 변화는 사회구성원들의 가치관과 태도 그리고 행동에 영향을 준다는 점에서 중요성을 지니고 있다. 특히 사회문화환경의 변화는 외적으로 시장수요와 고객의 구매행동에 영향을 주고, 내적으로는 조직구성원들의 태도와 행동에 영향을 준다는 점에서 전략적 의의를 가지고 있다.

문화[147]란 인간 집단이 여러 세대를 통해 형성해온 하나의 생활양식 또는 규범으로서 어머니의 뱃속에서부터 천성적으로 가지고 태어나는 것이 아니라 생활을 통해 반복적으로 습득된 하나의 행위이다. 기업이 국제경영활동을 수행하는 과정에서 직면하게 되는 수많은 어려움은 현지의 문화를 제대로 이해하지 못하기 때문에 발생하는 경우가 많다.

이때 비록 각국의 문화 간에는 이질적인 요소가 너무 많고 또 문화적인 차이도 아주 크지만 이러한 문화적 차이는 결코 이해 불가능한 것이 아니며, 그것을 제대로 파악·분석하여 효율적인 대응방안을 강구할 수 있다면 오히려 하나의 중요한 전략으로 활용할 수도 있는 것이다. 외국에 단기간 또는 장기간 근무를 하게 되는 경영자는 현지의 각 문화요소에 대하여 그 특질을 충분히 이해하고 적응해야 하겠으나, 그 중에서도 특히 유념하여야 할 요소 몇 가지를 살펴보면 다음과 같다.

▶ 언어

이질적인 문화요소는 제품의 수출이나 라이센싱, 그리고 해외 직접투자와 같은 국제경영활동에 중대한 영향을 미치게 되는데, 그 중에서도 가장 먼저 들 수 있는 것이 언어이다. 언어는 1차적인 의사소통수단의 하나로서 암묵적인 문화적 환경을 내포하고 있기 때문에 현지국의 문화를 이해하는데 있어서 가장 기초적인 요소가 된다. 국제경영자의 첫 번째 필요조건은 외국어를 잘하는 것이 무엇보다 중요한 것이다.

따라서 국제 비즈니스 활동을 성공으로 이끌려면, 국제경영자들은 지역, 국가, 민족, 부족, 문화 사이에 존재하는 언어장벽(Language Barriers)을 효과적으로 극복할 수 있어야 한다. 그 이유를 살펴보면,

첫째, 특정언어는, 특정문화의 모든 측면과 직접적으로 밀접하게 연계되어 있다. 그렇기 때문에 특정언어는 그 언어를 만들어낸 특정문화의 특성과 가치관을 반영한다.

147) 문화에 대한 여러 학자들의 정의를 살펴보면 타일러(E. B. Tylor)는 '지식, 신앙, 예술, 법률, 도덕, 관습, 그리고 사회의 한 구성원으로서 인간에 의해 습득된 모든 능력이나 관습 등을 포함하는 복합적 총체(Complex Whole)'라고 정의하고 있고, 화이트(L. A. White)는 '상징행위에 의거한 사물 및 사건들을 신체 외적인 맥락, 즉 인간 유기체와의 관련 하에서보다는 다른 상징물과의 관련 하에서 고려했을 때 그것을 문화'라고 정의하고 있다. 따라서 두 학자의 견해를 종합해 보면, 문화란 비록 우리가 그것을 꾸준히 배우고 있다는 사실을 인식하지 못하고 있지만 오랜 세월 동안의 반복적인 문화적 과정을 거쳐 자기도 모르는 사이에 몸에 배게 된다. 따라서 인간 행동의 대부분은 그가 소속하고 있는 문화의 여러 가지 속성과 일치하게 이루어지게 되며, 그러한 인간행동은 의식적인 사고를 통해서 이루어지기보다는 무의식적·습관적으로 이루어지게 된다. 그러기 때문에 역사는 바꿀 수 있어도 문화는 바꿀 수 없다는 얘기가 가능한 것이다.

둘째, 복수의 국어들과 기타 언어들이 존재하는 많은 국가들의 경우에도, 어느 한 언어만 가지고는 같은 나라 국민들 사이에도 원활히 커뮤니케이션을 할 수 없기 때문이다.

셋째, 서로 다른 국어를 사용하는 외국인들끼리 영어와 같은 공통 언어를 사용하는 경우에도, 그들 사이의 커뮤니케이션 역시 어려움이 많고 정확성이 결여될 수밖에 없다. 이와 같이 문화권에 따라 언어가 전혀 다르고, 또 그것이 암묵적으로 현지의 문화를 함축하고 있기 때문에 국제경영활동을 수행하는 과정에서 외국어를 사용할 때에는 단어나 문법 그리고 사고방식이나 개념까지도 명확히 할 필요가 있다.

한편, 국제경영활동을 성공적으로 수행하기 위해서는 실제적으로 표현되는 언어뿐만 아니라 침묵적 언어(Silent Language)에도 주의를 기울일 필요가 있다. <표 6-1>은 침묵적 언어의 예를 설명하고 있다.

표 6-1 침묵적 언어

침묵적 언어의 종류	구체적인 예
시간에 관한 침묵적 언어	약속시간 준수, 업무처리의 시한
공간에 관한 침묵적 언어	사무실의 크기 및 위치, 대화시의 상대방과의 거리
물질에 관한 침묵적 언어	물질의 소유, 신기술이나 전통에 대한 선호 성향
우정에 관한 침묵적 언어	인간관계 및 우정
합의에 관한 침묵적 언어	법률 또는 관습에 따른 협상 규칙

▶ 교육수준

교육은 기존의 문화와 전통을 다음 세대에게 전파시키는 기능과 문화적 변화를 일으키는 기능을 수행한다. 국제경영자들은 각 시장국들이 각기 어떤 목적으로 교육제도를 운영하고 있는지, 어떤 수준의 국민교육을 시키고 있는지를 파악할 필요가 있다. 왜냐하면, 교육수준은 국가에 따라 큰 차이를 보일 뿐만 아니라 GNP 수준이나 경제발전 수준과 밀접한 상관관계를 가지고 있다. 또한 시장국별로 소비자 시장의 특성을 판단하고 현지 비즈니스 활동에 활용할 수 있는 인적자원이 어느 정도 필요한지를 판단할 때에 고려해야 할 중요한 요소 중의 하나이기 때문이다.

일반적으로 교육수준이 다르면 시장의 성격도 다르게 나타나는 경향이 있으며, 이는 여러 가지 측면에서 다국적기업 활동에 중대한 영향을 미치게 된다.

▶ 종교

종교도 사회의 가치체계나 다국적기업의 경영활동에 중대한 영향을 미칠 수 있는 문화요소이다. 특히 종교에 따라서 생활태도, 제품의 선택, 구매방법 등이 크게 다를 수 있기 때문에 국제경영활동에 많은 영향을 미치게 된다. 물질문명, 언어, 교육 등은 특정 문화에서 관찰 가능한 겉으로 나타나는 현상이며 행동인 반면에 종교, 신앙, 사상, 태도, 금기, 미신 등은 관찰 가능한 겉으로 나타나는 현상 및 행동을 낳게 하는 기초에 해당된다. 그러므로 국제경영자들은 시장국별로 국민들이 소비자로서 어떤 제품, 서비스를 얼마만큼 어떤 이유로 구매하는지, 직장인으로서 어떤 직업태도를 가지고 얼마나 열심히 일하는지 등을 파악하여 현지 비즈니스 활동에 활용하기 위해서도, 시장 국 별로 문화의 종교적 측면도 분석, 파악해야 한다.

▶ 사회구조

사회구조는 가족제도나 사회계층 그리고 여타 조직을 포함하는 개념으로서 지역별·문화권별로 큰 차이를 보이는 것이 일반적이다. 사회기구 중에서 가장 기본적인 형태는 가족관계(Kinship)에 바탕을 둔 가족제도이다. 가족은 가계(Household)로서 소득창출, 구매, 소비의 단위라는 사실 때문에, 인구수가 같을 경우에 가계수가 많은 시장국들이 이익적인 시장국들이기 때문에 국제경영자들은 시장국별 현지 비즈니스 활동에 반영시키기 위해서도 시장국별로 특유한 가족제도를 분석, 파악할 필요가 있다.

어느 문화는 가족과 비즈니스의 관계가 강한 국가가 있으며, 어느 문화는 가족과 비즈니스의 관계가 약한 국가가 있다. 예를 들어 미국, 캐나다 등 유럽국가는 약한 편이며, 이태리, 한국, 중국, 브라질 등은 가족과 비즈니스의 관계가 강하게 나타난다. 우리나라의 재벌문제는 여러 가지가 있는데, 그 중에서도 가장 큰 문제점이 가족 승계권 문제이다.

또한 문화적 환경의 마지막 요소인 사회구조는 계층 간의 이동성, 사회적 지위의 결정요인 등이 포함된다. 모든 인간이 평등하다고 믿는 사회는 이 세상에는 거의 없는 반면, 대부분의 사회는 인간과 집단의 사회적 지위를 결정하는 전통적인 평가 시스템을 가지고 있다. 사회적 지위는 경제적 위치뿐만 아니라, 인종, 문화, 교육, 언어의 차이에 의해서도 결정되어진다.

국제기업의 경영자에게 이와 같은 사회구조에 속한 변수 중 특히 두 가지 즉, 계층 간의 이동성 및 기업에 종사하는 사람에게 주어지는 사회적 위치가 특히 관심의 대상이 된다. 만약 경직적인 사회구조로 인해 많은 유능한 사람들이 관리자의 위치에 오르지 못한다면, 그 사회의 관리효율성은 매우 떨어질 것이다. 또한 그 사회에서, 기업에서 경력을 쌓아가는 사람들에게 주는 사회적 지위가 낮다면 유능한 사람들을 기업경영으로 이끌기는 어려울 것이다.

사례 : 중국의 사회구조에 따른 기업 특성 ▶▶「참고 – 중국의 가족제도」

1. 중국계 사회

대만이나 홍콩 등 중국계 사회와 중국 자체가 그 좋은 예이다. 중국 유교의 요체는 다른 어떤 사회적 충성심보다도 가족의 결속을 중시한다는 점이다. 하지만 프랑스와 이탈리아의 일부 지역도 역시 이런 특성을 가지고 있다. 이 사회에서는 가족주의가 중국에서처럼 분명히 드러나지는 않지만 혈연관계가 없는 사람들 간에 구축된 신뢰가 부족하고, 따라서 자발적인 공동체에 취약성을 드러낸다.

가족주의 사회에 대비되는 사회에서는 사회적 신뢰가 높은 수준으로 일반화되어 있어서 강력한 자발적 사회성을 지니고 있다. 일본과 독일이 바로 이 범주에 속한다. 하지만 미국은 국가 형성의 초기 단계에서부터 미국인들이 믿고 있는 것처럼 개인주의적 사회였던 적이 한 번도 없었다. 오히려 미국은 풍부한 자발적인 관계망과 공동체 구조를 갖추고 있어서 개인은 자신의 편협한 이익보다는 언제나 공동체의 이익을 우선해 왔다. 미국 사람들은 독일이나 일본 사람들에 비해서 전통적으로 훨씬 더 반국가 주의적이었던 것이 사실이지만, 강력한 공동체라는 것은 강력한 국가가 없을 때에도 출현할 수 있는 것이다.

'사회적 자본'과 '자발적 사회성'은 경제적으로 중요한 결과를 낳는다. 국가경제에서 가장 큰 기업(국가나 외국의 다국적기업이 소유하거나 상당한 보조금을 지원하는 기업은 제외하고)의 규모를 살펴보면 몇 가지 흥미로운 결과를 알게 된다. 유럽과 북미에서 미국이나 독일의 민간부문 기업은 이탈리아나 프랑스의 기업보다 규모가 훨씬 더 크다. 이러한 대비는 아시아에서 더 뚜렷하게 나타나는데, 일본과 한국에서는 기업이 비대하고 고도로 중앙집권화 되어 있는 반면에 대만이나 홍콩은 훨씬 작은 경향이 있다.

표 6-2 각국 10대, 20대, 40대 기업의 매출규모 (단위: 100만 달러)

국 가 명	10대기업	20대기업	40대기업
미 국	755,202	1,144,477	1,580,411
일 본	551,227	826,049	1,224,294
독 일	414,332	629,520	869,326
프 랑 스	233,350	366,547	544,919
이 탈 리 아	137,918	178,669	259,595
한 국	61,229	86,460	107,889
홍 콩	24,725	30,633	35,515
대 만	10,705	N.A.	N.A.

자료 출처 : "Hoover's Handbook of American Business 1994," (Austin, Texas : The Reference Press, 1994) "Moody's International Company Data 1994," (Korea Trade Center of Los Angele, 1994), "Germany's top 300, 1993/1994 Edition," (Austin, Texas : The Reference Press, 1994)

2. 중국계 산업구조 특성

대만, 홍콩, 싱가포르 같은 중국계 사회의 산업구조에서 우리가 우선적으로 주목하게 되는 것은 기업의 영세성이다(표 6-1 참조). 서구나 일본, 한국의 경제발전은 기업 수(數)의 증가를 통해서라기보다는 기업 규모의 급속한 증대를 통해서 이루어졌다. 중국계 문화에서는 정반대이다. 대만의 예를 들면, 1971년 현재 4만 4,054개의 제조업체 가운데 68%가 영세기업이고, 23%는 종업원 50명 이하의 중간규모였다. 1966~76년 사이에 종업원의 수로 측정한 개별기업의 평균 규모는 29% 증가한 반면, 기업의 숫자는 150%나 증가했다. 일본과 미국의 발전경로를 따랐던 한국에서는 반대이다.

한국의 경우 같은 기간에 기업 당 종업원 수가 176% 증가한 반면 제조업체의 수는 10% 증가에 머물렀다. 몇몇 거대한 사기업이 대만에 있기는 하지만, 한국의 사기업과 비교하면 대조적으로 작아 보인다. 이러한 차이는 한국이 대만보다 근소하게 뒤져 있기 때문에 발전 수준으로는 명확하게 설명될 수 없다.

1983년 현재 한국의 재벌기업인 〈현대〉와 〈삼성〉이 각각 80억과 59억 달러의 매출과 13만 7,000명과 9만 7,384명의 종업원을 고용하고 있었던데 비해, 대만에서 가장 큰 사기업인 포모사 플라스틱(Formosa Plastics)은 16억 달러의 매출과 3만 1,211명의 종업원을 고용하고 있었다. 1976년 기준으로 대만 기업의 평균 규모는 한국의 그것에 비해 절반에 지나지 않는다.

기업의 영세성이라는 측면에서 보면, 한동안 극히 소규모의 기업으로 이루어져 있으면서도 경쟁력이 높았던 시장의 본보기였던 홍콩에서 더하다. 사실 홍콩 기업의 평균 규모는 오히려 감소해 왔다. 1984년 4만 8,992개의 기업이 90만 4,709명을 고용, 평균 18.4명의 종업원을 가지고 있었다.

이에 비해, 1947년에는 961개의 기업이 4만 7,356명을 고용하고 있어서, 기업 당 평균 종업원의 수가 49.3명이었다. 대규모 기업을 유인하기 위해 조성된 산업상의 교외지역에 해당되는 퀀퉁(Kwun Tung)지역에서도 겨우 7%의 기업만이 200명 이상을 고용하고 있고 72%는 50명 이하의 종업원을 고용하고 있다.

3. 가족기업의 특성

가족기업이 중국인 사회에서만 있는 것은 아니다. 대부분의 서구의 회사도 가족기업으로 시작해서 나중에 법인조직으로 변모한다. 그러나 중국인의 산업화에서 눈에 띄는 것, 또 〈왕 연구소〉의 경우로 극적으로 증명된 것은 중국인의 가족기업은 전문적 경영으로의 전환, 즉 기업이 설립 가족의 생명력을 초월해서 그 자체를 제도화시키는 단계로의 이행이 매우 어렵다는 것이다.

전문 경영으로의 이행에서 중국인이 갖는 어려움은 그들의 가족주의적 성격과 연관되어 있다. 중국인은 인척관계에 있는 사람만을 신뢰하고, 가족이나 혈연집단 외의 다른 사람은 불신하는 성향이 강하다. 고든 레딩(Gordon Redding)의 홍콩의 기업에 관한 연구에 따르면, 핵심적인 특징은 가족은 절대적으로 신뢰하되, 친구나 지인(知人)들에 대해서는 상호 의존관계가 성립된 정도만큼만 신뢰하며, 또 그들의 얼굴에 나타난 겉모습만 믿는다는 것이다. 그 외의 누구에 대해서도 그들이 선의(善意)를 가지고 있다고 가정하지 않는다. 당신은 사회적 자산에 대한 그들의 순종과 공손함을 기대할 권리는 가지고 있다. 그러나 그것만 벗어나면 마치 당신 스스로가 그러하듯이 그들은 그들 자신의, 다시 말해서 그들 가족의 이익만을 소중히 하고 있다는 것을 미리 예측하고 있어야만 한다. 대부분의 중국인들에게 자신의 동기를 잘 아는 것은 타인들에 대한 일종의 경고가 된다.

가족 이외의 사람에 대한 불신감으로 인해, 서로 무관한 사람들이 경제적 사업을 포함하여 집단이나 조직을 형성하기가 어렵다. 중국인 사회는 일본과는 대조적으로 집단 지향적이지 않다. 이런 차이는 린 유-탕(Lin Yu-tang)의 말, 즉 전통적인 중국 사회는 개별 가족이라는 알갱이들이 쟁반 위에 흩어져 있는 것 같은데 반해 일본 사회는 화강암 조각과 같다는 말에 잘 나타나 있다. 가끔 서구의 비평가들이 중국인 사회가 매우 개인주의적이라고 생각하는 것은 바로 이 때문이다.

중국인 전통적인 경제생활에는 일본의 반토(banto, 원래 '점원'이라는 뜻), 즉 가족기업의 여러 일을 관리하도록 하기 위해 외부에서 데려오는 전문적인 관리인에 비견될 만한 인물이 없다. 중국인 사회에서도 비록 소규모의 가족기업이라 해도 가족의 성원이 아닌 피고용인들을 필요로 하게 되지만, 이들 피고용인들과 소유자/경영자 가족 간의 관계는 매우 소원하다. 그들은 대리 가족으로서의 기업이나 회사라는 일본인들의 사고방식을 갖고 있지 않다. 가족 성원이 아닌 피고용인들은 일반적으로 남을 위해 일하기를 좋아하지도 않거니와, 같은 회사에서 평생토록 고용되기를 바라기보다는 자신의 회사를 시작하고 싶어 한다. 비교경영학의 여러 연구들에 따르면, 중국인 경영자들은 자신과 피고용인 사이에 더 큰 사회적 거리를 유지한다고 한다.

일본의 경영자들이 저녁에 자신이 관리하는 사람들과 어울려서 술을 마시러 나가는 자연스럽고 평등한 우정은 중국인의 문화적 맥락에서는 매우 희귀한 일이다. 직원 전체-관리자와 피 관리자가 모두 함께-가 도쿄나 나고야를 떠나 근교의 휴양지에서 며칠 동안 휴식을 취하는 일본식의 회사가 후원하는 야유회는 중국인들의 문화적 구조에서 보면 서구의 것만큼이나 이국적일 것이다.

가족기업의 진화에 있어서는 설립 가부장의 사망에서 시작된다. 중국문화권에서는 아들이 여러 명일 경우 이 상속자들에게 동등한 상속을 한다는 원칙이 깊이 각인되어 있기 때문에, 설립자의 여러 아들은 가족기업에 대한 똑같은 몫이 있음을 깨닫게 된다.

4 경제적 환경

국제경영활동은 기본적으로 국가 간 경제적 환경의 차이에 의해 발생된다고 해도 지나치지 않다. 국경선을 넘어서는 기업활동이라는 국제경영이라는 정의에 입각해볼 때 국제경영활동을 전개하는 기업에 있어서 진출하고자 하는 현지국의 경제적 환경의 파악은 국제경영업무의 기본이 된다.

일반적으로 경제적 환경이란 기업경영활동을 둘러싸고 있는 국민 경제적 여건으로서의 환경이다. 즉, 경제적 환경은 재화 및 서비스의 생산과 분배에 관한 지역·국가·국제적 상태 또는 여건을 지칭한다.[148]

국제경영의 시장국별 환경 프레임워크를 분석, 파악하는 과업의 일부로서, 국제경영자들은 우선적으로 다음과 같은 절차로 관심 있는 시장국들의 국민경제를 분석하여 경제환경을 파악해야 한다. 첫째, 전반적인 경제환경, 둘째, 현재의 시장규모, 셋째, 미래의 시장잠재성, 넷째, 전반적인 경영환경 및 경쟁환경을 파악해야 한다.

기업이 처해 있는 경제상황은 기업의 환경적응, 대응전략의 수립과 기업의 바람직한

148) Wood, D. J., Business and Society, New York : Harper Collins Publishers, 1990, pp. 26～27.

모습을 구현하는데 있어서 매우 중요한 영향을 미친다. 역사적 관점에서 보면, 자본주의 경제의 발전단계가 곧바로 기업과 사회관계를 판단할 수 있는 기준이 되며, 현실적으로 보더라도 인구규모·소득분포·정부의 경제계획 및 재정·금융정책의 운영성격, 경기흐름 상태, 시장의 성격·산업구조[149)]·자본시장·사회간접자본[150)] 등이 기업경영활동에 직접적이고 절대적인 영향을 미치고 있다.

5 기술환경

21세기를 앞둔 지금의 세계는 그 어느 때보다도 활발한 국제화, 개방화의 움직임을 보이고 있으며, 아울러 국가경쟁의 핵심요소로서 기술[151)]이 그 중심으로 이동됨에 따라 새로운 경제 질서 하에 기득권과 독점권을 확보하려는 치열한 기술 헤게모니 쟁탈전을 전개하고 있다. 최근 기술개발과 관련된 국제환경은 기술우위를 확보하기 위한 국가 간 기술개발경쟁이 갈수록 치열해지고 기술보호주의가 강화되고 있는 한편 첨단기술이 점차 대형화, 복잡화 되어감에 따라 국가 간 협력도 확대되고 있는 등 혼조의 양태를 띠고 있다.

따라서 기업의 경영활동에서 기술의 중요성이 급격히 높아지고 있는 가운데, 해외시장 진입과 개발의 수단으로서 기업의 국제기술이전전략[152)]이 종래의 보조적 입장에서 점차 핵심적 요소의 일부로 변하고 있다. 이러한 변화는 1980년대 중반 이후 급변하는 국제사업환경에 대한 기업의 전략적 대응의 결과로 인식되는데, 이와 관련한 주요 기술환경 변화는 반도체, 정보통신, 유전공학 등의 부문에서 본격화되었다.

특히 정보기술의 개발·보급은 전 산업분야에 걸쳐 획기적 변화를 촉진하였다. 컴퓨터, 위성TV, FAX, Internet, 광섬유, 초고속통신망 등을 포함한 강력한 정보통신망들의 확

149) 특정 국가의 산업구조가 어떠한가에 따라 상품이나 서비스 소요조건, 소득수준 및 고용수준 등이 달라진다.

150) 사회간접자본이 충분하지 못할 때 국제기업의 입장에서는 경영외적인 불이익을 받게 되어 경영비효율이 초래될 수밖에 없다.

151) 기술환경(Technological Environment)은 현대기업의 전략 환경에 많은 변화를 가져오는 중요한 원인이다. 기술은 좁게는 산업기술, 응용과학, 그리고 공학을 의미하며 넓게는 특정의 사회집단이 그 구성원들에게 물질적 문명재(The material objects of civilization)를 제공하는 방법의 집합체인 지식을 의미한다.

152) 국제기술이전은 국적이 다른 두 기업 사이에서 일어나는 기술의 교환, 이전, 흡수에 관련한 모든 경제활동으로 정의할 수 있다.

산으로 말미암아, 개도국, 과거 공산국들까지도 점증적으로 정보를 기간으로 하는 국경 없는 경제에 흡수되어 가고 있다. 이와 같은 기술환경의 급속한 발전으로 말미암아, 전 세계적으로 확산되는 기술보호주의, 기술개발 자금부족과 위험에도 불구하고, 국제기업이 경쟁력을 확보하기 위해서는 국제기술이전의 전략화와 이의 성공적인 관리가 요구된다.

Memo

7
CHAPTER

글로벌 경영전략

최근에 국제경영활동을 수행하는 기업들은 지역별 대응을 요구하는 현지화(localization)와 더불어 범세계적 규모의 경제의 활용을 요구하는 글로벌화(globalization)라는 글로벌 경영환경의 변화를 경험하고 있다. “상반된 두 갈래의 글로벌경영 환경변화에 대해 기업들이 어떻게 조화로운 대응을 해나가느냐”가 기업의 글로벌 경영전략의 수립에 중요한 과제로 등장하고 있다.

제7장 1절 경영전략의 개념

1 전략의 개념

챈들러(Alfred D. Chandler)는 ‘기업이 기본적이고 장기적인 목적과 목표를 설정하고, 이들 목표 달성에 필요한 전략을 세우며 자원배분을 결정하는 것’을 경영전략이라고 하였으며, 앤소프(H. Igor Ansoff)는 거시적 차원에서 전략의 개념을 정립하였는데, 경영전략은 '변동하는 기업환경 속에서 기업의 생존과 성장을 위해서 환경에 적응 및 대응하기 위한 방향의 설정과 그를 위한 수단의 선택과 관련된 의사결정'이라고 정의하였다.

요컨대 경영전략이란 기업의 기본적인 장기목표를 설정하고 이를 달성하기 위하여 환경과 기업의 능력을 최적으로 결합하는 것을 의미한다고 할 수 있다.

2 전략경영의 개념

전략경영(strategic management)이란 전략을 수립하고 집행하는 전 과정을 의미한다. 특히 현재와 같이 환경이 불확실한 상황에서 전략은 주기적으로 수립되는 것이 아니고, 계속해서 수정되고 검토되어야 한다. 그런 의미에서 과거의 전략기획(strategic planning)이라는 용어 대신에 계속적인 관리를 의미하는 전략경영이라는 용어가 사용되게 되었다.

전략의 수립은 예상되는 환경변화에 적응하고 장기적인 기업목표를 달성하기 위해서 제한된 자원을 어디에 투입하는 것이 좋은가를 결정하는 과정이다. 전략수립은 구체적으로 다음의 두 가지를 결정하는 과정이라고 볼 수 있다.

(1) 제품, 시장별 투자전략: 기업의 사업영역인 제품-시장의 범위를 결정하고 각 제품, 시장에 있어서의 투자 강도를 결정한다.

(2) 경쟁적 우위확보를 위한 전략: 각 사업(제품-시장)별로 경쟁에 이기기 위한 구체적 전략을 결정한다.

참고 : 국제기업의 조직화 전략 ▶▶

국제기업은 공식적인 구조와 통제뿐 아니라 기업문화와 기업 네트워크와 같은 비공식적인 구조와 조정에 관심이 있다. 국제기업으로서 성공을 기대한다면 적절한 공식 및 비공식적 구조와 조정 체계를 지니고 있어야 한다. 이것은 전략적 적합성과 일치해야만 가능한 일이다. 글로벌 전략을 추구하는 기업들은 다국적 혹은 초국적 전략을 추구하는 기업과는 다른 구조와 조정 시스템을 필요로 한다. 일반적으로 조직화의 수평적(horizontal differentiation), 수직적(vertical differentiation) 체계, 그리고 통합과 조정 시스템에 대해 우리는 관심을 가져야 한다.

I. 수직적 차별화

기업의 수직적 차별화는 기업계층 내에서 의사결정의 힘이 집중화되어 있는 곳을 일례로, 마케팅 결정(또는 이 R&D 결정 등) 상위계층에서 이루어지는가, 아니면 하위계층에서 이루어지는가에 따라서 발생한다. 따라서 의사결정의 집중화와 분권화의 장, 단점을 파악해야 한다.

I-I. 집중화와 분권화

집중화의 이점은 다음과 같다.

첫째, 집중화는 조정을 용이하게 한다. 일례로, 한국에서 부품제조공정과 중국에서 조립공정을 지니고 있다고 가정하자. 부품제조공정에서 조립공정으로 최종생산 흐름을 확인하기 위해 두 공정을 조정할 필요가 있다. 이는 기업 본사에서 제품 생산과 판매 분석을 집중화함으로써 이루어진다.

둘째, 집중화는 의사결정이 조직의 목적과 일치하도록 도와준다. 중요한 결정(전사적 또는 전략적 의사결정)을 집중화함으로써 하부계층에서 발생할 가능성이 있는 잘못된 의사결정의 위험을 최소화시켜 준다.

셋째, 집중화는 조직변화를 필요로 하는 환경변화에 대한 민감도를 높인다. 최고경영층에 집중화된 의사결정은 조직변화를 일으키는 방법이 된다.

넷째로, 집중화는 유사한 활동의 중복을 피하게 한다. 예를 들면 많은 국제기업들이 R&D 작업이 중복되지 않게 한 지역 혹은 두 지역에 R&D 기능을 집중화한다.

한편, 분권화는 의사결정과정을 하부 계층에 위임함으로써 더 많은 자율을 가능하게 할 수 있다.

첫째, 분권화는 하위계층의 경영자에게 일상적인 의사결정을 맡김으로써 중요문제에 초점을 두는데 유리하다. 최고경영층에 집중화된 의사결정의 오류를 줄일 수 있는 방법이 된다.

둘째, 분권화는 조직구성원들의 동기를 유발시키기에 유리하다. 스스로 자신을 통제하는 체계는 자신의 능력을 더 많이 쏟도록 한다.

셋째, 분권화는 환경 변화에 더 큰 유연성을 발휘한다. 일례로, 마케팅과 R&D 조직 자체가 시장에 가장 가까이 머물러 있기 때문에 특별한 의사결정 없이 변화에 대한 전략적 반응을 가능하게 한다. 더욱 많은 정보를 가지고 의사결정을 내릴 수 있기 때문이다.

넷째, 분권화는 통제를 증가시킬 수 있다. 하부 계층의 의사결정에 대한 책임이 기업의 성과와 관련되어 나타날 경우 자율적인 통제구조를 스스로 지니게 된다.

I-II. 국제기업 전략과 집중화

국제기업에게 집중화와 분권화의 선택이 절대적인 것은 아니다. 전사적 전략에 필요한 의사결정 재무관리 같은 것은 전형적 본사에 집중화되어 있다.

그러나 사업부 및 기능적 전략 즉 생산, 마케팅 R&D 인적 자원 관리와 같은 것은 기업의 국제화 전략에 따라 집중화가 될 수도 있고 그렇지 않을 수도 있다. 일례로, R&D 및 생산과 마케팅은 글로벌 전략의 일환으로서 분산화를 필요로 한다. 반면 다국적 기업이 지역 대응전략을 사용한다면 외국 자회사에 대한 운영적 의사결정을 집중화시킨다. 전형적인 다국적 기업의 경우 자회사들은 대부분의 생산과 마케팅 결정에 자율권을 가지고 있다.

집중화와 분권화는 국제기업에 있어 기업전략에 따라 절충적으로 사용되고 있다. 일례로 마이크로소프트사(MS)는 연구개발 활동을 본사에 집중시키고 마케팅 활동은 분산화하고 있다. 제품은 본국에서 개발되는 반면 해외에 있는 많은 자회사들의 경영자들은 제품을 시장에 내놓은 전략을 설정하는데 중요한 활동 범위를 가지고 있다.

한편 초국적 기업의 경우 몇몇 운영상의 의사결정은 집중화시키고 다른 결정은 분산화시킨다. 지역 반응전략이 필요한 해외 자회사는 많은 운영 결정권 특히 마케팅에 있어서의 결정을 분산화시키고 있다.

II. 수평적 차별화

국제기업은 제품군과 국가별 시장을 조직하는데 있어 시장과 제품의 초점에서 매트릭스(matrix) 구조를 필요로 한다.

II-I. 국내기업의 구조(제품 사업부)

기업조직의 진화는 초기에 집중화된 기능적 영역(의사결정의 집중화)에서 출발하여 기업가치 창출활동을 반영한다.

그러나 기업이 생산하는 제품과 시장이 확대되면 다각화에 대한 수평적 차별화를 필요로 한다. 일례로 필립스(Philips)는 초기에 조명 기구회사로 시작했지만 지금은 소비 전자제품, 산업전자, 그리고 의학 시스템에서 많은 활동들을 하고 있다. 제품 사업부 중심의 조직으로 전환을 한 것이다. 운영상의 결정에 있어서 그 책임은 전형적으로 제품 부서별로 분산되어 있고 그 제품 부서들은 성과에 대한 책임을 진다. 본사는 전사적 전략 개발과 다양한 부서의 재무 통제에 대한 책임을 진다.

II-II. 국제사업부(시장 사업부)

기업이 해외로 진출할 때 국내구조를 무시하고 기업의 국제 지리에 따라 조직화한다. 많은 제조 기업은 제품 A, B, C(기능적 구조를 모방한 상태에서)에 따라 국가 A, 국가 B를 구조화하면서 국가마다 사업구조를 모방한다.

이 구조는 국제적으로 확장하고 있는 기업의 60%가 초기에 채택한다. 그러나 해외 자회사본부는 본사의 기능부서만큼 큰 소리를 내지 못한다. 오히려 자회사 본부의 경영계층은 본사보다 하위계층으로 인식되게 된다. 더욱이 국내와 해외 사이의 조정이 결핍되어 각각의 부서를 고립시키기도 한다.

II-III. 세계 지역 구조(지역 사업부)

지역 구조는 기능 중심의 국내 구조와 다각화가 낮은 기업들이 선호한다. 이 구조는 세계를 지역별로 구분하는 것이다.(미주 지역, 유럽지역 등) 한 지역이 한 나라 혹은 국가들의 집합이 될 수 있다. 이 구조는 지역 반응을 용이하게 할 수 있다. 의사결정 책임이 분산되어 있기 때문에 각 지역은 지역 조건에 따른 제품, 마케팅 전략, 사업 전략을 고객에게 맞출 수 있다. 그러나 이 구조의 약점은 너무 큰 자율을 기반으로 하고 있다는 점이다. 특히 지역별로 핵심 역량의 이전은 용이하지 않다.

II-IV. 세계 제품 사업 구조

국내의 제품 사업부에 근간을 두어 각 제품 사업부의 다양한 가치창출 활동이 조정되어야 한다. 그래서 세계 제품 사업구조는 세계 지역구조와 국제사업부에 발생하는 조정 문제를 극복하기 위해 디자인되어 있다.

이 구조의 강점은 지역화와 경험곡선 경제 실현을 용이하게 하고 신제품의 세계적 출시와 함께 사업의 세계적 운영 안에서 핵심역량의 이전을 용이하게 해준다. 이 구조에서 중요한 문제는 제품 사업부 경영자를 보조적인 입장에 서게 함으로써 영향력을 제한한다는 것이다.

II-V. 글로벌 매트릭스 구조

세계 지역사업부와 세계 제품사업부는 장점과 단점을 지니고 있다. 지역구조는 지역의 반응을 용이하게 하지만 지역별로 핵심역량을 이전하는 것을 방해하고 입지선정과 경험곡선 경제의 실현을 방해한다. 제품 사업구조는 핵심역량의 이전과 경험곡선 경제와 입지선정에 좋은 구조를 제공하기는 하지만 지역 반응에 약하다. 기업의 전략이 다국적이라면 세계 지역 구조가 더 적절할 것이고 반면에 글로벌 혹은 국제적 전략을 추구하는 기업들에 대해서는 세계사업 구조가 적절할 것이다. 그러나 경쟁에서 살아남기 위해 기업은 초국적 전략을 채택해야 한다. 핵심역량의 이전과 지역 반응, 경험곡선경제 그리고 입지선정을 동시에 맞추어야 한다.

많은 기업들이 매트릭스 구조를 이용하여 초국적 전략의 갈등을 극복하려고 한다. 특별한 제품과 관련된 운영적 의사결정은 제품사업부와 다양한 지역에 의해 공유되어야 한다. 사업(division) A에 의해 생산된 제품에 대한 지역(area) 1에서 추구되는 마케팅 전략과 사업전략, 그리고 제품종류의 속성은 사업 A와 지역 1 경영자의 진단에 의해 결정된다.

매트릭스 구조는 이론적인 만큼 실행도 어렵다고 말한다. 많은 미팅을 요구하기 때문에 지역, 제품 사업부의 의사결정을 더디게 하고 혁신과 변화에 빠르게 대응할 수 없는 유연하지 못한 조직을 만들게 된다. 이러한 이중 계층구조가 지역과 제품사업부 사이에서 끊임없는 갈등을 야기시킨다. 더욱이 구조 내에서 책임을 확인하는 것을 어렵게 한다.

한 가지의 해결책이란 초국적 기업들이 이중 계층의 문제보다 문화와 비전을 공유하고 네트워크에 기반한 유연한 매트릭스구조를 만드는 노력이 필요하다.

III. 국제조직의 통합

성공적인 조정은 집중화를 통해 이루어야 한다.

III-I. 국제조직의 전략과 조정

핵심역량을 이전함으로써 이익을 창출하려는 조정(제품과 기술 등)에 대한 필요성은 다국적 기업(지역반응 기반)에서는 낮고 국제기업(수출기반)에서는 높으며, 글로벌 기업에서는 좀 더 높고 초국적 기업에게는 상당히 높다.

일례로 글로벌 기업의 조정은 세계적 가치사슬을 통해 제품의 유연한 흐름을 보장하여야 한다. 국제기업에서의 조정은 하부단위로의 핵심역량 이전을 필요로 한다. 핵심역량의 다양한 이전을 달성하려는 초국적기업의 목적은 제품과 마케팅 전략이 지역 조건에 맞게 분산된 기업의 가치창출 활동을 조정할 필요성을 주고 있다.

표 7-1 국제조직의 전략, 구조, 통제 시스템

구 조	전 략			
	다국적	국제	글로벌	초국적
수직적 차별화	분권화	분산된 핵심역량	약간의 분권화	집중과 분권의 통합
수평적 차별화	세계지역구조	세계제품사업부	세계제품사업부	비공식적 매트릭스
조정에 대한 요구	낮음	중간	높음	매우 높음
통합체계	없음	적음	많음	매우 많음
성과 모호성	낮음	중간	높음	매우 높음
문화적 통제에 대한 요구	낮음	중간	높음	매우 높음

자료: Hill, Charles W. L. *International Business*, Irwin/McGraw Hill, 1998, p. 398.

위 표에서 보듯이 전략과 구조를 일치시키는 것이 기업의 성과에 긍정적으로 작용한다. 기업은 환경과 산업에 따라 글로벌, 국제 또는 초국적 전략이 또 다른 산업에서는 다국적 전략이 중요하게 된다.

제7장 2절 글로벌 경영전략의 모델

1 국제 경영전략의 핵심

글로벌 경영전략을 수립한다는 것은 국가들 간의 비교우위(comparative advantage)와 기업의 경쟁우위(competitive advantage)를 최적으로 결합하는 것이다.

1) 국가들 간의 비교우위(comparative advantage)

장소 특유의 우위라고도 할 수 있는 비교우위는 국제기업의 자원조달의 장소 및 시장의 선정에 영향을 미치게 된다. 즉, 기업의 부가가치사슬(value-added chain) 상의 특정한 활동을 어느 국가에서 수행할 것인가에 대한 의사결정 시에 비교우위의 측면은 중요한 지침으로서 작용하게 된다.

2) 기업의 경쟁우위(competitive advantage)

기업 특유의 우위 또는 경쟁우위는 부가가치사슬의 여러 활동 중에서 어떠한 활동에 자원과 노력을 집중하여 경쟁력을 가질 수 있는가에 대한 의사결정에 영향을 미친다.

또 한편으로는 저원가와 차별화라는 경쟁우위를 달성하기 위해서는 경쟁우위의 원천이 되는 부가가치의 각 기능을 범세계적으로 어떻게 배치(configuration)하고 조정(coordination)하여 각 기능들의 효율성을 재고할 것인가가 중요하다. 이 경우 배치의 차원은 가치사슬 내의 각 활동이 수행되는 국가의 결정에 관한 문제이며, 조정의 차원은 각 국가에서 수행되는 각 활동의 상호 연결에 관한 문제이다. 따라서 국가의 요소부존도를 나타내는 비교우위는 기업의 제반활동을 어느 나라에 위치시킬 것인가를 결정하는 배치의 측면에 많은 영향을 미치고 기업이 갖고 있는 경쟁우위는 여러 국가에서 수행되는 가치활동의 조정 측면에서 영향을 미친다.

다음으로는 이상에 대하여 좀 더 구체적으로 연구된 글로벌경영전략의 모델을 소개하고자 한다.

2 경영전략의 환경

1) 지구화(globalization)의 진행

마케팅 분야에 많은 영향을 끼친 학자 중의 한 명인 레비트(T, Levitt)는 지난 20여 년 간의 기술적, 사회적, 경제적 발전이 단일화된 전 세계 시장을 창조하였으며, 이런 환경에서 경쟁력을 유지하기 위해서는 지구적인 규모의 경제(global scale economies)를 갖고 있어야 한다고 하였다. 교통-통신기술의 발달, 경제수준의 상승과 전 세계적으로 동일해지는 소비자의 기호, 관세 인하 등 무역장벽과 외환규제의 완화 및 컴퓨터 네트워크의 발전으로 개개의 국민경제가 서로 밀접하게 관련을 갖게 되었다.

2) 지역별 대응(local responsiveness)의 중요성

지구화의 큰 물결에도 전통적인 장애가 존재하고 있다. 국가마다 상이한 시장구조와 소비자 선호가 그것이다. 물론 이러한 국가별 차이도 국제적인 교통, 통신의 발달로 점차 완화되기는 할 것이나 아직까지도 이러한 국가별 기호, 습관, 선호 등은 상당한 차이를 보이고 있다.

이와 함께 시장의 하부구조 및 경쟁상태의 국가별 차이는 지역별 대응의 필요성과 비관세장벽 등과 정부의 간섭 및 규제 등도 지역별 대응을 여전히 중요한 요인으로 만들고 있다.

3) 경제의 블록(bloc)화 현상

지구화가 세계경제를 재편하고 있는 중요한 추세인 반면, 다른 한편에서는 EC통합(EU)이나 북미자유무역지역(NAFTA)과 같은 경제적 블록화 현상이 발생하고 있다. 이러한 경제블록은 보다 넓은 단일 시장을 제공한다는 긍정적인 측면과 이들이 보호주의적인 경제정책을 실시할 경우에는 역외 기업에게는 배타적인 성향을 동시에 갖게 될 것이다.

3 Integration-Responsiveness(IR) 모델

먼저 글로벌 통합의 압력(pressures for global integration)으로 작용하는 요인들을 구체적으로 살펴보면 다음과 같다.

① 글로벌적 소비자들의 존재이다. (이와 같은 소비자들은 전 세계에 걸쳐 있는 공급자들의 가격 및 서비스 등을 비교하여 제품구입을 결정하게 된다.)
② 글로벌적 경쟁자들의 출현이다. (특정지역에서 벌어지는 기업 간 경쟁을 통해 여타 지역에서의 경쟁에 영향을 끼침으로써 글로벌적 경쟁을 촉발시키는 경쟁자들이 출현하게 된다.)
③ 첨단산업을 중심으로 한 R&D 집약적인 산업의 등장이다. (이 경우 대규모의 투자를 회수하기 위해 보다 넓은 세계시장을 상대로 한 마케팅활동을 전개하게 된다. 이는 특히 초기에 대규모 투자가 소요되는 투자집약적인 사업의 경우에 해당된다.)
④ 비용절감에 대한 압력이다. (요소비용이 낮은 지역에서 생산을 추구하고 대규모 공장을 건설하여 규모의 경제와 경험효과를 추구한다.)
⑤ 소비자 욕구의 동질화경향이다. (이는 국가들 간에 존재하는 벽을 허물어, 전 세계를 하나의 단일시장으로 파악하고 전략을 수립하는 글로벌경영을 요구하고 있다.)

이에 반해 지역별 대응의 압력(pressures for local responsiveness)으로 작용하는 요인들을 보면 다음과 같다.

① 소비성향의 이질성이다. (국가 혹은 지역별로 다양한 소비자 요구를 충족시키기 위해 지역적 대응전략이 필요하다.)
② 시장구조의 상이성이다. (즉, 각국 간에는 유통경로, 가격결정, 제품포지셔닝, 판매촉진과 광고 등의 상이성이 존재한다.)
③ 대체품의 존재이다.(진입시장에서 상이한 가격체계를 가진 현지 대체품과 만날 경우 경쟁력을 유지하기 위해 현지적응전략이 요구된다.)
④ 현지국 정부의 압력이다.(국가발전 및 국가안보 등 다양한 이유로 현지국 정부의 요구가 있을 때 각국별 적응전략이 요구된다.)

이상에서 보았듯이 글로벌기업이 글로벌적 통합과 지역적 대응의 요구 하에서 어떠한 전략을 택할 것인가는 각 기업에 작용하는 개별 요인들의 크기에 따라 달라질 것이다. 이 모델은 글로벌적으로 경영활동을 통합할 것인가 아니면 개별, 지역별로 적응하여 대응할 것인가에 따라 세 가지 전략을 제시하고 있다. 즉, ① 글로벌적 통합전략(global integration strategy), ② 지역별 대응전략(local responsiveness strategy), ③ 절충형태의 다중초점전략(multi-focal strategy)을 들 수 있다.

글로벌적 통합전략은 다국적기업의 여러 자회사가 본사에 의해서 직접적으로 지휘, 통제를 받으며 특히 생산이나 판매면에서 자회사들 간에 긴밀한 상호의존성을 갖는 경우의 전략을 말한다. 통합의 필요성은 비용절감과 투자의 효용극대화이며 이를 위해 임금이 싼 국가에 공장을 설립하여 타국시장으로 선적하고 규모의 경제를 실현하기 위해 대규모의 전문화된 공장을 건설한다. 이 전략은 보통 중앙집권적 조직구조를 가진다.

다중초점전략은 자회사들 간의 독자적인 자율 경영원칙 하에서 각 지역의 자회사 간 조정과 상호협력을 갖는 것을 의미한다. 즉, 연구개발의 우선순위를 조정하고 범세계적 소비자에 대한 가격결정을 조정하며 본사에서 자회사로, 혹은 자회사 간에 기술이전을 촉진하는데 그 특징이 있다. 이 전략은 자회사들에게 차별화 된 목표를 할당하는데 이는 경쟁능력을 개발하기 위한 것이다.

지역별 대응전략은 개별국가의 환경에 맞추어 마치 그 나라의 기업처럼 현지국에서 자율적으로 활동하도록 하는 것을 말한다. 따라서 자회사는 현지의 경쟁사나 소비자의 요구에 대응하여 독자적으로 자원의 실행결정을 내리게 된다. 따라서 지역별 대응전략은 주로 분권적 조직구조를 요구하게 된다.

4 부가가치활동의 배치와 조정모델

이 모델은 기업의 경쟁력의 원천은 R&D, 생산, 마케팅, 애프터서비스 등의 주요 경영기능들의 효율성을 제고하는데 있음을 강조하고, 저 원가와 차별화라는 경쟁우위를 달성하기 위해 각 기능들의 활동을 범세계적으로 배치하고 조정하는 모델이다. 가치활동의 배치(configuration)라는 개념은 전 세계를 대상으로 수행되는 가치사슬 내의 각 활동들이 얼마만큼 특정국에 집중되어 있는가 또는 분산되어 있는가를 의미하고, 가치활동의 조정(coordination)이란 개념은 각 국가에서 수행되는 가치사슬 간의 상호조정정도를 의미한다.

따라서 가치사슬의 집중은 본국을 중심으로 소수지역에 각 가치활동을 집중 배치하는 것을 의미하며, 분산을 각 기의 가치활동을 분산시켜 극단적으로는 모든 진출지역에 본사와 동일한 가치사슬(value chain)을 갖는 자회사를 두는 것을 의미한다. 그리고 높은 조정수준이라는 것은 높은 통제(가치활동의 통합)를 추구하는 중앙집권식 경영을 말하며, 낮은 조정수준은 높은 자율성을 추구하는 분권화된 경영방식을 시사한다. 예를 들면 한국, 미국, 영국에 세 개의 생산공장을 가지고 있는 기업의 경우 세 개의 공장을 각각 완전히 자율적으로 운영할 수도 있고, 아니면 똑같은 생산방식과 부품 등을 사용하게 함으로써 본사에서 철저하게 통제할 수도 있다. 가치활동의 범세계적인 배치와 조정을 구체적으로 살펴보면 다음과 같다.

① 순수 글로벌전략(pure global strategy)은 기업의 가치사슬 중 규모의 경제에 민감한 부분들은 가급적 하나의 국가에 집중하여 행하고, 현지화에 충실해야 할 기능들만 최소한으로 분산시킨다. 그것도 개별국가 간의 차이를 좁히도록 높은 조정수준을 유지한다. 이는 저원가를 달성하는데 유용한 전략이다.

② 개별국가 중심전략(country-centered strategy)은 기업활동의 대부분이 개별국가에 분산되어 행해지지만 자회사 간 가치활동의 조정이 이루어지지 않는 전략의 형태이다.

③ 고도의 해외직접투자 전략(high FDI strategy)은 대부분의 가치활동을 각국에 분산배치 하는 면에서는 개별국가중심전략과 유사하나 분산된 가치활동에 대해서는 철저한 중앙통제 및 조정을 행하는 점에서 다른 측면을 가지고 있으며, 반면 자회사 간의 조정수준이 높은 전략이다.

④ 수출중심전략(export strategy)은 가치활동을 지역적으로 집중시키되 가치활동 간 조정은 별로 하지 않는 전략이다. 즉, 순수글로벌 전략처럼 기업의 가치사슬 중 규모의 경제에 민감한 기능들은 가급적 한곳으로 집중시켜 관리하고 최소한으로 현지화에 필요한 기능만 분산시켜 각 지역별 적응의 요구에 대응하는 수출 위주의 전략이다.

배치와 조정의 매트릭스 내에 있는 전략 중 어떤 것을 선택하여 실행하는가 하는 것은 어떤 전략이 자사의 국제적인 경쟁우위를 확보하는 데에 효과적인가에 따라서 결정되기 때문에 자사에게 가장 유리한 전략을 선택하기 위해서는 가치활동의 지역적 집중에 따른 장단점과 분산된 가치활동의 조정 및 통제에 따른 장단점을 이해해야 한다.

5 경쟁범위에 따른 전략모델

경쟁범위는 기업이 경쟁하는데 있어서의 활동의 폭을 의미한다. 기업이 글로벌 경영을 수행하는데 있어 경쟁의 범위를 어떻게 선택하는가에 따라 글로벌경영전략의 추구가 달라진다.

글로벌기업은 어떻게 가치활동을 전 세계적으로 배치하고 조정함으로써 경쟁우위를 향상시킬 수 있는가 여부와 시장세분의 범위를 어느 정도로 정할 것인가의 여부에 따라 전략이 구분된다. 가치활동의 지역적 배치 및 조정에 따라 범세계적 전략과 개별국가 중심전략으로 분류하고 세분시장을 다수와 소수로 구분한다.

각 전략들을 살펴보면 다음과 같다.

① 차별화 전략(global cost leadership or differentiation)이란 광범위한 제품라인에 걸쳐 경쟁하기 위해 기업의 가치활동을 지역적으로 집중하며 또한 가치활동을 강력하게 통제하는 전략이다. 즉, 각 개별시장을 독립된 개개의 시장으로 보지 않고 하나의 범세계적 시장으로 보고 전략을 수립한다.

벤츠

② 글로벌적 세분화 전략(global segmentation)이란 자동차 산업의 메르세데스 벤츠와 같이 특정세분시장을 대상으로 하여 범세계적 경쟁전략을 추구하는 것이다. 즉, 기업의 자원이 한정되어 있을 경우 범세계적 시장의 특정시장을 목표시장으로 하는 전략이다.

③ 보호된 시장침투전략(protected markets)이란 관세, 쿼터, 수출 자율규제, 보조금 등을 통하여 정책적으로 보호를 받는 산업 내에서 광범위한 세분시장을 대상으로 하는 전략이다. 각 나라 안에서의 경쟁이 서로 독립적인 산업, 즉 한 국가 안에서의 경쟁이 여타 국가에서의 경쟁에 무관한 식품산업과 같은 산업에서 수행되는 전략이다.

맥도널드
(인도)

④ 현지시장 적응전략(national responsiveness)은 현지국의 독특한 시장상황으로 인하여 생겨나는 세분시장에 선별적으로 진출하는 전략이다. 즉, 각국의 현지시장의 불규칙한 수요에 부응하여 한정된 자원을 특정시장에 집중하는 전략이다.

6 Total Global Strategy 모델[153)]

현재의 글로벌 환경은 산업의 범세계화가 급속히 추진됨에 따라 기존의 다국가 전략은 점차 그 실효성을 잃어가고 세계 각국에서의 사업들을 통합된 관점에서 바라보는 글로벌 전략에 대한 필요성이 점차 증가되고 있는 추세이다. 이러한 글로벌 전략을 수행하는데 있어서 중요하게 고려될 점들로서는 기업이 속한 산업이 얼마나 글로벌화 되어 있는가를 평가하는 일과 기업의 전략을 산업의 글로벌화의 정도에 맞게 글로벌화 시키는 것이 요구되고 있다.

그림 7-1 입(Yip)의 모델

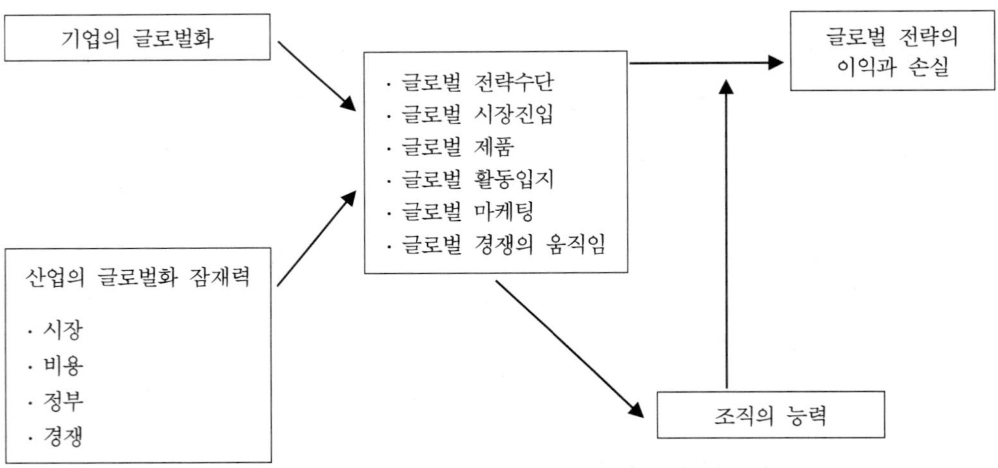

이러한 원칙을 중심으로 Total Global Strategy의 프레임 워크(framework)를 제시하면 다음과 같다. 우선적으로 글로벌 전략을 수행하기 위해서 가장 고려되어야 할 점으로는 과연 해당기업이 글로벌전략을 수행할 수 있는 경쟁적 지위와 자원들을 지니고 있는

153) George s YIp, Total Global Strategy, Prentice-Hall, 1992.

지를 확인하는 것이다.

다음으로 고려되어져야 할 요인으로는 해당 기업에 속해 있는 산업이 과연 어느 정도 글로벌화가 진행되어 있는가를 평가하는 일이다. 즉, 산업들은 각기 다른 정도의 글로벌화의 잠재력을 지니고 있으므로 전략을 실행하는데 산업의 글로벌화의 잠재력을 고려하지 않을 경우 적절한 전략의 수립이 이루어질 수 없다. 따라서 각 산업의 글로벌화의 잠재력을 정확하게 평가하는 것이 선행되어야만 한다. 이러한 범세계화의 요인들을 크게 분류하면 시장, 비용, 정부, 경쟁요인 등을 들 수 있다.

이러한 점들이 충분히 고려되고 평가된 후에는 이상의 두 가지 요소들에 적합한 글로벌 전략 수단들을 선택해야 하는데 이러한 전략들이 모두 통합된 관점에서 선택되어질 때만이 글로벌 전략이 성공되어질 수 있다. 이러한 글로벌 전략수단들로는 글로벌 시장 진입전략, 글로벌 제품전략, 글로벌 가치활동의 입지전략, 글로벌 마케팅전략, 글로벌 경쟁자 대응전략 등을 들 수 있다.

한편 이러한 글로벌 전략수단들의 실행에는 조직의 능력이 뒷받침되어져야 하는데 기업의 조직이 과연 글로벌 전략을 실행할만한 체계를 갖추고 있는지를 평가해야만 한다. 이를 위해서는 조직이 전략의 실행에 미칠 수 있는 영향력과 역으로 글로벌 전략이 조직에 미칠 수 있는 영향력에 대한 고려를 해야 한다.

마지막으로 글로벌 전략의 실행이 기업에 주는 이익과 손실을 계산하여야 한다. 글로벌 전략의 실행이 기업에게 반드시 이익만을 가져다주는 것만이 아니라 손실도 동시에 수반할 수 있으므로 이러한 이익과 손실을 정확히 계산하여 기업에게 주는 이익을 예측한 후 글로벌 전략을 수립하고 실행해야 한다.

제7장 3절 글로벌 경영전략의 수립절차

전략의 수립은 광의의 전략개념에서 설명된 것처럼 먼저 기본적인 장기목표 즉, 기업의 장기비전을 설정하고 이의 달성을 위해 제한된 자원을 어디에 투입하는 것이 좋은가를 결정하는 과정이다. 이때 전략대안은 기업의 사명을 바탕으로 외부환경분석과 내부능력분석의 결과로부터 도출된다. 이와 같이 전략을 수립하고 집행하는 전 과정을 순환적으로 관리하는 것을 전략경영(strategic management)이라고 한다. 특히 오늘날과 같은 환경의 불확실성과 불연속성 하에서 등장한 전략경영은 전략의 주기적인 수립뿐 아니라 계속적인 관리를 강조하고 있다.

1 글로벌 팀의 구성

글로벌 전략의 성공에 절대적으로 필요한 것은 각기 다른 부서와 다른 국가의 경영자들을 함께 참여시키는 것이다. 그렇기 때문에 글로벌 전략의 분석에 참여하는 사람들을 선택하는 것은 매우 중요한 결정이 되는 것이다.

2 장기 비전의 설정

신규사업을 시작하거나 기존 사업의 방향을 재정립하고자 할 때 가장 먼저 해야 할 일이 기업의 비전을 정립하는 일이다. 기업의 비전은 기업철학을 구체화한 것으로 기업의 존재의의와 기업이 나아가고자 하는 통일된 방향을 표현한다. 기업의 비전은 크게 다음 세 가지 요소들을 담고 있다.

첫째는 기업이 원하는 미래상이다. 즉, "현재 우리가 하고 있는 사업은 무엇이며 향후 어떠한 사업을 전개할 것인가" 등을 결정하는 것이다.

둘째는 조직구성원들에 대한 대내적인 동기 유발이다. 즉, 기업의 사명은 조직구성원들의 일치된 공유가치가 추구될 수 있도록 수립되어야 한다. 특히 조직구성원의 인종이 다양한 글로벌기업에 있어서는 이 문제가 특히 중요하다.

셋째는 기업의 사회적 책임 등을 포함한 기업을 둘러싼 이해관계자들에 대한 대외적 관계이다. 한 국가에 한정되지 않고 여러 국가에 걸쳐 활동하는 글로벌기업의 입장에서는 각국에 대한 일관된 관계설정이 매우 중요하다.

3 글로벌 경영환경의 분석

글로벌 경영환경분석은 기업이 국내, 해외, 국제환경에서 직면할 수 있는 현재와 미래의 환경요인들을 평가/분석하는 과정이다. 급변하고 있는 글로벌 환경 하에서 이러한 분석은 매우 어려운 과제로 드러나고 있다. 현재는 경영정보시스템의 발달로 인하여 이러한 정보를 좀 더 용이하게 획득할 수 있다. 예를 들어 글로벌 경영활동을 전개하는 기업은 경쟁환경의 분석 시 국내의 주요 경쟁자들 뿐만 아니라 타국의 주요 경쟁자들을 포함한 경쟁상황도 분석하여야 한다. 이러한 때 경영정보시스템의 역할은 매우 커다란 비중을 차지할 수 있다.

4 내부능력 분석

내부능력 분석은 외부환경 분석에서 도출한 환경이 주는 기회와 위협에 대해 "우리기업이 이를 얼마나 이용하고 대처해 나갈 수 있는 내부능력이 있는가"를 알아보기 위한 것이다. 즉 이 작업은 각 시장과 국가에서 기업이 가지고 있는 경쟁역량을 확인하는 것이다. 기업은 상대적으로 전략적 우위가 있는 분야를 우선적으로 선택하여 전략을 실행해 나가는 것이 좋다. 기업이 취할 수 있는 행동으로는 열위에 있는 분야에서 이를 극복하는 것도 포함할 수 있으나 이보다는 기업이 상대적으로 경쟁자보다 우위를 가지고 있는 분야에서 경쟁자를 앞서는 것이 보다 공격적인 전략이 될 수 있다.

5 기업목표의 설정

기업목표의 설정은 환경 분석과 내부능력분석을 끝낸 후에 시작되게 된다. 이상의 분석을 통해 기업은 현재와 미래의 환경을 충분히 이해하게 되었다. 전략적 목표는 기업의 강·약점을 반영한다. 즉 기업의 목표는 진공상태에서 갑자기 생성되는 것이 아니라 철저한 전략수립과정을 통하여 이루어질 수 있는 것이다.(전략적 목표란 기업의 아주 기본적이고, 장기적으로 추구해야 하는 목표를 말한다.)

6 전략대안의 개발과 선택

기업의 외부환경 분석과 내부능력 분석이 끝난 후에 이루어지는 절차는 바로 전략대안의 개발과 선택이다. 글로벌전략은 기업에 대한 환경의 압력과 기업의 자원능력, 목표의 성취를 전제로 한 기본적인 수단이다. 이때 전제사항으로서 가장 먼저 고려해야 할 것이 기업이 나아가고자 하는 통일된 방향을 보여주는 기업의 비전에 비추어 그 타당성 여부를 평가하여야 한다. 한편 전략대안들의 평가 및 선택의 도구로서 대표적인 방법은 국제 포트폴리오(international portfolio)다.

7 실행 프로그램의 작성

전략의 선택이 이루어지면 전략의 집행을 위한 실행계획이 수립되어야 한다. 만약 선택된 전략이 새로운 제품시장에 진입하려는 것이라면 진입을 위한 수단으로서 신제품 개발을 위한 체계적 계획이 수립되어야 할 것이고 새로운 설비와 인원을 확보하기 위한 계획이 뒤이어 작성되어야 한다.

글로벌경영전략이 대개 중장기적으로 글로벌경영활동의 전반에 대해서 수립되는데 비해서 실행계획은 이를 구체화하는 만큼 기간도 짧고 범위 역시 전략계획에 비해서 좁은 것이 보통이다. 실행계획은 글로벌경영전략에서 기능전략 중의 하나 또는 그보다 더 좁은 경영관리기능에 대한 구체적인 계획이다.

▶ 전략의 내용

전략내용을 결정하는데 있어서 가장 중요한 결정 대안은 제품과 시장의 결정과 경쟁적 우위의 확보라는 두 가지 측면으로 나누어 볼 수 있다.

1) 경쟁적 우위확보전략

원가우위전략과 차별화전략으로 나눈다. 이들은 제한된 시장과 많은 시장에서의 전략으로 나뉜다.

2) 시장선택전략

시장선택전략은 시장집중과 시장확산전략으로 나뉜다. 시장집중은 제한된 시장에서 원가우위 및 차별화와 관련되어 있으며 시장확산은 많은 시장에서의 원가우위 및 차별화와 관련되어 있다.

8 전략의 실행

전략적 선택의 거의 마지막 단계로서 이루어지는 것이 바로 전략의 실행이다. "실행되지 않는 전략은 전략이 아니다."라는 말이 있을 정도로 전략의 실행은 글로벌경영전략에서 매우 중요한 위치를 차지하고 있다. 이와 같은 전략의 첫 번째 단계는 바로 단기적 목표들을 수립하는 것으로 시작한다. 두 번째는 기업의 자원의 할당을 포함하는데 여기에는 자본·인적자원, 고정자산 등을 들 수 있다. 세 번째는 기업이 선택한 글로벌전략을 실행하는데 적합한 조직형태를 완성해 나가는 것이다.

9 전략의 평가

전략의 평가는 기업의 전략이 올바로 수행되었는지 또한 전략적 목표에 일치하고 있는지를 평가하는 작업이다.

제7장 4절 주요 전략 개념

글로벌경영활동을 수행하는 기업들은 경쟁력의 원천인 다음 네 가지의 요인을 통해 경쟁우위를 확보하려 한다. 이하에서는 다음의 네 가지 주요 전략개념 즉, (1) 규모의 경제, (2) 범위의 경제, (3) 경험곡선, (4) 부가가치 사슬을 설명하고자 한다.

1 규모의 경제(Economies of scale)

규모의 경제란 일정기간 내에 생산해낼 수 있는 절대물량(즉 공장규모)이 클수록 생산원가가 낮아진다는 개념이다. 학습효과가 시간이 경과함에 따른 누적생산량을 대상으로 한 개념인데 비해 규모의 경제는 일정기간 내의 절대생산 규모를 대상으로 한다. 이러한 규모의 경제는 다음 세 가지 요인에 의해 발생한다.

첫째, 단일 재화의 생산량을 아주 적은 양에서 점차 증대시키면 일정한 생산량 수준까지는 평균비용을 절감시킬 수 있다. 이러한 유형의 규모의 경제를 제품생산의 증대에 따른 경제성(product specific economies)이라 한다.

둘째, 공장의 활용도 증대에 따른 경제성(plant specific economies)으로 일정한 규모에서 소량의 생산을 점차 대형화시킴에 따라 발생되는 단위당 비용절감 효과를 말한다.

셋째, 기업차원의 경제성 증대효과로서 한 기업이 확장 또는 여러 공장을 운용하여 생산량을 증대시킴으로써 생산 단위당 비용을 절감시킬 수 있다. 이러한 유형의 규모의 경제를 기업규모에 관련된 경제성(firm specific economies)이라 한다.

2 범위의 경제(Economies of scope)

일부 재화는 개별기업에서 독립적으로 생산되는 것보다 다재화를 생산하는 어느 한 기업에서 결합 생산될 때 평균생산비가 더욱 절감될 수 있다. 이것은 제품의 가짓수를 증대시킴으로써 생산, 판매 및 구매기능을 제품 간에 공동으로 사용함으로써 나타나며 이러한 현상을 단일재화 생산 시 나타나는 규모의 경제에 대응된 개념으로 범위의 경제(economies of scope)라고 한다.

3 경험곡선(Experience curve)

경험곡선은 누적생산량이 2배로 증가할 때마다 경험의 누적과 생산과정의 효율화를 통해 단위생산 원가가 일정비율(%)로 떨어진다는 개념이다. 이는 작업자가 반복되는 작업을 계속함에 따라 제품단위당에 필요한 노동시간이 감소되는 현상을 뜻하는 학습곡선(learning curve)과는 그 의미가 다르다. 학습곡선은 직접비 중에서도 인건비에만 적용되며 따라서 그 적용에 한계가 있다. 이에 반해서 경험곡선은 직접비와 간접비를 망라한 총생산 원가가 감소하는 패턴을 설명하므로 그 적용범위가 훨씬 크다.

경험곡선의 효과는 보통 작업능률의 향상, 전문화와 작업방법의 개선, 제품표준화, 설비능력의 성과 향상, 자원믹스의 개선, 생산 공정의 혁신과 개선 등에 의해 발생한다.

이 경험곡선에서는 시장점유율이 매우 중요한 개념이다. 시장점유율이 높으면 당연히 그 기업의 생산량이 많고 또 그 기업의 누적 생산량이 많고 이는 다시 학습효과에 따라 생산원가가 낮아지며 그 결과 높은 수익률을 실현하게 되는 것이다.

이 개념이 경영자에게 주는 전략적 시사점을 보면 다음과 같다. 첫째는 생산비는 시장점유율과 반비례의 관계를 갖는다. 따라서 시장점유율을 유지하는 회사는 생산비도 상대적으로 낮아진다. 둘째는 생산비의 하락에 대한 예측이 가능해짐에 따라 이에 대한 통제도 가능해진다.

그림 7-2 경험곡선

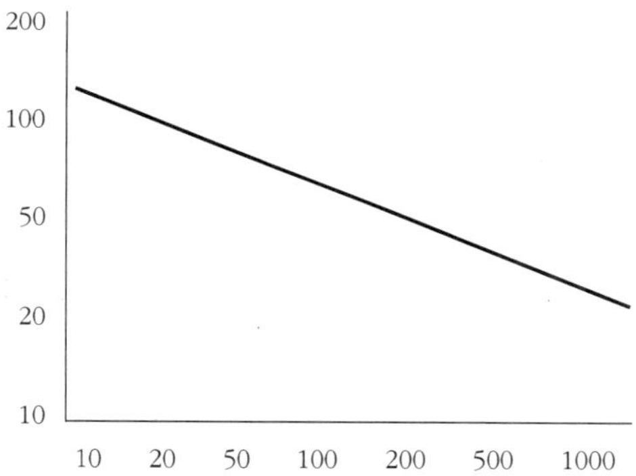

자료: 윤창호, 이규억, 〈산업조직론〉, 1987, p. 214.

이 경험곡선의 효과는 시장이 급속히 성장하고 있는 반도체 산업이나 컴퓨터 산업에 있어서 잘 적용될 수 있다. 그러나 꼭 시장점유율이 전략적으로 우선 성취되어야 할 것만은 아닐 수도 있다. 포드와 GM의 경쟁에 있어서 시장점유율을 우선적으로 고려했던 포드의 T카가 GM의 소비자의 적절한 요구를 파악하여 다양한 차종을 제공했던 전략에 참패했던 예에서 볼 수 있다.

T자형 자동차
(1903년 형)

GM 자동차

4 부가가치사슬(Value-added chain)

부가가치사슬은 한 기업의 활동을 전략적으로 연관성이 있는 몇 개의 활동들로 나누어 원래의 형태와 더불어 겉으로 나타났거나 내재된 차별화의 원천을 이해하기 위하여 도입된 개념으로서, 기업의 생산과 판매활동을 하나의 단순총체로 보지 않고 각기 상이한 경제적 특성을 가진 기능의 집합으로 보는 개념, 즉 한 제품이 기업에 의해 생산되어 소비자에게 판매됨으로써 창출되는 부가가치의 구성과정을 해당제품의 연구개발, 부품의 생산, 제품조립, 마케팅 및 애프터서비스와 같은 제 기능들의 집합으로 보는 것이다.

부가가치활동은 크게 본원적 활동(primary activities)과 지원활동(support activities)의 두 가지로 구분된다.[154] 다음 <그림 7-3>의 밑 부분에 나열되어 있는 활동들이 본원적 활동으로 제품제조의 물리적 과정과 판매 그리고 구매자에게 전달되는 물적 유통과정과 애프터서비스 활동이 포함된다. 어떤 기업에서든 본원적 활동과 다른 지원활동은 이 그림과 같이 다섯 가지 범주로 나누어진다.

154) Alfred chandler, The Evaluation of the Modern Global Corporation, Competition in Global Industries, ed Michael Porter. Boston Harvard Business School Press, 1986.

지원활동은 본원적 활동과 다른 지원활동을 보조해 주는 활동으로, 구매되는 투입요소, 기술, 인적자원과 기타 회사 전반에 걸친 기능을 포괄하여 설명된다. 그런데 그림에서 지원활동에 점선이 그려진 것은 이들 활동이 개별 활동을 지원하기도 하지만, 동시에 전반적으로 전체 가치사슬을 지원하기도 하기 때문이다. 다만 기업 하부구조는 특정 본원적 활동을 지원하지 않고 전체 가치사슬을 지원한다.

따라서 가치활동은 경쟁우위의 원천이 되는 요소들로 구성되어 있다. 또한 각 활동에는 경제적 논리가 반영되어 경쟁자에 대한 기업의 원가 위치를 결정하며 구매 욕구를 반영하여 차별화를 가져온다. 경쟁자의 가치사슬과 비교하여 나타나는 이러한 차이점이 경쟁우위를 결정짓는다.

가치사슬이 지닌 전략적 시사점은 부가가치사슬을 구성하는 각 기능의 경제적 특성을 달리함으로서 학습효과, 규모의 경제, 범위의 경제에 대한 감응도(sensitivity)가 다르다는 것이다. 또한 기능의 경제적 특성에 따라 소비자와 밀착되어 수행되는 분야(downstream 기능)와 소비자와 떨어져서 행해질 수 있는 분야(upstream 기능)가 구별될 수 있다는 점도 있다.

그림 7-3 부가가치 사슬

: M.E. poeter Competitive Advantage, The Free Press, 1985, p.37.

5 P.P.M(Protfolio Product Management)

1970년대 초반에 BCG(보스톤 컨설팅그룹)는 경험곡선의 개념을 근본적으로 새로운 강력한 개념으로서 포트폴리오 분석을 이용한 성장률, 시장점유율 매트릭스(growth-share matrix)를 개발하였다. 이것은 다국적 기업의 사업단위별로 경험곡선을 그린 후에 개개의 사업단위를 매트릭스 위에 포지셔닝 하는 것으로 투자대상으로서의 적합도를 상대 비교하는 것이다.

BCG는 현금젖소(cash cow: 성숙시장에 있는 사업)와 스타(star) 사업에 투자나 경영자원을 균형 있게 배분함과 동시에 문제아(question marks: 스타로 변할 수 있는 사업)에도 자금일부를 돌리는 것이 최적의 전략으로, 개(dog)에 분류되는 사업은 매각하거나 철수해야 한다. 다시 말하면 최대의 시장점유율을 갖는 기업은 최저비용으로 최대의 이익을 얻기 위해 될 수 있으면 많은 제품시장에서 지배적인 점유율을 확립하는 것이 중요하다. 저성장시장에서는 경합회사의 시장점유율을 뺏는 것 이외에 자사의 점유율을 확대하는 방법은 없지만 고성장시장에서는 다액의 투자를 행함으로써 시장점유율의 확대를 꾀할 수 있다. 따라서 당해기업은 경합회사보다도 높은 성장률을 달성할 수가 있어 성장률이 둔화될 때에는 지배적인 시장점유율을 갖는 기업이 될 수 있다.

그림 7-4 BCG 매트릭스

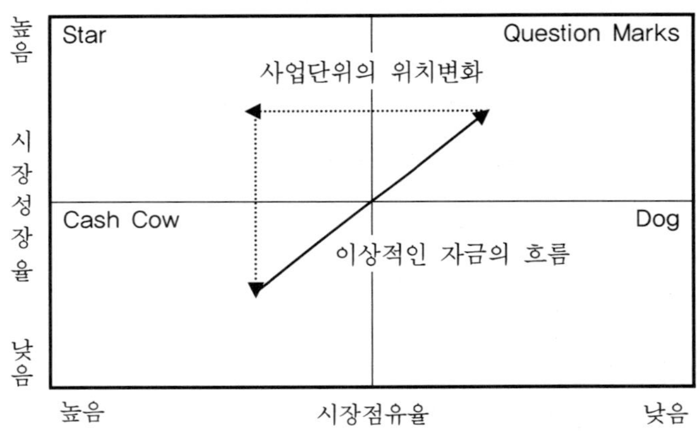

GE는 1971년 맥킨제(Mckinsey)에 개개의 전략적사업단위가 책정한 전략계획의 평가를 의뢰했다. GE에서도 BCG의 성장률과 시장점유율 매트릭스를 사용하였지만 단 2개의 기준으로 개개의 사업단위의 투자전략을 결정할 수가 없다고 생각하였다. GE와 맥킨제는 9개의 매트릭스(GE / Mckinsey nine-block Matrix)에 의한 사업스크린을 개발하였다.

이 매트릭스는 업계의 매력도 및 사업강도를 각각 12로 나누어 각 요소에 가중치를 두어 그 평균치로 나타낸 것이다.

6 PIMS 프로그램

PIMS 프로그램은 각 사업단위가 제출한 전략이 수익성에 미치는 영향을 평가하기 위한 수단으로 GE가 구축한 내부 데이터베이스에서 출발하였다. 1972년에 전략과 성과 간의 관계를 보다 잘 이해하기 위해 하버드 경영대학으로 이전되어 이 프로그램에 참여하기를 원하는 다른 기업의 자료를 포함하여 테이터베이스를 확대하였다.

에디슨과 GE

그 뒤 PIMS 프로그램의 독립적 운영을 위해 전략계획연구소(Strategic Planning Institute)가 별도로 설립되었는데, 이 연구소는 연구를 통해 나타난 결과를 참여기업들에게 조언해 주고 있다.[155] PIMS 프로그램에 전략적 행동의 결과를 측정하기 위해 100여 개의 변수들에 대해 수천 개 사업단위의 계량적 측정치를 사용하는 수학적 모형이라고 할 수 있다.[156] PIMS 데이터베이스에 포함되는 변수들을 다음과 같은 세 가지 유형의 변수들이다.

- ▶ **산업변수**(사업의 경쟁지위와 산업구조의 매력도) : 시장성장률, 수명주기단계, 노조 결성여부, 고객, 집중도 등
- ▶ **전략변수** : 시장점유율, 제품품질, 신제품도입, 마케팅, 연구개발비용 등
- ▶ **수익성변수** : 매출액 대비 세전영업이익(ROS), 투자자본 대비 세전영업 이익(ROI) 등

155) 1986년에 PIMS 프로그램에 참여한 기업(사업단위)은 2,600여 개에 이르는데, 이들 중 대부분이 북미지역의 기업이지만, 유럽기업이 400여개, 그 외 여타 지역의 기업들도 100여 개에 이르고 있다.
156) PIMS 프로그램에 대한 보다 자세한 설명은 김인호(1988), pp. 156~191을 참조.

성장성-점유율 매트릭스와 산업 매력도-사업 강점 매트릭스는 산업의 매력도와 사업의 경제 지위를 평가함으로써 투자전략과 경쟁전략에 대해 이론적 제언을 제시해 주는데 그 목적이 있다. 이에 비해 PIMS 프로그램은 각각 다른 시장환경과 경쟁환경에 속한 다양한 사업 단위들의 경험 자료를 분석함으로써 전략의 일반적 원칙을 발견하는데 그 목적이 있다. 이를 위해 PIMS 프로그램은 <그림 7-5>에서 알 수 있듯이 시장구조, 경쟁지위, 사업전략에 관한 실제 자료를 사용하여 이들이 재무적 성과에 미치는 영향을 실증적으로 분석한다.

PIMS 프로그램은 다중회귀분석을 통해 이들 산업변수와 전략변수가 기업의 성과에 미치는 영향을 분석한다. 수익성에 영향을 주는 다양한 산업변수와 전략변수를 사용하여 다중회귀분석을 한 결과에서 주요 변수를 선택하여 예시한 것이다.

이러한 PIMS 프로그램의 전략적 응용에는 ① 사업 단위의 성과목표설정 ② 사업단위의 전략의 수립 ③ 사업단위들 간의 투자자금 배분 등이 있다.

그림 7-5 PIMS 데이터베이스의 자료

시장구조의 매력도 : 성장률, 차별화 정도·자본집약도, 구매량·노조결정, 진입순서

사업의 경쟁지위 : 상대적 품질, 시장점유율, 자본집약도, 원가지위

↓

전략의 특징 : 시장 및 R&D지출, 가격책정, 신제품 수, 제품라인의 길이, 유통채널의 선택, 수직통합의 정도

↓

성과 측정 : ROI, ROS, 현금흐름, 성장률 주주가치

표 7-2 PIMS의 다중회귀 분석의 예[157]

영 향 변 수	투자수익률(ROI)	매출액 순이익률(ROS)
실질시장성장률	0.18	0.04
가격인상률	0.22	0.08
노조결성률	-0.07	-0.03
시장점유율	0.34	0.14
상대적 품질	0.11	0.05
신제품 도입률	-0.12	-0.05
매출액대비 마케팅 비용	-0.52	-0.32
매출액대비 연구개발비	-0.36	-0.22
매출액대비 재고	-0.49	-0.09
고정자본 집중도	-0.55	-0.10
조업도	0.31	0.10
노동생산성	0.13	0.06
수직적통합	0.26	0.18
R^2 (F값)	0.39(58.3)	0.31(45.1)
표본 수	2,314	2,314

자료 : R.D. Buzzel and B.T. Gale, the PIMS Principles, Free, New York(1987), p. 274.

157) 결과를 해석하는데 있어서 실질시장성장률을 예를 들면, 실질 시장성장률이 1% 증가하면 투자수익률(ROI)이 0.18% 증가한다는 것을 말해준다.

Memo

8

CHAPTER

국제경쟁력 이론

1 2 3 4 5 6 7 **8** 9 10 11 12 13 14 15 16

기업의 국제경쟁력을 결정하는 요인은 크게 보아, 첫째, 가격경쟁력(價格競爭力)에 영향을 미치는 요소, 둘째, 비 가격경쟁력(非價格競爭力)에 영향을 미치는 요소로 구분할 수 있다. 가격경쟁력이란 기업이 생산하는 제품의 생산원가나 판매가격이 다른 나라 기업이 생산하는 동일(同一) 제품과 비교하여 얼마나 유리한가를 나타내주는 것으로서, 주로 노동·자본·원자재 등 각종 생산요소의 비용과 환율변동 등의 요인에 의해 결정된다.

이 중에서 노동비용은 임금과 노동생산성의 수준, 즉 각국의 노동력 수급사정, 노동의 질과 숙련도, 일반물가수준 등에 따라 달라진다. 자본비용은 차입자본에 대한 이자율, 자기자본에 대한 배당률, 자본재의 소모율, 투하자본에 대한 조세 및 보조금 등의 요인에 의해 영향을 받는다. 원자재비용은 자원의 부존 상태, 산업구조, 생산기술 및 원자재 절감 노력 등에 따라 달라진다. 이들 요인들의 변화는 각국 간 동종(同種) 상품의 상대적인 가격변화를 초래하기 때문에 가격경쟁력에 직접적인 영향을 미친다.

비 가격경쟁력은 기업의 기술수준, 상품의 공급능력, 수요구조 변화에 대한 적응능력, 국제시장에서의 제품의 성가(聲價), 품질, 디자인, 애프터서비스, 판매조건 등 제반 요인에 의해 결정된다.

이 중에서 기술개발은 생산요소의 생산성 향상을 통하여 가격경쟁력을 높이고 다른 한편으로는 품질개선·신제품개발 등을 통해 비 가격경쟁력을 높여주기 때문에 매우 중요한 요인이다. 또한 제품의 성가(聲價), 품질, 디자인 및 애프터서비스 등은 세계교역이 점차 고부가가치 제품을 중심으로 확대되면서 비 가격경쟁력 결정에 매우 중요한 영향을 미치는 요인으로 대두되고 있다. 그 이외에도 중장기적으로는 설비투자의 양(量)과 질(質), 자본스톡(stock) 등이 기업의 국제경쟁력에 영향을 미친다.

제8장 1절 국제경쟁력의 개념

국제경쟁력의 개념은 매우 광범위하고 다양하다. 따라서 국제경쟁력에 대한 논의를 전개하기 위해서는 먼저 국제경쟁력에 대한 개념부터 명확히 정의하여야 한다. 국제경쟁력의 개념을 경제활동을 주도하는 각 경제주체별로 정의하면 다음의 <표 8-1>과 같다.

한 국가의 국제경쟁력은 특정 국가가 높은 생산성을 바탕으로 높은 소득수준을 유지해 나갈 수 있는 능력이다. 따라서 제조업 등 산업의 생산성이 수반되지 않고, 여러 가지 다른 이유로 단지 높은 소득을 들어, 산유국(産油國) 등과 같이 천연자원을 판매하여 소득을 올릴 뿐 이렇다 할 산업이 없는 경우에는 비록 소득수준이 높다 하더라도 국제경쟁력을 갖추고 있다고 말할 수는 없다. 국가의 국제경쟁력은 1인당 GNP 또는 생산성 등으로 간단히 측정할 수 있다.

표 8-1 국제경쟁력의 개념 및 측정수단

주 체	개 념	측 정 수 단
국 가	높은 생산성을 바탕으로 높은 소득수준을 유지할 수 있는 능력	1인당 GNP·생산성 등
산 업	다른 국가의 동종(同種) 산업과 비교하여 세계적으로 높은 시장점유율을 유지할 수 있는 능력	시장점유율·무역점유율·해외직접투자점유율 등
기 업	해당 산업에서 다른 국가의 기업에 비하여 세계적으로 낮은 원가 또는 높은 기술력과 성과(成果) 등을 유지할 수 있는 능력	수익성·시장점유율·차별화 능력 등

산업의 국제경쟁력은 세계시장에서 타국의 동종(同種) 산업과 비교하여 높은 시장점유율을 유지해 나갈 수 있는 능력이다. 산업의 국제경쟁력은 그 산업의 세계시장점유율로 측정할 수 있는데, 이러한 시장점유율은 전 세계 생산량 또는 판매량을 기준으로 측정할 수도 있고, 이것이 용이하지 않을 때에는 전 세계 생산량 또는 판매량을 기준으로 측정할 수도 있고, 이것이 용이하지 않을 때에는 전 세계 무역량 또는 해외직접투자액수 등을 기준으로 측정할 수도 있다.

한편, 산업의 국제경쟁력 측정은 산업의 범위를 어디까지로 볼 것인가에 따라 그 내용이 달라진다. 일국(一國)의 특정 산업을 정의함에 있어서 그 나라 기업이 외국에 설립한 현지생산공장까지 포함하여 정의하는 경우에는 일국(一國)의 제조기업들이 범세계적으로 생산하여 판매한 액수 또는 수량을 모두 측정하여야 하며, 해외생산공장을 포함하지 않고 정의하는 경우에는 국내에서 생산하여 수출한 금액 또는 수량만을 측정하게 된다.

기업의 국제경쟁력이란 그 기업이 사업활동을 영위하고 있는 해당 산업에서 다른 기업보다 낮은 원가로 생산할 수 있는 능력 또는 높은 기술수준과 상표 인지도를 유지할 수 있는 능력을 말한다. 다른 기업보다 낮은 원가로 생산할 수 있는 원가우위의 확보를 위해서는 낮은 인건비 등의 입지적 우위뿐 아니라, 낮은 원가로 생산을 가능하게 하는 공정기술, 규모의 경제, 경험 등 제반 조건의 뒷받침이 필요하다.

이와 같이 국제경쟁력의 개념은 경제활동의 주체에 따라 그 개념규정이 달라진다. 개념상으로는 국가의 국제경쟁력 → 산업의 국제경쟁력 → 기업의 국제 경쟁력 순으로 상위개념 대 하위개념으로 분류할 수 있으나, 그렇다고 해서 상위 개념이 하위개념의 단순한 합계가 곧 그 국가의 국제경쟁력이라고 말할 수도 없다. 이는 기업활동의 국제화가 진전되면서 기업의 국제경쟁력 개념 및 그 측정 범위가 특정 국가의 영토 내에 한정되지 않기 때문이다.

제8장 2절 국제경쟁력 결정이론

국제경쟁력에 대한 이론적 연구는 국가의 국제경쟁력을 중심으로 한 국제무역이론으로부터 산업 및 기업의 국제경쟁력이론에 이르기까지 매우 광범위하다.

1 경쟁우위이론: 다이아몬드 모형

포터(M.E. Porter) 교수는 10개국 110여 개 산업에 대한 국제경쟁력을 종합적으로 분석하여 국제경쟁력에 관한 여러 이론들을 국제경쟁력에 관한 일반 이론으로 통합하고자 시도하였다.[158] 그는 국제경쟁력의 결정요인을 네 가지로 분류하고 있다.

표 8-2 국제경쟁력 결정이론

분석대상	국제경쟁력 결정이론	국제경쟁력 결정요인												
		국가의 비교우위					기업의 경쟁우위							
		생산요소	정부의 역할	국내수용조건	환경요인	관련지원산업	경영자의 역할	기업경영능력	제품개발능력	제품생산능력	마케팅능력	인적관리능력	구매재무능력	연구개발능력
국가	절대우위이론	○												
	비교우위이론	○												
	헥셔-오린이론	○												
	레온티에프역설	○												
	상호수요이론		○											
	대표수요이론	○	○											
	기술격차이론	○												
	제품수명주기 이론	○												
산업	그리핀의 연구	○	○	○	○									○
	야마자와의 연구	○	○		○				○		○			○
	플레밍과 창의연구	○	○		○			○			○			
기업	크리스텐센의 연구						○	○			○			
	독점적 우위이론							○	○		○	○	○	○
	절충이론							○	○	○	○	○	○	○
	코굿(Kogut)이론							○	○	○	○	○	○	○
전반	포터(porter) 연구	○	○	○	○	○	○							

첫째는 요소조건(factor condition)이다. 요소조건에는 인적 자원, 물적 자원, 지적 자원, 자본 및 사회간접자본 등이 포함된다. 요소조건은 상속되는 것이 아니라 기업의 노력에 의하여 생성되는 것이다. 따라서 이 요소조건이 풍족하면 그것이 오히려 기업의 국제경쟁력 확보에 장애요인으로 작용할 수도 있다. 기업의 국제경쟁력 확보에 보다 중요한 것은 이들 자원이 얼마나 잘 갖추어져 있느냐 하는 것이 아니라, 이들 자원을 얼마나 효율적으로 활용하느냐에 달려 있기 때문이다.

둘째는 수요조건(demand condition)으로 국내 구매자의 구성, 국내시장의 규모와 성장단계 및 국제시장수요의 보편성 등의 요인이다. 수요조건에 있어서 한 가지 주목할 것은 국내시장에 고급스럽고 까다로운 고객층이 많으면 많을수록 국제경쟁에는 보다 유리

158) M. E. Porter, The Competitive Advantage of Nations (The Free Press, 1990).

해진다는 점이다.

셋째, 특정 산업의 발전이 혼자 이루어지는 것이 아니라 대개의 경우 관련 클러스터(industry cluster)과 함께 발전한다는 점이다. 따라서 관련산업 및 지원산업(related and supporting industries)의 역할이 중요해진다. 관련산업이란 컴퓨터의 하드웨어와 소프트웨어 등과 같이 상호 보완적 내지 협조적인 산업을 가리키며, 지원산업이란 기술과 제품의 혁신과 개발과정에서 밀접한 협력이 필요한 부품산업 내지 원료산업을 말한다.

넷째는 기업의 전략과 구조 및 경쟁관계(firm strategy, structure and rivalry)이다. 기업의 전략과 구조에는 기업경영관리자의 배경, 조직의 특성, 의사결정방식, 노사관계 등 다양한 요소들이 포함된다. 한편 국내시장에서의 경쟁 여건은 기업의 국제경쟁력을 결정짓는 가장 중요한 변수이다. 국내기업 간의 경쟁이 치열하면 치열할수록 그 기업은 보다 강력한 국제경쟁력을 갖게 될 가능성이 많다.

포터는 이들 네 요소가 어떻게 상호작용하며, 그러한 과정에서 산업이 어떻게 발전해 나가는가 하는 것을 동태적으로 분석하여 다음 <그림 8-1>과 같은 그의 다이아몬드 모형을 제시하고 있다.

다이아몬드 모형에 의하면 산업과 기업의 국제경쟁력은 끊임없는 기업의 투지와 혁신 노력에 달려 있다. 이러한 현상이 일어나는 산업과 기업은 국내경쟁이 치열하고 고객이 까다롭고 고급스러우며, 시장수요의 성격이 첨단적이고, 성장속도가 빨라 성숙기의 도래도 빠르다는 특징을 가지고 있다. 포터는 이상의 네 가지 요인 이외에 국제경쟁력에 간접적으로 영향을 미칠 수 있는 두 가지 외생변수로서 정부의 역할과 순수기회의 역할 등에 대하여 언급하고 있다.

그림 8-1 포터의 다이아몬드 모형[159]

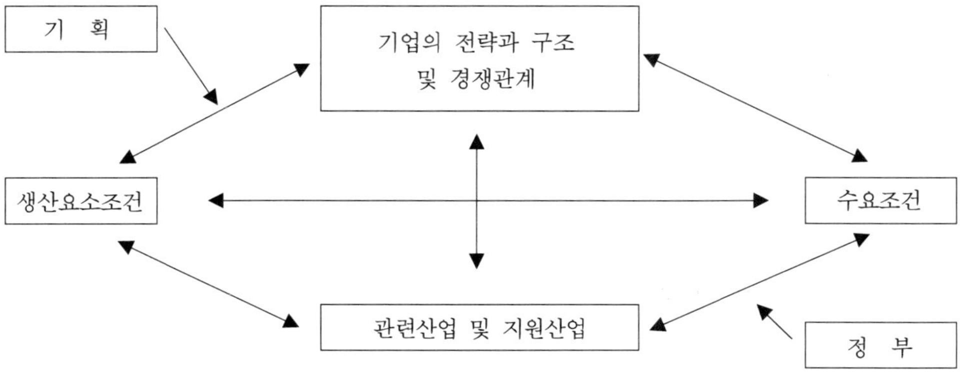

159) M. E. Porter, 전게서(1990), p. 127.

포터의 다이아몬드 모형은 장기적인 관점에서 국제경쟁력을 결정짓는 근본 요인과 범세계적 경쟁의 동태적 측면을 잘 설명하고 있다. 뿐만 아니라,

첫째, 무역·해외직접투자·기업경쟁력·기업국제화 등의 여러 이론을 통합하려고 시도한 점.

둘째, 분석단위를 국가로부터 산업과 기업 등으로 확장시킨 점.

셋째, 동태적인 면을 강조한 점.

넷째, 까다롭고 고급스러운 고객, 치열한 경쟁 등 불리해 보이는 요인들이 역설적으로 국제경쟁력에는 오히려 유하게 작용한다는 점.

마지막으로 풍부한 사례로서 그의 설명을 뒷받침 받고 있다는 점 등이 높이 평가할 만하다. 그러나 이 이론은 국제경쟁력의 일반이론으로서 다음과 같은 점에서 몇 가지 단점을 가지고 있다.

첫째, 종속변수인 국제경쟁력에 대한 정의와 측정이 애매하다.

둘째, 네 가지 요소 중에서 '기업의 전략과 구조 및 경쟁여건'이라는 변수는 사실상 두 개의 다른 요소이므로 경쟁여건을 변수로 독립시키거나, 오히려 관련산업 및 지원산업에 합쳐 산업구성의 한 특징으로 파악하는 것이 타당하다.

셋째, 모형의 동태적인 면과 네 가지 요소 간의 상호작용을 지나치게 강조하다 보니, 각 변수 간의 인과관계가 분명하지 않아 자칫하면 순환논리에 빠지기 쉽다.

넷째, 분석단위를 산업과 기업으로 확장했다고는 하나, 경쟁력의 주체에 대한 언급이 명확치 않아 국제경쟁력 결정에서 가장 중요한 위치를 차지하는 기업에 대한 언급이 불충분하다.

다섯째, 독립변수와 종속변수의 정의 및 관계가 분명하지 않고 경쟁력의 주체가 명확하지 않다. 그 결과 이 이론에 근거하여 제시하는 정책대안은 다분히 일반론에 그치고 마는 경향이 있다.

2 기술개발력 이론

기술은 기업의 원가구조나 차별화 전략에 영향을 미쳐 국제경쟁력을 결정하는 매우 중요한 요인이다. 즉, 기술은 기업의 제품생산활동 및 가치창출활동에 혁신을 유발시켜, 다

른 기업과의 차별성을 강화시켜줌으로써 원가 우위 및 차별화를 달성할 수 있게 해주는 것이다. 또한 기술개발은 규모의 경제를 달성하기 위한 생산규모를 최소화시킨다든지, 또는 이전에는 관련성이 없어 보이던 활동들을 상호 연결함으로써 시너지효과를 창출하여, 기업의 국제경쟁력을 제고시키고 경쟁력을 강화시킨다.

한편, 기술의 변화는 기업 간·산업 간 경쟁을 유발시키기 때문에 산업구조의 변화 및 새로운 산업의 출현 등에도 중대한 영향을 미친다. 따라서 기술변화에 잘 적응하지 못하면 비록 시장 선도기업이라 할지라도 경쟁에서 낙후되어 곧 도태될 수 있다. 반면에 기술변화를 주도하거나 기존기업보다 먼저 신기술을 습득한 기업은 비록 후발기업이라 할지라도 급속한 성장의 기회를 얻을 수 있다.

기술변화는 변화 그 자체에 의미가 있는 것이 아니라 그것이 기업의 경쟁우위나 산업구조에 영향을 미칠 때에 비로소 그 의미를 가지게 된다. 그러므로 기술변화가 전략적으로 모두 기업에 기여하는 것은 아니다. 따라서 기술개발을 시도하는 기업은 어떠한 기술이 기업에 적합한가, 기술개발의 결과가 기업에 어떠한 영향을 미칠 것인가 등의 측면을 사전에 면밀히 분석하여야 한다. 기술 개발이 국제경쟁력에 영향을 미치는 과정을 그림으로 나타내면 다음의 <그림 8-2>와 같다.

그림 8-2 기술개발과 국제경쟁력

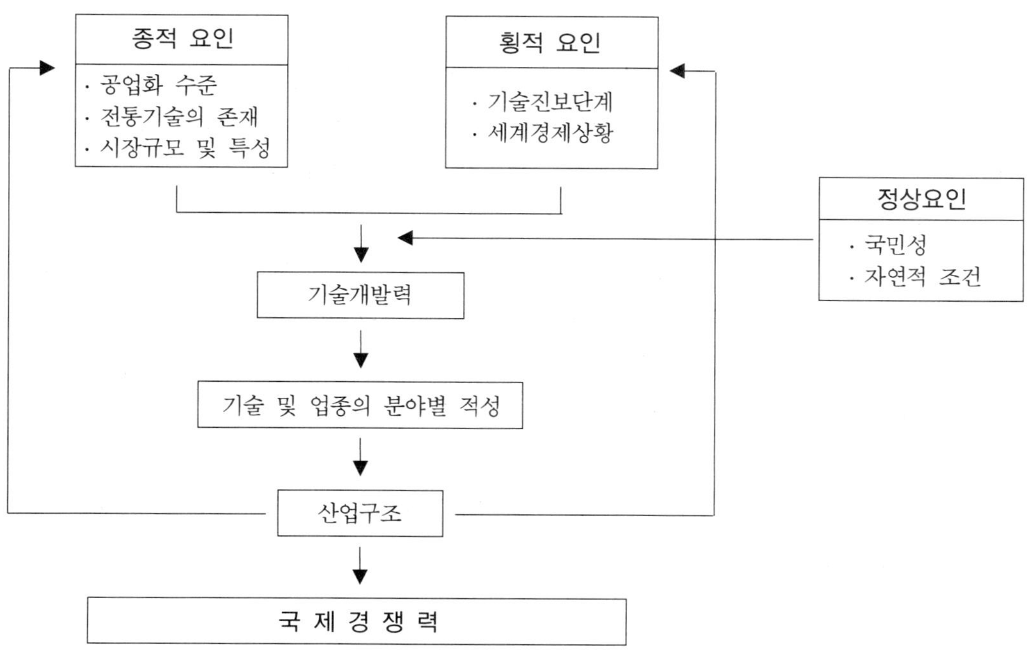

3절 국제기업의 국제경쟁전략

기업의 국제화가 진전됨에 따라 국가의 비교우위보다는 국제기업의 독점적 경쟁우위가 더 중요한 역할을 하게 된다. 즉, 기업의 국제화가 진전되면 진전될수록 정부의 역할보다는 기업 스스로의 역할이 국제경쟁력 확보에 더욱 중요해진다는 뜻이다. 국제기업들이 국제사업활동을 영위하면서 국제경쟁력을 강화시킬 수 있는 기업경영전략들은 코굿·포터 등에 의하여 제시되었다.

1 코굿의 국제경쟁전략

코굿(B.Kogut)은 다국적기업이 범세계적 조직망(global network)을 가지고 있어 자원을 탄력적으로 운용할 수 있으므로 범세계적 경쟁에 있어 국내기업보다 훨씬 유리하다고 보고, 국가 특유의 비교우위(comparative advantage)와 기업 특유의 경쟁우위(competitive advantage)요소를 결합하여 그의 범세계적 경쟁전략모형을 개발하였다.160)

코굿은 범세계적 전략을 수립할 때 제기되는 두 가지의 기본문제, 즉 국제경영활동을 전개하는 경우 부가가치사슬의 어느 곳을 연결하여야 하는가, 또한 기업의 자원을 어떤 기능에 집중시켜야 하는가 등의 문제를 비교우위와 경쟁우위로 나누어 설명하고 있다. 비교우위란 국가 간 요소비용의 차이에서 나타나게 되는 입지 특유의 우위요소(location-specific advantage)로서, 기업이 '어느 곳(where)'에 자원을 투입하고 시장진입을 시도할 것인가를 결정하는 데 중요한 영향을 미친다. 반면 경쟁우위란 기술·상표·정보 등 기업 간 차이에서 발생되는 기업 특유의 우위요소로서 기업이 '어떤(what)' 활동과 기술로서 투자활동과 경영활동을 수행해 나갈 것인가를 결정하는 데 영향을 미친다.

코굿은 이와 같은 입지 특유의 비교우위와 기업 특유의 경쟁우위를 어떻게 활용할 수 있는가에 따라, 기업이 전개할 수 있는 범세계적 경쟁전략유형을 다음과 같이 세 가지로

160) B. Kogut, "Designing Global Strategies: Comparative and Competitive Value – Added Chains." Sloan Management Review(Summer 1985), pp. 15～28.

구분하였다.

첫째 유형은 국가의 비교우위는 있으나 기업의 경쟁우위가 없는 경우이다. 이 경우에는 국가 간 비교우위의 차이에 따라, 산업 간 무역을 전개하거나 국제적인 수직적 통합전략으로 전·후방의 연계효과를 도모하도록 전략을 수립해야 한다.

둘째 유형은 국가의 비교우위는 없으나 기업의 경쟁우위는 있는 경우이다. 이때에는 당해 기업이 산업 내 무역이나 국제적인 수평적 통합전략을 구사할 수 있다.

셋째 유형은 국가의 비교우위와 기업의 경쟁우위가 모두 있는 경우이다. 이 경우에는 시장침투와 원료조달 입지를 다르게 배열하여 국제적인 수직적·수평적 통합이 이루어지도록 하여야 한다.

코긋의 범세계적 경쟁전략유형은 범세계적 경쟁의 원천이 어디에 있는가 하는 것을 보여 주고 있다. 그에 의하면 범세계적 경쟁력은 규모의 경제, 범위의 경제 및 학습을 통한 경험 등에 의하여 기업 특유의 경쟁우위와 국가 특유의 비교우위가 결합됨으로써 창출되는데, 이러한 경쟁우위 원천의 유무에 따라 개별기업의 범세계적 경쟁형태와 경영활동형태가 결정된다는 것이다. 기업의 국제화가 진전될수록 국제 특유의 비교우위보다는 기업 특유의 경쟁우위요소가 더 중요해진다.

코긋의 이론은 기존의 무역이론과 해외직접투자이론에서 각기 비교우위와 경쟁우위의 개념을 도출하여 이를 결합한 것으로서, 새로운 국제경쟁의 양상과 이에 상응하는 전략을 제시하였다는 점에서 그 의의가 있다.

그러나 그가 제시한 바 있는 해외직접투자를 가능하게 하는 경쟁우위의 개념은 기존의 이론과는 약간 다르다. 즉, 기존의 해외직접투자이론에서는 최초의 해외직접투자가 어떻게 이루어지는가에 초점을 맞추어 그것을 가능하게 하는 구조적 요인들을 강조하였다. 그러나 그는 다국적기업에 의한 해외직접투자가 다국적기업 시스템으로부터 창출되는 효율성을 누리기 위한 연속적 과정이라고 주장하였다.[161]

161) B. Kogut, "Foreign Direct Investment as a Sequential." in D. R. LESSARD(ed). International Financial Management, John Wiley & Sons. 1985, pp. 63~73.

그림 8-3 코굿의 국제경쟁력

기업의 경쟁우위 \ 국가의 비교우위	없음	있음
없음	· 국내의 세분화된 시장에서 활동	I · 산업간 무역 · 기업의 국제적인 수직적 통합
있음	II · 산업내 무역 · 기업의 국제적인 수평적 통합	III · 시장침투와 원료조달 입지를 다르게 배열하여 기업의 수직적·수평적 통합

2 포터의 국제경쟁전략

포터(M.E. Porter)는 범세계적 산업(global industry)을 다음과 같이 정의하였다. 범세계적 산업이란 주요 지역시장 또는 국가시장에서의 위치설정에 있어서 경쟁기업들의 전략적 위치에 의해 상당한 영향을 받는 산업이다. 그는 이러한 범세계적 산업에 속한 기업이 추구할 수 있는 범세계적 경쟁전략모형을 제시하였다.[162)]

그에 의하면 범세계적 산업에 속한 기업은 기업활동의 범세계적 배열(configuration)과 통합(coordination)을 통하여 범세계적 전략을 수립함으로써 경쟁우위를 창출하게 되는데, 이러한 경쟁우위가 국제경쟁력을 결정하는 요인이 된다는 것이다. 즉, 기업은 기업활동의 배열과 통합을 비용선도와 차별화를 실현할 수 있으며, 이러한 경쟁우위로서 범세계적 경쟁에서 승리할 수 있다는 것이다.

포터가 제시한 바 있는 범세계적 경쟁전략의 유형은 다음의 <그림 8-5>와 같다.

첫째, 전략은 기업활동의 배열을 지역으로 집중시키고 기업활동의 통합도 엄격히 하는 범세계적 경쟁전략이다. 이 전략은 가장 단순한 범세계적 전략으로서, 가능한 한 기업활동의 많은 부분을 특정 국가에 집중시키고 구매자 가까이에서 수행하여야 할 기업활동들을 표준화시킴으로써 국제기업활동을 통합하려는 전략이다.

둘째는 기업활동의 배열을 지역적으로 집중시키긴 하지만 기업활동의 통합은 낮은 수

162) M. E. Porter, "Competiton in Global Industries: A Conceptual Framework." in M. E. Porter(ed). Competition in Industries(Harvard Business School Press, 1986) pp. 19～42.

준에서 두는 수출 위주의 범세계적 경쟁전략이다. 이 전략에서는 마케팅활동이 분산된다.

셋째는 기업활동의 배열을 지역적으로 분산시키고 기업활동의 통합도 엄격히 하는 해외직접투자전략이다.

넷째는 기업활동의 배열을 지역적으로 분산시키면서 기업활동의 통합도 별로 중시하지 않는 국가 중심적 범세계적 경쟁전략이다. 이 전략은 어느 한 국가에서만 기업활동을 하는 다국적기업이나 국제기업이 선택할 수 있는 전략이다.

또한 포터(M.E. Porter)는 특정 산업이 범세계적 산업(global industry)으로 성장하고 있을 때, 그 산업 내에서 기업이 선도적 위치를 차지하기 위하여는 가치활동의 적절한 배열과 통합을 통하여 경쟁우위를 확보해야 한다고 주장하면서, 범세계적 산업의 경쟁전략 대안으로 다음의 다섯 가지를 제시하였다.[163]

첫째, 범세계적인 저 원가전략(global cost leadership strategy)이다. 이 전략은 제품의 차이나 국적 등에서 별로 관심을 두지 않는 국제시장 고객을 대상으로 폭넓은 제품라인의 판매와 시장활동을 전개하는 것이다. 이 경우 기업의 경쟁우위는 저(低)원가를 바탕으로 한 가격경쟁력에 있다. 이와 같은 전략을 추구하려면 제품이 표준화되어 있어야 하고, 기술개발·구매·생산 등에 있어서 규모의 경제를 달성할 수 있어야 한다.

둘째는 범세계적 차별화 전략(global differentiation strategy)이다. 이 전략은 세계 도처에 여러 종류의 제품을 판매하되, 기술이나 품질 등을 차별화하여 제품가격을 비교적 높게 책정하는 것이다. 이러한 전략을 구사하는 기업들은 차별화에 수반된 비용을 줄이기 위하여 규모의 경제나 학습효과의 이점을 이용하기도 한다.

셋째는 범세계적 세분화 전략(global segmentation strategy)이다. 이 전략은 특정 산업의 세분화된 시장을 대상으로 범세계적 판매활동을 전개하는 것이다.

넷째는 피 투자국 현지시장상황 부응전략(national responsiveness strategy)이다. 이 전략은 산업이 범 세계화되고 있긴 하지만, 그래도 국가 간에는 다소의 차이가 있기 때문에 각 국가별 특수상황에 맞춰 산업을 세분화하고, 개별 현지국의 요구에 맞는 제품이나 마케팅활동을 전개하는 것이다. 따라서 범세계적 전략에 따른 경쟁우위는 현지국의 특수한 요구에 적합하도록 활용하여야 한다. 기업이 이러한 전략을 구사하는 것은 범세계적 배열과 통합에 있어 물리적·기술적·경제적 장애가 존재하기 때문이다.

다섯째는 피 투자국 현지보호시장 추구전략(protected market strategy)이다. 이 전략은 특정산업을 보호하기 위하여 피 투자국 현지정부가 고율의 관세나 쿼터 및 국산품 사용의무 등의 무역제한조치를 부과하는 경우, 범세계적 경쟁에서 이러한 현지국 정부의 보호정책을 활용코자 하는 것이다. 이때 국제 기업의 독특한 시장 지위는 그 기업이 가지

163) M. E. Porter, 전게서(1986), pp. 45～54.

고 있는 경제적 우위요소 때문이 아니라 특정 산업을 보호하려는 피 투자국 현지정부의 정책에 따라 달라진다.

포터의 범세계적 경쟁전략은 분석의 차원을 산업영역으로까지 확대하였다는 데 큰 의미가 있다. 그러므로 포터의 모형은 해당산업에 속한 기업이 구체적으로 어떠한 전략을 수행하여야 하는가에 대하여는 뚜렷한 대안을 제시하지 못하고 있다.

그림 8-4 포터의 국제경쟁력[164)]

기업활동의 통합 \ 기업활동의 배열	지역적 분산	지역적 집중
높음	해외직접투자전략	범세계적 전략
낮음	국가중심적 전략	수출위주전략

그림 8-5 범세계적 산업의 경쟁력[165)]

산업세분화 영역	범세계적	특정국 중심
여러 부문으로 세분화	범세계적 저원가전략 또는 범세계적 세분화전략	피투자국 현지 보호시장 추구전략
극소수 부문으로 세분화	범세계적 차별화 전략	피투자국 현지 시장상황 부응전략

164) M. E. Porter, 전게서 (1986), p. 28.
165) M. E. Porter, 전게서 (1986), pp. 45～54.

제8장 4절 국제전략경영의 통합

글로벌한 환경변화에서 경영자 또는 기업가의 전략적 의사결정은 중요하다. 모든 기업이 항상 경쟁우위를 지속하지는 못한다는 사실에서 보면 경쟁우위의 지속성을 유지할 수 있는 근본 동인으로서 기업가정신(entrepreneurship)은 많은 역할을 한다. 특히 변화하는 환경에 대응하는 기업가나 경영자의 전략적 의도(intention)는 기업의 전략적 전개능력을 향상시킨다.

더욱이 경쟁우위의 달성이 기업 특유의 독점적 우위(monopolistic advantage) 또는 핵심역량(core competence)에 기반하고 있으면 상황 적합적인 동태적 경쟁환경에서 좋은 성과를 가져올 수 있다. 일반적으로 글로벌 기업환경은 기업과 투자대상국 차원이 복합적으로 형성되었을 때 경영성과에 큰 영향을 지닌다.

급변하는 국제 환경에서 해외시장에 진입하여 경쟁우위를 확보하려고 한다면 기업은 전략적 의도를 지니고 있어야 한다. 해외시장에서 의사결정의 주체인 경영자가 기업활동을 통제하고, 외부 환경과의 적합을 시도하는 것이 바로 그것이다.

1 기업의 국제화와 경쟁우위

1) 기업의 해외시장 진입

기업은 여러 가지 동기로 해외시장에 진입한다. 국내시장만으로는 그들의 성장목표를 달성할 수 없다고 판단될 때, 적극적으로 국제시장진입을 고려하고 다양한 방식으로 진출하고 있다. 무역장벽의 완화, 기술의 변화, 시장의 글로벌화는 기업의 국제화에 대한 견인요인으로 대두되고 있다. 따라서 경영자는 각 제품과 시장별로 진입전략을 수립한 후 종합적인 분석과정을 거쳐 통합된 전략의 수립을 필요로 한다.

이러한 전략은 Root(1987)[166]에 의하면 기업은 경영자원 제약보다는 해외진입을 모색할 수 있는 적극적인 사고를 우선에 두고 있다. '환경의 제약'이 많고 적음에 따라

166) F. R. Root, *Entry Strategies for International Market*, Lexington, Mass: Lesington Books, 1987, pp. 2~5.

조직과 목적이 달라진다는 관점에서 경영자의 전략적 의지를 중요하게 보는 것이다. 다만 기업활동의 통제는 그 목적이 조직의 전체적인 조화를 깨뜨리는 특이한 행동을 최소화하여 성과를 예측하는 것이므로 상황에 따라서 경영자의 통제기능은 기업의 국제시장진입을 신중하게 처리하는 결과를 가져온다.

통제기능에 있어 Chakravarthy와 Perlmuter(1985)[167]는 기업이 본국중심(ethnocentric)의 태도에서 해외시장중심적(polycentric), 지역시장중심적(regiocentric), 세계시장중심적(geocentric)으로 나아가게 됨에 따라 통제를 목표설정, 커뮤니케이션, 자원의 배분에 집중하여 설명하며, 각 단계에 따라 경영자가 상황 적합하는 행위를 강조하고 있다. Young 등(1989)[168]도 해외시장의 진입동기를 이익지향적, 시장지향적, 경쟁지향적, 전략지향적으로 구분하여 '전략지향적 동기'가 앞 세 가지 동기를 수렴한다고 한다. 기술의 이전, 지리적 다변화, 제품다각화, 원료확보와 R&D 투자에 대한 레버리지 효과, 독점적인 노하우에 대한 통제는 전략지향적 동기에 수렴한다는 것이다.

결국 경영자의 통제 수준은 해외진입방식의 리스크(risk)와 관련하고 있어, 자본 및 경영급부에 따라 그 위험이 달라진다. 진입방식이 고도화되면 소유권의 통제정도에 따라 기업성과는 달라질 수 있으며, 기업의 성과는 기업전략에 의해 좌우된다고 볼 수 있다. 기업이 국제화되어 갈수록 자원의 활용이 많이 일어나고, 리스크(risk)는 높으나 가장 낮은 통제수준을 유지하는 것으로 알려져 있다.

통제과정은 소유권과 경영권의 수준에 의해 달라지기 때문에 기업전략과 성과의 문제에 있어 경영자의 관심을 반영하는 것이다. 경영자의 입장에서 보면 해외진입방식을 선택함으로서 얻게 되는 성과가 무엇이며, 원하는 성과를 얻기 위해 선택한 방식을 어떻게 관리해야 하는가에 관심을 두는 경영자의 통제과정을 다루고 있는 것이다.

2) 국제기업의 경쟁우위

기업의 경쟁우위는 해외시장진입시 기업-투자대상국 사이의 매력적인 적합성의 범위에서 이루어진다. 일반적으로 기업의 국제시장진입과 경쟁우위의 관계는 다음의 연구에 의해 발전되어 왔다.

우선 독점적 우위론의 설명에서부터 기업 특유의 이점을 설명하는 이론으로 발전하였다. 그 후 해외진입유형에서 해외직접투자를 과점적 경쟁기업 간의 대응진입 및 상호경쟁으로서 설명하려는 과점적 대응론(oligopolistic reaction theory)에 의해 제시

167) B. Chakravarthy and H. Perlmuter, "Strategic Planning for a Global Business," *Columbia Journal of World Business*, Summer 1985, pp. 3~10.

168) S. Young, J. Hamill, C. Wheeler, and J. R. Davies, *International Market Entry and Development -Strategies and Management*, Englewood Cliff, N. J. Prentice Hall, 1989, p. 3.

되었다. 이는 기업-투자대상국의 관계가 해외진입기업의 소유 특유 우위에 의한 것이며, 입지상의 우위 가능성을 중요하게 판단하는 근거를 제시하게 된다.

그러나 기업이 제도적인 존재라는 관점에서 Buckley와 Casson(1976)[169]은 내부화(internalization)의 개념을 적용하여 해외진입은 바로 모회사-자회사 간의 거래 이점이 주요한 원인이라고 설명한다. 이러한 내부화 이론은 Dunning(1980)[170]의 절충이론(eclect)으로 대표되었다. 해외진입은 소유특성(ownership: O), 내부화특성(internalization: I), 입지특성(location: L)의 상호작용에 의해 결정된다는 것이다. Buckley와 Casson[171]은 시장의 규모가 커짐에 따라 진입방식이 어떻게 변화하는가를 설명하며, 고정비+변동비의 상대적인 우위에 의해 설명하였다.

한편, 기업의 국제화 활동이 경제학적 합리성에 기반하여 이루어지고 있는 현상 외에도 경영층의 태도에 의해 좀 더 고도화된 국제화를 추구해 나가는 과정에 주목하는 이론이 대두되었다. Perlmutter(1973)[172]는 해외시장진입과정이 수출에서 점진적으로 투자의 방향으로 나가는 데 있어 경영층의 태도는 기업의 국제화 활동에 관련된 기업의 목표와 철학을 반영한다고 하였다. 의사결정의 주체인 경영층의 국제화 마인드를 중요한 변수로 보았던 것이다.

그러나 간혹 경영자의 의사결정을 단계적인 합리적 결정의 기반에서 설명하고 있어 경영자의 의사결정에 대한 원리에 궁금점이 제기된다. 일례로, Brooke(1986)[173]는 경영자가 이익이 보다 많은 시장은 어디인가? 제품과 서비스는 수출과 투자 중 어느 방식을 이용할 것인가?를 판단하는 등의 단계적인 합리적 결정을 기반으로 한다는데 과연 이 기반에 의해 경영자는 의사결정을 할 수 있을까?

1980년대 이후 신흥공업국들의 국제시장에서의 경쟁우위와 관련해 볼 때, 기업 특유에 의한 진출 즉 단계적인 합리적 결정에 기반하여 이루어질 수 없음을 직관할 수 있다. 다시 말하면 경쟁우위는 환경변화에 대처하는 기업의 전략적 대응을 필요로 하고 있으며, 기술의 변화, 시장의 세계화, 기업의 국제화 등에 의해 그 원천이 지속적으로 변화하기에 개발도상국의 입장에서 경쟁우위를 확보하기 위해 단계적으로 해외시

169) P. J. Buckley and M. Casson, *The Future of the Multinational Enterprise*, London: MacMillian, 1976, pp. 32~62.

170) J. H. Dunning, "Toward and Eclectic: Theory of International Production," *Journal of International Business Studies*, Spring/Summer 1980, pp. 10~12.

171) P. J. Buckley and M. Casson, *The Economic Theory of the Multinational Enterprise-Selected Papers*, New York: St. Martin's Press, 1985, pp. 103~105.

172) H. V. Purlmutter, Yoram Wind, and S. P. Douglas, "Guidelines for Developing International Marketing Strategies," *Journal of Marketing*, April 1973, pp. 14~23.

173) M. Z. Brooke, *International Management: A Review of Strategies and Operations*, London: Hutchinson, 1986, pp. 38~42.

장진입방식을 선정하며, 경제적으로 실익에 기초하여 진출하고 경쟁우위를 확보과정을 거치게 되었다는 설명은 그리 설득적이지 않다. 즉 경영자의 의사결정 자체가 단계적인 합리적 분석에 의한 것이라기보다는 해외시장에 개입하고자 하는 적극적인 의지에 의한 경우가 그 우선에 있다.

이러한 점은 Porter(1994)[174]가 제시한 가치사슬상(value chain)에서 가치활동의 배열과 조정을 통해 경쟁우위요소가 창출된다고 봄으로써 한국과 같은 개발도상국 기업들의 경쟁우위전략의 설명을 가능하게 하였다고 하겠다. 기업의 국제화 활동이 점점 확대되고 심층적으로 일어남에 따라 경영자는 기업활동 자체를 국제기업활동의 범위로 확장 내지는 연계가능성을 적용하기 시작하여 세계적으로 활동범위를 넓히기 시작한 것이다.

이는 국제활동을 하는 기업의 경우, 자신이 보유한 네트워크를 이용해 현지국의 비교우위 요소들을 활용할 수 있고, 특정 국가에서 습득한 지식을 다른 국가에 활용할 수 있다는 논리적 기반을 마련한 것이다. 이 과정에서 단계적인 합리성에 근거하기보다는 혁신적인 시장의 창출능력을 지닌 기업가적 특성에 의한 것이라는 설명이 더욱 효과적이다.

결국 경쟁우위를 확보하기 위해서는 가치사슬상에서 조정과 배분을 가능하게 하는 "의사결정의 실용적 특성"을 강조하는 전략적 의사결정이 중요하다. 여기서 한 걸음 더 나아가면, 이러한 전략적 의미가 가능한 것은 경영층이 기업가(entrepreneurship)적인 행동을 한다는 논리에 근거한다. 과거 합리적인 경제인 가설보다는 Cole(1959)[175]에 의해 논의되고 있는 기업가활동의 의미에서 찾을 수 있는 것이다.

단순히 이윤극대화만이 아니라 "경영체를 운영하는 개인 또는 집단의 통합된 행동이며, 잠재적으로는 안정, 위신, 권력, 공적봉사 등을 추구하는 심리적 동기의 어느 것인가와 관계를 가지고 있는 것 같다"라는 '경제인' 이상의 설명, 그리고 '경영단위의 내부적 상황, 그 단위를 둘러싸고 있는 제도들, 활동들 및 관념들과의 관련에서 추진'되는 기업가 활동에서 실용적 의사결정 특성이 경영자원의 조정과 배분을 적극적으로 하는 기업가적인 행동이라는 점에서 그렇다.

이러한 맥락에서 Oviatt와 McDougall(1994)[176]은 기업의 국제화는 통신, 정보흐름, 수송, 그리고 국내의 관점보다는 국제적으로 시장을 바라보는 기업가(entrepreneur)에 의해 성장하는 경향이 그 원인이라고 지적한 것은 우연이 아니다. 더욱이 Doz와

174) M. E. Porter, *The Competitive Advantage of Nations*, The Free Press, New York, 1994. pp. 33～68.
175) Arthur H. Cole, *Business Enterprise in its Social Setting*, Cambridge, Massachusetts, 1959, p. 16.
176) Benjamin M. Oviatt and Patricia Phillips McDougall, "Toward a Theory of International New Venture," *Journal of International Business Studies*, Vol. 25. No. 1, 1994, pp. 45～64.

Prahalad(1988)[177]가 주장하는 바와 같이 기업의 경쟁우위는 관리의 특성(quality of management)을 중요하게 본 것과 같이 경영자의 능력을 그 기반에 두고 있는 것이다.

3) 전략경영으로 통합

글로벌 시장에서 기업은 전략적인 전개를 한다. 경영자는 전략적 의사결정의 주체로서, 기업은 전략집단으로 설명된다. 그러나 기존의 설명은 주로 거래특유자산 즉 '기업 특유와 입지 특유'를 강조하며, 거래비용에 대한 효율성에 주목하고 있다. Agarwal과 Ramaswami(1992)[178]도 기업 특유 우위, 입지 특유 우위 및 내부화 우위가 해외시장진입과 비진입을 포함하여 '내부관련성'을 파악하였다. 이는 해외시장 진입방식의 결정에 있어 기업의 복수적인 목표의 추구보다는 위험을 회피하면서 진입방식을 결정하기 때문에 기업이 의도하고 있는 원래 취지와는 맞지 않는다.

기존 연구의 모형들이 경영자가 당면하는 의사결정문제를 해결하는데 있어 두 가지의 한계를 지니고 있다. 첫째는 투자 후의 경영관리 과정에 대한 설명이 없다는 것이다. 현실적으로 대안의 선택과정과 실행과정이 분리될 수 있는가 없는가 하는 것은 논란의 대상이 될 수 있으며, 둘째, 진입방식을 선택하는 과정에서 사후관리에 관한 정보를 고려하여 의사결정을 내린다는 것은 이에 대한 비판을 회피할 수도 있다는 것이다. 이는 기존 모형이 진입방식의 선택문제에 관심을 집중하여 왔으며, 최근에 와서야 부분적으로 전략적 변수를 포함시키고 있다는 것을 인식하면 적절한 지적이라고 할 수 있다.

다시 말하면, 전략적 변수들 즉 시너지, 집중도, 전략동기 등을 포함시킨다고 하더라도 해외시장 진입방식의 선택문제에 집중하게 되면, 진입방식의 관리와 연관이 있는 변수라고 하기에는 문제점이 있다. 이는 해외시장진입 정도 또는 국제화의 정도가 기업의 성과에 미치는 영향에 집중하여야 한다는 것이다.

부연하면, Hill, Hwang 및 Kim(1990)의 연구[179]에서 거래특유 변수, 전략적 변수 및 환경적 변수들을 통합하여 라이센싱, 합작투자, 단독자회사와 같은 해외시장진입방식의 통제, 자원커미트먼트, 기술적·관리적 노하우의 유포 리스크와 관련하여 분석

177) Y. L. Doz and C. K. Prahalad, "Quality of Management: An Emerging Source of Global Competitive Advantage," N. Hood & J. Vahlne, ed., *Strategies in Global Competitive*, Groom Helm, 1988, pp. 346~353.

178) Sanjeev Agarwal and Sridhar N. Ramaswami, "Choice of Foreign Market Entry Mode: Impact of Ownership, Location and Internalization Factor," *Journal of International Business Studies*, Vol. 23. No. 1, 1992, pp. 1~27.

179) Charles W. L. Hill, Peter Hwang, and W. Chan Kim, "An Eclectic Theory of the Choice of International Entry Mode," *Strategic Management Journal*, Vol. 11, 1990, p. 118.

하고, 이의 선정에 대한 거래비용모델의 불완전성에 대하여 비판한 것에 그 의미를 둘 수 있다. 그들의 주장은 전략적 경영과 환경적 변수와 같은 다른 측면이 강조되어야 한다는 점으로 발전된 설명을 하고 있는 것이다. 이들은 전략적 변수를 소비자들의 선호, 경쟁상태 등에 대한 국가 간 차이, 규모의 경제 및 글로벌 집중도, 환경적 변수는 컨트리리스크, 입지에 대한 친밀감, 수요상태, 경쟁의 치열함, 그리고 거래특유변수는 기업 특유 노하우의 가치, 노하우의 암묵적 성격을 사용하였다.

이처럼 글로벌 전략 변수를 설명할 수 있는 근거는 경영자의 태도가 기업의 국제화에 영향을 준다고 할 때, 전략적 의사결정에 있어 경영자 역할의 중요성이다. 어떤 시장지향적 특성을 중심으로 한 전략이라기보다는 경영자가 선택하는 해외시장진입의 전략적 방향에 대한 관심과 의지를 나타내고 있기 때문에 그렇다.

더욱이 경영자의 전략적 의지가 해외시장에 진입하는 기회(opportunity)를 선택하고 민첩하게 움직일 수 있는 능력을 말하며, 궁극적으로 '독점력의 지속성' 또는 경쟁우위의 지속성을 기대하는 것이라면, 목표를 설정하고 성과를 기대하는 전형적인 관리기능을 엿볼 수 있다. 이러한 기회의 선택에 관해 Reuber와 Fischer(1997)[180]는 기업의 중요한 자원인 최고경영자의 지식과 경험이 초기의 수출과 국제화 과정을 이끄는 요인이라고 지적하고 있다.

결국 경영자에 의해 나타나는 해외사업에 대한 관심과 지원 정도는 '전략적 동기'로서 경영자의 기회 창출능력과 민첩한 행동을 이끄는 것이다. 결과적으로는 산업 내로 집중되는 '글로벌집중(global concentration)'을 기대하는 경영자를 요구하는 것이기도 하다. 이 과정에서 '글로벌시너지'는 해외시장 진입 기업들이 본사와 해외지사 또는 자회사 간의 R&D, 마케팅, 제조와 같은 핵심요인들을 서로 공유하여 발생하며, 전략사업(SBU: strategic business unit)의 결정에 대하여 기업의 자원개입을 증대시켜서 높은 통제를 하게 됨으로 전통적인 기업 특유와 입지 특유의 상호관련성 하에 구조적으로 형성된다.

특히 개발도상국의 입장에서 보면 선진국기업이 기업 특유의 우위를 기반으로 해외직접투자를 한다는 전통적 원리에 비해 한국기업은 직접투자를 먼저 하고 이후 기업 특유의 독점적 우위를 형성한다는 김선식·조동성(1997)[181]의 연구에서 보면 상당히 전략적인 기업활동을 전개하는 특징을 엿볼 수 있다.

180) A. Rebecca Reuber and Eileen Fischer, "The Influence of the Management Team's International Experience on the Internationalization Behaviors of SMEs," *Journal of International Business Studies*, Vol. 28, No. 4, 1997, pp. 807~825.

181) 김선식, 조동성, "한국 기업의 기업특유경쟁우위 형성에 관한 실증적 연구," 국제경영연구, 제 8권, 1997. 8, pp. 127~149.

2 기업의 경쟁우위 요인

1) 경영자의 전략적 동기

과거 연구에서 보면 기업의 국제화에 대한 동기분석에서 경영자의 지식과 경험(지원과 관심)에 의해 국제화가 진전된다는 데 합의를 이루어왔다. 그러나 최근의 연구들은 기업의 국제화 단계가 점진적이라기보다는 어느 일정한 국제화 단계를 생략하기도 하며, 수출과 투자 사이의 각 단계를 전략적으로 취하는 현상을 보이고 있음을 파악하고 있다. 그 동기가 진취적이고 적극적인 기업가정신(entrepreneurship)의 특성을 보인다고 한다.

기업의 국제화에 대한 모델은 시간의 흐름에 따라 해외시장에 대한 개입의 정도가 점진적으로 높아지는 동태적 접근방법에 기초를 두고 있으나, 문제점은 이 모형에서 기업의 목표가 명확하게 제시되고 있지 않다는 점이다. 해외시장에 자원을 증가시키는 것이 이익의 극대화를 추구하는지, 성장의 극대화를 추구하는지, 아니면 위험을 회피하려고 하는 것인지에 의문을 제시할 수 있다.

더구나 학습에 의한 기업의 국제화가 진행된다는 사실이 보편적이지 않다. 이는 최근 기업의 국제화가 진전되는 속도가 빨라지고 있는 현실에서 과거처럼 모든 환경과 전략-구조, 비용, 자원을 합리적으로 분석하여 해외시장에 진입하고 우위를 달성한다는 보편적인 설득력이 떨어지기 때문이다.

전략경영에서는 전략적 의도를 지니고 있는 경영자가 의사결정의 중심이다. 경영자는 내부환경과 외부환경의 전략적 적합성(fitness)을 시도하며, 이 과정에서 기업은 현 전략의 혜택(advantage)과 위험(risk)요인을 파악하고 전략을 전개한다.

비록 경영전략의 입장에서 경영자의 역할에 대해 연구된 것이 미비하지만, 통제와 자원 개입의 정도, 그리고 불확실성의 극복 과정에서 경영자의 역할을 중요시하는 연구들에서 상술한 의미를 볼 수 있다. 비록 국제화 과정에서 기업의 수출 전개는 초기에 '경영층의 수준'과 '해외시장에 대한 지식'에 영향을 받고, 수출업자가 되면 합리적인 의사결정을 시작한다고 하나 일반적으로 국제화 단계 초기에는 위험감수성향이 높은 것이 일반적이며, 합리적인 의사결정의 개입정도는 강하지 못할 것이다.

Bilkey(1978)[182]도 43개의 기존 연구들을 통합한 결과 수출을 시작하는 데 영향을 미치는 요소 중 열성적인 최고경영층을, Bradley(1991)[183]는 '조직으로서의 기업'과

182) Warren J. Bilkey, "An Attemped Integration of the Literature on the Export Behavior of Firm," *Journal of International Business Studies*, Vol. 9, Spring/Summer 1978, pp. 33~46.

183) Frank Bradley, *International Marketing Strategy*, Prentice Hall International(UK) Ltd., 1991, pp. 55~78.

‘기업을 구성하는 인적요소’로 구분하여 기업의 국제화 행동을 고무시키는 요소로 국제화에 대한 경영적 열망, 국제화에 대한 기업의 참여정도, 경영관리에 대한 경영층의 기대, 기업성장에 대한 경영층의 태도, 관리자들의 국제화에 대한 인식스타일에 주목하고 있다. 그렇다고 이것이 합리적인 의사결정에 기반한다고는 할 수 없다.

지적하자면, 과거 연구에서 한 가지 흥미로운 사실은 해외지향적인 경영자는 상당히 기업가정신의 색채를 보이고 있다는 것이다. Cole(1959)[184]은 기업가활동을 혁신, 관리, 그리고 외부조건에의 조정이라는 세 가지 활동을 통해서 이루어지며, 이들 세 가지 활동은 ① 기업경영 목적의 결정 및 그 변경, ② 조직의 발전과 유지, ③ 적절한 이윤의 확보, ④ 능률적 기술설비의 확보, ⑤ 시장개발, ⑥ 공공기관 및 사회와의 양호한 관계의 유지를 주요 내용으로 하고 있다. 그러한 활동은 1인 또는 최고경영자 집단의 의사결정의 결과로 이루어진다고 하였다. 과거 연구에서 Cole에 의하면 경영자들은 국제화를 진전시키는 혁신기업가로 인식되는 것이다.

이는 기업의 국제화에 대한 경영자의 의사결정이 ‘경쟁’과 ‘기업가정신’의 관계로 압축될 수 있다. 이 과정에서 기업가는 해외시장진입에 대한 불확실한 내·외부 환경에 대해 확신을 지니고 이윤획득 또는 사업성과를 기대하며, 기회에 대한 신속한 의사결정과 기민한 행동을 보이는 것이다. 사실 기업가정신에 대해서 시장(국내외)의 경쟁과정에서 나타나는 보편적인 현상으로 받아들여지고 있다. Kirzner(1973)[185]는 ‘모든 인간행동에 내재해 있는 불확실성의 측면에서 보여지는’ 인간행동으로 정의하며, 기업가는 시장정보에서 발생하는 변화에 대응하여 능동적으로 행동하는 인간의 기민성에 주목하고 있는 것이다.

더욱이 한국과 같은 개발도상국의 입장에서 보면, 기업가 정신은 다른 자원을 조절할 수 있는 근본적인 희소자원의 일종으로 파악하며 개발결정을 내릴 수 있는 능력이며, 시장개발에 대한 열망적인 경영자를 시사하기도 한다. 결과적으로 시장개발에 대해 기업가가 기대하는 것은 원천적인 자원을 확보하려는 독점이 아닌 시장과정에서 보편적인 독점을 기대하게 되는 것이다. 한국과 같은 개발도상국의 입장에서는 이러한 특성이 더욱 중요하다고 할 것이다.

이와 같이 해외시장에 진입하여 기업의 성과를 기대하는 경영자의 열망이 동기로 표현되어야 되지, 제도적인 기업이 지니고 있는 요소들을 동기로 파악하는 것이 정확하지는 않다.

일례로 Anderson(1993)[186]에 의하면 기업의 지식(경험)부족과 관련한 국제화과정

184) Arthur H. Cole, *Ibid*, 1959.
185) 이스라엘 M. 커즈너 저/이성순 역, 『경쟁과 기업가 정신』, 한국경제연구원, 1995, pp. 53~116 [1973년에 저자가 출간].

을 설명하고 있는데, 논의 결과 이는 국제화 의사결정과 관련된 불확실성으로 표현하고 있기에 의사결정의 주체인 경영자의 동기를 설명한 것과 같은 맥락으로 이해된다. 경영자가 의사결정을 하는 것이지 기업이 의사결정을 하지 않기 때문이다.

이상의 논의에서 기업의 국제화 활동은 경영자의 지원과 관심, 그리고 기업가정신의 속성이 동기를 형성하고 있다. 이는 해외시장에서의 혜택과 위험요인에 대해 그 가능성을 충분히 인지하고 있어야 하며, 이를 '경영자의 전략적 동기'[187]로 파악된다. 이러한 것은 기업의 전략적 선택과 관련하여 기업이 의도한 전략과 실현된 전략 간에는 차이가 있다는 점에서 기업의 전략적 의도는 목표 설정으로 나타날 것이며, Von Krogh 등(1994)[188]의 연구에서와 같이 명확히 설정된 목표는 조직 구성원들로 하여금 동일한 비전과 미션에 초점을 맞추고 행동하게 하여 기업성과를 유도할 수 있는 가능성에서 그렇다.

따라서 경영자의 전략적 동기는 기업가정신과 경영자의 관리 특성이 대표적이다.

2) 기업의 핵심역량

기업의 경쟁우위에 영향을 미치는 요인은 보유한 자원과 역량이 원천이 된다. 이와 관련된 이론은 자원준거시각(resource-based view)에서 기업이 보유한 독특한 자원과 능력을 강조한다는 점에서 시작되었다. 이는 전통적인 기업의 독점적 지위를 강조하는 한계점을 대체·보완하는 관점을 제시할 수 있게 된 것이다.

그런데 기업이 가치를 창출하는 과정은 기업마다 상이하며, 이 과정에서 경쟁우위는 다르게 된다. Porter(1985)[189]는 기업의 가치사슬 모형을 제안하면서, 본원적 활동(primary activities), 지원적 활동(support activities)으로 구분하여 가치활동 과정을 활동별로 분석하고 경쟁우위의 원천이 어디에서 유래하는가를 분석할 수 있게 했다. 즉 기업별로 비용우위와 차별화우위를 가능하게 하는 요인을 파악할 수 있는 것이며, 중요한 것은 자원준거의 시각에서가 아니라 가치활동을 어떻게 조정·통제하느냐에 따라 그 우위가 달라진다는 것을 강조하고 있다. 자원준거시각은 이러한 점을 소홀히 하여 기업 활동을 희소하면서 경쟁기업이 모방할 수 없는 자원 그 자체나 해당 기업이 해당 사업이나 전략에 필요한 자원과 능력을 과장되게 파악하고 있다.

186) Otto Anderson, "On the Internationalization Process of Firms: A Critical Analysis," *Journal of International Business Studies*, Vol. 24, No. 3, 1993, pp. 209~231.

187) Gray Hamel and C. K. Prahalad, "The Core Competence of the Corporation," *Harvard Business Review*, May-July 1990, pp. 79~91.

188) George, Von Krogh., Johan Roos and Ken Slocum, "An Essay on Corporate Epistemology," *Strategic Management Journal*, 15(Special Issue), 1994, pp. 53~71.

189) M. E. Porter, *Competitive Advantage*, New York: The Free Press, 1985, pp. 33~61.

다시 말하면, 경영자원을 조정하고 통합하는 능력 자체가 핵심역량(core competence)이기 때문에 기업이 집중하는 전략이 달라지며, 기업의 성과도 달라진다. 기업이 유사한 결과(성과)를 가져오는 많은 다양한 경로가 있다는 점에 비추어 보면 자원을 조정하고 통합하는 핵심역량이 그 중심에 있는 것이다. 핵심역량을 내적 자원에만 초점을 두게 되면 기업의 경영능력의 수준은 저하될 수밖에 없다.

기업의 경쟁우위의 원천은 주로 유형자산이 아니라 무형자산을 강조한다. 기술적 노하우(know-how), 특허, 기술이 축적된 종업원의 노하우, 마케팅 자산 등의 무형자산에 대한 지식 또는 정보의 축적이 중요하다고 판단한다. 여기서 핵심역량이 지식의 축적과정이라면 학습과정으로 볼 수 있기에, 기업의 '국제적 경험의 정도'가 중요하다고 판단할 수 있다.

더욱이 Kuemmerle(1997)[190]는 자회사를 유지하고 있는 기업의 경우 자회사의 역량을 강화하기 위해서는 본사는 끊임없는 지식의 획득과 창출활동을 강조하기도 한다. 이에 대한 전략적 관리의 의미에서 Chang(1995)[191]은 기업들이 가장 경쟁력이 있는 제품과 사업부터 진출하여 현지시장에 대한 '경험과 지식'을 지속적으로 축적하면서 장기적으로 경쟁력이 낮은 사업이나 제품을 진출시키는 경향에 대해 일본전자기업의 경우 이와 유사한 것으로 판단하고 있다.

결국 핵심역량과 관련하여 볼 때 자원을 어떻게 '차별화' 할 수 있는가에 의해 경쟁우위를 형성할 수 있음을 알 수 있다. 이러한 관점은 개발도상국 기업들이 국제화를 할 수 있는 능력과 경쟁우위 원천을 설명할 수 있으면, 내부적인 경영자원의 우위성이 역량을 관리하는 기업의 독자적 능력이 핵심역량이 됨을 파악할 수 있다. Lall(1983)[192]은 개발도상국이 누리는 경쟁우위의 원천은 전파속도가 빠른 저수준의 기술, 비차별화 제품에 대한 마케팅 우위, 독특한 경영능력이나 지식 등이 현지국 실정에 맞는 기업운영능력을 개발하는 차별화능력을 강조하였다.

3) 기업의 네트워크

산업조직론의 관점에서는 조직의 효율성[193]을 기본전제로 하여 외부시장에 의존하지 않고 내부화(internalization)하려는 성향을 지니고 있다. 거래비용을 유발시키는 요소

190) W. Kuemmerle, "Building Effective R&D Capabilities Abroad," *Harvard Business Review*, March-April, 1997, pp. 61～70.

191) Sae Jin Chang, "International Expansion Strategy of Japanese Firms: Capability Buliding through sequential Entry," *Academy of Management Journal*, Vol. 38, No. 2, pp. 383～407.

192) S. Lall, *The Multinational: The Spread of Third World Enterprises*, John Wiley & Sons, 1983.

193) Oliver E. Willianson, "The Economics of Organization: The Transaction Cost Approach," *American Journal of Sociology*, Vol. 87, No. 3, 1981, pp. 548～577.

에 관해 기업의 불확실한 내·외부적인 상황(contingencies)을 예측할 수 있는가 없는가에 따라 통제범위가 설정되며, 그렇기 때문에 기업은 비용이 발생할 수 있는 외부 불확실성을 줄이고 지속적으로 내부화하려는 노력이 발생한다고 한다.

이 과정에서 자산을 보호하기 위해 통제를 증가시키는데 통제의 정도는 기업이 지니고 있는 무형적인 특유화된 자산의 정도와 성격에 따라 달라지기에 경쟁적 기업전략으로서 비용문제에 집중하고 있다. 이는 기업의 규모적 성장과 다각화를 선택할 기회도 존재하며, 낮은 통제를 수반하는 진입방식을 선정하는 태도까지 보임으로 인해 경쟁우위의 원천으로 작용할 수 있다는 것이다.

현실적으로 글로벌 경쟁관계에 들어서며, 수출보다는 고도화된 국제화를 필요로 한다. 해외직접투자의 경우를 보면, 내부화의 효과에 따른 진입방식의 선호도에 대해 Vernon(1983)[194]은 기업이 국제거래 시 발생하는 리스크를 회피할 목적으로 거래를 내부화하고자 직접투자를 한다고 설명한다.

그러나 기업이 국제화를 하고 경쟁우위를 형성한다는 점에 있어서는 거래비용이론은 이윤극대화의 기업목표로 설정하기 때문에, 현실적으로 기업이 다원적인 목표(매출액, 시장점유율 등)를 기대하는 것과는 거리가 있을 수 있다.

Agarwal과 Ramaswami(1992)[195]는 대규모 다국적기업의 경우에 시장잠재력이 낮다 하더라도 그들의 전략적 목표에 따라 직접투자를 하기도 하였다는 연구는 기업의 목표가 다원적임을 시사하기도 한다. 또한 경영자가 거래비용을 계산하여 의사결정을 내리는 경우는 드물며, 기업이 거래비용이론에 적합한 활동만 하는 것은 아니라고 할 것이다. 다시 말하면, 경쟁우위를 확보하는 과정에 대해서는 설명력이 미약하다. 이는 통제력을 기반으로 하는 현실적인 기업경영관리의 문제에는 접근하지 못하며, 시장진입방식 등의 선택 문제에 집중하고 있는 것이다.

간혹 기업의 국제활동은 단일주체의 활동이 아니라 복수주체 간의 활동으로 나타나기도 한다. Grossman과 Hart(1986)[196]는 전통적인 거래비용적 접근에서 제시되는 수직적 통합의 개념을 의사결정에 대한 통제력(control over decision)으로 재해석하였다. 이들은 경제적 이점이 의사결정에 대한 통제력으로 보고 완전한 통합이 불가능할 경우 외부적인 교환관계의 의사결정에 대한 관리적 통제수단을 통해서 수직적 통합에 따른 경제적 이점을 확보한다고 하였다.

194) Raymond Vernon, "Organizational and Institutional Responses to International Risk," in J. Herring Richard(ed), *Managing International Risk*, Cambridge Univ. Press, 1983, pp. 191～217.

195) Sanjeev Agarwal and Sridhar N. Ramaswami, *op. cit.*, pp. 1～27.

196) Sanford J. Grossman and Oliver D. Hart, "The Costs and Benefits of Ownership: A Theory of Vertical and Lateral Integration," *Journal of Political Economy*, Vol. 94, No. 4, 1986, pp. 691～919.

결과적으로 거래비용이론은 비경제적인 변수들을 고려하지 못하고 있다. 그리고 현실적으로 거래비용의 크기를 측정하기도 어려울 뿐더러, 경영자의 의사결정은 완전하게 수치에 근거하지는 않는다. 복수주체 간의 합작투자나 전략적 제휴의 경우 외부시장의 내부화임과 동시에 다른 기업과 지분을 공유함으로써 내부화하는 특수한 형태이기 때문에 단일주체의 활동에 집중한 거래비용이론은 현재 기업활동에 적용하기에는 어려움을 지니고 있다.

글로벌화된 기업활동은 특정기업이 TCA(trannsaction cost analysis) 관점보다 효율적인 의사결정을 선택할 경우, 기업의 특유자산과 현지파트너 또는 해외자회사의 자산을 결합함으로써 규모의 경제효과나 시너지 효과(synergy effect) 또는 복수주체 간의 전략적인 연결선을 고려하는 네트워크를 형성하려 할 것이다.

네트워크와 관련한 복수주체 간의 협력관계를 보면, 하나의 경제주체의 분석단위가 아니며, 전략적 의도를 지닌 개체군을 형성하게 되면, 전략적 네트워크 이론(依存的 vs. 交換的 상태 구성)으로 발전된다. 주로 다자 간의 합리적 통합 및 교환 관계시스템은 연결의 경제성(economic of linkage)을 주목적으로 하기에 기업 간 관계행위가 의도적이고 목표 지향적이며 합리적인 것으로 파악된다. 이는 규모의 효과 및 시너지효과의 가능성을 포함하며, 궁극적으로 자원과 위험의 공유라는 공공이해 관계에서 형성되는 의도적인 전략적 선택(strategic choice view)의 결과인 것이다. 주로 당시의 협상보다는 협상 이후의 복수 주체 간 불확실성 관리가 핵심이 된다.

그 이유 중의 하나는 내부화 또는 상호교환체제에서 기업의 실제 행동양식은 자원의 이용가능성 및 통제의 필요성(불확실성)에 의해서 영향을 받는다. 통제란 해외시장에서의 시스템, 사업방식 및 의사결정에 영향을 미치고자 하는 기업의 욕구를 말하기 때문이다. 또한 복수주체 간의 관계이지만, 내부화와 네트워크에 대한 기대효과에 대해서는 여전히 개별기업의 경쟁력 강화를 위한 의도적인 전략이기 때문에 더욱 그러하다. 이러한 현상은 현실적으로 국제합작투자나 전략적 제휴, 그리고 기업인수합병(M&A) 등으로 나타난다.

결국 거래비용적 접근이 기업특유자산에 대한 수직적통합은 나름대로 설명력을 지니고 있으나 불확실한 환경에서 실질적인 의사결정의 문제에 있어서는 명확한 해석을 내리지 못하는 것으로 보인다. 의사결정은 기업이 규모의 경제나 시너지 효과 및 네트워크의 효과에 대한 관리·통제를 할 때마다 필요로 하며, 올바른 의사결정의 여하에 의해 경쟁우위를 형성하기 때문이다.

4) 현지국의 입지

현지국의 입지적 요소는 기업이 그 요소에 대해 불확실성 관리 및 통제가 가능해야만 의미를 줄 수 있다. 통제 가능하지 않은 경우 이는 일반적인 거시 환경으로 취급된다. 일례로 현지국의 '무역장벽'은 비교우위의 요소이지 경쟁우위의 요소는 아니다. 기업의 입장에서는 국경선상을 넘어 실제적으로 활동을 하기 때문에 제품과 시장에 대한 전략적 의사결정이 대두된다. 이는 경쟁우위를 형성하려는 기업의 다원적인 목표에 의해 기업의 핵심역량과 네트워크를 창출하려는 기업의 관리 및 통제인 것이다.

따라서 목표 해외시장에 관심이 있는 기업은 전략적 관리를 시도할 것이며, 보다 매력적인 시장으로의 진입을 선호하게 된다. 특정시장의 매력도는 일반적으로 시장잠재력 및 투자위험과 관련하여 결정된다. 우선 시장잠재력(크기 및 성장)은 해외투자의 중요한 결정요인이라는 사실에 과거 연구에서는 이의가 없다. 물론 수출과 직접투자 사이에서 나타나는 그 범위와 강도가 상이하긴 하지만 다음의 연구들에서 시장잠재력이 변수로서 인정되고 있다.

일반적으로 투자위험인 정치적 불안정성(컨트리 리스크)보다는 시장관계변수가 해외투자의 규모를 결정하는 결정적인 요소이다. 이에는 시장의 크기, 시장성장 및 사회·경제적 발전단계들의 시장관련변수가 가장 중요한 것이다. 그리고 시장관련 변수들은 투자를 수반한 진입방식에서 기업에게 많은 수익성을 제공할 것으로 기대한다.

그러나 시장매력도와 관련하여 현지국의 경쟁강도(현지국에 존재하는 기업들 간)가 너무 약할 경우, 전후방 통합의 불확실성이 존재하기 때문에 입지의 매력성은 떨어질 수 있다. 비록 과점적으로 경쟁체제를 지니고 있는 글로벌 산업의 경우 Kim과 Hwang(1992)[197]은 경쟁업체 수가 작을수록 좀 더 적극적인 진입전략을 구사한다고 하였으나, 경쟁업체의 수만으로는 적극적인 진입전략을 사용한다는 것은 설득력이 떨어진다. 경쟁업체 수보다는 경쟁업체의 경영능력에 더욱 민감하게 반응할 것이기에 이 변수는 그리 호응적이지는 않다.

마지막으로 입지요인 중 현지국의 사회문화적인 특성을 고려해 볼 수 있는데, Davison(1980)[198]은 현지국의 특성과 기업의 경험효과가 해외직접투자의 입지선정에 미치는 영향에 대하여 연구한 결과 시장의 크기와 성장, 관세 및 비관세장벽, 현지국의 법적, 정치적 및 경제적 상태뿐 아니라 자국과 현지국의 유사성(문화, 경제적으로)이 투자의사결정에 중요한 영향을 미친다고 설명한다.

197) W. Chan Kim and Peter Hwang, *op. cit.*, 1992, pp. 29~53.

198) William H. Davidson, "The Location of Foreign Direct Investment Activity: Country Characteristics and Experience Effects," *Journal of International Business Studies*, Fall 1980, Vol. 11, No. 2, pp. 9~22.

Memo

9

CHAPTER

국제경영과 전략적 제휴
- 국제시장진입전략으로서 -

1 2 3 4 5 6 7 8 **9** 10 11 12 13 14 15 16

일반적으로 기업은 국내 또는 국제적으로 사업을 전개할 때 '다각화 전략(또는 네트워크)'이나 '수직적 통합'을 구성하게 된다. 문제는 기업이 이를 '단독적'으로 수행할 것인가 아니면 타 기업과 협력, 또는 합작투자, 그리고 인수합병의 방법을 취할 것인가를 선택해야 한다. 최근 이 범주의 전략에서 가장 많이 행해지고 있는 것이 '전략적 제휴(strategic alliance)'이며, 이는 국내에서[199] 이루어지는 것보다 자원의 제약성(인적, 물적, 자본 등) 때문에 국제 간에 많이 이루어지고 있다.[200] 국제시장진입전략으로서의 전략적 제휴를 국제경영과의 관점에서 중점적으로 논하고자 한다.

199) 다각화와 수직적 통합에서 국내에서는 중소업체들의 제휴, 즉 한 시장에서 생산의 연대를 통해 공동적인 마케팅과 공통적인 브랜드명을 구축하여 생산을 기반으로 한 마케팅 확대에 이용하고 있는 실정이며, 대기업의 경우 중소기업과의 제휴보다는 중소기업이 흡수·합병되는 경우가 종종 일어나고 있다.

200) 최근 국제경영분야에 나타난 변화 중 기업들의 국제사업 활동범위의 증대와 성숙화, 그리고 그에 따른 국제 네트워크의 구축경향이 두드러진다(Gilroy, 1993). 예로 N. V. Philips는 세계 60여 개 국에 200여 개의 사업단위를 두어 이들의 생산, 유통, 마케팅 등의 활동을 연결하여 '세계기업화'하고 있으며(Ghoshal, S. and Bartlett, C. A. "The Multinational Coporation as an Interorganizational Network," Organization Theory and the Multinational Coporation, St. Martin's Press, 1993), 또한 국제네트워크는 기업 간 전략적 제휴를 통하여 기업집단으로 확대되고 있다. 즉 자동차 산업의 경우 미국의 Ford, 일본의 Mazda, 독일의 Volkswagen, 그리고 한국의 기아자동차 등은 공동기술개발, 부품공유, 그리고 판매제휴 등을 통하여 미국의 GM과 일본의 Toyota의 협력체제에 대응하고 있다(Gilroy, 1993). 그리고 전자, 통신, 자동차, 석유화학 등 첨단제조기업을 중심으로 시작된 국제네트워크의 추구경향은 90년대 들면서 금융, 유통 등 서비스 부문을 포함한 전산업 부문으로 확산되고 있으며, 이 업종 간 교류를 통하여 산업 간 네트워크로 발전하고 있다(G. Yip, "Total Global Strategy", Prentice Hall, 1992).

LG 프라다 폰

LG KE850 (LG 프라다 폰)은 프라다가 설계하고 LG 전자가 제조한 휴대폰이다. 2006년 12월 12일에 처음 선보였다. 2007년 1월 18일에 장치의 양상이 공식적으로 언론을 통해 알려지기 시작하였다.

제9장 1절 전략적 제휴의 등장

1 전략적 제휴의 네트워크적 속성

글로벌 경쟁의 심화는 세계 기업들이 기술과 경쟁능력을 향상시켜 규모와 범위의 경제를 확대해 주고 있으며[201] 또한 소비자의 요구의 다양화와 단축된 제품의 수명주기 등이 기술혁신의 중요성이 더욱 강조되고 있다. 또한 기술확산속도가 빨라지고 산업 간에 기술의 복합화 및 융합화가 활발해지면서 기술개발에 따른 투자비용과 위험이 막대해지고 있다.

국제 기업들은 국제적으로 분산되고 현지 중심적인 경영조직과 자원으로는 효과적으로 대응할 수 없게 만들었다. 이러한 연유로 국제적으로 분산된 경영조직과 자원으로 대응하려는 것이 아니라 이들을 연계시켜 기업목표를 일치시킴으로써, 기업 내부적 네트워

201) Bradley S. P., J. A. Hausman and R. L. Nolan, *Globalization, Technology, and Competition*, Boston, MA.; Harvard Business School Press, 1993, p. 3.

킹을 통해 글로벌 경쟁 환경에 대응하려는 것이다.[202] 또한 본사 및 해외자회사의 경영활동과 관련되는 기업외부의 고객, 공급자, 정부 등의 제 조직을 연계시키는 외향적 협력관계를 유지하려는 노력도 활발해지고 있다.[203]

이와 같은 네트워크를 이마이(Imai)는 시장과 위계 간을 상호 침투하는 형태(inter-penetration of market and organization)로 정의하고 있다.[204] 즉 네트워크는 시장과 위계를 결합한 자원배분의 진행형태로서 시장거래와 위계조직의 장점을 흡수하여 효율적으로 자원을 배분하려는 것이다.[205]

따라서 이러한 네트워크에서는 조직의 기본단위가 단일 기업이나 고립되어 있는 여타 경제행위 주체가 아니라 여러 다양한 경제 주체들 간의 관계(a basic unit is a relation among various economic agents)로 규정된다. 이러한 네트워크조직은 특히 장기적 계약관계를 중시하는 일본의 기업집단조직이 전형적인 사례들로 지적되고 있다.

그런데 이러한 네트워크는 크게 기업 내부 네트워크(internal network)와 기업 외부 네트워크(external network)로 구분할 수 있다. 기업 내부 네트워크는 기업 내 가치사슬선상에서 각 가치 활동 조직을 특정의 과제나 목표를 중심으로 전문화하면서 동시에 전체적으로 통합시키는 체제이다.[206]

반면, 기업 외부 네트워크는 외부기업 간에 형성된 기업집합으로서 기업 간에 상호작용하는 관계를 관리하는 경제적 시스템으로 볼 수 있다. 기업 간 추상적인 관계까지도 포함하여 지속적인 연결 관계를 가진 제 조직들의 통합체로서 계층구조를 가지고 있다는 특징이 있으며, 경쟁분석에서는 기업과 산업 간의 중간 차원이라는 분석단위로 새로운

202) Ghoshal, S. and C. A. Barlett, "The MNC as an Interorganizational Network," *Academy of Management Review*, 1990, Vol. 15, No. 4, pp. 603~628.

203) Gilroy Bernard M., *Networkin in Multinational Enterprises*; University of South Carolina Press, 1993, pp. 1~2.

204) Imai, Ken-ichi and Hiroyuki Itami, "Interpenetration of Organization and Market; Japan's Firm and Market in Comparison with the U.S.", International Journal of Industrial Organization, 2, 1984, pp. 285~310.

205) Imai는 이러한 네트워크를 Williamson(1975)의 시장과 위계이론에 비추어 다음과 같은 그림으로 표현하고 있다(Imai, Ken-ichi, "Evolution of Japan's Corporate and Industrial Networks," in *Industrial Dynamics: Technological, Organizational, and Structural Change in Industries and Firm*, ed. Bo Carlsson: Kluwer Academic Publishers, 1989, p. 125 참조).

시장(Market) 계층구조(Hierarchy)

□□□□□□□□□□□ 네트워크(Network) □□□□□□□□□□□

206) Rockart, J. F. and J. E. Short, "The Networked Organization and the Management of Interdependence," in *The Corporation of the 1990s*, ed. Michaels. Scott Morton, New York: Oxford University Press, 1991, pp. 189~219. [가치사슬상의 개별 조직 간에 경계를 약화시켜 조직 간의 원활한 정보교류는 물론 공동의 특정과제를 위하여 통합·조정되는 자원배분기능 등이 수행되기도 한다. 특히 수직다각화 기업의 경우 기업 내 단위사업간 연결이나 또는 자본참여 계열기업을 연계하는 형태로서 개별조직의 경계를 넘어 네트워크로서 통합시키게 된다.]

시각에서 구분하기도 한다.[207] 네트워크가 형성되면 기업들은 전략적 기업집단화 되어 일종의 시스템적 경쟁체제를 갖추게 되고, 이러한 경쟁체제 하에서는 개별 기업 차원이 아니라 시스템적 차원에서 경쟁력을 강화할 필요가 있게 된다.[208]

요약하면 네트워킹(networking)은 기업 내 네트워킹을 통하여 국제적으로 분산된 내부의 경영자원을 통합하여 각 조직이 경영자원을 공유함으로써 기업 전체의 시너지(Synergy)적 경쟁능력을 확대시키는 동시에, 외부적 네트워킹을 통하여 외부연계조직이 보유하고 있는 경영자원을 활용하려는 것이다.

더욱이 정보통신과 컴퓨터기술의 발달은 세계 각국에서 다양한 형태의 조직으로 활동 중인 해외자회사들의 정보를 효과적으로 수집하여 전달할 수 있게 해주고 있다. 기업들은 이러한 정보기술을 네트워킹에 활용하여 해외자회사들이 정보를 공유하는 동시에 새로운 정보를 창출함으로써 사업 활동의 영역을 확대할 수도 있다. 네트워킹은 기술변화가 격심한 전자 등의 글로벌 산업을 중심으로 특히 활발한데 최근에 국내 및 국제 간 전략적 제휴의 확산은 이러한 추이를 잘 보여주고 있다.[209]

이상에서 전략적 제휴 발생의 배경을 살펴보았는데, 전략적 제휴란 무엇인가?에 대해 반문할 필요가 있다. 이의 답을 얻기 위해 본 장에서는 국제네트워크에 대해 그 범위를 살펴봄으로써 전략적 제휴의 개념을 이해할 수 있을 것이다.

2 국제네트워크의 분류

1) 하드웨어적 분류(구조)

우선 국제사업활동의 주체가 되는 기업 내 또는 기업 간 관계를 소비자, 공급자, 정부 등 외부 환경활동 등과 구분하기 위하여, 전자를 기업네트워크로 규정하며, 환경 관련

207) 이러한 점 때문에 네트워크를 구체화된 기업 간 관계의 실체보다는 형성과정으로 인식되기도 한다. (今井賢一, 金子郁容, 『ネットワーク組織論』, 1991 참조)

208) 今井賢一, 『資本主義 のシステムス間 競爭』, 1992. [즉 네트워크 체제 간 경쟁이라는 국제경영환경의 새로운 경기규칙이 만들어지는 것이다. 이 경우 개별 기업들은 자신이 속한 네트워크 체제 내에서 경쟁능력을 갖추어야 하고, 자신들의 전략적 입지로 안정성을 얻을 수 있게 된다. 반면에 네트워크 밖의 기업에 대해서는 진입장벽을 쌓고, 그러한 진입장벽은 집단 내 기업의 이동에 대해서도 장벽을 쌓아 개별기업의 전략적 위치가 자동적으로 결정되는 결과를 초래하기도 한다.]

209) 초기에 많은 학자들이 기존이론으로는 설명이 어려웠던 다국적 기업 내 본사와 자회사 간의 관계 등 일부 현상을 국제네트워크라는 새로운 전략개념으로 이용하여 이해하려고 노력하였다(Ghoshal, S. and Nohria, N., 'Internal Differential Within Multinational Corporation', SMJ, 1990).

활동주체 간 또는 활동주체 내 관계는 외부네트워크로 구분한다.

기업네트워크는 네트워크 구성주체 간 관계에 따라 모회사와 관련 자회사의 집합인 기업 내 네트워크와 서로 다른 기업 간 관계에 따른 기업 간 네트워크로 구분한다. 기업 간 네트워크는 다시 투자 모국 관련기업과의 동반진출 경우와 해외기업과의 협력 경우를 구분하기 위하여 동반기업 간 네트워크와 해외기업 간 네트워크로 구분한다.

특히 국제네트워크의 구조적 특성을 파악하기 위한 개념으로는 네트워크 크기(network size), 지역적 분산(area dispersion), 그리고 구성 주체 간 다양성(diversity) 등을 들 수 있으며, 이들을 기준으로 지점형(point-net, 차륜형 네트워크), 지역밀착형(area-net, 분산형 네트워크), 그리고 범 세계형(global-net) 네트워크 등으로 구분할 수 있다.

2) 소프트웨어적 분류(운영)

국제네트워크는 관련주체 간 국제사업활동에서의 협력을 목적으로 구성된다. 따라서 국제네트워크는 협력의 형태를 기준으로 X-type, Y-type,[210] 그리고 Z-type으로 구분할 수 있다. X-type 네트워크는 관련주체 간 협력이 서로 상이한 분야에서 상대방을 보완하는 방식으로 협력하는 것이다.[211] 반면에 Y-type 네트워크는 동일한 활동분야에서 서로 협동하는 방식으로 협력하는 경우를 의미한다.[212] Z-type 네트워크는 X-type과 Y-type의 혼합형태를 의미한다.

또한 협력의 내용과 기능을 바탕으로 기술개발, 생산, 구매, 마케팅, 물류, 유통, 인사, 정보 등 가치사슬(value-chain)상 단위영역에서의 협력을 목적으로 한(단순)기능 네트워크와 여러 기능 면에서의 유기적 협력관계를 목표로 하는 복합네트워크로 나눌 수 있다.

210) X형은 기업 간에 한 산업에서 활동을 분담하는 형태로 한 파트너가 제조를 맡으면 다른 파트너는 시장을 담당하게 된다. Y형은 기업들이 하나 또는 그 이상의 가치 활동의 실제적 성과를 공유한다. 예로 '조인트 마케팅 계약'을 들 수 있다. 이는 X형 제휴보다는 Y형 제휴가 더욱 안정적이라고 볼 수 있는데, 파트너의 '가치 사슬 간'의 연결성이 약하다(Poter, M. E. and Fuller, M. B., "Coaliation and Global Strategy", Competition in Global Industries, HBS Press, 1986. pp. 336~338). 그리고 X, Y형 제휴의 구조형태에서 X형 제휴는 조인트 벤처(9%), 라이센스(31%), 공급계약(31%), 그 외 계약(29%)를 차지하는 반면, Y형 제휴에서는 조인트 벤처(56%), 라이센스(4%), 공급계약(3%), 그 외 계약(37%)를 차지하고 있다(상게서, p. 363).

211) 기업 간 협력의 형태로 보면, 한 파트너가 주요하게 자금을 공급하는 조인트 벤처가 될 수 있지만, 장기간 공급 계약, 라이센스, 또는 마케팅 계약 등이 있다. 본사와 자회사 간의 관계에서는 핵심부품의 개발-생산-공급관계의 축으로 볼 수 있다.

212) 이는 빈번하게 조인트 벤처의 형태를 취하지만, 기술공유, 교차 라이센스, 또는 다른 협력관계를 의미한다.

그리고 협력의 방식 및 의사결정과 관련하여 네트워크 내 거점별로 독자적인 의사결정권과 독립성을 가지고 분리하여 운영하는 분산형 네트워크와 네트워크 전체의 목표추구를 위하여 전체 거점을 글로벌한 입장에서 묶어서 운영하는 통합형 네트워크로 구분할 수 있다.

이 밖에도 네트워크의 운영 특성을 파악하기 위한 개념으로 재화교환의 빈도(frequency)와 분산(variance), 그리고 관계 거점 간 분업의 정도를 표현하는 전문성(specialization) 등을 들 수 있다.[213]

다음에서 설명하는 전략적 제휴는 기업이 경영자원의 공유를 통하여 경쟁력을 높임으로써 세계적 경쟁에 대응하기 위한 기업이 채용하는 네트워크 형성의 경영전략이라는 견해 하에 설명하기로 한다.

제9장 2절 전략적 제휴의 이점

1 전략적 제휴의 개념

전략경영이란 의도적으로 장·단기적으로 경영목표를 취하기 위해 비전설정(경영자의 합리적 의지)을 통해 기업자원과 조직을 최적화 하여 경쟁적 환경에서 우위를 취하고자 하는 개념이라고 할 수 있다. 그러므로 전략이란 그 자체가 의도적인 장기적 관점을 가지게 된다. 반면 제휴는 경쟁환경에서 기업 독자적으로 취하기에 비용 또는 시간적 제약이 존재하여 기술, 경영능력, 자산 등을 타 기업과 공유하여 공동의 목적 또는 상호자원의 교류를 위해 이루어지는 협력관계(partnership)를 말한다[214].

'전략의 문제'로서 처음 단계에서는 각각 연구 프로젝트에 관한 파트너의 전략이 자신의 것과 호환 가능한 것인지 아닌지 평가해 보아야 한다. 이 단계에서 중요한 일은 자신

213) Ghoshal & Bartlett, St. Martin's Press, (1993), 전게서.

214) M.E. Porter(ed). Competition in Global Business, Harvard Business School press, 1986, pp. 315~344.

의 프로젝트 전략뿐만 아니라 파트너의 프로젝트 전략을 평가해서 분석하여야 한다고 할 수 있다. 다음으로 '자원의 문제'로서 각 파트너는 좋은 조건에서 프로젝트를 수행하기 위해 현재 자신의 자원과 필요한 자원이 주어지는지 아닌지 그리고 수행이 가능한지 아닌지도 결정하여야 하는 것이다.

그러나 이러한 실행의 의미는 우선적으로 '제휴'가 성립되는 이유부터 알아볼 필요가 있다. 즉 기업의 환경이 경쟁우위를 취하지 못하면 적자생존의 원칙이 적용되어 도태되는 것이 현실의 상황이므로 간단히 자원의 공유를 의미하는 제휴보다는 경쟁우위 확보를 위한 전략적 경영의 주요한 수단으로서 활용하고 있는 것이다. 다시 말하면 환경 자체가 시대의 흐름에 따라 핵심전략의 일부분으로서 그 성격이 변화하고 있는 것이라 할 수 있다. 그렇다면 제휴란 현재 새로이 나타나는 흐름인가? 이는 그렇지 않다고 추정이 가능하리라 보며, 이 점에서 핵심전략으로서 전략적 제휴와 과거 제휴의 비교를 통해 현실적인 문제를 접하기로 한다.

전략적 제휴의 특성을 종래의 제휴와 비교하면 다음과 같다<표 9-1 참조>. 종래의 제휴는 선·후진국 간의 수직적 분업체제였지만, 전략적 제휴는 주로 선진국 경쟁기업 간 수평분업체제가 중심을 이룬다.

표 9-1 종래의 제휴와 전략적 제휴의 비교

	종래의 제휴	전략적 제휴
체 제	선·후진국 기업 간 수직적 분업체제	주로 선진국 경쟁 기업 간 수평분업 체제
설 립	신규사업체 설립	대부분 기존기업 유지
추 진	산업협력 혹은 해외진출 전략의 일환으로 추진	주로 경쟁기업 쌍방 추진
제휴목적	시장접근, 기술이전 및 전수	경쟁 기업 간 세계적 경쟁우위 확보를 위한 협력

자료: 한국무역협회, 전략적 제휴의 실태와 활용방안, 1993, p. 24.; 대외경제정책연구원, 전략적 제휴와 기술혁신의 국제화, 1994, p. 20.

종래의 제휴는 직접적인 경쟁을 피하기 위하여 수동적인 시장접근이나 기술이전을 취하였으나 전략적인 성격이 이와는 차이를 나타나게 된다. 그 차이점은 다음과 같다.[215]

첫째, 과거에는 협력업체 간의 경영능력·자산 면에서 불균형적인 경우가 많았으나 최근의 제휴에서는 상호 대등한 경우가 많다.

둘째, 과거에는 경쟁업체 간의 협력관계가 미미하였으나 최근에는 경쟁이 치열한 기업 간에 부분적 협력을 강화시키고 있다.

215) 竹田志郎, 國際戰略提携, 同文館, 1992, p. 41～43.

셋째, 협력 업체 간의 협력 내용 면에서도 과거에는 불균형적이었으나 보다 균형적인 내용으로 변하고 있다.

넷째, 과거의 협력동기는 시장접근, 규모의 경제성, 자원의 확보 등 경제적 요인이 위주였으나 최근에는 전략적·경쟁적 요인이 더 큰 비중을 차지하고 있다.

또한 전략적 제휴는 공격적인 전략이 되기도 하지만 선도기업의 경우는 방어적인 전략이 되는 효과를 가지고 있다. 이는 전략적 제휴가 급격한 구조변화 혹은 기술변화를 겪고 있는 산업에서 매우 활발히 나타나는 특징이 존재하므로 도입기, 성장기, 성숙기에 걸쳐 본래의 공격적 전략을 취하면서 방어적인 전략(예로 진입장벽의 구축)으로 나타난다. 이에 대해 나타내면 다음과 같다<표 9-2 참조>.

표 9-2 전략적 제휴의 경영 전략적 동기

		시장에서의 위치	
		선도기업	추종기업
기업의 능력	핵심기업	방어적	추격적
	주변기업	현상유지	구조조정

자료: Lorange, Peter and Roos, Johan, Strategic Alliance, 1992, p. 7.

그렇다면 국제사업방식과 전략적 제휴의 관계는 무엇인가? 기업의 국제화는 일반적으로 수출중심의 마케팅 → 해외직접투자(생산 및 R&D의 국제화 → 글로벌화)로 나타나고 있으므로, 수출과 직접투자 사이에서 전략적 제휴가 존재하게 된다. 이에 대한 설명이 다음의 그림이다<그림 9-1>.

그림 9-1 해외사업방식과 전략제휴[216)]

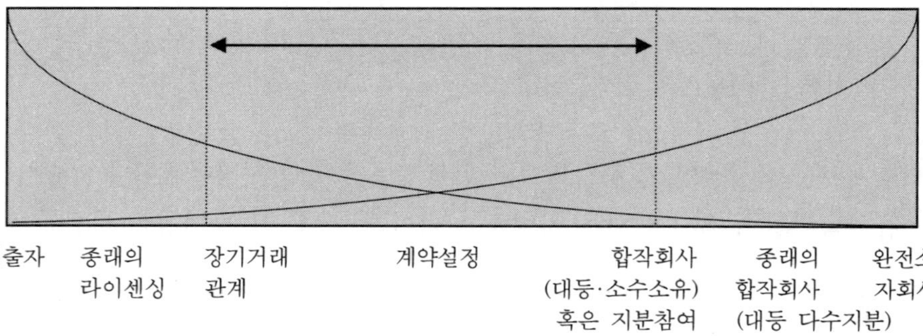

자료 : 竹田志郎, 전게서, p. 112.

216) 이 모델은 F. Simyar & K. Argheyd의 모델로 "Export Entry and Expansion Strategies," in P. J. Rosson and S. D. Reid(eds), Management Export Entry and Expansion, Praeger, 1987을 竹田志郎이 정리 작성한 것이다.

수출은 유연성이 높은 대신 의사결정력이 낮으며 불확실성이 매우 높고, 반면 직접투자에 의한 완전소유 자회사 운영은 경영지배력과 의사결정력이 높은 대신 유연성과 불확실성이 모두 낮은 특징을 보인다. 전략적 제휴는 이 양자에 위치한다고 할 수 있다.

이와 같이 개념을 통해 전략적 제휴의 정의를 내리면 다음과 같다.

"**전략적 제휴**는 다수의 기업들이 자신의 경쟁우위요소를 바탕으로 하여 각자의 독립성을 유지하면서 상호협력관계를 형성함으로써 제 3의 기업에 대하여 경쟁우위를 확보하고자 하는 새로운 경영전략"으로서, 일방적이 아니며 쌍방의 경영전략의 결과라는 점에서 과거의 제휴와 구별된다.[217]

전략적 제휴의 산업별 현황을 보면 산업별에서는 자동차, 항공기, 통신, 컴퓨터, 전기에서 빈번하며 이들 다섯 업종만으로 전체 90% 가까이 달한다. 이것들은 모두 글로벌화 한 산업이며, 진입 장벽이 높고 규모의 경제성, 급속한 기술변화가 항상 따르는 곳이다. 이에 대해 나타낸 것이 다음의 <표 9-3>이다.

표 9-3 전략적 제휴의 산업별 현황

산 업	제휴의 주 목적(전체 중 차지하는 비중 %)							
	제휴의 건수	위험 분산	금융자원의 부재	산업 기술 표준화	신제품 개발 속도	연구개발 투자의 공동부담	시장 접근	시장진입을 위한 기술획득
생화학	847	1	13	35	31	10	13	15
신소재	430	1	3	38	32	11	31	16
정보통신	1,660	4	2	33	31	3	38	11
- 컴퓨터	198	1	2	28	22	2	51	10
- 사무자동화	278	–	3	41	32	4	31	7
- 전자공학	383	3	3	33	33	5	52	6
- 소프트웨어	344	1	4	38	36	2	24	11
- 통신	366	11	2	28	28	1	35	16
- 기타정보통신	91	1	–	29	28	2	35	24
자동차	205	4	2	27	22	2	52	4
항공/방위산업	228	36	1	34	26	–	13	8
화 학	410	7	1	16	13	1	51	8
가 전	58	2	–	19	19	–	53	9
식 품	42	1	–	17	10	–	43	7
중전기	141	36	1	31	10	4	23	11
정밀측정장치/의료제어	95	–	4	35	40	2	28	10
기 타	66	35	–	9	6	0	23	8

자료 : The Economist, March 27, 1994, p. 16.

217) 전용욱, "반도체 산업의 다국적 기업 간 협력과 한국기업의 대응 전략(I)", 산업동향, 1990. 9, pp. 31～32. 한국무역협회, "전략적 제휴의 실태와 활용방안", 1993, p. 19. 삼성종합연수원, "전략적 제휴를 통한 경쟁우위의 확보", 1989, p. 3.

또한 이런 기업 간 협력에는 사업 위험(risk)이 높다는 특징을 갖는다. 또 미국기업은 항공기, 통신, 유럽기업은 컴퓨터, 항공기의 분야에서 적극적으로 합작을 추진하고 있는 것에 대해 일본기업은 자동차, 전기에 집중해 왔다.

2 전략적 제휴의 이론적 배경

기업이 글로벌 경쟁전략을 전개하면 경쟁기업과 협력관계를 맺는 움직임이 활발하게 이루어진다. '내부화 가설'에 따르면 국제 비즈니스를 전개할 때 완전 소유자 회사인가, 협력관계인가의 두 대체 안이 가능하다. 완전소유 자회사보다는 타 기업과 제휴를 설립하여 연결 형태를 미약하게 하는 별개의 옵션(option)이 선택되는 이유는 다음과 같다.

먼저 이는 내부화 가설의 배경을 지닌다. 내부화(Internalization)란 기업이 지닌 재화나 자원을 거래할 때 어떤 조건하에서는 시장을 통하여 행해지며, 어떤 경우에는 기업 내에서 거래되는가를 명백히 하려는 하나의 가설이다. 기업이 국제화 시기에 현지 설비가 현지에서의 경쟁에 통용될만한 독특한 자원을 이동하여야만 하므로 이 자원이 얼마나 거래되는가 라는 측면에 대해 내부화 가설이 적용될 수 있다. 시장에서 거래된다는 것은 자원이 제 3자의 생산시설로 이동 판매되는 일이며, 라이센스 공여에 의한 해외전략을 의미한다. 다른 한편 기업 내의 거래란 자원을 기업 내부에서 이용하는 것이므로 완전소유자 회사에 의한 해외생산전략에 상당한다.

이제까지 내부화 가설에서는 완전소유자 회사설립에 대한 기업국제화야말로 '다국적 기업'의 '독특한 자산'을 이용하기 위한 최선의 수단이었다. 기업이 해외 사업 활동을 확장할 때 파트너가 존재하면(즉 합작) 시장에서의 파트너는 기회주의적일 수 있다. 이를 통해 경쟁우위요소를 소산(Dissipate)해 버릴 수 있는 것이다.

이와 같이 내부화 가설에서는 순수한 기업 내 거래인가, 순수한 시장거래인가라는 두 개의 대체안만 고려했었고, 시장에서는 경제주체가 '기회주의'를 잘 처리할 수 없기 때문에 소산문제를 해결할 수 없어 완전소유자 회사가 선택될 수밖에 없었다.

그러나 이하에서 보듯이 타 기업과 협동하는 일에 장점이 있는 경우 완전소유자 회사에서는 협동의 장점이 있으므로, 제휴에서는 일정의 조건하에서 적절히 조정이 되면 기회주의를 회피함과 동시에 협동의 장점도 향유하는 것이 가능해진다.

3 전략적 제휴의 이점

오늘날 국제비즈니스 환경에서 완전소유자회사에 의한 단독진출에서는 얻을 수 없지만 다국적기업이 타 기업과 협동하여 얻는 이점에는 몇 가지로 구분되지만<표 9-4 참조> 여기에서는 내셔널리즘과 외국시장으로의 진입용이를 추가한다.

1) 위험(risk)의 분산

불확실한 환경에서 사업은 커다란 위험(risk)을 동반하므로 타 기업과 협력하는 것으로 위험감소(risk sharking) 효과가 얻어진다. 가령 해운업이나 자원개발에서는 종래부터 전쟁, 천재, 정치적 위험 등 여러 가지 위험이 있다. 더구나 거대한 설비투자가 소요되는 사업이 중지될 경우의 손실은 막대한 것이 된다. 이 경우 복수의 다국적기업이 연합체를 구성하여 자원개발에 임하면 위험분산이 가능해진다.

최근에는 위험회피수단으로서 연구개발부분에서의 기업 간 협력이 눈에 띄게 증가해 왔다. 메카트로닉스, 유전공학, 제약, 바이오 테크놀러지, 위성통신 등의 '하이테크 분야'에서는 기술 제품개발에 시간이 들고 불확정 요소가 많으며, 기술의 수명주기(life cycle)도 짧으므로 자금을 회수할 수 없는 위험이 높다. 더구나 기술이 급속히 진보하는 상황에서 그것이 어느 방향으로 진전하고 있음이 불투명하여 독자개발 노선에서는 기술변화의 동향에 뒤따를 수 없는 위험이 크다.

또 비디오, 퍼스널 컴퓨터, DAT, 통신 등 수명주기 초기단계에 있는 제품은 규격이 통일되어 있지 않아 독자로 개발을 추진하면 자사가 개발해 온 시장에서 표준으로 되지 않을 위험이 있다. 이와 같이 사업에서 위험을 분산하고 완성된 기술을 응용하는 단계에서 경쟁하려면 연구개발의 중복이나 시장점유를 위한 과도한 투자를 피하고 저 비용에서의 제품공급이 가능해지도록 자원배분의 효율성을 유지하는 것이 바람직하다.

2) 규모의 경제성

생산 설비가 규모적일 때 또는 자사의 마케팅력만으로 규모의 경제성을 획득할 수 없을 경우 공동 생산을 행하여 상호시장에서 판매하면 해결 가능하다. 최근은 기술이나 제품의 개발 단계에 있어서도 규모의 경제성이 점점 중시되어 오고 있다. 특히 연구개발은 초기에 막대한 투자를 필요로 하므로 개발의 성과를 공동 이용하여 거대한 시장을 배경으로 단위당 개발비용을 감소하는 것이 중요하다.

신기술이나 신제품의 개발이 수명주기를 위협하는 경우에는 매우 중요한 일이며,

특히 '규모의 경제성'을 일단 획득하면 타 경쟁기업이 극복하는 일은 매우 곤란해진다. 그러므로 선발자의 우위성(First-mover Advantages)이 형성된다. 이 때문에 시장을 개척하기보다는 기업제휴가 빨리 시장을 점유할 수 있다.

3) 자원의 상호보완 가능

상호 간 천연자원, 기술, 현지유통채널, 기술자, 현지에서의 생산이나 마케팅의 노하우를 익힌 인적자원 등의 부족은 기업 간 제휴를 통해서 극복할 수 있다. 현재 치열한 기술개발 경쟁 결과 한 가지 제품을 생산하기 위해 필요한 각종 기술의 특허가 여러 나라의 기업에 분산되어 있는 일이 많다. 그 경우에 합작 산업이나 크로스 라이센싱(cross-licensing)을 행하여 부족한 특허기술을 보완할 필요가 있다.

4) 외국시장으로의 진입 용이

스톱포드(J. M. Stopford and L. T. Wells, Jr)에 의하면 현지 기업과 합작하여 시장 접근 또는 진입이 가능해지는 경우가 있다.[218] 가령 다국적 기업이 현지 시장에 관한 마케팅 지식을 지니지 않은 경우에 현지 파트너의 유통망을 이용하는 경우이다. 또 역으로 현지의 파트너가 생산한 제품을 외국시장에 판매하기 위해서도 합작이 이루어지기도 한다.

5) 수용국의 내셔널리즘(nationalism) 회피

다국적 기업이 수용국에서 정치 리스크 회피를 위해 현지기업과의 협력관계를 맺는다. 가령 수용국에서 외국기업에 대한 완전소유의 사업이 금지되어 있는 경우 다국적 기업은 현지기업과 합작하여 사업을 한다. 수용국으로서는 자국의 자원이 외국의 소유 하에 이용되는 것에 위기감을 느끼기도 하지만 반면 특히 개발도상국인 경우 다국적기업의 다양한 기술이나 노하우를 취할 수 있다.

6) 시너지 효과(synergy effect)

시너지 효과란 다른 주체 간의 결합에 의해 각 주체의 독립적인 총 능력을 상회하는 경우를 말한다. 자원 간에 상호보완성은 공통 목적 하에서 상승효과가 생길 가능성이 많기 때문이다. 부족한 자원을 타사로부터 보완하는 수단으로써 합작은 입력에서 '경제성'이 중시되었지만 '시너지효과'는 출력에 있어 2+2는 5를 창출해 내는 것을 말한

218) J.M. Stopford and L.T. Wells Jr, Managing the Multinational Enterprise, Basic, 1972.

다. 즉 이질 분야를 상호 융합시키는 것은 새로운 정보나 지식을 만들어 내려는 동태적인 형태이다. 이상의 내용을 표로 정리하면 다음과 같다.

표 9-4 국제제휴의 이점

형 태	목 적
위험분산	- 제품 포트폴리오의 다각화를 통한 이익의 안정 - 고정비용의 분산경감 - 신속한 시장진입 및 투자자금 회수
규모의 경제 / 비용절감	- 보다 많은 생산량에 따른 평균비용절감 - 제휴기업의 저원가 능력 활용에 다른 비용절감
기술확보	- 공동연구·개발을 통한 기술의 효율적 확보 - 기술적 시너지효과의 증대 - 특허 및 관할지역의 교환
준수직적 통합을 통한 제휴기업의 경쟁우위활용	- 원자재에 대한 접근 용이성 - 기술습득의 용이성 - 노동력 획득 - 자본획득 - 정부규제회피 - 유통경로에 대한 접근 용이성 - 상품인지도 제고 - 구매자들과의 연계관계 구축

자료 : F.J. Contracter, "An Alternative View of International Business", International of Marketing Review, 1986 Spring, p.10. 대한상공회의소, "한국 중소기업의 국제네트워크 전략" in 한국기업의 국제네트워크 전략, 1994. p. 23.

4 전략적 제휴의 유형과 효과

1) 제휴의 형식 및 내용

전략적 제휴의 형태를 분류하는 한 가지 방식은 기업 간 제휴의 형식에 초점을 두는 것으로 자본참여, 계약 설정, 거래관계로 구분하는 것이다. 가장 많이 사용하는 분류방식은 제휴의 내용에 따라 분류하는 것인데, 학자들에 따라 다소 차이가 있으나, 대체로 기술제휴, 조달제휴, 생산제휴, 판매제휴로 구분한다.[219] 이 두 가지 분류방식을 결합하여 전략적 제휴의 형태와 동기를 요약하면 <표 9-5>와 같다.

219) 이상의 분류는 竹田志郞의 방식에 따른 것임.

표 9-5 제휴의 형식 및 내용에 따른 전략적 제휴 형태와 동기

	기술제휴	조달제휴		생산제휴		판매제휴
		부품조달	생산위탁	공동생산	생산위탁	
자본참여	· 시장확대 · 사업다각화 (기술확보)	· 안정적 공급원 확보 · 기존설비의 전용 (기술확보, 안정적 공급원 확보)		· 시장진출 및 확대 · 생산비 절감과 위험분산 (기술확보, 경쟁기업에 대한 대응)		· 시장확대 · 시장확대 (판매망의 이용)
계약설정	· 기술상호 공급 · 시장진출 확대 · 공급체계와 개선 (기술확보, 신분야 진출)	· 안정적 공급원 확보 · 관련부품의 상호공급원 확보 (안정적 공급원 확보)	· 품목구비 (보완, 보강포함) · 동일제품 상호보완 · 특정제품 라인의 특화 (시장확대, 생산여력충당)	· 기술의 공동활용 · 설비의 유효 이용 및 신규 사업의 진입 · 시장진출 및 확대 · 생산비 절감과 위험 분산	· 생산진출 및 확대 · 제품상호 보완 (품목구비, 잉여설비 활용)	· 판매망의 상호이용 · 시장확대 · 제품사양 확립 (특정제품 라인 강화)
생산관계		· 생산비 절하와 품질의 안정화				

주: ( )는 상대기업의 동기임
자료: 竹田志郞, 전게서, p. 72.

자본참여, 계약설정, 상단관계를 중심으로 기술제휴, 조달제휴, 상단제휴, 판매제휴의 형태와 동기를 설명하였다. 전략적 제휴의 종류 및 특성을 중심으로 살펴보면 다음과 같다<표 9-6 참조>.

① **기술제휴**: 상호기술교환 및 공동기술개발
② **조달제휴**: 물자의 안정적 공급원 확보
③ **생산제휴**: 생산비용절감 및 시장지위의 확보
④ **판매제휴**: 상대국 시장 접근 및 판매 강화

이들 중 어느 한 가지만 선택되기도 하지만, 복합적으로 이루어지는 경우도 많으며, 특정 첨단 제품의 경우 신기술개발 참여기업만을 대상으로 하여 참여비율에 따라 판매량을 할당하는 배타적인 개발·판매 제휴를 실시하는 경우도 있다.

이상에서 언급한 네 가지 형태 중 선택의 여지는 기업이 처한 상황, 여건 및 전략적 목적에 따라 좌우된다고 할 수 있다. 이를 비교하면 다음과 같다.

표 9-6 전략적 제휴의 종류 및 특성

	목 적	종 류	특 징
기술 제휴	기술의 공동개발과 상호교환	· 공동기술 개발 · 기술 도입·교환 · 특허공유 · 연구 참여	· 자사의 부족한 기술에 대해 타 기업의 기술·특허·노하우를 도입, 공유하여 기술력 격차 해소 · 신기술, 제품의 공동개발추진(계약 또는 합작기업형태) → 생산, 판매제휴로 발전하는 경우가 많음
조달 제휴	세계적 조달활동으로 비용절감 및 조달일체화	· 생산위탁·수탁 · 부품조달 · 단순외주가공	· 상대기업에 대한 생산 위탁, 부품조달 제휴 · 전 세계적 차원에서 조달활동 전개
생산 제휴	생산비 절감 및 자사브랜드의 시장지배력 강화	· 공동생산 · 생산위탁·수탁 · OEM · second sourcing*	· 각사의 경영자원을 상호공급, 공동생산 · OEM 및 생산위탁 → 수탁을 통하여 생산비 절감, 자사 브랜드 지배력 강화 · 생산에서 판매단계까지 지속되는 경우 많음 (주로 합작기업 형태)
판매 제휴	상대국 시장접근 및 판매 강화	· 공동브랜드 · 위탁판매 · 공동규격 설정	· 판매능력(경로, 노하우 등)을 활용, 자사품목의 상호공동판매 · 판매지역이나 제품의 선택적 활용으로 Cross Marketing

자료: 한국무역협회, 전략적 제휴의 실태와 활용방안, 1993, p. 23.
주: *는 자사의 기술 통제 하에 생산을 위탁하되, 판매권한은 수탁업체에 부여하여 수요를 분담하는 형태

2) 제휴기업 간 상호 역학관계에 의한 형태

최근의 전략적 제휴는 과적의 단일방향적인 상호관계로부터 상대기업의 우위요소를 상호 활용할 수 있는 쌍방적인 관계로 변화하고 있다. 특히 대규모의 기업들 간에 각자의 경쟁우위 요소를 중심으로 한 쌍방향 제휴가 점증하고 있다<표 9-7 참조>.

표 9-7 상호관계에 의한 제휴전략의 분류

	일 방 적	쌍 방 적
기술제휴	기술도입, 특허매입	기술교환, 공동개발, 교차라이센싱 기술 컨소시엄
생산제휴	OEM 공급, 하청, Second Souring, 생산계약	상호 OEM 공급, 공정분업
판매제휴	대리점, 프랜차이징, 조달	공동브랜드 활용, 시장창출협력
자본제휴	M&A	합작, 개발 컨소시엄

자료: 한국무역협회, 전게서, p. 29.

사례 : 전략적 제휴의 대표적 사례 ▶▶ NUMMI

NUMMI 기업은? GM Fremont 공장에서 만들어진 GM과 TOYOTA의 합작회사

1998년: 근로자 1인당 평균 87대의 자동차 생산
1998년: National Association of Manufacturer 상 수상
2000년: 북미지역 최고 3위 내의 속하는 공장으로 평가
5일 만에 새로운 모델로의 전환
불과 30일 만에 완전생산체제 돌입

1962년 premont 공장: 적대적 노사관계
1982년: GM Fremont 공장 문 닫음
TOYOTA: 미국의 자동차시장의 근거지가 필요
GM: TOYOTA의 린 생산시스템 필요

1984년: 2월에 공식적인 독립회사 NUMMI 설립
소형차: TOYOTA Corolla vibe 생산
픽업트럭: TOYOTA Tacoma
66초마다 승용차 1대
87초마다 트럭

GM 자동차 도요타 자동차

5 전략적 제휴와 산업조직

국제화시대의 전략적 제휴는 반경쟁적 행위, 담합, 독점형 경쟁 및 다국적기업, 다변화기업, 거대기업 등에 이르는 다양한 시장 구조적 측면과 연관되어 있다. 이러한 시장 구조적 측면과 기업 간 전략적 제휴 사이의 상관관계는 기업규모와 상업 집중이라는 두 가

지 시장구조변수를 중심으로 논의할 수 있다. 최근 공동 R&D나 합작기업 등의 전략적 제휴가 후생에 미치는 영향이나 참여기업 R&D의 파급효과 등에 관한 이론적 연구가 Tirole, d'Aspremont & Jacquemin, Katz 등에 의하여 이루어져 왔다.

특히 산업조직과 관련하여 전략적 동기로 제휴관계에 참여한 기업들에 의한 담합 내지 배태적 행태에 대한 분석이 있어 왔는데, 협력을 통한 공동 R&D가 진입을 제한하여 결국 경쟁을 줄이고 산업집중을 심화시키는 담합행위로 귀결될 것인지의 여부가 주요 논점이었다.[220]

표 9-8 산업에서 전략적 제휴와 담합 행태에 대한 학자들의 견해

학 자	견 해
Chenais	집중화된 산업 또는 과점적 경쟁으로 특징지어지는 비 집중화된 산업보다 전략적 제휴관계를 더 많이 맺는다(국제화에 관한 고전적 이론과 Hymer의 초기 이론에 기초하여 집중화된 산업에서는 선도 기업이 국제경쟁측면에서 시장력을 확보하기 위하여 제휴관계를 맺는다고 보았다).
Kogut	합작기업의 역할은 참가기업의 시장지배력 향상을 위한 기업 간 전략적 행태 및 경쟁의 측면에서 이해(산업의 집중화와 선도기업의 시장력이 증가함에 따라 기업 간 합작행위의 빈도도 같이 증가하는 것으로 나타난다).
Mytelka & Delapierre	이해 측면은 상동(시장 내에서 선도적 과점지위를 차지하는 기업의 적응력을 증가시키는 전략적 제휴의 역할을 강조)-공동 R&D에 관한 Link, Bauer의 실증분석에 따르면 기업 간 시장점유율 차이가 기업제휴에 큰 역할을 하고 있다. 기업이 직면한 국제경쟁과 시장점유율의 증가정도는 기업 간 공동 R&D의 성장과 正의 관계를 갖는다.
Chesnais, Mytelka	최근 몇 년 동안 전략적 제휴관계 자체가 증가하였을 뿐만 아니라, 이러한 관계가 기업 간 동맹관계를 형성하는 대규모 과점기업 네트워크의 출현에 기여했다고 주장했다.
Casson	시장 선도 기업이 제휴 네트워크를 형성하는 과점형 경쟁을 강조
Porter	두 기업들의 취약성 측면에서 전략적 제휴를 설명
Hagedoom, Schakenraad	선도 기업들이 전략적 제휴관계에서 중요한 역할을 하나 그들 핵심적 활동에는 꼭 그렇지 않다는 중도적인 입장(전략적 제휴의 유형은 기존 시장서열구조를 부분적으로 밖에 반영치 못한다. 전략적 제휴는 상대적으로 적은 매몰원가(sunk cost)를 소요하기 때문에 언제든지 탈퇴가 가능하고, 타 기업의 협력기업 네트워크에의 진입도 제휴관계를 설정할 수 있는 기업이나 다른 기업들에 매력적인 파트너의 경우가 용이하다.

자료 : 洪裕洙, 전략적 제휴와 기술혁신의 국제화, 대외경제정책연구원, 1994. 1, p. 36을 정리.

220) 洪裕洙, 전략적 제휴와 기술혁신의 국제화, 대외경제정책연구원, 1994. 1, pp. 36~41 (Hagedoom, John and Schakenraad, Jos, "The Economic Effects of Strategic Partenerships and Technology Cooperation," MERIT 91-003, 1991을 참고).

경영학적 입장의 코긋(Kogut)은 시장지배력 향상을 위해 기업 간 전략적 행태 및 경쟁의 측면에서 전략적 제휴를 정의했고 포터(Porter)는 두 기업의 취약적 측면에서 전략적 제휴를 설명하였다.

경제학적 입장의 견해는 과점적 경쟁의 입장과 집중화 산업과 대규모 과점 기업네트워크의 출현으로 보았다<표 9-8 참조>.

위의 주장들을 종합해 보면, 대규모 다국적 기업이 전략적 기술협력에 있어 주도적인 역할을 수행하며 이러한 제휴관계가 종종 과점형 경쟁관계와 일치한다고 할 수 있다. 그러나 이러한 구조적인 특성은 정태적으로 보아선 안 되고 기존 네트워크 내에서의 적응성에 따라 동태적 구조변화가 이루어지고 있음을 간과해서는 안 된다. 전략적 기술제휴는 협력 기업 간에 상대적으로 안정된 네트워크를 형성하지만, 이러한 네트워크들은 진입 및 탈퇴가 매우 어려운 폐쇄적 장치와 같은 것이 아니다.

정태적으로 이 네트워크에서는 주도적인 역할을 하는 기업집단은 진입 및 탈퇴를 통해 변형될 수 있다. 따라서 전략적 기술제휴관계의 구조가 기존의 국제 시장 내 서열구조를 유지하는 것으로 보는 관점은 너무 기계적이며 단순하다고 보겠다. 선도기업들이 시장점유율의 순위로 표현되는 시장 내 서열구조는 전략적 기술제휴에 상응하는 참여도를 반드시 반영하지는 않는다. 물론, 그렇다고 전략적 제휴가 대부분 2류 기업들에 의해 이루어진다는 것은 아니다.

결론적으로 전략적 기술제휴는 대부분 대규모 다국적기업 및 다변화기업에 의해 이루어진다. 이러한 기업들은 기술 및 전략 능력을 발전시킬 목적으로 다양한 기업들과 제휴를 맺는다. 그러나 제휴관계의 일부분만이 그들 핵심사업과 관련된 것이고 대부분은 다방면의 현재 및 미래 기업이익과 연관된 여타 활동과 관련된다. 다시 말해서 전략적 기술제휴의 현존 서열구조는 기존의 시장구조를 단순히 반영한 것이 아니라, 주도기업들의 일반적 전략 행태와 복잡한 기업 간 네트워크의 광범위한 영역 내에서 이루어지는 행태적, 유동적 산물이라 하겠다.

제9장 3절 전략적 제휴의 제고

전략적 제휴는 해외시장을 개척하여 신제품개발에 필요한 연구개발비를 분담함으로써 비용, 신 시장 진입 비용의 절감, 그리고 제품생산 및 공정기술의 습득과 규모의 경제에 의한 생산비 절감, 조직 및 경영과 관련된 노하우의 습득, 불안정한 시장에서 영업활동을 전개함에 따라 수반되는 정치적 경제적 위험분산 등의 이점을 가지고 있다. 그러나 많은 긍정적 결과에도 불구하고 전략적 제휴는 독립기업 간 느슨한 연결로 인하여 관계 자체가 붕괴할 가능성이 있다. 다른 방식과 비교하면 다음과 같다.

1) 시장거래

장점은 거래의 선택과 중지가 자유로워 위험이 적다. 단점은 유리한 거래를 하기 위해서는 상당한 시장탐색시간과 비용이 필요하다. 또한 교섭상대 및 과정의 통제가 어려워 정확한 계약이 필요하다.

2) M&A

장점은 필요한 자원을 신속하게 일괄조달이 가능하다. 단점은 실패할 경우 상당한 위험부담이 따른다.

3) 내부조달

장점은 자원축적과 실행과정 모두를 완전히 통제할 수 있으며 조정과정의 비용이 적게 든다. 단점은 상당한 시간이 소요되며 모든 것을 단독으로 부담하므로 위험부담이 크다는 점이다.

4) 전략적 제휴

장점은 자원을 신속하게 조달할 수 있으며 위험분산효과를 얻을 수 있다는 점이다. 단점은 독립된 기업 간의 관계이므로 상호조정이 어려우며 제휴관계가 쉽게 붕괴될 가능성이 상존한다는 점이다.

Memo

10

CHAPTER

국제기업과 리스크 관리

최근의 국제 기업들의 투자환경을 보면 과거와는 달리 정치, 경제, 기술, 사회, 문화 등의 광범위한 영역의 다양한 요인이 얽혀있어, 불확실하고 급격한 변화에 예측하기 힘들뿐만 아니라 리스크 또한 심하며 특히 이런 경향은 개발도상국에서 많이 나타난다. 1960년대의 중반까지 대부분의 발전도상국들은 자기 나라의 경제발전을 위해 다국적기업의 진출을 환영하고, 많은 외자 유치책을 강구해 왔고, 또한 경제발전에 부정적 영향이 나타나 여러 가지 규제책을 설정하게 되었으며, 국제기업은 이러한 위험에 대처하며 그 중요성을 인식하기 시작했다.

국제기업의 투자환경에 대한 평가 즉, 투자 리스크가 현저하게 증대해 오고 있으며 이것은 그 평가에 중점이 놓여지게 되었다. 다시 말하면 이것은 컨트리 리스크(Country Risk)의 평가이기도 하다. 그래서 최근에 기업의 해외 직접투자에 관련하여 컨트리리스크의 연구가 매우 중요해졌으며 헤이너(F.T. Haner) 등의 연구로 대표되듯이, '위험한 국가'의 연구도 왕성하게 행해지게 되었다.[221)]

221) F. T. Haner, Global Business Strategy for the 1980s, Praeger, 1980.
컨트리리스크의 평가 시에는 정치리스크(Political Risk)의 평가가 중요하다. 이것은 각국 경제활동의 '정치화'가 현저하고, 정치적인 결정이나 사건에 의해 기업이 큰 손해를 입는 경우가 다발하고 있기 때문이다. 코브린(Stephen J. Kobrin)은 "새로운 사업기회를 찾기 위해 해외로 진출하려고 할 때, 기업은 새로운 환경, 새로운 리스크 원인에 노출된다. 요즈음 10년 정도 갑자기 주목을 받기에 이른 리스크 원인의 하나로써 정치환경, 그 중에서도 특히 발전도상국의 정치환경을 들 수 있다."고 기술하고 있다. 이러한 정치환경은 특히 개발도상국일수록 중요한 요인으로 꼽혀지고 있다.

제10장 1절 **리스크의 일반적 의미**

1 국제경영에서 위험의 의미

위험이라는 용어의 위해(危害)[222]라는 의미보다는 광의적이라고 할 수 있으며, 의미는 최소한 세 종류로 구별된다.

첫 번째는 사고발생의 가능성 혹은 사고발생의 불확실성이라는 의미이다. 즉 화재나 폭발 등의 발생 가능성을 위험으로 인정하는 경우이다. '위험을 부담한다'라는 경우의 위험의 의미는 사고발생의 가능성을 부담한다는 뜻으로 영어의 Risk에 해당한다.

두 번째 의미는 사고 그 자체이다. 예를 들어 화재, 폭발, 충돌, 사망 등의 우발적인 재해와 사건이 그것인데, '위험이 발생했다'라는 경우의 위험의 의미는 사고라는 것으로 영어의 Peril에 해당한다. 이것은 불가측성, 돌발성, 非常性, 거대성, 지속성과 같은 강세적 의미가 가미되면, contingency, accident, crisis와 같은 용어가 사용되어 불측사태, 우발사고, 위기와 같은 용어가 된다.

세 번째 의미는 사고발생의 조건, 사정, 상황, 요인환경이라는 것이다. 예를 들어 화재라는 사고를 전제로 한다면 건물의 구조, 용도, 보관, 물품, 입지, 주위의 환경, 소유자의 주의능력, 기상조건 등이 그것이다. '위험이 증가했다'라는 경우의 위험은 이상과 같은 의미로 사용되어 영어의 Hazard가 여기에 해당한다.[223]

위험이라는 용어를 보험용어로서 사용하는 경우에는 상기 세 가지 외에 보험의 목적, 보험계약, 보험자의 책임이라는 의미 등으로 사용될 수도 있다. 예를 들면 '불량위험'이라든가 '우량위험'이라는 경우의 위험의 의미는 보험의 목적상의 의미이다. '위험을 선택했다'라는 경우의 위험은 보험계약의 의미이다. 또 '위험이 개시했다'라는 경우의 위험은 보험자의 책임이라는 의미이다.

222) 일반적으로 危害는 사람에게 직접적인 영향이 있는 경우이고, 위험은 위해를 줄 수 있는 위험성이 있는 것을 말한다.

223) 위 세 가지 분류는 일본에서 통용되는 일반적인 것이고 미국의 경우 Lalley는 risk를 손해발생의 가능성(chance or possibility of loss), peril을 손해를 현실로 발생시키는 작용(agency which actually causes a loss)로 하고, hazard를 손해발생의 가능성을 높이는 조건(conditions which enhance the possibility of loss)로 정의하고 있다[Lalley, E. P., *Corporate Uncertainty & Risk Management*, N. Y., 1982, p. 9].

상술한 3가지 중에서 Country Risk와 관련된 위험은 첫 번째의 영어로 Risk라는 의미일 것이다. 리스크 발생의 3국 간의 비교에서도 리스크는 '손해의 가능성' 즉 첫 번째의 '사고발생의 가능성'을 나타내고 있는 것이다. 물론 두 번째와 세 번째는 국제기업의 활동에 연관적인 위험의 의미를 가지고 있지만, 컨트리 리스크 분석에서 의미를 가지고 있는 것은 첫 번째라고 할 수 있으며, 두 번째와 세 번째는 국내기업의 일반적인 위험이라고 해도 큰 무리가 없을 것이다.

2 국제기업과 리스크의 분류

위험관리 위험정책은 우선 리스크를 가능한 한 회피, 차단하는 것을 의미하며, 회피할 수 없는 경우에는 리스크를 제거, 방지하려고 노력하는 것이다. 이럴 경우 비용지출은 불가피한 것으로 장래의 불확실한 손해발생의 가능성을 현재의 확정적인 비용으로 과학적으로 대치한다고 하는 발상이 근본을 이루고 있다. 그러므로 리스크의 성격 및 형태를 명확히 하여야 하므로 위험의 분류를 통해 살펴보고자 한다. 이는 미국에서 바라보는 위험의 분류라 할 수 있다.224)

첫째, 정태적 위험과 동태적 위험으로, Haynes, Willet, Mehr & Hedges는 위험을 그 발생상태에 따라 분류하고 있다.225) 이들의 견해가 완전히 일치하는 것은 아니지만 그 본질은 같다. 정태적 위험은 사회정체의 정상상태(stationary state)에서의 위험인 것에 반해, 동태적 위험은 사회경제의 동태적 변동(dynamic change)을 직접 원인으로 하는 위험이다.226)

둘째, 순수위험(pure risk)과 투기적 위험(speculative risk)으로 Mowbray가 최초로 주장한 분류이다.227) 그리고 이 분류는 Mowbray의 제자인 Blanchard와 Williams에 의

224) 독일에서 바라보는 위험의 분류는 자연적이나 인위적, 경영기능적 위험 등으로 나누고 있는 듯하다. 국제기업의 리스크를 논하기에는 역부족이므로 미국경영학에서 바라보는 관점으로 대치하고자 한다. 자세한 내용은 [龜井利明, 危險管理理論, 宋 一. 譯, 法文社, 1989. pp. 62~71] 참조.

225) Haynes, J., "Risk as an Economic Factor," Quarterly Journal of Economics, IX, 1895, pp. 412~414; Willet, A. H., The Economic Theory and Insurance, Oxford University Press, 1951, 14.; Mehr & Hedges, Risk Manangement in the Business Enterprise, Homewood, 1963, p. 13.

226) 정태적 위험은 자연력의 불규칙 작용과 인간의 착각과 잘못된 행동 등에 있어서 초래되는 위험인 것인데 반해, 동태적 위험은 인간의 욕망의 변화와 생산방식과 생산기술의 변화와 산업조직의 변화 등에 의해 초래되는 위험이다.

227) Mowbray, A. H., Insurance, 1st ed., 1930, p. 3.

해 계승되어 Bickelhaupt, Greene, Williams & Heins, Denenberg et al. 등에 의해 체계화되었다.[228] 그리고 이 분류가 리스크 매너지먼트를 논할 경우 위험의 성질에 의한 분류로서 일반적으로 적용되고 있다.

셋째, 기본적 위험과 특수적 위험이다. Kulp는 기본적 위험(fundamental risk)과 특수적 위험(particular risk)을 분류하고 있는데, 기본적 위험은 경제제도의 불확실성·부정확성·부조화성, 사회적 및 정치적 변화, 자연의 이상변동에 의해 생기는 위험이고 개인에 있어서는 예방할 수 없는 위험이다. 이것에 대해 특수적 위험은 그 원인과 결과가 개인적인 위험이다.[229] 이 분류는 요컨대 그 원인과 결과가 전체적이냐 개인적이냐에 따른 것이다. 그러나 이 양자의 분기점은 반드시 명확한 것은 아니다. 기본적 위험은 순수위험과 투기적 위험의 쌍방을 포함하지만, 특수적 위험은 항상 순수위험이다.

넷째, 일반적 위험(general risk)과 개별적 위험(individual risk)으로, Maynard & Weidler는 기업위험을 두 가지로 분류하고 있다. 그들에 의하면[230] '일반적 위험'은 경영외적 요인에 의해서 발생하는 것이고 경제적·사회적 변화 혹은 불확실성의 결과이다.

다섯째, 주관적 위험과 객관적 위험이 있는데, Greene와 Dorfman이 분류하고 있다.[231] 주관적 위험은 개인의 정신적 태도와 심리상태에서 생기는 위험으로 일반적으로 정확한 측정이 될 수 없다. 이것에 대해 객관적 위험은 확률상의 손해와 실제 손해의 상관적 변동이라고 정의되어 있지만 이것은 결국 우연과 불가항력에 의해 생기는 위험으로 측정 가능하고 대수의 법칙이 적용되는 위험을 의미한다.

여섯째, 인적(personal)·물적(property)·책임위험(liability risk)으로 보험종목의 편의상 나온 것으로 인식되고 있다. 다만 Vaughan & Eliliott는 순수위험의 하위개념으로서 3가지 위험 외에 타 기업의 도산에서 생기는 위험(risk arising from failure of others)을 들고 있다. 그렇지만 이것은 분류기준이 지극히 불명확하다고 할 수 있다(표 10-1 참조).

228) Bickelhaupt, D. L., General Insuruance, 9th ed., Homewood, 1974, pp. 9~10.; Greene, M. R., Risk and Insurance, 2nd ed., 1968, pp. 11~12.; Williams & Heins, Risk Management and Insurance, 3rd ed., 1976, pp. 10~11.

229) Kulp & Hall, Casualty Insuarance, 4th ed., 1968, p. 3.

230) Maynard & Weidler, An Introduction to Business Manangement, 4th ed., 1951, pp. 203~204.

231) Greene, 전게서, pp. 3~4; dorfman, 전게서, p. 9.

표 10-1 위험의 구분

학 자	위험구분	내 용
Haynes, Willet, Mehr & Hedges	정태적	사회정체의 정상상태(stationary state)에서의 위험. 동태적 위험은 사회경제의 동태적 변동(dynamic change)을 직접 원인으로 하는 위험
	동태적	사회경제의 동태적 변동(dynamic change)을 직접 원인으로 하는 위험
Mowbray, Blanchard, Williams, Bickelhaupt, Greene, Williams & Heins, Denenberg	순수	순수위험은 그것이 발생한 경우에 손해만을 발생시킨다고 하는 위험(loss and risk)
	투기적	투기적 위험은 그것이 발생한 경우에 이익 혹은 손해를 모두 발생시킬 수 있다고 하는 위험(loss and gain risk)
Kulp	기본적	경제제도의 불확실성·부정확성·부조화성, 사회적 및 정치적 변화, 자연의 이상변동에 의해 생기는 위험이고 개인에 있어서는 예방할 수 없는 위험
	특수적	원인과 결과가 개인적인 위험
Maynard & Weidler	일반적	경영외적 요인에 의해서 발생하는 것이고 경제적·사회적 변화 혹은 불확실성의 결과이다. 환언하면 그 효과에 있어서는 일반적인 위험이다. 예를 들어 가격수준의 변화, 경영활동 수준의 변화, 기상상태, 사회적 관습의 변화 및 생산과 배급방식의 변화가 그것이다.
	개별적	특정의 개인과 기업에 영향을 주는 것으로 사회적·경제적 원인보다는 오히려 개별적 예로 화재에 의한 개인상점의 손해는 특수한 원인에 의한 개별적 위험
Greene & Dorfman	주관적	개인의 정신적 태도와 심리상태에서 생기는 위험으로 일반적으로 정확한 측정이 될 수 없음
	객관적	객관적 위험은 확률상의 손해와 실제 손해의 상관적 변동이라고 정의되어 있지만 이것은 결국 우연과 불가항력에 의해 생기는 위험으로 측정가능하고 대수의 법칙이 적용되는 위험을 의미
Vaughan & Eliliott	인적·물적·책임	보험종목의 편의상 나온 것으로 인식되고 있음
		순수위험의 하위개념으로서 3가지 위험 외에 타 기업의 도산에서 생기는 위험(risk arising from failure of others)을 들고 있음

이상에서 리스크에 대한 일반적 의미를 살펴보았는데, 대부분이 기업경영에 있어 시사하는 바가 많다. 그 중에서 특히 가장 일반적으로 언급되며 국제기업의 경영에 있어 해외에 투자를 하는 경우 이익을 기대하면서 손해를 고려해야 하는 점에서 '투기적 위험'이라는 면이 관계가 있을 것이다. 물론 정태적·동태적, 그리고 기본적·일반적 위험 등이 본질에 있어 언급이 가능하기는 하지만, 그 기준이 불확실하다는 점에 있어 순수·투기적 위

험을 고려하는 것보다 그리 원활하지는 못하다고 할 수 있다.[232]

이미 위험의 의미에서 리스크를 '손해의 가능성'으로 정의한 바 있는데, 물론 이것이 정확하며 다른 정의 특히 '실질적 손해와 예상된 손해와의 차이'라는 점보다 적합하다는 것이 아니고 국제기업 경영에서 중요한 컨트리 리스크를 논하기에 '손해의 가능성'은 적합한 의미가 있고, 또한 리스크라는 용어의 명확성을 기하는 것이 앞으로의 논의에 더욱 접근할 수 있으므로 이를 기반으로 국제기업의 컨트리 리스크를 살펴보기로 한다.

3 국제기업 특유의 리스크-Country Risk

손해의 개연적인 빈도 및 강도는 기업이나 국가에 따라 다르며 또 각 기업 특유의 위험의 혼합에 의존하고 있다. 각 외국관계 회사는 각종 형태의 잠재적 손해를 갖는 독자적인 한 집단이며 그 점에서 각 형태의 위험은 회사 간의 규모에 있어 다르다. 일반적으로 국제기업에 직면하는 잠재적 손해의 형태 혹은 종류는 순수한 국내기업이 직면하는 위험에서 정치적 위험과 외국환 위험을 예외로 하고는 본질적으로 동일하다.[233]

정치적 위험(political risk)은 정부 혹은 그것에 유사한 조직의 행위에 의해 생기는 손해의 가능성이라 정의될 수 있다. 가장 중요한 손해를 초래하는 위험은 '재산의 수용과 몰수'로부터 생긴다. 그리고 무역장벽의 설정, 환관리의 채용, 수출입승인증의 취소, 그 외 정부의 제 행위에 의한 손해도 생길 수 있다.

외국환관리(foreign exchange risk)는 어떤 통화가 다른 통화로부터 예측하기 어려운 변동을 발생하는 것에 의해 생긴다. 정부의 평가절하 또는 환관리는 정치적 위험이라 생각되기는 하지만 계속되는 지불수지의 적자에 의한 통화의 사실상의 평가절하는 상당한 자산가치의 감소를 초래한다.

정치적 및 외국환 위험은 위험이라기보다는 오히려 위험사고(손해의 원인)로 생각되어야 한다. 이 견해에 따르면 모든 잠재적 손해는 재산·책임 또는 인적 손해로 분류될 수 있다. 이 분류방법은 국내기업만이 아니라 국제기업에 같이 적용되는 것이다.

232) 국제기업 경영에 있어 순수위험과 투기적 위험을 구분하자면 다음과 같다. 일례로 개발도상국에 생산시설을 설립한다는 의사결정은 투기적 위험인데, 이는 기업에 이익을 초래하던가 손해를 초래하던가 하는 어떤 결과를 수반하기 때문이다. 반면 순수 위험은 현존의 생산 공장에 대한 화재에 의한 가능적 손해는 순수위험이다.

233) Norman A. Baglini, Risk Manangement In International Corporations, 宋 一, 譯, 法文社, 1989, pp. 16~18.

국제 리스크 매니저의 주요한 관심사는 모든 기업이 처하는 위험에 있어서의 차이이다. 이러한 잠재적 손해, 예를 들면 화재·공공책임·영업중지 및 기타는 각 외국관계회사 간에 규모가 다른데 그것은 관계회사의 사업활동 및 업무뿐만 아니라 법적·사회적·경제적 환경 때문에 생긴다.[234] 국제 리스크 관리능력이 문제가 되는 것은 이러한 각 잠재적 손해의 중요성의 상이함에 대한 '인식력'이다. 종종 관계회사 간의 위험에 있어서 인식의 상이함은 전혀 새로운 형태의 손해가 결과로서 출현하는 것처럼 보일 정도의 괴리가 있다. 잠재적 손해의 복잡성 및 그 밖의 정치적·법적 풍토의 복잡성이 사용되어질 리스크 매너지먼트의 방법을 결정하는 경우가 있다. 이렇듯 국내기업과 국제기업 간에 다른 것은 리스크 종류보다 오히려 리스크의 관리이다.

제10장 2절 컨트리 리스크 관리

오늘날의 다국적 기업은 투자수입국의 정치·경제환경의 변화에 의해 막대한 손해를 입기 때문에 리스크의 평가가 필요하다. 그러나 현실적으로는 미국의 다국적기업을 보아도 컨트리 리스크에 관하여 분계적으로 평가를 행하고 있는 기업은 거의 없다고 말해도 좋다. 물론 유럽이나 일본기업을 보아도 이것은 같다고 할 수 있다. 이를 위해 구미에서는 1960년대 후반부터 Franklin R. Root, Stefan H. Robock, Dan Haendel 등에 의해 컨트리 리스크의 평가에 대한 연구가 행해져 오고 있다. 또한 일본에 있어서도 80년대 전반부터 다국적기업 연구회 등에서 그 연구가 행해지고 있으며 한국에서도 90년대 후반부터 이러한 연구가 이루어지고 있다.

그러나 다국적기업의 컨트리 리스크의 평가에 관한 연구는 아직 충분히 진전해 있지 않고, 따라서 그 유효한 시스템의 개발 등은 금후의 연구로 남아 있다. 여하튼 오늘날의 다국적 기업은 컨트리 리스크를 평가함과 동시에 그것에 대한 적절한 대응책을 강구할 필요가 있다.

234) 예를 들어 보험사고에 의한 공공책임으로부터 생기는 손해의 가능성에 대해서 보면 사실상 아무런 제재가 없는 나라에서부터 법적 환경요인으로 절대 책임이 가해지는 나라까지 있다.

1 컨트리 리스크의 정의

1) 학자들의 정의에서 본 컨트리 리스크

일본에서는 컨트리 리스크를 정치 리스크로 사용하고 있으나 엄밀히 말하면, 양자는 구별되어야 한다. 사꾸라이에 따르면 '컨트리 리스크란 해외 투자 프로젝트가 투자 수입국의 현실에 의해 손해 보게 되는 것이며, 더구나 현실이 어느 정도까지는 당해국 정부의 통제하에서 발생하는 것이다. 따라서 국제합병 사업이나 외국투자가의 책임으로 발생시키게 되는 것은 컨트리 리스크라고는 말하지 않는다'는 것이다.[235)]

일반적으로 일본에서는 사꾸라이 교수처럼 정치 리스크를 컨트리 리스크의 일부로 생각하거나 에나쯔 교수와 같이 그것을 협의의 컨트리 리스크로 생각하고 있다. 그에 의하면 '정치리스크란 해외직접투자와 그것에 따른 국제 생산·판매활동을 특정 수입국에 있어서, 특정 투자국의, 특정산업, 특정기업이 행하고 있을 때, 수입국 내의 정치환경 혹은 수입국과 당해투자국 혹은 제 3국과의 국제관계의 변동에 의해, 당해산업·기업이 손실을 입는 일, 혹은 손실을 입을 위험성은 가능성을 의미함을 말한다.'고 하고 있다.[236)]

코브린(S. J. Kobrin)도 그와 같은 컨트리 리스크는 정치 리스크와 관련은 있으나 별개의 것이라고 하며,[237)] 정치리스크란 '정치사건이나 프로세스에서 발생하는 잠재적으로 중대한 경영상의 콘틴젠시'라고 정의하고 있다. 코브린은 종래의 정치리스크에 관한 정의에는 다음의 두 가지 주요그룹이 있다고 한다.

첫 번째 그룹은 정치 리스크를 사업활동에 대한 정부 또는 주권자의 간섭에 근거한 리스크로 정의하려 하는 것이다. 대표적인 정의로서 웨스톤(V. F. Weston)과 소저(B. W. Sorge)[238)]는 "상거래에 대한 개입이나 방해, 협정조건이나 내용의 일방적 변경 내지 파기, 외국기업의 재산몰수 등 피 투자국 정부의 정책이 초래하는 위험"으로[239)] 정

235) 櫻井雅夫 著, 危ない國の研究, 東洋經濟新報社, 1980, p. 13.

236) S. J. Kobrin, Managing Political Risk Assessment: Strategic Response to Enviromental Change, Berkely, CA: University of California Press, 1982 [江夏健一 監譯, 國際企業の政治リスク管理, 東洋經濟新報社, 1984, pp. 37～39].

237) S. J. Kobrin, Managing Political Risk Assessment: Strategic Response to Environmental Change, Berkely, CA: University of California Press, 1982, p. 35. 정치적 위험을 크게 미시·거시적 위험으로 나누었는데, 거시적 위험은 현지에 진출한 모든 외국인 투자기업에게 일률적으로 영향을 미치는 경우이며, 미시적 위험은 정치적 위험이 특정 산업이나 기업 또는 특정 프로젝트에 한정해서 영향을 미치는 경우를 말하고 있다.

238) F. V. Weston and B. Sorge, International Managerial Finace, Homewood, Illinois: Richard D. Irwin, Inc., 1972, p. 60.

239) S. T. Kobrin, op. cit., 전게서, pp. 36～37.

의하고 있다.

두 번째 그룹은 정치행위, 기업에 대한 제약요인들, 특정한 사건에 의해 정치 리스크를 정의하려는 것이다. 가령, 히슈버거(R. A. Hershbarger)와 노에레거(J. P. Noerager)는 정치 리스크의 대표적인 것으로서 재산침해, 수용, 기존계약에 대한 정부간섭, 외환관리, 차별적 과세 및 제 규제를 들고 있다.[240] 또 징크(D. W. Zink)는 정치 리스크를 정의할 때에 내외의 기업에 관계없이 제도의 안정성에 관련하여 모든 기업에 이익이 되는 사건과 외국인 투자가들에게 영향을 주지 않는 수입국 정부의 정책으로 인하여 발생하는 사건과 구별하고 있다.

즉 정치적 위험에 대한 규정은 첫째, 예측하기 어려운 정치적 변화가 있어야 하고, 둘째, 그러한 정치적 변화가 국제기업의 활동 즉 투자자산이나 수익성에 영향을 미쳐야 한다는 것을 볼 수 있다.

그러나 미국에서는 사업활동에 관한 투자리스크를 정치리스크라 부르며 컨트리 리스크라고 하면 금융기관의 대부 리스크를 가리키는 일이 많다. 그리고 네기(P. J. Nagy)[241]는 컨트리 리스크를 은행 측 관점과 기업 측 관점으로 구분하였다. 은행 측 관점에서의 컨트리 리스크란 '어느 특정국에서의 대출시 그 국가에서 발생한 사기업이나 개인의 통제 하에서 기인하지 아니하고, 적어도 어느 정도까지는 정부의 통제하에 있는 사실에 기인하여 발생하는 사건으로 인하여 우발적 손실에 노출되는 상태'라고 정의하였다. 한편 기업 측 관점에서는 기업의 해외투자의 경우까지 확대하여 어느 특정국에의 대출 또는 해외 직접 투자 시 그 국가에서 발생한 사기업이나 개인의 통제 하에서 기인하지 아니하고 적어도 어느 정도까지는 정부의 통제 하에 있는 사실에 기인하여 발생하는 사건으로 인하여 우발적 손실에 노출되는 상태로 정의하였다.

또한 헨델, 웨스트(G. T. West) 및 메도우(R. G. Medow)에 따르면 정치 리스크는 '어느 특정 투자의 수익성 전망을 바꾸는 제 정치사건의 리스크 또는 확률'로, 루트(F. R. Root)에 의하면 '정치리스크는 국제비즈니스 활동에 있어서 잠재적 이윤 또는 자산의 상실을 일으키는 본국 혹은 해외의 어떤 형태의 정치사건(전쟁, 혁명, 쿠데타, 수용, 과세, 평가절하, 외환관리 및 유입 제한) 발생의 가능성'으로 정의하였다.[242]

상술한 정의에서 보면 컨트리 리스크와 정치적 리스크 간의 구분은 명확히 이루어지고 있지 않다. 이것은 위험의 구분에 있어 독일 경영학이 초기에 정의하였던 위험

240) S. T. Kobrin, op. cit., 전게서, p. 37.
241) Pancar J. Nagy, "Country Risk, How to Asses, Quantify and Monitor It," *Euromoney Publication*, p. 13.
242) F. R. Root, "Analyzing Political Risk in International Business," in A. Kapoor and P. D. Grub (eds.) *The Multinational Enterprise in Translation*, Princeton, Mass; Darwin Press, 1972, p. 335.

즉 구체적인 사고로 해석하는 '손해발생의 가능성으로서가 아니라 우발사고로 파악한 점'에 대해 컨트리 리스크는 사건이 아니라 우연성을 가진 통제가 거의 이루어지지 않는 경제공황이나 경제침체에 위험을 겪는 국제기업의 환경이라고 할 수 있는 반면, 정치적 리스크는 추상적인 상태에서 해석이 되고, 그것이 손해발생의 가능성이 있는 사건으로 연결되어 국제기업이 갖는 위험이라고 정의할 수 있을 것이다. 즉 정치적 위험은 협의적이면서 통제가 어느 정도 가능한 반면, 컨트리 리스크는 광의적인 의미를 함축하여 국제기업이 통제하기에 거의 힘든 사업환경을 말하는 것이다.

그러나 분명한 구분이 안 되는 것이 사실인데, 바로 이 점에서 양자를 구분하기가 힘든 것이 아닌가 한다. 예를 들자면 동남아시아의 경제적 침체는 컨트리 리스크(환율 변동에 의한 그리고 경제침체에 의한 기업의 위험)와 정치적 위험(정부의 기업규제 등)이 동시에 이루어지고 있다는 점에서 그 구분이 혼란스러운 것이 아닌가 한다.

다음에서는 컨트리 리스크의 유형을 보기로 한다.

2) 컨트리 리스크의 유형

컨트리 리스크의 정의를 살펴보았으나 정치적 위험과 동시에 발생하며, 또한 그 구분이 명확하지는 않다. 그렇다면 어느 부분에서 더욱 정확한 구분을 찾을 수 있는가? 바로 이 점에서 컨트리 리스크의 유형을 보면 더욱 이해하리라 생각한다.

사꾸라이는 <그림 10-1>에서 컨트리 리스크를 사업부에 관련된 리스크와 개인에 관련된 리스크로 나누어, 전자의 리스크를 특히 정치리스크와 경제리스크로, 후자의 리스크를 생명리스크와 재산리스크로 분류하고 있다.

그림 10-1 컨트리 리스크의 분류

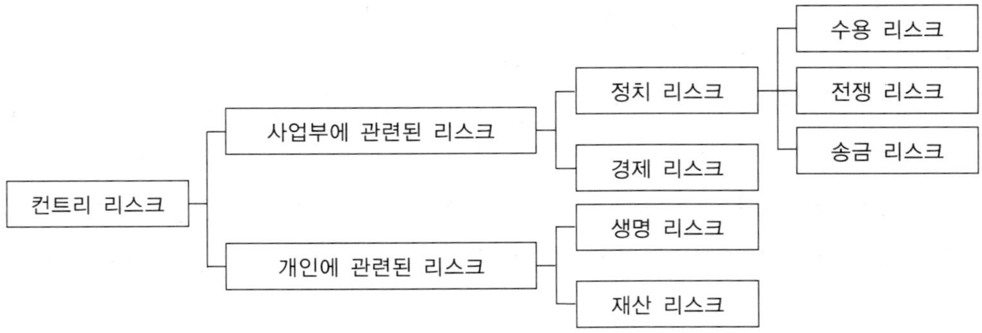

반면 정치 리스크는 컨트리 리스크 중 사업부에 관련된 리스크로 순수하게 정치적 요인으로 발생하는 리스크로서 위치 지을 수 있다. 그 내용은 다음과 같다.

표 10-2 사꾸라이의 정치리스크 구분

수용 리스크	– 수용, 몰수, 국유화 등
전쟁 리스크	– 전쟁, 외국에 의한 점령, 혁명, 폭동, 내란, 국경분쟁 등
송금 리스크	– 원금, 배당금, 이자 등의 해외송금 불능 또는 지연 등

그러나 이를 수용하기에는 한계가 있는데 그 이유는 기업은 해외진출 시 이미 하나의 주체로서 투자를 하게 된다. 그러므로 사업과 개인 리스크에 대한 구분으로 인한 통합이 과연 컨트리 리스크라는 본질을 설명하기에는 한계가 있다고 할 수 있으나 컨트리 리스크의 유형에 대해서는 그 구분이 이해하기에 구성이 잘 되었다고 할 수 있다.

글로제와 스텍(Robert Grosse and John Stack)은 국가 위험도(country risk)를 현지국에 행하여진 투자나 공여된 차관 등 재무자산에 대하여 그 나라의 정치적·사회적 및 경제적 여건에서 발생하는 채권 또는 투자회수의 위험을 총칭하는 개념으로 주로 외국투자를 하는 은행의 투자위험을 의미한다. 그러므로 정치적 위험과 국가 위험도는 투자주체, 노출되는 자산 내용, 노출기간, 손실의 형태, 위험회피방안 측면에서 상이하다고 본다.

표 10-3 정치적 위험과 국가위험의 비교

	정치적 위험(Political Risk)	국가위험도(Country Risk)
투자주체	해외직접투자기업	국제적 은행
현지노출자산	기계, 설비, 인적자원, 재무자산 등	재무자산
노출기간	무기한(현지법인 존속기간)	단기 또는 장기계약
손실의 형태	수용, 몰수, 국유화, 납치, 테러, 송금제한 부품사용강요, 차별과세, 생산제한 등	재협상(Renegotiation) 채무불이행(Default) 자금봉쇄(Blocked Fund) 계약조건 변경 등
손실의 크기	사건의 종류에 따라	사건의 종류에 따라
손실방지 수단	위험이전: OPIC(미)계약 수출입 은행계약 위험분산: 국제다각화 위험회피, 억제, 보존, 감소	국제포트폴리오 다각화

자료: Robert Grosse and John Stack, "Non-Economic Risk Evaluation in Multinational Banks," Working Paper No. 285, University of Michigan, January 1982, pp. 5~7.

그렇다면 컨트리 리스크로 나타내지 않은 정치적 위험은 어떠한 형태를 유지하는 것일까? 비교적 시각에서 바라보기로 한다.

루트(F. R. Root)는 그의 저서 「해외시장진입전략(Entry Strategies for International Market)」에서 정치리스크를 다음 4종류로 분류하여 각각의 내용을 규정하고 있다.[243]

표 10-4 루트의 정치리스크 분류

일반적인 불안정성 리스크 ……	혁명, 정부전복, 내란, 외국으로부터의 침략 등
소유·통제(수용) 리스크 ……	국유화, 간섭, 징용, 강제적 매각, 강제적인 계약 재교섭, 계약파기 등
업무활동 리스크 ……	수입견제, 로컬콘텐츠 요청, 과세, 가격통제, 외국인파견사원의 제한, 노동규약, 파업, 수출요청, 차별대우 등
이전 리스크 ……	배당금, 로열티, 이자, 수수료, 원금의 본국수송제한, 환율 등

일반적인 불안정성 리스크는 수입국의 정치시스템의 장래의 존속 가능성에 관하여 경영자가 예측불능인 경우에 발생한다. 소유·통제(수용)리스크는 수입국에 있는 자회사·관련회사에 대한 투자가의 소유나 효과적인 지배를 금지하거나 일정한 범위로 한정하는 수입국 정부의 간섭에 대하여 경영자가 예측불능인 경우에 발생한다.

업무활동 리스크는 수입국에서의 투자가의 직능(생산, 마케팅, 재무, 경영관리직능)으로 제한을 가하는 수입국 정부의 정책이나 행위에 대하여 경영자가 예측불능인 경우에 발생한다. 이전 리스크는 주로 투자 수입국에서 수익이나 원금을 이전하는 투자가의 활동능력을 제한하는 정부의 미래의 행위에 대하여 경영자가 예측불능인 경우에 발생한다.

즉 정치적 리스크에 대해서는 주로 예측불능인 경우를 통해 리스크를 구분하고 있는 것 같다. 그렇다면, 국가의 전체적인 환경을 중심으로 하지 않고 기업에게 미치는 직접적인 피 투자국의 입장에 따라 나누어 보면 다음과 같다.

정치 리스크는 어떤 나라에서 외자계기업의 모두에게 영향을 미치는 거시적(Macro) 리스크와 특정사업, 특정기업 혹은 특정 프로젝트에만 영향을 미치는 미시적(Micro) 리스크로 대별할 수 있는데, 정치 리스크는 조직과 환경 간의 상호작용에서 발생하는 미시적 리스크라고 하고 있다.

그러므로 정치 리스크를 컨트리 리스크로 의미하기도 하며 통칭 해외투자에 있어서의 상대국 자체의 위험도(신용도)를 뜻하며, 이는 통상적인 상업 리스크와 대립되는

243) Franklin R. Root, Entry Strategies for International Markets, Lexingtons, pp. 150～155.

개념이다. 다시 말해서 상대국의 정책이나 상황의 변화에서 생기는 위험을 말하게 된다. 다시 <표 10-5>를 보면 국가위험의 구분을 동태적 리스크와 정태적 리스크로 구분하였을 경우 후자는 주로 보험에 의해 대처할 수 있는 반면 전자는 보험 이상의 특별한 관리가 필요하다. 이를 컨트리 리스크라 해도 좋다.

표 10-5 국가위험(Country Risk)의 구분

투기 리스크(동태적 리스크)	순수 리스크(정태적 리스크)	
경영 리스크 (마케팅, 재무, 생산, 인사 리스크) 혁신 리스크 정치 리스크	발생 원인	· 자산의 물리적 피해, 사기, 범죄 · 법정에서의 불리한 판결, 타인의 재산에 대한 피해 · 죽음 또는 종업원의 무능화

이 외에 해외대출과 해외직접투자 시의 경우를 보면, 해외진출형태 및 운영 면에서는 다르다고 할 수 있다. 그러나 근본적인 목적, 즉 이익의 추구를 위한 '자본의 국제적 이동'이라는 점에서는 같다고 할 수 있으므로, 컨트리 리스크가 구체적으로 실현되었을 경우 그 위험이 구체화되는 내용 및 형태에 있어서는 차이가 있겠으나 해외대출과 해외직접투자는 이전되는 자본의 내용만 다를 뿐, 그 근본적인 목적은 같기 때문에 일국에의 대출 또는 직접투자에 영향을 미치는 위험, 즉 기업환경의 변화는 근본적으로 같다고 할 수 있다.[244]

즉 컨트리 리스크는 어느 특정국에의 대출, 또는 해외직접투자 시 그 국가에서 발생한 사기업이나 개인의 통제 하에서 기인하지 아니하고 적어도 어느 정도까지는 정부의 통제 하에 있는 사실에 기인하여 발생하는 사건으로 인하여 우발적 손실에 노출되는 상태라고 정의할 수가 있다. 다음에서는 해외 직접투자 시 컨트리 리스크에 대해 살펴보도록 한다.

2 해외직접투자 시의 컨트리 리스크

컨트리 리스크는 존슨(H. C. Johnson)의 '다국적 기업이 해외진출 시 직면하는 위험'

244) Stefan H. Robock, "Political Risk: Identification and Assessment," *Columbia Journal of World Business*, July/August 1971, p. 7.

에 대한 정의와 일치한다. 그는 여기서 기업위험(business risk)과 재무위험(financial risk) 및 재난적 위험(catastrophic risk)으로 분류하고 있다. 그 내용을 보면

첫째, 기업위험은 시장 고유의 위험(market risk)과 세율의 상승, 사회생태학에 의거한 정부의 각종 규제, 수출입규제, 가격규제, 각종 금융·재정정책, 스트라이크, 민난, 현지인 고용 및 현지부품의 일정률 이상의 사용 등과 같은 각종 비시장 위험(non-market risk)을 말하는 것이다.

둘째, 재무 위험은 해외채권자 및 주식소유자에게 지불할 수입의 감소위험으로서 이는 각종 배당금 및 잉여금의 송금규제, 원천과세, 로열티, 이자 지급의 제한 및 외환통제 위험 등을 포함한다.

셋째, 재난적 위험은 현지 정부의 직접적인 행동에 의해 더 이상 기업을 존속시킬 수 없는 가능성을 말하는 것으로 수용(expropriation, confiscation), 국유화(nationalization) 및 기업판매의 강요(forced sale) 등을 포함한다.[245]

넷째, 정치적 위험으로 로벅(S. H. Robock)은 ① 기업환경의 단절이 발생했을 때, ② 그러한 것에 대한 예측이 어렵고, ③ 정치적 변화에 기인할 경우에 발생하는 것으로, 이러한 기업환경의 변화가 특정기업의 이익이나 다른 기업목적에 중대한 영향을 미칠 수 있을 때를 말한다.[246]

이상에서 해외진출 시의 중요한 위험을 다시 한 번 살펴보면 재산수용위험, 외환 통제 및 이익금의 본국 송금 규제위험이 영향이 가장 크다고 할 것이다. 먼저, '수용의 위험'은 외국인이 자본 수입국에 가지고 있는 재산을 잃거나 외국정부의 정책변화로 인하여 재산을 자유롭게 운용할 수 있는 능력을 상실하는 경우를 총칭하는 상황으로 국유화와 재산수용으로 구분된다.

국유화는 전 산업 또는 일부 산업의 무차별적인 산업의 국적 여부를 따지지 않는 민간소유에서 공공소유(public ownership)에의 이전을 말하며, 재산수용(expropriation of confiscation)은 특정기업에 한하여 보상을 해주는 재산수용과, 보상을 해주지 않는 재산몰수로 나뉜다.[247]

그리고 재산수용의 동기는 투자 유치국 정부에서 외국인 투자기업의 재산을 수용하는

245) Howard C. Johnson, "*An Actuarial Analysis*," in Richard Ensor(ed.), Assessing Country Risk Euromoney Publication, 1981, p. 33.

246) Stefan H. Robock, "Political Risk: Identification and Assessment," *Columbia Journal of World Business*, July/August 1971, p. 7.

247) 재산몰수(confiscation) – 국가가 적절한 보상 없이 사유재산을 수용하는 경우.
재산수용(expropriation) – 재산몰수보다 더 넓은 의미로 보상의 유무에 관계없이 국가가 특정 기업의 소유권을 강제로 징수하여 처분하는 행위이다.

동기는 새로운 정권이나 정치이념의 구현을 위한 정치적 동기, 국내자원의 보호, 금융·재정 혹은 외환정책을 수행하기 위한 경제적 동기, 민족적 감정, 전통, 문화 등에 의한 사회적 동기로 크게 나눌 수 있다.

그러나 재산수용은 위의 동기 중 하나 만에 의한 것이라기보다는 여러 가지 동기가 복합된 결과이기 때문에 이들 요소를 하나하나 구별한다는 것은 매우 힘들고 특별한 의미가 있다.

마지막으로 당해 국가는 그 나라의 경제적·정치적·사회적인 이유 때문에 외환을 통제하여 국제적인 자금의 이동에 제한을 가하거나 투자원금이나 배당금의 본국송금을 규제한다. 이를 외환통제 및 송금의 규제위험이라 한다. 이는 높은 인플레이션의 억제, 국제수지적자의 축소, 자국 상품의 수출경쟁력 강화, 적정한 외화보유액의 유지 등 경제적인 이유와 일국의 경제개발계획, 민족주의 등 사회·정치적인 이유에 기인한다.

특히 인플레이션 현상은 정도의 차이는 있으나 대부분의 개발도상국들이 겪고 있으며, 작은 환율의 조정이 불가피하게 되며, 이로 인해 현지국 화폐의 평가를 절하하고 외환(foreign exchange)에 대한 통제를 가하여 국제적인 자금의 이동(international movement of funds)에 제한을 가하고 있다. 이는 투자원금이나 배당에 제한을 가하게 되므로 특히 개발도상국 위주의 해외직접투자를 이행하고 있을 경우 이의 위험은 무척 크다고 할 수 있다. 이익금의 본국송금규제에 있어서 본국송금규제의 대상이 되는 현지영업에 의한 이익금 외에도 본국으로의 로열티, 배당금 혹은 이자 등이 있다.

이 외에 기타 위험으로는 첫째, 현지국 정부가 특정 상품의 수출입을 통제함으로써 현지 자회사의 경영에 위험을 초래할 수가 있고, 둘째, 현지국이 조세증대를 목적으로 다국적 기업에 대해 세율을 인상시킬 수 있다. 그리고 셋째, 현지국의 자본유출을 방지하기 위하여 다국적 기업의 신규투자에 대한 외부금융, 현지국 내의 자본시장에의 접근 제한정책을 사용할 수가 있으며, 넷째, 이 외에도 현지국에서 접하게 될 위험은 투자현지국의 사정 및 투자기업의 투자규모, 업종 등에 따라서 그 종류가 다양하게 변화하게 된다.

제10장 3절 컨트리 리스크의 분석방법

1 컨트리 리스크 분석의 목적

많은 개도국에서 어떤 특정한 사태가 발생할 경우 대외채무 상환에 곤란을 겪게 되는 경우가 비일비재한데, 컨트리 리스크 평가는 당해국에서 이와 같은 사태가 발생하여 대외채무 상환이 곤란할 수 있는 위험의 정도와 이 경우 어떤 형태의 상환곤란이 발생할 수 있는가를 평가하는 것이다. 즉 어떠한 사태로 말미암아 지급 불능 혹은 채무 재조정 등의 양상이 나타날 수 있겠는가를 평가한다 하겠다.

통상 컨트리 리스크 분석은 당해국에 대한 심층 이해로부터 시작된다. 따라서 우선 당해국 내부 현실에 대한 정확한 이해와 관련, 각종 통계지표의 수집이 선행되어야 한다. 다음 단계는 관련 자료의 분석, 처리단계인데, 예를 들어 통계수치의 일관된 시계열 자료화와 여타국과의 비교를 위한 통계수치의 조정, 미발표 수치에 대한 추정치 산정, 향후 예측을 위한 예상치 산정 등이다. 다음 마지막 단계로서 이상을 통해 얻어진 각종 자료 속에서 향후 당해국의 상환능력 전망을 정확히 읽어냄으로써 컨트리 리스크 분석이 가능해진다 하겠다.

2 컨트리 리스크 분석의 의의

통상 컨트리 리스크 분석은 당해국의 정치, 경제, 사회 등 모든 분야에 대한 총체적 분석인 데다가, 주기적 분석이어야 하며, 단기적으로 볼 때는 노력의 결과에 비해 고비용이 투입되어야 한다는 특성이 있다. 그런데 평가의 결과는 크게 보아 첫째, 당해국에 대한 총 여신한도 설정, 둘째, 당해국 투자 지원 시 당해국의 외자 수용능력(absorbing capacity) 산정, 셋째, 당해국에 대한 금융지원 시 가산금리(spread) 산정 등에 활용된다.

한편 컨트리 리스크에 영향을 주는 특수사태가 돌발적으로 어느 특정국에 발생하게 되면 국제금융 시장 혹은 국제 증시 등에서 즉시 체크된다. 따라서 컨트리 리스크 평가 체제를 갖추지 못한 기관의 경우 이러한 시장동태를 그 때마다 반영해 나갈 수밖에 없게 된다. 그러나 컨트리 리스크 평가 체제를 독자적으로 갖추고 있는 기관의 경우에는 이를 어느 정도 미리 예측하여 적극적으로 대처하면서 사태를 수습해 나갈 수 있게 된다고 하겠다.

3 컨트리 리스크 분석에 대한 기술적 접근

컨트리 리스크 분석 결과의 질은 수집한 기초정보자료의 질에 달려 있다. 따라서 총체적이며 최신의 신빙성 있는 기초정보자료 입수가능 여부가 관건이라 할 수 있다. 이는 컨트리 리스크 분석이 결국 수집된 각종 정보로부터 당해국의 현재 혹은 임박한 위험을 읽어내는 작업이기 때문이다. 따라서 충실도가 낮은 정보자료로부터는 왜곡된 모습을 읽을 수밖에 없게 된다.

컨트리 리스크 분석은 당해국의 각종 관련 통계, 나타난 제반 현상, 통계에 대한 해석과 종합 분석 등 3요소를 기본 골격으로 한다. 물론 이와 같은 3요소만으로 완성되는 것은 아니다. 이 3요소에 경험적으로 축적된 평가 안목이 접합되어야 현재의 상황을 정확히 파악할 뿐만 아니라, 향후 당해국의 전망치에 대해서도 어느 정도 신빙성 있는 예측이 가능하다. 정보 수집과 정보의 조직화를 위해서는 ① 데스크 조사(desk research), ② 자문(consultation), ③ 현장 실사(field research)의 과정을 거친다.

4 구조적·질적 방법

구조적·질적 분석방법은 자율서술법, 체크리스트법, 고문제도, 델파이 기법 등 다양한 기법이 개발되어 이용되고 있으나 응용 시 기술적인 차이점을 제외하고는 전문가의 평가를 기본으로 한다는데 공통점이 있다. BERI, WPRF 등은 델파이 기법을 이용하여 정치적 위험을 평가하여 결과를 제공하고 있는 대표적인 서비스이다. 이 방법들은 체계적일 뿐만 아니라 시간변화에 따른 위험수준의 변화를 일관성 있게 측정할 수 있다는 이점이 있으나, 공동지표의 선정이나 가중치 부여 시 주관성 개입이 불가피하고 각 국의 특수한 사정과 주요 사항이 간과될 수 있다는 단점을 가지고 있다.

1) 체크리스트 방법

이 방법은 미리 취사선택된 평가항목별 분포 범위당 배점표를 미리 설정한 후 당해국의 제반 통계지표나 상황을 대입하여 종합점수를 구하여 신용도를 평가하는 방법이다.

따라서 개별국가의 신용도 혹은 위험도가 손쉽게 객관화된 점수로 표현된다는 이점이 있다. 또한 동일 기준척도로 평가하므로 국별 비교가 용이하고, 컨트리 리포트 방식 등에 비하여 단시간 내에 많은 국가를 평가할 수 있다는 장점이 있다. 이러한 장점에 따라 일본 및 미국, 유럽계 주요 평가기관들이 이 방법을 널리 채택하고 있으며, 점차 일반기업이나 연구기관들도 이용을 확대하는 추세를 보이고 있다.

각 항목별 배점표의 구성은 통상 ① 정치, 사회 정세, ② 국내경제, ③ 대외경제 등으로 대별되며, 각 항목별 가중치는 기관별 평가 목적에 따라 다소 차이를 두고 있다. 또한 당해국에 대한 금융지원만이 아니라 투자진출 지원을 위한 국별 평가의 경우에는 위의 3가지 대분류 항목 이외에 당해국의 외국인투자에 대한 정책, 제도, 관련법규 정비여부 등도 추가 될 수 있다. 배점표를 구성하는 표준적인 주요 세부 항목은 다음과 같다. 그리고 한국수출입은행 국별 신용도 평가방법과 비교해보기 바란다.

표 10-6 배점표 구성 사항

국내경제 동향	각종 거시경제 지표(경제성장률, 통화증가율, 인구증가율, 인플레율, 정부의 경제 운용능력, 산업구조, 국영기업의 생산성, 교육수준, 근로조건, 식량문제, 석유 부존여부 및 개발 정도, 여타 부존자원 부존상황, 재정적자 상황, 투자율과 저축률 차, 개발계획의 내용)
대외경제 동향	경상수지 동향, 누적채무, 주요 수출품 동향, 수입대비 석유수입의 비중, 식량수입 동향, 교역조건 추이, 공산품 수출비중, 평가절하율, 외환준비고, 직접투자 동향, DSR, 외채상환액의 대 GDP 비중, 경상수지적자의 대 수출액 비중
정치사회 동향	권력구조의 건전성, 부패정도, 종교, 인종, 지역 분쟁유무, 소득격차 증대 정도, 실업률, 주변국과의 긴장도

표 10-7 한국수출입은행 국별신용도 평가방법

분석분야	분 석 요 소	착 안 점
정치적 안정도	정치약사	과거의 중요한 역사적 사건 및 최근의 정치약사
	권력구조	집권자, 의회, 정당, 노동조합, 주요인물 기타 압력집단
	외교정책 및 주변정세	외교노선, 정치군사동맹관계, 미·소와의 관계, 지정학적 중요성
	군사력 및 군부 태도	해당국 및 인접국의 군사력현황, 군부의 영향력 등
	전쟁, 혁명, 폭동 등의 경험	최근의 경험과 특히 외국인 영업활동에 끼친 영향 등
	정치적 불안요인	세력 간의 갈등, 기타 불안요인
사회적 안정도	극단세력의 존재	노동자 극단세력, 학생세력, 기타 극좌우파 세력
	실업률, 임금, 물가	높은 실업률, 낮은 임금수준, 높은 물가상승률 등
	사회적 불안요인	인종적·종교적·지역적 갈등, 소득의 불균형
대외거래 건전도	외채상환 및 해외지급 준비	외채규모, 상환, 상환능력, 도입조건, 외환보유고
	외채도입능력	IMF와의 관계, 정부차입능력, 서방국의 태도, 신용도 평가순위
	국제수지 및 수출입관계	국제수지지표, 수출입의 상품별·국가별·연도별 추이
	대외채무상환의 지연·불능·거절 등의 경험	최근의 경험과 원인, 리스케줄링 협상 등
	Berne Union 정보	FORM C, D, F 등
국내경제 건전도	경제규모	GDP성장 및 구성, 투자율, 저축률 등
	주요산업	농업, 임업, 어업, 제조업, 광업(부존자원), 기간산업
	통화신용정책	통화, 물가, 여신정책, 환율관계
	재 정	재정, 적자요인, 정부우선순위
	개발정책	경제개발계획
외국인 투자환경	외국인투자관계법	법, 규정
	외국인투자환경	국별·연도별 현황, 부문별 현황, 자유무역지대
	외국인기업에 대한 태도	외국인 투자정책, 국민의 대외국인기업 감정
투자부분 및 국유화 경험	투자부문	외국인투자 유망부분 및 위험부분, 급격한 정책변화 가능성
	투자재원	투자재원 조달계획
	수용·몰수·현지화의 경험	과거 및 최근의 경험, 국유화원인 Berne Union IIC 토의 내용, 각국의 사고경험
정치·외교 관계	정치·외교 약사	외교관계, 지원관계
	우리나라에 대한 태도	UN 및 비동맹 회사에서의 지지 태도
	북한과의 관계	군사·경제협력관계, 외교관계

표 10-7 한국수출입은행 국별신용도 평가방법(계속)

분석분야	분 석 요 소	착 안 점
경제관계	수출입현황 및 분석	연도별·상품별 현황, 우리나라 수출의 비중
	경제협력조항	투자보장협정유무, 기타 수출입 거래상의 위험요인
수출보험 관계	인수현황	연도별·종목별 인수실적, 전체의 비중(과중한 인수 여부)
	보상현황	사고통지 및 보험금 지급 경험
기 타	천재지변	지진·홍수 등의 피해경험
	수입제한 및 금지조치	수입국 정부의 법령, 정책 등에 의한 수입제한·금지조치의 경험 및 가능성

주 : 우리나라와 투자보장 협정을 체결한 국가는 미국, 독일, 프랑스, 벨기에, 네덜란드, 룩셈부르크, 튀니지, 영국 등이다.

자료 : 한국수출입은행(수출보험 2부), 수출보험제도해설, pp. 140 ~ 142.

한편 위와 같은 여러 장점에도 불구하고 개별국가의 서로 상이한 특성을 감안해 주기에는 부족하다는 문제가 있다. 즉 모든 상황을 정형화된 특정 항목에 대입하기가 다소 무리라는 점이다. 또한 정량화 할 수 없는 일부 정성평가 항목들, 즉 정치, 사회 상황에 대하여는 조사 담당자의 주관이 작용할 수 있다는 점이다. 그리고 중요한 평가요인을 누락시킬 수 있으며, 장기적 분석의 경우 올바른 평가를 할 수 없을 뿐만 아니라 평가변수의 상호작용을 밝힐 수 없다.

그러나 이와 같은 일부의 문제점에도 불구하고 최근 세계 각국의 전문 평가기관들은 체크 리스트 방법을 오히려 선호하여 기존의 여타 방법 대신 새로이 이용하는 사례가 늘고 있으며, 또한 체크 항목수도 종전의 다다익선 기준에서 간소화되는 경향을 보이고 있다.

2) 시나리오 분석법

시나리오 분석법은 융통성 있는 의사결정을 위하여 인과관계를 설명하는 일련의 가상적 사건을 전제하고 이에 대한 상황전개를 예측, 분석함으로써 사건의 불확실성에 대처하는 기법이다. 이러한 시나리오 분석방법의 정치적 위험분석 절차는 다음과 같다.

첫째, 시나리오 결정변수를 도출한다. 이러한 변수에는 모든 외국기업에 영향을 주는 거시적 변수와 특정기업이나 투자결정에 영향을 주는 미시적 변수가 모두 포함되어야 한다.

둘째, 주요 핵심변수를 조합하여 몇 가지 시나리오를 작성한다.

셋째, 개발된 시나리오를 근거로 하여 각 상황별 기업의 대응 전략을 개발한다.

넷째, 각각의 대응전략을 평가하기 위해 각 시나리오 별로 발생확률을 예측하고 예측된 시나리오와 상이한 상황이 전개될 경우 기업이 당하게 되는 손실에 대한 민감도 분석을 통해 전략대안을 구체적으로 평가한다.

그림 10-2 시나리오 분석의 절차

결정변수파악 → 시나리오 개발 → 전략의 개발 → 전략대안별 민감도분석

시나리오 분석의 장점은 객관적 자료를 근거로 전문가의 추론에 의해 작성된 몇 개의 시나리오를 최고 경영자들이 주관적으로 판단, 선택할 수 있으며, 거시적 변수와 미시적 변수를 모두 고려할 수 있다는 것이다.

시나리오 분석법은 발생 가능한 미래의 사건범위를 구체화하여 의사결정의 가변성을 높여줄 수 있다는 데에서 그 의미를 찾을 수 있다. 즉, 의사결정이 미래의 상황을 과소 또는 과대평가할 수 있는 오류를 감소시켜 줄 수 있는 방법이다. 이 방법은 시나리오 계획법과 시나리오 작성법을 수반하고 있다. 시나리오 계획법은 정책이나 계획을 위한 의사결정 도구로서의 시나리오 분석을 의미하며, 시나리오 작성법은 경영 또는 관리를 위하여 미래 사건의 과정을 기술한 시나리오를 의미한다.

3) 델파이법

델파이법은 1940년대에 란드사에서 기술예측 등의 여러 과제에 대하여 전문가의 의견을 체계적으로 종합하고자 개발한 것이다. 이는 정치적 위험에 적용되고 있으며 BERI, WPRF 등은 델파이 기법을 이용하여 정치적 위험을 평가하여 결과를 제공하고 있는 대표적인 서비스이다. 이 방법들은 체계적일 뿐만 아니라 시간변화에 따른 위험수준의 변화를 일관성 있게 측정할 수 있다는 이점이 있으나, 공동지표의 선정이나 가중치 부여 시 주관성 개입이 불가피하고 각국의 특수한 사정과 주요사항이 간과될 수 있다는 단점을 가지고 있다.248)

248) 델파이 법은 이 외에 다음과 같은 것이 있다. 1) BI(Business International): BI는 전문가들로 하여금 2점에서 15점까지의 절대값을 할당, 2) NBI(Nikkel's Business Index): 시장 지향적 업체와 자원관련업체가 진출한 53개 국가를 대상으로 주관적인 평점을 부여, 3) ASPRO-SPAIR(Assessment of Probabilities -Subjective Probabilities Assigned to International Risks) ASPRO-SPAIR은 쉘오일에서 정치적 위험을

(1) BERI (Business Environment Risk Index)

경영환경 및 금융조건과 더불어 정치적 상황과 관련된 15개의 변수를 중심으로 4-5명의 국별 전문가의 의견을 종합하는 방법이다. 그러나 이 방법에는 몇 가지 제약점이 나타나고 있다. ① 여러 전문가의 의견을 체계적으로 집약치 못하고 있다. ② 정치과정을 명백히 구체화시키고 있지 못하다. ③ 어떤 종류의 기업 손실이 발생할 것인지 제시하지 못한다. ④ 전략적 대응책을 제시하지 못하고 있다.

표 10-8 BERI의 政治的 危險變數와 加重値

정치적 위험변수	가 중 치
정치적 안정	3
외국인 투자에 대한 태도	$1\frac{1}{2}$
국유화	$1\frac{1}{2}$
인플레이션	$1\frac{1}{2}$
국제수지	$1\frac{1}{2}$
관료적 지연	1
경제성장	$2\frac{1}{2}$
화폐의 교환성	$2\frac{1}{2}$
계약의 강요 정도	$1\frac{1}{2}$
노무비/생산성	2
전문적 지원	$\frac{1}{2}$
교통/통신	1
현지 경영진	1
단기 신용도	2
장기 신용도	2
계	25×4 = 100

(2) WPRF (World Political Risk Forecasts)

WPRF는 오리아리와 코플린이 개발한 것으로 정치학의 집단정치이론을 배경으로 하고 있다. 즉, 정치적 위험은 현지국의 정치가들의 권력구조와 특정사건에 대한 정치가들의 입장, 그리고 정치가들의 상호관계에 의하여 결정된다고 보고 있다. WPRF는 정치가들의 의사결정 구조표와 PRINCE 표의 두 가지로 나누어진다. 두 가지가 같은 변수로 만들어진 것이지만, 의사결정 구조표는 그래프로, PRINCE 표는 숫자로 나타내어 특정사건의 발생확률을 구하도록 되어 있다.

분석하는 방법으로 제시하고 있다. 이 방법은 정치환경변화와 기업손실 간의 관계를 정형화한 모형을 이용하여 여러 분야의 전문가(4-5명)들에게 의견을 물어 집약하는 방법을 택하고 있다. 즉, 전문가의 이론적 배경이 사회학, 역사학, 국제정치, 정치학, 실업계 등으로 다양하기 때문에 서로 다른 접근을 할 수 있으므로 이를 극복하기 위하여 기업손실과 정치사건의 관련성을 중심으로 간단한 명제를 작성하여 전문가의 의견을 묻고 있다.

5 비구조적·질적 접근

비구조적·질적 접근방법에는 사례분석방법, 현지방문시찰, 정치유경험자 자문이 있다. 사례분석방법은 과거 수 년 간의 정치적 변성화가 기업에 미친 영향을 지역별·산업별 실제 자료를 분석함으로써 이들 간의 유사점과 차이점을 밝히고, 이를 통해 중요한 시사점을 확인하는 방법이다. 특히, 재산수용에 대하여 주로 사례연구를 통한 분석이 이루어져 오고 있다. 사례분석기법은 개별 사례별로 실제적인 교훈을 획득할 수 있다는데 의미가 있으나, 일반화시키는 데 어려움이 있으며 예측력에 있어서 단점이 있는 것으로 지적되고 있다. 현지방문시찰은 기업의 파견팀을 구성, 현지를 직접 방문하여 시장을 조사하는 방법이다. 그러나 이 방법은 제한된 정보와 편견을 지닐 수 있다는 단점을 가지고 있고, 정치유경험자에 대한 자문은 해당국과 관련 있는 고위층 간부에게 자문을 구하는 방법이다. 이 방법 또한 과거의 경험이나 편견에 지나칠 우려가 있다.

6 계량적 분석방법

계량적 분석방법은 이론적으로 추출된 변수들을 시계열 분석이나, 실증적 분석을 통하여 정치적 위험을 예측하고자 하는 것이다(실증적 분석·특성 분석).

계량적 분석모형에 의한 정량적 분석방법은 정치적 위험과 관련성이 높다고 선험적으로 밝혀진 제반 요인을 변수화하고 다시 이를 모형화하여, 이러한 영향요인과 정치적 위험과의 상관관계를 분석하는 것이다. 즉, 과거 및 현재의 정보를 이용하여 미래의 정치적 변화를 예측하는 개념적 모델을 구축하고, 이를 통해 정치적 위험을 예측하는 것이다. 계량 경제적 모형 중 대표적인 것으로는 PSSI가 있는데, 여기서는 65개의 개발도상국을 대상으로 자원 소비량, 일인당 국민소득 등 15개의 설명변수를 이용한 시계열 분석을 통해 정치적 불안정에 미치는 주요 요인들을 제시하고 있다.

계량 경제적 모형은 거시적 위험과 미시적 위험을 모두 고려할 수 있다는 장점이 있으나 후진국의 경우 필요한 자료입수가 쉽지 않고, 자료수집이 된다 하더라도 자료의 신뢰성이 문제될 수 있으며, 무엇보다도 과거의 관계가 미래에 연속적인 영향을 준다는 분석모형의 논리적 결함이 주요 단점으로 지적되고 있다.

제10장 4절 컨트리 리스크의 대응방안

불확실한 정치 환경으로부터 발생할 수 있는 위험을 최소화하기 위한 대응방안은 국제기업이 당면한 상황에 따라 상이할 것이지만, 투자 전의 조사, 투자 후의 경영관리 전략, 피해발생 후의 사후협상 및 보상전략으로 나누어 볼 수 있다.

정치적 위험에 대한 투자 전 위험의 대응전략은 투자 회피라는 소극적 대안과 현지국 정부와의 능동적인 협상을 통해 제거 가능한 잠재적 위험을 원천적으로 최소화하는 적극적 대안을 고려할 수 있다. 물론 본국정부가 제공하는 투자보험제도 활용을 고려할 수 있다.

투자 후에 발생하는 정치적 위험을 회피할 수 있는 최선의 방안은 적극적인 현지화를 통해 정치적 위험을 전략적으로 감소시키는 것이다. 정치적 위험 중 미시적 위험은 국제기업의 대응전략에 따라 그 위험이 감소될 수 있다. 즉, 경영 전반에 걸쳐 현지국 경제에 기여하는 모범적인 기업시민으로서의 역할을 수행한다면, 미시적 위험에 대한 노출가능성은 낮을 것이다.

정치적 위험이 발생한 경우, 국제기업의 주요 관심사는 사후협상 및 보상전략의 수립에 있다. 호스킨스(W. Hoskins)는 정치적 위험의 사후보상 전략을 현지국과의 합리적 협상, 반강제적인 협상, 법률적 구제조치의 강구 그리고 경영권의 포기 및 잔존재산의 회수 등으로 구분하여 설명하고 있다.

합리적 협상[249]이란 현지국 정부를 합리적으로 설득함으로써 정치적 위험에 따른 피해의 보상 내지는 사태해결을 시도하는 전략이다. 이 경우 국제 기업이 피 투자국에 대하여 경제 및 기타부문에 기여를 하고 있음을 강조하거나 국제 기업이 철수할 경우 발생할 수 있는 부작용을 강조할 수 있다.

합리적 협상이 실패할 경우 현지국의 우호 세력이나 본국 정부 및 우방국들의 협조를 통해 반강제적 협상을 추진할 수 있으나 현지국 정부의 강한 반발 등 부정적인 결과를 초래할 가능성이 매우 높아 시기와 방법에 있어서 적절한 조합이 중요하다. 협상에 의한 문제 해결이 어렵다면, 본국, 현지국 또는 국제사법 재판소를 통한 법률적인 구제 조치를 선택할 수 있다. 법률적인 구제 조치에도 불구하고 문제 해결이 여의치 않을 경우 경영권

249) 수용은 다국적 기업이 현지 정부를 설득할 기회를 갖기도 전에 예고 없이 일어난다. 그러나 수용이 되면 대상기업이 우선적으로 취해야 할 조치는 수용조차가 실수이며 시정되어야 한다는 점을 현지국 정부에 설득하는 것이다.

을 포기하고 가능한 피해를 줄이는 방법을 모색해야 할 것이다.

컨트리 리스크의 대응방안은 이외에도 본국 정부가 실시하고 있는 시책을 이용하는 방법과 기업 독자로 실시하는 방법이 있다.

1 본국 정부의 시책

먼저 본국 정부가 실시하고 있는 시책부터 보아 가면, 그것에는 다음과 같은 것이 있다.

첫째, 투자촉진보호협정으로 투자의 촉진과 보호를 목적으로 하여 정부 간에 체결되는 것이다. 그 내용은 최혜국대우, 내외인 평등, 투자재산 수익보장, 국유화 조건과 보상, 나라에 따른 구상대위권, 분쟁해결의 처리수속 등 광범위하다. 이 종류의 협정에는 유럽 각국이 발전도상국과 체결하고 있는 「투자촉진보호협정」, 「투자장려보호협정」, 캐나다나 미국이 발전도상국과 체결하고 있는 「투자보증협정」, 「우호통상항해조약」 등이 있다. 그러나 일본의 경우에는 이 종류의 협정은 매우 뒤떨어져 있다.

둘째, 해외투자보험제도로 정치 리스크에서 발생하는 손해의 일부를 보상하는 것으로 안정한 해외투자를 촉진하는 정책으로서 창설된 것이다. 그 내용은 전쟁, 혁명, 폭동에 의한 손해보상, 외국정부에 의한 국유화나 수용에 의한 손해보상이다. 이 제도는 1948년에 미국정부에 의해 창설된 이래, 그 후 일본정부, 독일정부 등에서 연이어 채용되어, 현재는 개도국에서 채용되고 있다. 미국의 해외민간투자공사(OPIC : Overseas Private Investment Corporation)의 보험제도가 유명하다.

셋째, 해외투자손실 준비금 제도로 투융자에 따른 손실에 대처하기 위해 기업에 해외투자법인 등 손실준비금의 축적을 인정하고, 소득 금액의 계산상 손실액에 산입하는 것이다. 준비금은 특별한 철거이유가 없는 한 5년 거치 후, 5년 균등 철거로 되어 있다.

다국적 기업은 이와 같은 본국 정부의 시책을 이용하면 정치 리스크를 경감할 수 있을 것이다. 그 의미에서 다국적 기업은 그러한 시책을 크게 이용해야 할 것이라고 말할 수 있다. 그러나 다국적 기업이 이러한 정부의 시책에 과도하게 의존하는 것은 문제가 있다. 그것은 기업의 리스크 인식을 안일하게 할 뿐만 아니라, 그것에 과감히 도전하는 기업가 정신(Entrepreneurship)을 쇠퇴시키는 일에도 연결되기 때문이다. 따라서 다국적 기업으로서는 오히려 자사 독자의 개발에 힘을 경주하는 일이 중요하다.

2 기업자본의 대응책

기업자본의 정치 리스크로의 대응책에는 여러 가지 방법을 생각할 수 있는데, 대별하여 투자 전의 대응책과 기업의 업무 활동 면의 대응책으로 나눌 수 있다.[250] 먼저 투자 전의 대응책으로는 다음과 같은 방법이 있다.

첫째, '이권협정'으로 이것은 앞서 기업과 수입국 정부 간의 배당금, 로열티, 특허료 등의 송금, 제 3국으로의 수출, 출자비율, 원재료나 부품의 조달, 종업원의 국적에 관한 제한, 분쟁처리에 관하여 결정을 해두는 협정이다. 이 종류의 협정은 본래 식민지 시대에 발달했는데, 현재는 선진국에서도 발전도상국에서도 이용되고 있다. 그러나 발전도상국의 경우에는 정권의 교체 등이 있으며, 일방적으로 그것이 파기되는 경우도 적지 않다.

둘째, '계획적 철퇴'로 이것은 투자에 앞서 일정한 기간에 자회사의 주식을 현지인에게 양도하여, 최종적으로 경영권도 이양하는 것을 정해두는 것이다.

다음으로 기업의 업무활동면의 대응책으로는 이하와 같이 생산과 로지스틱스, 마케팅, 재무, 조직, 정치활동 등의 영역으로 생각할 수 있다.

첫째, 생산과 로지스틱스로 원재료나 그 외의 제품을 가능한 한 현지 공급업자로부터 조달하여 생산활동을 시행한다. 또 채취산업인 경우에는, 정제소, 가공공장, 수송시설 등을 정치 리스크가 낮은 지역에 배치한다. 특히 특허나 노하우를 지배한다. 최신기술의 투입이 필요한 기업의 경우에는, 수입국 정부가 그 생산 시설을 수용해도 무의미하기 때문이다.

둘째, 마케팅에서는 진출대상국 이외의 해외시장을 지배해 두며, 수용리스크 등을 경감할 수 있다. 또 국제적으로 유명한 상표를 소유·지배해 두는 일도 수용리스크의 경감에 도움이 된다.

셋째, 재무면에서는 주식자본을 가능한 한 적게 하고, 현지의 차입자본을 많이 한다. 또 일국의 금융기관에만 의존하는 것이 아닌, 국제적으로 광범위한 금융기관을 이용하도록 노력한다. 그렇게 하면 수용리스크나 송금리스크를 경감할 수 있다.

넷째, 조직면에서 일반적으로 Joint Venture는 수입국 정부의 수용성을 개선하기 위해 유용한 방법으로 생각되고 있다. 특히 파트너가 좋으면, 현지 시장의 지식, 자본조달면 등에서도 협력을 얻을 수 있다. 그러나 파트너의 선정을 잘못하면 오히려 수용리스크가 증대한다. 파트너로는 현지의 정부기관보다도 현지의 민간 기업을 선정하는 것이 좋다. 또 리스크가 높은 나라에 투자할 때에는 리스크의 분산이라는 의미에서도 다수국의 기업

250) D. F. Channon and M. Jalland, Multinational Strategic Planning, The Macmillan Press, 1979. pp. 247.

이 출자하는 형태를 채용하는 것도 한 가지 방법이다.

다섯째, 정치활동 등에서 기업이 직접적인 정치활동을 행하는 것이 경우에 따라서는 정치리스크를 경감시키는 것이 된다. 가령, 특정한 정당, 정치가, 압력단체에 지원을 행하여 정치적인 지원을 얻는다. 또 유력정치가나 그 관계자를 이사역으로 임명하여 현지 정부의 장래 행동을 탐색한다. 더 나아가 이와 같은 활동 이외에 기업이 수입국에 대단한 공헌을 하고 있음을 그 정부나 국민에게 적극적으로 선전하는 일도 유익하다.

이와 같이 기업 자체의 정치 리스크에 대한 대응책에도 여러 가지 방법이 있다. 물론 이중 어떤 대응책을 채용하는가는 기업에 따라 다르다. 오늘날의 다국적 기업으로서는 가능한 한 많은 방법을 구사하여 투자 수입국에서 발생하는 정치 리스크에 신속히 대응해 갈 필요가 있다. 그것이 또 불 예측 현실이 다발하는 불확실에 찬 현재 및 장래의 국제 환경 안에서 다국적 기업이 존속과 이루어가기 위한 최저조건이라고 할 수 있다.

Memo

11

CHAPTER

지역주의의 등장과 지역 경제권 패러다임의 전환

제 2차 세계대전 이후 동서 양진영 간의 정치적 양극화에 따라 세계경제 또한 시장경제 체제의 서방 경제권과 계획경제 체제의 사회주의 경제권으로 양극화되어 세계경제의 동서화 현상이 나타났다. 그 후 전후 복구와 더불어 경제성장이 순조로웠던 선진공업국 경제와 경제성장이 정체상태를 벗어나지 못한 신생 독립국 및 제 1차 산업위주의 후진국 경제 간에 소득수준 격차가 심화됨에 따라 1960년대에 접어들면서 세계경제에 남북문제가 대두되었다.

최근에는 세계경제는 선진공업국의 경제적 구조 변화와 신흥공업국을 중심으로 한 개발도상국 경제의 비중 증대 및 사회주의 경제권의 개방화로 특징지어지는 또 다른 다극화 현상을 나타내고 있다.

제11장 **1절**

세계경제의 블록화와 경제통합

1 세계경제의 다극화 및 블록화 현황

21세기에 들어서면서 국제경제는 세계화 또는 통합화, 다극화로 특징지워지며 이에 상응하는 국제경제질서는 경제주체 간의 다자간 국제 협력을 통해 범세계적 경제통합을 지향하는 자유주의의 구심력과 다극화된 경제주체 간에 자신들의 세력 확장을 위해 다음과 같이 변화되고 있다.

첫째, 세계경제의 통합화이다. 오늘날의 국제경제는 이른바 무한경쟁체제로 특징지워진다. 국가 간의 경제교류를 제약해온 물리적·경제적·규제적·사회 문화적 요인들이 점진적으로 감소함에 따라 국경을 초월한 경제 활동이 용이하게 되었고, 한 나라의 경제는 더 이상 타국의 경제와 유리되어 존속할 수 없는 세계적인 경제통합화가 급속히 진전되고 있다. 또한 정치적으로 사회주의국가의 몰락으로 자유경제 체제의 영역이 확대되었다. 이러한 세계경제의 통합화 추세에 따라 경쟁의 범위는 과거 국가 내의 경쟁체제에서 세계 속의 무한경쟁으로 확대되고 있다.

둘째, 세계경제의 다극화이다. 세계경제는 제 2차 세계대전을 전후로 산업생산이나 경제력에서 압도적인 위치를 점한 미국 중심체제에서 일본, EU, NICs[251](신흥공업국가들) 등 가수의 새로운 경제세력의 등장으로 어느 한 나라가 주도하기 어려운 다극화체제로 새롭게 편성되었다. 이들 경제 주체들은 자신의 세력을 보다 강화하기 위해 자국을 중심으로 인근 지역 내 결속을 강화하고 있다.

251) 세계적으로 닉스(NICs: Newly Industrializing Countries)라는 명칭으로 불리는 이들 신흥공업국가들은 대체로 수출 성장률이 세계평균의 2배 이상 되는 국가들로서 한국을 위시한 아시아의 대만·싱가포르·홍콩·말레이시아·중국, 라틴아메리카의 멕시코·브라질, 유럽의 스페인·포루투갈·그리스·유고슬라비아 등을 포함한다.

2 경제통합의 본질과 성격

경제통합(economic integration)은 지역적 또는 경제적 인접 및 의존관계에 있는 두 개 이상의 국가가 동맹을 맺어 비 가맹국과의 무역에서 관세 내지 그 밖의 제약을 부여하고, 가맹국 사이에서는 관세 및 그 밖의 제약을 완화 내지 철폐하는 것을 말한다. 현재 관세에 의한 차별성이 대부분이므로 경제통합은 관세동맹으로 대표되기도 한다. 물론 관세동맹의 형태를 넘어서 공동시장의 단계로 옮겨지고 있는 것 또한 사실이다.

이런 경제통합의 단계는 가맹국과 비 가맹국 사이에서 관세 차별화를 두는 형태에서 가맹국들끼리의 무역장애 제거, 공동의 재정 및 금융정책, 공통의 통화제정 등의 경제적인 통합에서 정치적인 통합까지지도 고려하는 가장 완전한 형태까지 존재한다.

그러므로 이런 경제통합을 획일적으로 정의하기는 한계적일 수밖에 없다. 위에서 정의한 것이 일반적이긴 하나 그렇다고 '경제통합' 자체의 본질을 내포하고 있다고는 말할 수 없다. 결국 한계적인 관점에서 경제통합에 대한 여러 학자들의 견해로 정의를 일부분 파악하는 것이 중요하다고 할 수 있다.

표 11-1 경제통합에 대한 학자들의 견해

시 각	학 자	대표적 견해
정치경제학적 시각	G. Myrdal (스웨덴)	기회 균등적 서구적 이상을 실현하기 위한 하나의 과정 (Economic integration is the realization of the old western ideal of equality of opportunity)
	R. Erbes (프랑스)	각 경제주체들(les parties)과 이들 주체들로 형성된 전체 공동체(un ensemble)와 결합관계
근대경제학적 시각	J. Tinbergen	최적상태에 있어서 경제의 운행을 저해하는 인위적 장벽을 제거하고 조정과 통일에 의한 바람직한 요소를 의도적으로 도입하여 국제경제의 올바른 구조를 형성하는 것
	B. Balassa	경제통합을 하나의 과정(a process)인 동시에 하나의 상태(a state)로 파악하고 있다. 즉 경제통합을 동태적 과정으로 파악할 경우 그것은 「각 국민경제에 소속되어 있는 경제단위(economic units) 간의 차별을 제거하기 위한 제조치」로 정의되며, 경제통합을 하나의 상태로 파악할 경우 그것은 「각 국민경제 상호 간에 여러 가지의 차별이 존재하지 않는 상태」로 정의된다는 것
	J. Weiller	국가 주권의 개념이 희박하게 되고 정부 간 기구 혹은 초국가적 기구가 각국의 경제발전 및 교역을 주도하는 과정
	G. Haberler	관련지역 내에서 보다 밀접한 경제관계를 수립하는 것

표 11-1 경제통합에 대한 학자들의 견해(계속)

시 각	학 자	대표적 견해
전통적 관세동맹의 영역	J. Viner, J.E. Meade, R.G. Lipsey	경제통합을 결성하였을 때 그 구체적인 형태는 경우에 따라 상이하더라도 가맹국과 비 가맹국을 구별하는 주요한 수단은 관세에 의한 무역차별화이므로 경제통합은 근본적으로 관세동맹의 영역에서 파악될 수 있다는 것

주: G. Myrdal[252], R. Erbes[253], J. Tinbergen[254], B. Balassa[255], J. Weiller[256], G. Haberler[257]

위 표에서 보듯이 경제통합은 형태, 범위, 과정 및 목적에 따라 상이하게 나타날 수 있다. 그러나 각 견해들의 공통점을 통해 경제통합의 정의를 파악할 수 있는데, 그 공통점은 개별경제주체 혹은 개별경제집단이 경제적 기회균등과 경제적 효율성을 제고하기 위해 차별이 존재하지 않는 하나의 공동경제권으로 상호 접근해 가는 과정으로 파악하고 있는 것이다. 그러므로 경제통합은 「경제적으로 이해관계가 있는 국가 간에 재화와 서비스(용역)의 이동을 보장하여 하나의 시장권을 형성하며, 이를 통해 경제적, 기술적 이익을 공유하여 제 국가 간 후생증진을 도모하는 경제협력의 한 형태」라 할 수 있다.

3 경제통합의 형태

경제통합(economic integration)이란 국가 간의 상품교역과 생산요소의 자유로운 이동, 즉 노동력 이동과 자본거래 등의 경제교류에 가하고 있는 인위적인 제 장벽을 점진적으로 제거함으로써 2개국 이상의 국가들이 동일경제단위화로 되어 가는 과정이라 할 수 있다. 발라사(B. Balassa)는 경제통합을 차별화의 정도와 그 발전단계에 따라 다음과 같은 6가지의 형태로 구분하고 있다.

252) Gunnar Myrdal, An International Economy, Harper & Row, New York, 1964, p. 11.

253) Robert Erbes, L'Integration Economique Internationale, Presses Universitaires de France, Paris, 1966, p. 181.

254) Jan, Tinbergen, International Economic Integration, N. H. Co., Amsterdam, 1965, p. 57.

255) Bela Balassa, The Theory of Economic Integration, George Allen & Unwin Ltd., London, 1969, p.1.

256) J. Weiller, Les degres de l'integration et les Chance d'une zone de cooperation internationale, R. E., Paris, 1958.

257) Gottfreid Haberler, "Integration and Growth of the World Economy," The American Economic Review, March, 1964, pp. 1～2.

1) 무역특혜협정

협정국가들 사이에 이루어지는 무역거래에 대하여 완전한 자유무역은 아니더라도 협정 당사자국들 간에 상호 일정한 특혜를 줌으로써 역외 비 협정국들에 대하여 차별하는 경우를 말한다. 특혜를 주는 상품의 범위가 제한적일 수 있으며 이렇게 제한된 범위의 상품들에 대하여 협정국들에 대한 낮은 관세나 비관세장벽 특혜를 주는 경우가 이에 해당된다. 가장 느슨한 형태의 경제통합유형이라고 할 수 있다.

2) 자유무역지역

자유무역지역(free trade area)은 다수의 국가 상호 간에 관세를 인하하거나 또는 폐지하고 무역의 수량적 제한조치 등을 제거함으로써 역내 간에는 자유무역화를 실현하는 반면에 역외의 제 3국들에게는 각 가맹국들이 독자적으로 관세 및 기타 제한조치를 실시하는 지역적 통합이다. 이는 다음 단계의 관세동맹과는 달리 각 가맹국이 역외국들에 대하여 상이한 관세율을 적용하고 있기 때문에, 그 관세율의 차이가 큰 경우에는 제 3국의 상품이 저관세 가맹국을 통하여 고관세 가맹국으로 간접수입이 될 소지가 있게 된다. 현재 이 단계의 경제통합 형태의 예로는 유럽자유무역기구(EFTA), 라틴 아메리카 자유무역지역(LAFTA) 및 오스트레일리아-뉴질랜드 자유무역협정 등을 들 수 있다.

3) 관세동맹

관세동맹(custom unnion)은 가맹국 상호 간에 관세율 인하 또는 철폐를 통하여 자유무역을 추구할 뿐만 아니라, 역외국들로부터의 상품수입에 대하여 공동관세율을 적용함으로써 관세정책에 관한 단일경제단위로 되어 있는 형태이며, 전술한 자유무역지역에서와 같이 저 관세율의 가맹국을 통한 고관세율의 가맹국으로 우회수입의 여지가 소멸된다. 이의 좋은 실례는 EC 공동체가 설립되기 전까지 벨기에, 네덜란드, 룩셈부르크의 3국이 형성하고 있었던 베네룩스(Benelux)관세동맹이었으며, 현재 코스타리카, 엘살바도르, 과테말라 등 중남미 제국으로 구성되어 있는 중남미 공동시장(CACM)이 대외적으로 공동관세율을 적용하고 있다.

4) 공동시장

공동시장(common market) 단계의 경제통합은 가맹국들이 역내에서는 자유무역을, 역외국가에 대해서는 공동관세를 적용할 뿐만 아니라, 역내에서는 노동, 용역, 자본 등 생산요소의 자유이동도 보장하는 통합 형태이다. 현재 유럽경제공동체(EEC)가 이 단계에 속한다고 볼 수 있다.

5) 경제동맹

경제동맹(economic union)이란 가맹국 간에 상품과 생산요소의 자유로운 이동뿐만 아니라, 가맹국들이 금융, 재정, 농업, 운수, 통신, 사회복지 등의 제 분야에서 공동보조를 취함으로써 경제 운용 면까지 경제통합이 이루어진 형태를 말한다. 현재 EEC 가맹국들이 역내 국가 간에 국제수지의 균형, 인플레이션의 파급억제, 실업수출방지 등을 위하여 정책조화를 도모하고 있으나, 개별국가의 경제주권을 완전히 포기하지 않는 한 국가 간에 이해상충이 일어나게 되므로 이 경제동맹이 실현에는 아직 이르지 못하고 있다.

6) 완전경제통합

완전경제통합(complete economic integration)의 경우에는 경제동맹 가맹국들이 개별국가의 경제주권을 완전히 포기하고 경제 분야에 관한 한 완전한 단일경제단위가 되는 최종단계의 경제통합 형태이다. 여기에 외교, 군사 분야까지 통합이 이루어지면 합중국화 되는 현재의 미국과 같은 정치, 경제구조가 될 것이다. 이러한 단계는 개별국가의 주권이 완전히 포기된 상태이므로 현실적으로 실현되기가 어려울 것이다.

그러나 현재 EC가맹국들이 최종적으로 추진하고 있는 경제통합 형태가 이에 속한다고 볼 수 있다. 상술한 경제통합의 단계적 형태는 사실상 단순화한 하나의 모형에 불과하며 실제로 인접국가 간의 경제통합이 반드시 이러한 단계를 거치는 것도 아니고 또한 그 형태가 이 정형(定型)에 그대로 적용되는 것도 아니다. 다만 경제통합의 발전과정과 분석목적을 위하여 유익한 모형으로서 참고가 될 뿐이다.

경제통합은 그 내부결속도의 정도와 진행에 따라 다음과 같은 제단계로 구분되어지고 있으며 이들 각 단계는 그 다음 단계로 이행해 가는 동태적 과정임과 동시에 그 자체로서 하나의 경제통합 형태를 취할 수 있는 것이다.

표 11-2 국제경제통합의 형태

단 계	내 용	대표적 형태
단계 1 무역특혜협정 (Preferential trade arrangments)	참가국 간의 무역에 있어서는 비가맹국과의 무역에 대해서보다 더 낮은 장벽을 규정하는 것	1932년 영국의 영연방 특혜제도 (British Common Wealth Preference Scheme)
단계 2 자유무역지대 (Free trade area)	가맹국 사이의 무역에는 모든 장벽이 철폐되지만 비가맹국과의 무역이 있어서는 각 국이 장벽을 유지하는 경제통합의 한 형태	1960년의 유럽자유무역연합 (EFTA: European Free Trade Association)
단계 3 관세동맹 (Customs Union)	가맹국 사이의 무역에 대해서는 관세 및 기타의 장벽을 부과할 수 없으나 나머지 세계 각국에 대해서는 무역정책을 조화시킨다.	1958년의 유럽경제공동체 (EEC: European Economic Community) 또는 유럽공동시장 (European Common Market) 1834년의 독일의 다수 주권국가에 의해 설립된 졸페어라인 (Zollverein)
단계 4 공동시장 (Common market)	가맹국 사이의 자본과 노동이 자유롭게 이동할 수 있도록 하는 것	1970년대의 EEC 그리고 EC(European Communities)
단계 5 경제동맹 (Economic union)	가맹국의 금융정책, 재정정책 및 조세정책을 조화시키는 것	1994년의 EU(European Union)
단계 6 완전경제통합 (Complete economic integration)	경제적 영역에서는 하나의 국가 의미	EU의 통합 화폐-EURO화 등장

주: 단계 2-5는 B. Balassa의 분류에 의함.

위 <표 11-2>에서 단계별로 형태를 볼 수 있다. 그러나 경제통합의 아이러니를 간단히 언급한다면, 경제적으로 유사한 나라들 간에 동맹관계를 맺어 동맹국 간에는 경제거래를 자유화하거나 경제정책의 조화를 도모하고, 비동맹국에 대해서는 기존의 거래장벽을 유지하는 것이라는 의미에 비해, 동맹국 간에는 자유무역주의를 지향하나 비동맹국에 대해서는 차별하므로 비동맹국으로부터 보호주의라는 비난을 받는다는 것이다.

한편 통합의 경제적 이익 추구의 형태를 관세동맹 이전과 이후 단계로 나누어 볼 때 다음과 같은 효과를 기대할 수 있다.

표 11-3 통합의 경제적 이익추구

단 계	이 익
자유무역지역과 관세동맹	- 특화기회 확대로 인한 생산의 효율성 증대 - 시장확대로 인한 규모의 경제 실현 - 교역조건의 개선 - 경쟁격화 및 기술진보에 의한 효율성 증대
공동시장과 경제동맹	- 생산요소의 자유이동으로 인한 요소분배의 효율성 증대 - 통화, 재정정책의 조정을 통한 역내 경제 안정 - 성장 촉진, 고용증대, 소득분배의 개선

제11장 2절 경제통합 지역적 전개

1980년대 말 동구 사회주의권의 해체로 '3분 구조론' 또는 '제 3세계론'이 그 논리적 근거를 잃게 되므로 다극적이고 중층적인 중심-주변 구조의 형태를 나타내고 있다.

즉 종전의 3분 구조적 세계 시스템 하에서는 제 1 세계라고 불려진 중심부 지역과 제 3 세계로 불리어진 주변부 지역이 공동으로 北과 南으로 갈라지는 일종의 양극적 구도(polarization)를 형성하고 있었다. 그러나 이러한 구도는 세계경제의 지역주의화 경향과 더불어 다음과 같은 3개의 그룹으로 다극화하는 모습으로 나타나고 있다.

1 EU(European Union) 경제권

전후 세계경제에 대두된 블록화는 1952년에 유럽석탄·철강공동체(ECSC)의 발족을 시발로 하여 서구경제가 EU로의 통합과정에서 나타난 현상이다. ECSC의 발족 이래 유럽은 부분적 경제동맹시대(1952-57) → 공동시장시대(1958-1971) → 준 경제동맹시대(1972-84) → 경제동맹·통합모색시대(1985-) 등 4단계의 경제통합과정을 거치고 있다<표 11-4,

11-5 참조>.

표 11-4 EU경제권의 지역주의와 추이

1952년	프랑스, 서독, 이탈리아, 베네룩스 3국 등 6개국이 석탄, 철강, 원자력, 에너지 분야에서 공동시장 설립 (ECSC : European Coal and Steel Community) (ENEC : European Nuclear Energy Community)
1957년	동 6개국이 로마조약에 조인
1958년	유럽경제공동체(EEC) 발족 (EEC : European Economic Community)
1967년	통합조약(Merger Treaty)의 발효로 EEC가 EC로 명칭 변경
1960-66년	EFTA 9개국 상호 관세철폐
1972-77년	EEC-EFTA 관세철폐
1973년	영국, 덴마크, 아일랜드 EC 가입(제 1차 EC 확장)
1981년	그리스의 EC 가입 (EC 총 회원국 10개국으로 제 2차 확장)
1986년	스페인, 포르투갈의 EC 가입 (EC 제 3차 확장, 회원국 총 12개국)
1987-92년	유럽 단일 시장법(Single European Act) 체제 및 추진

자료 : 李南九, 「무역학개론」 (서울 : 眞性社, 1989), p. 144.

표 11-5 유럽연합의 발전과정과 미래

제 4단계(향후) : 완전경제통합	· 2003년 현재 15개국 (오스트리아, 핀란드, 스웨덴 가입) · 터키 등 13국 가입신청 심사 중 · 단일시장 및 유로화 확대 · 지역개발화, 환경보호 · 유럽시민권 제도 도입 · 역내 사법, 내무기능 업무협조
제 3단계 : 마스트리히트 조약, 1993	· 목표: 유럽연합(European Union) - 경제, 사회적 통합 - 공동통화정책, 단일통화도입 추진 - 공동외교 및 안보정책 - 개인의 자유로운 이동

표 11-5 유럽연합의 발전과정과 미래(이어서)

제 2단계 : 유럽단일법 1987	· 12개국(영국, 덴마크, 아일랜드, 그리스, 포르투갈, 스페인 기입) · 목표: 공동시장 - 재화, 서비스, 노동, 자본의 자유이동 - 국경통제 철폐(회사설립, 자격인정, 공공조달계약 개방, 운송, 통신 서비스 제공의 자유, 기술적 장벽 제거) - 소비세와 부가세 세율의 통일화 - 제품규격 및 인증절차의 조화 및 상호 승인 - 대외공동통상정책 도입 - 보조금정책에 대한 강력한 통제
제 1단계: 로마조약 1957	· 6개국(독일, 프랑스, 이태리, 네덜란드, 벨기에, 룩셈부르크) · EEC(유럽공동체), EUROATOM(유럽자격공동체) 설립 · 목표: 관세동맹 - 모든 재화의 역내 무관세무역 - 역외 공동관세 - 공동노동시장 역내 반덤핑관세 및 보조금정책 철폐

EU는 최근 1990년까지 역내 무역장벽의 완전철폐를 목표로 하는 유럽단일화법 및 EU, EFTA 간 유럽경제영역의 구축을 통합 유럽차원의 경제통합 노력에 박차를 가하고 있다. 이것은 1960년대 말까지의 역내무역 자유화 노력이 1970년대 이후의 경제 불황에 따라 답보상태에 머물러 있고 또한 1960년대의 미국의 도전에 이어 1970년대 일본 및 아시아 신흥공업국의 역내시장 침투로 역내산업의 경쟁력이 기반을 상실하게 됨에 따라 EU경제의 재활성화를 적극 모색하고자 하는 데 그 목적이 있다.

특히 유럽단일화법은 EEC조약이 규정한 공동시장의 완성시한(발표 후 12-15년)에도 불구하고 EC가 지난 30년간 공동관세 외에는 명실상부한 공동시장의 완성에 이르지 못하였다는 자각에 따라 현존하는 각종 비관세 장벽의 철폐를 통하여 EEC 조약을 완성하기 위한 하나의 단계라 할 수 있다. 또한 이러한 경제통합정책은 미국의 FTA 정책과는 달리 역외국에 대해서는 폐쇄적이고 보호주의적인 성격을 띠고 있으며, 무역뿐만 아니라 재정, 금융, 통화 등 경제 전반을 그 대상으로 하고 나아가서는 정치적 통합의 성격까지도 지니는 특성이 있다.

다음의 그림에서 ECSC 가입국을 살펴보면 초기국가로는 "벨기에, 프랑스, 독일, 이탈리아, 룩셈부르크, 네덜란드이고 1973년에 가입한 국가는 영국, 덴마크, 아일랜드 등이고 1981년에는 그리스, 1986년에는 포르투갈, 스페인이 있다.

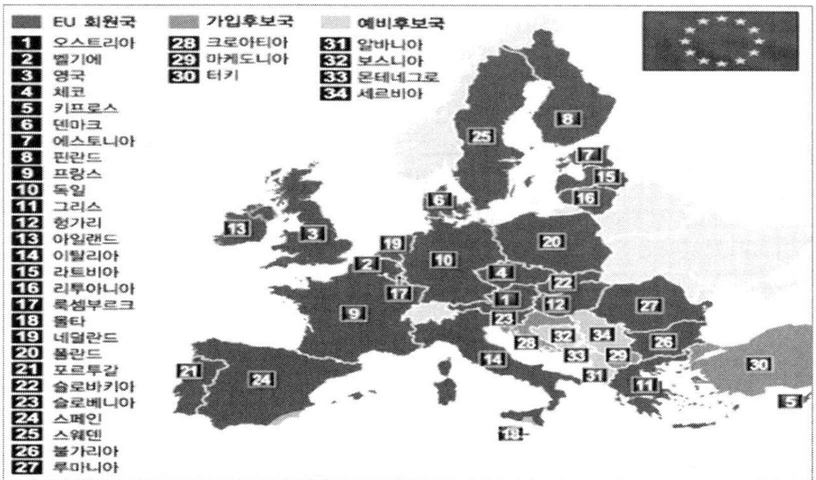

유럽연합(EU) 가입국 현황

2 NAFTA(North America Free Trade Agreement: 북미자유무역협정)

1980년대 들어 대외적으로 국제경제질서의 지역주의화 경향의 심화 및 아시아·태평양 지역에서의 일본경제의 증대에 따른 위협, 그리고 EU통합에 따른 지역주의의 강화에 효과적으로 대응할 뿐만 아니라, 대내적으로는 재정 및 무역적자 등의 구조적인 문제에 직면해 있는 미국경제의 활성화를 촉진하기 위해 캐나다의 자원과 기술, 멕시코의 저렴하고 풍부한 노동력을 활용하여 제조업의 경쟁력을 향상시키고, 막대한 잠재력을 지닌 멕시코시장과 나아가서는 중남미국가에의 진출확대에 대한 미국의 이해와 총수출의 막대한 비중을 차지하고 있는 미국시장에 보다 자유롭게 접근하는 한편, 미국·EU·일본 등 선진국의 투자와 기술의 대폭적인 유치를 통해 과도한 외채 및 만성적인 인플레이션의 극복을 위한 대외 지향적인 경제성장을 추진하고자 하는 멕시코의 이해 및 멕시코로의 투자진출 가능성과 장기적으로 중남미시장에의 진출기반 마련을 위한 캐나다의 이해가 조화를 이루어 형성된 경제통합체가 바로 NAFTA이다.

NAFTA는 미국·캐나다·멕시코 등 3개국이 교역 및 투자확대를 통한 상호 고용 및 성장을 촉진하는데 목적을 두고, 관세 및 비관세장벽을 철폐하려는 일종의 지역경제 협력

협정으로서 상품에 대한 수입규제완화만이 아니라, 투자 및 금융 등의 부문까지도 포괄하고 있다는 점에서 상품에 대한 관세장벽 철폐를 주요내용으로 하는 전통적인 자유무역협정보다는 상당히 협력의 폭이 넓다고 할 수 있다.258) <표 11-6>은 미국 중심의 지역주의 추이를 설명하고 있다.

표 11-6 미국경제의 지역주의 추이

1965년	미국, 캐나다 간 자동차 자유무역협정(Auto Pact) 성립(1980년대 중반부터 북미 경제통합과 관련하여 종래의 정치적 논의에서 벗어나 경제적 효과를 진지하게 논의) * 미국, 캐나다 간에는 1940년부터 이미 정치적, 안보적, 경제적 분야에서 부분적 협력 시장 (예) 1941년 : Defence Production Sharing Agreement 1944년 : Farm Equipment Pact
1983년	카리브 지역 개발촉진책 (CBI: Caribbean Basin Initiative) 마련 - 관세면제 혜택을 통하여 카리브 연안 국가들에게 미국 시장을 개방
1985년	미국, 이스라엘 간 자유무역협정(FTA) 체결
1988년	미국, 캐나다 간 자유무역협정(FTA) 체결 합의, 양국 수뇌 간 서명
1988년	미국, 멕시코 간 FTA 추진 중, 기타 ASEAN, 대만, 한국 등과 논의
1994년 1월	미국, 멕시코, 캐나다 간 북미자유무역협정(NAFTA) 체결
1994년 11월	2005년까지 미주자유무역협정(FTAA)을 통한 서반구의 통합 확대 합의

자료 : 李南九, 무역학개론, 진성사, 1989, p. 144 발췌 수정함.

미국에 의한 (캐나다 및 멕시코와 함께 또는 별도로) 남북미주의 통합 확대 과정에서 나타난 한 가지 이슈는 관세동맹(CARICOM, ANDEAN PACT, 중미공동시장, MERCOSUR) 회원국들과의 무역 및 경제관계이다. 한 가지 방법은 각 관세동맹과 협정을 체결하는 것이고, 다른 하나는 관세동맹의 개별 회원국과 교섭하는 것이다. 어떤 방법을 택하는가에 따라 장래 협정의 범위와 성격이 달라짐은 물론 무역 및 경제적 의미도 상이하다. 과거의 경험을 보면 미국, 또는 NAFTA 회원국과 이러한 협정교섭은 지역 내 다수국가의 관심의 대상이다.259)

258) 또한, NAFTA는 칠레를 회원국으로 가입시키기 위한 협상방안을 검토하는 등 회원국 확대작업에 나섬으로써, 장차 중남미국가에로의 영역확대가 예상되며, 앞에서 이미 살펴본 바와 같이, EU와 NAFTA를 연계하는 북대서양자유무역지대의 창설에 대한 움직임도 나타나고 있다.

259) 가령 CARICOM 회원국들은 카리브연안 경제회복법(Caribbean Basin Economic Recovery Act)에 따른 일부 품목의 미국 내 시장 특혜접근으로 보고 있고, 무역 및 투자 전환을 방지하기 위해서 "NAFTA-parity"(동등대우) 달성에 관심을 갖고 있다. 한 가지 방법은 NAFTA에 가입하는 것이고 다른 하나는

NAFTA의 등장

3 아시아·태평양 경제권

제 2차 세계대전 후 세계 경제 질서 속에서 지역경제협력의 발전 추세를 보면, 과학기술의 발달과 국제시장에서의 경쟁으로 인해 각국의 경제면에서 상호의존과 분업, 국제화 수준은 상당히 높아졌고, 이에 따라 지금까지 여러 형태의 지역적 경제통합이 발전하였다.260)

그러나 기존 또는 구상중인 아시아·태평양지역 경제권은 반드시 시장적 통합을 본질로 하는 지역적 경제통합이나 경제적 이익에 근거한 이익단체로서의 속성만을 가지고 있는 것은 아니고, 역사적, 전통적, 문화적 공통점 때문에 생활습관, 언어, 직업윤리, 사고방식 등에서 동질성을 갖고 있어서 하나의 공동체로서의 속성도 가지고 있는 것이다. 이런 점에서 아시아·태평양 지역경제권의 특성을 한 마디로 정의하기는 어렵지만, 논의되고 있는 이 지역의 경제권은 역사적 전통 및 문화적 공통성과 지리적 인접성의 토대 위에 지역 내 국가들의 경제적 다양성과 보완성을 상호 결합하여 지역 내 전체 또는 특정지역의 경제적 공동이익을 추구하는데 목적으로 둔 역내의 다각적 경제협력체를 의미한다. 다음 도표를 통해 큰 흐름을 보면,

미국을 일방으로 하고 모든 CARICOM 회원국을 타방으로 하는 자유무역협정을 체결하는 것이며, 마지막 세 번째 방법은 미국과 각 개별 CARICOM 회원국이 일련의 兩者 자유무역협정을 체결하는 것이다.

260) 예를 들면 자유무역지대, 관세동맹, 공동시장, 경제동맹(통화동맹) 및 완전한 경제통합(정치통합을 포함)이 있다.

그림 11-1 아시아·태평양 지역의 주요한 경제권 움직임

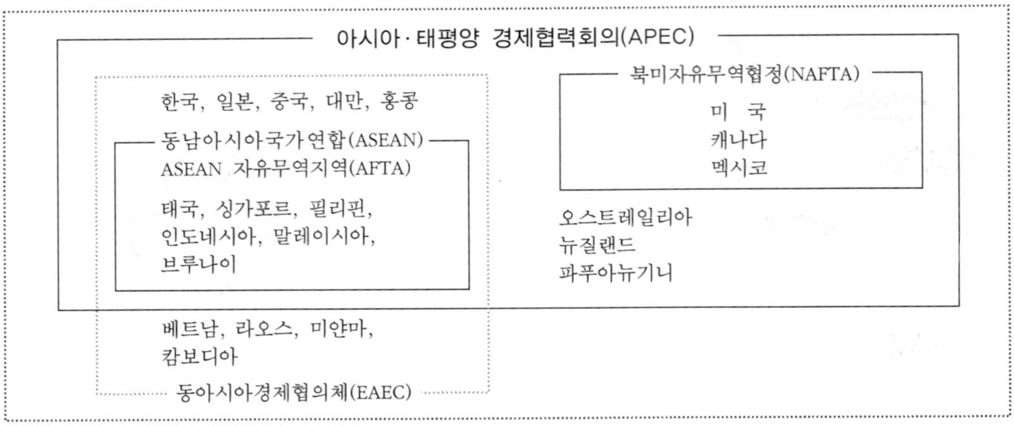

주: 서남아시아 지역은 제외

위의 표에서 현재 가시화 된 큰 줄기만 나타냈다. 하지만 사실 현실적으로는 좀 더 복잡한 양상을 띠고 있는데, 즉 아시아·태평양 지역에 존재하거나 논의되고 있는 경제권들은 大지역경제권으로 아시아·태평양경제협력기구(APEC), 동아시아경제협의체(EAEC), 환동해 경제권 등이 있으며, 小지역경제권으로 동북아지역을 중심으로 하는 두만강 경제권, 환황해 경제권, 중국을 중심으로 하는 화남 경제권, 양안 경제권, 대중화 경제권, 동남아를 중심으로 하는 아세안(ASEAN), 아세안 자유무역지대(AFTA), 성장의 삼각지대, 바트 경제권 및 擴大 아세안, 그리고 서남아를 중심으로 한 서남아 지역 협력연합(SAARC)[261] 등이 있다.

세계무역의 1/5을 차지하는 아시아 지역은 오직 하나의 완전히 시행되는 지역통합협정을 갖고 있다는 점 외에도 또 다른 두드러진 특징이 있다. 아시아 역내 다수국가들은 수출가공지역의 설치를 통해 국별 차원의 자유화를 가속화시켜 왔는데, 이는 수출품 생산을 위한 수입원자재에 대하여 관세면제 대우를 부여한다. 아시아에서 나타나는 새로운 형태의 장치는 "성장삼각지대"(growth triangles_ 또는 부분지역지대(SREZa : seb-regional economic zones)이다.

이와 관련하여 무역특혜가 주어지는 것은 아니나, 허가에 관한 정부 간 합의, 정부에 의한 사회간접자본의 제공 등은 사실상 SREZs 내에 설립되는 기업을 지원하는 효과가 있다. 가령 싱가폴, 말레이시아 요호르주의 남부지방, 그리고 인도네시아 리아우지방의

261) 남아시아지역 협력연합(SAARC) 회원국들 – 부탄, 몰디브, 네팔, 파키스탄 및 스리랑카 – 은 1993년 4월 11일 무역협정을 체결하였다. SAARC 특혜무역협정(SAPTA)은 기본협정으로서, 회원국들은 앞으로 양허교환협상을 가질 것으로 기대된다.

섬들은 SREZ로 결합하였고, 홍콩, 대만, 남부중국은 덜 공식적인(less formal) 협정을 체결하였다. 또 다른 몇 개의 협정 체결제의가 각국 정부와 아시아 개발은행에 의해서 검토되고 있다.

이번 장에서는 중요 이슈가 되고 있는 APEC과 ASEAN 그리고 중화 경제권에 대해 자세하게 논의해 보도록 하겠다.

1) 아시아·태평양 경제협력체(APEC: Asia-pacific Economic Cooperation)

아시아·태평양 연안국들 사이의 경제협력구상은 1960년대부터 꾸준히 진행되어 왔다. 이 지역은 세계 총 생산의 55% 이상, 총 수출의 40% 이상을 차지하는 등 시장규모와 경제적 잠재력에 있어서 세계를 선도하고 있으며 21세기에는 세계경제의 중심축으로서 부상할 것으로 전망된다. 세계경제에서 아·태 지역이 차지하는 비중과 위상에 맞추어 이 지역의 무역과 투자자유화를 중심으로 한 경제협력과제에 대한 아·태지역 차원의 공동대응의 필요성이 대두되었다.<표 11-7 참조>

표 11-7 APEC의 지역주의 추세

1989. 11	제 1차 각료회의(호주 캔버라)를 시발로 출발, 한국, 미국, 일본 등 12개 회원국
1991	중국, 대만, 홍콩 가입
1993	멕시코 파푸아뉴기니아 가입
1994	칠레 가입
1994	보고르선언(인도네시아 보고르): 논의 수중에 머물러 있었던 역내무역 및 투자자유화 방안이 가시화 됨
1995	오사카 정상회의: 무역투자의 자유화 및 활성화를 위한 행동지침 채택
1996	수비크 정상회담(필리핀 수비크): 향후 역내의 무역 및 투자자유화의 조속한 실현과 아태 공동체의 형성을 위한 기술협력강화 합의

APEC는 경제발전단계, 경제력, 산업구조 등이 상이한 국가들의 집합체이며 세계경제의 핵심국인 미국과 일본을 포함한 선진국들과 개발도상국들로 구성되어 있다는 점에서 다자주의의 확립을 촉진시키는 지역주의적인 면모를 갖추고 있다.

이와 관련하여 APEC는 EU, NAFTA나 특혜무역협정과는 대조적으로 무역 및 투자자유화에서 파생되는 경제적 이익을 역외국과도 공유한다는 이른바 '개방적 지역주의'의 원칙을 천명하고 있으며 범세계적 자유무역실현에 역행하는 내부지향적 경제블럭 형성에 반대하는 입장을 취하고 있다. 이는 다른 경제 블럭의 배타적이고 차별적인 성향과는 달리 WTO의 최혜국 대우원칙을 최대한 존중함으로써 역내무역 및 투자

확대를 통한 범세계적 자유무역촉진에 기여한다는 APEC의 기본목표와 부합하고 있다.

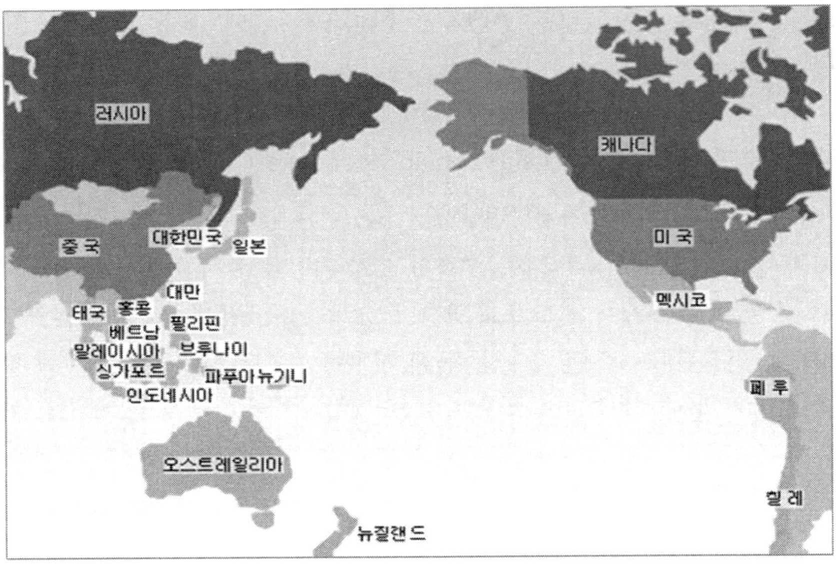

APEC 회원국

APEC를 통한 무역 및 투자자유화가 갖는 의의는 다음과 같이 요약될 수 있다. APEC 회원국이 개방적으로 역내무역을 자유화함으로써 WTO 체제하의 무역자유화를 촉진하고 그 시기를 앞당길 수 있다는 점이다. 이미 살펴본 바와 같이 APEC 회원국의 무역액은 세계무역이 40% 이상을 점하고 있기 때문에 APEC 역내 무역 및 투자자유화 촉진은 타 지역의 무역 및 투자자유화와 세계경제의 활성화 등에 커다란 영향을 미칠 것으로 기대되고 있다. 또한 APEC[262]은 미국과 일본이라는 세계최대의 경제대국으로부터 동아시아의 개발도상국들로 구성되어 있기 때문에 이를 성공적으로 융화, 발전시킬 경우 세계경제에 새로운 활력을 제공할 것이다.

2) 아세안(ASEAN)

아세안(ASEAN)은 1993년부터 아세안 자유무역지역(AFTA)을 통해 역내시장 통합을 가속화하고 있다. 아세안(ASEAN)이 1997년 8월 창설 30주년을 맞이하여 9개 회원국, 4억 7,000만 명의 인구를 포용하는 또 하나의 거대 경제공동체로 재출범하게 되었다.

262) APEC는 ASEAN, NAFTA, CETRA의 회원국들이 다수 참가하고 있기 때문에 APEC의 무역 및 투자자유화가 실현될 경우, 이러한 지역 블럭들이 자연스럽게 연계되어 새로운 경제협력관계가 구축될 것이다.

그림 11-2 아세안의 경제규모

※거인 아세안의 경제규모(1994)

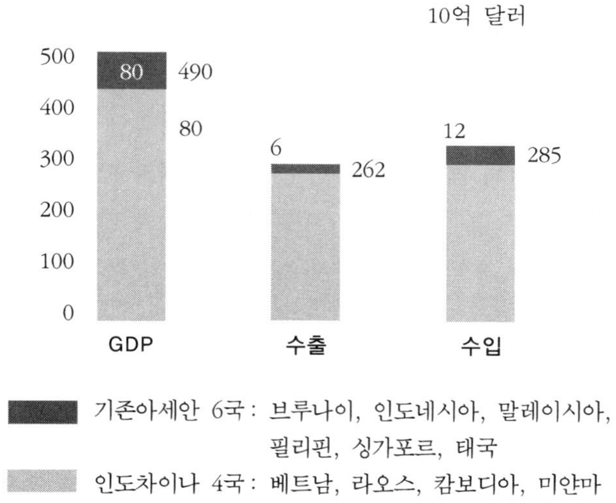

자료 : 실물경제, 1997.

아세안-9는 기존 6개국에 비해 면적이 1.5배나 넓어지고, 인구가 3억 4,700만 명에서 4억 7,000만 명으로 대폭 늘어나게 되었으며, 총 GDP 규모도 6,200억 달러에서 6,540억 달러로 늘어나(1995년 기준) 아세안의 경제규모가 크게 확대되었다. 동 규모를 EU, NAFTA와 비교하면 미약한 수준이지만 세계에서 가장 역동적으로 성장하고 있는 아시아 내에서 가장 큰 규모로 또 가장 활발하게 제도적 경제통합을 추진하고 있다는 점에서 세계의 주목을 끌고 있다.

그리고 아세안-9로의 재출범은 이러한 시장 확대 이외의 기존 아세안 국가들이 과거 적대관계에 있던 인도차이나 국가들을 제도권으로 흡수하여 그 동안 양분되었던 동남아 지역을 하나로 통합함으로써 그 잠재력이 더욱 강화되었다는 점에서 더 큰 의미가 있다. 기존 아세안 국가들은 이미 우수한 저임금 노동력을 바탕으로 외자유치, 수출증대에 적극 나선 결과 노동집약적 상품의 국제적인 생산, 수출거점이 되었으며 자본[263], 기술집약 산업의 개발을 추진하는 등 산업구조 고도화 단계로 접어들고 있다.

여기에다 인도차이나 경제권의 통합으로 역내에서의 정치적 안정이 더욱 공고해짐은 물론 경제적 상호 보완성과 역동성이 강화됨으로써 동남아 경제는 또 다른 도약의 기회를 맞이하게 되었다.

그림 11-3 아세안 확대와 시장통합의 경제적 기대효과

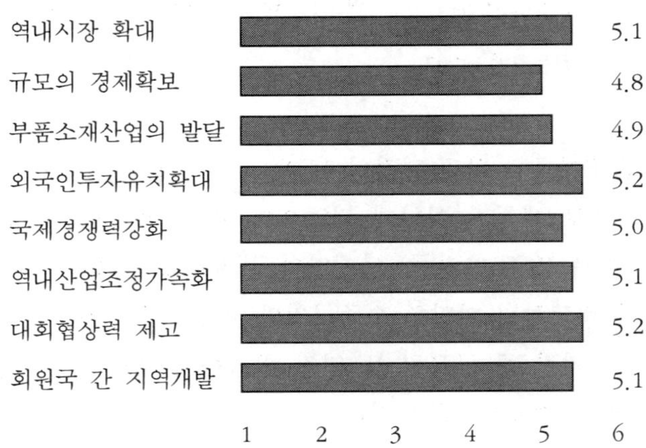

자료 : 금년 상반기 중 실시한 아세안 투자기업 설문조사, 실물경제, 1997
주 : 경제적 기대효과의 척도는 1-7이며, 1은 '매우 작음', 7은 '매우 큼'.

따라서 인도차이나 국가들의 개발 잠재력[264]과 기존 아세안 국가들의 개발경험이 상호 보완적으로 결합될 경우 동남아는 더욱 역동적으로 성장을 지속할 가능성이 매우 높다. 특히 인도차이나 각국을 초과하는 메콩강을 성장의 원동력으로 활용하려는 메콩강 유역 개발사업이 최근 본격화되면서 이러한 가능성이 현실로 다가오고 있다.

263) 그동안 아세안의 역내투자는 화교계 자본에 의한 금융, 호텔 등 서비스 분야에 집중되었으나 90년대에 들어서는 섬유, 의류, 통신 등 제조업 분야에서 활기를 띠고 있다.

264) 역내 선발 공업국인 싱가포르, 말레이시아, 태국에서 인력 부족, 임금상승 등으로 인해 노동 집약적 부문의 해외이전 압력이 증대되고 있는 가운데 저임금 노동력이 풍부한 인도네시아, 베트남은 각종 규제 완화, 시장 확대 등으로 투자 여건이 크게 개선되고 있기 때문이다.

또한 일본은 아시아 태평양경제 통합안을 제시한 바 있다. 최근에는 일본 내에 또다시 '아태자유무역지대' 구상에 대한 논의가 활발해지고 있는데 이는 (1) 특혜관세제도의 확대, (2) 20억 달러의 ASEAN 일본개발기금 등의 활용에 의한 공업화와 국제분업의 추진, (3) 남북 간 이해대립을 보이고 있는 지적 소유권 보호를 위한 공동기반 조성, (4) 에너지 부분에서의 태평양 석탄계획의 추진 등을 위한 기초 작업이 일본 통산성을 중심으로 추진되고 있다.

표 11-8 아시아·태평양경제 통합안의 제 유형

구 분	PAETA(Pacific Free Trade Area) 태평양자유무역지역	OPTAD(Organization for Pacific Trade and Development)	환태평양 연대 Pacific Basin Cooperation Concept
제안연도 및 제안자	1965 일본 K. Kojima	1979 미국의회 H. Patrick, P. Drysdale	1979(중간보고) 1980(최종보고) 일본정부 환태평양연대 연구그룹
성 격	제도적 통합	기능적 통합	기능적 통합
목적 및 기능	자유무역지역	무역, 개발, 산업문제 등의 상호협력 및 조정	경제적, 사회적, 문화적 협력확대를 통한 경제협력체
형 태	EFTA, EEC 형의 정부 간 초보적 통합기구	정부 간 경제협력 기구 Task Forces 중심	관민협력기구로 Task Forces 중심
회원국	미국, 캐나다, 일본, 오스트레일리아, 뉴질랜드 준 회원국 : 아시아 및 중남미의 개도국	14개국(태평양 선진 5개국, ASEAN, 한국, 대만, 홍콩, 파푸아뉴기니)	구체적 제안 없음
발전과정	1968년 PAFTAD 회의에서 이 안건이 토의, 수용되지 못하여 기능적 통합 안으로 수정됨	1980년 Canberrs 회의에서 태평양공동체 구성을 위한 준비기구로서 태평양 경제협력회의(PECC : Pacific Economic Cooperation Conference)가 발족되어 발전하고 있음. 우리나라에서는 1982년 태평양 정상회담을 제안한 바 있음.	

자료: 홍남실, '아시아태평양지역 경제통합의 효과분석' (산업연구원, 1984, 12)

일본의 이러한 환태평양공동체 구성은 미국의 대 아시아 FTA 정책에 따른 일본 영향력의 축소 및 미국 블록의 확대에 대응하려는 목적 외에 기본적으로는 아시아 지역의 유일한 선진국으로서의 기반을 구축하여 아시아·태평양지역에서의 지속적인 무역이익을 향유하기 위해 지난 1960년대부터 지금까지 추진해 온 정책의 연장선상이라고 할 수 있다.

3) 중화경제권

(1) 중화경제권의 구상

중국은 경제적으로 수 년 동안의 과열경기를 벗어나 물가와 성장이 안정된 경제 연착륙-중국제에 일찍이 없었던 일이다-을 달성하였으며, 정치적으로는 등소평 사망과 홍콩 귀속이 순조롭고 원만하게 마무리되어 사회적으로도 비교적 안정적인 분위기가 정착[265]되어 가는 흐름이다. 중국 정부는 귀속된 홍콩이 그 경제적 기능의 특수한 위상과 지리적 위치로 인하여 홍콩을 중심[266]으로 하는 인구 3,500만 명의 주강 삼각주 경제권과 이를 둘러싸고 있는 광동성을 포함한 전체 인구 7,000만 명의 홍콩-광동 경제권을 한데 묶어 발전시킨다는 전략이다.

대만과의 경제협력은 또 다른 연결고리가 된다. 광동성과 인접한 복건성과 엮어 중장기적으로 대만-복건 경제권 형성을 꾀한다는 구상이다. 이같은 구상은 이미 앞서 나가고 있는 홍콩-광동 경제권보다는 그 추진과정이 훨씬 더 복잡하고 어려울 것으로 보이고 있기는 하다. 대만과의 정치적 갈등 이외에도 복건성 경제가 상대적으로 광동성 경제와 같은 활력이 부족하기 때문이다.

그러나 장기적인 그림은 홍콩과 대만을 一國兩制로 한 정치적 통합을 달성하고, 여기에 황동성과 복건성을 잇는 화남경제권을 형성하는 것이다. 중국은 이같은 화남경제권을 상해와 양자강유역 일대를 중심으로 하는 화동경제권, 그리고 북경과 천진과 하북성, 요녕성, 산동성을 포함하는 발해경제권과 함께 전체 중국 대륙의 경제를 이끄는 전략적 견인차 역할을 부여하고 있다.

이들 세 경제권의 상호관계는 홍콩을 핵심거점으로 하는 화남경제권이 현재 가장 선두에 서 있으나, 홍콩의 시장경제 노하우를 상해를 거점[267]으로 하는 화동경제권으로 확산시켜 이 지역발전을 위하여 집중적인 정책지원을 한다는 것이 정부의 복안이다.

최근 중국정부는 世界華商大會에서 본토와 주변국가 및 지역과의 경제협력을 강화하기 위하여 8대 경제권 창설을 구상중이다. 8대 경제권은 1) 광동-홍콩-마

---

265) 특히 중국인들은 홍콩 귀속으로 치욕적인 역사의 상처를 달래고, 어느 정도 민족적 자존심을 회복하는데 상당한 역할을 하였으며, 향후 대만과의 통일과 경제건설에 홍콩 귀속이 적지 않은 공을 세울 것으로 기대하고 있다.

266) 중국 정부는 지난 5년간의 경험을 바탕으로 시장경제정책 운용에 대한 자신감이 생겨나고 있는데 더하여, 홍콩의 귀속으로 중국의 경제발전에 홍콩 경제가 지니고 있는 시장경제 노하우의 직접적인 지원도 가세하게 되었다.

267) 많은 전문가들이 홍콩 귀속 후 중국 경제 견인차로서 홍콩과 함께 상해를 꼽고 있는 것은 아직은 상해가 홍콩을 대신하거나 필적할 만한 능력이 모자란다 할지라도, 홍콩과 상해 양자의 특징을 조화롭게 살려나가는 것이 앞으로 중국의 경제건설에 필요할 것이라고 판단하고 있기 때문이다.

카오 경제권, 2) 복건-대만의 양안 경제권, 3) 대중화경제권, 4) 산동-한국 경제권, 5) 동북아 경제권, 6) 흑룡강 경제권, 7) 중앙아시아 경제권, 8) 서남아시아 경제권으로 구분되며, 이는 중국지역경제권을 중심으로 중국계 아시아 국가의 화교경제권을 구축하자는 것이다.

(2) 아시아 태평양지역권과의 관계

아시아 태평양지역권은 중화경제권에 대해 긍정적인 견해와 부정적인 견해로 나뉘고 있다.

긍정적인 견해로서는 중국, 홍콩, 대만을 축으로 한 국지경제권에 대해서는 아시아 태평양지역권은 비공식적으로는 중국 위협론을 감지하여 우려를 하고 있지만 공식적으로는 반대를 하고 있지 않고 있다. 그러나 이러한 국지경제권이 정치적으로는 대만을 국가로 인정하지 않으려는 중국의 정책과 맞물려 실체적으로는 가동하기 어렵다. 그러나 경제적으로는 중국과 대만 양측이 서로를 필요로 하고 있어 긍정적으로 작용하고 있다.

부정적인 견해로는 제도화된 국지경제권(협의의 중화경제권)과 동남아경제의 실질적 담당자인 화교의 협력(광의의 중화경제권)이 이루어질 경우에 대해 아세안 각국과 인도차이나반도의 3국은 강하게 반발을 하고 있다<그림 11-4 참조>.

그림 11-4 중화경제권의 흐름

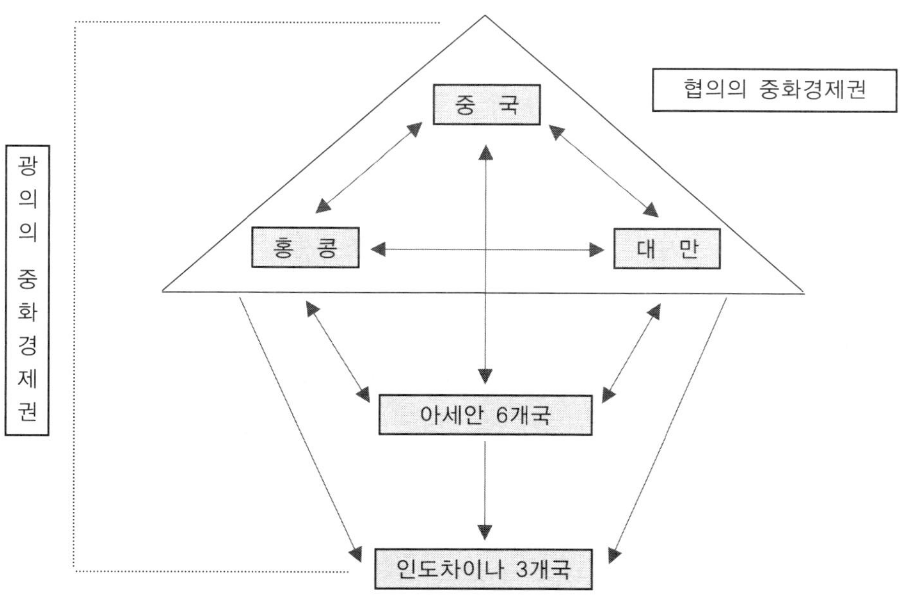

그 이유는 동남아국가들이 정치, 경제적 체제가 현저하게 다른데다가 자국 내에 화교자본이 중국으로 빠져나갈 경우에는 자국의 경제에 큰 타격이 있기 때문에 공식적, 비공식적으로는 반대를 하고 있다. 또한 화교들 자신도 중국의 혈통은 갖고 있지만 국적은 현지 국적을 갖고 있어 공식적으로는 화교의 입지를 약화시키고 현지국 정부와 불필요한 마찰을 일으킬 필요를 느끼지 않아 반대하고 있다. 비공식적으로는 그들의 네트워크에서 이루어질 경우 중국이 아니더라도 어느 곳이던 거래가 이루어지므로 환영하고 있다고 하겠다.

(3) 중화경제권 규모

중국 공산당 상해시 위원회는 1995년 12월 '상해시 국민경제와 사회발전 9·5계획과 2010년 전망 목표의 요강 초안'을 채택한 자리에서 상해의 경제발전 목표를 다음과 같이 공표하였다. '상해시를 2010년까지 국제적인 경제·금융·무역센터의 하나가 될 수 있도록 기초를 다지고, 상해의 국제 경제 중심도시로서의 지위를 초보적으로 확립한다.'

이를 위하여 '세계적인 대도시로서의 경제규모와 종합능력을 기본적으로 갖추고, 세계일류의 중심도시가 지니고 있는 구조를 형성하며, 국제관례에 맞는 시장경제 메커니즘을 형성하고, 근대화된 국제도시가 보유하고 있는 인프라 구조를 갖춘다. 인력배양을 중심으로 한 사회발전 시스템을 형성하고 사람과 자연의 조화가 이루어지는 생태환경을 조성한다'는 지침도 발표하였다.

중국 정부는 2000년까지의 중국 현대화의 성공 여하를 상해시의 발전으로 심판받고 싶어한다. 현재 상해시는 포동지역에 금융, 보세, 하이테크 등의 전문지대를 건설하고 있으며, 상해를 용의 머리, 양자강 중상류를 각각 용의 몸통과 꼬리로 하는 '용두전략'을 펴고 있다. 상해는 물론 양자강 중류의 최대 공업도시인 '무한'에 대한 외국인 투자가 꾸준히 증가할 수 있으며, 2009년 완공을 목표로 하고 있는 '삼협'댐 공사도 발전기 국제입찰이 순조롭게 진행되고 있고, 양자강 상류의 중경시도 내륙지역에서는 최초로 직할시로 승격하였다. 양자강 하류를 중심으로 하는 화동경제권이 본격적인 개발 궤도에 들어서기 시작하자 이와 연계되어 있는 화중경제권이 서서히 기지개를 켜고 있는 것이다.

바야흐로 중화경제권[268)]을 구성하고 있는 중국과 홍콩, 대만 간의 경제교류는 상품, 자본, 인력 등의 교류가 상호 간의 경제적인 수요에 의하여 자연스럽게 형성

268) 90년대 초 세계은행과 OECD 등 서방의 국제 경제기구들이 경제통합의 형태를 보이기 시작한 중국, 대만, 홍콩을 CEA(Chinese Economic Area)로 묶어 그 경제력을 평가한데서 비롯된 것으로, 중국 정부는 정치적인 이유로 아직까지 이 용어를 사용하지 않고 있다.

되어 왔다. 이들 간의 경제교류는 역내에 대하여 특혜적인 측면이 없지 않지만, 그렇다고 역외에 대하여 배타적인 것은 아니며, 지리적인 인접성과 혈연 및 지연에 기인한 문화적 동질성에 의해 유지되고 있다는 특징을 지니고 있다.

중화경제권의 교역규모는 증가일로에 있어 전 세계 교역의 10%에 육박하고 있으며, 외환보유고는 작년 6월 말 현재 2,320억 달러에 달하여 일본의 2,100억 달러를 능가하였는데, 여기에 화교자본이 경제를 좌우하는 아세안까지 합한다면 그 규모는 더욱 커져, 1993년에 이미 미국, 일본, 독일 등 세계 3대 경제대국의 합계와 같은 2,400억 달러 수준에 달하였다. 이같은 화교자본은 최근 구미제국으로 역환류 현상도 보이기 시작하고 있다. 역내 자본거래 규모도 1,500억 달러를 초과하고 있으며, 인력교류도 연간 3,000만 명에 달하는 수준이다. 이같은 중화경제권 형성을 뒷받침하는 역할을 하고 있는 것이 동남아시아를 중심으로 전 세계 90여 개국에 분포되어 있는 해외 화교상인들의 네트워크 구축[269]이다.

표 11-9 중화경제권의 시장규모

	시장가격	구매력 평가	1인당 GDP
중화경제권	2.5	9.8	7.300
미 국	9.9	9.7	36.000
일 본	7.0	4.9	37.900
독 일	3.4	3.1	39.100

자료 : World Bank, Global Economic Prospects and The Developing Countries, Apr, 1993

269) 최근 한 전문기관이 세계 각국의 화교기업 150개 사를 대상으로 실시한 조사에 의하며, 자국 내 사업의 50% 이상과 국제 사업의 39%를 화교기업 간 네트워크를 통하여 수행하고 있는 것으로 나타났다. 이러한 매개는 가족관계, 동일한 언어, 지역 연고 등이 작용하는 것이다. 여기에 항공기 등 운송수단의 발달에 따른 교류증대와 통신마의 획기적인 진전으로 인한 인터넷 시대의 개막은 이같은 네트워크 구축을 돕고 있다. 세계 각국 화교들이 모여 2년마다 한 번씩 열고 있는 세계화상대회는 최대 규모의 화상조직으로 평가받고 있다. 1995년 12월 방콕에서 열린 제3차 화상대회에서는 싱가포르 중화총상회가 준비한 인터넷 서비스 '세계화상 네트워크'가 선보였는데 현재 화교들의 사업정보 시스템으로 본격적인 가동에 들어갔다. 화교들의 경제력을 보면, 세계 10대 갑부 중 화교가 네 명인 것으로 나타났다. 화교자본은 풍부한 자금력을 바탕으로 급속하게 세력을 확대해 나가고 있다. 현재까지 알려진 바로는 해외에 거주하는 약 5,500만 명으로 추정되는 화교가 보유하고 있는 유동자산은 2조 달러에 달한다고 한다. 이는 일본의 2/3에 상당하는 규모로, 1인당 금액은 일본을 압도하는 것이다. 이같은 화교자본의 역량을 결집하고 있는 중화경제권을 대표하는 중심축이 중국이며, 강택민 체제는 그 중심축의 선두에서 시장경제를 수단으로 경제대국의 길로 나가고 있다. 이같은 변화가 21세기 세계 경제 구조에 적지 않은 영향을 미칠 것이라는 점에 이의가 없다.

(4) 중화경제권의 현상

① 중국계 자본과 화교 네트워크

중화경제권의 기본적인 발전 요인은 전 세계 화교·중국인 기업들의 독특한 네트워크 및 기업경영에 있다고 하겠다. 일반적으로 중국을 제외한 전 세계의 중국계 인구는 7,969만 명인데 이들이 해외에서 강력하게 팽창하고 있는 이유는 다름 아닌 그들의 네트워크의 힘 때문이라 하겠다. 이것을 Bamboo Network 라고 한다.270)

이러한 네트워크는 동족(血緣), 동향(地緣), 동업(業緣)의 결합으로 이루어지며 가장 중요시되는 것은 동향이며 이러한 동향을 중심으로 동업으로 발전하여 동일지역에 형성되는 것을 二緣群居라 했다. 이처럼 이들이 동향을 중심으로 발전했던 것은 해외에 살기 때문에 중국정부의 보호는 받지 못했기 때문에 스스로의 결합조직, 상부상호조직이 필요하게 되어 비공식적인 사회, 즉 방(幇) 사회로 형성되어졌다.

동향을 중심으로 형성된 방은 언어, 지역문화에 불편한 점이 없었으므로 이웃나라의 동향방과 만나더라도 불편 없이 거래가 형성되어 동향방 중심의 네트워크가 발전되었다. 예를 들면 말레이시아의 광동방은 인도네시아의 광동방이나 싱가포르의 광동방과 언제 어디서나 쉽게 거래를 할 수 있었다. 이러한 이유는 동향방이기 때문에 언어가 다른 복건방이나 해남방보다는 모든 거래에서 손쉬울 뿐 아니라 동향방은 또한 동업방으로 연결되기 때문에 더욱 거래는 깊게 연결되어졌다고 하겠다.271)

華僑는 그 명칭 자체에서 나타나듯이 해외에 임시로 거주하는 중국인을 뜻하므로 금의환향하는 것을 그들의 목표로 삼고 있다. 그러나 중국 본토가 공산화되며 화교들이 중국 고향에 돌아가지 못해 중국본토에 기여할 기회는 없었다.

그러나 등소평의 중국의 개혁·개방정책의 실시는 해외 화교, 대만, 홍콩 주민 및 기업들의 본토에 대한 이미지를 크게 개선시켰다. 중국의 사회간접자본 및 법제제도의 정비가 현저히 부진했던 개방 초기에 서방자본의 중국 유치가 기대에 미치지 못했기 때문에 중국은 외자 유치 정책과는 별도로 화교(동포)투자 우대정책을 공표했다. 중국에 뿌리를 갖고 적정기술과 자본을 보유한 화교(대만 및 홍콩 포함)계 자본은 이에 대해 깊은 관심을 가지게 되었다.

한편, 화교계 자본은 거주국의 투자환경의 악화와 중국개방정책에 의해 대중

270) Murray Weidenbaum, Samuel Hughes, “The Bamboo Network”, Martin Kessler Books, 1996.

271) 이덕훈, 화교사회의 결합과 네트워크, 산업경영연구 제 11집, 한남대학교 산업경영연구소, 1997년 2월.

국 시각을 정치 일변도에서 경제 중심으로 방향을 전환하게 되었다. 즉 화교계 자본은 동일한 문화와 관습, 저렴하고 풍부한 노동력, 거대한 시장 잠재력 등을 보유하고 있는 중국을 투자대상 우선국으로 고려하게 된 것이다. 화교자본은 외자에 대한 우대조치를 받으면서도 언어와 문화 전통 그리고 가치관을 공유하고 있기 때문에 중국에서의 기업경영에 유리한 위치를 선점하고 있었으며 특히 동향출신의 방을 중심으로 투자정책도 이루어졌다.

특히 화교 특유의 네트워크는 화교자본의 대중국 경제협력에 중요한 역할을 차지하고 있다. 이러한 네트워크조직은 중국, 대만 및 홍콩 등 동북아시아 중화경제권 경제발전 및 교류확대는 물론 동남아시아 화교교류에도 크게 기여하고 있다.

4 중남미 경제권

중남미 국가들이 멕시코의 외환위기 발생으로 인한 충격에서 벗어나고 있는 것과 때를 같이하여 다시 경제통합 촉진에 관심을 기울이고 있다.

최근의 통합의 움직임은 기존의 역내 공동시장 회원국 간의 통합심화는 물론 역외국들과의 협력 강화로까지 발전하고 있는 점이 특징[272]이다. 경제개혁 정책의 지속과 더불어 역내 경제 통합이 매우 빠른 속도로 추진되고 있는 점은 최근 중남미 경제에서 나타나는 특이한 현상이다. 이는 자유무역에 대한 각국 입장이 적극적인데다 브라질, 멕시코, 칠레 등 영향력이 큰 나라가 경제 통합을 주도하면서 정책적 뒷받침을 강화하고 있기 때문이다.

표 11-10 중남미의 거시경제지표 추이 (단위: 십억 달러, %)

	1994	1995	1996	1997
GDP 성장률	5.3	0.3	3.4	4.3
물가 상승률	337.4	25.6	19.3	15.0
수출	183.7	229.7	256.2	280.0
수입	197.6	228.4	255.3	290.0
경상수지	-48.6	-31.9	-32.5	-

자료 : 실물경제(KIET), 1997

272) 경제가 회복되면서 중남미의 경제통합이 적극 추진되고 있다. 통합체별로 역내무역 비중이 확대되고 있으며 특히 남미공동시장의 움직임은 매우 활발하게 전개되고 있다. 최근에는 역외는 물론 한국, 아세안, EU 등으로 자유무역 추진 범위가 확산되고 있다.

앞의 표가 설명하고 있는 것처럼 중남미 시장에 대해 낙관적인 전망이 지배하고 있는 것은 중남미 국가들이 최근 IMF의 강력한 권고와 자국의 경제체질 개선 필요성에 따라 경제, 산업, 무역 등 경제활동 전반에 걸쳐 폭넓은 경제개혁정책을 추진하고 있기 때문이기도 하다.

이러한 강도 높은 개혁정책의 내용을 보면 중남미 국가들은 먼저 단기적으로 강력한 경제안정화 정책을 추진하면서 중장기적으로는 민영화 및 규제완화정책을 추진하고 있다. 특히 민영화 정책은 재원이 부족한 국내기업보다는 외국기업의 진출을 확대하기 위한 조치라는 면에서 외국인 투자 유치정책과도 밀접히 연관되어 있다.

현재 중남미에서 실질적인 경제통합체로서의 성격을 지니는 것으로는 가장 오래된 안데안 공동시장(ANCOM)을 비롯하여 남미공동시장(Mercosur), 중미공동시장(CACM), 3국 그룹(G3) 등을 들 수 있다. 이중 가장 활발한 움직임을 전개하고 있는 것은 남미공동시장(Mercosur)으로서 다음 표에서 설명하고 있는 것처럼 중남미 경제통합체들의 역내무역 비중이 가장 크다.

그림 11-5 중남미 경제통합체의 역내무역 비중(1996)

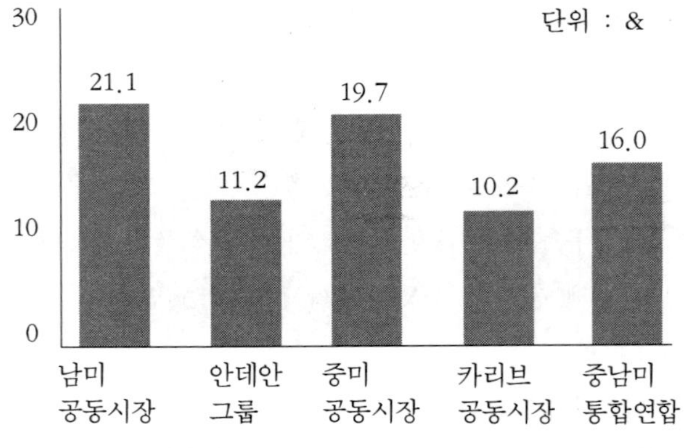

주 : 카리브 공동시장은 1994년.

1960년 UN 라틴아메리카경제이사회는 동지역 내 모든 국가를 포함하는 자유무역지대 설립계획을 마련하였다. 이 제안은 수락되지 않았으나, 1961년 몬테비데오 협약으로 라틴아메리카 자유무역연합(LAFTA)이 결성되었다.[273] LAFTA는 1980년 라틴아메리카 통합연합(LAIA)을 결성한 몬테비테오 협약으로 대체되었다. 그 목적은 양자 또는 다자

273) 설립회원국은 아르헨티나, 볼리비아, 브라질, 칠레, 멕시코, 파라과이, 페루 및 우루과이였다. 콜롬비아, 에쿠아도르 및 베네주엘라는 추후에 가입하였고, 칠레는 탈퇴하였다.

적 협정을 통해 회원국 내 그리고 회원국과 제3국 간의 쌍무적 무역증진을 통해 궁극적으로 역내 자유무역을 달성하는 것이다.

콜롬비아, 멕시코, 베네주엘라는 1994년 6월 3국 협정(Group of Three Agreements)으로 알려진 자유무역협정에 서명하였다. 볼리비아와 멕시코는 1994년 12년의 기간 내에 자유무역지대 설립을 규정한 협정을 체결하였다. 아르헨티나, 브라질, 파라과이, 우루과이는 1991년 남미공동시장협약(MERCOSUR)을 체결하여 1995년 1월부터 4개국 간 상품, 서비스, 자본 및 노동의 자유이동이 가능한 공동시장의 설립을 도모하였다[274].

표 11-11 중남미 지역주의 추이

1960년	중미공동시장 창설(CACM) 창설 : 코스타리카, 과테말라, 온두라스, 니카라과, 엘살바도르, 파나마
1961년	중남미자유무역연합(CAFTA) 창설 : 몬테비데오조약
1966년	안데스조약 : 볼리비아, 칠레, 콜롬비아, 에콰도르, 페루에 의해 회원국 간의 경제 통합을 LAFTA 보다 가속화시키기 위해 발족
1967년	카리브 자유무역연합(CARIFTA) 창설
1973년	카리브해 공동시장(CARICOM) 창설
1980년	라틴아메리카 통합연합(LAIA) 결성 : 몬테비데오조약 대체
1991년	남미공동시장협약(MERCOSUR) 체결 : 아르헨티나, 브라질, 파라과이, 우루과이
1994년	3국협정(3s) : 콜롬비아, 멕시코, 베네주엘라

LAIA 체제하에서는 회원국 간에 여러 협상이 진행중이거나 완료된 것으로 알려지고 있는데 (GATT에 통보가 이루어지지 않았음), 이중에는 멕시코와 칠레, 멕시코와 코스타리카, 멕시코·콜롬비아·베네주엘라 간의 자유무역협정이 포함되어 있다. 그 외에도 멕시코와 중미공동시장(CACM) 회원국들은 자유무역지대에 합의하였고, 베네주엘라는 CARICOM 가입을 신청하였다.

안데스조약(Andean Pact)은 1966년 볼리비아, 칠레, 콜롬비아, 에콰도르 그리고 페루에 의해서(베네주엘라는 추후 가입, 칠레는 탈퇴) 이들 회원국 간의 경제통합을 LAFTA 보다 가속화시키기 위하여 발족되었다. 1991년 바라호나법(Act of Barahona)에 의해서 안데스자유무역지대는 1992년 1월 1일(에콰도르와 페루에 대해서는 1992년 6월 1일)공동 역외관세와 함께 발효하기로 합의되었다.

LAFTA 밖에서는 코스타리카, 엘살바도르, 과테말라, 혼두라스 그리고 니카라과가 5

274) 이 협약에는 무역자유화계획, 원산지규정, 분쟁해결, 세이프라드, 그리고 기술 및 정책작업반의 설립에 관한 부속서가 첨부되었다.

년대 자유무역지대 설립과 공동 역외관세 시행을 목적으로 중미공동시장(CACM)을 결성하였다.[275] 산업 및 사회간접자본 자금 조달을 위한 중미 경제통합은행도 이 협약에 의하여 설립되었다. CACM은 자유무역지대 및 관세동맹 설립 목적을 달성한 소수의 개도국 간 협정의 하나로 오랫동안 기억되었다.[276]

카리브자유무역협정(CAREFTA)은 1967년에 성립되었다. 회원국들의 목적은 가능하다면 주로 농업도서경제인 이들 국가를 통합하여 지역 내 고용기회를 확대하는 것이었다. 1973년에 이 협정 회원국들은 카리브공동체·공동시장(CARICOM)을 설립하였다. 이 협정은 회원국 간 경제정책 및 개발계획의 수립과 조정권한, 그리고 최저개발 회원국에 대한 특별조치를 규정하고 있다. CARICOM의 한 가지 목적은 수송, 교육, 보건과 같은 역내 서비스생산에 규모의 경제를 달성하고, 지역개발은행을 통해 투자를 위한 금융재원을 조달하는 것이다. 협정에는 공동 지역관세 제정을 규정하고 있으나, 당초의 일정은 지켜지지 않았다.

아주 최근에 CARICOM 회원국들은 카리브 국가연합(Association of Caribbean States) 결성에 중요한 역할을 하였는데, 이는 25개 국가, 그리고 약 15개 미독립 영역들이 상품 및 서비스 무역에 대한 특혜협정 협상계획을 포함하는 협정에 참여하게 될 신 그룹이다.

메르코수르 (Mercosur·남미공동시장) 현황

- **현 회원국**: 브라질, 아르헨티나, 파라과이, 우루과이, 베네수엘라
- **준 회원국**: 칠레, 페루, 콜롬비아, 볼리비아, (가입 신청), 에콰도르(가입 희망)
- **총 인구**: 2억 6000만명
- **국내 총 생산(GDP) 합계**: 1조 1382억 달러 이상
- **역내 교역 규모**: 3000억 달러 이상

275) 이 협정은 중미자유무역지대에 관한 1956년 협정을 대체하였다. 당시에는 니카라과만이 GATT 체약국이었고, 협정에는 자유무역지대 시행을 위한 계획 및 일정이 포함되어 있지 않았다. 1956년 11월 13일 제XX IV:10조에 의한 체약국 결정은 니카라과가 자유무역지대 설립과 관련하여 제XXIV조를 원용하도록 허용하였다(BISD 5S/29).

276) Edwards and Savastano(1989)는 1966년까지 회원국 간 교역의 94%에 대하여 관세가 철폐되었고, 대외교역의 80%가 공동 역외관세에 이루어진 것으로 추정한다.

참고: '南美판 유럽연합' 남미국가연합 출범 ▸▸ 12개국 정상 서명

남미판 유럽연합(EU)을 지향하는 '남미국가연합(UNASUL)'이 공식 출범했다.

세계적으로 에너지와 식량 위기감이 고조되는 상황에서 원유와 농산물 등 풍부한 자원을 갖춘 남미지역의 공동체가 탄생함에 따라 국제사회에서 남미의 입김은 한층 세질 전망이다.

23일(현지시간) 블룸버그통신 등에 따르면 남미 12개국 정상들은 이날 브라질 수도 브라질리아에서 정상회의를 갖고 UNASUL 창설조약에 서명했다.

남미대륙에서 12개국이 모두 회원국으로 참여하는 단일기구가 등장한 것은 UNASUL이 처음이다.

UNASUL은 남미의 양대 경제블록인 남미공동시장(메르코수르)과 안데스공동체(CAN)를 묶어 경제성장을 가속화하고 정치·외교적 사안에도 대외적으로 한 목소리를 낸다는 계획이다.

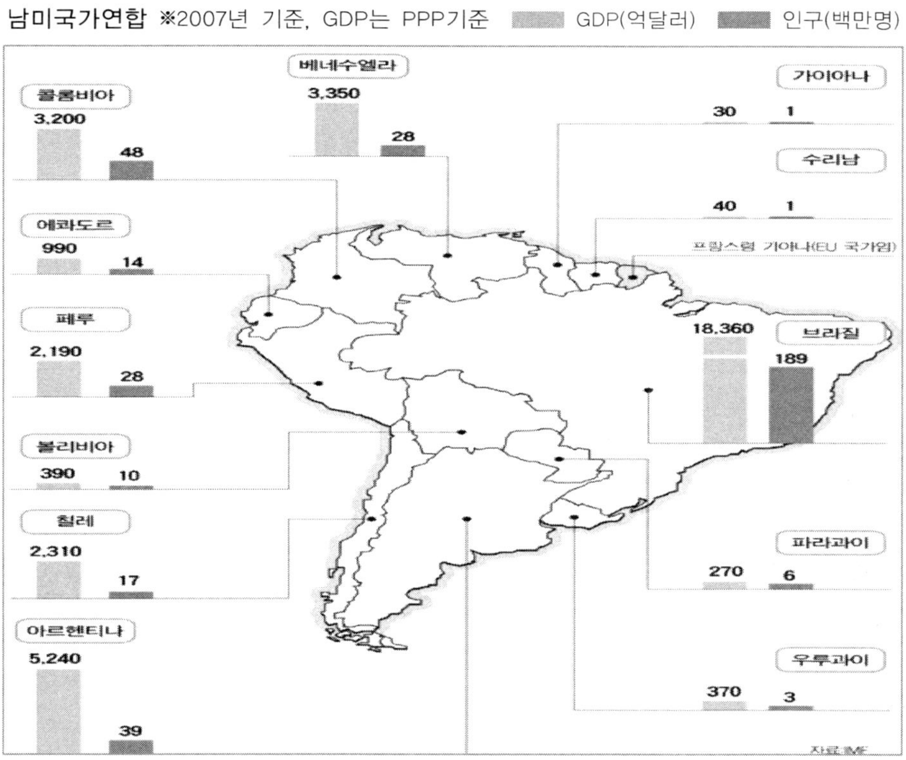

궁극적으로는 EU와 같은 정치·경제적 통합체로 발전하는 것을 목표로 삼고 있다. 순번 의장국이 된 칠레의 미첼 바첼레트 대통령은 "UNASUL은 21세기 남미의 목소

리를 대변하는 명실상부한 대표기구가 될 것"이라면서 회원국 정상들의 긴밀한 협력을 당부했다.

브라질의 루이스 이나시우 룰라 다 실바 대통령은 "UNASUL은 앞으로 국제사회에서 남미의 입지를 강화해주는 역할을 할 것"이라면서 "특히 에너지 환경 식량 문제 등에서 남미지역이 큰 영향력을 행사할 것"이라고 강조했다.

중남미 국가는 전 세계 산유량의 8.8%(2006년 기준)를 차지하고 있다.

남미지역 단일 통합기구를 창설하려는 움직임은 2004년 페루 쿠스코에서 열린 정상회의에서 시작됐다. 이후 수차례의 정상회의와 각료급 회의 등을 거쳐 지난해 베네수엘라에서 열린 '남미 에너지 정상회의'에서 UNASUL이라는 명칭을 갖게 됐고, 그 후 각 분야의 세부적인 통합 계획을 추진해왔다.

UNASUL 12개 회원국의 인구는 3억8000여만 명이며, 전체 국내총생산(GDP)은 물가를 감안한 구매력평가지수(PPP) 기준으로 2007년 현재 3조7000억 달러 수준으로 추정된다.

GDP는 북미자유무역협정(NAFTA, 16조 달러)이나 EU(15조 달러)의 약 4분의 1 규모이다. 국가별로 보면 브라질은 세계 10위권 안에 드는 GDP 규모를 갖춘 데 비해 볼리비아, 가이아나, 파라과이, 수리남 등은 브라질 국영 에너지회사인 페트로브라스 시가총액의 10분의 1에 불과할 정도로 격차가 심하다.

남미 국가연합 개요

가입국	12개국(가이아나, 베네수엘라, 볼리비아, 브라질, 수리남, 아르헨티나, 에콰도르, 우루과이, 칠레, 콜롬비아, 파라과이, 페루)
의장국	칠레
창설일	창설 협정체결 : 2008년 5월 23일 창설선언 : 2004년 12월 8일 (쿠스코선언)
면적	1772만km^2
인구	3억8천만 명
GDP(PPP기준)	3조 7000달러(1인당 1만 달러)
공식 언어	스페인어, 포르투갈어, 네덜란드어, 영어

* GDP는 2007년 추정치
자료 : IMF, 위키 피디아

이번 UNASUL 출범을 계기로 남미의회, 남미은행, 남미안보협의회 등 역내 국제기구가 잇따를 전망이다.

이번 정상회의에서는 콜롬비아를 제외한 11개국 정상들이 남미안보협의회 창설 안을 검토하는 기술그룹을 구성하는 데 합의했다.

콜롬비아는 좌익 게릴라조직인 콜롬비아무장혁명군(FARC)에 대한 성격 규정이 모호하다는 이유로 남미안보협의회 창설에 대해 유보적이다. 하지만 과제도 만만치 않다.

우선 상대적으로 친미·친시장적인 칠레, 페루 등과 그 반대 성향인 베네수엘라, 볼리비아 간 정책 조율이 쉽지 않을 것으로 보인다.

또 볼리비아 정부의 에너지산업 국유화 정책에 따른 브라질, 아르헨티나, 칠레의 천연가스 공급난, 콜롬비아, 에콰도르, 베네수엘라의 영토 침범 논란 등 난제가 놓여 있다.

| 한국경제신문, 2008년 5월 26일, 발췌 |

5 아프리카 지역 및 중동 경제통합

라틴아메리카의 경우에서 본 것처럼 당초 지역통합의 목표달성이 어렵다는 점은 아프리카와 중동 국가들이 체결한 협정에서도 입증되었다(다수의 협정이 이 두 지역에 걸쳐 체결되었으므로 두 지역을 함께 검토한다). 그러나 다수 협정과 관련하여 협정체결 시 당사국들이 GATT 회원국이 아니었거나, 또는 통보가 불완전하거나 전혀 이루어지지 않았으므로 그 내용이 부정확하다.[277]

1) 중동경제권

1945년 아랍연맹(Arab League)이 창설될 때 목적의 하나는 21개 아랍 회원국 간의 무역 및 경제적인 사안과 관련하여 긴밀한 협력을 촉진하는 것이었다. 1957년 아랍연맹국가 간 경제적 통일협정은 이 목적을 위하여 성립되었다. 이는 10년 간에 걸쳐 자유무역지대를 설립하고, 역내 산업 및 사회간접자본 서비스 개발의 협력을 통해 아랍 공동시장을 결성할 것을 규정하였다.[278] 동 협정은 1965년 이집트, 이라크, 요르단 그

277) GATT에 통보된 대부분 협정의 현재 상태가 분명치 않고, 존재한다고 알려진 대부분의 협정이 GATT에 통보되지 않았으므로 (표 1)에 나타난 아프리카 또는 중동 국가가 체결한 극소수에 불과하다.
278) Wionczek (1969).

리고 시리아간에 발효되었다(리비아, 모리타니아 및 예멘은 추후 가입). 아랍공동시장 회원국 간의 관세 및 기타 무역에 대한 조세는 1971년 폐지되었으나, 공동 역외관세 준비는 완료되지 않았다.

1981년에는 쿠웨이트, 사우디아라비아, 바레인, 오만, 카타르 그리고 아랍에미레이트에 의해서 걸프협력이사회(GCC)와 공산품과 농산물(석유제품 제외)을 대상으로 하는 자유무역지대가 설치되었다. GCC는 관세제도 및 금융·경제정책의 통일까지도 목적으로 하고 있다. 마그레브 국가들에 의해서 1964년 마그레브상임협의위원회(Maghreb Standing Consultative Committee)는 경제협력 촉진 임무를 맡게 되었으나, 그 활동으로부터 어떤 공식적인 무역조치도 이루어지지 않았다.

1989년에는 마그레브 경제지대(Maghreb Economic Area)의 기초를 놓기 위하여 알제리아, 리비아, 모리타니아, 모로코 그리고 튜니지아에 의해서 아랍마그레브연합(Arab Maghreb Union)이 결성되었다.

2) 아프리카 경제권

아프리카 국가들이 1960년대 독립한 이후 체결한 협정은 주로 독립 전에 존재하던 통합을 유지하기 위한 것이다. 1959년에는 구 불령 서부아프리카 지역에 탄생한 8개 독립국가중 7개국-베냉(다호메이), 부키나파소(어퍼볼타), 코트디브와르, 말리, 모리타니아, 니제르 그리고 세네갈-에 의해서 서부 아프리카국가 관세동맹(CUWAS)을 설치하는 협정이 서명되었다. 말리를 제외한 회원국들은 공동의 화폐와 중앙은행을 갖고 있었고, 이들 영역 간의 물품이동은 자유롭게 이루어졌으며, 따라서 협정의 목적은 독립 당시에 존재하던 자유를 유지하는 것이었다고 볼 수 있다.

다른 하위 지역협정의 경우처럼 CUWAS 운영의 주요 이슈는 제 3국과의 무역에 부과되어 얻어진 관세수입을 배분하는 것이었는데, 결국은 똑같이 배분하기로 합의되었다. CUWAS는 완전히 시행되지 못했고, 1966년에는 서부아프리카 경제공동체(CEAO: West Arfican Economic Community)에 의해서 대체되어, 공동 역외관세 및 재정조세의 조화가 시도되었으나 이 목표 역시 완전히 시행되지 못하였다.

1975년에 설립된 서부아프리카 국가경제공동체(ECOWAS: Economic Community of West African States)에는 CEAO의 7개 회원국, 1973년 마노강연합(Mano Rever Union)의 3개 당사국(기니아, 라이베리아 및 시에라레온), 그리고 케이프버드, 감비아, 가나, 기니비사우, 나이지리아 그리고 토고가 참여하였다. ECOWAS는 1981년 미가공 농산물 및 수공품에 대한 관세를 철폐하고, 공산품에 대한 제한의 점진적 철폐일정에 합의하였으나, 이 합의는 실현되지 않았다. 1990년 ECOWAS는 모든 미가공 산물에 대한 자유무역의 시행 및 공산품의 점진적 자유화를 위한 신 계획을 개시하였다. 공동체의 또 다른 활동으로는 회원국 간 무역거래는 역내 지불정산제도를 통해 경화 사용을 배제하는 조치, 공업 및 농업 투자사업의 협력 등이 있다.

중부 아프리카를 구성하는 구 불령아프리카 국가-콩고, 가봉, 중앙아프리카공화국, 그리고 차드-의 임시정부들은 1959년 적도관세동맹(Equarorial Customs Union)을 결성하였다.[279] 이 협정은 1960년에 확대되어 자본의 역내 자유이동과, 기업에 대한 재정인센티브의 조화까지도 규정하게 되었다. 1961년에는 카메룬이 가입하였고, 1962년에는 공동 역외관세가 제정되었다. 1964년 회원국들은 역내 산업개발의 조정에 합의하고, 중부아프리카 경제·관세동맹(UDEAC)은 1966년 발족되었다(적도기니아는 추후 가입). 공동 역외관세는 UDEAC 6개 회원국 중 4개국(카메룬, 콩고, 가봉 그리고 중앙아프리카공화국)에 의해서 1990년 도입되었다.

구 영령 동부아프리카에서는 1967년 케냐, 탄자니아 그리고 우간다에 의하여 동부아프리카 경제공동체(EAEC : East African Economic Community)가 결성되어 이들 국가 간의 공동시장을 공식화하고, 동부아프리카 개발은행(East African Development Back)을 설립하고, 재정조세의 조화와 관세 및 재정조세 수입의 배분에 관하여 규정하였다. EAEC는 1979년 해체되었고, 개발은행은 1981년 상이한 지위가 부여되었다. EAEC의 3개 회원국은 1981년 다른 13개국(앙골라, 부룬디, 코모로스, 지부티, 에티오피아, 레소토, 말라위, 모리셔스, 모잠비크, 나미비아, 르완다, 소말리아, 수단, 스와질랜드, 잠비아 및 짐바브웨)과 함께 동남아프리카 국가특혜무역지대(PTA)를 설립하였다. 이 목적에는 2000년까지 공동시장을 설립하여 회원국 간의 무역 및 경제협력을 촉진하는 것이 포함되어 있다.[280]

279) 이 협정은 일부분야(통신, 우편서비스, 지리조사)의 공동서비스 기구도 규정하고 있다.

280) 하위지역 간 무역에 관련된 것은 1980년에 설립된 남부아프리카 개발조정센터(SADCC: South Afrecan Development Coordination Centre)이다. SADCC는 1992년 남아프리카가 가입하면서 남부아프리카 개발공동체(South Afreca Development Community)로 전환되어, 회원국 간 경제공동체 설립을 목표로 갖게 되었다.

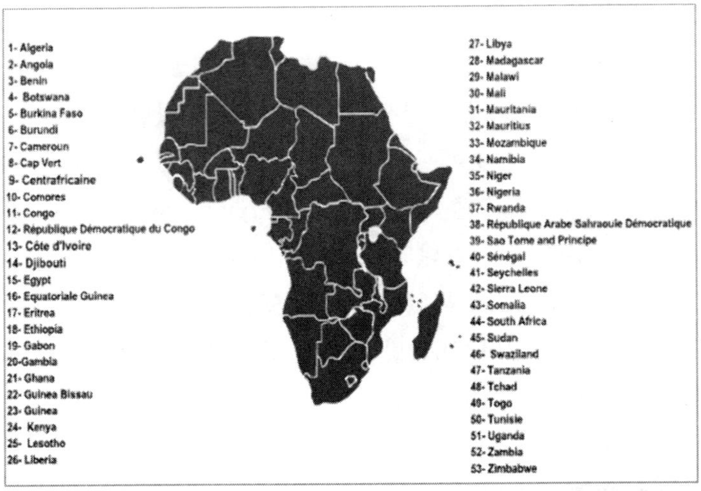

아프리카 연합
(Africal Union)

제11장 3절 세계적인 지역주의

지역주의로 대표되는 지역 간 배타주의는 1930년대 블록화가 대표되는 것이다. 1930년대까지의 국제무역에 있어서의 지역 간 관계는 <그림 11-6>에서 알 수 있듯이 선진공업국과 저개발국과의 관계로, 당시 영국을 중심으로 한 선진국 경제의 성장이 1차 상품의 수요를 유발시켜 그에 따른 저개발국의 경제촉진이 된다고 생각하는 국제 분업패턴을 형성하고 있었다. 이 시기에는 주로 시장의 확대가 외연적 또는 지리적 확대에 의한 것으로 식민지와 종속관계의 심화가 진전되었다고 할 수 있다.

그러나 블록 내부에서의 경제성장의 파급과정과는 별도로 블록 간의 상호적대는 심화되었고, 폐쇄적 경제블록에 의한 세계시장의 분할이 초래되어 종국적으로는 세계무역이 축소되기에 이르렀다. 한편 자기 완결적인 블록화는 블록 내부에서의 분배를 더욱 더 선진공업국에 유리하게 만들어 지역 내의 비대칭적 지배종속 관계를 심화시켰다.

전후 선진국의 무역은 확대된 반면, 선진국과 개도국 간의 무역은 상대적으로 축소되어 선진국 간 상호수요의 유발에 의한 선진국 간의 경제성장이 진전되는 가운데 전후의 지역주의는 다음 <그림 11-6>에서 볼 수 있듯이 선진공업국 간의 지역경제 혹은 개도국 간의 지역경제가 세계 여러 지역에서 형성되기 시작하여 최근까지 지역주의의 커다란 조류를 형성하고 있다.

그림 11-6 과거의 지역주의

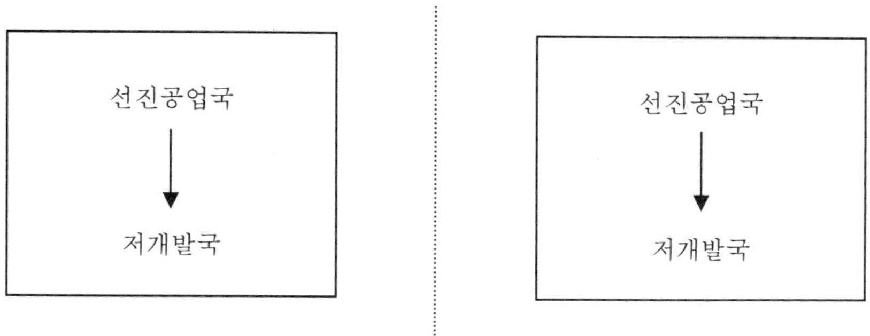

그런 가운데 개도국이 산업근대화를 추구하기 위해서는 선진공업국에 현존하지 않을 수 없기 때문에 개도국의 경제발전과정은 곧 개도국의 선진국에서의 현존이 심화되는 과정이라 하겠다. 한편, 개도국 내부적으로는 상대적으로 좁은 국내시장 규모와 상대적으로 제한된 국내자원의 존재, 특히 자본, 기술, 생산주체(기업)의 부족 등 많은 제약조건을 갖고 있는 개발도상국 간의 상호 경제협력의 강화를 필요로 하며 그 형태로 "집단적 또는 지역 내부문제의 지역 내 해결의 방식"을 취하게 된다.

이러한 상호 경제협력의 강화는 국내기술, 투자자금의 제약에 의한 경제발전 제재요인을 없애는데 어느 정도 효과를 갖고 있으며, 또한 현재 역내 제국 간에 불충분한 통상, 운수 및 자금 면에서의 연결을 보강하는데도 커다란 효과가 있을 것으로 기대되었다. 여기에 집단적으로는 지역 내부 문제의 지역적 해결이란 개발도상국, 지역 간 자립의 필연성이 나왔던 것이다.

그림 11-7 전후의 지역주의

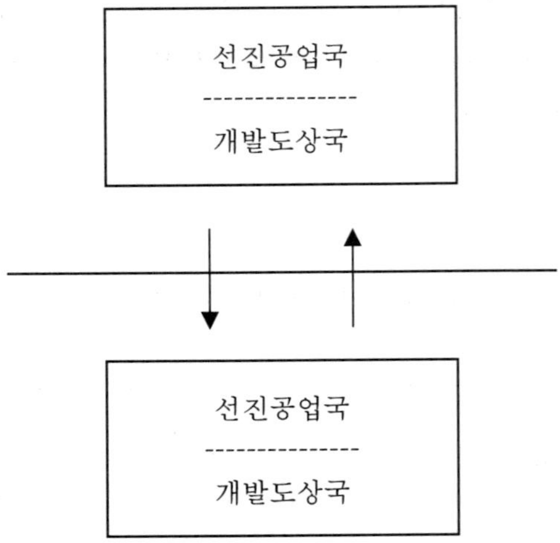

제11장 4절 지역주의 패러다임의 전환

개도국 상호 간의 지역경제 협조는 개도국 측의 Bargaining-power 제고와 개도국 측 내부의 효율적인 자원배분, 생산의 특화, 지역시장의 확대 등을 위한 개도국 측의 적극적인 자립정신 하에 취해진 것이라 하더라도 선진국과 개도국 간의 격차를 해소, 개도국 상호 간의 경제발전을 도모하기 위한 방책으로 실효성이 의문시 되어 왔다. 즉, 개도국 내부에서의 정치, 사회적 위기와 불안의 상태가 지속되는 가운데 괄목할 만한 지역경제 협조프로그램의 진전을 기대할 수 없는 것이다.

더욱 중요한 것은 개도국에 있어서의 지역경제 협조의 문제는 발생사적으로 선진공업국과 개도국 사이의 전후사적 경제관계의 소산이며, 따라서 선진공업국과 경제관계, 나아가서 국제경제체제와의 관계를 떠나서 개도국들만의 지역경제를 논할 수 없는 것이다. 그러므로 개도국의 공업화 추진과정에서 선진공업국과의 경제관계가 갖는 중요성 및 개도국들의 지역적 문제의 자체 해결이란 두 가지 측면을 반영하여 지역주의를 재편성할 필요가 있게 된다.

세계 경제 속에서 소국으로서의 개도국이 더 이상 국제적인 경제단위로 성립할 수 없는 경우가 있는 현 상황하에서는 개도국이 일정한 경제성장률을 확보하려 해도 생산자원의 상대적 부족, 협소한 국내 시장 등의 제약에 직면한 만큼, 한 국가 내에서는 해결하기 곤란한 문제가 적지 않은 것이다. 특히 기술의 발전에 따라 특화의 정도가 크게 나타나고 있는 바, 국제적인 경제단위로 성립하기 위해서는 지역경제협조가 필요하게 된다.

따라서 지역주의라 해도 지역내외를 개별적으로 취급하는 것이 지역주의의 주된 목적으로 되기보다는 지역 내부를 일체로 생각하면서 역외국과의 상호연관도 중시하는바 개방된 지역주의를 형성하는 것이야말로 그 경제적 효과를 극대화할 수 있을 것이다.

이러한 지역경제의 구도로 <그림 11-8>과 같은 지역경제의 구도가 고려되어질 수 있다. 아래 그림과 같은 지역주의의 구도 속에서 선진지역 내 그리고 개발도상지역 내의 수평분업관계가 진전됨과 동시에 선진지역과 개발도상지역 사이에는 수직분업관계가 진전될 것으로 기대되며, 점차 각 지역의 경제이익을 추구하면서 양지역 간에 유사화, 수평분업관계가 이루어져 전체 지역에 있어서의 효율성 및 공평성도 제고될 수 있을 것이다. 이른바 수평적 지역경제권의 형성을 의미하며 수평적 지역경제 협조 계획은 국제주의를 조장하는데 크게 영향을 미칠 수 있을 것이다.

그림 11-8 바람직한 지역주의

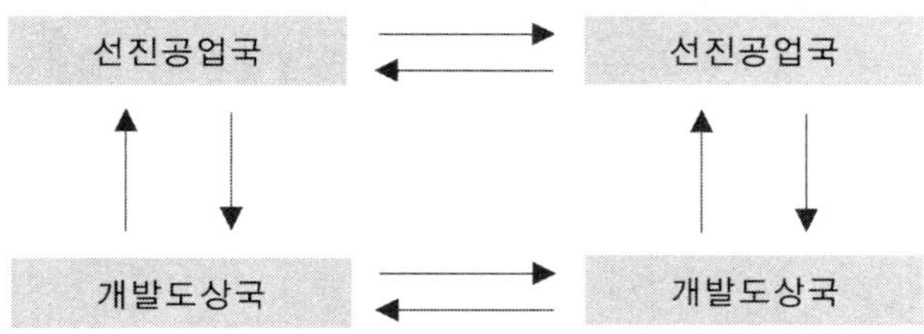

제11장 5절 자연경제권의 발생

국경의 벽이 낮아지고 사람, 제품, 돈, 정보라는 4경제 자원이 지구규모에서 자유로이 오고가며 경제가 정치보다 국제관계의 중요한 요소로 되어 있다.

바야흐로 경제적 상호의존(Economic Interdependence)이 높아짐에 따라 어떤 국가의 정책이 다른 국가로 직접적인 영향을 미치며, 국가 간의 조화적인 경제관계를 수립하는 것이 어느 국가에 있어서도 긴급한 문제로 되어 있다. 더구나 경제를 움직이는 기본적인 단위는 기업이며, 지금이야말로 기업가(entrepreneur) 혹은 전문경영관리자(manager)가 점하는 위치가 중시되며 기업을 둘러싸고 전개되는 매니지먼트는 점점 중요하게 되어 있다. 국가 간의 경제적 의존관계는 1992년 말로서, 시장통합은 실현시키고 금후의 통화, 정치통합을 지향하는 EC, 1992년 8월 12일에 미국, 멕시코, 캐나다 간에 합의에 달하고 새로운 경제협력은 지향하는 NAFTA와 같은 관계도 있으며, 아시아의 여러 지역에서 자연발생적으로 형성되고 있는 자연경제권(natural-economic tritories, NETs)과 원만한 관계도 있다.

여하튼 국가 간의 경제적 의존관계에 의한 지역경제통합은 한결같지 않다. 따라서 각국은 금후도 글로벌기업의 경제활동에 중심을 두면서 자국의 이익을 가미하고 더 나아가 지역경제통합을 모색하고 지속하는 것이라고 생각한다.

표 11-12 서태평양 지역에 있어서 국지경제권의 개요

<table>
<tr><th>명 칭</th><th>주요대상지역</th><th>개 요</th></tr>
<tr><td>환동해 경제권</td><td>러시아(극동지역)
중국(동북지방 등)</td><td rowspan="3">- 동서 냉전구조의 붕괴를 맞아, 경제적 상호보완성이 무역, 투자교류나 특정지역 개발로의 협력관계를 강화하려는 움직임이 보인다.</td></tr>
<tr><td>환황해 경제권</td><td>한국, 북한</td></tr>
<tr><td>동북아시아 경제권</td><td>일본, 남북한,
중국 동북3성, 러시아</td></tr>
<tr><td>화남 경제권</td><td>중국(광동성, 복건성 등),
대만, 홍콩, 마카오</td><td>- 중국의 대외개방정책에 따른 화교와 관련을 축으로 하여 '경제특구'를 중심으로 경제관계를 심화시키고 있다.
- 광동성의 경제특구나 그 주력지역에 홍콩달러가 유통하는 등 경제통합이 실질적으로 진전되어 있는 국지 경제권이다.</td></tr>
<tr><td>인도지나 경제권
(바트 경제권)</td><td>태국, 베트남, 라오스,
캄보디아, 미얀마</td><td>- 1989년 챠챠이 태국 전 수상이 '인도지나를 진창에서 시장으로 한다.'라고 표명한 것에서 인도지나 경제권 구상이 주목을 받게 되었다.</td></tr>
</table>

표 11-12 서태평양 지역에 있어서 국지경제권의 개요(계속)

명 칭	주요대상지역	개 요
성장의 삼각지대	싱가포르, 말레이시아(죠호바루), 인도네시아(리아루)	-1989년 12월 싱가폴의 고 척동수상 (당시 제 1 부수상)이 제창. -관계 3개국이 당해지역에 있어서 공동개발 사업을 행하거나 외국으로부터 투자를 위치하는 것으로 효율경제개발을 행하려는 것이다.

주: 용어의 일부가 본문에 통일되어 있다.
출처: 경제기획청편, 1991, 309항

아시아에 있어서는 ASEAN 6개국에 한국, 일본, 미국, 캐나다, 오스트레일리아, 뉴질랜드를 넣은 12개국에 의해 제창된 아시아-태평양 경제 협력각료회의(Asia-Pacific Co-operation, APEC)가 있으며, 또 말레이시아의 마하티르 수상에 의해 제창된 동아시아 경제협력체(East-Asia Economic Caucas, EAEC)나 1992년에 ASEAN 제국 간에서 합의된 아시아태평양의 경우 경제발전 형태이나 경제체제의 상위에 의한 다양한 국가-지역이 존재합의 된 아시아·태평양 지역에 광범한 공통이익을 내며 그 결과로서 지역의 연대성을 초래하고 있다.

어쨌든 현재 다양한 형태로 진행하고 있는 지역경제권의 물결은 일부에서 걱정하고 있는 듯한 모험주의의 대두에 따른 불록화로의 길이 아닌, 글로벌기업이 주체적 역할을 해내면서 서서히 국경을 낮게 하여 최종적으로는 진정한 글로벌 라이제이션 혹은 지역을 생각한 글로벌 라이제이션 세계로 내딛는 이정표로 생각해야 할 것이다.

그를 위해서는 각 기업이 글로벌 네트워크를 구축하고 각 지역 특성에 정확히 응하기 위한 '현지화'를 꾀함과 더불어 지구규모에서의 조달, 생산, 유통, 판매를 꾀하기 위한 사업활동의 '통합화'를 추진할 필요가 있다.

Memo

12

CHAPTER

국제질서와 새 라운드

1 2 3 4 5 6 7 8 9 10 11 **12** 13 14 15 16

1993년 12월 15일 UR이 47년 만에 극적으로 타결된 데 이어 4월 15일 마라케시에서 111개국의 대표들이 최종 서명함으로써 WTO(World Trade Organization: 세계무역기구) 시대가 공식적으로 출범하게 되었다. 이로 인해 세계 경제는 상호 연계성이 더욱 강해지게 되었고 국가 간의 경쟁이 더욱 치열해지는, 바야흐로 무한 경쟁 시대를 맞이하게 되었다. 따라서 세계 각국은 국가 경쟁력 강화를 위해 총력을 투입하는 한편, 선진국들을 중심으로 한 공정한 경쟁을 보장하기 위한 새로운 라운드가 가속적으로 진전되고 있다.

이 같은 새로운 국제 규범에 부응하기 위해서는 기존의 경제정책 제도에 대한 일대 수출을 필요로 하게 되었다. 그런데 WTO 체제가 세계 경제에 미치는 영향에 대한 거시적 평가는 대체로 긍정적이지만 선진국의 문턱에 선 우리 경제는 해결해야 할 과제가 적지 않다.

제12장 1절

국제경쟁과 WTO 시대의 등장

1 WTO의 개관

1) WTO의 성격

WTO는 원래 UR 협정문 종결 시까지는 다자간 무역기구(MTO)를 개칭한 것인데, 이는 미국의 입장이 크게 반영된 결과로 알려지고 있다.

WTO의 탄생은 세계 무역 질서가 기존의 GATT와는 근본적으로 다른 국제 무역 체제의 출범을 의미하게 된다. GATT는 협정으로서 무역 분쟁에 대해 실질적으로 구속력을 행사할 수 없는 한계성을 갖고 있었다. 즉 만장일치라는 의사결정 방식으로는 각국의 이해가 첨예하게 상충되는 통상 문제를 중재하기 어렵기 때문이다. 이는 이해 당사자 국가 간의 쌍무 협정과 무역마찰의 발발 요인이 되기도 했다. 그러나 WTO는 협정이 아닌 국제기구로 발족되기 때문에 근본적으로 GATT와는 성격이 다르다. 의사결정도 1국 1표를 행사하는 다수결 방식을 채택하고 있다.

WTO는 운영 방침을 자유무역 질서 유지에 두고 분쟁 조정이나 교역품에 대한 관세인하, 개발 등 모든 업무 처리를 이 정신에 준해 처리한다. 이는 2차 대전 후 GATT를 발족시킨 취지는 개별국가의 보호무역주의가 전쟁을 일으켰다는 반성에서였다. 즉 WTO는 이 정신을 이어 받아 자유무역 체제를 확고히 하자는 취지에서 발족하게 된 것이다. 원래 GATT 발족 당시에도 ITO(국제무역기구)의 구성 논의가 있었으나 미국의 반대로 무산된 과거를 갖고 있다.

따라서 WTO가 GATT와 다른 점은, 첫째, 분쟁해결기구를 통하는 준 사법적 기능을 갖는 점, 둘째, 단순협정이 아닌 국제기구로서 지속적이고 일관성 있게 국제무역규범을 관장하는 점, 셋째, 의사결정 방식이 다수결(2/3, 3/4 다수결 등) 도입으로 신속함의 도출이 가능한 점 등이다.

또한 GATT 회원국들 중 UR 협정을 비준한 나라는 자연스럽게 WTO 회원국이 되지만 비준을 못한 나라는 여전히 GATT 규정을 적용받게 된다. 따라서 모든 GATT 회원국들이 UR 협정을 비준할 때까지는 WTO와 GATT가 공존하게 된다. 따라서 WTO의 앞날이 반드시 밝은 것이라고 하기도 어렵다. 특히 미국이 UR 타결과는 무관하게 '통상 301조' 존속을 주장하고 있는 점도 하나의 문제가 되고 있다. WTO 167조 4항은 '가입국들은 통상과 관련된 국내법이 WTO 규정과 일치되도록 최대한 노력'한다고만 규정하여 강제성 확보에 실패했기 때문이다.<그림 12-1 참조>

그림 12-1 GATT(1947) 협정과 WTO(1995) 협정 내용 비교

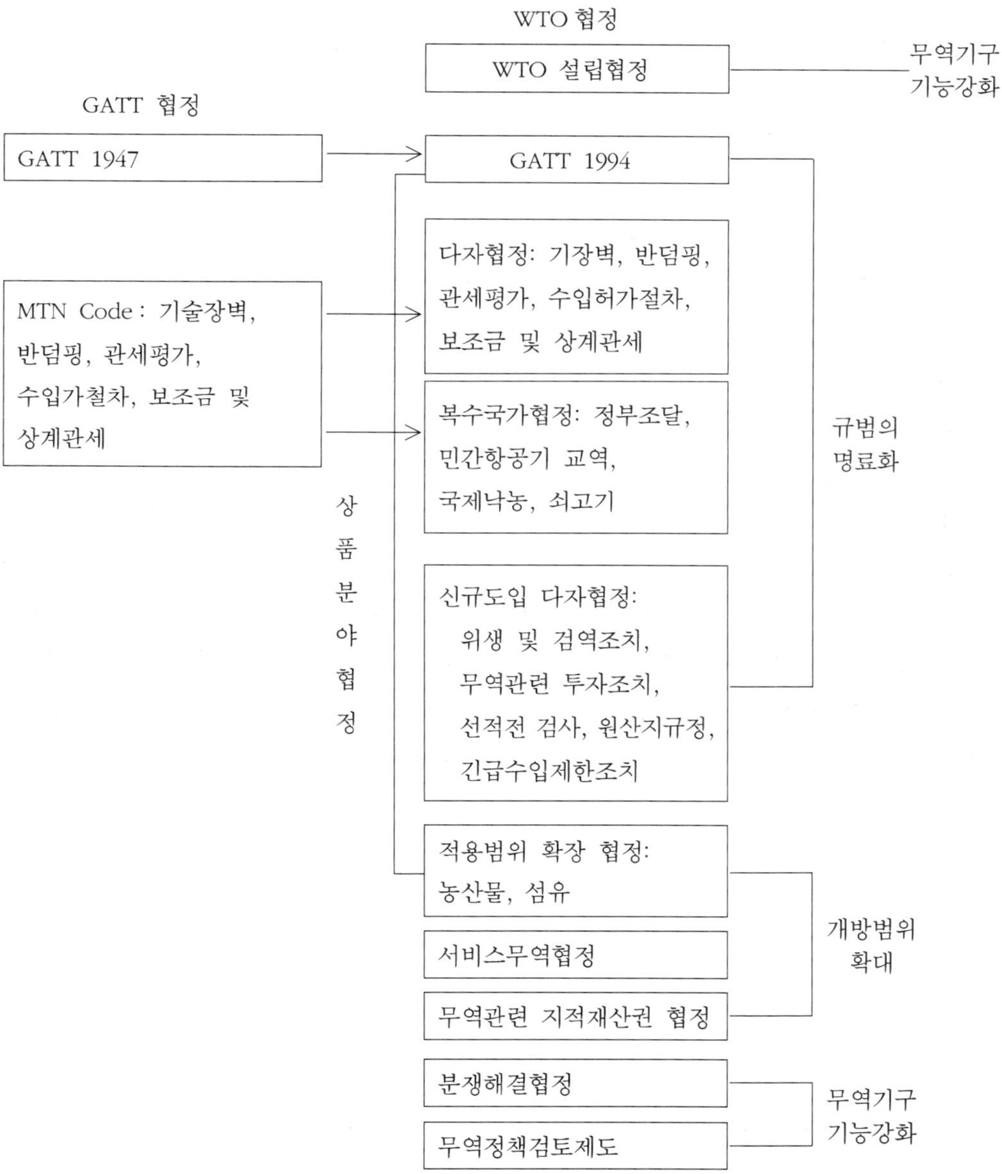

2) WTO의 역할

WTO의 출범의 쌍무협상을 최대한 줄이고 다자간 협상을 강화한다는 의미가 크다. GATT가 전후 48년간 자유무역 확대에 기여할 수 있었던 것은 최혜국 대우(MFN)라는 원칙 때문이었다. 선진국 간에 맺어진 개방 약속은 이같은 원칙에 따라 개도국에 유익하게 작용하였다. 하지만 이것은 GATT의 아량은 함께 선진국의 경기 침체로 퇴색하게 됨에 따라 '받을 만큼 준다'는 상호주의가 급속하게 확산되었고 개도국들은 동등한 경쟁을 요구받게 되었다. 이같은 배경으로 1980년대 들어 미국 등 농산물 수출국들의 무역적자 확대는 다자주의로부터 통상압력을 보다 강하게 행사할 수 있는 쌍무협상으로 방향을 선회하게 하였다.

이들은 GATT 체제를 일탈할 수 있는 수출자율규제(VER), 시장질서협정 등 이른바 灰色조치(Grey Area Measures) 및 반덤핑제도를 남용, 결국 신보호주의를 조장하게 되었다. 그러나 GATT 체제는 이 같은 反 GATT 조치에 대응할 수 있는 힘이 없었다.

이러한 의미에서 WTO의 출범의 집행력 있는 '경제헌장'으로서의 지위를 갖는 데 일차적인 의의가 있다. 더구나 다수결 의사결정방식으로 개도국들에게는 WTO가 선진국의 무차별 통상압력을 방어할 수 있는 '방파제'로서의 역할도 기대된다. WTO는 무역분쟁 해결력과 무역정책을 감시하고 평가하는 기능도 갖는다. 이는 국제통화기금(IMF), 세계은행(IBRD)과 함께 국제경제 질서의 강력한 축이 될 것이다.

WTO는 최고 의사결정기관으로 각국 대표들로 구성되는 각료회의를 두고 2년에 1번씩 총회를 개최한다. 그러나 2년 1회로 통상기능을 수행하기 어렵기 때문에 그 사이에 각료회의 및 全 가맹국의 대표자로 구성되는 총회를 두어 WTO 기능을 대행시킨다. 총회에는 분쟁해결기구와 무역정책 심의 기구를 두고 총회의 밑에는 상품무역(GATT), 서비스 무역(GATS), 무역관련 지적재산권(TRIPS)의 세 이사회를 두고 있다.

2 WTO 규범의 영향

1) 국제 경제

WTO 체제의 출범은 향후 국제통상관계에 광범위한 영향을 미칠 것이 분명하다. 우선 보호무역주의(protectionism)가 어느 정도 약화되고 자유무역(free trade) 및 공정무역(fair trade)이 강화될 것이다. 관세의 수입 장벽으로서의 역할은 약해질 것이다.

UR이 타결됨으로써 향후 국제통상관계는 다자주의(multilateralism)가 강화될 것으로 예상된다. WTO 체제의 출범은 쌍무협상을 억제하는 기능을 할 것이다. 특히, 미국 이외의 주요 선진국 및 개발도상국들은 향후 통상문제 발생 시 강력한 準사법적 기능을 가진 WTO의 분쟁해결기구(dispute settlement body)를 활용하고자 할 것이다. 따라서 WTO 체제의 출범을 계기로 통상문제에 대한 '결과 지향형' 접근방식(result oriented approach)을 취해 온 미국에 비하여 '국제규범 지향형' 접근방식(rule oriented approach)을 주장해 온 일본·EC·개발도상국 등의 입지가 상대적으로 유리해질 것으로 보인다.

물론 지역 블럭화는 향후에도 당분간 계속 추진되어 갈 것이며, 장기적으로는 유럽·미주·아시아의 3극 체제로 통합되어 갈 것이다. 한편으로는 지역 블록 간의 자유화가 진전되는 중층적 구조가 형성될 것이다. 이러한 지역 블록 간의 자유화는 개방적 지역주의(open regionalism)로 전환되어 장기적으로는 범세계적 무역 자유화와 세계경제 통합으로 진전될 가능성을 높여주고 있다.

그러나 이상과 같은 긍정적인 전망에도 불구하고 몇 가지 우려되는 점도 있다.

첫째, 향후 선진국들이 경기 침체나 실업문제 등 국내경제 상황이 악화될 경우 각국이 UR 협정 및 양허계획을 철저하게 지킬 것인지는 다소 의문시된다는 점이다. 특히 이해관계가 첨예하게 대립될 경우 선진국 간의 협력도 기대하기 어려울 수 있어 다자간 자유무역화의 속도가 늦춰질 수도 있을 것이다.

둘째, 선진국의 특정 국가에 대한 쌍무협상 압력은 WTO 제의 출범에도 불구하고 지속될 것이다. 특히 미국의 무역역조 개선을 위한 對日 통상압력은 여전히 지속될 것으로 보인다.

셋째, 이번 UR 협정 내용은 매우 포괄적이기는 하나 여전히 계속 논의할 분야가 남아 있다. 예컨대 서비스 무역, 지적재산권 보호, 환경 보호, 공정 경쟁 정책, 노동문제 등은 향후에도 국제규범의 강화나 새로운 제정을 위한 긴장 관계가 지속될 것으로 보이며, 결국 소위 '그린라운드'라는 새로운 다자간 협상의 장이 태동할 가능성이 크다.

국제 무역 규모 증대에 큰 효과가 있을 것으로 전망되는 가운데 IBRD와 OECD는 WTO 체제가 앞으로 관세율 인하 등으로 세계경제에 매년 2,130억 달러, 2,740억 달러 규모의 부양효과를 가져올 것으로 각각 추산하고 있다.

WTO 체제하의 국제경제는 대체로 선진국이 상대적으로 개발도상국들보다 실익이 클 것으로 예상되고 있다. 우리나라와 같은 수출의존도가 큰 일부 선발 개도국들에게는 다자간 협상으로 인해 후발 개도국들에 비해 상대적으로 실익이 클 것으로 보인다.

2) 국내 경제에 미치는 영향

긍정적인 면에서 보면, 지금까지 모호하게 방치된 반덤핑·보조금 등 각종 무역규범이 보다 엄격하고 명료하게 규율과 내실을 갖추게 된 점은 WTO의 장점이 될 것이다. 1980년대 이후 앨범업계 등 수많은 국내 업체들이 미국의 EU 등으로부터의 자의적인 반덤핑 공세로 억울하게 받은 무역 제재는 어렵게 될 것이므로 수출의존도가 높은 우리에게는 긍정적일 것이다.

또한 관세가 낮아지고 무역장벽이 제거되고 회색조치의 철폐, 신규도입이 금지됨에 따라 우리의 수출 여건이 좋아질 것으로 전망된다. 자료에 의하면 UR타결로 인해 오는 2005년까지 세계 교역량이 7,450억 달러만큼 증가될 것으로 추산되고 있는 바, 우리의 점유율은 2.2%로 단순 계산해도 164억 달러의 교역 증가가 기대되고 있다. 아울러 지적재산권의 보호, 해외투자제도 개선 등으로 우리 기업의 해외 진출 기회가 커지게 될 것으로 보인다.

한편 부정적인 면으로는 이상과 같은 긍정적인 면이 자동적으로 우리에게 득이 되는 것이 아니고 우리의 노력 여하에 따라 그 정도가 크게 달라질 것이다. 또한 WTO 규범이 미치는 소극적인 영향도 적지 않다. 우선 WTO 출범으로 영세농민과 중소기업체들이 적지 않은 개방 충격을 받을 것으로 예상된다.

또한 GR로 인해 선진국에 비해 환경보호 기준이 낮은 우리의 경우, 생산비의 추가부담이 당연하다. 최악의 경우, 공정 개선이나 대체물질 개발 기술이 없어 선진국에 예속되는 상황이 생길 수도 있다. 중소기업 지원이나 국가전략산업 육성에 활용되어 온 금융·세제상의 지원 등 각종 산업정책과 정부보조금 정책에 전면적인 개편이 불가피하게 됨으로써 국내산업 보호가 그만큼 제약을 받게 될 것이다.

농산물과 서비스 산업 외에도 섬유·신발 등 후발개도국의 추격을 받고 있는 경공업 분야는 경쟁이 더욱 치열해질 전망이다. 또한 항공기, 컴퓨터, 통신 등 아직 기술자립도가 낮은 첨단산업도 적지 않은 충격을 받게 될 것이다. 특히 반도체와 컴퓨터 주변기기는 1999년부터 2009년까지 관세를 완전히 없애야 하기 때문에 큰 타격을 받게 될 전망이다. 전자, 종이, 완구, 비철금속 등도 큰 타격을 받을 것으로 예상된다.

3 WTO 시대 뉴 라운드의 이슈와 영향

WTO 시대에는 GATT 체제와는 달리 상품에 대한 관세율과 같은 전통적인 주제는 의미가 상실되고, 교역상품의 경쟁력에 영향을 미치게 될 각종 경제정책에 관한 규제로 4개의 신 라운드가 활발하게 논의될 전망이다.

첫째, 그린라운드(GR)[281]는 각종 국제환경협약 체결과 함께 환경보호 문제를 공식적인 무역 규범으로 삼기 위한 것이다. WTO가 출범한 이후 첫 일반 '무역환경위원회'를 설치하기로 결정하였다. 개도국과 후진국들에게 지구환경 보호라는 거스를 수 없는 명분을 제시하고 선진국과는 쌍무 차원에서 일방적인 규제를 당하지 말고 다자간 협상을 통해 피해를 최소화하자는 주장이다. 이는 실현성이 높기 때문에 개도국들에게는 새로운 무역 장벽으로 작용할 가능성이 확실하다.

둘째, 블루라운드(BR)[282]는 국제노동기구(ILO) 등을 통해 권고되고 있는 근로 규정을 국제규범으로 하자는 것이다. 선진국들은 개도국들이 "노동력을 착취하여" 상품의 경쟁력을 높이고 있다는 인식에서 세계 각국의 근로조건을 평등하게 하려는 것이다. BR은 아직 기본 개념이 명확히 규정되지는 않았지만 대체로 국제사회가 인정하는 근로조건을 충족시키지 못한 상태에서 생산된 제품에 대해 국제 교역을 제재하려는 것이다. 지난 마라케시회의에서는 WTO 준비위 설립에 관한 각료 결정문 조항에 'WTO가 노동문제 등 추가적인 항목을 포함하는 제안을 논의할 수 있다'는 단서 조항을 포함시켰다.

특히 미국, 프랑스 등은 WTO 발효와 동시에 BR[283] 논의가 시작되어야 한다고 주장하였다. 이는 선진국들의 높은 실업률을 해소하려는 정치적 의도가 강한 것으로 분석되고 있다. 즉 싼 인건비로 비교우위를 갖는 개도국들의 근로조건을 높임으로써 반사적으로 선진국의 노동집약 산업의 경쟁력을 높이고 고용을 확대해 보자는 속셈이다. 미국은 산별노조(AFL-CLO)나 EU의 유럽노조연맹(ETOC) 등이 이같은 맥락에서 강력히 주장하고 있다.

---

281) 뒷부분 참고 참조.

282) 추진배경: 무역과 노동을 연계시킨 블루라운드(Blue Round, Bule Color Roumd)는 협상을 통하여, ① 국제적으로 합의된 노동자의 권리를 보호하지 않는 국가들과 기업들의 제품에 대해 제재를 가해야 한다는 것, ② 국제적으로 합의된 근로기준의 이행 여부에 따라서 무역관련 편익 또는 불이익을 주어야 한다는 것이 그 골자이다.

283) 개도국과 저 개발국가들 및 사용자 단체의 반대
① 사회조항(social clauses / provisions)을 통상협상에 포함시키는 것은, 애타주의로 위장된 선진국들의 무역 보호주의적인 조치이다. ② 선진국들은, 그들의 근로자들이 개도국 근로자들과 경쟁할 수 있게 만들기 위하여, BR을 추진한다. ③ 선·후진국 간의 차이, 각국의 고유한 근로문화와 사정 등을 고려하지 않고 선진국들의 의사를 개도국들에게 강요해서는 안 된다. ④ BR은 개도국들의 경쟁력을 저하시키고 새로운 무역보호주의를 초래한다.

셋째, 기술라운드(TR)[284]는 기술개발에 대한 기준을 설정하자는 것이다. UR 협상에서는 기술개발 지원에 대해 관대했으나 결국 향후 NICs의 상품경쟁력을 좌우하게 될 기술개발에 대해 원천적으로 막아보자는 의도가 강한 것이다. 즉 TR의 핵심 의도는 선진국이 애써 개발한 기술의 무임승차함으로써 개도국들이 빠른 경제발전을 이룩한 것으로 판단하여 앞으로는 선진국의 지속적인 국제경쟁력 유지를 위해 개도국의 기술 정책에 족쇄를 채우겠다는 것이다.

TR[285]은 개별 국가의 기술개발 정책이 다른 나라에 영향을 미쳐 국가 간의 마찰 요인이 되고 있다는 OECD의 국제기술 규범제정 논의에서 비롯된 것이다. TR은 여기에 UR에서 제기된 국제기술 규범과 환경기술관련 규범 등 기술과 관련된 포괄적 국제규범 개념이다. OECD 기술규범은 산업기술에 대한 정부 지원이나 소위 '전략산업'에 대한 집중 지원이 공정경쟁을 해치고 국제 무역에서 왜곡을 초래하기 때문에 적절한 규제가 필요하다는 취지다.

넷째, 경쟁라운드(CR)[286]는 무역거래를 제한하는 모든 경제제도도 국제무역 규범의 대상으로 하자는 것이다. 이는 OECD가 오래 전부터 심도 있게 논의해 온 것으로 무역상품의 공정한 경쟁을 제한하는 모든 경제정책이 무역 협상의 대상이 되어야 한다는 것이다.

CR[287]은 1992년 다보스 회의에서 다보스 EC 집행부 부위원장, 1994년 초에는 클린턴 美대통령이 UR 이후 통상문제의 하나로 지적하게 되었다. 이들은 상품과 자본이 자유롭

284) TR이 추구하는 규범과 규제
① 지적재산권 보호의 강화(protection of intellectual/proprietary rights)에 목적을 두고 지적재산권 분쟁이 빈번한 분야는, 신기술의 발명이 급속한 그리고 전 세계로 빠르게 전파되는, 주로 컴퓨터, 반도체 등 전기-전자 산업분야와 생명공학 등 첨단 산업분야이다. 그런 분쟁은 주로 선진국 간에 발생하다가 선진국들의 기술보호노력을 강화하면서 점차 선진국-개도국 간에 증가하고 있다. ② 기업에 대한 정부의 연구개발 보조금 규제기업에 대한 정부의 연구개발금 지원을 기초연구를 뜻하는 "산업연구"에 대해서는 75% 이상을 "경쟁 전 단계의 제품, 서비스 등 개발활동"에 대해서는 50% 이상을 보조할 수 없도록 추진하고 있다. ③ 국제기술 규격 및 인증제도의 엄격화, 기술선진국들의 주도로 세계적 표준화 시스템이 마련된다면, 그런 규격·인증을 충족시키지 못하는 개도국 기업들은 극단적인 경우에 수출자체가 불가능해 질 것이다. 수출을 계속하기 위해서 규격·인증을 충족시키겠다면 상당한/막대한 추가비용이 소요될 수 있다. 그 결과로 수출가격경쟁력이 상실될 수도 있다.

285) TR이 한국기업들에게 주는 파급효과 ① 기술 사용료 증가로 경쟁력 약화, ② 규격·인증제도에 대한 무지에서 비롯되는 피해

286) CR의 추진세력과 표적
① 시장구조와 비즈니스관행의 국가 간 차이가 미국 등 선진국들의 글로벌 경쟁력을 떨어뜨린다는 인식하에서, ② 일본과 개도국들을 표적으로 삼고 미국 등 선진국들이 이니시에이트한 것이 경쟁라운드(Competition Round)이다.

287) CR의 요체 : 글로벌 무역·비즈니스 활동에서 공정경쟁(fair competition)을 조장하고 촉진시키기 위하여, 외국인 기업들에게 내국인 대우를 해주고, 내국인 기업보호적인 유통구조·비즈니스 관행·부패 등을 없애고 모든 국가들의 시장조건(market conditions)을 선진화하면서 글로벌하게 표준화해야 한다는 것이, 경쟁라운드의 요체이다. 부패라운드는(Corruption Round)는 경쟁라운드의 일부이다.

게 이동하는 세계화 시대가 됐음에도 국가마다 각각의 시장 구조와 기업 조직의 관행이 상존하여 통상 마찰을 일으킨다고 주장하고 있다. 따라서 단순히 시장개방 차원이 아닌 시장 구조와 기업 관행상의 차이까지 없앰으로 해서 세계 모든 나라에서 경쟁조건의 평준화가 필요하다는 것이 경쟁정책의 논의 대상이 된 배경이라고 한다.

현재까지 CR 협상의 대상으로 거론되고 있는 분야는 ① 담합에 따른 가격·물량 조절과 입찰 조작, ② 모기업과 타점기업 간의 연계에 의한 시장 진입 장애, ③ 독점적인 공기업의 지위 남용, ④ 반덤핑 조치 남발에 따른 경쟁 제한 등이다.

이상의 뉴 라운드의 기본 원칙은 생산비에 영향을 주는 환경·노동 등 각종 요소를 최대한 평준화하여 선·후진국 간 구분 없이 동일 선상에서 국제경쟁을 하자는 취지다. 따라서 후진국에는 엄청난 부담이 될 것으로 보인다. 이같은 뉴라운드의 내용과 우리 경제에 미치는 영향을 요약하면 <표 12-1>과 같다.

표 12-1 뉴라운드 내용 및 영향

라운드	주 요 내 용	영 향
GR	· 수출입 제한 또는 금지 · 제품규격, 공정 및 생산방식 규제 · 포장재 규제 및 환경 라벨링 제도 도입 · 환경상계관세 부과	· 수출품 생산비 증가 · 재활용 원자재 수급 차질 · 철강, 금속, 석유화학 업종 타격
BR	· 급속한 경제개발을 이루었으나 초보적인 사회보장제도만 유지하는 국가에 대한 대책 · 아동노동과 강제노동 금지 등 ILO 규범 적용 · 노동관련법을 제정하고도 적용치 않는 국가에 대한 대책 · 저임금	· 아시아 후발개도국과 중남미 현지투자업체의 악영향
TR	· 국가 간 과학기술정책 조화를 위한 규범 제정 · 과학기술인력의 자유로운 이동 및 거주를 제한하는 국내규제 정비 위한 규범 제정 · 산업기술 및 전략산업에 대한 정부지원 규범 제정 · 국제기술 표준화 등 국제협력 관련 7개 규범 제정	· OECD 가입 시 신 국제기술 규범 제정에 따른 직접적인 영향
CR	· 수평협정(카르텔) · 수직협정 · 유통체제에 영향 미치는 정부규제 · 독점지배력 남용 등	· 외국상품 및 기업의 국제시장 접근 용이

자료 : 상공자원부, 1994. 4.

4 주요국의 대응 전략

1) 정부 측

UR 타결로 타격이 큰 농산물에 대한 긴급대책을 제외하고는 아직 주요 선진국이 별다른 정책을 실시하지 않고 있다.

그러나 미국, 일본, EU 등은 WTO 체제의 이익을 최대로 향유하고자 자국 산업의 경쟁력 강화를 위한 정책을 추진하고 있다. 이는 기술력 향상 정책, 자국기업의 국제화 지원 정책, 규제완화 및 경쟁 정책의 세 가지로 크게 나누어 볼 수 있다.

미국은 클린턴 정부의 '93년 신기술개발 전략', 경쟁력위원회의 1993년 시책보고서인 'Roadmap for Result', 국가 정책평가단의 1993년 백서인 'Reinvention Government', 경쟁력강화위원회의 '국가경쟁력강화시책' 등의 4대 정책을 축으로 경쟁력 강화 정책을 추진하고 있다.

일본의 경우는 정부규제 완화, 수입 및 외국인 투자 촉진, 정부조달제도 개선 등을 내용으로 하는 대외경제정책 요강(1994. 3. 29)을 발표하였고 '연구교류 촉진법'에 의한 국제 기술 협력, '산업과학기술 연구개발 제도' 도입 등을 주 내용으로 하는 통산성의 기술개발 체제를 정비할 계획이다. 일본 정부는 일본 기업의 국제화를 적극적으로 지원할 목적으로 일련의 시책을 마련한 바 있다.

유럽의 경우는 EC 회원국 간의 상호기술협력 체제의 구축을 통한 공동투자를 통해 '유럽기술공동체(ETC)'의 협상을 추진하고 전통적으로 자유방임적 정책을 실시해 온 영국도 기술개발에 적극적으로 참여하고 있으며, 독일은 21세기형 전략기술인 정보학, 신소재, 생명공학 등에 대한 정부의 연구개발 지원을 강화할 계획이다.

2) 기업 측

WTO 출범으로 무한경쟁 시대에 돌입하면서 다국적 기업을 비롯한 세계 유수 기업들은 세계화, 경영혁신, 전략적 제휴 등 3대 전략을 통해 경쟁력 강화 대책을 서두르고 있다. 이들 다국적 기업들은 경쟁력 강화의 최우선 과제를 기업의 세계화에 두고 단순한 현지 생산 뿐 아니라 R&D 투자 등에서도 현지화에 박차를 가하고 있다.

특히 이들 기업은 현지투자를 ① 노동력이 가장 싼 나라에서 생산, ② 금융비가 가장 싼 곳에서 자본 조달, ③ 투자환경이 좋은 곳에서 기술개발, ④ 가장 유리한 시장에 집중 판매하는 4대 원칙 하에 국제화체제를 구축하고 있다<표 12-2 참조>.

표 12-2 세계 주요 기업 리엔지니어링 사례

기 업	내 용
닛산자동차	자마공장 1995년 봄 폐쇄, 1995년까지 5,000명 감원
히노자동차	課수를 305개에서 193개로 축소, 정보시스템부, 동아시아課 폐지
신일본제철	히로다제철 高爐 가동 중단, 퍼스컴 등 채산성 악화 산업 철수, 철강 부문 15% 삭감, 4,000명 감원
NKK	회사 전체 15% 삭감, 3,200명 감원, 철강부문 18% 삭감, 2,600명 감원
듀퐁	6개 사업본부를 5개로 축소, 원료 조달부터 제품 판매까지 일관 체제 확립
AT&T	정보화시대 대비 컴퓨터부문과 전화부문 연계, 채산성이 좋은 오락과 출판부문 확대, 이동통신 부문 강화 위해 텍코사 인수
GM	채산성이 악화된 항공우주 부문 매각
IBM	13개 사업본부 개편
도시바	100개 상품 중 3분의 1 정리

세계적 기업들은 또 공동기술 개발, 공동 생산, 특허의 상호 공유, 상호시장 침투, 부품 상호구매 등에서 활발한 전략적 제휴(strategic alliance)를 추진하고 있다. 이와 같은 외국의 사례를 통해 볼 때, 경쟁력 강화를 위해 정부와 기업의 유기적인 협조를 토대로 우리 기업의 국제화·세계화를 보다 철저하고 강도 있게 추진하여야 목전에 다가선 WTO 시대의 무한 경쟁에서 승리할 수 있을 것이다.

제12장 2절 새로운 라운드

1 디자인라운드와 부패라운드

1) 디자인라운드(DR: Design Round)

디자인라운드는 상품 선택에 직접적으로 강한 영향을 미치고 있어 새로운 무역 제재 수단으로 등장하고 있다. 선진국들은 그 중요성을 인식하여 자국 디자인에 대해 강력한 보호 장치를 만들고 있으며, EU의 경우 통일의장법 및 세계상표조약 등과 같은 관련법규의 역할이 크게 증가할 전망으로 있다. 고도산업화사회에서는 품질과 기능만으로는 경쟁에서 우위를 차지하기 쉽지 않기 때문에 매력적인 산업디자인이 요구되기 시작하였다. 그래서 선진국들은 기술 특허에 못지않게 자국의 디자인 보호에 앞장서고 있다.

산업디자인 보호제도의 재정비가 논의되면서 '디자인적 접근방식(Design Approach)'이 관심을 끌고 있는데, EU가 통일의장법을 제정하며 사용하기 시작하였으며 '특허권적 접근[288]'과 '저작권적 접근[289]' 양자의 장점을 절충한 것으로 주목을 받고 있다.

디자인적 보호방식은 불필요한 심사과정을 없애고 권리인정을 신속히 해주면서 필요에 따라 보호조건과 보호요청을 강화한다는 이원적 접근 방식이 새로운 보호제도의 핵심이다. 구체적으로는 등록을 하지 않아도 디자인이 먼저 상품화가 되면 법적 권리를 인정해 주는 미등록 의장제와 타인이 디자인을 모방하여 권리를 침해했을 경우 사실이 인정되면 이를 금지시킬 수 있는 모방 금지권의 부여 등이 있다.

디자인에 관해 유럽국가에서 제도적인 장치를 마련했는데, 근래의 연표를 보면

- 첫째, 세계저작권 협약(UCC 1952): 외국인에 대해서도 자국인과 동일한 보호를 해주고 조약가입 이전에 나온 저작물에 대해서는 불소급원칙을 적용
- 둘째, 루카르노 조약(1968) : 산업디자인의 국제 분류에 관한 협정
- 셋째, 1993년 EU 통일 의장법 발표 : 1990년 독일 막스프랑크 연구소의 '공동체 디자인 초안', 1991년의 EC의 그린페이퍼를 바탕으로 서유럽 단일의 산업 디자인 보호안 마련
- 넷째, UR-Trips 타결(1994) : UR 저작재산권 분야 협정, 의장 등 7개 분야에 걸쳐 각국의 산업재산권 관련법을 통일

이와 같은 역사적 배경 아래 유럽은 산업디자인 관련 보호제도에 있어서는 중추적인 역할을 하고 있으며, 특히 패션산업과 가구, 스포츠카 등의 디자인 관련 분야에서 그렇다. 비록 국제경제의 중심이 미국과 일본으로 이동되어 다국적 기업들의 활동이 거세기는 하나 '하나의 유럽'은 장벽을 높여 산업디자인의 보호를 강화하고 있는 것이다. EU의 통일의장법을 중심으로 미국, 일본 등 주요 국가를 살펴보면

288) 발명 특허권처럼 디자인을 의장권 등으로 등록시켜 출원자만이 이를 사용할 수 있는 배타적 독점권을 주는 제도이다. 그러나 절차가 까다롭고 기간도 오래 걸려 디자인 보호제도로는 적합하지 않다.

289) 디자인을 지적 재산권의 하나로 인정, 등록하지 않더라도 타인의 모방을 금지하는 제도이나 보호장치가 미흡한 것으로 평가된다.

(1) 유럽

프랑스가 산업디자인을 예술가가 창출한 지적재산권으로 간주, 의장법과 저작권 등으로 중복 보호하고 권리의 보호기간도 50년으로 길게 잡고 있다면 이탈리아는 의장법만을 적용한다. 나머지 국가들은 원칙적으로 의장법으로 보호하되 엄격한 요건 하에서 예외적인 저작권법을 적용하고 있다.

그러나 EU가 구성되면서 하나의 경제권 안에서 적용할 수 있는 '디자인적 보호'라는 새 법안을 찾게 되었다. EU는 1990년 막스프랑크 연구소가 '공동체 디자인규정 초안'을 만든 이후 1991년 그린페이퍼를 발표했고, 1993년에 유럽통일의장법의 기초 안을 작성, 제시했다.290)

(2) 미국

산업디자인의 보호와 관련된 기본법은 특허법이다. 대부분의 디자인에 의장특허를 보호해주고 있으며 미비한 부분은 저작권법 및 상표법, 부정경쟁방지법 등으로 보완하고 있다. 특히 섬유디자인은 저작권법으로 보호하며 트레이드 드레스라는 개념을 도입, 제품의 외관으로 타제품과 구별할 수 있는 상표적 기능을 가진 디자인에 적용하고 있다.

(3) 일본

우리나라가 응용미술작품을 무한히 보호하고 있는데 비해 일본은 단 하나만 제작되는 미술공예품에 한정하고 있다. 일본도 의장법 개정을 추진하고 있는데 ① 부분디자인 및 시스템디자인의 보호, ② 그래픽 아이콘의 보호, ③ 무심사 제도의 부분적 도입, ④ 도면양식 요건의 강화, ⑤ 多의장 1출원 제도 등을 검토하고 있는 것으로 알려졌다.

---

290) 통일의장법의 주요내용은

- 출원장소 : EU 의장청이나 회원국의 산업재산관청 또는 베네룩스 의장청의 출원.
- 권리의 내용 : 1년 간 공개유예기간을 인정하며 공개 전에는 독점권을 인정받지 못하고 미등록 디자인에 적용하는 모방 금지권만 인정.
- 보호기간 : 미등록 디자인은 기준일로부터 3년간, 등록디자인은 출원일로부터 5년이며, 매 5년마다 경신이 가능하며 최장 25년까지 보호.
- 다중출원 : 1개의 출원에 포함시킬 수 있는 의장수에는 제한이 없으나 제품이 모두 로카르노 분류에 따른 동일한 범주에 속해야 한다.
- 방식심사 : 심사기간의 단축을 위해 실체검사 대신 등록서류의 요건에 맞으면 곧바로 권리를 인정해 주는 방식심사 만을 적용.
- 보호대상의 확대 : 의장을 "제품이나 장식의 선, 윤곽, 색, 형상 및 재료의 특징에서 유래된 제품 전체 또는 일부분의 외관"으로 정의, 단, 컴퓨터 프로그램과 반도체 제품은 보호대상에서 제외된다.

2) 부패라운드

부패라운드는 무한경제시대에 기업의 정상적인 기업활동을 위해 경제협력개발기구(OECD)에 의한 '다국적 뇌물' 구제를 추진하기 위한 것이 목적이다.

경제협력기구가 1994년 5월 권고안 형식의 「뇌물추방을 위한 정부 간 합의」를 만들어낸 것은 바로 미국의 1970년대 워터게이트 사건, 1994년 프랑스공화당 제라드 롱게 총재의 비자금 스캔들과 같은 경우에 대처하기 위함이다. OECD는 1977년 이미 부패와 뇌물을 추방하자는 '행동강령'을 채택한 바 있다. 또한 국제적인 차원에서 뇌물과 부패를 추방할 것을 규정한 '반부패 헌장'을 추진하고 있다.

OECD는 또 ① 적절한 기록이 조사나 검열에 항상 제공될 수 있도록 금융 및 재정규정을 마련하고, ② 뇌물이 오간 경우에는 그에 따른 징계로 정부보조금, 인허가, 관급공사계약 등이 취소될 수 있도록 하는 법률을 마련하라고 권고하고 있다.

일례로 기업의 국제시장진입은 진출국의 정부가 능률적으로 외국기업지원, 관세처리 및 시장정보체제 등을 어느 정도 정비하여 운용하고 있느냐 하는 것에 영향을 받는다. 사실상 여러 가지 무역장벽요인이 있다고 하더라도 관리에게 뇌물(Bribe)과 같은 것을 주기만 하면 장애가 제거되는 것과 같은 비합리적인 정부관료들의 행위가 문제가 된다. 이는 국제공정거래질서를 해치는 요인이다.

국제투명성기구(Transparency International)에서 발표한 바에 따르면,

표 12-3 TI(국제투명성기구)의 뇌물공여지수(BPI) 현황

국 가 명	BPI(뇌물공여지수)						BPI개선도		CPI(2005)	
	2006년		2002년		1999년					
	순위	점수	순위	점수	순위	점수	'06년	'02년	순위	점수
Switzerland(스위스)	1	7.8	3	8.4	5	7.7	-0.6	0.7	7	9.1
Sweden(스웨덴)	2	7.6	2	8.4	1	8.3	-0.8	0.1	6	9.2
Australia(호주)	3	7.6	1	8.5	2	8.1	-0.9	0.4	9	8.8
Austria(오스트리아)	4	7.5	4	8.2	4	7.8	-0.7	0.4	10	8.7
Canada(캐나다)	5	7.5	5	8.1	3	8.1	-0.6	0.0	13	8.4
United Kingdom(영국)	6	7.4	8	6.9	7	7.2	0.5	-	11	8.6
Germany(독일)	7	7.3	10	6.3	9	6.2	1.0	0.1	16	8.2
Netherlands(네델란드)	8	7.3	6	7.8	6	7.4	-0.5	0.4	11	8.6
USA(미국)	9	7.2	13	5.3	9	6.2	1.9	-	17	7.6
Belgium(벨기에)	9	7.2	7	7.8	8	6.8	-0.6	1.0	19	7.4
Japan(일본)	11	7.1	14	5.3	14	5.1	1.8	0.2	21	7.3
Singapore(싱가포르)	12	6.8	9	6.3	11	5.7	0.5	0.6	5	9.4
Spain(스페인)	13	6.6	11	5.8	12	5.3	0.8	0.5	23	7.0

표 12-3 TI(국제투명성기구)의 뇌물공여지수(BPI) 현황(계속)

국 가 명	BPI(뇌물공여지수)						BPI개선도		CPI(2005)	
	2006년		2002년		1999년					
	순위	점수	순위	점수	순위	점수	'06년	'02년	순위	점수
United Arab Emirates (아랍에미리트연합)	14	6.6							30	6.2
France(프랑스)	15	6.5	12	5.5	13	5.2	1.0	0.3	18	7.5
Portugal(포르투갈)	16	6.5							26	6.5
Mexico(멕시코)	17	6.5							65	3.5
Hong Kong(홍콩)	18	6.0	16	4.3		–	1.7		15	8.3
Israel(이스라엘)	18	6.0							28	6.3
Italy(이탈리아)	20	5.9	17	4.1	16	3.7	1.8	0.4	40	5.0
South Korea(대한민국)	21	5.8	18	3.9	18	3.4	1.9	0.5	40	5.0
Saudi Arabia (사우디아라비아)	22	5.8							70	3.4
Brazil(브라질)	23	5.7							62	3.7
South Africa (남아프리카공화국)	24	5.6							46	4.5
Malaysia(말레이시아)	25	5.6	15	4.3	15	3.9	1.3	0.4	–	–
Taiwan(대만)	26	5.4	19	3.8	17	3.5	1.6	0.3	32	5.9
Turkey(터키)	27	5.2							65	3.5
Russia(러시아)	28	5.2	21	3.2		–	2.0		126	2.4
China(중국)	29	4.9	20	3.5	19	3.1	1.4	0.4	78	3.2
India(인도)	30	4.6							88	2.9

국제투명성기구의 '2006년도 뇌물공여지수(BPI, Bribe Payers Index)'에 의하면 우리나라는 10점 만점에 5.83점으로, 조사대상인 세계수출 주도 30개국 중 21위를 차지하였다.

2006년도 BPI는 국제투명성기구가 세계 125개국 기업인 1만 1,232명에게 "경험상 당신의 나라에서 활동하는 외국기업이 비자금을 조성하거나 뇌물을 제공하는 정도"를 질문하여 조사한 결과로서, 점수가 높을수록 청렴도가 높다. 우리나라의 BPI는 세계 기업인 1,930명이 응답한 결과이다.

조사대상 30개국 중에서 21위를 차지하여 아직 미흡한 수준이지만, 내용을 면밀히 분석해보면 우리나라 기업들의 청렴도가 개선되고 있는 긍정적인 모습을 발견할 수 있다.

첫째, 우리나라의 BPI는 1999년 3.4점, 2002년 3.9점이었으나 금년에는 5.83점으로 상승하였다. 이에 따라 2002년도 점수와 단순 비교한 개선도는 1.9점으로, 조사대상국 중 러시아(2.0점)에 이어 두 번째로 높은 것으로 나타났다.

둘째, 1999년과 2002년에는 각각 19개국 중 18위, 21개국 중 18위를 차지하여 최하위 수준이었으나, 금년에는 30개국 중 21위를 차지하여 최하위그룹에서 벗어났다. 국제투명성기구는 2006년도 BPI에 따라 30개 국가를 4개 그룹으로 나누었는데, 우리나라는 홍콩, 이스라엘, 이탈리아, 브라질, 말레이시아 등과 함께 제 3그룹에 포함되었다. BPI가 가장 높은 제 1그룹에는 스위스(전체 1위, 7.81점), 스웨덴, 호주, 네덜란드, 미국, 일본 등이 포함되었고, 가장 낮은 제 4그룹에는 대만, 터키, 러시아, 중국, 인도 등이 포함되었다.

또한, 아시아 국가 중 우리나라와 청렴도 경쟁상대인 말레이시아(5.59점, 25위), 대만(5.41점, 26위)보다 우리기업들이 더 청렴한 것으로 나타난 것도 주목할 만하다. 참고로 국제투명성기구의 공직·정치분야에 대한 국가별 부패인식지수(CPI, Corruption Perceptions Index)의 경우 '05년도에 우리나라는 159개국 중 40위를 차지하여 대만(32위), 말레이시아(39위)보다 부패한 것으로 나타났었다.

금년도 BPI에서는 OECD 국가와 세계은행이 분류한 저소득국가에서의 기업의 행태를 비교 분석하였는데, 우리나라를 비롯한 많은 나라의 기업들이 이중 기준을 따르는 것으로 나타났다. 즉 많은 나라의 기업들이 OECD 국가보다 저소득국가에서 더 부패관행에 의존하고 있는 것으로 나타났다.

일부에서 우리나라가 OECD 국가와 저소득국가에서 이중기준을 따르는 정도가 가장 높은 수준인 것으로 알려졌으나, 이와는 달리 조사대상국 중 많은 선진국들도 OECD 국가와 저소득국가에서의 BPI 점수 차이가 매우 큰 것으로 나타났다.

우리나라의 BPI는 OECD 국가에서는 6.7점, 저소득국가에서는 5.2점으로 1.5점의 격차를 보이고 있다. 반면 프랑스는 1.9점(OECD 7.4점, 저소득국가 5.5점), 싱가포르는 1.9점(OECD 7.8점, 저소득국가 5.9점), 이탈리아는 1.7점(OECD 국가 6.6점, 저소득국가 4.9점)의 BPI 격차를 나타내 우리나라보다도 부패에 대한 이중기준에 따른 기업 활동 정도가 심한 것으로 나타났다.

이와 같이 국제화에 따라 추적과 처벌도 국제적 협력이 필요해졌으며, 또 그런 협력이 이루어지는 시기가 다가오고 있는 것이다. 우리는 이러한 라운드에 적절히 대응하기 위해서는 여러 연구가 필요하다.

2 그린라운드(GR)

그린라운드(Green Round)란 환경문제를 무역에 연계시키는 GATT(관세 및 무역에 관한 일반협정)의 다자간협상을 지칭하며 국가 간에 상이한 환경기준의 차이에서 오는 경쟁력을 상쇄하기 위하여 일부 선진국에서 제기하고 있는 환경라운드라 할 수 있다.

지금까지 세계 모든 나라들은 현재까지 무역에서 환경과 연계되어 거래행위를 하지 않았다. 즉 무역은 무역, 환경은 자국의 환경무대로만 생각했던 것이 무역과 환경을 한 짝으로 묶어 각국들의 상이한 규제들을 표준화하여 지구환경을 보호하는데 목적을 두고 있다. 그러므로 환경에 전혀 투자되지 않은 나라와 많이 투자된 나라들 간의 환경에 대한 기여도를 돈으로 계산하므로 환경변화 시설을 유도하여 지구를 쾌적하게 하자는 것이기도 하다.

오염방지 시설투자를 상대적으로 많이 투자하여 배출 기준을 잘 맞춘 나라에 비해 오염투자가 낮은 나라는 그만큼 그 나라 정부로부터 보조금 즉, 숨겨진 보조금(hidden subsidy)을 받은 셈이므로 환경상관세를 부과하도록 했다. 그러므로 개발도상국의 상품은 아무리 가격이 낮다 해도 환경상관세를 첨가한다면 선진국 상품과 경쟁할 수 없어 자동적으로 국제시장에서 경쟁력을 잃게 된다.

좀 더 자세히 논하자면 WTO(World Trade Organization)가 설정한 환경정책을 어느 정도 착실하게 수행하느냐의 정도에 의해 상품 구입 정도가 달라진다. 그러므로 기업이나 국가는 그 나라의 환경자료를 철저하게 준비하여야 한다. 즉 환경오염이 되지 않은 자연상태에서의 자료 값을 장기적 확보하는 것이 필수조건이며 나가서 국제시장에 내다 팔고자 하는 상품을 만드는데 발생하는 오염물 질량을 처리하기 위해 투여된 자본과 시설 그리고 그 결과에 따른 환경코스트를 제시하여 상품을 만드는 데에 환경변화를 일으키지 않겠다는 증거를 제시해야 하는 것이다. 그것이 리우 선언에서 채택한 의제 21에 해당하며 지속적 개발을 유지해야 한다는 것이다. 그러므로 국제 시장에 내놓아도 위에서 언급한 바와 같이 환경상관세를 부여받지 않은 적당한 가격으로 경쟁할 수 있는 기본적 여건을 구비하는 셈이다.

경제적인 환경을 담보로 황폐해진 지구의 환경문제를 해결하자는 인류의 생존을 위한 최상의 방법과 대책인 Green Round라 하겠다. Green Round(GR)는 종래의 다자간 무역협상과 마찬가지로 선진국들 특히 환경문제에 적극적인 EC(유럽연합)과 일본에 의해 주도될 것으로 보고 있다.

이러한 선진국의 입장을 대변하여 OECD(경제개발 협력기구)는 지난 91年부터 무역위원회와 환경위원회가 합동작업반을 구성, 환경정책과 무역정책을 조화롭게 통합하는 방안을 마련하고 있다. GATT의 다자간 무역협상이 OECD를 중심으로 한 선진국 간에 이루어진 합의를 바탕으로 이루어졌던 점을 감안하면 환경과 무역에 관한 OECD의 입장은 상당부분이 그린라운드에 반영될 것으로 보인다.

제12장 3절 국제경제기구

1 경제협력 개발기구

OECD(Organization for Economic Cooperation and Development)는 민주주의와 자유시장경제를 추구하는 국가들이 세계경제의 현안을 협의하여 그 해결방안을 도출하기 위해 결성된 기구이다. 이 기구는 1961년 유럽과 미국 등 20여 개국이 마샬 원조를 받아들이기 위해 설립했던 유럽경제협력기구(Organization for European Economic Cooperation : OEEC)를 발전적으로 개편하여 설립한 것이다.

OECD의 설립 목적은 첫째, 통화의 안정을 유지하면서 고도의 성장을 촉진하고 고용증대 및 생산수준의 향상을 도모하며 둘째, 개발도상국의 경제개발을 지원하고 셋째, 무차별·다각적 원칙에 따른 세계무역의 확대에 기여하기 위한 것이다.

OECD는 UN이나 WTO처럼 모든 국가에게 가입자격이 주어지는 것이 아니라 민주주의와 자유시장경제라는 공통적인 가치관을 가진 국가 중에서 기존 회원의 추천을 통해 가입할 수 있다. OECD의 회원국은 현재 28개국이며 한국은 1996년 29번째 국가로 가입하였다.

OECD의 의사결정은 다수결이 아닌 회원국 전체의 합의를 통해 만장일치로 이루어지도록 하고 있다. 따라서 특정회원국이 반대하는 사항에 대해서는 어떤 결정이나 권고를 채택할 수 없으며, 개별회원국은 자국의 특수한 사정에 따라 특정 결정사항에 대한 적용을 면제받을 수 있다.

2 유엔 무역 개발위원회

UNCTAD(United Nations Conference on Trade and Development)는 선진국과 개발 도상국 간의 교역을 증진시키고, 개발도상국의 경제개발문제에 대한 원칙과 정책을 수립하여 이에 대한 적절한 대응책을 강구하며, 개발도상국의 경제개발문제에 대해 책임 있는 활동을 전개함으로써 선진국과 개발도상국 간의 경제적 격차를 해소하기 위해 1962년에 설립된 세계적 규모의 개발도상국 회의이다.

개발도상국들은 남북 간의 격차를 해소하기 위해서는 무엇보다 개발도상국의 수출을 증대시키는 것이 가장 이상적이지만 선진국 이해 중심의 무역질서인 GATT체제하에서는 개발도상국이 독자적으로 해결하기 위해 설립한 것이 UNCTAD이다.

개발도상국들은 UNCTAD를 통해 선진국에 대해서 개발도상국이 생산하고 있는 여러 가지 상품에 대한 국제상품 협정의 체결과 개발도상국이 선진국에 수출하고 있는 단순 공산품의 수출에 대한 선진국의 특혜제공, 개발도상국으로부터 수입되는 농산물에 대한 선진국의 무역규제 철폐, 개발도상국에 대한 기술이전 및 다국적 기업에 대한 규제 강화 그리고 개발도상국에 대한 해외원조 증대들을 요청하였다.

그러나 일반 특혜관세제도(Generalized System of Preference : GSP)를 제외하고는 아무 것도 실현되지 못하였다. GSP 제도는 선진국들이 모든 후진국으로부터 수입되는 공산품에 대해 일정기간 동안 혜택을 제공해줌으로써 후진국의 공업을 보호해 주기 위한 기구이다.

3 석유수출기구

OPEC(Organization of Petroleum Exporting Countries)는 1960년 9월 14일, 이라크 정부의 초청으로 이란, 쿠웨이트, 사우디아라비아, 베네수엘라의 대표가 모여 5개국으로부터 결성한 석유생산·수출국의 협의체로서 현재는 위의 5개국에 카타르, 인도네시아, 리비아, 아랍에미리트, 알제리, 나이지리아, 에콰도르, 가봉 등이 추가되어 13개국으로 구성되어 있다.

OPEC는 설립 초기인 1960년대에는 원유가의 하락을 방지하기 위해 산유국 간의 정책협조와 이를 위한 정보수집·교환을 목적으로 하는 가격 카르텔 성격을 띠었으나 석유파동 이후 원유가의 계속적인 상승을 도모하기 위하여 자신들의 생산량을 조절하는 생산 카르텔로 변질되었다.

OPEC는 1970년대에 걸친 석유가의 대폭인상과 그 사이에 이루어진 OPEC 국가의 석유생산시설 국유화로 말미암아 엄청나게 증가된 석유수입액은 산유국으로 하여금 거액의 재정자금을 보유하게 하고, 사회·경제개발사업을 가속화시킴과 동시에 축적된 외화의 대부분을 단기 자금으로 국제금융시장에 공급하여 기존의 국제금융질서를 재정립시켰다.

4 세계은행(World Bank)

세계은행은 국제부흥개발은행(IBRD, 1945년 창설), 국제금융공사(IFC, 1965년), 국제개발협회(IDA, 1960년), 다국 간 투자보장기구(MIGA, 1988년) 등 4개 기구 전체를 지칭한다. 이들 4개 기구의 공동목적은 지속 가능한 경제성장과 개발을 통한 생활수준향상에 있다.

1) 국제부흥개발은행

(1) 목적 및 활동

IBRD(International Bank for Reconstruction and Development)는 44개 국가가 참가한 가운데 1944년 미국 뉴햄프셔주 브레튼우즈에서 개최된 유엔 금융재정회의가 기초한 협정에 28개국이 서명함으로써 출범하였다.

IBRD는 생산목적을 위해 자본의 투자를 촉진함으로써 회원국의 부흥과 개발을 지원하고, 민간 해외투자를 증진시키며, 민간자본을 적절한 조건으로 이용할 수 없는 경우, IBRD 자금을 공여하여 민간투자를 보완하고, 회원국의 생산적 자원개발을 위한 국제투자 장려를 통해 국제무역의 장기적 균형성장과 국제수지 균형을 촉진하기 위해 설립되었다.

IBRD 헌장은 은행의 활동을 다루는 기본규칙을 규정하고 있는데, 농업, 농촌개발, 에너지, 교육, 위생, 가족계획 및 영양, 도로와 철도, 통신, 도시항만과 발전시설 등의 생산목적만을 위해 자금을 대여하며, 상환 전망도 적절히 고려해야 한다.

IBRD 융자는 관계국 정부의 보증이 있어야 하며, 특별한 경우를 제외하고는 특정사업에 사용되어야 한다. IBRD는 필요자금이 여타 재원으로부터는 적절한 조건하에 확보가 가능하지 않다는 것을 확인해야 한다. 융자의 사용은 특정국가 또는 국가 내의 구매에 한정되어서는 안 된다. IBRD 융자는 경제적 고려에 의해서만 결정되어야 한다. 1980년 이후 IBRD는 특정정책의 변경과 제도개혁사업을 지원하는데 자금을 제공하여 왔다.

IBRD 자본은 회원국에 의해 출자되며, 주로 세계금융시장으로부터 자체차입, 부유소득 및 융자상환금을 통해 대여재정을 충당하고 있다. IBRD는 회원국, 회원국의 정치적 기관 또는 민간 기업에 융자를 제공한다. IBRD는 또한 광범위한 기술원조 서비스도 제공한다.

(2) 운영

총회는 최고의사결정기관으로 178개 회원국이 임명하는 위원과, 대리 위원 각 1명씩으로 구성되며, 통상 년 1회 회의를 개최한다. 24명의 상무이사가 있는데, 이들 중 5명은 최대 출자국들이 지명하고 19명은 최대 출자국 이외의 회원국들의 이사가 선출한다.

총회는 IBRD 협정에 의해 총회 전권사항을 제외하고 이사회에 권한을 위임한다. 총재는 자신이 의장을 맡고 있는 총회에 의해 선출된다.

2) 국제개발협회

(1) 목적 및 활동

IBRD 융자보다 더 용이한 조건의 대 최빈개도국 융자필요성이 1950년대에 부각됨에 따라 이러한 필요성에 대처하기 위해 IDA(International Development Association)는 IBRD의 제휴기관으로서 출범하였다. IDA의 재원은 IBRD의 수입, IDA 회원국에 의해 납입되는 태환성 통화의 자본금, IDA 선진회원국의 기부금 등 3가지 방법을 통해 조달된다. IDA 융자를 얻기 위해서는 4가지 조건이 부합되어야 한다.

첫째, 1인당 GNP 800달러(1992년 기준) 이하의 최빈 개도국이어야 한다. 둘째, 장기개발융자에 합당한 충분한 경제, 금융 및 정치적 안정이 필요하다. 셋째, 매우 어려운 국제수지문제를 안고 있으며, 통상적인 융자조건하에서는 외환을 차입할 가능성이 적은 상황에 있어야 한다. 넷째, 개발에 대한 진정한 의지가 있어야 한다.

IBRD 융자(loan)와 구별하여 IDA 융자(credit)는 행정경비를 충당할 소액의 수수료(charge)를 제외하고는 무이자 35-40년 상환기간이 거의 대부분이다. 원금상환은 10년 거치 후 시작된다.

(2) 운영

IBRD는 IDA 운영을 책임지고 있으며, IBRD 총회, 상무이사와 총재는 IDA 업무를 겸임하고 있다.

3) 국제금융공사(IFC: International Finance Corporation)

(1) 목적 및 활동

IFC(International Finance Corporation)는 IBRD와 밀접히 관련되어 있으나 독립된 별개의 기구이며, 그 재원조달방법도 IBRD와 상이하다. IFC 설립목적은 정부의 상환 보증이 없이 개발에 기여할 수 있는 민간 기업에 재정을 지원하고 투자기회, 국내외 자본과 축적된 관리를 결집시키며, 회원국의 생산 투자에 국내외 민간자본의 투입을 촉진하는데 있다.

IFC는 공동재정지원, 차관, 증권, 보증 등 민간재원으로부터 개도국 회사를 위한 추가재원 마련에 중요한 역할을 한다. IFC는 사업자 및 정부에 기술지원 및 자문을 제공하고 자본시장 개발. 사유화 분야에 있어 상당한 지원을 한다.

(2) 운영

총회는 IFC의 최고결정기관으로 IFC와 IBRD를 공히 대표하는 IBRD 위원과 대리위원으로 구성된다. 이사회는 IBRD와 IFC를 공히 대표하는 IBRD의 상무이사로 구성되며, IFC의 일반적 운영을 감독한다. IBRD 총재는 IFC 이사회 의장을 겸임한다.

4) 다국 간 투자보장기구

MIGA(Multiateral Investment Guarantee Agency)는 1988년 4월에 정식 출범하였으며, 1994년 6월 현재 121개국이 회원국이고, MIGA 협정에 이미 서명한 26개국이 가입절차를 밟고 있다. MIGA의 기본목적은 투자자들에게 장기 정치적 위험보증(강제수용, 통화 송금, 전쟁과 내전에 대한 보증) 및 자문서비스를 제공함으로서 개도국 민간투자를 촉진하는데 있다.

5 IMF(International Monetary Fund)

1994년 연합국 44개국이 미국의 브레튼우즈에서 회의를 열어 전후(前後)의 세계통화 질서를 바로잡기 위한 브레튼우즈 협정을 발족한 후, 그 하나의 구체적 수단으로 1946년에 창설되어 1947년부터 업무를 개시한(IMF)는 국제 통화제도의 건전한 발전을 위한 최초의 국제기구이다.

IMF의 주요목적은 국제통화 협력의 증진, 외환의 안정, 통화의 자유교환성 확립 및 국제유동성의 원활화 그리고 국제무역의 확대와 세계경제의 균형적인 성장을 위해 국제적인 협력을 하는데 있다. 즉, IMF는 외국환시세의 안정과 환거래의 자유를 확립하여 통화문제로 야기되는 무역장애를 제거함으로써 국제무역의 균형적인 발전을 도모하려는 국제금융기구이다.

표 12-4 IMF와 IBRD 비교

	IBRD	IMF
설립시기	1944년 미국 뉴햄프셔주 브레튼 우즈에서 개최된 유엔 금융재정회의가 기초한 협정에 28개국이 서명함으로써 출범	1945년 12월 정부 간 기구로 설립
설립목적	회원국의 생산적 자원개발을 위한 국제투자 장려를 통해 국제무역의 장기적 균형성장과 국제수지 균형을 촉진하기 위해 설립	국제통화의 협력 강화
기능 및 임무	· IBRD 헌장은 은행의 활동을 다루는 기본규칙을 규정하고 있는데, 농업, 농촌개발, 에너지, 교육, 위생, 가족계획 및 영양, 도로와 철도, 통신, 도시 항만과 발전시설 등의 생산목적만을 위해 자금을 대여 · IBRD 융자는 관계국 정부의 보증이 있어야 하며, 특별한 경우를 제외하고는 특정사업에 사용되어야 함. IBRD 융자는 경제적 고려에 의해서만 결정되어야 함. 1980년 이후 IBRD는 특정정책의 변경과 제도개혁사업을 지원하는데 자금을 제공하여 왔음. · IBRD 자본은 회원국에 의해 출자되며, 주로 세계금융시장으로부터 자체차입, 부유소득 및 융자 상환금을 통해 대여재정을 충당하고 있음. IBRD는 회원국, 회원국의 정치적 기관 또는 민간 기업에 융자를 제공함. IBRD는 또한 광범위한 기술원조서비스도 제공함.	· 국제통화 협력강화 · 국제 무역의 확대 및 균형적 성장촉진과 회원국의 고용 및 실질소득증대 · 외환안정 촉진, 회원국 간의 질서 있는 환계약 유지 및 경쟁적인 환평가 절하 · IMF 일반재원 및 단기적인 이용에 의한 국제수지 불균형시정 · 회원국의 국제수지 불균형 억제

표 12-4 IMF와 IBRD 비교(계속)

	IBRD	IMF
구 성	· 최고의사결정기관 : 178개 회원국이 임명하는 위원과 대리위원 각각 1명(년 1회 개최) · 총회는 IBRD 협정에 의해 총회 전권사항을 제외하고 이사회에 권한을 위임. 총재는 자신이 의장을 맡고 있는 총회에 의해 선출됨.	· 집행이사회 : 중요정책상항을 결정하는 최고의결기관으로 1회 개최 · 상무이사회 : IMF 일반 업무 수행 · 전무이사 : 상무이사회에서 선출되며 5년 임기로 중임도 가능
		1955년 8월 26일 58번째 회원국으로 가입

사례 – DDA 협상 결렬의 배경과 의미, 그리고 대책 ▶▶

타결 직전까지 갔던 세계무역기구 도하개발아젠다(DDA) 협상이 2008년 7월 29일 끝내 결렬, 좌초 위기를 맞았다. 파스칼 라미 WTO 사무총장은 이날 전 회원국 대표가 참가한 무역협상위원회 회의를 소집해 G7 회의에서 아무런 합의도 도출하지 못했다고 밝혔다. 향후 무역질서는 자유무역협정으로 대변되는 양자협상에 집중될 것으로 전망된다.

1. 협상 결렬배경

G7회의에서 ▲ 개도국 특별긴급관세 ▲ 미국의 면화보조금을 놓고 미국과 인도·중국이 절충점을 찾지 못했기 때문이다. 인도는 수입농산물이 최근 3개년 평균치보다 '40% 이상' 증가할 경우 추가관세를 부과할 수 있는 SSM(개도국특별긴급관세) 발동요건을 '10% 이상'으로 완화해야 한다고 주장, 미국과 마찰을 빚었다. 또 미국은 중국이 관세를 깎지 않아도 되는 특별품목에 면화를 포함시킨다면 자신들은 면화보조금을 줄이지 않겠다고 버텼다.

SSM이 미국과 인도의 이해관계에 매우 큰 영향을 미치기 때문이라기보다는 미국과 인도의 협상타결 의지가 부족했고, 라미 사무총장이 협상을 지나치게 서두른데 원인이 있었다. 특히 인도가 SSM에 강한 집착을 보인 것은 인도 농산물의 관세실태를 감안할 때 직접적인 이해관계보다 오히려 정치적 또는 전략적 측면을 고려했기 때문으로 해석된다.

2. DDA의 앞으로의 운명은

미국 대선, 인도 총선, 유럽연합 집행부 교체 등 협상을 이끄는 주요국들의 정치일정이 줄줄이 대기하고 있는데다 라미 WTO 사무총장의 임기도 내년 9월이면 종료된다. 이로 인해 1~2년 내에 협상이 제자리를 찾기는 어려울 것으로 예상된다. 개도국 목소리가 커지면서 합의점을 찾는 데 시간이 오래 걸리는 점도 조기타결이 어려운 이유 중 하나로 꼽힌다. 미국과 EU 간의 밀담으로 끝난 UR 협상 이후 협상을 주도하는 나라가 인도·브라질(G4), 일본·호주(G6)로 점점 확대되더니 이번 각료회의에서는 중국까지 주요국에 이름을 올렸다.

3. 향후 세계의 무역질서는

DDA 협상이 답보 상태에 빠지게 되면서 다자무역체제는 상당히 어려운 시기를 맞는 동시에 그 역할도 급속하게 축소될 것으로 보인다. 더욱이 사태 악화의 원인이 국익에만 집착하는 주요 무역대국들의 '이기적 자세'라는 점이 재확인되면서 각국의 보호무역주의가 더욱 강화될 것으로 예측된다. 이에 따라 향후 무역질서는 다자간협상보다는 FTA와 같은 양자협상에 집중될 것으로 전망된다.

4. 이번 DDA협상회의 결렬결과

G7 잠정 타협안은 우리에게는 결코 나쁘지 않다고 하겠다. 특히 5% 세 번(약 73개)은 관세감축 의무가 면제되고, 12% 세 번(약 174개)은 평균 관세감축률이 11%여서 생산이 일부 품목에 집중된 우리 농업의 특징을 고려할 때 중요 품목 대부분은 관세감축의 영향을 크게 우려할 필요가 없는 내용이었다.

Memo

13

CHAPTER

국제경영자와 이문화 문제

1 2 3 4 5 6 7 8 9 10 11 12 **13** 14 15 16

기업의 국제화는 기업이 사업에 필요한 자원을 얻기 위하여, 또는 해외시장을 개척하기 위해서 해외로 진출하는 과정을 지칭한다. 이러한 과정에 대해 chandler처럼 기업 진화론적인 설명과[291] 오마에(ohmae Kenich)의 기업의 통합과정[292] Johanson과 Vahlne과 같이 국제개입도(international involvement)의 증가과정으로 설명하고 있다.

기업의 국제화는 경영의 국제화를 초래하여 국경 없는(borderless) 초국가적인(transnational) 기업이 이루어지고 있다. 이러한 기업의 글로벌화는 상품, 자본, 기술뿐만 아니라 사람까지도 국경을 넘어 이동시키고 있다.

이는 지구화(Globalization)로 이어지고 있는데 지구화 추세를 가져다 준 요인으로는 통신과 대중매체의 발달, 무역장벽과 외환규제의 완화, 기업 간 경쟁의 국제화 등이라 할 수 있다. 이러한 초국가적 기업이 등장하면서 나타나는 문제점이 나타나고 있다. 상품이나 자본, 기술은 국경을 넘더라도 본질적인 그 특성은 변하지 않고 유지되며 사용할 수 있다.

그러나 사람은 다른 나라나 다른 문화권에 이동할 경우에는 언어, 음식, 습관, 가치관 등의 차이에 의하여 특성이 변하는 것은 물론 많은 충격과 변화를 겪는다. 따라서 국제경영에 있어서 인적자원을 이해하는 것이야말로 가장 기본적이고도 중요한 열쇠가 되고 있다.

특히 여러 국가를 대상으로 사업을 할 경우 다양한 문화권에서 각기 다른 속에서 기업 활동을 할 경우 인적자원을 관리하는 국제경영자의 역할이 증대된다. 그러나 우리나라는 대기업

291) Alfred Chandler, The Evaluation of the Modern Global Corporation, Competition in Global Industries, ed Michael Porter. Boston Harvard Business school Press. 1986. pp. 36~37.
292) Kenich Ohmae, Beyond National Border, Reflection on Japan and World, Dow Jones-Irwin, 1987. pp. 36~39.

의 경영자들조차 이러한 문화적 차이를 인식, 이해하지 못하거나, 자기 문화적 발상의 고정관념이나 습관 등에 얽매여 문화적 차이를 거부하는 경향이 나타나 치명적인 기업 손실을 초래하기도 한다.

이러한 관점에서 보면 국제기업의 인적자원관리에 대한 가장 중요한 요소는 동질적인 문화, 생활패턴과 의식으로 살아온 경영자들로 하여금 새로운 환경에 적응할 수 있도록 다른 문화를 이해하고 관리하는 것이라 하겠다. 인간의 학습된 행위인 문화는 사회와 떨어질 수 없는 관계를 형성하고 있으며, 또한 사회 속에서 존재하는 문화는 사회 없이는 존재할 수 없는 불가분의 관계이기 때문이다.

따라서 국제화와 함께 나타난 경영마찰의 배후에 있는 문화를 중심으로 국제경영자의 필요성과 異文化의 적응관리 등을 논하기로 한다. 특히, 지금까지 소홀하게 취급되었던 해외파견관리를 중심으로 새롭게 접하는 이문화 연구와 그들의 적응, 그리고 귀환후의 逆適應 관계 등을 다루기로 한다.

제13장 1절 국제경영자와 이문화 문제

1 경영마찰과 문화

해외진출 기업경영에 있어서 최대의 과제는 진출국의 파트너, 국적, 인종, 언어, 종교, 습관 등을 탈피하는 현지 종업원, 진출국 정부, 지역사회, 경쟁기업, 학생운동, 제 3국계 기업과의 사이에서 여러 가지 형태로 발생하는 마찰방지와 회피이다. 국내에서 기업경영을 한 경우에도 마찰은 있지만 마찰이 발생하는 국면이 광범위하고 또한 그 빈도도 높고 마찰의 심각도의 정도도 다르기 때문이다.

해외진출에 동반하는 마찰은 진출국의 정치적, 문화적 관계, 진출국의 경제·사회 사정 등 환경의 여하에 좌우된다. 마찰의 종류를 정확하게 나누는 것은 쉬운 일은 아니나 필자는 마찰의 종류를 다음과 같이 구분하기로 한다.

① 사회 문화적 마찰 : 두 나라의 역사적인 문제로 인하여 무의식적인 배타감정에 의한 진출기업과 현지인의 마찰

② 현장 마찰 : 진출기업의 노사분규나 공해 등에 의한 현장을 통해서 일어나는 현지인과의 마찰

③ 제도적 마찰 : 진출기업과 현지국과의 법률 및 제도에 의한 마찰

④ 전략적 마찰 : 현지국의 외교 전략과 진출기업과의 전략적 의도 및 제삼자의 이해에 의한 마찰

⑤ 정치적 마찰 : 현지인의 정부, 지도자를 대신하여 진출기업이 목표가 되어 일어나거나, 또는 두 국가 간의 정치문제에 의해 일어나는 마찰

본고에서 일반적으로 마찰이라 할 경우에는 ① 사회 문화적 마찰, ② 현장 마찰, ③ 제도적 마찰원인 등을 지칭한다. 이러한 마찰의 대부분은 국내시장과 다른 인적자원에 의해서 나타나는 경우가 많은데 노동시장의 차이, 경영스타일과 습관의 차이, 노동자의 국제 이동문제가 주를 이룬다[293].

그림 13-1 의사소통의 문제

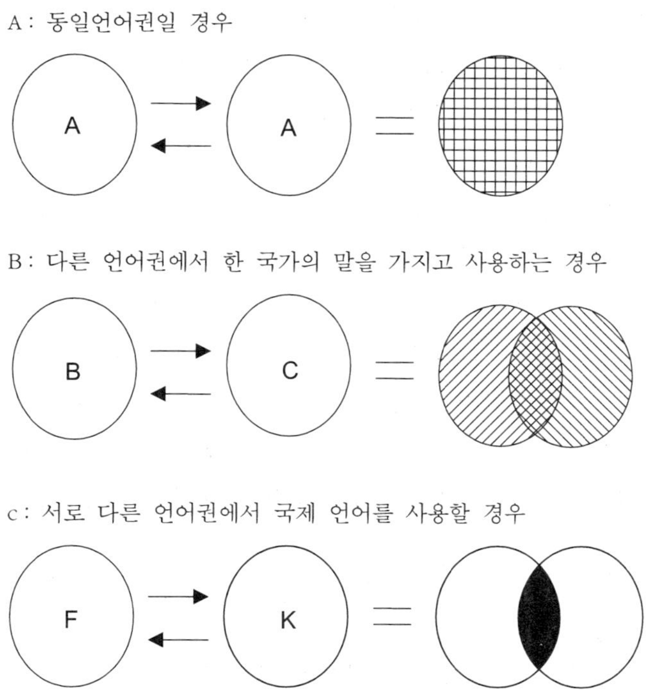

293) John D. Daniels & Lee H. Radebaugh, International Business, ADDISON-WESLEY PUBLISHING COMPANY, 1992. p. 763.

일반적으로 마찰이 일어나는 경우는 서로 다른 문화의 가치관에서 오는 의사소통의 문제(Cross-cultual Communication)가 제일 크게 작용한다고 볼 수 있다.

이러한 의사소통의 문제 중 제일 큰 것이 언어장벽(language barriers)이라 할 수 있는데 그 내용은 <그림 13-1>과 같다. 같은 언어권일 경우 (A)는 장벽이 있기는 하지만 그래도 언어장벽은 적다. (B)는 서로 다른 언어권에서 한 국가의 언어를 갖고 사용할 경우, 예를 들면 한국인과 미국 사람이 영어로 의사소통을 할 경우, 한국인의 영어가 부족하다고는 하나 서로 인지할 수 있어 한국인의 영어가 어느 정도 하면 의사소통이 가능하다. (C) 서로 다른 언어권에서 국제 언어를 갖고 사용할 경우이다. 다시 말하면, 프랑스 사람과 한국 사람이 영어로 의사소통할 경우 여러 가지 오해가 생길 수 있으며, 언어갈등의 차이는 일반적으로 A, B, C의 순으로 갈등이 적다고 하겠다.[294)]

같은 언어권이라 할지라도 프랑스어를 사용하는 캐나다의 퀘벡주에 사는 사람은 프랑스인과의 대화 시에 보이지 않는 갈등이 일어날 수 있고, 우리나라 말을 사용하는 중국의 조선족과 우리나라 사람들과의 대화 시에도 생각보다도 많은 갈등이 존재한다.

같은 언어권에서도 문화가 다르기 때문에 일어나는 현상으로 외국인과 접할 경우에는 외국어를 완전히 습득했다고 하여 의사소통이 해결되는 것은 아니라는 것을 알 수 있다. 다시 말하면 언어습득도 중요하지만 지각장벽과 비언어 소통이 해결되지 않으면 안 된다.[295)] 예를 들면, 외국어 능력이 뛰어난 우리나라 주재원들의 경우 외국인에게 친절하여야 한다는 관념 때문에 웃을 자리도 아닌데 항상 웃어 이상한 분위기를 자아낸다거나, 예의를 차려야한다는 관념 때문에 무게를 잡고 행동하는 행위들은 곧잘 외국인에게 지적당하는 한국인의 행위이다.

우리가 객관적으로 사물을 인식하려 해도 지각은 무의식, 의식 중에 외부로부터 선택적으로 메시지를 전달받기 때문에 같은 언어권에서도 오해를 사는 경우가 많이 있는데 문화적 배경이 다른 경우에는 지각장벽(perceptual barriers)이 심하다고 할 수 있다.

비언어 소통에는 손짓, 표정, 몸짓, 눈짓 등의 Body Language가 필요하기 때문에 효과적인 의사소통을 하기 위해서는 이 모든 것이 필요하다. 그러나 어느 경우에는 외국을 전혀 모르는 관리자들이 성공한 경우도 있는데 이러한 경우는 현지인과의 바람직한 인간관계를 필요로 한다. 바람직한 인간관계, 상대방을 이해하려는 마음이야말로 마찰을 회

294) 문화를 표현하는데 민족중심의 민족권, 종교를 중심으로 한 종교권, 이데올로기를 중심으로 한 이데올로기권, 언어를 중심으로 하는 언어권 등이 있는데 같은 문화권을 형성하는데 제일 일치한다고 할 수 있는 것은 언어권이라 할 수 있다. 예를 들면 인도, 중국 같은 나라는 다민족 국가 겸, 다언어 국가라 할 수 있는데 언어권을 중심으로 각각의 문화가 형성되었다. 林 周二, 『經營と文化』, 中公新書, 1984년, pp. 34～35.

295) Richard M. Hodgetts & Fred Luthans, "*International Management*", McGraw-hill International Editions, 1991, pp. 347～347.

피하는 지름길이라 할 수 있다.[296]

일반적으로 국제경영에서 일어나는 마찰이나 실수는, 그 자신이 깨닫지 못하는 무의식적인 자국 중심적 문화인식에 근거하여 사고하고 행동한다는 데에 있다. 즉, 자신과는 상이한 문화적 배경을 가지고 있는 사람일지라도, 자기 문화권 내의 사람들과 마찬가지로 생각하고 있다고 가정하여 행동하는 경우가 많다.

그러나 이러한 자국 중심적 문화인식은 외국인을 대상으로 하는 사업계획과 사업전략은 외국인이 볼 경우에는 불합리하다고 판단한다. 예를 들면 이란 최초로 미국의 맥도널드 햄버거를 판매하려던 라바크라는 음식점이 "세계적인 맛", "이란에서는 최초" 등의 선전이 회교과격파들의 분노를 불러일으켜 '우리 형제들이 미국회사의 희생자가 되게 할 수 없다'고 강경한 항의가 일어나자, 이란 당국이 페르시아 음식만을 팔도록 조치한 것은[297] 이란 중심의 자국 중심적 문화인식에 의거한 행위라 할 수 있다.

예멘 사나 회교사원

햄버거

296) L.A에서 흑인 폭동이 일어나 한국인과 흑인 간의 갈등이 심화된 적이 있는데 이것은 지각장벽, 언어장벽, 비언어 소통 모두가 작용했다고 볼 수 있는데, 그 중에서도 지각장벽이 컸던 것으로 볼 수 있다. 그러나 이 폭동에서는 아무 피해를 입지 않은 한국인의 대부분은 바람직한 인간관계, 상대방을 이해하려는 마음이 크게 작용했다고 볼 수 있다.

297) 1994년 1월 11일 조선일보.

일반적으로 우리 한국인 중에서 유학생활, 해외파견, 해외연수 등 여러 가지 해외생활을 경험한 사람들 중에는 대개 2가지 타입으로 나눌 수 있다. 첫 번째 타입은 두 번 다시 외국에는 가고 싶지 않고 금수강산 우리 한국이 세계에서 제일 살기 좋은 나라라고 생각하는 타입하고, 두 번째는 다시 그런 기회만 주어진다면 언제든지 다시 해외에서 생활하고 싶다라고 생각하는 타입이다.

첫 번째 타입은 사업이든 연구든 어떠한 이유에서인지 그 본래 목적을 달성하지 못했던 경우가 많았으며, 장기간의 체류보다는 단기간의 연수를 경험한 사람이 많다. 두 번째 타입은 타국의 문화에 적응할 수 있는 능력을 갖은 사람으로 대체로 장기간의 체류자가 많고 해외 생활에 있어서 많은 준비를 한 사람이 많다. 기업도 이와 마찬가지로 국내시장만을 목적으로 하는 첫 번째 타입의 기업은 국내의 시장 장악만을 목적으로 움직이는 기업으로 현재와 같은 국제세계 속에서는 살아남기 힘든 기업이라 할 수 있다.

한국시장이 개방되고 한국기업의 해외진출이 증가되면서 국내기업환경만을 생각하는 경영자들은 중소기업의 경우에도 드물다고 할 만큼 국제화는 우리 주변에 와 있다. 그러나 異文化에 우리가 어떻게 적응할 것인가에 대한 연구는 활발하지 않았고 요즈음에서야 겨우 국제화에 적응하기 위한 우리들의 반성이 각성되고 있다. 과거에는 외국 주문자들의 주문대로 값싼 노동력을 이용한 단순 수출 위주였기 때문에 몇몇 기업을 제외하고는 우리 기업인들은 외국문화에 대한 관심도 알 필요성이 없었을지도 모른다.

그러나 우리나라도 노동력 위주의 단순수출시대는 끝나고 우리의 급격한 임금향상은 우리보다 인건비가 저렴한 베트남, 중국, 필리핀 등으로 이전을 하게 하였다. 해외 경험이 부족하고, 새로운 문화 환경에 적응해 본 경험이 적은 우리 기업은 베트남, 중국, 필리핀 등에서의 각종 마찰을 일으키고 있는데, 이러한 마찰의 배후에 있는 문화문제에 연구되어야 한다. 그리고 이러한 마찰의 연구는 기업인류학으로 표시하듯이 비교경영연구의 필요성을 느끼게 하고 해외 판매가 증가하면서 우리는 현지국 문화를 이해하는 것이 필수 불가결한 경영요인으로 등장하게 되었다.

일반적으로 한국기업은 현지문화에 적응하기가 어려운 이유를 여러 가지로 들고 있는데 필자의 경험으로 보면, 필리핀에 진출한 한국과 일본기업의 현지적응문화는 다음과 같이 달랐다. 일본기업들은 우리보다는 해외경험이 많았기 때문에 여러 가지 배울 점이 많았으나 그 중에서도 우리가 노력하면 고칠 수 있고 우리도 할 수 있는 것을 예로 든다면 다음과 같다. 예를 들면 일본 기업들은 커다란 식당에서 일본 관리자들과 필리핀 관리자 및 현장 종업원들과 함께 식사를 하며 필리핀을 이해하려고 노력하고 있었으나 한국의 중견기업인 M 기업의 경우는 한국인 전용식당이 마련되어 한국인 관리자들끼리만 식사를 하고 있었다.

물론, 한국인이 해외에서 김치 없이 식사하는 것은 쉬운 일은 아니고, 김치나 고추장을 같이 먹으며 식사를 할 수 있는 외국인들도 많지 않다. 그러나 필자의 경험으로는 일본에서 일본음식을 먹으며 일본인과 친해지려고 노력하는 외국인을 볼 때에 우리기업들의 노력부족이라 아니할 수 없다.

2 경영과 문화

기업의 국제화와 욕구의 공통화로 인하여 수출, 합작투자, 자회사 등을 이용하여 사업활동을 전개하여 현재에는 말 그대로 세계시장에서 사업활동을 영유하고 있는 국제기업은 다양한 문화를 접하여야 한다.

한국인이 외국에서 사업을 할 경우에는 직무수행에 관한 기술적·기능적 지식과 한국인의 가치의식이 병존하여 소위 한국식으로 사업을 하게 된다. 또 외국에서 우리 국내에서 사업을 할 경우도 마찬가지이다. 직무수행의 배경에는 자기도 모르게 문화적 요인이 관련하고 있다. 이럴 경우 우리문화 지상주의에 빠져 외국문화·제도를 무시할 경우에는 국제적인 사업이 뜻대로 되지 않고 갈등이 나타난다.

그렇다면 문화란 무엇인가?

본래, 문화라는 단어는 E.B. Tylor에 의해 인류학에 소개된 단어로서 '지식, 신앙, 예술, 법률, 도덕, 습관 그리고 사회의 한 구성원으로서의 인간에 의하여 얻어진 다른 능력이나 습관들을 포함하는 복합총체[298)]'로 인식되어 왔으나 일반적으로는 생활양식(life style)으로 표현하기도 하고 사고방식(thinking style), 행동양식, 반응양식을 포함하여 정의하기도 한다.

예를 들면 Barnouw의 주장처럼 "집단 구성원의 생활양식과 학습된 행동의 상응적 패턴현상을 말하는 것으로 언어와 모방의 수단을 통해 다음 세대로 이어지는 것[299)]"과 "문화의 본질적인 핵심은 전통적 아이디어와 특히 그들이 지니는 가치관이며, 문화의 체계는 한편으로는 행위의 산출물로 다른 한편으로는 미래행동의 조건 반사적인 요소[300)]"들

298) Lesile A. White, Concept of Culture(with Beth Dillingham)(Minneapolis publising Company, 1973): 이문웅 역, 문화의 개념 : 문화결정론과 문화진화론의 입장(一志社), 1986, p. 49.

299) Barnouw. V, *Culture & Personality*, Homewood III: The Dorsey press, 1963.

300) Koreber A. L. & Kluckhohn, C. Culture : A Critical Review of Concepts and Definitions, Peabody Museum Paper, Vol. 47, No. 1, Cambridge Mass, Harvard University, 1952, p. 181.

이 그것이다. Webster에 의하면[301] 문화란, ① 교육 등에 의한 지적, 도덕적 능력을 개발하는 활동, ② 통합된 인간행동의 패턴이며, 사상, 회화, 행동, 공예를 포함한 세대에 전하는 인간의 학습능력과 전승지식에 의존한다. ③ 인종적, 종교적, 사회적, 관습적인 신념, 사회규모 및 물적 특성으로 나타나 있다.

영어의 Culture란 라틴어의 Cultura에 유래하여 교육 등에 의해 지적, 도덕적 능력을 개발하는 활동의 의미로 사용되고, 독일어인 Kultur와 문명의 지적 측면과 동일시 된다고 한다.[302] 이처럼 문화의 개념 자체가 광범위하고 그 연구도 사회학, 문화 인류학에서 중심적으로 연구가 되어 있어 그들의 정의 및 개념이 중시되어 왔지만 그들의 성과와 함께 경영학적인 개념을 찾아야만 한다.

문화의 어귀적 이해, 사회학적, 문화 인류학적이 아닌 실제의 생활 속에서 그 문화의 내용을 파악하는 것이 요구된다. 그 문화를 이해하는 것이 그 나라의 경영을 이해하는 지름길이 되기 때문이다.

문화를 포함하는 요소는 다음과 같은 요인이 포함된다.[303]

① Communication과 언어
② 옷과 자태
③ 음식물과 식습관
④ 시간 및 시간의식
⑤ 보수와 인정
⑥ 상호관계
⑦ 가치
⑧ 자기 공간의 감각
⑨ 뇌의 움직임과 학습
⑩ 신앙, 신념과 태도

물론 이러한 요소들은 각기 서로 독립적으로 존재하는 것이 아니라 상호 작용하면서 한 종족이나 민족의 독특한 문화를 형성하는 것이므로 세 가지 속성으로 표현하기도 한다.

301) Webster's New Collegiate Dictionary, G&.C. Merrian Company, 1989.
302) Pat Joynt & Malcdm worner(ed.), *Managing in Different Cultures*, Universites to Haget, 1985, p. 16.
303) Philip R. Harris & R. T. Moran, *Managing Culture Pifferences*, Gulf Publishing Company, 1979, pp. 58~62.

① 태어날 때부터 획득되어지는 것이 아니라 사회에서의 상장과정을 통해 터득되는 것이다.

② 지식, 가치, 믿음, 풍속, 관습 등의 개념을 대변하는 총체성(integrated whole)을 띠고 있다.

③ 사회 구성원들에 의해 공유되는 학습된 행동특성(learned behavior traits)을 나타낸다.

요즘, 상술한 문화적 요인이 해외기업관리에 어떠한 영향을 주고 있는가에 대해 국제경영론, 국제 기업론의 영역에서도 연구가 진행되고 있다.[304)]

일반적으로 경영학에서는 기업을 인간조직의 구성체로서 파악하고, 그러한 인간행동의 가치적 측면에 이질적인 문화적 배경을 이러한 의미에서 갖고 있는 가치의식을 더하는 것으로 파악한다. 이러한 의미에서 인간조직의 문화적 측면의 검토는 기업활동의 국제화의 진전에 의존하기 때문에 오히려 실제적으로는 더 빨리 진행되리라고 생각된다.

이질적(異質的)인 문화적 배경을 가진 사람들이 특정한 목적을 달성하기 위한 기회가 국제기업의 진전으로 그 기회가 증가하고 있지만 상호의 교류가 빈번해지면서 개개인의 異文化 충돌기회도 증가한다. 예를 들면, 기업의 활동범위가 한 문화권에서 다른 나라, 그것도 복수 문화권으로 진행되기 때문이다.

따라서 이문화 연구(異文化 研究)는 「인간은 모두가 자기의 소속 문화 시스템에 크게 좌우된다. 문화를 알고 있으면 그 사람이 어떻게 행동하는가를 예측할 수 있다. 나아가서 상대의 사회적 역할, 인격 등을 알면 예측도 더 정밀해진다.」[305)]는 것처럼 행동 과학적 접근이 나타나기 시작하였다.

문화가 조직 및 개인의 태도에 어떻게 관련하는가를 나타낸 모델은 <그림 13-2>와 같다.

---

304) 문화적 요인이 경영학의 영역에서 비교적 무시되었던 이유는 경영학의 중심은 시장, 원가, 자본, 노동과의 관례에서 물적 요인, 인적 요인을 어떻게 효과적으로 조합, 조직 체제를 만드는가에 중심이 있었기 때문에 의사결정 과정의 분석은 인간의 합리적 의사결정의 단계를 나타내고, 시스템론은 기계적으로 요소의 관련을 명백히 하였기 때문이다. 정량화에 있어서도 문화문제는 쉽게 분석 등이 계산적으로 되는 것이 아니고 경제성, 합리성 등의 기준에서도 문화적 요인이 경영학상의 중요한 문제로서 부상하는 기회는 거의 없었기 때문이다.

305) Philip R. Harris & Robere T. Moran op, cit, p. 70.

그림 13-2 드렌스 모델

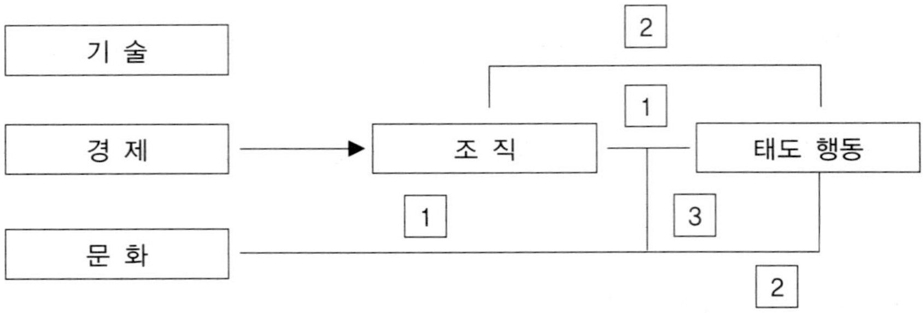

주 : 1. 문화가 조직 전체와 조직을 통해서 개인의 태도, 행동에 영향 주는 과정,
2. 문화가 개인의 태도, 행동에 직접적으로 영향을 주고, 개인의 영향이 조직에도 작용하는 과정,
3. 문화가 조직특성과 개인의 태도, 행동의 매개 또는 중화를 행한다.

이 모델의 특징은 문화가 조직과 명확히 관련되어 있고, 그 문화 자체가 일종의 여건이 되어 있다. 문화적 가치가 조직을 통해서 개인의 태도, 행동에 영향을 주고 피드백해서 조직에도 작용한다. 이 사이에 개인의 태도, 행동에 문화적 요인이 조직 특성을 매개 또는 중화하는 것에서 문화적 요소의 개재를 나타내고 있다.

또한 레인(Lewin)은 조직에서의 인간의 행위(B)는 개인(P)과 환경(E)의 두 가지 요인의 함수로 가정하여 다음과 같은 등식으로 표현하였다.306)

$$B = f(P, E)$$

다시 말하면 인간의 행위는 개인과 주어진 환경(문화적요인)과의 상호작용의 함수로 정의할 수 있으며 개인과 환경이 개인의 행위에 직접적인 행위에 영향을 끼치며 이 두 가지 요인에 의해 상호작용의 효과가 행위에 간접적으로 영향을 미친다는 것을 나타내준다.

문화적 변화의 중개인으로서의 국제경영은 사업활동을 통해 이전되는 기술 및 신상품, 신제도 등은 현지국에 바람직한 것으로 평가되어307) 각기 독특한 문화속에서 경영이 범세계화 되고 있다.

그러나 특정국에서 발전한 경영 시스템이 타국에서는 유용하거나 또는 수정을 필요로 하거나 어떤 때에는 효력이 전혀 없는 경우가 발생한다.308) 이문화권에의 직접투자, 현지

306) K. Lewin, Field Theory in Social Science, Harper Touch BOOK, 1961.
307) 물론 불필요한 소비조장과 전통적인 가치관을 파괴한다는 비난과 사장되어가는 기술 및 환경파괴 제품의 이전 등의 비난도 있다.
308) 이럴 경우에는 동질 문화권에서 발생하는 것과는 다른 문제가 나타나 그 대응도 할 수 없고, 대응을

종업원의 모집, 선택, 훈련은 현지에서 효과적인 경영 시스템의 구축과 관련하여 적합한 시스템의 형성에는 현지국의 문화를 반영하여야 한다. 즉 진출국의 경영시스템과 현지국에 맞는 문화가 절충되어 하이브리드(hybrid)적 접근으로 가야만 한다.

3 국제경영자 육성과 이문화

요즈음 같이 기업의 Global화에 즈음하여 해외기업에 있어서 중요한 성공요인의 하나가 국제경영인의 육성이라 할 수 있는데, 특히 해외사업의 초기 국면과 우리가 접하기 어려운 발전도상국에 진출하는 경우가 더욱 그렇다.

국제기업은 본국인에 의해 움직이고 관리될 수 있다는 점 때문에 전문적인 해외파견 경영인이 요구된다. 물론, 국제경영인이라 함은 세계적으로 움직이고 활동하기 때문에 요즈음은 해외파견 시의 언어장벽, 이문화의 적응 등을 고려하여, 현지인의 채용도 늘어나고 있다. 어떤 점에서는 해외진출기업의 성공 여부는 유능한 현지인의 채용이라 할 수 있는데 여기에서는 현지인을 대상으로 하지 않고 해외파견인을 중심으로 한 국제경영자를 중심으로 논하고자 한다.

종래에는 해외파견 경영자를 과거업무실적, 지식, 기술 등에 많은 비중을 두었으나 현재에는 현지문화적응능력(cross-cultural adaptation)이 많이 강조되고 있다. 다른 환경에서 성공적으로 적응할 수 있는 능력이 지금까지는 무시되어 왔으나 현재에는 외국문화에 대한 관심, 언어능력, 적응력 등이 중요한 요인이 되고 있다.[309)]

해외업무에 있어 나타나는 이문화 문제를 관리할 경우에는 다음과 같은 점이 필요하다.

① 해외근무의 순응 및 직무수행능력
② 이문화에 대한 긴장감 해소
③ 적절한 해외인재 파견과 육성프로그램의 향상
④ 현지에 필요한 경영시스템
⑤ 해외생활자에 대한 가족 배려

한다고 하더라도, 적절하지 못하게 대응하는 경우가 많다.

309) Edwin Miller, “The International Selection Decision: A study of managerial behavior in the Selection Decision Process”, Academy of management Journal (June 1973), p. 243.

⑥ 한 나라의 관리자뿐이 아닌 지구형의 관리자를 육성
⑦ 문화적 편견을 없앰

이러한 관리는 용이한 것이 아니므로 장기간의 축적을 통해 이루어져야 한다. 특히 필자의 경험으로 보면 해외진출기업의 갈등 이유는

① 문화적 환경의 차
② 한국기업의 해외경영 부족
③ 현지 종업원 교육 부족 등을 들 수 있다.[310)]

문화적 환경의 차란 이문화 적응능력 교육의 결여라 할 수 있고 한국기업의 해외경영 부족이라 함은 한국식의 사고방식으로 현지 종업원을 취급하기 때문에 나타나는 문제이고 현지 종업원 교육 부족이라 함은 일본기업의 경우에는 우수 종업원의 「일본연수」를 통해 일본문화를 이해시키고 일본식 경영을 이해시키는 것처럼 우리 기업들도 「한국연수」를 통한 한국의 문화이해가 절실히 요구된다.

또 하나는 필자의 경험으로 보면 우리 기업의 해외 파견자들의 긍지를 보면 미국, 일본 등의 파견자는 무척 긍지를 느끼고 있었으며 태국, 필리핀의 파견자는 위축되는 느낌을 갖고 있었다. 그러나 중국, 러시아 등에 진출해 있는 해외파견자들은 긍지를 느끼고 있었으나 가족들 특히 어린이들의 교육문제가 심각하게 나타나고 있었다.

우리나라의 경우 삼성은 중장기 목표전략으로 국제 경영자의 개념을 선진일류 기업의 종업원과 대등한 능력으로 갖추기 위해 국제 경영인이 갖추어야 할 요건으로서 외국어 구사능력, 전문지식, 국제적인 식견과 상식, 이문화 적응능력, 현지인 관리능력, 그리고 전략적 사고능력 등을 제시하고 있다.[311)]

소니(sony)는 국제화 전략의 일환으로 간부회의를 영어로 진행하고 있는 것으로 알고 있는데 우리나라에서도 쌍용그룹은 94년 이후 해외지사장 확대회의 때 일부 회의 일정을 영어로 진행하도록 의무화한 것으로 알려졌다. 그리고 해외순방 때 현지에서 갖는 회의는 영어나 현지어로 진행한다는 방침도 갖고 있는 것으로 밝혀지고 있어 우리나라도 국제경영자양성에 전력을 쏟고 있는 것 같이 보인다.[312)]

310) 졸고. '한국 중소기업의 필리핀 진출 현황', '경영과 기술', 기업은행, 1993년 7, 8월호, pp. 76~81.
311) 또 삼성은 국제인력의 조기양성을 위해 1년간 해외현지에 독신으로 파견시켜 자유롭게 생활하게 함으로써 현지국의 언어습득, 문화, 가치관 등은 직접 체험하게 함으로써 현지인을 이해하는 지역전문가로 양성하는 프로그램도 실시하고 있다.
312) 1994년 1월 16일자 조선일보.

해외 파견되는 경영자들은 그들이 본국에서 받고 있는 이상의 임금수준이 되길 바라고, 낯선 환경에 생활하는 데에 대한 보상과 더불어 생계비가 높은 일본과 같은 경우는 이를 보상해줄 조정수당이 필요하다. 따라서 해외파견경영자들은 기본금, 부가근무수당은 물론 인사적인 문제에서도 적절한 보상이 이루어지지 않으면 안 된다.

해외파견자들은 여러 가지 프로그램을 거쳐 현지에 파견되는데 처음 해외에 관리자들은 문화적 충격(cultural shock)으로 인하여 심리적 혼란 상태에 빠지기 쉽다. 현지국어를 완전히 구사할 수 없고, 비음성적 언어의 부족, 현지국의 문화 및 상식의 부족으로 인하여 현지인과의 접촉 시에는 불안, 당황 그리고 긴장감을 느낀다. 이러한 문화적 충격에 재미있는 자료가 있다.[313]

놀랍게도 해외파견 근무 경험이 많은 대부분의 유능한 국제경영자들이 가장 심각한 문화적 충격에 괴로워하고, 대조적으로 유능하게 평가되지 않는 관리자들은 문화적 충격이 거의 없는 것으로 나타나 있다.

문화적 충격은 상술한 바와 같이 여러 가지 원인이 되겠으나, 간단히 말하자면 국제경영자의 새롭고, 예측 불가능한 불확실한 환경에 대한 반응이다.[314] 이러한 문화적 충격을 빨리 극복하기 위해서는 문화적 상황(cultural situation)[315], 특히 자신의 업무와 관련되는 상황에 초점을 맞추어 학습훈련을 하여야 한다.

문화적 충격에 대해 알고 있어도 충격을 극복하는데 큰 힘이 된다. 이 문화적 충격과 관련해서 국제경영자들의 외국생활의 적응과정에서 또 하나의 지식은 일정한 유형이 있다는 사실이다. 새로운 문화에의 적응 과정은 대개 1-2년의 기간을 두고 U 자형의 커브를 나타낸다. 국제경영자가 외국문화에 적응하여 본국보다 외국문화에 젖게 되면 해외지사를 연결하는 중개인으로서의 역할을 수행할 수 없게 된다.

국제경영자가 이러한 이유에서도 일정기간을 두고 근무지를 바꾸거나 귀환한다. 이제는 외국의 습관이나 생활양식, 그리고 미묘한 표현방식 등에 익숙해져 있을 때 본국으로부터의 귀환소식은 국제경영자를 당황하게 한다. 해외근무를 마친 종업원의 20%는 그들이 본국으로 귀환할 때 자신의 회사를 떠나기를 원한다. 34개의 다국적 기업을 대상으로 연구한 월스트리트 저널지의 보고에 의하면 "경영진은 외국으로부터 귀환한 달갑지 않

313) Ratiu lndrei, "Thinking Internationally: A Comparison of How International Executives," Internation Studies of Management and Organization, Vol. XIII, No. 1-2 (spring-summer, 1983) pp. 139~150.

314) 문화적 충격이 일어나는 이유는 자기문화 내의 습관, 행동 등이 익숙치 않아 당황과 단절감을 느끼기 시작하며 다음은 말이나 사고 등에서 애매한 상황에 접하게 되면서 느끼는 불편함이다. 예를 들면 남존여비, 연공서열 등의 한국적 가치관과 상반되는 문화에서 겪는 남녀의 사회적 지위, 여자를 대하는 법, 가족제도의 차이, 연장자의 대우 등의 가치관에서 심한 갈등을 느끼기도 한다.

315) 문화적 상황이란 자신이 파견될 국가의 인사예절, 사무방식, 식사예절, 협상, 다툼, 사랑, 진학, 자녀교육 등의 문화양식을 실제 상황처럼 가정해서 학습훈련을 갖는 것을 말한다.

은 종업원들로 인해 회사의 경비가 가중된다면 매우 민감하게 반응한다는 것이다.[316]"

귀환하는 경영자들은 해외로 나갈 때에는 일반적으로 새롭고 낯선 환경을 기대하지만 본국으로 귀환시에는 역문화 충격(reverse culture shock)을 받는 수가 있다. 이것도 사람에 따라 다르겠지만 대다수의 사람들은 외국문화에 적응하는 단계와 마찬가지로 U 자형의 커브형태를 결정한다. 즉 처음에 매우 고조된 기분에 있다가 급속히 기분이 저하되고 그 다음에 천천히 정상적인 기분을 되찾게 한다. 많은 경영자들에게 그들의 해외경험은 단기적으로 볼 경우에는 귀환 경영자의 2/3 이상이 안보면 마음도 멀어진다는 병 때문에 괴로워한다.[317]

즉 그들에게 있어서 해외근무경험은 많은 흥분과 도전을 제공하고 많은 공부가 되었을지라도 그들의 경력은 멈추었고 회사조직은 변해 있었고 근로습관, 규범, 절차 등이 변해 있어 회사의 이방인이 되어 있었고 귀환한 국제 경영자들도 직무책임과 직무범위 뿐만 아니라 귀환에 따른 눈에 보이지 않는 어떤 불리한 상황에 대하여 본국의 조직문화에 재적응해야 하는 문제에 직면하게 된다. 그러나 우리나라와 같은 경우에서는 미국, 일본 등의 선진국의 파견 관리자들은 밸리데이션(Validation)이 높다.[318]

일반적으로 밸리데이션이 높은 귀환자들은 그렇지 못한 귀환자들보다 더욱 회사를 위해 열심히 일한다. 국제경영자육성은 늦은 감이 없지 않으나 내적인 요소로서는 모티베이션 향상에 힘써야 함과 동시에 가족들의 적응문제, 귀환 후의 대우문제 등을 고려해야 한다. 또한 외적인 요소로서는 (1) 경의를 갖고 전달하는 능력, (2) 지식과 지식을 자기 것으로 하는 능력, (3) 공감을 표하는 능력, (4) 상호의 관심을 표명하는 능력, (5) 비 독단적으로 처리하는 능력[319]을 육성하도록 훈련하여야 한다.

따라서 현재와 같은 개방화시대에서는 자의이든 타의이든 간에 국제화가 이루어지기 때문에 기업도 글로벌화 하지 않을 수 없어 기업을 둘러싼 환경도 변화하게 되는데 국내기업과 다른 점은 문화적 차이에 의한 점이라 하겠다.

다시 말하면, 기업이 성장하여감에 따라, 국내에서 국제적으로 그 무대가 옮겨감에 따라, 기존의 국내문화와는 다른 이질적인 문화권과의 접촉이 불가피하여지고 문화적인 차이에 대한 경영상의 어려움에 부딪히게 된다. 한 나라의 문화를 형성하는 문화요소, 즉 언어, 종교, 사회적 관습, 가치관, 규범 등은 국제기업을 운영하는 기본적인 시각이지만

316) "Workers Sent Overseas Have Adjustment Problems, A New study shows," Wall Street Journal (June, 19, 1984), p. 1, cos. 5.

317) Hazzard, Michaels, Study of Repatriation of the American International Eecutive (New York : Korn/Ferry International, 1981).

318) 밸리데이션이란, 해외파견인들이 본국으로 돌아오자마자 다른 사람으로부터 받는 인정의 정도를 말한다.

319) Philip R. Harris and Robert T. Moran, op cit., p. 130.

그 기본시각은 자국 중심적인 것과 다국 중심적으로 나눌 수 있다.

이문화권에서의 직접투자, 현지종업원의 모집, 선택, 훈련은 현지에서 효과적인 경영시스템의 구축을 위해서는 현지국의 문화를 반영하지 않으면 적합한 시스템의 형성은 기대하기 어려울 뿐 아니고, 이문화 담당자로서의 국제경영자들의 관리와 프로그램의 현실화가 긴급히 요구된다.

특히 해외파견자들은 문화적 충격(cultural shock)을 받으며 서서히 현지에 적응되어가는데 그들이 두려워하는 것은 문화적 충격보다는 귀환 후의 보상 및 대우라 할 수 있으며, 귀환하는 경영자들은 귀환 시 역문화 충격(reverse cultural shock)이 해외 파견 시의 문화적 충격보다 더 크기 때문에 이들을 관리하는 새로운 시스템 형성이 중요하다고 할 수 있다. 그리고 이러한 경영자들은 현지인과 함께 기업 활동을 영위해야 하므로 현지인의 모집, 선발, 채용 등에 관한 능력도 배양되어야 함과 동시에 파견 시의 가족들의 처우 및 보상도 고려해야 한다.

국제기업을 영위하기 위해서는 복합적인 문화연구와 문화에 의해 발생되는 새로운 기업시스템도 체계화하여야 하며 국내에서는 귀환자들을 위한 새로운 시스템도 마련하여야 한다.

이러한 의미에서 이문화를 경영학적으로 접근하는 경우에는

① 국제경영활동으로서의 이문화 문제
② 진출기업의 문화와 현지인의 행동, 태도, 정책의 결정문제
③ 귀환자들의 역문화 충격 관리문제

등의 세 가지 측면에서 연구되고 검토되어야 한다.

제13장 2절 이문화 분석모델

기업문화의 가장 핵심적인 요소는 구성원들의 가치관이기 때문에 국제경영에 있어서는 구성원들의 가치관에 영향을 주는 타문화를 이해할 필요가 있다. 일반적으로 자국문화에 접해 있던 민족은 타민족의 문화를 자국 문화적으로 인식하여 갈등이 일어나는 경

우가 많다. 특히, 현재처럼 다문화 사회에 살고 있는 현대인이지만 타국의 행동이나 가치관을 자국의 가치관으로 인식하여 다국적기업 중에는 타국의 문화를 이해하는 것을 국제경영의 최초의 이해라고도 한다.

다문화 사회에서의 문화적 행동, 가치관을 이해하기 위해서는 이문화의 분석모델은 필수이며 상황에 따른 문화적 변수를 분석해보려 한다.

1 이문화의 분석모형

1) 클러크혼의 모형

각 문화의 가치체계에 따라 문화적 차이를 비교하기 위하여 클러크혼 부부는 5가지의 기본적인 질문에서 사회의 주류가 어떻게 답변을 하는가에 따라서 그 사회의 문화를 구분하고 있다. 물론 한 문화권 내에서도 수많은 사람이 있고 그들이 제각기 다른 가치관과 행위 유형을 갖고 있겠지만, 그 중에서도 다수의 구성원들이 갖고 있는 공통적 가치관과 사고방식을 찾아내 보자는 것이다.

클러크혼의 5가지 질문은 다음과 같다.

① 인간의 본성은 기본적으로 선한가, 악한가?
② 인간과 자연의 관계는 어떤가?
③ 삶의 주관심사가 과거인가, 현재인가, 미래인가?
④ 사람의 활동양식이 정적인가, 동적인가?
⑤ 인간관계는 개인주의적인가, 그룹 중심적인가, 권위주의적인가?

경영자는 우선 자기 문화나 자기의 가치관이나 혹은 행위가 어떤 행위인가를 이 질문을 통해서 확인한 후, 비교하고자 하는 외국문화의 가치관과 행위를 사하여 두 문화의 차이를 음미해 볼 수 있다. 이 질문에 대한 답변은 <표 13-1>과 같다.

표 13-1 클러크혼의 모형

기 준	행위 및 사고 유형		
인간의 본성	기본적으로 악함	선과 악의 혼합	기본적으로 선함
인간과 자연의 관계	자연에 복종	자연과의 조화	자연을 정복
시간 지향성	과거 지향적 (전통적)	현재 지향적 (찰나적)	미래 지향적 (목표 지향적)
활동 양식	정직	내면성장	동적
인간관계	권위주의적 (상하관계)	그룹 중심적 (공존관계)	개인주의적 (동등한 관계)

자료 : F. Kluckhohn and F. Strodbeck, Variations in Value Orientations(Evanstons, III., Row, Peterson & Co., 1961).

주 : [a] 인간의 본성은 선과 악 말고도 가변성인가 불변성인가를 기준으로 분류할 수도 있다.
[b] 정적 : 인생에 꼭 무엇을 달성해야 되는 것은 아니고, 존재하는 것만으로도 충분하다.
내면성장: 인간의 존재이유는 내면적 성장에 있다.

클러크혼 모형은 물론 외국 문화의 여러 측면 가운데 일부만을 보여주고 있으므로 이것만 가지고 외국문화를 완전히 비교할 수 있다는 것은 아니다. 그러나 이 모형의 매력은 그것이 아주 간단하다는 데 있으며, 그러면서도 이를 통해서 외국문화에 대한 이해를 높일 수 있다는 점이다.

2) 홀의 모형

문화적 차이를 이해하기 위해 문화를 비교하는 또 따른 하나의 비교문화적인 분석 방법으로 홀(E.T. Hall)의 모형을 들 수 있다. 그는 각 국가의 문화를 고배경 문화(High-Context Culture: HCC)와 저문화 배경(Low-Context Culture: LCC)의 개념으로 이원화하였다. 여기에서 배경(Context)은 사상을 보는 방법들 중의 하나로서 각 국가의 문화를 평가하는데 중요한 역할을 한다고 보고 있다.

표 13-2 클러크혼 모형의 적용

아랍 문화권	일본 문화권
선악혼합	선악혼합
자연과 조화	자연과 조화
자연에 복종	
과거 지향적	과거 지향적, 미래 지향적
정적	정적
권위주의적	권위주의적, 그룹 중심적

자료 : F. Kluckhohn and F. Strodbeck, Variations in Value Orientations(Evanstons, III., Row, Peterson & Co., 1961.

홀이 고배경문화(HCC)와 저배경문화(LCC)로 각 국가의 문화를 분류하는데 있어 기준으로 삼는 몇 가지의 문화요소 또는 차원을 중심으로 양자의 차이점을 평가한 것을 개략적으로 살펴보면 다음과 같다.

먼저 HCC에서는 커뮤니케이션 또는 메시지의 정보가 대부분 신체적 배경 또는 개인에 내부화 되고 명백하게 부호로 나타나거나 메시지로 옮겨지지 않는다. 다시 말해서 의사전달자의 배경, 연상, 기본적인 가치관 등 커뮤니케이션의 배경에 더 많은 정보를 포함하기 때문에 실제로 구두로 나타난 메시지에는 적은 정보가 적게 포함된다는 것이다.

반면에 LCC에서는 메시지가 명백한데 커뮤니케이션에 있어서는 실제의 대화를 통해서 대부분의 정보가 교환된다고 보고 있다. 이러한 차원에서 볼 때, 중국, 일본 및 아랍문화는 HCC에 속하며, 미국 또는 독일의 문화는 LCC에 분류된다. 미국의 경영자들이 일본 기업의 경영자들과 협상을 할 때 일본의 파트너들이 분명하게 그 핵심을 밝히지 않는다고 불만을 표시하는 이유의 하나가 이와 같은 문화적인 차이에서 기인한다고 할 수 있다.

표 13-3 고배경 문화와 저배경 문화의 비교

요소 및 차원	고배경 문화	저배경 문화
법 또는 법률가	덜 중요함	매우 중요함
개인의 말	그 개인이 보증함.	서면으로서의 보증임
조직의 실책에	최고위층이 짐	최하위층이 짐
공 간	상대방과 근접함	개인 공간을 지니며, 받는 것을 싫어함
시 간	폴리크롬닉 함. 즉, 생활에 있어서 매사는 그 자신의 시간에 의해 처리됨.	모로크로닉 함. 즉, '시간이 돈이다'라는 관념이 강함.
협 상	매우 오래 끌게 됨. 그 목적을 모든 당사자들이 서로 알게 하는데 있음.	매우 신속히 진행됨
경쟁 입찰	빈번하지 않음	일반적임

자료 : W. J. Keegan, *Multinational Marketing Management*, 2nd ed.(Englewood Cliffts, New Jersey : Prentice-Hall Inc., 1980), p. 87.

이상에서와 같이 홀은 각 국가의 문화를 몇 가지 요소들을 기준으로 분석하였으며, 이 모형이 지나치게 기술적이고 주관적이라는 한계점을 지니고 있다. 아울러 CC와

LCC로 구분하는데 있어서 경계가 불분명하다는 약점을 가지고 있다. 그러나 국제경영의 관점에 서서 각 국가의 문화적 차이를 이해하는데 클러크혼 모형보다 유용성이 높다고 하겠다.

3) 호프스테드의 모형

국가 간의 문화적인 차이를 비교·분석하는 또 하나의 모형으로 호프스테드(G. Hofstede)의 연구를 들 수 있다.[320]

호프스테드는 4가지의 기준, 즉 ① 개인주의 대 집단주의(individualism versus colectivism), ② 대·소 권력간격(large or small power distance), ③ 불확실성에 대한 회피성의 강·약(strong or weak uncertainty advoidance), 그리고 ④ 남성다움 대 여성다움(masculinity verse feminity)에 따라 국가 간의 문화적인 차이를 비교·분석하였다. 예를 들어 권력 간격과 개인주의-여성다움과 불확실성에 대한 회피성 등과 같이 서로 독립적인 2개의 차원을 결합하여 각 국가들을 다양한 문화집단으로 분류하였다. 호프스테드가 표현한 4가지 차원들의 개념 또는 의미에 대해 간략하게 살펴보기로 한다.

① 개인주의

이는 사람들이 그들 자신과 직계가족들에게만 관심을 갖는 것으로 간주되는 느슨하게 짜여진 사회구조를 의미한다. 반면에 개인주의는 사람들이 자신의 집단과 외부집단 사이를 구별하는 엄격한 사회구조로 특징되는데, 그들은 그들 내부집단(친척, 당파, 조직 등)이 자신들을 좀 보아 주기를 기대하며, 내부집단에 절대적인 충성을 보인다는 것이다. 예를 들면, 미국, 영국, 네덜란드 등은 매우 개인주의적인 국가이고, 콜롬비아, 파키스탄, 대만 등은 매우 집단주의적인 국가로, 일본, 인도, 오스트리아, 스페인 등은 양자의 중간에 위치하는 국가로 나타났다.

② 권력간격 (권위주의)

이는 한 사회가 어떤 기관이나 조직에 있어서의 권력이 불평들하게 분산되어 있다는 사실을 받아들이는 정도를 의미한다. 모든 사회는 불평등하나, 어떤 사회는 다른 사회보다 그 정도가 상대적으로 심하다는 점에 착안한 것이다. 필리핀, 베네수엘라, 인도 등은 권위주의적 국가에 속하는 것으로 나타났으며, 반면에 덴마크, 이스라엘, 오스트리아 등은 평등주의적 문화로 나타났다. 그런데 재미있는 현상은 권

320) G. Hofstede, Culture and Organization(1990), 차재호외 역, 세계의 문화와 조직, 학지사, 1995.

력 간격과 집단주의를 결합시켜 보면 집단주의의 특성이 강한 국가는 항상 큰 권력을 나타내지만 개인주의의 특성이 강한 국가는 항상 작은 권력 간격을 나타내지는 않았다는 점이다. 다시 말하면 개인주의적이면서 동시에 권위주의적인 문화가 존재하는 것이다.

③ 불확실성에 대한 회피

이는 불확실한 미래를 어떻게 받아들이는가를 설명한다. 불확실성에 대한 회피가 약한 사회에서는 미래에 대해 위협을 별로 느끼지 않아 일을 열심히 하지 않고 다른 사람의 의견이 자신의 것과 달라도 별로 신경을 쓰지 않는다. 반면에 불확실성에 대한 회피가 강한 사회에서는 초조, 불안 등이 뚜렷하게 나타나며 이에 따라 각종 법적 규범적 제도 치로써 위험을 줄이고 안전을 기하기 위해 많은 노력을 기울인다. 이 불확실성에 대한 회피성과 권력 간격 차원을 결합했을 때, 불확실성에 대한 강한 회피성과 함께 큰 권력 간격을 보이는 국가들에는 모든 라틴국가(라틴유럽과 라틴 아메리카), 유고, 그리스, 터키 등의 지중해 연안 국가들과 일본, 한국 등이 속하는 것으로 나타났으며, 그 반대의 경향을 보이는 국가들에는 덴마크, 스웨덴, 영국, 아일랜드 등이었다.

④ 남성다움

이는 사회 안에서 지배적인 가치가 어느 정도로 남성다운가를 나타냈는데, 남성과 여성의 역할을 구분하는 데 있어서 성의 사회적 역할을 최대한으로 구분하는 사회를 '남성다운' 것으로 보고, 상대적으로 그것을 작게 구분하는 사회를 '여성다운' 것으로 본다는 것이다. 가장 남성다운 국가는 일본으로 나타났고, 그 반대로 여성다운 국가는 4개의 노르딕 국가들과 네덜란드로 나타났다<표 13-4 참조>.

이상에서 호프스테드가 각 국가의 문화를 비교하기 위해서 제시한 4가지 차원에 대해서 살펴보았다. 이 호프스테드 모형은 방법론에 있어서 클러크혼 모형이나 홀의 모형과는 달리 계량적인 분석방법을 도입하였기 때문에 객관성이 훨씬 높다고 볼 수 있다. 그리고 이 모형으로 얻어진 결과는 국제기업 또는 국제경영인이 본국과는 달리 분류되는 국가에서 리더십, 조직설계, 동기유발 등의 문제에 효과적으로 대응하는 방안을 모색하는 데 도움을 줄 것이다.

표 13-4 홉스테드모형의 네 가지 변수: 각 국가별 비교지수

국 명	개인주의	권력 간의 간격	불확실성의 회피성향	남성중심의 정도
한국	18	60	85	39
그리스	35	60	112	57
대만	17	58	69	45
싱가포르	20	74	8	48
파키스탄	14	55	70	50
미국	91	40	46	62
일본	46	54	92	95
영국	89	35	35	66
독일	67	35	65	66
프랑스	71	68	86	43
인도	48	77	40	56
덴마크	74	18	23	16
이스라엘	54	13	81	47
오스트리아	55	11	70	79

그러나 호프스테드의 모형을 이용할 때, 그의 연구가 어느 정도 타당하며 일반화될 수 있을지에 대한 문제점이 제기될 수 있다. 그가 연구를 위해 추출한 표본이 과연 각 국가의 문화를 대표할 수 있는가 라는 대표성 문제와 그가 표현한 차원의 문제가 제기된다.

4) 트롬패나스(Fons Trompenaas)의 모형

호프스테이드와 홀의 연구가 학술적이었다면 트롬패너스의 연구는 실천적이었고 구체적이었다고 하겠다. 따라서 그의 연구는 1979년에 개시한 로얄 더치 쉘그룹의 5개 사(네덜란드, 스웨덴, 싱가포르, 그리스, 베네수엘라)와 의류업체 5개 사(미국, 오스트리아, 네덜란드, 스페인, 이탈리아)를 대상으로 한 조사가 발단이 되었으며 7개의 차원으로 연구되었다.

15년에 걸쳐 경영에 대한 문화에 대한 연구의 성과를 집대성한 것이 '문화의 물결을 넘어서(Riding the Waves of Culture, 1993)'란 책이다. 그는 30개 사의 협력을 얻어 세계 50개국에서 이루어진 조사의 결과를 발표하였다. 트롬패나스가 중신한 것은 첫 번째로 기업의 경영과 조직에는 유일한 방법이 없다는 것과, 두 번째는 자국의 문화와 타국의 문화를 이해하여 비즈니스로 그것을 살리는 것, 세 번째로 국제적인 조직에서 글로벌과 로컬이라는 딜레마에 조직적 통찰을 줄 것 등의 세 가지 점이다.

그리고 그는 보편주의와 개별주의, 개인주의와 집단주의, 중립적과 감정적, 특정적과 확산적, 업적과 속성, 시간과의 관계, 환경과의 관계 등 7가지 차원을 축으로 각국의 비교분석을 행하고 있다.

① 보편주의와 개별주의(Universalism vs Particularism)

보편주의의 인간은 규칙을 중시하고 예외를 인정하지 않는 경향이고, 개별주의의 인간은 규칙을 무시하고 상황에 의하여 다른 판단을 하는 경향이 있다. 조사의 결과에 의하면 프로테스탄트계의 국가는 보편주의의 경향이 강하여 문제가 발생한 경우 법원에 가는 경향이 많다. 또한 보편주의에서는 비즈니스에서 계약이 무척 중요하게 취급된다.

개별주의의 인간은 규칙은 하나의 가이드라인 정도로 생각하고 오히려 인간관계를 중시하는 경향이 있어 보편주의의 사람들과 비즈니스를 할 경우 알력이 일어날 가능성이 있다.

② 개인주의와 집단주의(Individualism vs Collectivism)

개인주의는 개인을 주체로 생각하는 경향이며, 집단주의는 공통의 목적을 중시하는 경향이다. 조사에 의하면 이스라엘, 루마니아, 나이지리아, 캐나다 등은 개인주의가 강한 국가이며 프랑스, 일본, 중국 등은 집단주의의 경향이 강하다.

③ 중립적과 감정적(Neutral vs Emotional)

감정을 어느 정도 표현하는 것인가를 나타내는 차원이다. 가장 중립적인 것은 이디오피아와 일본이다. 유럽의 경우는 나라에 따라 달라지고 있으며 오스트리아가 유럽에서는 가장 중립적이며 스페인, 이태리, 프랑스는 감정적인 정도가 강하다. 중립적인 국가의 사람이 감정적인 국가의 사람과 잘 적응하기 위해서는 상대를 따뜻하게 접대하며 정열적으로 대응하고 이야기의 중심이 사람이고 물건이 아니라는 것을 알 필요가 있다. 반대로 감정적인 사람이 중립적인 사람들과 잘 적응하기 위해서는 교섭 전에 될 수 있는 한 서류를 준비하고 구체적인 화제를 중심으로 하는 것이 중요하다.

④ 특정적과 확산적(Specific vs Diffuse)

특정적이라는 것은 비즈니스의 상하관계와 직책이 일하는 것에 한정되어 있는 경우를 말하며 확산적이라는 것은 일이외의 사생활에도 이 입장이 침투되어 있는 경우를 말한다. 미국, 영국, 스위스 등 유럽 국가들은 특정적이며 중국, 네팔, 나이지리아 등은 확산적이다.

홀(Hall)의 이론과 부합시켜 본다면 저배경 문화는 특정적 문화와 관계가 있고 고배경 문화는 확산적 문화와 관계가 있다고 하겠다.

⑤ 업적과 속성(Achievement vs Ascription)

업적문화는 그 사람의 업적에 의해 사회적 평가가 정해지는 문화이며, 연령이나 계급, 지위, 학력 등 소위 속성에 의해 평가되는 속성문화가 있다. 프로테스탄트계의 나라의 사람들이 업적을 중시하고 가톨릭, 불교, 힌두교의 국가들은 속성을 중시한다고 되어 있다. 우리나라와 일본은 유교국가이지만 속성문화의 특성과 관계가 있다고 하겠다.

⑥ 시간과의 관계(Attitudes to time)

시간에 대한 감각도 문화에 따라 다양하며, 과거, 현재, 미래의 관계에 나라의 문화에 대한 차가 명확하게 등장한다. 러시아와 베네수엘라 등은 과거, 현재, 미래의 연결이 잘라져 있지만 프랑스, 캐나다, 노르웨이 등은 과거, 현재, 미래가 연결되어 있고 특히 일본과 말레이시아 등은 겹치는 부분이 크게 나타나 과거, 현재, 미래가 밀접한 관계가 있다고 하겠다.

⑦ 환경과의 관계(Attitudes to the Environment)

환경과의 관계는 자연을 조정할 수 있는 자세와 자신은 자연의 일부로서 존재하는가 하는 2차원의 접근방법이다. 이것은 또한 자신의 인생을 자신이 조정하려고 하는 자세와 자신 이외의 힘을 인정하는 자세와의 차이이다. 북미는 자신이 조정하려는 경향이 강하고 러시아, 중국은 약하게 나타난다.

2 이문화 환경에의 적응

외국의 지사나 현지 법인에서 장기근무를 하게 되는 관리자는 자신의 감정과 무관하게 이문화를 이해하고 그것에 적응해야 하는 당위에 직면하게 된다. 종종 한국기업의 관리자들이 외국에 나가서 언어 및 문화에 적응하지 못해 부임한 지 1년 가까이 되도록 제대로 기능을 하지 못하는 경우가 종종 있다. 이처럼 수개월 간 비교적으로 장기적으로 처음 외국에 나가면 심리적으로 불안하게 된다.

이러한 현상을 문화충격(culture shock)이라 한다. 이 충격의 증상은 불안감, 신경질, 반항감, 심한 향수증, 우울증 등으로 나타나고, 심한 경우에는 신체적인 병이 유발될 수도 있다고 한다. 이처럼 개인의 심리적인 변화는 가족이나 부부관계를 어렵게 하고, 때로는 과도한 음주를 유발하기도 하며, 결국에는 맡은 일을 제대로 수행할 수 없게 되는 결과를 가져온다. 또한 이 충격에 대한 사람들의 반응은 외국 내에서 자기 나라 사람만을 접촉하여 업무상 필요한 경우를 제외하고는 현지인을 가급적 피하려는 경향을 보이는데, 이와 같은 행위는 외국에 나가 있는 한국인, 일본인은 물론 미국인 등에서 공통적으로 나타나는 현상으로 충격의 영향이 장기화되는 바람직하지 못한 상태이다.

그러면 이문화의 충격현상이 일어나는 이유는 무엇인가? 첫째는, 사람이 자기문화 내에서 익숙해져 있는 작은 일들, 예컨대 인사하는 방식이라던가, 팁을 주는 행위라던가, 손님을 초대하는 일과 같이 일상적인 일에서부터 익숙하지 않아서 단절감을 느끼기 시작하며, 즉 지금까지는 절대적이라고 생각했던 여러 믿음들이 흔들리면서 충격은 더 심해진다. 예를 들어서 한국인 같으면 서구사회에 가서 한국적 가치관과 상반되는 남녀의 사회적 위치, 여자를 대하는 법, 가족제도의 차이 등의 가치관에 접하게 될 때, 매우 심한 갈등을 느끼게 된다. 이처럼 불안정한 상황 아래서 업무를 수행해야 하고 실적을 올려야 할 때, 마침내 충격으로 인한 노출이 되게 된다.

물론 사람에 따라서는 이러한 심리적인 변화가 오지 않는 사람도 있겠지만, 대부분의 사람들은 정도의 차이는 있어도 대체로 이문화의 충격을 경험하게 된다. 이러한 경험을 하게 되면 우선 그러한 반응이 자연적으로 발생하는 것이라는 점을 인식하는 것만으로도 도움이 되며, 더 나아가서 그러한 충격은 감정 내지는 심리적인 것이기 때문에 반드시 합리적으로 해결할 수 없다는 점을 인식해야 할 것이다. 이처럼 이 현상에 대해서 알고만 있어도 충격을 극복하는데 도움이 된다.

이문화의 충격과 관련해서 외국생활에의 적응을 도울 수 있는 또 하나의 지식은 대부분의 사람들이 새로운 문화에 적응하는 과정에는 이러한 유형이 있다는 것인데 각 단계별 특징을 보면 다음과 같다.

① 최초 도취기

대개 외국에 처음 부임을 하게 되면 큰 기대감과 긍정적인 마음자세를 가지고 임하게 된다. 또한 현지 문화나 국민에 대해서 호감을 가지며, 새로운 것을 접해도 좌절감보다는 오히려 약간의 흥분을 느끼기도 한다. 그리고 무엇보다도 '사람이란 결국 어딜 가나 마찬가지다'라는 생각을 갖게 되고, 문화적 차이점보다 공통점이 크게 느껴진다. 이 시기는 한두 달 동안 지속된다고 한다.

② 초조 불안기

차츰 문화적 차이를 인식하게 되고 그것으로 사람이 괴로워하기 시작하여 사소한 일에도 화를 내거나 말썽을 일으키기도 한다. 이 기간을 문화의 충격증상이 나타나는 때로 본다.

③ 점진적 적응기

불안감이 차츰 사라지고, 외국생활의 안락함을 느끼고 소외감을 덜 느끼게 된다. 그 전까지는 무심히 지나쳤던 사소한 생활습관의 차이 등을 알게 되고, 여유도 생기게 되며 자신감도 생기게 된다.

④ 이중문화기

새로운 문화의 충격으로부터 완전히 벗어나 적응하게 되며 이제는 두 문화권 내에서 제대로 기능 할 수 있다는 자신감이 생기게 된다. 외국의 습관이나 생활양식, 그리고 미묘한 표현방식들에 익숙해져, 다시 본국으로 돌아가더라도 그러한 것을 그리워하기까지 한다.

외국문화에 완전히 젖어버리면 사실은 다시 귀국했을 때 역문화 충격(reverse culture shock)을 받을 수도 있다. 이것은 사람에 따라 다르겠는데, 상당수의 사람들은 국내에서 오히려 자신이 외국인과 같은 느낌을 갖게 되고, 다시 4단계와 흡사한 적응과정을 거쳐야 되는 수도 있는 것이다. 국제 기업의 관리자가 이처럼 완전하게 외국문화에 젖어버리고 본국의 것을 잊게 되면 본사와 해외지사를 연결 짓는 중개인으로서의 역할을 효과적으로 수행할 수 없게 된다. 이러한 이유 때문에도 일정한 기간을 두고 근무지를 바꾸는 정책이 필요하기도 하다. 문화적응의 단계를 다음과 같이 나타낼 수 있다.

그림 13-3 문화적응과정

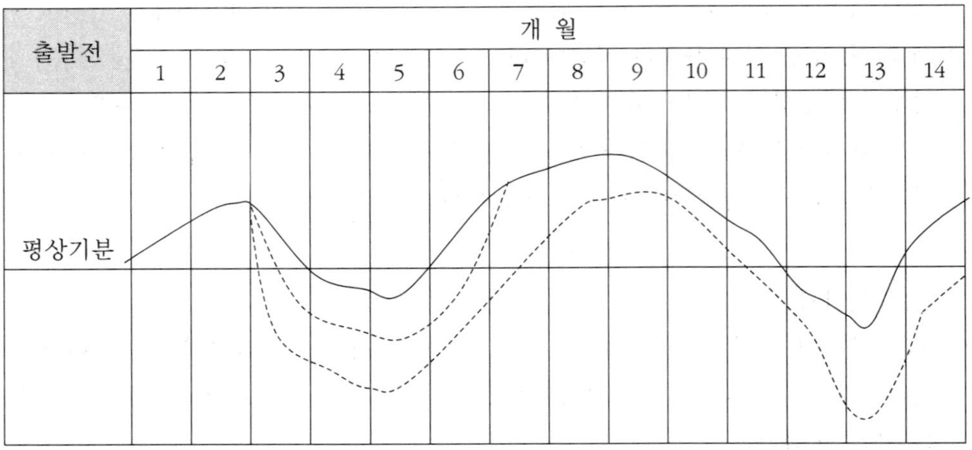

주 : 점선은 사람에 따라 심한 경우를 나타냄.

자료 : L. Rober Kohls, *Survival Kit For Overseas Living* (Chicago, Illinois: Intercultural Network/SYSTRAN Publications, 1979), p. 68.

그림에서 보듯이 초조, 불안기는 사람에 따라 반복해서 나타나는 경우도 있고 또한 기간도 개인에 따라 많은 차이를 보이게 됨을 염두에 두어야 한다. 상술한 새로운 문화의 충격은 누구에게나 있다. 그렇다면 그 충격을 줄이는 방법은 없을까?

문화적응에서 가장 중요한 것은 자기중심적인 기준(self-reference criterion: SRC)을 버리는 일일 것이다. 즉 자기 문화는 '옳고' 외국문화는 '그르다'는 생각은 버려야 한다는 것이다. 문화란, 각 사회집단이 주어진 환경 아래 그들의 의식주 문제를 해결하는데 있어서 습관적, 경험적으로 축척해 온 사고와 행위인 만큼, 언뜻 보기에 우스꽝스럽고 불합리해 보이는 습관이라도 나름대로 논리적인 이유가 있기 마련이다.

예를 들면 인도의 정통파 이슬람교도들은 식사할 때 식도나 수저 등의 도구를 사용하는 것이 '더럽다'고 믿고 손을 직접 사용한다고 하는데 거기에는 나름대로의 이유가 있을 것이다. 자기 문화적 기준으로는 불합리화하다고 해도 일단 그와 같이 낳게 한 이유를 논리적으로 생각해 보면 이해할 수 있게 되고, 그렇게 하면 외국문화를 무조건 야만시하거나 외국인을 피하려는 반응도 줄일 수 있을 것이다.

그런데 해외 현지에 직원을 파견하고 있는 기업 중에서 다음과 같은 경험을 갖고 있는 기업들은 현지 문화에 대한 적응훈련을 실시할 필요가 있다.

① 계속적인 불만을 토로할 때
② 현지 근무중 개인적 또는 상호문화적인 특성의 차이로 인해서 사기 및 생산성의 저하를 가져올 때

③ 현지 활동에 있어서 파견 직원이 현지 고용인, 고객, 일반대중 또는 정부와의 관계에 지나친 우려를 나타낼 때
④ 해외에 파견되었던 직원이 본국 문화로 되돌아와서 재적응상의 문제를 겪었을 때

그러나 국제기업의 해외파견직원에 대한 현지문화의 적응훈련이 중요함에도 불구하고, 이것이 실제로는 잘 실시되지 않고 있다. 그 이유는 성공적인 업무기록을 가진 직원은 해외에서도 성과는 마찬가지일 것이라는 인식이 깊이 박혀 있기 때문이다. 더구나 우리나라의 경우 해외파견 직원들에 대한 현지 문화 적응훈련에 회의적인 반응을 보일 수도 있는데, 그것은 현지 문화 적응을 위한 훈련프로그램이 피상적이 될 우려가 있기 때문이다. 다시 말해서, 현지문화에 대해 심층적으로 알고 있는 지역전문가가 적어 해외사업을 전개하는 기업들은 해외파견직원의 현지 문화 적응의 실패가 개인적 만족 등의 면에서 그 기업과 파견 직원 양자에게 모두 큰 손실을 가져다 줄 수 있음을 깊이 인식하고, 효율적인 현지 문화 적응을 위한 훈련프로그램의 개발이 필요하다 하겠다.

제13장 3절 문화변화의 과정과 국제경영자

국제경영자는 문화적 요소가 변화는 과정에서 대표하는 소비 집단의 역할을 이해해야 한다. 문화적 변화는 그 문화에 속해있는 각 개인의 행동양식의 변화를 가져오기 때문이다. 혁신의 관점에서 관리해야할 집단을 구분하면 다섯 집단으로 나눌 수 있다.

1) 혁신자 집단

혁신자 집단은 자기들이 속한 문화의 규범으로부터 이탈자로 간주된다. 이들은 모험심이 강하고 다른 문화에 대해 많은 것을 보아온 사람들이다.

2) 조기 수용자 집단

조기 수용자 집단은 혁신자들보다 높은 사회적 지위를 갖고 있으며 일반적으로 여론선도 집단으로 일컬어진다. 이 집단은 자기들 이후의 수용자들에 대해 강력한 영향력을 미친다.

3) 전기 수용자 집단

전기 다수 수용자 집단은 신중함이 특성으로 다른 저명 인사들이 혁신을 수용하기 전까지 받아들이지 않으며 결코 전면으로 나서지 않는다.

4) 후기 다수 수용자 집단

후기 사용자 집단의 특성은 회의적 태도에 있다. 이들은 여론이 압도적으로 혁신에 대해 호의적인 반응을 보이기 전까지는 결코 움직이지 않는다.

5) 낙오자 집단

낙오자 집단은 나이가 많고 혁신에 대해 의심이 많으며 과거의 전통을 가기의 행동기준으로 고수하는 사람들이다.

이들 집단의 변화과정은 혁신의 확산개념과 관련이 깊다. 문화변화를 수용하는 과정이기 때문에 혁신의 개념으로 이해되는 것이다. 이들은 인지단계-관심단계-평가단계-시험단계-수용단계로 이루어진다. 인지단계는 공식적이기보다는 평가단계에서 공식적인 광고보다 인적원천이 가장 큰 영향력을 미친다.

어떻게 보면 국제기업은 변화의 중개인이기 때문에 이러한 과정을 책임지고 변화에 대한 결과를 예상하여야 한다. 이 경우 국제기업은 경영방식의 수정을 불가피하게 해야 할 필요도 대두된다.

14

CHAPTER

무역이론

제14장 1절 무역의 개념과 종류

1 무역의 개념

무역은 광의로 해석할 때 상품의 교환행위를 일컬으며 이에는 국가 내에서 이루어지는 국내무역과 국가와 국가 사이에 이루어지는 국제무역이 포함된다. 일반적으로 우리가 무역이라 하면 후자, 즉 국가 간의 상거래행위인 국제무역을 뜻한다.

무역은 상품의 이동방향에 따라 수출과 수입으로 구분할 수 있는데 수출은 상품이 국내에서 국외로 반출되는 경우를, 수입은 이와 반대로 상품이 국외에서 국내로 반입되는 경우를 말한다. 원칙적으로는 수출·수입 모두를 국제적 경영활동의 대상으로 볼 수 있으나, 국내생산 및 판매활동에서 출발한 기업이 해외로 진출하는 과정에서 채택할 수 있는 국제화전략으로서 무역을 다룰 때는 아무래도 수출활동을 중심으로 하게 된다.

2 무역의 종류

무역은 상품의 이동방향에 따라 수출과 수입으로 나눌 수 있다. 따라서 무역에는 반드시 그 주체가 되는 수출국과 수입국이 있게 마련이며, 이렇게 수출국과 수입국에 의해서 직접적으로 이루어지는 무역의 형태를 직접무역(direct trade)이라 한다. 또한 수출국과 수입국 사이에 제 3국이 개입하는 경우도 있는데 이러한 형태의 무역을 간접무역(indirect trade)이라 한다.

그리고 수출국과 수입국 사이에 제 3국이 개입하는 경우도 있는데 이러한 형태의 무역을 간접무역이라 하며 제 3국이 포함되지 않는 직접무역과 구별된다.

첫째, 통과무역(通過貿易; transit trade)[321]으로 수출상품이 수출국으로부터 수입국으로 이송되는 과정에 제 3국을 물리적으로 통과하는 경우 제 3국 입장에서 본 무역을 가리킨다. 이것은 예컨대 국경이 독일, 프랑스, 오스트리아, 이탈리아로 둘러싸여 자신의 항구를 갖지 못한 스위스가 한국으로 기계 설비를 선적하기 위해서 이탈리아의 제노바 항구를 이용하여야 하듯이 일반적으로 내륙국가의 무역에서 나타난다.

둘째, 중개무역(仲介貿易; merchandising trade)으로서 수출국과 수입국의 중간에서 제 3국의 상인이 자기 자신의 계산 하에서 일으키는 무역을 가리킨다. 이 경우 중개업자는 수출국에 대해서 매입자가 되며, 수입국에 대해서는 판매자가 된다. 따라서 중개업자의 매입가격과 판매가격의 차액에서 이에 따르는 제반 경비를 제외한 것이 바로 중개업자의 이윤이 된다. 우리나라 종합무역상사의 해외 현지 지사에서 한국이 아닌 제 3국과 거래를 할 때 나타나는 무역이 바로 중개무역이다.

셋째, 중계무역(中繼貿易; intermediary trade 또는 intermediate trade)으로서 수출할 것을 목적으로 외국에서 물품을 수입하여, 가공하지 않고 원형 그대로 다시 제 3국에 수출하는 것을 말한다. 예컨대, 홍콩에서 재수출을 목적으로 한국산 의류를 수입하여 창고에 보관하고 있다가 영국, 중국 등으로 재수출하는 것은 바로 중계무역에 해당한다.

넷째, 위탁무역(委託貿易; trade on commission)으로서 외국상인에게 수출국이 판매를 위탁하는 무역을 가리킨다. 이와 같이 무역을 외국상인의 손에 맡겨 놓는 바이어무역(buyer's trade)의 한 형태인 위탁무역은, 예컨대 1960년대의 우리나라와 같이 국제경쟁력이 있는 상품은 있으나, 해외시장에 대한 정보가 어둡거나 무역경험이 미숙하여 직접무역을 하기 어려울 때 나타난다.

321) 통과수수료: 통과수수료는 통과 무역이 이루어지는 당사국가의 협약에 의하여 일반적으로 그 징수가 면제된다.

2절 무역이론

1 중상주의

1492년의 미대륙 발견과 1498년의 동인도 항로 발견 이후 시작된 유럽국가들의 식민지개척과 이에 따른 식민지무역은 1602년 영국과 네덜란드의 동인도회사 설립으로 본격화되었다. 당시 봉건영주로부터 권력을 탈취당하여 통일된 국가를 세우게 된 유럽의 절대군주들은 막대한 군사력을 필요로 하게 되었으며, 이에 따라 군사력을 유지하는 데 필요한 재정수입을 극대화하기 위한 노력을 경주하게 되었는데, 이러한 경제정책을 중상주의(重商主義; mercantilism)정책이라 일컫는다.

이러한 중상주의정책은 무역활동이 일어나게 된 각국의 주관적인 동기를 설명해 주고 있으나, 유럽의 제국주의 국가가 무역을 통하여 피 식민지국을 일방적으로 수탈하는 과정에서 식민지 무역을 뒷받침하는 군사력을 전제로 할 뿐 아니라 무역 당사국이 다함께 혜택을 받는다는 기본전제가 성립되지 않으므로 보편타당성과 가치성을 함께 갖춘 이론체계라고는 할 수 없다.

2 고전적 무역이론

1) 절대생산비설(절대우위설)

경제학의 아버지로 불리는 애덤 스미스(Adam Smith)는 그의 저서인 [국부론; Wealth of Nation, 1776년)에서 왜 무역이 일어나며 어떤 국가가 어떤 상품을 생산하고 수출하면 좋은가라는 무역의 형태문제를 설명하였다. 즉, 모든 국민이 해마다 생산하는 생산물이 진정한 의미에서의 국부이고, 국부를 증대시키기 위해서는 생산에 참여하는 노동자가 자신의 적성에 따라 전문화하여야 하며, 이러한 분업을 통하여 증식된 국부를 교환함으로써 이에 참여하는 모든 사람이 혜택을 받을 수 있다는 것이다.

스미스는 이러한 관계를 국가와 국가 사이에 일어나는 국제 분업에도 적용하여 각국이 그 나름대로 유리한 적성을 가진 상품을 생산하여 전체 생산물을 증대시키고, 이를 구체적으로 교환하면 여기에 참여한 모든 국가는 혜택을 보게 된다고 설명하였다.322) 이것을 스미스의 절대생산비원리(絶對生産費原理)라고 한다.

2) 비교생산비설323)

데이비드 리카도(D. Ricardo)는 1817년 그의 저서 On the Principle of Political Economy and Taxation에서 비교우위(comparative advantage) 개념을 소개하고 비록 아담스미드가 주장한 절대생산비차의 경우가 아니더라도 비교생산비의 원리에 의해 무역이 발생할 수 있다고 주장한다. 즉 아담스미스의 절대생산비 차의 경우에는 국재모형 하에서 어떤 한 국가는 다른 국가에 비해 한 상품에 있어서는 반드시 생산비가 낮아야만 무역이 이루어지게 된다.

그러나 리카도는 어떤 한 국가가 다른 한 국가에 비해 두 상품생산 모두 유리하고 또 어떤 한 국가는 다른 한 국가에 대해 두 상품생산 모두가 불리하다 할지라도, 두 상품생산 모두 유리한 국가는 유리한 정도가 높은 상품생산에만 특화를 하고 또 다른 한 국가는 두 상품생산 모두 불리하다고 할지라도 불리한 정도가 낮은 상품생산에 특화를 하여 이를 상호교환한다면 총 생산량이 증가되고 생산요소를 절약할 수 있으며 세계 전체의 소비량이 증가될 수 있다는 것이다.

3) 상호수요이론

아담스미스와 데이비드 리카도는 절대생산비차 및 비교생산비차를 통하여 공급 측면에서 무역이 발생하는 원인만을 규명하고 있지만 무역을 구체적으로 설명하기 위해서는 공급 측면은 물론이거니와 수요 측면도 동시에 고려하지 않으면 안 되며 무역이익이 교역당사국에 어떻게 배분(配分)되는가에 대한 문제에도 대답할 수 있어야 한다. 이에 대해 밀(J.S Mill)은 수요면을 중시하여 교역상품의 국제교환비율과 교역 당사국에 대한 무역이익의 배분비율을 규명하였는데, 이것이 상호수요균등의 원리(principle of reciprocal demand)이다.

322) 애덤스미스에 있어서 생산비를 결정하는 것은 노동의 투입량이며, 상품의 가치는 노동의 투입량에 의하여 결정된다. 예컨대, A국이 B국에 비하여 甲제품을 생산하는 데 투여되는 노동의 양이 작을 때, A국가는 B국가보다 甲제품을 생산하는 데 적성이 있다고 할 수 있다.

323) 비교생산비설은 1960년대에 들어서면서 한국, 대만과 같은 개발도상국이 공산품생산과 수출을 추구하여 신흥공업국으로 부상하면서 선진국과 후진국간의 무역패턴을 변화시킬 때까지 그동안 선진국의 공업특화, 후진국의 농업특화라는 국제분업체계를 합리화하는 근거를 마련해 주었다.

3 근대무역이론

리카도의 비교생산비설을 중심으로 한 고전적 무역이론은 여러 가정[324)]을 전제로 하고 있으며, 이들 가정이 현실에 맞지 않게 됨에 따라 이론 자체에 대해서도 수정이 가해지게 되었다. 이러한 고전적 이론에 대한 수정이론을 일괄적이고 근대적 무역이론이라고 부르며, 다음과 같은 학설들이 그 중심을 이루고 있다.

1) 헥셔 – 오린(Hecksher – Ohlin)의 정리

헥셔 – 오린 정의는 두 가지 명제로 요약될 수 있는데 그 하나는 비교생산비의 결정요인이고 다른 하나는 요소가격균등화 정리이다.

① 비교생산비의 결정요인 (제 1 명제)

한국과 미국 두 나라가 두 생산요소(예컨대, 자본과 노동력)를 투입하여 X와 Y라는 두 상품을 생산한다고 가정하자. 이 중 미국은 자본이 상대적으로 풍부한 나라이고 한국은 노동이 풍부한 나라라면, 미국에서는 상대적으로 자본가격이 싸고 한국에서는 상대적으로 노동가격이 쌀 것이다.

한편, X와 Y는 기술계수(技術係數)가 서로 달라서 X의 생산에는 자본이, Y의 생산에는 노동력이 더 많이 필요하다고 가정하자. 그러면 미국에서는 자본집약적인 X가, 한국에서는 노동집약적인 Y가 각기 비교우위를 갖는 상품으로 특화될 것이다. 따라서 미국은 X를 수출하고 Y를 수입하는 반면, 한국은 Y를 수출하는 대신 X를 수입하게 된다.

이와 같이 각국 간에 생산요소의 분포상태가 서로 다를 경우 산업형태나 무역형태가 달라진다는 것이 제 1 명제이다.

② 요소가격균등화 정리 (제 2 명제)

제 1 명제에 따라 미국과 한국 간에 무역이 성립되면 미국에서는 무역이 있기 전에 Y를 생산하는 데 사용되던 자본과 노동이 모두 X의 생산에 옮겨질 것이다. 그러나 X는 자본집약적인 상품이므로 미국이 X를 집중 생산하는 경우 자본에 행한 수요는 상대적으로 증가하고 노동에 대한 수요는 상대적으로 감소된다.

324) 고전 무역이론의 가정: ① 불변생산비, ② 완전경쟁에 따른 자유무역주의, ③ 생산 요소의 완전 고용, ④ 기술혁신의 무시, ⑤ 생산요소의 동질성, ⑥ 수송비와 관세의 무시, ⑦ 생산요소의 국제적 이동 무시, ⑧ 2국2상품, ⑨ 생산요소의 공급수준 일정, ⑩ 단일 생산 요소 등.

그 결과 상대적으로 싸던 자본의 가격은 상승하고 비싸던 노동의 가격은 하락하여 이들 간의 가격차이가 점점 균등화하는 경향을 보이게 된다. 한국에서도 Y생산에 특화하게 되는 경우 자본가격은 하락하고 노동가격은 상승하게 되어 생산요소의 가격이 균등화하는 경향을 나타낸다. 이처럼 제2명제는 생산요소가 국제적으로 이동하지 않더라도 무역으로 말미암아 각국의 생산요소가격이 균등화한다는 것을 설명하고 있다.

③ 헥셔 - 오린 정리의 장단점

헥셔 - 오린 정리는 고전무역이론의 한계를 극복하고 교역의 방향을 생산요소부존비율로 설명하고 있으며 불완전특화(incomplete specialization)까지도 설명할 수 있는 장점이 있는 반면, 다음과 같은 단점도 있다.

첫째, 직접투자, 이민 등 생산요소의 국제이동이 빈번한 현대에 있어 헥셔 - 오린 정리의 가정이 비현실적이다.

둘째, 소비재와 같은 교역재 외에 비교역재, 중간재 등이 존재하나 헥셔 - 오린 정리는 만족할만한 답을 제시하지 못한다.

셋째, 각국의 생산기술이 같으며 규모의 불변 보수적이라는 가정이 비현실적이다. 이러한 제약 등은 이후 학자들에 의해 검증(예: 레온티에프의 역설)되고 기본가정을 현실화하려는 시도가 이루어지고 있다.

2) 레온티에프의 역설

레온티에프(W. Leontief)는 헥셔-오린 정리의 제1명제, 즉 어떤 일국은 타국에 비해 보다 풍부한 생산요소를 많이 투입하는 상품을 생산하여 수출하고 희소(稀少)하게 부존되어 있는 생산요소를 많이 투입하는 상품을 수입한다고 하는 비교생산비의 결정요인을 실증적으로 분석한 것이다.[325]

레온티에프는 1947년의 미국 생산 관계표를 이용하여 1953년과 1956년에 실증 검증한 결과 헥셔-오린 정리와는 달리 미국은 여타국에 비해서 자본이 풍부하고 노동이 희소함에 불구하고 자본집약재를 수입하고 노동집약재를 수출했다는 것이다.

이러한 역설에 대한 해명으로서 레온티에프는

첫째, 미국의 노동은 높은 교육수준 등으로 외국노동에 비해 훨씬 능동적이지만 이 실증분석에서는 이러한 인적자본이 포함되지 않았기 때문에 상기 결과가 도출된 것이

325) 國際 經營學. 姜太求. 宋勉 共著. 전영사. 1993.

며, 만약 인적자본이 물적자본과 함께 분석에 포함되었다면 미국은 자본집약재를 수출했을 것이다.

둘째, 미국노동자는 노동여건, 경영, 기업가정신에 있어서 외국의 노동자보다 훨씬 능률적이다.

셋째, 분석에 채택된 자본개념에 의문의 여지가 있으며 현실세계의 무역현상의 요소부존이론이 성립될 수 있는 제가정과는 너무나 거리가 멀다는 등의 논거를 제시하고 미국노동자의 기업성은 실질적으로 외국노동자의 생산성에 비해 3배 정도 높다고 결론짓고 있다.

4 새로운 무역이론

1) 노동숙련설(Human-skill theory of trade)

키싱(D.B. Keesing)에 의해 주장된 이 이론은 미국 노동자의 생산성이 외국 노동자의 생산성보다 3배 정도 높다고 하는 레온티에프의 해명에서 출발하여 레온티에프의 역설을 시정하기 위한 이론이다. 동이론이 주장하는 바는 노동을 숙련노동(技術者, 엔지니어, 과학자, 관리자 등)과 미숙련노동(미숙련공 등)으로 구분할 때 어떤 노동이 그 국가에서 상대적으로 풍부하느냐에 따라 그 나라의 무역패턴이 결정된다는 것이다.[326)]

2) 연구개발 요소이론(theory of research & development factor)

그루버(W. Gruber), 메타(D. Mehta), 버논(R. Vernon) 등에 의하여 제기된 이 이론은 오늘날 선진국의 무역패턴이 주로 연구개발에 의하여 결정된다고 주장하는 이론으로 1960년대 미국의 수출산업이 국제적으로 비교우위를 차지한 이유는 기존 상품의 생산비용절감과 신제품개발을 위한 연구에 투입되는 우수한 기술인력이 타국보다 많았기 때문이라고 주장한다.

326) Donald B. Keesing, "Labor skills and Comparative Advantage," American Economic Review, May 1963.

3) 제품수명주기이론(Product Life Cycle Theory)

버논(R. Vernon)과 웰즈(L.T. Wells)에 의하여 설명되고 있는 제품주기이론(product life cycle theory)은 생물의 생애와 마찬가지로 새로운 제품 역시 도입기에서 성장기를 거쳐 성숙기로 이행하였다가 쇠퇴기로 넘어가는 과정을 밟게 된다고 보고 있다.[327)]

이러한 제품수명주기이론의 단계는 도입기(introduction stage), 성장기(growth stage), 성숙기(maturity stage), 쇠퇴기(decline stage)[328)] 등이다.

4) 대표수요이론(similarity model)

린더(S.B. Linder)에 의해 주장된 대표수요이론은 산업을 농산품과 공산품으로 구분하고 천연자원 집약적인 제품의 무역은 요소부존상의 차이에 의해서 설명이 가능하지만 공산품 무역은 이에 의해 설명할 수가 없고 대표적 수요에 의해 설명되어야 한다고 주장한다.[329)]

이 대표수요이론은 대표수요의 확대가 비교우위를 결정해주는 요인 간의 상호관계를 충분히 밝히지는 못하고 있으나 수요를 크게 중시하고 제품수명주기이론과 제품차별화 문제에도 크게 기여하고 있다는 점에서 그 의의를 찾을 수 있다.

5) 산업 내 무역이론(intra-industry trade theory)

앞에서 살펴본 헥셔-오린 정리의 요소부존이론은 국가 간의 요소부존도의 차이에 따라 발생되는 서로 다른 산업 간의 무역만을 설명하고 있다고 볼 수 있다. 그러나 오늘날에는 동종산업에 속하는 상품들 간에도 무역이 많이 이루어지고 있다. 이는 국제무역에 있어서 요소부존도가 서로 다른 남북 간의 무역보다도 요소부존도가 서로 비슷한 선진국들 간의 교역량이 훨씬 높은 비중을 차지하고 있다는 사실로도 쉽게 알 수 있다.

산업 내 무역이론은 이러한 점에 착안하여 등장한 새로운 무역이론의 하나이다. 동 이론은 고전적 무역이론의 제한적 가정에서 벗어나 보다 현실에 가까이 접근하여, 상

---

327) Raymond Vernon, "International Investment and International Trade in the Product Cycle," The Quarterly Journal of economics, May 1966.

328) ① 도입기 : 새로운 제품이 시장에 적응하기 위하여 시행착오의 과정을 거쳐 점차 개선되어간다.
② 성장기 : 제품이 소비자에게 널리 인식됨에 따라 대량생산이 이루어지고 이에 따라 반숙련 노동자에 의한 자본 집약적 생산을 하게 한다.
③ 성숙기 : 이 시기에는 제품이 표준화되어 미숙련 노동자에 의한 생산이 가능해지고 생산시설에 대한 자본투자도 멈추어지며 기업규모도 고정된다.
④ 쇠퇴기 : 대체상품의 출현으로 기존상품의 수요가 급격히 감퇴하는 단계로서 무역활동도 규모가 축소된다.

329) Steffan B. Linder, An Essay on Trade and Transformation (New York : John Wiley & Sons, 1961).

품교역에 수반되는 운송 및 저장비용, 규모의 경제, 제품차별화 등을 인정한다면 이종 산업 간의 무역뿐 아니라 동종 산업 간의 무역도 발생할 수 있음을 이론적으로 규정해주고 있다.330)

참고 : 산업 내 무역이론 ▶▶

무역패턴에 관한 최근의 연구는 주로 제조업 부문에서 나타나는 무역의 상당부분이 산업 내 무역의 형태를 띠고 있다. 산업 내 무역은 동종산업에서 수출과 수입이 동시적으로 이루어지는 현상을 일컬으며, 이는 수출산업과 수입산업이 구분되는 산업 간 무역(Heckscher - Ohlin 무역)과 대비된다. 산업 내 무역은 선진국 간의 무역에서 잘 나타나지만, 개발도상국의 무역에서도 그 비중이 증가하고 있다. 특히 신흥공업국의 산업 내 무역지수는 개발도상국의 산업 내 무역지수보다 훨씬 크다.331)

산업 내 무역 이론의 형성이 재화의 특성, 시장구조, 분석방법에 따라 몇 가지로 분류된다. Brander(1981)332) 등은 Cournot 복점모형을 이용해 동질적 재화에 대한 산업 내 무역현상을 설명하고 있고, Shaked와 Sutton(1984)333), Krugman(1979)334), Lancaster (1980)335) 등은 차별적 제품에 대한 산업 내 무역을 설명하고 있다. 차별적 제품에 대한 산업 내 무역은 다시 수직적 제품차별(vertical differentiation)과 수평적 제품차별(horizontal differentiation)로 나누어진다.

이러한 산업 내 무역이론에서 도출된 가설들은 다음으로 정리되고 있다.336) 첫째, 두 국가의 선호가 유사할수록, 또 소득수준이 증가할수록 산업 내 무역은 증가한다. 둘째, 규모의 경제가 있고, 제품의 차별화가 잘 이루어지는 산업에서 산업 내 무역은 증가한다. 셋째, 무역장벽이 작을수록 산업 내 무역은 증가한다. 즉 양국 간의 거리가 가까울수록 관세 및 비관세 장벽이 낮을수록 산업 내 무역은 증가한다. 첫째는 국가별 특성을 나타내고, 둘째는 산업별 특성을 나타내고 있으며, 셋째는 무역정책과의 관련성을 나타내고 있다.

330) Herbert G. Grubel and Peter J. Lloyd, Intra Industry Trade (London: Macmillan, 1975).

331) O. Havrylyshyn and E. Civan, "Intra-Industry Trade and the Stage of Development : a Regression Analysis of Industrial and Developing Countries," in Tharakan, 1983 [산업 내 무역지수의 평균값이 선진국은 0.59이고, 신흥공업국은 0.42이며, 개도국은 0.15이다].

332) J. A. Brander, "Intra-Industry Trade in Identical Commodities," *Journal of International Economics*, Vol. 11, 1981, pp. 1～14.

333) A. Shaked and J. Sutton, Natural oligopolies and international trade, in H. Kierzkowski, ed., *Monopolies Competition and international trade*, Oxford University Press, 1984.

334) P. Krugman, "Increasing Returns, Monopolistic Competition and International Trade," *Journal of International Economics*, Vol. 9, 1979, pp. 469～479.

335) K. Lancaster, "Intra-Industry Trade under Perfect Monopolistic Competition," *Journal of International*

제14장 **3절**

국제무역 이론과 다국적 기업

다국적 기업은 상당 부분의 무역과 대부분의 해외직접 투자를 수행하고 있다. 전통적 무역이론은 市場不安定性으로 인해 그 설명력이 약화되게 되는데, 이는 그 원인이 다국적 기업의 무역 및 투자활동에 기인하기도 한다.[337] 다음에서는 무역이론으로 설명되어야 할 다국적기업의 특징을 살펴보자.[338]

1 요소이동

다국적 기업은 생산요소를 국가 간에 이동시키는 가장 중요한 기관이다. 국제 간의 요소이동은 상품의 국제적 이동에 대체적이고 보완적인 역할을 한다. 해외직접 투자이론에 있어서도 국제적 요소이동이 깊숙이 관련된다. 다국적 기업의 무역과 투자 활동 간의 긴밀한 관계는 무역이론과 직접투자이론의 종합 필요성을 강조하고 있다.

2 독점과 규모의 경제

다국적 기업은 대부분 독점 사업에 있어서의 대기업들이다. 특히 제조업 분야의 다국적 기업들은 차별화된 상품을 생산하고 판매하는 독점기업들이다. 성장목표, 범세계적 점유율의 유지, 여타 다국적기업의 민감한 행동에 자극 받아 다국적 기업들은 가격경쟁보다는 새롭고 차별화된 제품으로 경쟁한다는 것을 선호한다. 이러한 기업들은 그 독점력을 입증하는 생산과 조직에 있어서 규모의 경제로 특징지을 수 있다.

Economics, Vol. 10, 1980, pp. 151～176.

336) 김태기, 손용엽, 한국 자동차산업의 산업 내 무역과 산업정책, 경제학연구, 제 41집 제 3호, 1992, p. 201.

337) 송면, 강태구, 국제경영학, 전영사, 1993, pp. 39～41.

338) Franklin R. ROOT, op. cit. pp. 273～274.

3 | 기업 내부거래

다국적 기업은 국경을 초월하여 수평적으로 그리고 수직적으로 종합함으로써 다국적 기업의 국제 간 교역은 주로 자국 기업 간에 이루어지고 있다. 이러한 현상은 미국공산품 수출의 1/3이 미국모회사로부터 그들의 관계회사에 이전된 것으로도 입증할 수 있다. 기업 간 거래가 존재한다는 사실은 기업 간 거래가 비용, 가격 그리고 여타 경제적 요인에 얼마나 민감한가 하는 문제를 야기한다. 상호 독립적 판매자와 구매자 간의 거래를 가정하는 경우 무역이론은 기업 간 무역현상을 인정하지 않는다.

4 | 기술

다국적 기업은 국내기업보다 훨씬 기술 집약적이다. 그루벌, 메타, 버논 등에 의해 증명된 R&D 집약적이고 수출 집약적인 미국 산업이 모두 다국적 기업에 의해 지배되고 있는 산업이라는 것은 결코 우연한 일이 아니다.

그러한 기업들은 수출제품을 통해서나 라이센싱을 이용한 직접적인 방법으로 또는 외국에서의 생산을 통하여 기술을 범세계적으로 이전할 수 있는 능력을 가지고 있다. 다국적 기업은 국제적 기술흐름을 가속화시키며 그들이 주로 국제적 기술격차를 창출하기도 하고 해소하기도 한다.

제14장 4절 보호무역주의의 이해

무역정책은 일국의 정부가 자국의 특정 경제적 목적을 추구하기 위하여 수출, 수입 등의 대외적 경제활동에 개입하는 행위를 말한다. 전통적 무역이론에서는 시장 기구를 이용한 자유무역만이 자원할당의 효율성을 통해 전 세계 및 각국의 후생을 증가할 것이라 가정하고 있다. 그러나 현실적으로 각종 보호무역장치들이 존재하는 현실이다.

1 무역정책으로서의 보호무역의 역사

15세기 말 이후 18세기 중엽까지의 중상주의(mercantilism)적 사고에 입각한 보호무역이 태동하였으나 18세기 말 이후부터 A. Smith와 D. Ricardo 등의 자유무역이론이 등장하였다. 그러나 당시에도 미국, 독일 등(산업혁명 후발국)에서는 보호무역을 옹호하고 있었다.

세계무역의 정책에서 보호무역주의가 다시 등장하기 시작한 때는 제1차 세계대전 이후 1929년 미국의 대공황이 주원인이 되었다. 제2차 세계대전 이후 IMF-GATT 체제를 기초로 한 자유무역이 주를 이루었다. 그러나 제1차 석유파동(1970년대 중반) 이후 신보호무역주의 태동하기 시작하여 심화되어 온 상태이다. WTO의 태동으로 많은 면에서 자유무역주의가 큰 흐름을 이루고 있으나 신보호 무역주의는 항상 세계무역의 갈등을 만들고 있다.

표 14-1 전통적 보호무역주의와 신보호무역주의

	전통적 보호무역주의	신보호 무역주의
실시국	후진국	선진국
보호무역의 목표	특정산업에 대한 지원(미시적)	국내고용문제 해결과 국제수지 개선(거시적)
보호무역의 대상	다자주의(무차별 다수)	쌍무적 상호주의
보호무역 수단	관세장벽	비관세장벽
보호대상 산업	유치산업	사양 산업까지도 포괄
보호무역 대상국	선진국	선진국 상호간 외에 개도국(NIEs)까지도 포함

2 보호무역주의의 이론적 근거

1) 유치산업보호론(Infant Industry Argument)

경제발전수준이 상이한 국가들 사이에 대해 획일적인 고전적 자유무역이론을 적용하는 것은 경제발전수준이 뒤떨어진 후발국 또는 개발도상국에게 힘든 일이다. 한 국가에서 특정 산업이 성장하기 위해서는 초기 및 성장과정에서 생산과 시장에서 규모의 경제효과 경험효과를 어느 정도 확보할 수 있어야 한다. 따라서 자국의 유치산업을 일정 기간(기본적인 경쟁력을 확보하기까지) 보호할 필요가 있다.

2) 최적관세론(Optimal Tariff Argument)

교역량의 감소 없이 자국의 교역조건만 개선하는 관세의 부과를 말한다. 세계시장에서 특정 국가가 수요를 독점하고 있을 경우 공급의 가격탄력성이 극히 미미하게 된다. 이 경우 교역량 감소 없이 자국의 교역조건만 개선하는 관세를 부과하는 것이다.

3) 외부효과(Externality)

외부효과란 생산 및 소비로 인한 비용과 편익이 거래 당사자(private) 뿐만 아니라 제3자(social)에게 영향을 미치는 경우를 말한다. 외부경제는 개인의 비용과 혜택보다 사회적 비용과 혜택이 유리한 경우이고, 외부불경제는 이와 반대되는 개념이다. 외부효과로 인한 보호무역이 발생되는 예는 공해제품에 대한 수입금지 조치나 대량학살무기의 교역금지 등을 들 수 있다.

Memo

15

CHAPTER

해외직접투자

1 2 3 4 5 6 7 8 9 10 11 12 13 14 **15** 16

해외직접투자(foreign direct investment)는 일반적으로 해외간접투자(international indirect investment)와의 비교에 의한 상대적 개념으로 정의된다. 즉, 해외직접투자나 해외간접투자는 국제 간의 자본이동이라는 측면에서는 동일하나, 후자는 투자하는 기업이 경영에 직접 참가함이 없이 주식투자의 경우에는 배당수익, 채권투자의 경우에는 이자수익을 바라고 투자하는 반면, 전자는 투자하는 기업이 경영에 직접 참가함을 목적으로 한다는 점이 제일 큰 차이점이라 할 수 있다.

해외직접투자는 수출의 상대개념으로 정의되기도 한다. 즉, 수출이 자국 내의 생산요소들을 자국 내에서 결합하여 제품의 상태로 국경선을 넘어 해외로 이전시키는 것인 반면, 해외직접투자는 자국 내의 생산요소인 자본, 생산기술, 경영기술 등을 해외로 이전하여 그 나라의 생산요소인 노동, 토지 등과 결합하여 생산 및 판매를 한다는 점에서 구별된다.

제15장 1절

해외직접투자의 개념과 특징

1 개념

해외직접투자는 피 투자기업의 경영에 직접 참가함을 목적으로 자본, 경영능력, 기술, 상표 등의 생산요소를 복합적으로 해외에 이전시키는 기업 활동이다. 국제 간의 직접투자는 보는 관점에 따라 두 가지 개념으로 나누어 볼 수 있다. 즉, 투자국의 입장에서 본 '해외직접투자'와 피 투자국의 입장에서 본 '외국인 직접투자'가 그것이다.

각국의 실질적인 기준은 해외직접투자를 어떻게 규정하고 있는지 보기로 하자. 미국 상무성은 다음과 같은 요건을 갖는 미국의 해외지분을 직접투자로 간주하고 있다. 첫째, 의결권주의 10% 이상이 미국 국민에 의하여 보유되고 있는 외국법인기업, 둘째, 의결권주 총수의 50% 이상이 미국에 거주하는 주민들에 의해 보유되고 있는 외국법인기업, 셋째, 미국 국민이 보유하고 있는 해외자산, 넷째, 미국법인기업의 해외지사에 대한 투자이다. 일본정부는 원칙적으로는 일본 측의 자본참여가 25% 이상이라는 최소지분비율을 택하고 있으나 경영의 통제를 가능하게 하는 임원의 파견, 제조기술이나 원재료, 투입물의 제공, 재정적 원조 등 다양한 형태의 투자도 직접투자에 포함시키고 있다. 한편 우리나라는 해외직접투자의 요건을 투자자, 투자방법, 투자업종에 따라 규정하고 있는데, 투자비율은 투자사업 수행에 적합한 비율(원칙적으로는 50% 이상이나 그렇지 않은 경우에는 실질적인 경영통제권을 갖고 있는 경우) 이상이면 된다. 기타 주요국의 규정을 보아도 정도의 차이는 있지만 기본적인 공통점은 통제권 확보를 위한 일정비율 이상의 해외지분을 해외직접투자의 요건으로 명시하고 있다.

2 특징

첫째, 해외직접투자는 투자 동기면에서 단순히 이자나 유동성 확보만을 지향하는 유가증권투자 또는 배당소득만을 목적으로 하는 주식매입과는 달리, 해외사업에 대하여 직접적으로 영향력을 행사하여 경영지배를 하는 것이 목적이다. 따라서 단기적인 이익획득의 가능성은 직접투자에 있어서 중요문제가 안되며, 투하자본의 이자만을 목적으로 한 것은 직접투자가 아니다. 그러므로 채권이나 주식의 취득, 모든 종류의 단기 자본투자, 이자나 배당금 위주의 장기투자, 사업목적을 수반하지 않는 토지의 취득 등은 직접투자에 포함될 수 없다.

이와 같이 해외직접투자는 경영참여를 목적으로 하고 있다는 점에서 간접투자와 구별된다. 그러나 주식투자의 경우 투자형태상 공통점이 많고 외견상 구분이 곤란하므로 경영지배권을 출자비율에 의해 구분하여 일정 수준 이상의 주식보유를 직접투자로 보는 것이 일반적이다. 이에 관하여 명확한 기준은 없으나, 미국, 일본 등의 국가에서는 출자비율 25% 이상을 직접투자로 분류하고, 우리나라는 외국환관리법상 원칙적으로 50% 이상을 직접투자로 분류하고 있다.

둘째, 해외직접투자는 그 구체적 형태면에서 단순한 화폐적 형태의 자본이동뿐만 아니라 유형무형의 경영자원 즉 외면상으로는 경영자를 중핵으로 하고 실질적으로는 경영관리상의 지식과 경험, 특허(patent), 노하우(know-how)는 물론 '마케팅' 방법 등을 포함한 광범위한 전문적, 기술적 지식, 판매, 원료구입, 자금조달 등 시장에 있어서의 지위, 상표 혹은 신용, 정보수집, 연구개발을 위한 조직 등을 포함한 포괄적 이전을 의미하고 있다는 점에서 수출이나 라이센싱과 구별된다.

한편, 직접투자에 필요한 자본은 반드시 모기업의 거주지 국가로부터 이전될 필요는 없으며, 필요자금을 현지국의 자본시장에서 조달할 수도 있다. 그러나 해외직접투자의 기본성격이 이윤동기에 의한 현지기업의 실질적 지배에 있으므로 그 기본속성은 자본수출에 있으며 여기에 기타 유형무형의 여러 경영자원의 수출이 복합되어 있다 하겠다.

셋째, 해외직접투자는 자본의 수출인 동시에 기업의 수출로서 한 국가의 기업이 국내지향 및 해외지향 경영에서 현지지향 및 세계지향 경영으로 전환하기 위한 필요조건이다. 이를 기업의 일반적인 성장과정에서 보면 기업은 생성 초기단계에서는 국내시장개척에 주력하나, 기업이 성장하면서 국내 판매에서 야기되는 제 문제, 즉 시장의 제한성, 경쟁의 심화 등을 해소하기 위하여 수출에 의한 해외시장개척을 도모하게 된다. 이러한 해외시장개척에 의해 기업은 수출확대기에 돌입하나, 이 시기가 지나면 수입국의 제반 여건 변화, 제 3국과의 경쟁심화 등의 이유로 인하여 현지 생산에 의한 시장기반 확보 및 생산원가절감을 추구하게 된다. 이상을 정리하면 다음과 같다.

① 경영지배목적
② 직접경영을 위한 포괄적인 이동
③ 현지생산을 위한 필요요건

해외직접투자는 이와 같이 기업이 현지생산기에 접어들면서 이루어지며, 따라서 해외직접투자는 다국적기업의 발생과 성장을 위한 기반이라 할 수 있다. 여기에서 한 걸음 더 나아간 기업이 세계시장을 상대로 유기적 경영을 수행하는 세계지향기업에 있어서도 해외직접투자는 그 기본조건이 되는 것이다.

제15장 2절 해외직접투자의 동기와 유형

1 해외직접투자의 동기

다국적기업이 어떠한 동기에서 자국과 여러 가지로 상이한 환경에도 불구하고 해외투자를 하는가를 고찰하는 것은 대단히 중요하다. 그러나 유감스럽게도 전 세계의 해외직접투자가 어떠한 동기에서 이루어지는가를 총체적이고 체계적으로 분석한 연구는 아직 이용가능하지 않을 뿐만 아니라 해외직접투자의 동기가 환경변환에 따라 크게 달라지기 때문에 그 동기를 한 마디로 얘기할 수는 없다. 그러나 지금까지의 경험적 연구들을 토대로 직접투자의 동기를 살펴보면 개략적인 몇 가지 유형화가 가능할 것이다.

먼저 투자기업이나 설문내용 및 설문 시점이 모두 다르기는 하지만 경험적 연구들이 보여주고 있는 해외 직접투자의 동기를 순위별도 살펴보면 <표 15-1>과 같다.

표 15-1 각국의 해외직접투자동기

국가 / 순위	미 국	서 독	일 본		개도국	인 도	한 국
			대선진국	대개도국			
1	시장수요 및 시장 확보	시장확보	경영의 국제화	유리한 노동비	시장수요	수출시장보호	기존시장 보호
2	무역제한	저임금	무역장애 극복	경영의 국제화	무역 제한	피투자국의 유사기술요구	신시장 개척
3	규모의 경제	저렴한 수송비	원자재 확보	현지국의 우대조치	규모의 경제	피투자국의 투자유인	무역규제 회피
4	원료확보	수입규제 회피	현지국의 우대조치	제3국 수출 유리	민족적 유대	신시장 확대	수입규제 회피
5	투자규제	외환 불안정	생산비 유리	무역장애 극복	위험의 감소	국내정상 제약	생산코스트 유리
6	현지국의 투자유인	우대 조건의 현지외자 도입정책	제3국 수출 유리	원자재 확보	본국의 정치적 불안	코스트상의 유리	기술기계 판매형 투자
7	저임노동비	조세부담 경감	유리한 노동비	생산비 유리	교역상대국과의 사업관계강화	기타	선진국 기술습득

자료원 : 1) Kyung-Il Ghymn, "Multinational Enterprise from the Third World," Journal of International Business Studies, Fall 1980, p. 119.
2) 한의영, 『국제마케팅론』, 다산출판사, 1985. p. 116 재인용
3) Louis T. Wells, Jr, Third World Multinationals(Cambridge, Mass.: MIT Press, 1983), p. 69.
4) 대한상공회의소, 『국내기업의 해외직접투자의 실태분석 및 애로점 조사』, 1987. 6.

위의 <표 15-1>을 통하여 알 수 있는 바와 같이 해외직접투자의 동기는 선후진국을 막론하고 시장확보 및 개척이 가장 큰 비중을 차지하고 있다. 해외시장개척 및 확보가 기업국제화의 관건이 된다고 볼 때 이것이 해외직접투자의 동기로서 우선적으로 고려되는 것은 당연하다고 하겠다. 또 최근의 신보호무역주의를 고려할 때 시장확보 및 개척의 중요성은 제언의 여지가 없다. 한국의 경우도 1980년 이후 기업의 국제화가 크게 진전되고 있고 또 수출 지향적 경제 전략을 추구하고 있기 때문에 신 시장 개척이나 기존시장의 보호, 기업의 국제화 등이 해외직접투자에 있어 우선적으로 고려되고 있다.

그런데 <표 15-1>을 자세히 살펴보면 몇 가지 특징을 발견할 수 있다. 즉 선진국의 경우에는 시장개척이나 확보도 중요하지만, 대개도국투자가 상당부문을 차지하기 때문에 동기면에서 현지국의 투자유인이 높은 수위를 차지하고, 미국과 일본의 경우에는 원

자재확보도 중요시되고 있다. 반면 개도국의 경우에는 시장개척 및 확보가 우선적이기는 하나 본국의 정치적 불안정, 기술상의 동기 등이 상위에 리스트 되어 있다.

그리고 기업의 해외투자는 기업의 경제 지위와 기업가의 특성 등에 따라서 공격적 동기와 방어적 동기로 구분할 수 있는데, 이를 표로 나타내면 <표 15-2>와 같다.

표 15-2 해외투자의 공격적·방어적 동기

	공격적 동기	방어적 동기
성 장	신시장개척, 판매거점 확보, 사업다각화, 수직통합	보호무역 대처
자 원	자원개발	자원의 안정공급
부 품 생 산	부품공급기지 구축, 핵심부품생산, 부품생산 원가 절감	저급 부품의 해외이전
생 산	생산 효율 추구(원료, 임금)	공해 산업이전 등
판 매	판매거점확보, 현지시장개척	수입규제 대처, 우회수출
기 술	기술수출, 기술획득	사양기술이전
경 쟁 력	경쟁우위 활용과 확보	경쟁우위유지

자료원 : 삼성경제연구소, 업종별 해외투자유형 분석, 1988. 12. 미 발간자료, p. 17.

표 15-3 투자동기별 산업 유형

동기별		자원의존	연속공정	노동집약	조 립	기술집약	서비스	네트워크
자원확보		○						
생산효율	원료		○					
	노동			○	○			
시장확보			○	○	○		○	○
기술획득						○		
기술수출			○					

자료 : 상게서, p. 21을 투자 동기별로 분류

2 해외직접투자와 다국적기업의 관련성

다국적기업과 해외직접투자의 차이점으로는 다음과 같은 것을 들 수 있다.

첫째, 해외직접투자는 정부 또는 개인과 같은 기업 이외의 경제주체(economic agent)에 의해서도 행해질 수 있다.

둘째, 해외직접투자는 다국적기업의 해외활동범위를 정확히 반영하지 못한다. 다국적기업의 해외활동에는 해외직접투자 외에도 수출이나 라이센싱이 포함될 수 있기 때문이다.

셋째, 해외직접투자액은 다국적기업이 소유하고 있는 해외지사의 자본만을 포괄하고 있으며 기업통제 하에 있는 모든 자원의 크기를 반영하지 못한다.

그러나 일반적으로는 해외직접투자를 통해서 다국적기업이 생성, 발전되어 왔으며 현재는 해외직접투자의 거의 대부분이 다국적기업에 의해 일어나고 있기 때문에 해외직접투자나 다국적기업에 대한 연구에 있어서 양자는 명확한 구분이 불가능하거나 이러한 구분이 실질적으로 무의미한 경우가 많다고 할 수 있다. 해외직접투자는 해외로의 생산요소의 복합적 이전이기 때문에 해외직접투자는 다국적기업(multinational enterprise)으로 볼 수 있으며, 이를 구분하는 것은 사실상 무의미하다고 할 수 있다.

3 해외직접투자의 유형

기업의 해외시장진출유형은 업종이나 기업 그리고 국가에 따라서 여러 가지 형태로 나타낼 수 있지만 여기에서는 산업조직론적 관점 및 전략적 관점에서의 유형을 고찰해 본다.

1) 산업조직론적 관점에서의 유형

(1) 수평적 해외직접투자

수평적 직접투자란 투자기업이 자국에서 생산하고 있는 제품라인(Line)과 동일한 제품을 생산하기 위해 해외시장에 진출하는 것을 뜻한다. 즉 동기업의 제품라인을 지리적으로 다각화하는 것을 의미하는데, 이와 같이 생산이 공동관리 통제 하에서 분산되어 이루어지는 경우 무형자산을 소유한 기업은 거래적 우위를 누릴 수 있다.[339)]

이러한 수평적 통합의 요인으로서는, 첫째, 복수공장운영으로 인한 높은 경제성, 둘째, 잠재적 소비자가 있는 지역에 분산 위치함으로써 강력한 마케팅기법을 보유할 수 있다는 점을 들 수 있다. 이러한 투자의 대표적인 예로서는 미국의 금속컨테이너, 제과업, 양조업, 자동차기업 등을 들 수 있는데, 이들은 무형자산인 전문적 기술이나 마케팅 노하우를 이용하여 수 개의 자회사가 여러 곳에서 수평적 통합의 형태로 발전하고 있다.

(2) 수직적 해외직접투자

수직적 해외직접투자란 국내생산과정에 원료를 공급하기 위한 중간재 생산을 위해 해외에 진출하거나(후방통합) 또는 최종소비자에게 제품을 사용하거나 판매할 목적으로(전방통합) 투자가 이루어지는 경우를 말한다. 후방적 통합의 전형적인 예는 광산회사가 해외자원개발을 위해 직접투자를 하고 본국에서 정산하는 경우 석유회사가 원유의 채굴에 직접투자하고 정제는 수요국에서 하는 경우 등을 들 수 있으며, 전방적 통합은 조립공장이나 판매 대리점 등의 수출활동에서와 같이 판매망조직을 위해 직접투자 하는 경우를 들 수 있다.

후방적 직접투자가 이루어지는 데에는 다음과 같은 몇 가지 이유를 들 수 있다.[340)] 즉 ① 단순한 필요, ② 과점적 불확실성의 제거, ③ 과점적 대응책, ④ 새로운 진입기업에 대한 장벽의 구속, ⑤ 수직적 통합의 기술적 우위 등이다.

(3) 다각적 해외직접투자

이는 공장생산물이 수직적으로도 수평적으로도 연결되지 않은 다각기업형태이다. 즉 특정기업이 여러 분야의 사업활동을 전개함으로써 사업상의 위험을 분산시키는 데 그 목적이 있다. 기업의 다국적화는 다양화된 수익을 가져다주며 총수익은 기업이 지리적으로뿐만 아니라 생산영역을 다양화 할 때 최대가 된다. 특정기업이 한 가지보다는 두 가지의 사업을 영위할 때 그것으로부터의 현금흐름은 한 가지 사업에서의 현금흐름보다 불확실성이 작게 된다. 따라서 기업은 국민경제 내의 경기후퇴, 정부정책의 변화에 직면하게 되면 국제적인 다각화를 생각하게 된다. 모

339) 보다 자세한 내용은 다음 문헌을 참조 [Richard E. Caves, Multinational Enterprise and Economic Analysis (Cambridge: Cambridge Univ. press, 1982) pp. 3～15].

340) Franklin R. root, international Trade and lnvestment, 5th ed(Cincinnati : South - Western publishing co. 1984), p. 463.

회사의 국내생산계열로부터 다각화되었든 그렇지 않든 간에 해외투자는 분명히 다각화 가치를 가져다주게 된다.

2) 전략적 동기 면에서 본 유형

(1) 시장지향형 직접투자

먼저 기술이나 마케팅 또는 관리기법상의 우위를 점하고 있는 기업이 독점적 우위 요소를 이용하여 해외 현지에서 생산 판매하는 직접투자를 들 수 있다. 기업은 세계시장을 독점적 내지 과점적으로 지배하려고 하는 동기가 강하기 때문에 이러한 직접투자를 통해서 신 시장을 개척하거나 또는 기존시장을 유지, 확대할 수 있으며 본국에의 역수출도 가능하다.

다음으로 자사제품의 수입국이 관세장벽이나 비관세장벽을 구축 또는 강화하는 경우 기업은 현지의 공급을 충당하기 위해 수출 대신 직접투자를 하게 된다. 이렇게 함으로써 수출규제를 우회할 수 있다.

또 제품수출의 경우 현지국은 소비습관이나 기호 등이 자국과 상이하며 제품특성이나 서비스 또는 유통체계 등도 각기 다르기 때문에 수출시장이 일정 규모에 달하면 현지에 생산 공장을 세우는 것이 효율적이다. 한편 국내시장이 과점적이 되어 있는 경우 어떤 한 기업이 해외에 직접투자를 하게 되면 여타 과점기업도 기존수출시장을 고수하고 해외시장에서의 경쟁적 지위 저하 또는 모국시장의 과점적 안정성을 유지하기 위해 해외에 직접투자를 하게 된다.

또한 개도국기업들은 국내부가가치를 높이기 위해 현지의 국내계열회사를 요구하기 때문에 직접투자가 발생하기도 한다. 이상 여러 가지 경우에 있어서의 해외직접투자는 결국 기업이 자사제품시장을 개척하고 유지, 확대시키기 위한 것으로서 시장지향형 직접투자라고 할 수 있다.

(2) 천연자원지향형 직접투자

천연자원지향형 직접투자는 특정 자원을 국내에서 생산하지 않거나, 또는 국내에서 생산하는 경우라 할지라도 비용이 많이 소요되는 경우 해외 주요자원을 지배할 목적으로 주로 광업 분야에 투자하는 것을 말한다. 1940년대 말에서부터 1950년대 말까지의 미국이나 영국의 투자는 대부분 이러한 유형에 속하는데, 미국 및 기타 외국기업이 캐나다, 자메이카, 베네수엘라, 오스트레일리아 등의 광산을 소유하고 기타 국가들이 미국의 석탄광산을 소유하고 있는 것은 그 대표적인 예라고 할 수 있다.

자원의 안정적 확보를 위한 기업의 천연자원지향형 직접투자는 천연자원의 부존 상태가 극히 편재되어 있고 수급의 불균형이 불가피할 뿐 아니라 1970년대 초 자원민족주의의 대두 이후부터는 자원의 확보가 더욱 중요한 문제로 부각되었기 때문에 그 중요성을 더해가고 있다.

천연자원지향형 직접투자는 광물의 채취, 가공, 판매 등이 수직적으로 통합되어 있어 시장을 통한 거래비용을 절약할 수 있으며, 또 수직적 통합에 있어서는 각 생산 단계마다 시장지배력을 갖고 있을 뿐만 아니라 그 지배력이 다른 단계로도 파급되어 산업 전체의 과점화가 가능하게 된다.

한편 광물 등 천연자원에 대한 투자는 투자기간이 장기적이고 대규모 자본이 소요되기 때문에 여타기업이 동 분야에 신규로 투자한다는 것은 대단히 어렵다. 따라서 광업 분야에 있어서는 몇몇 기업들이 과점적 경쟁형태를 띤다.

(3) 노동지향형 직접투자

노동지향형 직접투자는 자본, 용역 등의 가격이 상승하여 임금이 매년 동결되고 있는 선진국이 해외에서의 저렴한 노동을 이용하여 표준화제품을 저렴하게 생산하기 위한 투자로서 오랫동안 대부분의 개도국들이 이러한 노동집약적 표준화제품의 생산입지역할을 해왔다. 여기에는 일반적으로 생산 공정 전체를 저임금 국으로 이전하여 제품을 생산하는 경우와 부품 및 반제품을 저임금 국에서 생산하여 본국에서 완성시키는 방법이 있다.

한국이나 대만 그리고 여타 제 3 세계 국가들을 대상으로 이루어진 미국이나 일본의 직접투자는 모두 이러한 유형에 속한다고 할 수 있으며 일부 개도국은 미국이나 일본에서 사양화되어 가는 제품생산을 이어받기 위한 수단으로서 자유무역지역을 설정하여 해외직접투자를 유치한 바 있다. 한국이 마산수출자유지역이나 대만의 카오싱 자유무역지역 드리고 멕시코 마킬라도라(Maquiladora)보세가공지역들은 그 대표적인 예이다.

투자국의 입장에서 보면 임금비용의 차이나 제품을 저렴하게 생산하여 판매할 수 있다는 점에서도 유리하지만 한편으로는 본국으로 역수출하는 경우가 많기 때문에 더욱 중요한 요소가 된다. 최근에는 한국기업체들도 저임금을 활용하기 위해 스리랑카나 필리핀 등의 개도국에 노동지향형 해외투자를 확대하고 있다.

3절 해외직접투자이론

1 해외직접투자이론의 요건

해외직접투자는 다국적기업의 뚜렷한 특징이다. 그러므로 해외직접투자이론은 또한 세계경제주체로서의 다국적기업에 관한 이론이기도 하다. 그러나 해외직접투자가 다국적기업활동의 전부는 아니며, 지금까지의 해외직접투자이론은 정치적, 사회 문화적 요소뿐만 아니라 기업내부관리과정을 고려하지 않고 있기 때문에 다국적기업의 모든 측면을 설명하는 다국적기업 자체의 이론이 되지는 못한다.

현재까지 해외직접투자현상을 규명하기 위하여 많은 이론들이 제시되었는데 이들 이론은 다음과 같은 세 가지의 근본적인 문제에 초점을 맞추고 있다.[341]

① 왜 기업은 해외로 진출하는가?
② 친숙한 기업환경에서 영업하는 현지 기업의 고유한 우위성에도 불구하고 어떻게 해외투자기업들이 현지기업과 성공적으로 경쟁하는가?
③ 왜 기업은 수출이나 라이센싱을 하지 않고 외국에서 직접 생산하려 하는가?

이를 해외직접투자이론의 선택요건에서 살펴보면,

① 왜 과점적 대기업이 해외직접투자를 지배적으로 하고 있는가?
② 왜 해외직접투자가 어떤 산업에서는 많이 발생하고 다른 산업에서는 거의 발생하지 않는가?
③ 왜 국가 및 산업분야에서 역투자(reverse investment)가 발생하는가?
④ 왜 소수의 국가(예컨대 미국)만이 대부분의 해외직접투자의 원천이 되고 선호되는가?

341) Franklin R. Root, International Trade and Investment (6th ed., Cincinnati : South-Western Publishing Co., 1990), p. 619.

2 해외직접투자이론의 체계

19세기만 하더라도 국가 간 자원이동(資源移動)의 주류는 자본이었으며, 자본시장의 발전에 따라 포트폴리오투자가 확대되었다. 그러나 20세기에 들어와 특히 전후에는 자본, 생산기술, 경영기술 등이 복합적으로 이동하는 해외직접투자가 주류를 이루면서 1960년대 이후 많은 기업들이 해외직접투자를 통해 다국적기업으로 성장하였다. 이처럼 전후 해외직접투자가 급증한 것은 경제적 환경변화와 더불어 운송, 통신 등의 비약적인 발전으로 해외생산에 따른 장애요인들이 제거되었기 때문이다.

해외직접투자가 급증하고 다국적기업이 세계경제에서 중요한 비중을 차지하게 됨에 따라 국제자본이동의 일반이론만으로는 해외직접투자의 여러 가지 독특한 성격을 충분히 설명할 수 없음을 인식하게 되었다. 이에 따라 해외직접투자현상을 설명하려는 이론들이 여러 가지 관점에서 제시되었다.

그간 제시된 주요 해외직접투자이론들을 몇 가지 접근방법으로 구분하면, ① 산업조직론적 관점, ② 국제자본이동론적 관점, ③ 거시경제론적 관점, ④ 종속이론적 관점, ⑤ 기업행위론적 관점, ⑥ 기업성장론적 관점, ⑦ 통합이론의 모색 등으로 구분해 볼 수 있다. 이 외에도 연구목적이나 연구자에 따라 제반 이론들을 여러 가지 관점으로 나누어 분류해 놓고 있으나 통일된 기준이나 이론적 배경을 갖고 있지는 않은 상황이다.

본 장에서는 연구대상으로서의 해외직접투자현상을 보는 관점에 따라 ① 거시경제론적 접근, ② 미시기업행태론적 접근, ③ 미시-거시 통합이론 등 세 가지 방향에서 제 이론들을 분류, 정리하고자 한다.

3 해외직접투자에 관한 거시경제론적 접근

1) 전통적 국제자본이동이론

앞에서 언급한 바와 같이 제 2차 세계대전 이전까지만 하더라도 해외투자의 주류는 증권투자였으며, 이는 자본의 한계생산력, 즉 이자율의 격차에 의해 국제 간 자본이동을 설명하는 전통적인 국제장기자본이동이론으로 그 해명이 가능하였다. 그러나 제 2차 세계대전 이후 급증하기 시작한 해외직접투자는 자본이동에 수반하여 기술 또는 경영기법까지도 함께 이동되는 새로운 형태의 투자현상이어서 전통적인 자본이동이론으로는 이 이론적 규명이 어렵게 되었다. 그러나 복합적인 새로운 형태의 해외직접투자도 어디까지나 자본이동이 대부분이고 기술 및 경영기법은 이전된 자본의 효율적인 활용을 위해 부가적으로 필요한 요소라는 점을 감안하면 자본이동이론의 설명력은 일단 받아들여질 수 있다.

[한계점]

① 동일산업 내에서 국가 혹은 경제그룹 간에 상호 직접투자가 이루어지고 있다.342)

② 전통적인 자본이동론은 완전경쟁을 가정하고 있는데 이러한 가정 하에서는 해외직접투자가 발생할 수 없다.343)

③ 실증적인 자료에 의하면 투자국의 이자율이 피 투자국의 이자율보다 반드시 낮다고 볼 수 없다.

이와 같은 한계점에도 불구하고 국제자본이동이론은 해외직접투자에 대한 거시경제적 분석의 기초를 마련해 주었다는 점에서 큰 의미가 있다 하겠다.344)

2) 국민 경제적 접근이론

국민 경제적 접근을 주장하는 학자들은 해외직접투자가 이윤 극대화 내지는 시장점유율 확대를 목적으로 개별 기업적 입장에서 이루어지게 되면, 투자국과 피 투자국 간의 갈등을 심화시키게 될 뿐만 아니라 역무역적(逆貿易的)으로 작용하기 때문에, 개별기업이 아닌 투자국과 피 투자국의 국민경제적 차원에서 이루어져야 된다고 강조하고 있다. 즉, 투자국과 피 투자국 간의 잠재적(潛在的) 혹은 현재적(顯在的) 비교생산비를 기초로 하여 투자국에서는 비교열위에 있는 피 투자국에서는 비교 우위화 되고 있는 산업에 해외직접투자가 이루어져야만 양국 간에 조화 있는 발전을 이루게 되고 무역도 확대된다고 한다.

3) 급진주의적 견해

최근에 다국적기업의 해외직접투자활동에 관한 주류경제학적 이론에 대하여 비판적인 급진주의적 견해가 많은 사람들에 의해서 제기되고 있다. 이들 급진주의적 견해는 그 내용 및 관점에 있어서 큰 차이를 보이고 있으나 공통적인 점은 첫째, 모두 다국적

342) 박상철, "해외 직접 투자의 흐름 방법에 관한 연구," 『월간지역경제』, 제 2권, 제 8호 (1981. 8.) p. 7.
343) Franklin R. Root, op. cit., p. 520.
344) John Fayerweather, International Business Management (New York : Hill Book Co., 1969) p. 170.

기업의 직접투자에 관한 신고전(新古典)주의적 낙관론을 거부하고 있으며, 둘째, 정도의 차이는 있지만 다국적기업을 제국주의(帝國主義)의 새로운 실행기관으로 보고 있다는 것이다.[345]

4 해외직접투자에 관한 미시기업 형태론적 접근

1) 성장동기이론

기업성장이론은 해외직접투자현상을 설명함에 있어 제일 먼저 제기되었을 뿐만 아니라 아직까지도 매우 설득력이 있는 이론으로 평가되고 있다. 이 이론은 해외직접투자를 기업성장의 자연발생적인 결과로 보고 있다.[346] 기업은 성장함에 따라 그 사업영역을 국내시장에서 해외시장으로 확대해 나간다. 이때 사업영역의 국제화 정도에 따라 기업형태는 수출기업, 다국적기업, 세계기업의 단계를 거치면서 발전해 가는데, 해외직접투자활동은 국내시장이 중심이고 해외거래는 무역활동에 그치는 수출기업으로부터 해외부문의 비중이 높아지고 해외사업도 무역 대신 해외투자를 중심으로 하는 다국적기업으로 옮겨가는 과정에서 활발히 이루어진다고 보는 것이다.[347]

2) 산업조직이론

산업조직론은 개개의 기업을 섬유산업, 자동차산업 등과 같이 산업이라는 범위로 구분하고 각 산업의 시장불완전성에서 해외직접투자의 원인을 찾는 이론으로서, 구미선진기업의 해외직접투자의 원인을 찾는 이론으로서, 구미선진기업의 해외직접투자현상을 잘 설명해 주고 있다.

하이머(Hymer)에 의하면 해외직접투자는 독점 또는 과점적 우위를 지니고 있는 기업들이 이윤극대화를 위해 불완전한 시장을 지배할 목적으로 행해진다고 한다. 그는 이러한 시장의 불완전성을 초래하는 주요 원인으로 제품차별화, 경영능력, 자본조달능력, 규모의 경제, 정부정책 등을 들고 있다.[348] 또한 케이브즈(Caves)는 신제품은

345) 손명환, "미국의 직접 투자와 개발도상국의 공업화", 『경상논집』 제 4권, 제 1호(충남대학교 경상대학부설 경영경제연구소. 1982. 6), pp. 12～13.

346) K. Kojima. op. cit., p. 59 : Charles P. Kindleberger. op. cit., p. 48.

347) Richard D. Robinson. International Business Management(Hort Rinehart and Winston, 1978), pp. 635～691.

348) Stephen Hymer, "United States Investment Abroad," in Peter Drysdale ed, Direct Foreign

제품차별화 때문에 그 자체가 독점화되는 성향을 보이고, 석유를 비롯한 주요 자원의 예에서 볼 수 있는 것처럼 개발로부터 판매에 이르기까지의 수직적 통합(vertical integration) 역시 기업의 독점적 지위를 더욱 강화시킨다고 주장하였다.[349] 이 범주에 속하는 이론에는 독점적 우위이론, 과점적 경쟁이론, 제품수명주기이론 등이 있다.

(1) 독점적 우위이론

특정국에서 사업활동을 할 때 외국기업은 현지기업에 비해 여러 가지 불리한 점이 있다.[350] 그럼에도 불구하고 이들이 외국에 투자를 해서 사업활동을 할 때에는 그러한 불리점을 극복하고도 남을 어떠한 우위요인이 있을 것임에 틀림없다. 킨들버거(Kindleburger)와 하이머(Hymer) 교수에 의해 체계화된 독점적 우위이론은 기업의 독점적 우위요소가 있어야만 해외투자가 가능하다고 하였다. 이처럼 현지기업이 갖지 못하는 우위가 무엇인가를 규명하려는 것이 독점적 우위이론이다. 그러나 이 이론은 국가 간의 비교우위에 바탕을 두고 있는 순수무역이론과는 달리 개별기업의 독점적 우위요인에 기초를 두고 있다는 점에서는 직접투자를 설명하는데 유용하나 이러한 독점적 우위가 직접투자의 필요조건이지 충분조건은 아니라는 사실을 감안할 때 비판의 여지가 있다. 시티은행과 한국의 국민은행의 독점적 우위는 어떠한 곳에서 찾을 수 있을까. 그리고 그들의 해외투자는 어떠한 결과를 가져다 주는 것일까 하는 과제가 등장한다.

(2) 과점적 경쟁이론

과점산업에 속하는 기업들의 특유한 행동양식(과점적 경쟁)에 착안하여 해외직접투자를 설명하려는 이 이론은 니커버커(F. Knickerbocker)에 의해 처음 제시되었다.[351] 과점산업에 속하는 기업들은 경쟁기업의 행동에 극히 민감하며, 기업들 간의 이러한 상호의존성은 과점적 경쟁이라는 과점산업 특유의 기업형태를 낳는다.[352] 예컨대, 한 기업이 신제품을 도입하거나 새로운 시장을 개척하거나 또는 새

Investment in Asia and Pacific(Australian National University Press, 1972), p. 41.

349) Richard E. Caves, "International Corporation : The Industrial Economics of Foreign Investment," Economica (1971), p. 1.

350) 외국 기업이 갖는 불리함은 현지 소비자들의 기호, 법률규제, 사회적 관습 차이, 거리로부터 오는 비용 등이 있다.

351) Frederick Knickerbocker. Oligopolistic Reaction and Multinational Enterprise (Boston : Harvard University Press 1973.

352) Raymond Vernon, "Competition Policy toward Multinational Corporation," American Economic Review (May. 1974) p. 278.

로운 원료원을 확보함으로써 경쟁적 우위를 확보하려고 하면, 경쟁기업은 이에 상응하는 행동으로 대처하게 된다. 그렇지 않을 경우 선도기업의 우위에 의해서 여타 기업들은 시장에서의 위치를 상실하거나 상장의 기회를 상실할 위험마저 발생하게 되는 것이다.

이렇게 볼 때 과점기업의 1차적 목표는 이익극대화라기보다는 최소한 경쟁기업과 같은 속도로 성장하여 기업 간 균형을 유지하는 일이라 하겠다. 따라서 전체시장의 급속한 팽창으로 기업의 절대적인 이익 및 매출액이 증가하는 경우에도 시장점유율의 하락과 경쟁기업의 행동을 경계하게 되는 것이다. 그러나 이 이론은 선진국 간의 상호투자와 동일업종 내의 많은 미국기업들이 단기간에 같은 투자대상국에 직접투자를 하는 현상을 잘 설명해 주고 있으나, 선도기업의 최초투자에 대해서는 설명을 못하고 있다.

(3) 제품수명주기이론

선후진국 간의 기술격차와 제품수명주기(product life cycle)에 따른 기업의 시장전략변화에 착안하여 각국 간의 무역패턴과 선진국기업의 해외직접투자를 설명하는 이론으로, 버논에 의해 제시되고 허쉬(S. Hirsh), 웰즈(Wells) 등에 의해 발전된 동태적 생산입지이론이다. 버논에 의하면 신제품의 도입기에는 신제품을 개발한 기업의 독점적 우위 또는 제품차별화 때문에 이 제품에 대한 수요의 가격탄력성이 비교적 작고 따라서 생산입지에 따른 비용 차이가 크지 않으므로 기업은 국내에 생산입지를 선택하게 된다.

그러나 두 번째 단계인 성장기에 이르면 대량생산이 가능해지지만, 동시에 경쟁기업이 등장하며 수요의 가격탄력성이 커짐에 따라 기업의 생산비에 대한 관심도 높아져 규모의 경제실현과 경영능력의 제고가 기업의 성패를 좌우하는 가장 중요한 요소가 된다. 세 번째로 성숙기에 접어들면 제품생산이 표준화되며 생산기술보다는 생산비가 기업의 최대 관심사로 되어 생산입지는 임금이 낮은 개도국으로 이전하게 되어, 궁극적으로는 해외 자회사로부터의 역수입이 일어나게 되어 결국 '헥셔-올린'의 세계로 돌아가는 셈이 된다.

3) 행동과학적 접근이론

기업의 해외직접투자현상을 기업조직 내부의 의사결정과정과 독특한 기업행태적 현상으로 파악하여 설명하려는 것으로, 이 이론에 의하면 해외직접투자가 반드시 경제적인 또는 합리적인 동기에 의해서만 이루어지는 것은 아니라고 한다. 최초의 투자를 유발하는 것은 해외시장에 대한 조직적이고 합리적인 조사라기보다는 어떤 강한 외부적인 자극이라는 것이다. 아하로니(Yair Aharoni)는 이러한 외부적인 자극으로, ① 외국정부나 기업의 고객과 같이, 기업내부와는 관련이 없는 원천으로부터의 제안, ② 시장상실의 위험, ③ 밴드웨건(band wagon)효과, ④ 해외로부터의 강력한 경쟁 등을 들고 있다.[353]

이 이론은 투자가 일어나는 동기나 과정을 지나치게 일면적으로 파악했다는 비판을 면치 못하겠지만, 다른 여러 경제적 접근이론들과의 상호보완적인 측면에서 매우 의미 있다고 보아야 할 것이다.

4) 자본시장 접근이론

독점적 우위이론이 직접투자를 실물 면에서의 우위를 통해서 설명하는데 반해서 이 이론은 화폐면에서의 우위를 통해서 투자기업이 가진 이점을 설명한다. 투자기업이 현지기업에 비해서 갖는 화폐상의 이점은 투자국의 화폐가치의 안정성과 자본시장의 발달을 들 수 있다. 일반적으로 전자를 통화가치우위이론[354] 또는 통화지역이론이라 하고, 후자를 자본시장불완전이론[355]이라 한다.

5) 내부화 이론

완전경쟁시장에서는 가격기구의 자동조절작용에 의해 자원배분이 효율적으로 이루어지며 파레토최적(Pareto Optimality)이 달성된다고 한다. 파레토최적이란 경제적 후생의 극대화기준으로서, 타인에게 피해를 입히지 않고서는 어느 한 사람도 더 잘살게 할 수 없을 정도로 자원이 잘 이용되고 있는 상태라고 정의된다.[356]

그러나 현실세계에서는 자연적 또는 인위적인 시장불완전성의 존재로 시장 실패가

353) Yair Aharoni, The Foregin Investment Decision (Boston : Harvard University Press, 1966) pp. 54~55.

354) 통화가치우위이론은 투자국의 기업이 환율이나 통화가치의 차이 등에 의해서 피 투자 기업보다 유리한 위치에 있으므로 비교우위를 누린다고 한다. 즉, 국제금융시장으로부터 자본을 조달할 경우 장래 통화가치가 오를 것으로 예상되는 통화표시로 채권을 발행하는 기업은 그렇지 않은 타 기업보다 유리한 조건으로 차입할 수 있고 약세통화국의 기업은 미래의 불확실한 환위험에 대해 일정한 '프리미엄'을 투자가들에게 지급해야 하기 때문에 그만큼 강세 통화국의 기업보다 차입비용이 높아지게 된다는 것이다.

355) 자본시장불완전 이론은 통화의 안정성보다는 자본시장 자체의 불완전성에서 직접투자의 결정요인을 찾고 있다. 즉, 직접투자는 기술우위나 독점적 행위가 존재하지 않더라도 자본시장의 비효율성으로 인해 국제포트폴리오 분산투자이익을 누릴 수 없을 때, 투자가들은 비효율적인 현지국의 자본시장보다는 직접투자를 통해 이익을 얻으려고 한다는 것이다. 이 이론은 다른 사업대안 대신에 왜 직접투자를 하느냐는 문제의 해답에는 도움이 되지만 이 이론을 뒷받침할 실증적 연구가 아직은 매우 미흡하다고 하겠다.

356) A. 쿠쪼니아스 저, 정병휴 역. 『현대미시 경제학』 (박영사, 1984) pp. 622~626.

나타나며, 이러한 시장 실패 하에서는 자원배분이 왜곡되고 경제적 후생도 감소한다. 시장 실패는 외부경제나 공공재 등에 의해 영향을 받으며,[357] 기업은 시장 실패로 인한 거래비용이나 제반 위험을 피하기 위해 안정감 있는 내부시장을 창조하려고 한다. 해외직접투자를 시장불완전성의 측면에서 연구하려는 시도는 하이머의 독점적 우위 이론이 제시된 이후 해외직접투자이론의 주류를 형성해 왔다.

특히 다국적기업은 시장실패에 대한 대체적 제도로 간주되기도 하는바, 이는 기업이 불확실한 시장거래에서 발생하는 비용을 제거 또는 감소시키기 위해 이러한 거래를 기업 시스템 내에서 수행하려는 목적으로 형성한 제도가 다국적기업이라고 보기 때문이다. 1970년대 이후 내부화의 개념은 기업의 해외활동을 설명하는 데에 폭넓게 적용되어 왔다. 코오스(R.H. Coase)에서 시작된 내부화의 개념은 윌리엄슨(O.E. Williamson)에 의해 체계화되었고, 이를 바탕으로 버클리(P.J. Buckley)와 카슨(M. Casson)은 해외직접투자에 내부화의 개념을 처음 도입하였으며, 러그맨(A.M. Rugman)은 내부화 이론이 해외직접투자 현상을 설명하는 일반이론이라고까지 주장하였다.

내부화 이론에 의하면 효율적인 국제무역과 투자를 막는 세계적인 시장 불완전성에 대해 기업은 상응하는 반응을 보인다. 즉 다국적기업은 시장의 불완전성이 존재할 때 기업의 내부시장(현지법인조직)을 이용하여 해외사업을 실행한다. 시장의 불완전성이란 시장규모, 산업특성 등 산업특유요인, 지리·문화적 차이의 지역특유요인, 정치·경제의 국가특유요인, 마케팅, 경영능력 등의 기업특유요인 등을 들 수 있다. 다시 말해 기업은 기업외부의 시장 기구를 통하여 이루어지는 여러 가지 기능을 다국적기업 시스템 내에 내부시장을 창조하여 수행하려고 한다는 것이다.

6) 고지마의 해외투자 이론

고지마(小島清)는 내부화이론이 미시적인 기업적 사고에 입각하여 거시적 사고가 반영되지 않았다는 이의를 제기하여 비교우위개념을 이용하여 기업의 해외직접투자를 설명하고 있다.

고지마는 2가지 기본명제에 입각하여 본인의 이론을 주장하고 있다.[358]

357) 시장실패의 요인인 외부성이란 어떤 소비자의 효용함수나 생산자의 생산 함수가 다른 경제 주체의 작용으로 시장을 통하지 않고 무상으로 이용되거나 불리한 영향을 박는 것을 말한다. 외부성이 존재하면 사적생산비와 사회적 생산비가 차이가 나게 되며, 공해는 대표적인 외부 불경제라 하겠다. 한편, 공공재란, 여러 사람이 사용하여도 다른 사람의 소비가 감소되지 않는 성질의 재화를 말하며, 지식이나 기술 등도 일단 연구개발이 이루어지면 공공재의 성격을 갖게 된다.

358) 小島清, 海外直接投資のマクロ 分析, 文眞堂, 1989.

첫 번째는 자유무역에 의해 비교생산비에 따라 비교우위품을 수출하고 대신에 비교열위품을 수입하면 무역이익을 획득할 수 있어 국민경제를 극대화할 수 있다는 전제이다.

두 번째 명제는 잠재적 비교생산비를 중심으로 호스트 국가의 비교우위산업(투자국의 비교열위산업)을 선택하여 투자국의 비교열위산업의 기업으로부터의 경영자원이 호스트 국가의 잠재적 비교우위산업에의 이전(즉, 직접투자)되면 생산성개선효과가 나타나므로 비교생산비 차이가 확대되어 더 큰 이익의 무역이 창조된다고 주장하며 일본형 직접투자와 미국형 직접투자의 차이를 설명하였다.359)

다시 말하면 독과점산업에서 독점기업 간의 경쟁활동으로 나타난 미국형 직접투자는 상품교역량을 줄이는데 비해 일본형 직접투자는 1970년대의 한국, 동남아에게 기술이전을 하면서 현지의 전략적 수출산업발전에 기여했으며 일본으로부터 중간재를 수입하여 투자국, 피투자국 모두에게 수출을 유발, 양국의 거시경제발전에 이바지하였다고 주장하였다.

5 미시-거시통합적 접근방법

이상에서 개별 기업적 혹은 산업조직 속에서의 기업 형태론적인 관점에서 해외직접투자를 설명하는 여러 이론들을 살펴보았다. 이러한 미시적 접근이론들은 다소 차이는 있지만, 대부분 해외직접투자를 행하는 기업 주체적인 입장에서 이론을 전개하고 있어서 다국적기업이 해외직접투자를 하는 이유, 비교우위의 원천 등을 구체적으로 잘 설명하고 있다. 그러나 이들 대부분은 부분적이고 일면적인 설명력 밖에 갖고 있지 못해서 보다 일반적이고 보편적인 이론의 필요성이 대두되고 있다.

여기에서는 미시요인과 거시요인을 동시에 고려하는 보다 진전된 통합모델을 살펴보기로 한다.

1) 더닝의 절충이론

더닝은 해외직접투자가 이루어지려면 기업 특유의 독점적 우위요소(ownership-specific advantages) 이외에도 내부화의 우위(internalization incentive advantages)와 입지

359) 安室憲一, 新グローバル經營論, 白桃書房, 2007, pp. 69～70.

특유의 우위(location-specific advantages)가 있어야 한다고 하였다. 다시 말해, 해외직접투자가 이루어지려면 외국기업으로서의 불리함을 극복하고도 현지에서 경쟁해 나갈 수 있는 기업 특유의 독점적 우위가 있어야 함은 물론, 국내보다 외국이 생산입지 상에서 우위에 있어야 하며, 또한 기업 특유의 독점적 우위를 외국기업에게 라이센싱 해주는 것보다 내부거래를 통해 이전하는 것이 유리해야 하는 내부화의 우위가 있어야 한다는 것이다.

이는 독점적 우위이론만으로는 수출이나 라이센싱에 대한 해외직접투자의 우위를 설명하기 어렵고, 내부화 이론은 입지 특유의 우위에 대한 설명력이 약하기 때문이다. 이에 따라 더닝은 수출, 라이센싱, 해외직접투자를 동시에 포괄하는 국제생산이론을 모색하였는데, 이것이 독점적 우위이론, 내부화이론, 입지이론을 포괄하고 있는 절충이론이다.[360)]

절충이론에 의하면 기업 특유의 독점적 우위를 외부시장에서 판매하는 것보다 내부화하는 것이 유리할 때에 기업은 라이센싱 방식을 버리고 수출이나 해외직접투자를 택할 것이고, 자본·기술·경영 기법 등을 해외로 이전하여 현지의 생산요소와 결합하는 것이 국내생산보다 유리할 때에 즉, 입지 특유의 우위가 있을 때 기업은 수출 대신 해외직접투자를 한다는 것이다.

6 해외직접투자이론들의 설명능력 비교

해외직접투자이론의 요건에서 보았듯이 국제 경영적 측면에서의 해외직접투자이론은 기업이 해외에 진출하는 동기가 무엇이며, 익숙하지 않은 해외의 기업환경에서 현지기업과 경쟁하여 이길 수 있는 우위의 원천은 무엇이며, 여러 가지 해외영업활동방법 중에서 해외직접투자라는 방식을 택하게 된 요인이 무엇인가를 설명해 줄 수 있어야 한다.

이러한 관점에서 지금까지 살펴본 해외직접투자이론의 줄기를 잡아보면 이론의 출발점은 경쟁우위의 원천을 밝혀 주는 독점적 우위이론으로 볼 수 있다. 그러나 이 이론은 국제경영의 세 가지 기본형태, 즉 수출, 라이센싱, 해외직접투자 중 어떤 형태를 취할 것인가는 설명해 주지 못한다.[361)] 즉 해외직접투자에 대한 필요조건은 제시하나 충분조건은 설명하지 못했다.

이에 1970년대 중반부터 라이센싱과 해외직접투자의 선택기준으로서 내부화 이론이

360) 김병순, "국제경쟁력에 관한 이론적 고찰," 『단국대학교 논문집』 제 22집, 1988, pp. 12~17.
361) 민상기, "한국 제조기업의 해외직접 투자." 『한국 경영론』 (도서출판 한울, 1985).

개발되었고, 한때는 해외직접투자의 일반이론으로까지 일컬었으나, 수출과 해외직접투자 중 어느 것을 선택할 것인가 또는 해외직접투자를 한다면 어느 곳에 할 것인가에 관련된 입지요인의 설명이 약했다. 이에 더닝은 기존의 독점적 우위이론과 내부화 이론에 생산 입지이론을 합한 절충이론을 개발했던 것이다. 따라서 해외직접투자이론의 큰 줄기는 '독점적 우위이론 → 내부화이론 → 절충이론'으로 보이며, 여타의 이론들은 각기 해외직접투자의 특정한 부분만을 설명해 주는 단편적인 것이다.

그림 15-1 해외직접투자이론의 설명 능력 비교

이 론	해외진출의 동기	경쟁우위의 원천	해외직접투자의 선택이유
거시경제이론적 접근방법			
국제자본이동이론	O	*	*
국민경제적 접근이론	O	*	O
급진주의적 견해			
신제국주의	O	*	O
종속이론	O	O	*
미시기업형태론적 접근방법			
성장동기이론			
기업성장이론	O	*	O
금융의 내부원천이론	O	*	*
투자의 유기족 접근이론	O	*	O
산업조직이론			
독점적 우위이론	*	O	*
과점적 경쟁이론	O	*	*
제품수명주기이론	O	*	O
행동과학적 접근이론	*	*	O
자본시장 접근이론			
통화가치우위이론	*	O	*
자본시장 불완전 이론	O	*	O
포트폴리오 분산이론	O	*	O
자본형성이론	O	*	O
내부시장이론	*	O	O
미시-거시통합 모델			
절충이론	O	O	O

자료 : 21세기를 위한 국제경영, 조동성 저, 경문사, p. 402.

Memo

16

CHAPTER

협상전략

1 2 3 4 5 6 7 8 9 10 11 12 13 14 15 **16**

협상(negotiation)은 정치, 경제, 사회의 모든 영역에서 기본적으로 갈등을 최소화하고, 개인과 개인, 개인과 기업, 기업과 기업, 기업과 국가, 그리고 국가와 국가 간에 각 주체가 목적으로 하는 자기이익을 기회비용적 관점에서 극대화하는 수단으로 사용하는 기술이라고 바라보는 것이 일반적이다.

인간은 기본적으로 모든 일에 기회를 추구하며 협상 자체의 형태가 아닌 협상과정의 행동을 영위한다고 할 수 있으며, 점차 사회가 복잡·다양해지면서 이해관계가 얽혀 개인과 사회 간의 문제로 발전하게 되었다. 특히 세계가 글로벌화 해가면서 이러한 관계는 국제적인 수준으로까지 확대되어, 기업을 매개로 개인과 국가 간의 제 관계가 이루어지고 있으며, 협상 시 그 타결점을 찾는 것은 매우 어렵다고 할 것이다.

우리는 이러한 국제적인 협상에 대해 매우 친숙하게 접하고 있으리라 보는데, 기업은 국제적인 사업(무역, 특히 전략적 제휴, 직접투자 등) 관계에서 자기 이익을 위해 전략적인 관점에서 자원의 분배, 그리고 기업이익까지 그 대상으로 삼고 있다. 물론 국제 정치적인 문제에서도(일례로 북한의 핵문제) 협상에 대한 문제를 인식하는 것, 즉 이것도 크게 보면 국가의 경제적 이익에 관련된 문제라고는 할 수 있으나, 지금 논의하고 있는 것은 기업의 국제화가 진전되면서 일어나는 협상에 대한 문제를 살펴보고자 하는 것이므로 이 부분은 배제하기로 하는 것이 옳을 것이다.

따라서 본 장에서는 우선 협상의 정의와 그 이론은 국제기업에 어떠한 의미를 던져주고 있는가를 살펴보고, 국제기업의 협상문제와 국제기업 간 구체적인 협상을 이루어 내는 당사자들에게 대두되는(물론 기업수준에서 문제가 되는 것이 이문화이지만 협상행위 당사자는 기업의 구성원이다) 이문화적인 문제로 협상을 다루고자 한다.

1절 협상의 정의와 이론

1 협상의 개념

일반적으로 협상이란 서로 갈등이 있는 둘 이상의 주체가 그들의 갈등을 해결하기 위해 상호작용하는 행위와 그 과정을 말한다. 그리고 이해 당사자들을 서로 만족시키기 위해서 수세기 전부터 여러 가지 방법의 협상(negotiation)과 교섭(bargaining)이 사용되어져 왔다. 이러한 협상에 대한 범위는 가정적인 일상생활에서부터 국제거래 관계 속에서 그 가능성은 언제나 존재하며, 특히 이 점에서 아담 스미스는 '國富論'에서 인간의 교환본능을 강조하고, 이러한 인간의 본능이 바로 협상욕구로 이어질 수 있다고 했다.

그러나 협상의 '속성'에 대해서 간혹 지나쳐 버리는 경우가 있는데, 이것은 주위의 환경에 의해 많은 제약, 일례로 기업의 전략과 자원이 제한적이면, 협상력에 있어 열위에 있을 수 있으므로 이러한 점이 협상의 속성에 대해 알아보고 대처할 수 있는 능력을 제공한다는 점에서 그 타당성이 있을 것이다. 이러한 협상의 개념에 대해서는 1950년대 사회적 환경이 급변하면서 과학적 방법을 통한 양자 그리고 다자간 협상의 접근방법이 발전하게 되었다.

1965년 Sawyer과 Guetzkow에 의해 대부분 개발되었는데, 이후 Kelly, McGrath, Vinacke, Terhune, Druckman 등이 연구의 맥을 이었다고는 하나 그렇게 과학적이진 못했다고 할 수 있다. 그래서 Lall, Ikle이 가정검증식 접근을 사용하였으나 이 또한 단편적이며, 훈련되지 않거나, 실험에 노출된 실행자에 의존했다는 점이 지적되고 있다.[362]

협상의 몇 가지 개념은 협상과정의 특별한 양상에 초점을 맞춘 사회학자들에 의해 제공되고 있는데, McGrath(1966)[363]는 타협의 특별한 형태를 만들어내는 대표적인 행위 즉 그룹의 위치, 협정 도달, 독창성 획득, 건설적인 해결 등을 강조하며, 또한 '상상력'(representation: 개념작용)을 강조한다. David와 Triandis(1965)[364]는 협상과 교섭 사

362) Daniel Druckman, Human Factors in International Negotiations: Social-Psychological Aspects of International Conflict, Sage Publications, Inc., 1973. pp. 5~6.

363) McGrath, J. E., "A social psychological approach to the study of negotiation." in R. V. Bower (ed.), Studies on Behavior in Organization: A Reserach Symposium athens: Univ. of Georgia Press, 1966.

364) Davis, E. E. and H. C. Triandis, "An exploratory study of inter-cultural negotiations." Urbana:

이의 차이를 강조하며, 협상은 '태도와 가치'에 있어 단체들의 차이를 해결하기 위한 것을 말한다. Ikle(1964)[365]은 협상을 교섭을 통한 '이익의 갈등'을 해결하는 것이라고 한 반면, Hammond와 Brehmer(1973)[366]은 '정책결정과정'의 불확실하고 확률적인 속성을 말하고 있다.

이러한 특징은 국제적인 협상과정 즉 기업의 입장에서 건설적인 해결을 위한 상상력, 국제기업 간의 태도와 가치, 이익의 갈등, 전략결정과정 등에서 충분히 일어날 만한 내용들이라 할 수 있겠다.

다음으로 연구 방법론적인 논쟁에서 사회심리학적 접근을 들 수 있는데, 이는 주로 노사관계에 초점이 맞춰지는 것으로, Walton과 McKersie(1965)[367]는 시스템, 상황 그리고 태도적 변수 사이의 노사관계에서 집단교섭(collective bargaining)의 모델로 나타내고 있다. 그러나 이러한 집단교섭적 노사관계는 국제협상에서 쉽게 이전되지 않는 부분이라고 할 수 있는데 이는 법적인 면과 부수적인 목표의 상이성에서 오는 것이기 때문이다.

Jervis(1972)[368]와 Holsti(1970)[369]은 국제적 과정에서 시스템적인 부분에 의존할 필요는 없다고 하며, 시스템적이지 않은 사회심리학적 요인 즉 개념, 의도, 목적, 구성원의 영향 등이 국제적인 부분에서 정책결정에 중요한 부분이라고 인식하고 있다. 또 다른 사회심리학적 접근은 실험적 방법(Walton & McKersie(1965)[370] 또는 Sawyer & Guetzkow(1965)[371])이라고 할 수 있는데, 이것은 중요한 변수 즉 사전협상경험, 의사소통의 기회, 협상단체의 수, 대안전략, 상대편의 시간압력, 인센티브 등을 제공할 수는 있지만, 일반화하려는 실험자들에게 더욱 복잡한 상황을 만들어 내는 등 잘못된 상황을 연출하고 있다고 할 수 있다.

결과적으로 Singer & Ray(1966)[372]은 특별한 이익시스템의 정상적 모델에서 유추한

University of Illinois Group Effectiveness Research Laboratory Technical Report 26, ARPA Contract NR 177-472, Nonr-1834(36). 1965.

365) Ille. F. C., How Nations Negotiation, New York: Harper, 1964.

366) Hammon, K. R. and Brehmer, "Quasi-rationality and distrust: implications for international conflict," in L. Rappoport and D. A. Summers(eds) Human Judgment and Social Interaction, New York: Holt, Rinehart & Winston, 1973.

367) Walton, R. E., "Variables in Experimental games: toward a field theory", Psych. Bull. 71: 293~318, 1971.

368) Jervis, R., The Logic of Images in International Relations. Princeton, N.J.: Preceton Univ. Press. 1972.

369) Holsti, O. R., "Individual differences in 'definitions in the situation'." J. of Conflict Resolution 14: 303~310. 1970.

370) Walton & McKersie, 전게서, 1965.

371) Sawyer, J. and H. Guetzkow, "Bargaining and negotiation in international relations." in H. C. Kelman(ed) International Behavior: A Social-Psychological Analysis. New York: Holt, Rinehart & Winston, 1965.

'규범적(normative) 모델'이 '기술적(description) 모델'보다 더욱 적절하다고 말하고 있다. 다시 말하면, 협상의 연구에서는 경영학적으로 유용한 사회심리학적 방법론은 국제적인 단계에서는 규범적인 연구가 바람직하다는 것을 볼 수 있다.

그렇다면 이러한 배경 속에서 협상은 어떠한 정의를 가지고 있는가?

Kapoor(1975)[373]는 "협상(negotiation)이란 주어진 상황에 최선의 접근법을 결정하기 위하여 기능(마케팅관리, 재무, 제조), 갈등의 문제(기분, 관리, 통제, 소유권의 보호), 커뮤니케이션과 통제시스템, 절차, 일반적인 환경, 다국적기업과 상대정부관계들을 결합시키는 일종의 예술적 성격을 갖는 활동"으로 정의했으며, Harsanyi(1977)[374]은 "협상(bargaining)은 둘 이상의 행위자가 가능한 협조 행위를 통하여 서로의 입장 차이를 양보함으로써 타협(negotiation)하는 것을 말한다."라고 했다.

그러나 Harsanyi의 입장에서 타협이라는 협상(negotiation)은 그 자체가 상태가 아니고 행위이라는 점에서 Negoatition은 타협(settlement)과 구분되어야 할 것이다. 또한 Cohen(1980)[375]은 "협상(negotiation)이란 공동의 이익 교환이나 실천에서 이해 충돌이 있을 경우 의견을 일치시킬 목적으로 자신의 의견을 분명하게 개진하는 과정이라고 정의하며, 긴장이 가득한 상황 속에서 정보와 힘의 사용에 어떤 바람직한 결과를 가져오는 것"이라고 하고, Raiffa(1982)[376]는 "행위자들의 공통이해를 증진시키고 상반된 입장을 절충하는 것이 협상이다"라고 하고 있다.

따라서 협상이란 주체적인 둘 이상이 상호작용을 가지며 주체들의 목적 즉 이해관계에서 이익을 위해 서로 다른 의견이 서로의 불이익이 최소한 상태로 타협되도록 하는 일련의 행위와 과정이라고 정의할 수 있다.

그렇지만 정의만으로 협상에 대해 이해하기가 곤란한 점이 있지 않나 한다. 그러므로 이러한 정의에 따라 더욱 이해를 돕고자 협상 이론의 발전과정(거시적 수준에서 미시적 수준으로 발전하고 있다)을 살펴보고자 한다. 물론 협상은 행위이고 실천적 과정이기 때문에 이 논의의 뒤에 살펴보기로 한다.

372) Singel, S. and L. E. Fouraker, Bargaining and Group Decision Marking: Experiments in Bilater Monopoly. New York: McGraw-Hill, 1960.

373) Ashok Kopoor, Planning for International Business Negotiations, Cambridge, Mass: Ballinger Publisher Co., 1975, ch.6.

374) Harsanyi, John, Rational Behavior and Bargaining Equilibrium in Games and Social Situations, Cambridge, UK: Cambridge Press, 1977.

375) H. Cohen, You Can Negotiate Anying, Toroto, A Bantam Books, 1980.

376) Raiffa, Howars, The Art and Science of Negotiation, Cambridge: Harvard University Press, 1982.

2 게임 이론적 협상이론

1) 협조적 게임에 기초한 협상이론

협상을 둘 이상의 사람들 간의 게임으로 보고 게임이론에 의해 협상을 설명하고자 하는 시도가 많이 이루어져 왔다. 게임이란 두 명 이상의 사람(경기자)들이 상호 연관관계를 통해 자신의 이익을 추구하고 있으나 어느 누구도 그 결과를 마음대로 좌지우지할 수 없는 경쟁적 상황을 의미한다고 할 수 있다.[377]

이 가운데 협조적 게임이란 경기자들이 기본적으로 자신의 이익에 관심을 가지면서도 상호 간의 의사교환을 통해 공동으로 추구해야 할 것에 관해 합의를 도출하는 과정을 의미한다. 즉, 협조적 게임이란 협상에 있어서 상호 이익을 극대화하는 데 있어서 경기자들이 협조적인 태도를 나타내며, 따라서 많은 대안 가운데 효율적인 대안만을 놓고 그 가운데 합의를 도출하는 과정을 나타낸다고도 할 수 있다.

라이파(Raiffa)는 이와 같은 협조적 경기자를 "이해의 차이점을 인식하고 기본적으로는 자기 자신의 이익에 관심을 가지면서 타협을 도출하려고 하는 경기자"를 의미하며, 상대방에 대해 전적으로 신뢰하지도 않고 전적으로 불신하지도 않는 경기자, "상호 간의 합의를 존중하는 경기자"를 의미한다고 정의하였다.[378]

협조적 게임에 의한 협상이론은 내쉬(Nash)의 공리주의적 접근방법으로 대표된다. 내쉬는 협상문제를 경기자의 선호를 나타내는 효용함수들과 협상이 결렬될 경우를 나타내는 결렬점(disagreement point)들로 나타내어진다고 주장하고, 파레토최적(Pareto optimality)과 대칭성(symmetry) 등의 공리를 만족시키는 협상의 해(解)를 제시하였다.[379] 이와 같은 내쉬의 이론은 과거 에즈워드(Edgeworth)상자도 모형으로 대표되는 일반균형이론(또는 협상이론)이 파레토최적인 결과를 제시할 뿐 이 가운데 어떤 결과가 실제도 선택되는지를 설명하지 못하는 단점을 극복한 이론으로 평가되고 있다.

377) 이준구, 「미시경제학」, 법문사, 1994, p. 425.
378) Raiffa, H., *The Art & Science of Negotiation*, Harvard University Press, 1995, p. 18.
379) Nash, J., "Two-Person Cooperative Games," *Econometrica*, Vol. 21, 1953.

에즈워드 상자도 모형 ▶▶

에즈워드(Edgeworth) 상자도 모형은 두 사람(A, B)과 두 재화(X, Y)가 있는 단순한 순수교환경제에 관한 모형이다. 예를 들어 A는 X재 10단위와 Y재 5단위를 갖고 있고, B는 X재 6단위와 Y재 7단위를 갖고 있다고 하여 보자. 이와 같은 상황을 에즈워드 상자 안에 나타내면 점 E로 나타내어진다.

그림 16-1 에즈워드 상자도

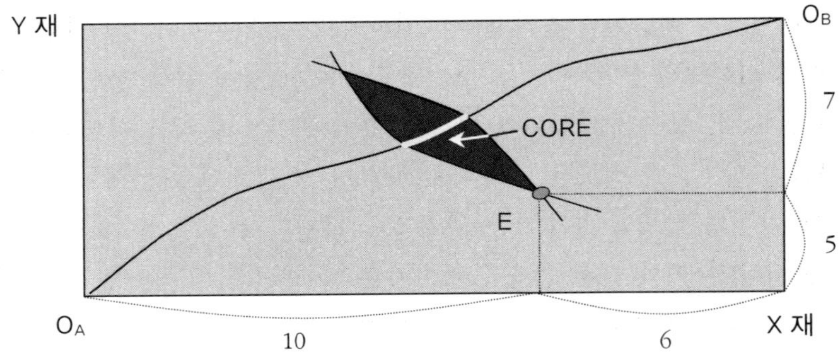

이 상황에서 두 사람은 교환의 필요성을 느끼게 된다. 그것은 점 E로부터 재화의 교환을 통해 빗금친 영역 안으로 움직일 경우보다 높은 무차별 곡선에 도달함으로써 두 사람의 만족이 모두 증가하기 때문이다. 이것을 파레토개선(Pareto improvement)이라고 하며, 이 이상의 파레토 개선이 이루어지지 않는 상태를 파레토 최적인 상태(다른 사람의 만족을 희생하지 않고는 어느 누구의 만족도 증가할 수 없는 상태)라고 한다.

파레토 최적인 점들을 이은 것을 미시경제학에서는 계약곡선(contract curve)이라고 하며, 계약곡선 가운데 빗금친 영역 안에 있는 부분을 코어(core)라고 한다. 에즈워드 상자 모형은 따라서 순수교환경제에서 파레토 최적이면서 두 사람에게 모두 이익이 되는 교환들을 나타내주기는 하지만, 그 가운데 어떠한 점이 선택되는가를 설명하지 못하는 단점이 있다.

2) 비협조적 게임에 기초한 협상이론

협상의 결과가 항상 파레토 효율적인 것은 아니며, 복잡한 협상의 경우에서는 심지어 어떤 것이 파레토 효율적인 결과인지도 모르는 경우도 있다. 게임에서 경기자들이 상호의 이익을 극대화하기 위해 협조적인 자세를 취한다는 가정도 현실과는 동떨어져 있다. 비협조적 게임이론에 바탕을 둔 협상이론은 이와 같은 인식 하에 모든 경기자들은 오로지 자기 자신의 이익에만 관심을 갖는 이기적인 경기자라고 가정하고, 경기자들이 자신의 이익을 극대화하기 위한 전략을 분석하고 있다.

비협조적 게임에서의 협상 가운데 대표적인 사례가 범인(犯人)의 딜레마(prisoner's dilemma)이다. 범인의 딜레마는 범행용의자로 체포된 두 사람의 공범에게 자백을 유도하기 위해 채찍과 당근을 동시에 제공하는 상황을 나타내는 게임이다.

범인의 딜레마 ▶▶

검찰에 붙잡힌 공범에 대해 심증은 있되 물증이 없는 경우, 두 공범이 담합하는 것을 방지하기 위해 서로 격리시켜 놓고 다음과 같은 제안을 했다고 가정하자.

"만약 두 사람이 모두 범행을 자백하면 두 사람 모두에게 징역 5년을 구형하겠소. 만약 한 사람이 범행을 자백하고 다른 사람은 자백하지 않은 경우, 범행을 자백한 사람에게는 관용을 베풀어 풀어 주되 자백하지 않은 사람에게는 법정 최고형인 10년을 구형하겠소. 만약 두 사람이 모두 자백하지 않으면, 우리(검찰)로서는 당신들의 유죄를 증명하기는 어렵겠지만 법원의 최종판결이 있을 때(1년)까지 두 사람 모두를 구치소에 수감하겠소."

이와 같은 제안이 주어질 경우, 두 범인은 고민에 빠지게 된다. 이 게임을 분석하기 위해 두 범인의 가능한 선택과 그에 따르는 처벌을 수량화한 보수(報酬: payoffs)로 나타내면 〈표 16-1〉과 같다. 처벌의 크기가 클수록 만족 또는 효용이 감소해야 하므로 보수는 마이너스로 표시한다.

〈표 16-1〉을 자세히 살펴보면, 범인들은 서로 협력하여 자백하지 않을 경우 무죄판결을 받고 1년 내에 풀려남으로써 자신들의 이익을 극대화할 수 있다.

표 16-1 범인의 보수행렬

	자 백	부 인
자 백	(−5, −5)	(0, −10)
부 인	(−10, 0)	(−1, −1)

그러나 불행하게도 범인의 딜레마에서 자신의 이익만을 생각하는 범인들은 두 사람 모두 자백을 선택하게 되는 딜레마에 빠지게 된다. 그것은 두 경기자 모두 상대방의 선택이 무엇이건 간에 그 주어진 선택 하에서 자백하는 선택을(다른 범인에 협조하지 않는 것) 택하였을 때 더 큰 보수를 받을 수 있기 때문이다.

예를 들면, 범인 1이 범인 2가 자백할 것이라고 믿을 경우, 자신도 자백하면 -5의 보수(5년 징역)을 받고 자신은 자백하지 않으면, -10의 보수(10년형)을 받는다. 따라서 이 경우 범인 1은 자백을 선택할 것이다. 반대로 범인 1이 범인 2가 자백하지 않을 것이라고 믿을 경우, 자신도 자백하지 않으면, -1의 보수(1년 수감)를 받고 자신은 자백하면 0의 보수(사면)를 받는다. 따라서 이 경우에도 범인 1은 자백을 선택할 것이다. 결국, 범인 1은 범인 2가 어떤 선택을 할 것이라고 믿건 간에 자백하는 편이 낫게 되며, 따라서 범인들은 자백을 선택할 수밖에 없는 딜레마에 빠지게 되는데, 이것이 범인의 딜레마이다.

이와 같은 결과는 파레토비효율적인(즉, 경기자 모두에게 바람직하지 않은)결과를 가져온다는 점에서 파레토효율적인 결과를 가져오는 협조적 게임에 있어서의 결과와는 다르다. 이는 경기자들 간에 협조가 가능하였다면, 자백하는 일은 일어나지 않았을 것임을 의미한다.

이 밖에도 주어진 크기의 파이를 나누는 협상을 비협조적인 게임으로 보고 여기에 있어서의 균형을 도출하고자 하는 시도 등도 이루어졌다. 협상에 응용되는 또 하나의 대표적인 게임으로는 겁쟁이 게임(game of chicken)이 있는데, 겁쟁이 게임은 협상에서 누가 양보하느냐를 설명해 주는 좋은 예라고 할 수 있다.

겁쟁이 게임 ▶▶

'Footloose'라는 영화 가운데는 두 학생이 학교에서의 주도권을 놓고 위험한 대결을 벌이는 장면이 나온다. 대결은 둑방길 양쪽에서 서로를 향해 트랙터를 빠르게 모는 것으로, 나중까지 핸들을 돌리지 않고 버티는 사람이 이기는 방식으로 되어 있다. 여기서 주인공은 겁이 많았음에도 불구하고 가속기에서 발이 빠지지 않아 끝까지 버틸 수밖에 없었으며, 따라서 결과는 주인공이 승리하는 것으로 끝이 났다.

가격협상이나 파이를 나누는 단순한 협상은 겁쟁이 게임과 유사한데, 이는 양측이 모두 양보를 하지 않을 경우 모두 피해를 보고, 한 사람이 양보하는 경우에 그 사람은 협상 결렬시보다는 낫지만 낮은 보수를 받는 반면 양보하지 않은 사람은 매우 높은 보수를 받기 때문이다. 이와 같이 겁쟁이 게임은 협상에서 누가 양보하느냐, 그리고 언제 양보하느냐 하는 것을 설명해 준다는 면에서 협상이론에서 중요한 위치를 차지하고 있다.

비협조적인 게임에 기초한 협상이론은 협상을 보다 현실적으로 설명해준다는 강점을 갖고 있다. 그러나 분석의 방법이 어려울 뿐만 아니라 다수의 균형 가능성으로 인하여 그 결과의 예측이 어렵다는 문제점도 아울러 나타내고 있는 것이 사실이다.

3 협상기술에 관한 이론

협상의 이론 가운데는 이 밖에도 협상의 구조와 요인을 분석하고 협상에 있어서 필요한 지식과 기술에 대해 설명하고자 하는 이론들이 있다. 이론의 정치함에 있어서 게임이론보다 뒤떨어지는 것이 사실이지만, 협상기술에 관한 이론은 실제 협상에서 많이 응용되고 있다.

협상의 구조와 요인을 분석하여 협상기술에 대해 설명하고 있는 이론은 내용이 다양하기 때문에 모든 이론을 여기서 설명하기 어렵다. 따라서 여기서는 그 가운데 협상의 종류, 협상의 요소, 협상의 단계, 협상에 있어서의 공정성 등에 대한 내용을 간략하게 정리하고자 한다.

1) 협상의 종류

협상은 특성에 따라 분배적 협상(distributive negotiation)과 통합적 협상(integrative negotiation)으로 나누어진다. 분배적 협상이란 주어진 크기의 파이를 나누는 때와 같이 한쪽이 이익을 보면 다른 쪽은 손해를 보는 경우의 협상을 의미하여, 윈-루즈(win-lose) 협상이라고도 불린다. 이 경우 협상에서 경기자들 간의 협조를 얻어내기란 그다지 쉽지 않다.

반면, 통합적 협상은 거래를 하는 때와 같이 협상의 결과에 따라서 양쪽이 모두 이익을 볼 수 있는 경우의 협상을 의미하며, 윈-윈(win-win) 협상이라고도 불린다. 이 경우 협상 당사자 간에 무조건적인 협조를 기대하기는 어렵겠지만 어느 정도의 협조는 불가피하다. 따라서 통합적 협상에 있어서는 협조를 통해 협상 당사자 모두의 이익을 증대시키는 일(creating)과 자신의 몫을 크게 하려는 일(claming) 간에 조화를 모색해야 한다.

경우에 따라서는 분배적 협상인 것과 같은 협상도 실제로는 통합적 협상인 경우도 많이 있다. 예를 들면, 두 아이가 아이스크림을 나누는 경우 언뜻 보기에는 분배적인 것으로 보이지만, 협상과정에서 아이스크림이 녹는다는 것을 협상 당사자들이 인식하는 경우, 협상 당사자들은 자신의 몫을 크게 하는 것과 빨리 협상을 마무리 지어야 하는 두 가지 목표 가운데서 적절한 선택을 강요받게 되는 것이다.

2) 협상의 단계

협상은 그 단계에 따라 촉매단계(catalyst stage), 협상 전 단계(prenegotiation stage), 협상단계(negotiation stage), 협상 후 단계(post-negotiation stage), 재협상단계(renegotiation stage)로 나눌 수 있다. 촉매단계는 협상에 있어서의 의제에 대해 폭넓은 의견을 교환하는 단계라고 할 수 있으며, 협상 상대방의 선호 등을 파악하고 자신의 선호를 상대방에게 알리기도 한다. 협상 전 단계는 협상을 벌이기 전에 상호간에 접촉을 통하여 사실을 확인하고 협상의 참가자, 의제, 방법, 계획, 선택대안 등을 구체적으로 정하는 단계를 의미한다.

이때에는 상대방의 의견 등을 들음으로써 상대방에 대한 이해를 넓히는 작업도 동시에 진행된다. 협상단계는 본격적인 협상을 벌이는 단계로서, 구체적인 제안과 양보 등이 이루어진다. 협상 단계에서 성공적인 결론을 도출하기 위해서는 많은 협상기술을 필요로 함은 물론이다. 협상 후 단계는 협상이 타결된 후 협상을 실행에 옮기는 단계이며, 통산협상의 경우에는 각국이 협상의 결과를 행정적·법적으로 뒷받침하고 이를 실행에 옮기는 단계이다.

마지막으로 재협상 단계는 협상이 타결되었더라도 타결된 결과를 바탕으로 협상 참여자 모두에게 보다 나은 결과를 도출하고자 다시 협상을 벌이는 단계를 의미한다. GATT의 다자간 무역협상이 한번으로 끝나지 않고 반복되어 제 8차 협상인 우루과이 라운드 협상에까지 이르렀다는 것이 그 좋은 예이다.

3) 협상의 요소

협상에 있어서 중요한 요소에는 여러 가지가 있겠지만, 피셔(Fisher) 교수는 이 가운데 7가지를 강조하고 있다. 그것은 ① 협상 실패시의 대안(best alternative to negotiated agreement : BATNA), ② 관심사항(interest), ③ 선택대안(options), ④ 의사소통(communication), ⑤ 관계(relationship), ⑥ 정당성(legitimacy), ⑦ 약속(commitment)이다. 이를 간략하게 설명하면 다음과 같다.[380)]

첫째, 협상에 있어서 협상 실패 시의 대안은 매우 중요하다. 왜냐하면 협상타결의 결과가 실패 시의 결과보다 나아야 할뿐만 아니라 협상 실패 시의 대안을 염두에 두

380) Fisher, R., *Getting to Yes*, Penguine, 1991.

어야 협상이 결렬되는 것을 막을 수 있기 때문이다. 바람직한 협상자는 상대방에게 협상실패시의 결과가 바람직하지 못하다는 것을 일깨워야 한다. 가격을 흥정하면서 옆 가게의 가격을 제시하거나 협상 결렬시 상대방이 입는 피해를 넌지시 암시하는 것 등이 그 예가 된다. 협상타결이 늦어질 때 입는 피해도 여기에 포함이 되며, 때로는 상대방의 BANTA를 낮추기 위해 협박수단을 이용하기도 한다.

둘째, 협상에서 좋은 결과를 가져오기 위해서는 자기 자신은 물론 상대방의 진정한 관심사항(interesting)이 무엇인지를 정확히 파악하여야 하며, 자기 자신과 상대방의 미래에 대한 계획에 대해서도 깊이 생각해 보아야 한다. 많은 협상에 있어서 협상자들은 자신의 관심사항 대신 입장(position)에만 집착함으로써 협상이 실패에 이르는 경우가 많다. 협상에서의 관심사항이 얼마나 중요한가는 이스라엘과 이집트 간의 협상사례에서도 잘 드러난다.

사례 : 캠프 데이비드 협상(1978) ▶▶

캠프 데이비드(Camp David) 협상은 이스라엘과 이집트 구 국가 간의 평화협상이었다. 이 협상에서 구 국가는 평화협정을 원하였으나 6일 전쟁의 결과 이스라엘이 점령하고 있던 시나이 반도의 반환문제가 걸림돌이 되어서 협상은 실패로 돌아가는 듯이 보였다. 이스라엘은 시나이 반도의 반환을 받아들일 수 없었으며, 이집트 역시 시나이 반도 전체의 반환 없는 평화협상을 받아들일 수는 결코 없었기 때문이다.

그러나 이 협상에 중재로 나선 미국은 두 국가가 협상에서 진정으로 얻으려고 하는 것이 무엇인가를 먼저 파악하였다. 사실 이스라엘의 관심사는 국가안보이지 시나이 반도의 소유는 아니었다. 이스라엘은 시나이반도에 이집트 군이 주둔할 경우, 국가안보에 위협을 느꼈기 때문에 시나이 반도의 반환에 반대하였던 것이다.

반면 이집트는 군사적인 목적으로 시나이반도를 원한 것이 아니라 주권의 회복, 즉, 시나이반도에 이집트의 국기가 펄럭이는 데에 관심이 있었던 것이다. 협상에 있어서 두 국가의 진정한 관심사를 파악한 미국은 중재 안을 제시하였으며, 이스라엘과 이집트는 이를 받아들였다. 그 중재 안은 시나이 반도를 이집트에 넘기는 대신 시나이 반도 내에 일체의 군사력을 배치하지 않는다는 것이었다.

셋째, 협상에서 많은 선택대안을 개발하는 것은 매우 중요하다. 연봉 협상과 같이 제로섬(zero-sum)게임으로 여겨지는 협상에서도 계약기간, 회사의 순익에 따른 연봉 등 다양한 선택대안들을 도입할 경우에는 포지티브섬(positive-sum)게임으로 바뀔 수도 있으며, 이에 따라 협상이 쉽게 타결될 수도 있다.

넷째, 의사소통도 협상에서 중요한 위치를 차지하고 있다. 특히 국제협상에 있어서 커뮤니케이션은 매우 중요한데, 이는 단순한 의사소통을 넘어서 상대국의 언어, 문화, 가치 등을 이해하는 것까지 포함한다.

다섯째, 협상에서 좋은 결과를 얻기 위해서는 좋은 인간관계의 확립이 필요하다. 협상 상대방을 적대시해서는 곤란하며, 추후 협상을 위해서라도 협상을 전후하여 개인적인 친분관계와 신뢰관계를 쌓는 것이 필요하다.

여섯째, 협상에서 상대방을 설득하기 위해서는 정당한 이유가 있어야 한다. 이때에는 국제적인 규범, 국내적인 법규, 과거의 역사 등이 좋은 참고자료가 된다.

일곱째, 협상에서는 상대방이 얼마만큼의 권한을 가지고 있고, 상대방의 말이 얼마만한 구속력을 가지는지가 중요하다. 가끔 협상에서 합의를 도출하고 나서 상급자의 반대 등을 이유로 다시 협상을 하자고 하는 속임수가 사용되는데, 이와 같은 속임수에 넘어가서는 곤란하다.

협상에서는 이 밖에 불확실성의 존재와 이에 대한 협상자의 인식 등이 중요한 요소로 작용하고 있다.

4) 협상 결과의 공정성

협상 결과는 효율적이고 공정한 것이 바람직하다. 그렇다면, 어떤 협상 결과가 효율적이고 공정한 것일까? 앞에서 설명한 바와 같이 파레토 효율성의 개념은 협상 결과의 효율성을 판단하는 중요한 기준이 되고 있다. 파레토 효율적인 상태는 다른 사람의 만족을 희생하지 않고는 어느 누구의 만족도 증가시킬 수 없는 상태를 의미하는데, <그림 16-1>에 나타난 바와 같이 협상가능집합 가운데 파레토효율적인 점들의 집합을 파레토곡선이라고 부른다.

여기서 X축과 Y축은 각각 협상자 1과 협상자 2의 효용을 나타내며, 파레토곡선이 우하향함은 한 협상당사자의 만족이 증가하기 위해서 다른 협상당사자의 만족이 감소해야 하기 때문이다.

파레토 곡선은 파레토효율성을 만족하는 선택을 의미하기는 하지만 협상의 결과가 공정한가에 대한 해답은 제시하지 못한다. 그렇다면, 파레토곡선상의 점들 가운데 어떤 점이 공정한가?

그림 16-2 협상의 결과와 공정성

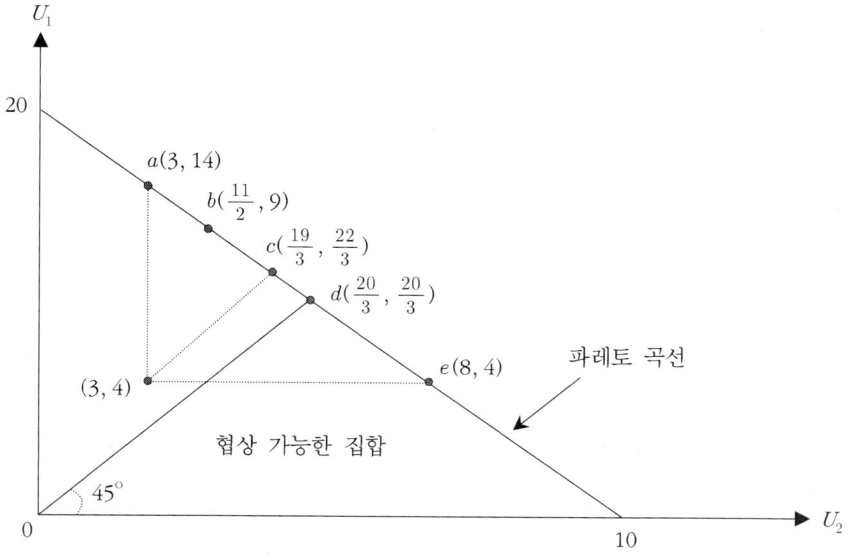

협상에 있어서 어떠한 결과가 과연 공정한가는 보는 시각에 따라 달리 나타난다. 이를 예를 들어 설명하면 다음과 같다. 두 협상자가 보다 높은 효용을 얻기 위하여 협상을 하고 있다고 가정하고, 협상자 1과 협상자 2의 효용이 각각 U_1, U_2일 때 협상에서의 제약(협상 가능 집합을 나타냄)은 $2U_1 + U_2 \leq 20$으로 나타내어진다고 가정하자. 또한 협상이 결렬되는 경우 협상자들은 각각 3과 4의 효용을 얻는다고 가정하자.

결과의 평등 차원에서 보면, <그림 16-2>에서 두 경기자의 보수가 같은 점, d가 공정한 결과를 나타낼 수 있다. 그러나 협상에 의해 증가하는 효용이 똑같아야 한다는 차원에서 보면, 점 c가 공정하다. 이와 같은 공정성 개념은 실제로 많은 다자간 협상에서 사용되어왔다. 또한 $(U_1 - 3)(U_2 - 4)$를 극대화한다는 차원에서 내쉬 해결점인 점, b가 공정하다. 마지막으로 협상자 1의 극빈 개도국이고 협상자 2가 선진국인 경우에는 선진국이 양보하는 점, e가 공정할 수도 있으며, 반대의 경우 점 a가 공정할 수도 있다. 따라서 협상에 있어서의 공정한 결과란 보는 사람의 시각에 따라서 크게 달라질 수 있는 것이다.

제16장 2절 국제기업과 협상

국제기업 협상이란 독립된 각국 기업인, 또는 기업인과 외국 정부 관료들의 공통된 문제를 해결하기 위해 접촉하는 것을 가리킨다. 더구나 다국적 기업은 그 활동영역이 세계적이고, 독특한 경영철학, 문화·사회·경제구조를 지니고 있기 때문에 협상은 이들 간의 이해상충을 해결하기 위한 중요한 수단이며, 협상을 상충된 혹은 공통의 이해관계를 가진 집단 간에 서로 이해하고 이해시키면서 이익을 교환하는 과정이라고 한다면 국제기업 협상은 상이한 특성을 가진 국제기업 간의 협상이라고 할 수 있다.

국제협상에서는 국제집단 간의 상이한 문화, 즉 상이한 관습 및 가치관 때문에 서로에 대한 이해가 어려워지고 쌍방 목표의 합일점을 찾는데 많은 장애 요인이 존재하게 된다. 이는 국제기업협상에도 마찬가지다. 따라서 국제기업 협상 시 다음과 같은 점에 유의해야 한다.

첫째, 협상에 임하기 전에 특히 중요한 것은 사전 준비가 더 유리한 협상 결과를 가져오는 데 도움이 된다는 것을 인식해야 한다.

둘째, 국제협상의 과정은 국가 간의 문화 차이에 대한 분석을 전제로 한 것이기 때문에, 성공적이고 효과적인 협상을 위해서 이것에 대한 이해가 반드시 필요하다.

셋째, 협상의 각 단계는 협상과정과 관련이 있는 다양한 환경에 의해 영향을 받는다. 이러한 점에서 협상과 관련이 있는 환경에 대해 정확히 파악하고 있어야 한다.

넷째, 협상과정에 있어서 협상력의 원천, 다양한 환경 그리고 대안에 따른 효용이 계속적으로 변화한다는 점을 명심해야 한다.

다섯째, 협상에 임한 각 참여자들의 목표는 서로 상이하고, 각 참여자는 협상을 그들의 목표달성을 위한 하나의 수단으로 사용하고 있다는 점이다.

이런 협상시의 유의할 점이 있다면 국제기업협상 체계를 파악하여 문제성을 인식하여야 할 것이다. 일단 국제협상의 기초요건은 무엇인가라는 질문으로 본문을 열도록 한다.

1 국제협상의 기초요건 – 5P·3S 이론

앞에서 협상의 기초적인 이론에 대해 논의를 하였다. 그러면 실제로 협상을 추진하는 데 필요한 요건은 무엇인지 살펴보기로 한다. 이를 5P·3S 이론이라고 부르는데 이를 표로 정리하면 다음과 같다.

표 16-2 협상에 필요한 최저한의 요건

협상전의 요건	strategy (전략) planning (협상계획) preparation (사전준비)	사업에 관한 장기 종합계획 타협 추진상의 구체적 작전계획 정보 사전의 입수와 조직화
협상중의 요건	presentation (설득력) speed (빠른 의사결정) strength (협상력) patience (인내력) personality (협상자의 자질)	모순 없는 논리적 설득력 빠른 결단 문제해결의 타협을 추진하는 의사력 적극적으로 협상을 추진하려고 하는 힘 유머를 이해하여, 시련에 도전하는 적극적인 인간상

자료 : 山崎清, 竹田志郎*, 「テキストブック 國際經營」, 有斐閣ブックス, 昭和 57年.

상기와 같이 국제협상은 수많은 기술의 통합적 표현이라고 볼 수 있다. 국제협상에 대해서는 5P·3S 이론의 조화와 관계된 기능이 요구된다고 하겠다. 협상이 대형으로 참여하는 사람이 많으면 많을수록 5P·3S의 조화된 기능이 더욱 필요해진다.

2 국제기업협상의 구성요소

1) 국제기업협상의 참여자

국제기업협상의 참여자는 매우 다양하다. 주요 참여자로는 다른 다국적 기업, 현지기업, 본국 혹은 현지국 정부, 국제기구, 소비자 집단, 노동조합, 시민조직 등을 들 수 있다. 그런데 이러한 주요 참여자는 국제기업협상의 주체인 다국적기업과는 그 목적이 다르며, 이러한 목적의 차이 때문에 협상은 다국적 기업의 국제경영활동에 반드시 필요한 활동이다. 그리고 이러한 주요 참가자들 사이에는 상반되는 이익만이 존재하는 것이 아니라 공통되는 이익이 존재하기도 한다.

이상과 같이 공통이익과 상반되는 이익을 동시에 갖는 주요 참여자들은 그들의 목표와 그들 집단의 기능적 측면, 구조적 측면, 지위에 있어서 독특한 특성을 갖고 있다. 더구나 그들은 다양한 정치적·경제적·문화적·사회적 환경 속에서 존재한다. 이러한 환경은 국제기업협상에 있어서는 더욱 광범위하고 다양한 것으로 이러한 환경의 영향은 협상의 전 과정을 통틀어 협상기술사용에 큰 영향을 미치게 된다.

2) 협상력의 원천

협상상황에 있어서 주요 참가자와 쟁점이 결정되면 협상과정과 결과는 주로 각 참여자의 협상력에 의해서 결정된다. 이러한 협상력의 원천을 기본적인 협상력의 원천과 인식된 협상력의 두 가지로 나누어 살펴보자.

첫째, 기본적인 협상력의 원천은 주로 힘과 시간, 정보이다. 힘이란 다른 사람 혹은 집단으로 하여금 힘의 행사자가 원하는 어떤 것을 하도록 시키거나 원하는 방향으로 행동이 일어나게 만들 수 있는 능력을 가리키는 것으로 보상의 힘, 강압적인 힘, 합법적인 힘, 준거적 힘, 전문적인 힘 등의 다섯 가지가 있다. 시간은 자신의 한계선 뿐만 아니라 상대방의 한계선을 파악하는 것이 중요하고, 정보는 자신과 상대방의 정보를 연계하여 파악하는 것이 중요하다. 다국적 기업과 현 지국 간의 협상력의 원천을 간단히 살펴보면 <표 16-3>과 같다.

표 16-3 다국적기업과 현지국가 간의 협상력 원천

	다국적 기업	현 지 국
기　　술	기술개발능력 보유	개발능력 이전단계의 기술수준
재　　무	내·외부 자금조달	외환거래 승인 노력 현지자금 지원능력 조세유인책 제공능력
마 케 팅	현지시장 개척능력 현지 생산제품 수출능력	자국시장 통제능력 다국적 기업에 의한 수출지원 능력
정치적 관계	지원능력 본국·현지국 간 경제 정치관계 조성능력	우호적인 투자분위기 조성 능력

자료 : 장대환(1992), '국제기업 협상'. 김영사. p. 153.

둘째, 인식된 협상력의 원천에는 기본적인 협상력의 원천 이외에 보다 실제적이고, 실제 협상상황에서 단기적으로 변할 수 있는 인식된 협상력의 원천이 있다. 어떤 점에서는 협상에서 중요한 협상력의 원천은 이러한 인식된 협상력이라고 볼 수 있다. 인식된 협상력의 원천은 주로 협상결과의 가치와 협상결과의 희소성, 각 당사자들이 협상에서 사용하는 협상기술의 세 가지로 구성된다.

먼저, 협상결과의 가치란 협상결과의 중요성에 대한 협상 당사자들의 주관적인 평가를 의미하는 것으로 가치를 적게 두는 쪽이 가치를 크게 두는 쪽에 대하여 상대적으로 협상력의 우위를 가진다고 본다. 다음으로, 협상결과의 희소성이란 협상에서 얻고자 하는 목적을 그 협상 이외의 다른 곳으로부터 획득할 가능성을 의미하는 것이다.

마지막으로, 협상의 기술이란 협상과정에서 자신의 이익을 극대화시킬 수 있는 능력을 의미한다.

3 현상인식을 위한 국제기업협상 분석 틀

국제기업협상은 다양한 기준에 의하여 분류될 수 있다. 이러한 분류기준들은 국제기업협상의 다양한 현상을 인식하는 데 유용한 기준을 제공해 준다. 그러나 이러한 기준 중에서 시간 측면을 제외한 다른 분류기준들은 다양한 현상에 대하여 나타나는 정도가 미미해서 절대적인 분류기준이나 틀의 변수로 사용되기는 어렵다.

한편 현상인식을 위한 틀의 기준으로 사용될 수 있는 국제기업협상의 요소로서는 참여자에 의한 분류, 쟁점에 의한 분류, 지역에 의한 분류, 시장접근유형에 의한 분류 등이 있다. 물론 각각의 분류 기준들을 결합하여 2차원 평면상에 나타낼 때 더욱 유효한 현상인식의 틀을 마련할 수 있다.

첫째, 참여자에 의한 분류로 국제기업협상의 주요 참여자는 다국적 기업이다. 다국적기업들은 그들의 국제경영활동을 수행하면서 다양한 국제기업협상의 상대자를 만난다. 이들 중에는 다른 다국적기업, 현지기업, 현지 혹은 본국 정부, 국제기구, 소비자, 노동조합, 시민압력단체, 희생자 등이 포함된다.

이들 주요 참여자들은 앞에서 설명했듯이 목적이 상이하고, 추구하는 바가 다르기 때문에 갈등과 협력의 이중성 속에서 다양한 쟁점에 부딪히게 된다. 다국적기업 대 여타 다국적기업과 현지기업, 다국적기업 대 본국과 현지국 정부, 다국적 기업 대 국제기구,

다국적 기업 대 소비자·노동자·시민·희생자·테러집단 등의 관계 속에서 이러한 현상을 발견할 수 있다.

둘째, 쟁점에 의한 분류로, 다국적 기업은 국제경영활동을 수행하면서 다양한 쟁점들에 대하여 협상을 하게 되는데, 이러한 것에는 테러리즘, 인권, 정치, 뇌물, 마케팅, 노동문제, 환경, 기술, 경제적·재무적 측면 등이 있다.

셋째, 시장접근 유형에 의한 분류로, 다국적기업이 시장에 접근하는 방법으로 수출, 라이센싱, 합작투자, 해외직접투자가 있다. 물론 각각의 경우 협상이 필요하다. 그리고 시간이 지남에 따라 공헌과 혜택의 종합을 재조정할 때 재협상의 문제가 생기기도 한다. 그리고 다국적 기업들은 자신의 능력과 상황의 변화, 글로벌 관점에서 최적화를 위하여 국제경영활동을 지속하면서 협상을 수행한다.

넷째, 지역에 의한 분류로, 다국적기업이 협상해야 할 문제들을 지역에 따라 분류할 수도 있다. 이러한 구분은 주로 각 지역의 사회적·문화적·정치적·경제적 체제의 차이를 고려하여 분류하는 방법으로 유사성이 있는 집단들로 묶는 방법이다.

4 다국적기업과 피 투자국의 협상력

다국적기업과 피 투자국은 동일한 해외직접투자 프로젝트에 대해 <표 16-4>에서 볼 수 있는 바와 같이 전혀 다른 목적과 협상력 그리고 전술을 가지고 있다. 먼저 해외직접투자의 목적과 관련하여 다국적기업은 제품판매, 현지 투입요소의 활용, 이익확보 그리고 선량한 기업시민 등과 같은 목적을 위해서 해외직접투자를 하고자 한다.

이에 비해 피 투자국은 다국적기업을 통해 적정기술을 습득하고 보다 더 많은 이익을 확보하며 국민의 후생을 증진시키기 위해 외국인 투자기업을 받아들이게 된다. 이와 같이 동일한 해외직접투자 프로젝트에 대해 양 당사자가 서로 다른 목적을 가지고 있기 때문에 해외직접투자가 이루어지기 위해서는 해외직접투자와 관련된 여러 가지 조건에 대해 양 당사자 간의 합의가 절대적으로 필요하게 된다.

표 16-4 다국적기업과 피 투자국 정부의 협상력

구 분	다국적 기업	피 투자국
목 적	제품판매 및 현지 투입요소 활용 이익확보 선량한 기업시민	적정기술 이익확보 자주권 행사 국민 후생 증진(고용 등)
협 상 력	기술 마케팅 자본 시장접근 규모상의 기업특유의 우위	시장접근 천연자원 인적자원 대안적인 공급원 인접국과의 지역연대
전 술	현지 소유권 현지기업 자극 고용 수출 및 기업 내 무역 사업활동의 입지와 조직의 복잡성 법률적 방어 본국 정부의 지원	개입 및 규제

자료 : A. H. Rugman, D. J. Lecraw and L. D. Booth, International Business : Firm and Environment (New York: McGraw-Hill, 1986), p. 299.

이때 양 당사자 간의 합의는 통상 협상을 통해 이루어지게 되는데, 협상의 결과는 양 당사자가 보유하고 있는 협상력에 의해서 좌우된다. 여기에서 다국적기업과 피 투자국이 각기 상대방에 대해 가지고 있는 협상력을 살펴보면 먼저 다국적기업은 피 투자국이 다른 방법을 통할 경우 훨씬 더 많은 비용을 지불해야만 획득할 수 있는 기술상의 우위, 마케팅상의 우위, 자본상의 우위, 시장접근상의 우위 그리고 규모상의 우위를 소유하고 있다. 그리고 피 투자국은 자국 시장에 대한 접근 통제 및 자국과의 천연자원 및 인적자원 등에 대한 접근 통제 그리고 대안적인 여타 공급원의 활용 및 인접국가와의 지역 연대 등과 같은 협상력을 가지고 있다.

다국적기업과 피 투자국은 자신들이 가지고 있는 이와 같은 협상력을 배경으로 해외직접투자와 관련된 여러 가지 조건에 대해 서로 협상을 하게 된다. 그리고 각 당사자는 협상과정에서 자기의 협상력을 증대시키기 위해 여러 가지 전술을 활용하게 되는데, 다국적기업은 현지의 소유권과 고용, 수출촉진 등과 같은 전술을 이용하고 피 투자국은 개입 및 규제와 같은 전술을 활용한다.

이와 같은 과정을 거쳐 양 당사자 간에 최종적인 합의에 이르게 되면 그 결과로서 다국적기업은 피 투자국에 해외직접투자를 하게 되고 피 투자국은 외국인투자를 받아들이게 된다.

5 국제기업 협상 준비절차

1) 협상 환경 분석

자기 자신에 대한 분석이나 상대방에 대한 분석, 또는 구체적 전략수립에 앞서서 고려되어야 할 점이 바로 협상을 둘러싸고 있는 환경에 대한 분석이다. 환경에 대한 충분한 이해는 시행착오를 최대한 줄일 수 있으며 최소의 시도에서 최대의 성과를 거둘 수 있는 협상전략의 수립을 가능케 한다. 이러한 환경분석에 대한 무지는 기업으로 하여금 엄청난 비용손실과 협상실패를 결과로 낳게 될 것이다.

2) 자기 분석

협상을 둘러싼 환경에 대한 분석을 마친 다음에는, 이러한 환경 속에서 협상의 우위를 차지하기 위해서는 자신에 대한 분석이 필요하다. 자신에 대한 정확한 분석은 협상전략의 수립에 있어서 중요한 역할을 담당하게 되는 것이다. 이러한 자기 분석은 다음과 같은 요소들로 구성된다.

첫째, 선례 분석으로, 전에 기업이 지금 직면한 협상과 비슷한 종류의 협상을 경험했는지 여부를 조사하고, 있으면 그것을 바탕으로 하고, 없으면 타 기업의 경우라도 참조하여 협상대책 수립에 이용하여야 할 것이다. 과거의 경험은 절대로 간과해서는 안 된다.

- 선례 존재의 유무
- 선례 수
- 선례 결과 분석
- 현 상태와 비교, 공통점, 차이점 선별하여 전략수립에 반영

둘째, 기업 자체 경제력 분석, 즉 효과적인 협상을 위해 협상에 투입될 수 있는 자금이 얼마 정도인가를 알아두는 것도 중요하다.

셋째, 인적자원 분석으로, 협상에 임하는 주체들을 뽑는 가장 중요한 과정으로 <표 16-5>와 같이 다섯 가지 분석결과를 토대로 하여 가장 적절한 협상대표를 뽑아야 한다.

표 16-5 인적자원 분석

1. 생리학적 분석	2. 심리학적 분석	3. 사회적 분석
· 키 · 몸무게 · 성별 · 나이 · 인종	· 지적 수준 · 성격 · 동기 · 지각적 편견 · 태도(일상시 태도, 협상태도)	· 국적 · 종교 · 사회적 지위 · 문화
4. 행위적 분석	**5. 경험곡선**	
· 옷차림새 · 언어 구사력 · 적극적 · 탐구성 · 경쟁력 · 이타주의	· 노출 정도(상대측에) · 이전에 경험했던 협상 수 · 협상가로서의 기간 · 이전에 경험했던 협상의 실패·성공 원인 재조명	

자료 : 장대환(1992). '국제기업 협상'. 김영사. pp. 164~165.

3) 조직 요소

협상 당사자나 협상 상대방이 속한 조직의 여러 특징 및 협상 상대방과의 관계는 협상력의 원천을 형성하는 데 중요하며 협상자의 목표, 전략, 태도형성에 영향을 미친다. 조직의 목적은 조직의 형태에 의해 결정되며 조직을 둘러싼 환경과 이해관계자 집단이 조직 목적의 형성에 영향을 미친다. 이러한 조직 목적은 협상의 목표 결정 시 매우 중요한 기준으로 고려된다. 조직의 자원과 힘, 크기, 강·약점 등 내부 여건은 협상 시 협상력의 형성에 중요한 역할을 한다.

조직의 기본 경영전략(예: 다국적 기업의 경우 범세계적 경쟁전략)과 협상전략(예: 다국적 기업이 각 협상상황에 대비하여 사전 작성한 협상원칙 및 지침)은 구체적 협상상황에 대비한 전략 설정 시 기초가 된다. 양 협상 주체 간의 상대적 협상력을 정확히 인식하고, 해당 협상 주제에 대한 이해를 높이려면 협상 상대방과 소속조직, 자신의 소속조직, 의사결정 관련정보, 환경정보 등을 철저히 연구해야 한다. 협상가와 조직의 관계는 협상가와 협상과정의 측면에서 고찰할 수 있다.

협상구조는 협상가에 대한 권한 위임 정도, 협상가의 조직 내 지위 및 권력, 구성원들의 수, 응집력, 구조 등의 측면에서 살펴볼 수 있고, 협상과정은 협상가와 조직 간의 의견 조정, 조직의 점검, 평가, 피드백, 신뢰, 보상, 처벌, 위협 등의 측면에서 살펴볼 수 있다. 상대 협상가와 조직의 관계는 협상가와 조직의 관계를 상대 협상가와 조직의 입장에서 본 것이다.

4) 상대방 분석

협상에는 단일상대이건 복수상대들이건 간에 상대방이 있기 마련이다. 최선의 협상결과를 획득하려면 다음 <표 16-6>과 같이 상대방에 대한 철저한 분석이 먼저 이루어져야 한다.

표 16-6 협상 상대방 분석

1. 상대측 목표예상
2. 상대측의 힘 분석
   · 정치력
   · 경제력
3. 선례분석
   · 선례분석 유무
   · 선례 수
   · 선례결과의 집단적 분석
   · 현 상태와 비교, 공통점·차이점 선별
4. 인적자원 분석
   · 상대협상대표 예측
   · 상태 협상 대표 분석
5. 상대방 문화 분석
6. 상대측 전략에 관한 예상 시나리오 구성
7. 제 3자 요인 분석

자료: 장대환(1992). '국제기업 협상', 김영사. p. 168.

5) 상호관계 및 우위확보조건 설정

협상의 진행과정 각 단계에서의 양측의 관계를 미리 구분해보고 각 단계에서 우위를 확보할 수 있는 조건을 설정해본다면 구체적 협상전략 수립에 큰 도움이 될 것이다. 협상의 각 단계에서 또는 전체적으로 어떤 경우에 상대에 비해 협상우위를 확보할 수 있는가를 설정하여 전략수립의 근거로 삼는다.

6) 전략 수립

앞에서 언급한 분석에 근거하여 구체적인 전략을 수립한다. 전략수립과 동시에 각 상황에 따른 세부적 전술 역시 수립해야 한다.

7) 협상 대표 훈련

협상가에게 전략인지, 상대방문화, 협상환경, 협상태도, 협상기술교육 등에 대한 확실한 훈련이 필요하다.

8) 국제기업협상 수행

협상에 임한 후 효과적인 진행을 위해 필요한 일반적인 내용을 세 가지 측면에서 기술해 보면 다음의 <표 16-7>과 같이 요약할 수 있다.

표 16-7 협상전술

(1) 협상 진전을 위해	(2) 정보교환 촉진을 위해	(3) 상호이해의 증진을 위해
· 대안을 많이 가진다. · 목표의 범위를 넓게 접는다. · 장기적인 안목을 갖는다. · 상대방의 제안에 금방 다른 제안을 하지 않는다. · 쟁점의 초점을 벗어나지 않는다.	· 질문을 많이 한다. · 중간 중간에 요약을 한다.	· 신경을 건드리는 언어는 피한다. · 공격적이거나 방어적인 자세는 피한다.

자료 : 장대환(1992). '국제기업 협상', 김영사, p. 171.

9) 국제기업협상 진행과정

앞에서 본 바와 같이 효과적인 협상을 위해서는 협상환경 분석, 자기 분석, 상대분석, 협상전략, 전술 등의 각 단계가 조화있게 수행되어야 한다.

제16장 3절 국제기업협상과 이문화

1 국제협상에서 문화의 의미

문화는 인간의 생존 및 유물을 결정짓는 범례(paradigm)가 된다. 인간은 제각기 자기 나름대로의 주관적인 문화를 만들어내기 때문에 모든 인간관계는 상호 문화적(intercultural)이라고 할 수 있다. 국제협상에서는 특히 서로 다른 문화적 배경의 사람들이 서로 다른 생각, 감정, 행동 등을 가지고 부딪히기 때문에 문화적 배경에 대한 이해가 매우 중요하다. 다시 말해서, 국제협상이란 서로 다른 문화적 배경의 사람들이 어떻게 서로를 관리하는가 하는 문제와도 연결된다.

국제협상을 이해하고 공부하기 위해서는 다음과 같은 몇 가지 가정들이 필요하다. 첫째, 서로 다른 문화적 배경의 국제협상을 우리는 이해하고 그 과정을 관리할 수 있다. 둘째, 다른 사람의 경험을 통해 협상기술, 유형, 형태, 방법 등을 익힐 수 있다. 셋째, 개인의 성격에 따라 좀 더 유능한 협상인이 될 수 있다. 이러한 가정을 바탕으로 우리는 좀 더 유능한 국제 협상가를 만들 수 있다고 생각한다.

다음은 일반적인 국제협상에 관한 이해 및 문화적 의미를 정리해 본 것이다.

표 16-8 상호 문화적 의미에 기초한 국제협상의 의미

협상이란?	상호 문화적 관계의 함축적 의미
· 상황	· 문화의 이해는 서로 다른 문화에서 필수적
· 상호 이해	· 문화적 차이를 다루려는 의식적인 노력 필요
· 의사소통	· 당사자끼리 의사소통의 장애와 문화적 장벽 해소
· 타협과 해결	· 차이점을 축소시키고 공동의 관심사를 강조
· 거래	· 문서상 또는, 비문서상의 협상이든 모두 중요
· 교섭과정	· 거래할 사항을 준비
· 설득	· 당신의 신뢰성을 쌓고 문제에 대해 상대방이 이해할 때까지 부드럽게 하라.
· 합의 획득	· 차이점을 줄여서 합의에 도달하도록 한다.
· 대안점 찾기	· 조직적이고 간단한 양식을 취해야 한다. (복잡한 양식으로 상대방에게 부담을 주지 말라)

국제협상을 다시 정의해 보면, 서로 다른 문화, 가치관, 신념, 필요성, 시각, 언어 등을 가진 사람들이 상호 이해관계를 증진시키는 과정 또는 노력이라고 할 수 있다. 국제 협상가는 협상 상대국의 정치·경제·문화·사회적 배경을 충분히 이해하고 개인적인 유대관계에 신경을 써야 하며 좋은 결과를 낳기 위해서는 다음과 같은 실수를 피해야 한다.

① 자기 자신만이 합리적이고 과학적이라고 생각하지 말 것, ② 상대방이 준비가 안 됐을 때 너무 몰아세우지 말고 좀 더 적절한 시기를 선택할 것, ③ 자신만의 개인적 이해관계를 떠날 것, ④ 정치적·문화적으로 매우 미묘한 문제를 피할 것, ⑤ 상대방의 협상계획을 존중할 것, ⑥ 혼동되는 전문어는 피할 것, ⑦ 조직의 위계를 뛰어넘지 말 것 등이 있다.

즉 문화는 개인적인 자신의 세계관이 아니라 상호 이해하고 존중하는 바탕에서 파악해야 한다는 점을 말해 주고 있는 것이다. 그렇다면 이런 문화적 배경은 국제협상에 어떠한 영향을 가지고 있는가? 이하에서 살펴보기로 하자.

2 국제협상과 문화

국제협상은 문화적으로 상이한 배경을 가진 사람들끼리 합의에 도달하기 위한 과정이라고 할 수 있다. 국제 간의 협상은 협상 당사자의 목표의식, 사고과정, 의사 결정 등에 있어서 국내협상보다 훨씬 복잡하고 고려영역이 넓어지게 되는데 이는 문화적 요인의 상이성에 연유하는 비중이 크며 문화적 요인이란 실제에 있어서 쉽게 인식되고 한정되기 어려운 매우 모호한 개념이다. "결국 사람은 어디를 가나 별 차이가 없다"라는 생각을 가지고 국제협상에 임한다면 잘못된 생각이며 국내교섭에서의 여러 가지 경험들이 국제 간에도 적용되기는 힘들다.

왜냐하면 상이한 문화를 가진 사람들과의 협상에서는 제스처나 비언어적 행동, 예의, 권위 및 지위에 대한 태도 등의 사소한 일들에 대한 인식차이로 오해를 불러일으키거나 심리적 불편을 받고 의사소통이 어려워지게 되는 경우가 비일비재하기 때문이다.

1) 국제협상과 문화 및 심리학

협상은 자신의 협상전술, 전략, 작전, 계획, 자기주장을 뒷받침할 지표, 이해관계, 양보의 한계 등과 상대방의 그것들에 대해서 관심을 집중시켜 서로가 반응해 나가게 된다.

이때 협상 당사자들은 각자가 머릿속에 무엇을 인식하고 어떠한 반응을 보이느냐가 매우 중요하다. 협상 과정에서 협상 당사자는 자신이 갖고 있는 기존의 지식, 지혜, 신념, 기대 등을 바탕으로 협상 상황을 인식하고 정보를 처리하고 판단하는 가운데 인식과 반응의 상호작용에 의하여 실제의 협상 행동을 표출하면서 협상을 진행하게 된다.

이러한 심리적인 상호작용은 개인 간에도 차이가 있지만 개인이 몸담고 있는 문화의 차이에 따라서도 크게 달라진다. 따라서 서로 다른 문화를 가진 협상가의 문화적 환경과 상대방의 문화적 차이에 대한 사회심리학적 연구가 필요하게 된다.

국내에 서로 다른 직업이나 사회계층에서의 문화 차이가 다른 국가의 동종직업이나 같은 사회계층에 있는 사람 간의 문화 차이보다 더 클 수도 있지만 일반적으로 국제 간에는 문화의 상이성이 국내의 경우보다 클 가능성이 많다. 따라서 협상가는 사회심리학적 측면의 지식이 매우 필요하며 고도의 전문적인 영역까지는 미치지 못한다 하더라도 이에 대한 기본적인 안목을 가져야 한다.

2) 국제협상에서의 고려 요인

앞에서 문화가 협상에 미치는 영향에 대해서 보았다. 그러면 협상 시 유의해야 할 요인에는 어떠한 것이 있는가? 이를 부분별로 살펴보도록 하자.

(1) 협상 당사자의 상황

상이한 문화로 인해 협상 당사자의 협상에 대한 인식, 협상에 대한 태도, 협상에서의 접근과 진행 방법 등이 상이하다.

(2) 의사결정의 형태

상대방의 의사결정을 예측하고 이러한 의사결정 과정이 자신에게 유리한 방향으로 되도록 하는 것은 협상가의 중요한 자질 중의 하나이다.

(3) 국가적 특성의 협상에 대한 영향

여러 가지의 기술적, 연구 방법론적 제약 때문에 사회과학자들 간에는 '국가의 특성'에 대해서 그 중요성을 크게 부여하고 있지만 그 국가 사회와 고유한 특성의 산물로서 협상 당사자의 개성이 형성되기 때문에 협상에 있어서는 국가의 특성이 중요한 요인이 된다. 여기에서 고려해야 할 사항은 다음과 같다.

자기 국가에 대한 이미지와 상대방 국가의 이미지가 협상에 어떻게 영향을 주는가? 협상 당사자는 어떠한 가치관과 어떤 묵시적인 가정을 하고 있는가? 논리의 전개와 합리화 스타일, 그리고 이에 따른 설득의 방법에 문화적 차이가 존재하는가?

(4) 문화적 차이에 따른 잡음

국제협상의 의사전달에 있어서 협상 당사자들 간에 명쾌하게 의사전달이 안 되는 어려운 상황이 발생될 수 있다.

(5) 언어상의 고려점

언어는 문화와 밀접하게 관련되어 있기 때문에 한 언어에서 어떤 한 낱말의 의미에 정확하게 대응되는 말을 다른 영역에서 찾아낸다는 것은 매우 어려울 뿐만 아니라 거의 불가능에 가깝다.

3) 의사전달과 국제협상

의사전달이란 목적 달성을 위한 수단으로서 협상 당사자에게는 매우 중요한 것이다. 물론 이러한 내용은 문화적인 충분한 이해 속에서 이루어져야 할 것이다.

(1) 협상가의 개인적 자질

타고난 협상가는 이 세상에서 그리 많지 않으며, 개인적 자질 또한 천양지차다. 협상능력은 얼마든지 교육과 훈련을 통해 개선시킬 수 있으며 개인적 능력은 크게 협상기술, 협상권한, 협상결과에 대한 기대와 포부, 협상안건에 관한 전문지식에 따라 결정된다.

(2) 협상에 있어서의 욕구

협상준비는 상대방이 협상에서 어떻게 나올까 하는 추측작업을 포함한다. 하지만 추측결과를 전략적 행동에 반영하는 것은 매우 위험한 일이다. 이러한 인식 내부의 막연한 추측이 실제 협상에서 행동으로 표출될 수 있도록 하기 위해 협상가는 당연히 협상결과가 모두에게 이익이 될 것이라는 강한 확신과 협상을 진행시킴으로써 더 나은 결과를 가져올 수 있다는 신념을 가져야 한다. 따라서 어떤 종류의 협상에서든지 협상가는 성취욕, 협력욕, 힘과 같은 협상의 욕구를 가지고 있다.

(3) 의사전달 성향

협상에 있어서 의사전달 성향은 크게 4가지로 나타난다. 행동, 과정, 관념, 사람을 중심으로 다음과 같이 협상이 전개될 수 있다.

행동 지향적인 협상가는 목적, 결과, 행동, 성취, 일의 수행, 일의 진척, 효율성에 관심을 둔다. 과정 지향적인 협상가는 조직, 구조, 과정, 사실, 전략, 전술, 선택방법에 관심을 둔다. 대인관계 지향적인 협상가는 팀워크를 통해 협상에 접근하고 싶어 하며, 또한 건전한 의사전달, 좋은 관계, 사회적 사교를 통해 접근하고 싶어 한다. 관념 지향적인 협상가는 개념, 이론, 모델, 사고구조, 감정, 창의성에 초점을 맞춘다.

이러한 기본적인 개념 하에서 협상 당사자들의 의사전달을 통하여 서로의 관심분야, 집중적인 태도가 나타난다.

4) 비언어적 의사전달과 국제협상

협상에서는 상대방이 공식적으로 말한 것보다는 오히려 말하지 않는 것이 더 중요한 경우가 많다. 유능한 협상가라면 여러 가지 형태로 전달되는 비언어적 의사전달에도 신경을 써야 하며, 특히 국제협상에서는 각국 특유의 의사전달 형태 및 차이에 관심을 가져야 한다. 더구나 무의식적으로 전달되는 표정이나 몸짓이 협상의 실마리가 될 수 있음을 명심해야 한다.

(1) 비언어적 의사전달

숙달된 협상가가 되려면 전체 의사전달 과정에 상당히 영향을 주는 숨어 있는 의도나 몸짓을 이해하는 방법을 배워야 한다.

- 동작(kinesics): 얼굴 찡그림, 손짓 발동작 등 모든 신체적 움직임
- 근접(proxemics): 상대방과의 거리 정도
- 시각(oculescis): 눈을 마주보거나 회피함
- 촉각(hapltics): 악수, 포옹 어깨를 치는 것 등의 신체접촉
- 침묵(chronemics): 대화중의 침묵 시간, 횟수, 의미

(2) 메타 커뮤니케이션

메타 커뮤니케이션은 우리가 주고받는 의사전달의 숨은 의미에 관한 것이다. 협상에서 상대방의 속마음을 읽기란 매우 어렵다. 그렇지만 유능한 협상가는 의사전달

과정에서 오고가는 여러 가지 내포된 의미를 끌어 낼 수 있어야 한다.

일례로, "그래서-", "정말이오?", "어떻게 됐어?", "나도 그렇게 생각했어" 등등의 말은 상대방의 대화를 계속 촉진시키는 말이다.

이상에서 국제기업과 협상에 대한 문제를 이론적인 토대에서 행동적인 실천적 범위까지 살펴보았다. 이러한 부분은 미시적인 협상 범위에 들어가는 것으로 거시적으로 본다면, 국제적인 관계에서 힘겨루기가 항상 일어나는 상황, 즉 보호 무역주의라든가 바꾸어 말하면 자국기업 우선주의로 표현되는 국제 기업 질서에서 국제 분쟁기구인 WTO와 분쟁 속에 있는 자국 기업을 보호하는 국가의 협상력, 또는 경제 블록주의와 자국 기업을 제고할 필요가 있는 것이다.

그러나 이러한 문제는 정치적인 협상력의 범주에 들어가지 않는가 생각한다. 물론 이 부분까지 이해를 하면 좋겠으나 이 장에서는 국제기업과 협상에 대한 기본적인 문제로서, 국제기업과 협상, 그리고 협상과 이문화 문제를 살펴보았다. 우리가 알아야 할 것은 협상이란 그 자체가 자신 또는 기업주체의 환경적인 힘(power), 일례로, 자금과 우수인력, 기술 등이 배경에 있어야 한다는 사실을 명심해야 할 것이다.

사례 1: 쇠고기 협상, 실패한 이유? ▶▶

시간에 쫓기고 전술도 협상기술도 부족. 국내 여론 얕잡아 본 것이 가장 큰 패착

협상은 이해 당사자들이 갈등 또는 의견 차이를 줄여나가거나 없애는 과정이다. 이같은 사전(辭典)적 의미에서, 우리 정부가 미국과 타결한 쇠고기 협상은 '실패 사례'로 분류할 수 있다. 갈등이 좁혀지기는커녕 증폭됐기 때문이다. 이번 쇠고기 협상의 경우 미국보다 한국에서 더 큰 불만이 터져 나오고 있으며 '제대로 된 협상이 아니다'라는 지적이 나오고 있다. 협상학 관점에서 볼 때 우리가 협상에서 밀릴 수밖에 없었던 몇 가지 요인이 있다.

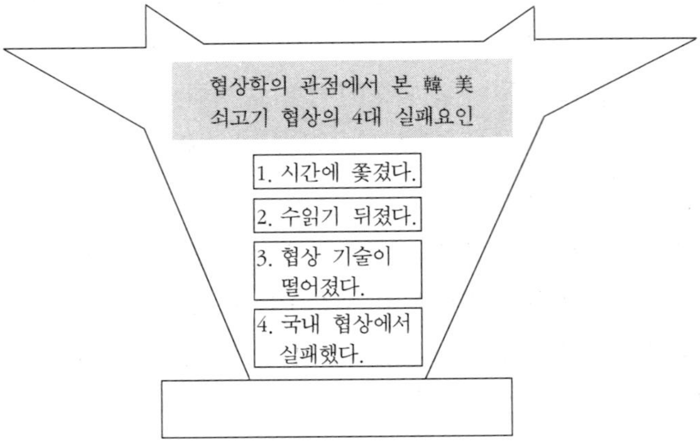

① 시간에 쫓기는 편이 진다

협상은 시간과의 싸움이다. 시간에 쫓길수록 협상력은 약해지기 마련이다. 시한 내에 협상을 끝내려면 많은 양보를 하거나 자신에게 있어 중요한 의제를 관철시키지 못하고 서둘러 마무리하게 된다.

이번 쇠고기 협상 때 우리 정부는 스스로 시한에 얽매인 꼴이 되고 말았다. 미국은 4월 4일 우리 정부에 쇠고기 협상을 요청했고, 11일부터 협상이 시작됐다. 그런데 미국 캠프 데이비드에서 이명박 대통령과 부시 대통령의 정상회담이 열린 것은 4월 19일이었고, 협상 시한은 18일이었다. 최종 준비 기간이 일주일 정도였던 것.

그런데, 한국과 미국의 상황은 달랐다. 미국은 지난해 노무현 정부와 쇠고기 협상을 포기하고, 이명박 정부를 선택했다. 준비할 시간이 충분했다.

반면 우리 쪽은 이 대통령의 취임 이후 첫 미국 방문 때 성과를 내야 한다는 압박감이 있었다. 한·미 동맹 관계 복원과 한·미 FTA(자유무역협정) 비준에 대한 전략적 가치를 높게 두고 있었고, 총선 후 미국 순방에서 가시적 결과가 안 나올 경우 국정 운영 주도권을 놓치게 될 수 있다는 걱정도 있었다. 우리 쪽이 시간에 쫓길 수밖에 없는 상황이었다.

다른 사례지만 대우차 헐값 매각 논란도 '시간과의 게임'에서 비롯됐다. 워크아웃 상태이던 대우차 매각을 진행하던 우리 협상팀은 2000년 9월 우선 협상대상자로 지정된 포드(Ford)가 인수 포기를 선언하자 GM에 매달릴 수밖에 없었다. 협상의 주도권을 쥔 GM은 지연 전략을 펼쳤다. 대우차의 부실이 불어나자 우리 협상팀은 2002년 싼 가격에 GM에게 매각한다. 당초 포드는 70억 달러를 제시해 최고낙찰자로 결정됐지만, GM은 4억 달러만 투자해 대우차를 인수했다.

문제의 심각성이 예상됐던 만큼 쇠고기 협상은 정상회담 이후에 진행하는 방안을 검토했어야 했다는 지적이 나오고 있다. 미국산 쇠고기 수입 자유화가 미 의회의

FTA 비준 걸림돌을 제거하는 중요한 요소가 돼 정상회담 이전에 성과를 내야 한다고 판단했을 수도 있지만, 시간에 쫓기는 협상은 출발부터가 잘못된 것이었다.

② 수읽기에서 뒤졌다 : 전술 부재

최악의 경우 협상을 결렬시킬 수도 있다는 의사를 비쳐야 밀고 당기는 협상이 가능하다.

한 교수는 "쇠고기 협상 때 미국 측은 우리 측이 정치적 이유로 협상을 결렬시키기 힘든 상황이라는 점을 잘 알고 있었을 것"이라며 "우리는 가장 강력한 협상 카드를 내밀기 힘든 상황이었고, 반대로 미국 협상단은 부담이 덜한 게임을 하게 된 셈"이라고 분석했다. 협상이 결렬될 경우, 취임 이후 처음으로 미국을 방문하는 이명박 대통령에게 더 큰 부담으로 작용할 것이라는 사실을 미국이 간파했으리라는 것이다.

협상할 때는 대안(代案)이 많은 쪽이 유리하기 마련이다. 대우자동차 매각 과정에서 우리 정부는 "현대차가 대우차를 인수하면 독과점 가능성을 심사하겠다"고 발표했다.

GM과 매각 협상을 할 때 '최악의 경우 GM 대신 현대차에 넘길 수도 있다'라는 '패'를 쓸 수도 있었는데, 그 가능성을 우리 스스로 없앤 셈이다. 결국 협상은 GM에게 유리하게 돌아갔다.

전문가인 모 교수는 "쇠고기 협상 때 우리 측 전술이 부족했다"며 "단계별 협상 전략이 필요했다"고 지적했다. 예를 들어 '우선 30개월 미만 쇠고기부터 수입하고, 30개월 이상은 이후 논의한다'는 식으로 밀어붙여야 했다는 것이다.

③ 협상 기술이 떨어졌다 : 전문성·준비 부족

한국 협상단(8명)은 미국 협상단(13명)보다 수적으로도 열세였지만, 전문성도 뒤졌다. 수의·검역 전문가 중심인 우리 협상단에 비해 미국 측은 국제경제·교역 등 전문가로 구성됐다.

한 국제통상 전문가는 "협상문에 '미국에서 광우병이 발생할 경우 국제수역사무국(OIE)이 미국 광우병 지위를 바꾸지 않는 한 수입 중단을 할 수 없다'와 같은 조항이 들어간 것은 통상에 관한 전문성이 부족했기 때문"이라고 평가했다. 사전 준비와 정보력도 부족했다.

지난 1월 석유공사와 삼성물산 컨소시엄은 모두의 예상을 깨고 미국 테일러에너지사의 멕시코만 유전을 사들이는 데 성공했다. 확인된 매장량이 6100만 배럴에 달하는 국내 업계 최대 규모의 협상이었다. 한국 컨소시엄이 승리한 결정적 이유는 바로 '정보의 힘' 때문이었다.

협상 전 한국 측은 2004년 작고한 테일러사의 전 회장이자 현 회장(필리스 테일러)의 남편이 생전에 돈이 없어서 대학에 진학하지 못하는 학생들을 안타까워하며 자선 사업을 활발히 했다는 정보를 입수했다. 한국 컨소시엄은 전 회장의 자선사업 내용을 담아 프레젠테이션을 준비하고, 그 뜻을 이어받겠다고 강조했다. 테일러 회장은 남편의 공적에 대한 프레젠테이션을 보며 눈물을 보였다. 더 높은 가격을 제시한 곳이 있었지만 테일러 사는 한국을 매각 파트너로 선택했다.

④ 국내 협상에서 실패했다.

보통 협상학에서는 대외 통상 협상을 2단계로 나눈다. 1단계는 상대국 정부와의 협상이고, 2단계는 국내 이해 관계자와의 협상·설득 과정을 말하며 '국내 협상'이라고 한다. 국내 참여자의 승인 또는 국회 비준을 받아야 협상이 최종 마무리되기 때문이다.

그런데 이번 쇠고기 협상에서 우리 정부는 국내 협상을 소홀히 했다. 국내 협상은 내부 이해 당사자를 설득하는 과정이기도 하지만, 예를 들어 한국에서 벌어지는 쇠고기 반대 운동을 미국과 협상 때 압박용 카드로 내세울 수도 있다.

국내 협상이 협상의 성패를 좌우하는 경우가 적지 않다. 우리나라는 1994년 우루과이라운드가 타결되고 2004년까지 10년 간 쌀 시장 개방이 미뤄졌다. 그러나 2004년 농민들이 대대적으로 시위를 벌였고, 쌀 시장 개방이 또다시 10년 연기됐다. 국내 협상이 실패한 탓이다. 특히 농수산물처럼 민감한 사안일 경우는 대외 협상보다 국내 협상이 더 중요하다.

| 조선일보, 2008년 5월 24일. 발췌 |

사례 2: 한국인은 왜 협상에 약할까 ▶▶

'순응이 미덕'이라는 문화에 급하고 감정적인 성격도 한 몫.
협상기술 가르치는 교육 없는 것이 문제

작년 말 미국의 노스웨스턴대에서 세계 각국 CEO(최고경영자)들의 협상 능력을 조사했는데 한국은 16위를 차지했다. 그런데 노스웨스턴대가 조사한 나라 수는 정확히 16개였다. 16개 나라 중 16위. 다시 말해 한국의 협상 능력이 '꼴등'으로 확인된 셈이다.

왜 우리는 협상을 못할까? 아마도 다음의 3가지 이유 때문일 것이다.

첫째는 문화적 이유다. 어린 시절을 떠올려 보자. 학교 갈 때마다 대다수의 어머니가 하는 말씀은 다음과 같다. "선생님 말씀 잘 듣고 친구와 싸우지 마라."
잘 듣고, 싸우지 말고 …. 한 마디로 '순응이 미덕'인 문화다. 나와 상대가 의견이 다를 때 이를 대화를 통해 풀어가는 데 익숙하지 않다. 그러다 보니 상대와 내가 서로의 이익을 위해 치열한 의사소통의 과정을 거쳐야만 하는 '협상'에 약할 수밖에 없다.

두 번째 이유는 '기질' 때문이다. 한국 사람과의 협상을 앞둔 외국인들이 협상 교육을 받는다고 할 때 이들은 한국의 협상 특성에 대해 어떻게 배우고 협상 장소에 나타날까?
외국에서는 한국인의 협상 특성을 다음의 두 가지로 정의한다. '감정적'이고 '급하다'는 것. 협상에서 승자는 '시간적 제약'(데드라인)으로부터 자유로운 사람이다. 이번 쇠고기 협상에서 나타나듯 뭔가에 쫓기듯이 스스로의 데드라인을 먼저 설정하는 사람은 상대에게 많은 것을 빼앗길 수밖에 없다. 감정 조절 능력 역시 우리에게 부족한 부분이다. 협상이란 감정을 내세우는 게임이 아니다. 협상에서 필요한 것은 합리와 논리다.

세 번째 이유는 협상에 대한 전문적인 교육이 부족하기 때문이다. 미국에서는 협상 교육이 리더십 교육만큼이나 대중화돼 있다. 이는 오늘날 미국이 협상 강국인 비결이기도 하다. 바꿔 말해 미국과의 협상에서 한국이 판판이 깨지는 이유이기도 하다.
미국의 경우 1980년대 이미 대학에 협상 과정이 개설돼 본격적인 교육을 시작했다. 미국 내 최대 협상 전문스쿨(카라스) 한 곳에서만 1년에 3만 명 이상이 교육을 받는다. 이에 비해 우리는 1990년대 중반이 돼서야 대학에서 협상 교육을 하기 시작했으나, 그나마 교육 콘텐츠도 미국에 비해 떨어진다.

| 조선일보, 2008년 5월 24일. 발췌 |

Memo

참고문헌

References

국내문헌

· 가일스일턴 지음, 손원재 옮김, 향료전쟁, 생각의 나무, 2008.

· 강태구, 다국적 기업경영론, 무역경영사, 1994.

· 김병순, "국제경쟁력에 관한 이론적 고찰", 『단국대학교 논문집』, 제22집, 1988.

· 김선식, 조동성, "한국기업의 기업특유경쟁우위 형성에 관한 실증적 연구", 국제경영연구, 제8권, 1997.

· 김신, 국제경영학, 박영사, 2006.

· 김태기, 손용엽, 한국 자동차산업의 산업내무역과 산업정책, 경제학연구, 제41집, 제3호, 1992.

· 민상기, "한국 제조기업의 해외직접 투자", 『한국 경영론』 (도서출판 한울. 1985).

· 박상철, "해외 직접 투자의 흐름 방법에 관한 연구", 『월간지역경제』, 제2권, 제8호, 1981.

· 반병길, 단일 글로벌시장 시대의 국제경영(제4판), 박영사, 1998.

· 삼성종합연수원, "전략적 제휴를 통한 경쟁우위의 확보", 1989.

· 손명환, "미국의 직접 투자와 개발도상국의 공업화", 『경상 논집』, 제4권, 제1호(충남대학교 경상대학부설 경영경제연구소, 1982. 6).

· 송면, 강태구, 국제경영학, 전영사, 1993.

· 염홍철, 다시 읽는 종속이론, 한울아카데미, 2003.

· 원종근, 국제경영학, 박영사, 1996.

· 이덕훈, 화교사회의 결합과 네트워크, 산업경영연구 제11집, 한남대학교 산업경영연구소, 1997년 2월.

· 이스라엘 M. 커즈너 저/이성순 역, 『경쟁과 기업가정신』, 한국경제연구원, 1995.

· 이준구, 「미시경제학」, 법문사, 1994.

· 전략적 제휴의 실태와 활용방안, 1993.

· 전용욱, "반도체 산업의 다국적기업 간 협력과 한국기업의 대응전략(I)", 산업동향, 1990. 9, 한국무역협회.

· 정구현, 국제경영학, 법문사, 1994.

· 조선일보. 2008, 5. 25.

· 한경비즈니스. 2008, 6. 23.

· 한국수출입은행, 수은조사월보, 1983. 12.
· 洪裕洙, 전략적 제휴와 기술혁신의 국제화, 대외경제정책연구원, 1994.
· A. 쿠쪼니아스 저, 정병휴 역, 『현대미시 경제학』, 박영사, 1984.
· Lesile A. White, Concept of Culture(with Beth Dillingham), Minneapolis publising Company, 1973; 이문웅 역, 문화의 개념 : 문화결정론과 문화진화론의 입장, 一志社, 1986.
· R. Gilpin, 山崎清 역, 『다국적기업 몰락론』, 다이아몬드 사, 1977.

국외문헌

· 宮崎義一 篇 譯, 『多國籍企業論』, 岩波書店, 1979.
· 今井賢一, 『資本主義 のシステム間 競爭』, 1992.
· 山崎清, 竹田志郎*, 「テキストブック 國際經營」, 有斐閣ブックス, 昭和 57年.
· 三菱經濟研究所 譯, 『經營戰略 組織』, 失業之日本社, 1964.
· 櫻井雅夫 著, 危ない國の研究, 東洋經濟新報社, 1980.
· 宇高基輔 譯, 『帝國主義』, 岩波文庫, 1956.
· 竹田志郎, 國際戰略提携, 同文館, 1992.
· S. J. Kobrin, Managing Political Risk Assessment: Strategic Response to Enviromental Change, Berkely, CA: University of California Press, 1982 [江夏健一 監譯, 國際企業の政治リスク管理, 東洋經濟新報社], 1984.
· 龜井利明, 危險管理論, 宋 一. 譯, 法文社, 1989.
· 安室憲一, 新グローバル經營論, 白桃書房, 2007.
· 小島淸, 海外直接投資のマクロ 分析, 文眞堂, 1989.
· G. H. Clee and A. Discipio, Creating a World Enterprise, Harvard Business Review. Nov-Dec, 1959.
· S. Robock, K. Simmonds, & J. Zwick, International Business and Multinational Enterprises (Richard D. Irwin, Inc., 1972).
· International Financial Management, John Wiley & Sons, 1985.
· "International Business as a field of management training and scholarly research deals primarily with business activities that cross national boundaries, whether they be movements of goods, services, capital, or personnel; transfer of technology; or even the supervision of employees".
· Barnouw V, Culture & Personality, Homewood III: The Dorsey press, 1963.
· H. V. Perlmutter, op. cit.
· J. Hladik, International Joint Ventures(Lexington, Mass: Lexington Books, 1985).
· Kulp & Hall, Casualty Insurance, 4th ed., 1968.

· Pat Joynt & Malcdm worner(ed.), Managing in Different Cultures, Universities to Haget, 1985.
· Stefan H. Robock, "Political Risk: Identification and Assessment," Columbia Journal of World Business, July/August 1971.
· Webster's New Collegiate Dictionary, G&.C. Merrian Company, 1989.
· "Workers Sent Overseas Have Adjustment Problems, A New study shows," Wall Street Journal (June, 19, 1984), p. 1, cos. 5.
· A. Cane, "Competition Down the Line," Financial Times January 19, 1995.
· A. Rebecca Reuber and Eileen Fischer, "The Influence of the Management Team's International Experience on the Internationalization Behaviors of SMEs," Journal of International Business Studies, Vol. 28, No. 4, 1997.
· A. Shaked and J. Sutton, Natural oligopolies and international trade, in H. Kierzkowski, ed., Monopolies Competition and international trade, Oxford University Press, 1984.
· Aharoni, Y., "On the Definition of a Multinational Corporation," Quarterly Review of Economics and Business, Autumn 1971.
· Alfred chandler, The Evaluation of the Modern Global Corporation, Competition in Global Industries, ed Michael Porter. Boston Harvard Business School Press, 1986.
· Arthur H. Cole, Business Enterprise in its Social Setting, Cambridge, Massachusetts, 1959.
· Ashok Kopoor, Planning for International Business Negotiations, Cambridge, Mass: Ballinger Publisher Co., 1975, ch. 6.
· B. Chakravarthy and H. Perlmuter, "Strategic Planning for a Global Business," Columbia Journal of World Business, Summer 1985.
· B. Kogut, "Designing Global Strategies: Comparative and Competitive Value - Added Chains." Sloan Management Review(Summer 1985).
· B. Kogut, "Foreign Direct Investment as a Sequential." in D. R. LESSARD (ed).
· Behrman, J. N. and Grosse, R. E., International Business and Governments: Issues and Institutions, South Carolina, University of South Carolina Press, 1990, ch. 3.
· Bela Balassa, The Theory of Economic Integration, George Allen & Unwin Ltd., London, 1969.
· Benjamin M. Oviatt and Patricia Phillips McDougall, "Toward a Theory of International New Venture," Journal of International Business Studies, Vol. 25, No. 1, 1994.
· Bereau of Economic Analysis, U. S. Direct Investment Aboard, Washington, D. C., U. S. Department of Commerce, Dec, 1985.
· Bickelhaupt, D. L., General Insurance, 9th ed., Homewood, 1974; Greene, M. R., Risk and Insurance, 2nd ed., 1968, pp. 11~12; Williams & Heins, Risk Management and Insurance, 3rd ed., 1976.
· Bradley S. P., J. A. Hausman and R. L. Nolan, Globalization, Technology, and Competition, Boston, M. A.; Harvard Business School Press, 1993.

· Business International Corporation, International Risk Management, New York, BIC.

· Charles W.L. Hill, Peter Hwang, and W. Chan Kim, "An Eclectic Theory of the Choice of International Entry Mode," Strategic Management Journal, Vol. 11, 1990.

· Charles W.L. Hill, Global Business Today, McGraw-Hill International Edition, 2008.

· Clee, G. H. and Di Scipo, A., "Creating a World Enterprise," Harvard Business Review, Nov.-Dec. 1959.

· Coordinating Committee for Export to Communist Areas.

· D. E. Lilienthal, "Management of Multinational Corporation," in Melvin Anshen and G. L. Bach(ed), Management and Corporation, 1960.

· D. F. Channon and M. Jalland, Multinational Strategic Planning, The Macmillan Press, 1979.

· D. Hellriegel and J. W. Slocum, Management, 1992.

· D. P. Kircher, "Now the Transnational Enterprise", Harvard Business Review, Mar ~ Apr., 1964.

· Department of Economic and Social Affairs, United Nations, New York, 1973.

· Donald B. Keesing, "Labor skills and Comparative Advantage," American Economic Review, May 1963.

· E. F. Dension, Why Growth Rates Differ, 1967.

· E. J. Kolde, International Business Enterprise, 2nd. de. (Englewood Cliffs, New Jersey: Prentice-Hall, 1973).

· Edwin Miller, "The International Selection Decision: A study of managerial behavior in the Selection Decision Process," Academy of management Journal (June 1973).

· Endel J. Kolde, International Business Enterprise, Second Edition, Prentice-Hall, Inc., Englewood, New Jersey, 1973.(모형을 사용해서 분석) [The basic notion in any defination of multinational enterprises is that of a number of affiliated business establishments which funtion simultaneously in different countries.]

· F. R. Root, "Analyzing Political Risk in International Business," in A. Kapoor and P. D. Grub(eds.) The Multinational Enterprise in Translation, Princeton, Mass; Darwin Press, 1972.

· F. R. Root, Entry Strategies for International Market, Lexington, Mass: Lesington Books, 1987.

· F. V. Weston and B. Sorge, International Managerial Finance, Homewood, Illinois: Richard D. Irwin, Inc., 1972.

· F. T. Haner, Global Business Strategy for the 1980s, Praeger, 1980.

· Fisher, R., Getting to Yes, Penguine, 1991.

· Frank Bradley, International Marketing Strategy, Prentice Hall International(UK) Ltd., 1991.

· Franklin R. Root, International Trade and Investment, 5th ed(Cincinnati : South - Western publishing Co. 1984).

· Franklin R. Root, International Trade and Investment 6th ed(Cincinnati : South - Western Publishing Co. 1990).

· Franklin R. ROOT, op. cit.
· Franklin R. Root, Entry Strategies for International Markets, Lexingtons.
· Fons Trompenaas, Riding the Waves of Culture, v Mcgraw-Hill Professional, 1993.
· G. H. Clee & A. di Scipio, "Creating a World Enterprise", Harvard Business Review, Nov~Dec, 1959.
· George, Von Krogh, Johan Roos and Ken Slocum, "An Essay on Corporate Epistemology," Strategic Management Journal, 15(Special Issue), 1994.
· Ghoshal, S. and C. A. Barlett, "The MNC as an Interorganizational Network", Academy of Management Review, 1990, Vol. 15, No. 4.
· Gilroy Bernard M., Networking in Multinational Enterprises; University of South Carolina Press, 1993.
· Gottfreid Haberler, "Integration and Growth of the World Economy," The American Economic Review, March, 1964.
· Gray Hamel and C. K. Prahalad, "The Core Competence of the Corporation," Harvard Business Review, May-July 1990.
· Gunnar Myrdal, An International Economy, Harper & Row, New York, 1964.
· H. Cohen, You Can Negotiate Anying, Toronto, A Bantam Books, 1980.
· H. V. Purlmutter, Yoram Wind, S. P. Douglas, "Guidelines for Developing International Marketing Strategies," Journal of Marketing, April 1973.
· Harsanyi, John, Rational Behavior and Bargaining Equilibrium in Games and Social Situations, Cambridge, UK: Cambridge Press, 1977.
· Haynes, J., "Risk as an Economic Factor," Quarterly Journal of Economics, IX, 1895; Willet, A. H., The Economic Theory and Insurance, Oxford University Press, 1951; Mehr & Hedges, Risk Management in the Business Enterprise, Homewood, 1963.
· Hazzard, Michaels, Study of Repatriation of the American International Eecutive(New York: Korn / Ferry International, 1981).
· Herbert G. Grubel and Peter J. Lloyd, Intra Industry Trade (London: Macmillan, 1975).
· Hill, Charles, W. L. (2008), Global Business Today, McGRAW-HILL.
· Hood, N. and Youngs, op. cit, S.
· Howard C. Johnson, "An Actuarial Analysis," in Richard Ensor(ed.), Assessing Country Risk Euro money Publication, 1981.
· Hymer, S., "The Efficiency(contradiction) of Multinational Corporations", American Economic Review, Vol. LX, No. 2, May 1970.
· Imai, Ken-ichi and Hiroyuki Itami, "Interpretation of Organization and Market; Japan's Firm and Market in Comparison with the U.S.," International Journal of Industrial Organization, 2, 1984.
· J. A. Brander, "Intra-Industry Trade in Identical Commodities," Journal of International

Economics, Vol. 11, 1981.

· J. Fayerweather, International Business Management: a Conceptual Approach, New York McGraw, 1969.

· J. H. Dunning, "Toward and Eclectic: Theory of International Production," Journal of International Business Studies, Spring/Summer 1980.

· J. K. Bruck and F. A. Lee, "Foreign Content of U.S. Corporation Activities", Financial Analysis Journal, Sep.~Oct., 1966 and "Foreign Investments Capital Control, and Balance of Payment", The Bulletin, New York University Institute of Finance, Apr, 1968, Appendix Table 1.

· J. N. Behrman, Some Patterns in the Rise of the Multinational Enterprise, Chapel Hill: The University of North Carolina Graduate School of Business Research Paper 18, 1969.

· J. Weiller, Les degres de l'integration et les Chance d'une zone de cooperation internationale, R. E., Paris, 1958.

· Jan, Tinbergen, International Economic Integration, N. H. Co., Amsterdam, 1965.

· John D. Daniels & Lee H. Radebaugh, International Business, ADDISON-WESLEY PUBLISHING COMPANY, 1992.

· John H. Dunning, Multinational Enterprise and the Global Economy Addison-Wesley Publising Company, 1993.

· K. Lancaster, "Intra-Industry Trade under Perfect Monopolistic Competition", Journal of International Economics, Vol. 10, 1980.

· K. Lewin, Field Theory in Social Science, Harper Touch BOOK, 1961.

· Kenich Ohmae, Beyond National Border, Reflection on Japan and World, Dow Jones-Irwin, 1987.

· Kindleberger, C. P., American Business Abroad: Six Lectures on Direct Investment, New Haven and London, Yale University Press, 1969.

· Kircher, D. P., "Now the Transnational Enterprise," Harvard Business Review, Mar.-Apr. 1964.

· Kobrin, S. J., Expropriation as an Attempt to Control Foreign Firms in LDCs: Trends from 1960 to 1979, International Studies Quarterly, 1984(28).

· Koreber, A. L. & Kluckhohn, C. Culture: A Critical Review of Concepts and Definitions, Peabody Museum Paper, Vol. 47, No. 1, Cambridge Mass, Harvard University, 1952.

· Lall, S., Developing countries in the International Economy: Selected Papers (London, The Macmillan Press, 1981).

· Lilienthal, D. E., "Management of Multinational Corporation," in Anshen, M. H., and Bach, G. L., (eds), Management and Corporation (New York, McGraw-Hill Book Company, 1960).

· Lowe, J., The Secret Empire: How 25 Multinationals Rule the World, Homewood, III, Business One Irwin, 1992.

· M. E. Porter, Competitive Advantage, New York: The Free Press, 1985.
· M. Z. Brooke, International Management: A Review of Strategies and Operations, London: Hutchinson, 1986.
· M. E. Porter, The Competitive Advantage of Nations (The Free Press, 1990).
· M. E. Porter, "Competition in Global Industries : A Conceptual Framework," in M. E. Porter(ed). Competition in Industries(Harvard Business School Press, 1986).
· Martin and Tolchin, S., Buying into America : How Foreign Money is Changing the Face of Our Nation, New York, Times Books, 1988.
· Maynard & Weidler, An Introduction to Business Management, 4th ed., 1951.
· Mowbray, A. H., Insurance, 1st ed., 1930.
· Murray Weidenbaum and Samuel Hughes, "The Bamboo Network", Martin Kessler Books, 1996.
· Nash, J., "Two-Person Cooperative Games", Economic, Vol. 21, 1953.
· Neil M. Jocoby, *The Center Magazine*, Vol. Ⅲ, No. 1, Center for Study of Democratic Industries, Santa Barbara, Calf., May 1970.
· Norman A. Baglini, Risk Management In International Corporations, 宋 一, 譯, 法文社, 1989.
· OECD, International Investment and Multinational Enterprises: Investment Incentives and Disincentives: Effects on International Direct Investment, Paris, OECD, 1989.
· OECD, Investing in Developing Countries, 5th ed. Paris, OECD, 1983.
· Ohmae K.(1995), The end of the Nation State. The Rise of Regional Economies, HaperCollins, London.
· Oliver E. Willianson, "The Economics of Organization: The Transaction Cost Approach," American Journal of Sociology, Vol. 87, No. 3, 1981.
· Otto Anderson, "On the Internationalization Process of Firms: A Critical Analysis," Journal of International Business Studies, Vol. 24, No. 3, 1993.
· P. Dicken, Global Shift, Guilgord Press, 1992.
· P. J. Buckley and M. Casson, The Economic Theory of the Multinational Enterprise-Selected Papers, New York: St. Martin's Press, 1985.
· P. J. Buckley and M. Casson, The Future of the Multinational Enterprise, London: MacMillian, 1976.
· P. Krugman, "Increasing Returns, Monopolistic Competition and International Trade," Journal of International Economics, Vol. 9, 1979.
· P. Streeten, "The Theory of Development Policy", in J. H. Dunning(ed.), Economic Analysis and the Multinational Enterprise, 1974.
· Pancar J. Nagy, "Country Risk, How to Asses, Quantify and Monitor It," Euromoney Publication.
· Perlmutter, H, V., "Tortuous Evolution of the Multinational Corporation," Columbia Journal

of World Business, Jan.-Feb., 1969.

· Perlmutter, H. V. and Heenan, D. A., Multinational Organization Development (Reading, Mass., Addison-Wesley, 1979).

· Philip R. Harris & R. T. Moran, Managing Culture Differences, Gulf Publishing Company, 1979.

· Philip R. Harris & Robere T. Moran op, cit.

· R. B. Reich, The Work of Nations, Alfred A. Knopf, 1991.

· R. D. Robinson, "Joint Venture of Transnational Business", International Management Review, Vol. 1, No. 1.

· R. L. Daft, Management, Dryden Press, 1991.

· R. Robinson, International Business Management(Hindsale, N.Y. : Dryden Press, 1978). ["International Business as a field of study and practice encompasses that public and private business activity affecting the persons or institutions of more than one national state, territory, or colony."]

· R. Vernon, Sovereignty at Bay(New York, 1971).

· Raiffa, H., The Art & Science of Negotiation, Harvard University Press, 1995.

· Raiffa, Howars, The Art and Science of Negotiation, Cambridge: Harvard University Press, 1982.

· Ratiu lndrei, "Thinking Internationally : A Comparison of How International Executives," Internation Studies of Management and Organization, Vol. XIII, No. 1~2(spring-summer, 1983).

· Raymond Vernon, "Organizational and Institutional Responses to International Risk," in J. Herring Richard(ed), Managing International Risk, Cambridge Univ. Press, 1983.

· Raymond Vernon, "International Investment and International Trade in the Product Cycle," The Quarterly Journal of Economics, May 1966.

· Richard M. Hodgetts & Fred Luthans, "International Management", McGraw-hill International Editions, 1991.

· Richard Rosecrance, The Rise of the Virtual State, Foreign Affairs, Jul-Aug, 1996.

· Ricky W. Griffin & Michael W. Pustay, Internatonal Business, Pearson Prentice Hall, Fifth Edition, 2007.

· Robert Erbes, L'Integration Economique Internationale, Presses Universitaires de France, Paris, 1966.

· Robert Reich, Who is US, Harvard Business Review, Jan-Feb, 1990.

· Robonson, R. D., International Business Management, 2nd ed., Hinsdale, III, The Dryden Press, 1978.

· Rockart, J. F. and J. E. Short, "The Networked Organization and the Management of Interdependence," in The Corporation of the 1990s, ed. Michaels. Scott Morton, New York:

Oxford University Press, 1991.
· S. J. Kobrin, Managing Political Risk Assessment: Strategic Response to Enviromental Change, Berkely, CA: University of California Press, 1982.
· S. E. Rolfe, "The International Corporation", ICC, 1969.
· S. Lall, The Multinational: The Spread of Third World Enterprises, John Wiley & Sons, 1983.
· S. Young., J. Hamill., C. Wheeler and J. R. Davies, International Market Entry and Development-Strategies and Management, Englewood Cliff, N. J. Prentice Hall, 1989.
· Sae Jin Chang, "International Expansion Strategy of Japanese Firms: Capability Buliding through sequential Entry," Academy of Management Journal, Vol. 38, No. 2.
· Sanford J. Grossman and Oliver D. Hart, "The Costs and Benefits of Ownership: A Theory of Vertical and Lateral Integration," Journal of Political Economy, Vol. 94, No. 4, 1986.
· Sanjeev Agarwal and Sridhar N. Ramaswami, "Choice of Foreign Market Entry Mode: Impact of Ownership, Location and Internalization Factor," Journal of International Business Studies, Vol. 23, No. 1, 1992.
· Sanjeev Agarwal and Sridhar N. Ramaswami, op. cit.
· Sawyer, J. and H. Guetzkow, "Bargaining and negotiation in international relations," in H. C. Kelman(ed) International Behavior : A Social-Psychological Analysis. New York : Holt, Rinehart & Winston, 1965.
· Singel, S. and L. E. Fouraker, Bargaining and Group Decision Marking: Experiments in Bilater Monopoly. New York: McGraw-Hill, 1960.
· Stefan H. Robock, "Political Risk : Identification and Assessment," Columbia Journal of World Business, July/August 1971.
· Steffan B. Linder, An Essay on Trade and Transformation (New York : John Wiley & Sons, 1961).
· Stephen Herbert Hymer, The Multinational Corporation-Radical Approach, Cambridge University Press, Cambridge, England, 1982.
· Stopford, J. M. and Dunning, J. H., Multinationals: Company Performance and Global Trends, London, Macmillan Publishers, 1983.
· Suilleabhain, M. O., "Investment Incentives and Performance Requirements", in Walter, I. and Murray, T., Handbook of International Business, New York, John Wiley & Sons.
· T. Levitt, "The Globalization of Market," Harvard Business Review May-June 1983.
· Theodore Levitt, "The Globalization of Market", Harvard Business Review, May-June, 1983.
· UN, Department of Economic Social Affairs, Multinational Corporations in World Development, New York, United Nations, 1973.
· United Nations Centre on Transnational Corporation, Foreign Direct Investment, Debt and Home Country Policies, New York, UNCTC, 1990, UNCTC Current Studies Series A No. 20.
· United Nations Centre on Transnational Corporation, New Issue in the Urguay Round of

Multilateral Trade Negotiations, New York, UNCTC, 1990.
· W. A. Dymsza, Multinational Business Strategy, McGraw-Hill, New York, 1972. [In our treatment, we distinguish between the international firm in general and the multinational company in particular. The "international company" is a generic term that comprises with various degrees of world orientation in their business; on the other hand, the "multinational firm" is one type of international company.]
· W. Chan Kim and Peter Hwang, op. cit., 1992.
· W. Kuemmerle, "Building Effective R&D Capabilities Abroad," Harvard Business Review, March-April, 1997.
· W. M Bulkeley, IBM to Export Highly paid Jobs to India, The Wall Street Journal, Dec 15, 2003.
· Walters, K. D. and Monsen. R. J., "State-Owned Business Aboard: New Competitive Threat", Harvard Business Review, March-April 1979.
· Warren J. Bilkey, "An Attempted Integration of the Literature on the Export Behavior of Firm," Journal of International Business Studies, Vol. 9, Spring/Summer 1978.
· William H. Davidson, "The Location of Foreign Direct Investment Activity: Country Characteristics and Experience Effects," Journal of International Business Studies, Fall 1980, Vol. 11, No. 2.
· Wood, D. J., Business and Society, New York : Harper Collins Publishers, 1990.
· World Trade Organization web site, www.wto.org.
· Y. L. Doz and C. K. Prahalad, "Quality of Management: An Emerging Source of Global Competitive Advantage," N. Hood & J. Vahlne, ed., Strategies in Global Competitive, Groom Helm, 1988.
· Yair Aharoni, "On the Definition of a Multinational Corporation", Quartley Review of Economics and Business, Autumn 1971.

찾아보기

INDEX

ㄴ

ㄷ

ㄹ

ㅁ

ㅂ

ㅅ

ㅈ

〈저자 약력〉

이덕훈(李悳薰, Lee, Duk-Hoon)

일본 게이오대학 상학(경영, 회계학) 박사
일본 게이오대학 상학부 객원 교수
미국 뱁슨칼리지(Babson college) Arthur M Blank center 기업가 객원 교수
한남대학교 일본연구소장, 경영연구소장 역임
한남대학교 학술정보처장, 학생처장, 기회조정처장 역임
현 : 경영학과 교수, 한국재래시장학회장

〈著書〉

일본의 기업사회, 학문사, 1995
기업과 환경, 학문사, 1996
국제경영학, 한남대 출판부, 1996
기업과 인간, 한남대 출판부, 1997
신 경영학원론, 학문사, 1997
기술혁신과 과학기술정책, 기업기술연구원(공저), 1998
글로벌기업경영, 학문사, 1999
현대경영의 이해(공저), 진영사, 1999
화교경제의 생성과 발전, 한남대 출판부, 2001
벤처비즈니스와 창업경영, 한남대학교 출판부, 2003
한국의 기업경영, 한남대 출판부, 2002
국제기업과 환경, 교우사, 2002
현대경영학(공저), 교우사, 2002
이덕훈의 경제이야기, 교우사, 2004
국제 기업전략, 한남대학교 출판부, 2005
국제 비교경영, 한남대학교 출판부, 2005
벤처와 창업경영 제3판, 글누리, 2007
글로벌 기업과 전략, 교우사, 2007
창업과 벤처, 교우사, 2008

〈譯書〉

유교자본주의 운명과 대안, 시공아카데미(1999)

〈論文〉

The Role of Entrepreneurs in the Development of Japanese Automotive Industry, KEIO Business Review, No 32, KEIO University
화교기업의 기업가적 특성과 문화, 한국생산성학회 외 다수

(제2판)

국제경영(International Business)

2002년 9월 1일 초 판 발행
2008년 9월 1일 제2판 발행

저 자 / 이덕훈

발행자 / 오판근
발행처 / 교우사

주 소 / 서울 동대문구 제기2동 148-19
전 화 / 925-2861(代), 편집부 / 925-2825
팩 스 / 925-2860
E-mail / kw2861 @ empal.com
http: // www. kyowoo. co. kr
등록 / 1994. 3. 24 제6-0256호

ISBN 978-89-8172-330-9 (93320)

값 **23,000**원